LESSING YEARBOOK XX, 1988

LESSING YEARBOOK XX, 1988

Founded by Gottfried F. Merkel and Guy Stern

Karl S. Guthke, *senior editor*
Harvard University

Albert M. Reh, *senior editor*
University of Massachusetts, Amherst

Richard E. Schade, *managing editor*
University of Cincinnati

Richard E. Schade, *book review editor*
University of Cincinnati

EDITORIAL BOARD MEMBERS
R. K. Angress, *University of California, Irvine*
Ehrhard Bahr, *University of California, Los Angeles*
Wilfried Barner, *Universität Tübingen*
Barbara Becker-Cantarino, *Ohio State University*
Wolfgang Bender, *Westfälische Wilhelms-Universität-Münster*
F. Andrew Brown, *Grinnell College—Emeritus*
Gloria Flaherty, *University of Illinois, Chicago*
Gotthardt Frühsorge, *HAB Wolfenbüttel; Universität Braunschweig*
Sander L. Gilman, *Cornell University*
Edward P. Harris, *University of Cincinnati*
Gerd Hillen, *University of California, Berkeley*
Uwe-K. Ketelsen, *Ruhr Universität, Bochum*
John A. McCarthy, *University of Pennsylvania*
Wolfgang Martens, *Universität München*
Gottfried F. Merkel, *University of Cincinnati—Emeritus*
Armand Nivelle, *Universität des Saarlandes*
Paul Raabe, *Herzog August Bibliothek, Wolfenbüttel*
Thomas P. Saine, *Univeristy of California, Irvine*
Hansjörg Schelle, *University of Michigan*
Christoph E. Schweitzer, *University of North Carolina, Chapel Hill*
Hinrich Seeba, *University of California, Berkeley*
Helga Slessarev, *University of Cincinnati*
Guy Stern, *Wayne State University*
Marilyn Torbruegge, *University of Cincinnati*
Leonard P. Wessell, Jr., *University of Colorado*
W. Daniel Wilson, *University of California, Berkeley*
Herbert Zeman, *Universität Wien*

EDITORIAL ASSISTANTS

Dan Aren
Ilse Zingis
The Lessing Society acknowledges and honors the 15 years of patient and skilled service rendered by Ilse Zingis.

Lessing Yearbook

XX

1988

Edited for the Lessing Society
by Richard E. Schade

Wayne State University Press   Detroit
edition text + kritik GmbH   München

The Lessing Society gratefully acknowledges the generosity of the Consulate of the Federal Republic of Germany (Detroit) and the University of Cincinnati.

The *Lessing Yearbook* is published annually as the official organ of the Lessing Society. Interested persons are invited to become members of the Lessing Society. For information please contact the Lessing Society, Department of German, University of Cincinnati, Cincinnati, Ohio 45221-0372, USA.

The editors of the *Lessing Yearbook* are pleased to consider manuscripts relating to German literature, culture and thought of the 18th century. Contributions may be in English or German and are to be prepared in accordance with the MLA Handbook or an appropriate guide to German style. All manuscripts should be submitted in duplicate to:

> Managing Editor, the *Lessing Yearbook*
> Department of German
> University of Cincinnati
> Cincinnati, Ohio 45221-0372
> USA

Lessing Yearbook (ISSN 0075-8833) is published annually by Wayne State University Press, Leonard N. Simons Building, 5959 Woodward Avenue, Detroit, Michigan 48202. Subscriptions are available on an annual basis.

Published in the United States of America, the United Kingdom, and the rest of the world by Wayne State University Press, Detroit.

Co-published in continental Europe by edition text + kritik GmbH, 800 München 80.

Copyright © 1989 by Wayne State University Press, Detroit, Michigan 48202.

Contents

Dieter Fratzke
Die maßstabgerechte Nachbildung des Theaters am
    Gänsemarkt von 1765, des späteren Hamburger
    Nationaltheaters. Ein literaturmusealer Beitrag zur
    Vorgeschichte des Themas "Lessing und Hamburg" ... 1

Judith P. Aikin
'Das klingt sehr tragisch!' Lessing's *Minna von Barnhelm*
    As Embodiment of the Genre Discussion ... 15

Elizabeth Petuchowski
Hannah Arendt's *Von der Menschlichkeit in finsteren
    Zeiten:* A Post-World War II Address ... 29

Charlotte M. Craig
To Hell and Back: Four Enlighteners and the Devils ... 45

Gunnar Och
"Freymüthiges Kaffegespräch zwoer jüdischen
    Zuschauerinnen über den Juden Pinkus." ... 61

Wolfram Mauser
Anakreon als Therapie? Zur medizinisch-diätetischen
    Begründung der Rokokodichtung ... 87

Michael Morton
Exemplary Poetics: The Rhetoric of Lenz's *Anmerkungen
    übers Theater* and *Pandaemonium Germanicum* ... 121

Thomas Salumets
"Räsoniert so viel ihr wollt [. . .] aber gehorcht."
    Dialog ohne Chance: Friedrich Maximilian Klingers
    Der Weltmann und der Dichter ... 153

Brent O. Peterson
Wezel and the Genre of *Robinson Crusoe* ... 183

Hansjörg Schelle
Neue Quellen und Untersuchungen zum Kreise
    Sophie von La Roches und C. M. Wielands ... 205

Hansjörg Schelle
Nachträge und Ergänzungen zur Wieland-Bibliographie 5 ... 293

Book Reviews ... 301

Die maßstabgerechte Nachbildung des Theaters am Gänsemarkt von 1765, des späteren Hamburger Nationaltheaters. Ein literaturmusealer Beitrag zur Vorgeschichte des Themas "Lessing und Hamburg"

Dieter Fratzke

Vorbemerkungen

Im Jahre 1766 erschien in Hamburg eine "Vorläufige Nachricht von der auf Ostern 1767 vorzunehmenden Veränderung des Hamburgischen Theaters", in der folgendes mitgeteilt wird: "Wir kündigen dem Publico die vielleicht unerwartete Hoffnung an, das deutsche Schauspiel in Hamburg zu einer Würde zu erheben, wohin es unter anderen Umständen niemals gelangen wird."[1] In der nur 14 Seiten zählenden Schrift werden sodann die Ziele "einer kleinen Gesellschaft gutdenkender Bürger"[2] näher erläutert, die Johann Friedrich Schütze in seiner 1794 herausgegebenen *Hamburgischen Theater-Geschichte* in diesen Schwerpunkten zusammengefaßt hat:

> Es soll ein Hamburgisches, bleibendes, ein Nationaltheater gestiftet, die besten Akteurs aus ganz Deutschland sollten angeworben; die Schauspieler sollten brave, gesittete, christliche Leute seyn oder werden; es sollten Vorlesungen über körperliche Beredsamkeit gehalten; es sollte den Schauspielgliedern dauernde Versorgung im Alter geöffnet werden...
> Die Entrepreneurs beriefen L e s s i n g, einen Mann, den ganz Deutschland schon damals für den ersten deutschen Schauspieldichter und für einen der scharfsehendsten Aesthetiker erkannte. Sie trugen ihm an: als Dramaturg durch neue Stücke der Bühne Hamburgs nützlich zu werden.[3]

Mit dieser Theatergründung hatten einige wohlhabende Hamburger Bürger im Jahre 1767 zum ersten Mal nach der Oper nun auch der Entfaltung des Schauspiels in ihrer Stadt Unterstützung gewährt und dabei nationale Bestrebungen offen proklamiert. Darin liegt zweifellos die theaterhistorische Bedeutung dieses Unternehmens, auch wenn merkantile Erwägungen von vornherein eine wesentliche Rolle gespielt haben. Die erste stehende Bühne mit dem Anspruch auf ein bürgerliches deutsches Nationaltheater und Lessings Theaterzeitschrift, die *Hamburgische Dramaturgie*, haben längst schlüssige Wertungen erfahren, so daß sich aus dem theatergeschichtlichen Ereignis des Jahres 1767 m.E. kaum noch grundsätzlich neue, theater- bzw. literaturwissenschaftliche Einsichten ableiten lassen. Die sozialgeschichtliche Forschung indessen, die uns einen Zugriff auf den Alltag der Freien- und Hansestadt ermöglicht und von daher Erkenntnisgewinn bringen kann, lohnt es jedoch verstärkt voranzutreiben.

Nachdem unter diesem Aspekt vor allem Franklin Kopitzsch in den "Wolfenbütteler Studien"[4] und Helga Slessarev im "Lessing Yearbook"[5], aufschlußreich über das Wechselverhältnis zwischen dem großen Aufklärer und der hanseatischen Kaufmannsrepublik gehandelt haben, soll mein Beitrag ein Problem aufklären helfen, dem in der Lessing-Literatur m.W. bisher kaum Beachtung geschenkt worden ist. Erstens, weil es für den Forschungsgegenstand "Lessing und Hamburg" nur indirekt von Bedeutung zu sein scheint, und zweitens, da es auf Grund des angeblichen Fehlens von authentischen Dokumenten noch nicht ausreichend erhellt werden konnte. Es geht um die Vorgeschichte des Nationaltheaterprojektes und um eine wichtige Voraussetzung für die Hamburger Entreprise: den Theaterbau am Gänsemarkt von 1765.

Theater als Kunstgattung war und ist ein überaus komplexer Vorgang der ästhetischen Aneignung von Welt, für den es allerdings in jedem Falle eines Spielplatzes bedarf, nämlich einer Bühne, die wiederum ohne Zuschauerraum funktionslos wäre. Auf welche Weise sich Schauspieler und Theaterbesucher seit der Antike begegneten, wie die Theatergebäude vergangener Zeiten beschaffen waren, mit welchen Bühnenbildern die theatralische Wirkung gefördert wurde—solche technischen und künstlerischen Voraussetzungen bzw. Bedingungen interessieren uns nicht nur in Hinblick auf theatergeschichtliche Wandlungen, sondern ebenso als Steigerungsmöglichkeiten des Vorstellungsvermögens, einer der wertvollsten menschlichen Fähigkeiten, mit der wir uns überlieferte Texte und fachwissenschaftliche Wertungen besser veranschaulichen können.

Wer sich z.B. mit der fundamentalen Erkenntnis befaßt, daß Lessing mit seiner *Hamburgischen Dramaturgie* die Entfaltung bürgerlicher Theaterkunst entscheidend vorangetrieben hat, wird—bewußt oder unbewußt—danach streben, sich diesem Problem nicht nur durch die Lektüre einer theoretischen Abhandlung, sondern auch visuell zu nähern, um es in einer geistigen Symbiose von Text und Bild leichter zu begreifen. So vermag der Besuch eines historischen Theaters das Bedürfnis nach Veranschaulichung nahezu vollkommen zu befriedigen, nämlich durch die sinnliche Wahrnehmung des Raumerlebnisses. Wo dies nicht möglich ist, können zeitgenössische Abbildungen von Außenansichten und Innenräumen historischer Theater das Verständnis fachwissenschaftlicher Aussagen unterstützen. Wenn aber—wie in Hamburg—nur eine Außenansicht des Theaters zur Verfügung steht, wie ist dann eine visuelle Annäherung an das Gebäude möglich? In diesem Falle kann ein Modell eine geeignete Veranschaulichungsform sein. Daß dafür allerdings exakte historische Befunde erforderlich sind, liegt freilich auf der Hand.

Am Beginn der Rekonstruktion des Gänsemarkt-Theaters in Form einer maßstabgerechten Nachbildung, über die ich berichten will, stand deshalb die Aufhellung der Entstehungsgeschichte und die Suche nach authentischen Zeugnissen des Baugeschehens. Am Ende dieser Bemühungen sollte es möglich sein, ein Modell zu fertigen, das—in ein Ausstellungsensemble eingeordnet—ein bedeutsames Kapitel deutscher Theatergeschichte anschaulich zu dokumentieren vermag.

Die Entstehungsgeschichte des Theatergebäudes am Gänsemarkt

Für die geplante maßstabgerechte Nachbildung des Gänsemarkt-Theaters war es zunächst von Bedeutung, sich die näheren Umstände der Entstehungs- bzw. Baugeschichte zu erschließen. Mit einer zusammenfassenden Darstellung der Theaterentwicklung in der Freien- und Hansestadt Hamburg bis zur Mitte des 18. Jahrhunderts soll dazu Auskunft gegeben werden.

Die soziale Stabilität und die geistige Emanzipationsbewegung in dieser weltoffenen Stadtrepublik waren zweifellos die grundlegenden Voraussetzungen für die beschriebene Entfaltung national orientierter Theaterbestrebungen, die jedoch ohne die entsprechenden finanziellen und materiellen Voraussetzungen für den Bau eines Theatergebäudes schließlich nur eine Absicht geblieben wären. Sowohl der Bau des Schauspielhauses als auch die Gründung des festen Schauspieltheaters stehen keinesfalls beziehungslos in der Geschichte der Stadt Hamburg, sondern sind vielmehr ein herausragender Höhepunkt in einem traditionellen, wenn auch widersprüchlichen Prozeß. Den Hamburgern

> fehlte es nicht an Zeit, Lust und Geld, die Bedürfnisse der Sinnlichkeit auf mannigfache Art zu befriedigen. Von Schauspielen hatten sie nichts außer den Elendiglichkeiten der Jean Potagen Pickelheringe in Buden und Scheunen gesehen, und diese Possenwerke gefielen. Durch Reisen und Verbindungen mit Ausländern ward der Hamburger von der Vorzüglichkeit einer eigenen Bühne sehr überzeugt... Der Vortheil, welchen der Staat aus dieser Unternehmung zog, war einleuchtend. Mehr als 20 Arten von Handwerkern und Künstlern wurden in Arbeit und Verdienst gesetzt. Das Geld und was von den Fremden, die durch die Oper gelockt, sich häufiger nach Hamburg ziehen mußten, in Umlauf kam, blieb in der Stadt. Gründe genug für den merkantilistischen Geist der Bewohner, sich auf ihr prächtiges Operntheater schon im voraus gut zu thun, das Unterfangen kräftig zu

stützen. Es gedieh dahin, daß Hamburg in kurzer Zeit ein Opertheater hatte, wie damals noch keine Residenz, kein Hof, keine Stadt in Deutschland.[6]

Das Gebäude war im Sommer 1677 fertig und 1678 wurde die erste Oper aufgeführt. Bis 1753 gab es dann am Gänsemarkt, abgesehen von einigen Unterbrechungen, regelmäßig deutsche und italienische Opernaufführungen zu sehen, die von Beginn an viel Beachtung und eine große Anhängerschaft fanden. Im gleichen Zeitraum bemühten sich immer wieder auch Schauspieltruppen, unter ihnen die der Caroline Friederike Neuber (1697–1760), in Hamburg ihr Publikum zu finden. Die Neuberin kam auf ihrer Wanderung das erste Mal 1728 in die Stadt. In den Jahren 1730, 1731 (?), 1732, 1733, 1735 sowie 1737, 1738 und 1739 folgten weitere Aufenthalte. Da das Hamburger Musiktheater im Jahre 1738 zugrunde gegangen war, vermietete der Besitzer das Gebäude an die Neubersche Wandertruppe. Wie Schütze in seiner *Hamburgischen Theater-Geschichte* schreibt, "waren die Opernfreunde auf diesen Tausch erbittert"[7]. Zwar fanden in Hamburg zu dieser Zeit auch weiterhin Opernaufführungen statt, allerdings wurden sie bis in die sechziger Jahre hinein von umherziehenden italienischen Operntruppen ohne eine feste Spielstätte veranstaltet. In Friedrich von Reden-Esbecks 1881 erschienenen Biographie der Neuberin, die noch immer als Standardwerk gilt, können wir über die Ablehnung der Komödianten folgendes lesen:

> Man fand bei den hochdeutschen Comödianten nicht so viel Spaß, nicht so viel zauberische und bezaubernde Abwechslungen als in den Opern. Flugwerke, Verwandlungen, Kleiderwechsel, Kampfscenen, Mord und Totschlag, das Alles war auf der Neuber'schen Bühne zu sparsam zu belachen und anzustaunen. Es ging in den regelmäßigen, lustigen und traurigen Stücken zu natürlich, zu menschlich her, daß man vor lieber Langerweile kaum hinsah und hinhörte und zuletzt zu Hause blieb.[8]

Am 23. August 1737 unterbreitete die Neuberin dem Senat einen Plan für ein stehendes Theater, indem sie die Bürger aufforderte, es den Fürsten gleichzutun und ihrer Truppe ein Privileg für Hamburg zu verleihen, das eine zwölfjährige Zusammenarbeit mit dem Senat garantieren sollte. Daß die Neuberin bei der Stadt nicht lediglich um eine Konzession nachsuchte, sondern um ein Privilegium, wie es nur Landesherren erteilten, scheint ein Ausdruck dafür zu sein, daß sie den Stadtstaat im Range durchaus einem Feudalstaat gleichstellte. Die Hanseaten zeigten jedoch für diesen programmatischen Vorschlag, den die Neuberin in Form einer Denkschrift vorgetragen hatte, kein Verständnis, weil sie ein Schauspieltheater aus merkantiler Sicht nicht als vorteilhaft für ihre Stadt ansahen.

Als die Neuberin dann im Januar 1740 Hamburg verließ, teilte sie den Bürgern in einer unfreundlichen Abschiedsrede mit, wie sie über deren ablehnendes Verhalten gegenüber der Schauspielkunst dachte.

Danach waren wieder mehrere Komödientruppen in der Stadt, unter ihnen so bedeutende wie die von Johann Friedrich Schönemann (1704–1782) und die von Johann Heinrich Koch (1703–1775). Im Jahre 1764 wurde Kochs Truppe von den Komödianten Konrad Ernst Ackermanns (1712–1771) abgelöst, der—gemeinsam mit dem Schauspieler Conrad Ekhof (1720–1778)—im alten Komödienhause am Dragonerstall sehr erfolgreich war. Als ihm Koch daraufhin verstärkt Schwierigkeiten bereitete, beschloß Ackermann, ermuntert durch ausländische Diplomaten, sich in Hamburg ein eigenes Theater bauen zu lassen:

> Am 7. Dez. schloß er sein Theater am Dragonerstall... Das neue A c k e r m a n n s c h e Schauspielhaus sollte auf dem Platze des alten, der Niederreißung nun völlig würdigen Opernhauses stehen...
> Ein Hamb. Baumeister, D a v i d F i s c h e r, erbaute auf A c k e r m a n n s Kosten ein nicht prächtiges, aber für das Bedürfnis hinlänglich ansehnliches Gebäude...
> In sechs Monaten war der Bau des Hauses angefangen und vollendet. A c k e r m a n n eröffnete am 21. Juli 1765...[9]

Nachdem an der Ostseite des Gänsemarktes 87 Jahre lang eine Oper gestanden hatte, in der das erste feste Musiktheater Deutschlands seine Blütezeit erlebte, war nun im Jahre 1765 an gleicher Stelle ein Schauspielhaus errichtet worden, in welchem der Versuch einer Nationaltheatergründung zwei Jahre später gewagt wurde.

Die authentischen Unterlagen für eine Rekonstruktion des Gänsemarkt-Theaters

Für eine maßstabgerechte Nachbildung, die als museales Modell ein weitgehend "maßstab-, funktions- und materialgerechtes, räumliches Abbild"[10] sein muß, war die bereits erwähnte, in literatur- bzw. theatergeschichtlichen Beiträgen zum Thema "Lessing und Hamburg" oft publizierte Voderansicht des Gebäudes keinesfalls ausreichend. Es handelt sich um eine Bleistiftzeichnung aus dem Jahre 1827, die das Theater frontal zeigt und eher den Eindruck einer Scheune als eines Schauspielhauses vermittelt. Zwar ist rechts im Bild die räumliche Ausdehnung angedeutet, jedoch nur unscharf, so daß von dieser Ansicht keine tatsächlichen Größenverhältnisse abzuleiten sind.

Auch die nur allgemein gehaltene Beschreibung des Gebäudes in den Hamburger "Unterhaltungen" und der *Hamburger Theater-*

Geschichte ließ noch keine räumliche Gestaltung zu, obwohl in diesen zeitgenössischen Veröffentlichungen der Jahre 1766 bzw. 1794 immerhin zu den Abmessungen (z.B. "59 Fuß breit und 110 Fuß lang") und zur Architektur (z.B. "die Brüstungen der Logen in beiden Rängen sind ausgeschweift") zu entnehmen waren.[11] Genauere, zum Teil auch vergleichende Quellenstudien, wie sie Herbert Eichhorn 1965 in seinem Buch über Konrad Ernst Ackermann ausgewertet hat[12], erbrachten zwar weitere Hinweise zum Baukörper und dessen Ausstattung, ohne Baupläne und Detailskizzen blieb die geplante Nachbildung freilich auch damit noch unrealisierbar. Nach längeren Recherchen konnten solche aufschlußreichen Unterlagen im Staatsarchiv Hamburg aufgefunden werden:

1. eine Schemaskizze des Grundrisses und verbunden damit
2. eine Zeichnung der gesamten Holzkonstruktion (Abb. 1).
3. das Gebäude betreffende Senatsprotokolle, die wesentliche technische Einzelheiten und Skizzen enthalten.

(Für die großzügige Unterstützung bei meinen Nachforschungen im Hamburger Staatsarchiv sei an dieser Stelle besonders Herrn Dr. Hans Wilhelm Eckardt gedankt.)

Zur Modellgestaltung

Nachdem diese Dokumente vorlagen, begann die Arbeit am Modell. Dafür konnte ein früherer Bühnenmeister, Otto Scholtz aus Reichenbach im Vogtland, gewonnen werden. Fachberatung erhielt er von der Kunst- und Theaterwissenschaftlerin i.R. Dr. Gertrud Rudloff-Hille, vom damaligen Leiter der Reichenbacher Neuberin-Gedenkstätte Wolfram Günther und vom Direktor des Lessing-Museums Kamenz. Sachkundig, mit viel Geduld, Sorgfalt und Liebe zur Theaterkunst schuf der Modellbauer in zweijähriger intensiver Arbeit für das Lessing-Museum Kamenz und die Neuberin-Gedenkstätte Reichenbach zwei gleiche Exemplare einer weitgehend detailtreuen Rekonstruktion mit maßstabgerechten Einzelheiten wie Türen, Fenster, Bühnen- und Parkettfußboden, Dachstuhl, Dachziegel und Verzierungen in den Innenräumen.

Zur Selbstverständigung in der kleinen Arbeitsgruppe machte sich zunächst die Schaffung eines vereinfachten Arbeitsmodells im Maßstab 1:75 erforderlich. Dabei wurde deutlich, daß eine Ausführung für die literaturmuseale Präsentation mindestens im Maßstab 1:25 erfolgen mußte, wenn die Ausstellungsbesucher (und nicht nur Baufachleute) die Besonderheiten dieses historischen Theaterbaus erkennen sollten. Das ergab eine Modellgröße von 140 cm Länge, 70 cm Breite und 75 cm Höhe (Abb. 2).

Bei der Anfertigung der Nachbildung orientierte sich der Modell-

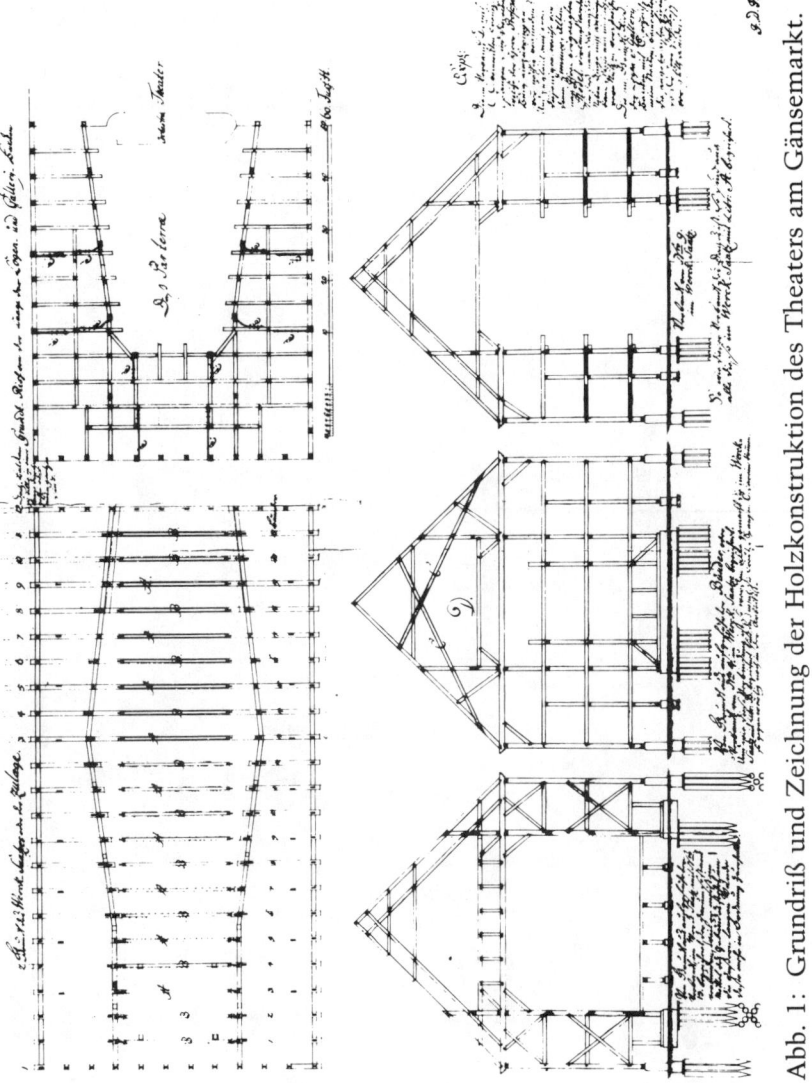

Abb. 1: Grundriß und Zeichnung der Holzkonstruktion des Theaters am Gänsemarkt.

8 Nachbildung des Theaters

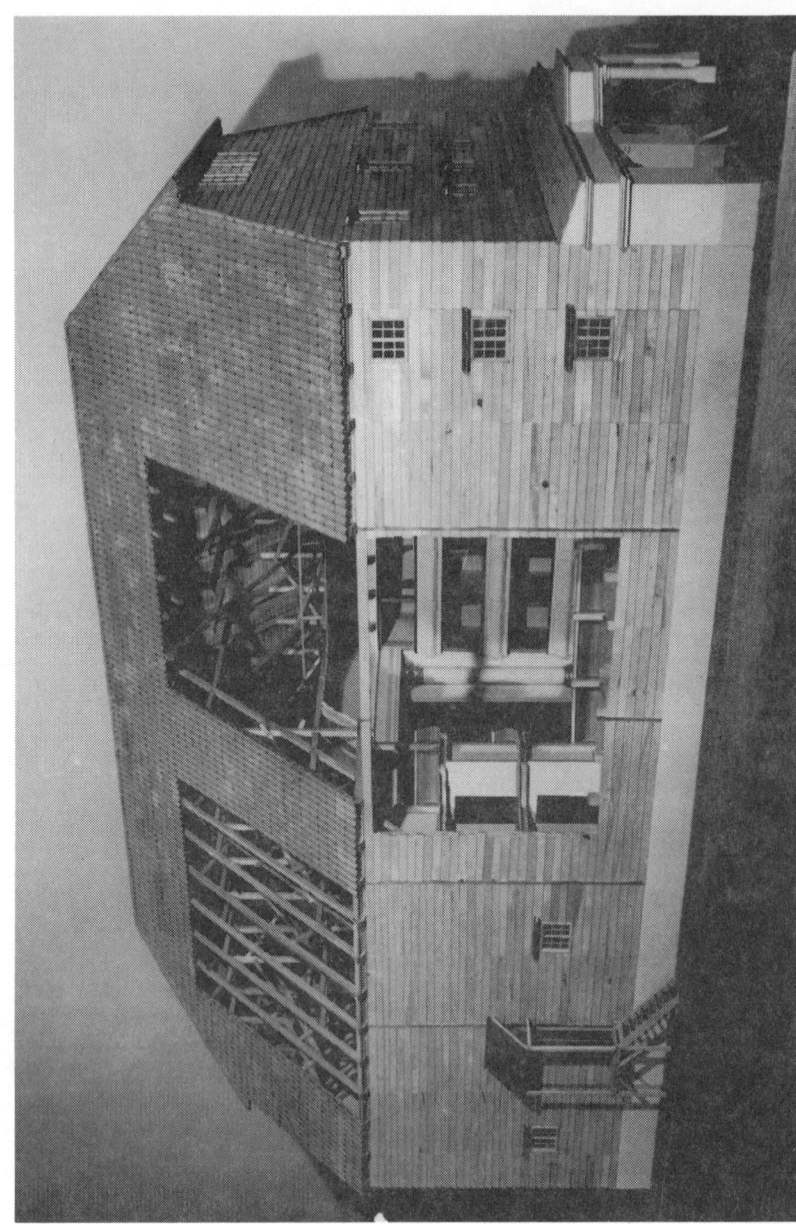

Abb. 2: Modell des Theaters am Gänsemarkt (1765).

bauer konsequent an den überlieferten Unterlagen. Die wichtigsten Maße waren den Bauzeichnungen zu entnehmen, wobei allerdings erst noch eine Umrechnung von Fuß in Meter erfolgen mußte. Daß die Maße der Zeichnungen den Angaben der Beschreibung in zeitgenössischen Quellen entsprachen, beglaubigte das Rekonstruktionsvorhaben in überzeugender Weise. Wenn Hinweise auf Einzelheiten fehlten, wurde entweder die Gestaltung in Anlehnung an den theatergeschichtlichen Entwicklungsstand vorgenommen, z.B. im Vergleich mit erhaltenen Innenansichten zeitgenössischer Theaterbauten, oder auf die Nachbildung von Details verzichtet.

So manches ließ sich jedoch auch ohne Maßangaben, allein von der Beschreibung ableiten, beispielsweise von dem Hinweis, daß "das Proszenium von zwei korinthischen Säulen mit vergoldeten Gesimsen und Kapitälen flankiert wurde, deren Grund aus Marmor bestand"[13]. Unklar war zunächst die Konstruktion der Dachbinder, die in zwei verschiedenen Ausführungen dargestellt und als A und B bezeichnet sind, wobei der untere Balken bei B durchgeht, bei A aber unterbrochen ist. Aus der Gesamtkonstruktion konnte dann geschlossen werden, daß die Binder entsprechend ihrer Lage über der Bühne und über den Vorräumen einen durchgehenden unteren Balken hatten, während der untere Balken im Saal unterbrochen war. Hier erfolgte eine konstruktive Unterstützung durch den Rang. Damit wurde einerseits die besondere, hochgezogene Gestaltung der Decke im Zuschauerraum möglich, andererseits konnte im Bühnenbereich in Verbindung mit der Deckenkonstruktion eine stabile Maschinerie errichtet werden. Wenn in Lessings *Hamburgischer Dramaturgie* bei der Aufführungskritik immer wieder beachtliche Verwandlungen herauszulesen sind, dann muß es eine gute technische Bühnenausstattung gegeben haben, was bei der Modellgestaltung deutlich erkennbar war (Abb. 3).

Die größte Originaltreue wurde bei der Vorderfront erreicht. Dagegen waren die Angaben zur Heizung und Beleuchtung so unvollständig, daß auf deren Rekonstruktion verzichtet werden mußte. Die Schwierigkeit bei der Ausführung bestand zunächst in der Beschaffung des Materials, das in der benötigten Form selbst im Fachhandel nicht vorhanden war. Auch mußten die für die Materialbearbeitung nötigen Geräte erst angefertigt werden. So wurde z.B. eine Präzisionssäge gebraucht, um Leisten mit einem Querschnitt von nur 1x2 mm zurechtzuschneiden, die für die Fenstersprossen erforderlich waren. Für Gesimse und Balkenköpfe galt es, einen entsprechenden Profilfräser anzufertigen. Das erforderte etwa zehnmal mehr Zeit als die eigentliche Fräsarbeit. Oder ein anderes Beispiel: Für die Herstellung der Dachziegel mußte erst eine besondere Matrize gebaut werden, die eine formgerechte Pressung des erhitzten Plastematerials gestattete.

10 Nachbildung des Theaters

Abb. 3: Innenansicht des Modells vom Theater am Gänsemarkt (1765).

Neben der allgemeinen Wertschätzung des Gänsemarkt-Theaters berichten Chronisten des 18. Jahrhunderts zugleich davon, daß das Gebäude erhebliche technische Mängel bzw. Unzulänglichkeiten aufwies. Geklagt wurde vor allem über die unvorteilhafte Außenansicht, über den Mangel an Verzierungen, über die schlechten Zugänge zu den einzelnen Platzgruppen, über die engen Bänke im Parkett und unzureichende Sichtmöglichkeiten von den hinteren Reihen der Logen. Auch wurden Vergleiche mit anderen Theatern der Zeit angestellt, um die Kritik zu begründen.

Die Modellgestaltung ergab indessen nach und nach eine insgesamt positivere Bewertung der Bauleistung: Bedenkt man nämlich die kurze Bauzeit von nur einem halben Jahr, so repräsentieren m.E. sowohl die Gesamtkonstruktion als auch—einzeln betrachtet—das große Bühnenhaus mit seiner Maschinerie, der großzügig gestaltete Zuschauerraum und die zum Teil bemerkenswerte künstlerische Ausstattung eine imposante Theatereinrichtung des 18. Jahrhunderts. Daß für jede Platzgruppe ein separater Ausgang zur Verfügung stand, daß die Akustik des Hauses sehr gut gewesen ist, daß die Bühne eine großartige Perspektive ermöglichte und daß so mancher Mangel bald nach der Fertigstellung korrigiert wurde, hatten die zeitgenössischen Chronisten bei aller Kritik ohnehin bereits als vorteilhaft anerkannt.

Die Ursachen für das Scheitern der Hamburger Entreprise sind übrigens in keiner Weise auf die theatertechnischen Bedingungen des Hauses am Gänsemarkt zurückzuführen. Im Gegenteil: Ackermann hat seine Aufführungen in diesem Schauspielhaus später sogar—um das ausbleibende Publikum anzulocken—durch eine größere Ausstattung den beliebten Operninszenierungen angleichen können. Zudem gab es nach der Schließung des Nationaltheaters am 4. Dezember 1767 dann erneut einen kurzen Spielbetrieb vom 13. Mai bis 25. November 1768 und schließlich noch Theateraufführungen bis gegen 1800. In der Bibliothek des Hamburger Staatsarchivs befinden sich zwei Sammelbände von Broschüren und Zeitschriften aus dieser Zeit, die das Weiterwirken des Nationaltheatergedankens bis zur Jahrhundertwende anschaulich belegen.[14]

Als Friedrich Ludwig Schröder (1744–1816) im Februar 1768 nach Hamburg kam, spielte er zunächst bei Ackermann und übernahm später selbst die Direktion. Unter seiner Leitung wurde nicht nur das Schauspiel, sondern auch wieder die Oper gefördert. Bis man 1827 am Dammtor ein neues Theatergebäude eröffnete, gab es im Komödienhaus am Gänsemarkt auch Opernaufführungen, für die das Gebäude demnach ausreichende Voraussetzungen geboten hat. Immerhin—und dies sei abschließend dazu bemerkt—existierte der Theaterbau am Gänsemarkt über ein Jahrhundert, bis er 1877 abgerissen wurde.

Das Ausstellungsensemble "Hamburger Nationaltheater"

Theaterbauten sind Zeugnisse wechselvoller Theatergeschichte. Als Baudenkmale dokumentieren sie die Entwicklung einer Kunstgattung, die im Zeitalter der Aufklärung zur "weltlichen Kanzel" (Gottsched) für die Erziehung und Bildung der deutschen Nation wurde. Lessings konsequente Orientierung auf die Möglichkeit, das Theater als Einrichtung und Kunstgattung zur national repräsentativen und literaturgeschichtlich wirksamen Instanz seiner Klasse, des progressiven Bürgertums, zu machen, hat ein entscheidendes Kapitel deutscher Literatur- und Theatergeschichte geprägt. Das Kamenzer Literaturmuseum stellt deshalb das Thema "Lessing und das Theater" als einen bedeutsamen historischen Entwicklungsprozeß dar: Dem Besucher werden die Beziehungen zwischen Dichter-Biographie und Theater-Geschichte anhand ausgewählter Beispiele zusammmenfassend veranschaulicht.

Am Beginn dieser Übersichtsdarstellung sind Exponate zu sehen, die auf die Bedeutung des Wandertruppentheaters, der Schulbühne, auf Lessings frühe Studien der großen Autoritäten des Altertums und auf sein erstes Lustspiel, den *Jungen Gelehrten*, hinweisen. Dann folgen Sachzeugen, die das Verhältnis des deutschen Aufklärers zum klassizistischen Theater Frankreichs, zu Shakespeares Dramen und zur italienischen Stegreifkomödie verdeutlichen. Das geschieht besonders mit Modellen einer Simultanbühne, des Londoner Fortunatheaters und einer einfachen Kulissenbühne. Schließlich werden mit dem *Laokoon* und der *Hamburgischen Dramaturgie* herausragende Werke seiner realistischen Ästhetik als Höhepunkte des künstlerischen Schaffensprozesses vorgestellt. Am Ende dieses Schwerpunktthemas ist dann das Ausstellungsensemble "Hamburger Nationaltheater" zu sehen. Die maßstabgerechte Nachbildung des Ackermannschen Theaters vermag, in Verbindung mit entstehungsgeschichtlichen Sachzeugen und einer verkleinerten Kopie des Hamburger Lessing-Denkmals von Fritz Schaper, den interessierten Besuchern einen Einblick in jene Theaterwelt zu vermitteln, in der Lessing seine ästhetisch-literarischen Erkenntnisse kritisch überprüfte und Einsichten formulierte, die zur Entwicklung von Drama und Bühne im 18. Jahrhundert entscheidend beigetragen haben. Solche grundlegenden Gedanken aus der "Hamburgischen Dramaturgie", die als kurze Zitate über dem Modell nachzulesen sind, machen den theatergeschichtlichen Fortschritt erkennbar, der von dieser Bühne und Lessings Studien der Theaterkunst ausging.[15] Auf diese Weise wird die Wirkungsabsicht der ständigen Ausstellung für das Thema "Lessing und das Theater" in Form einer überschaubaren visuellen Aussage realisiert. Freilich ist es nicht möglich, mit diesem Ausstellungsteil allen Besuchern umfassend zu entsprechen, zumal das Spektrum von Schülern über

Reisegruppen bis hin zu Fachwissenschaftlern äußerst differenziert ist. Anregungen zur Beschäftigung und zum Nachdenken über Literatur und Kunst kann diese biographisch-thematische Gestaltung jedoch so manchem Interessierten auf museumsspezifische Weise geben.

Lessing-Museum Kamenz

1 *Vorläufige Nachricht von der auf Ostern 1767 vorzunehmenden Veränderung des Hamburgischen Theaters* (Hamburg, gedruckt und zu bekommen bey Michael Christian Bock 1766), S. 3.
2 ebenda, S. 6.
3 Schütze, Johann Friedrich: *Hamburgische Theater-Geschichte* (Hamburg 1794), S. 336f.
4 Kopitzsch, Franklin: "Lessing und Hamburg. Aspekte und Aufgaben der Forschung", in: *Wolfenbütteler Studien zur Aufklärung*, im Auftrag der Lessing-Akademie hg. von Günter Schulz (Jacobi Verlag: Wolfenbüttel 1975 und 1976), Band II, S. 47ff. und Band III, S. 273ff.
5 Slessarev, Helga: "Lessing und Hamburg. Wechselbeziehungen zweier 'Persönlichkeiten' ", in: *Lessing Yearbook* XIII (1981), S. 1–67.
6 Schütze, a.a.O., S. 134.
7 ebenda, S. 231.
8 von Reden-Esbeck, Friedrich Johann: *Caroline Neuber und ihre Zeitgenossen. Ein Beitrag zur deutschen Kultur- und Theatergeschichte* (Leipzig 1881), S. 241
9 Schütze, a.a.O., S. 316ff.
10 *Kleines Wörterbuch des Museumswesens* (Institut für Museumswesen: Berlin 1975), S. 41.
11 Vgl. Schütze, a.a.O., S. 323.
12 Vgl. Eichhorn, Herbert: "Konrad Ernst Ackermann und die Ackermannsche Gesellschaft deutscher Schauspieler", in: *Die Schaubühne*, Band 64 (1965), S. 81ff.
13 *Briefe über die Schauspielkunst und Theaterwesen in Deutschland* (Altona 1798), S. 5.
14 *Über Theater bis 1800.* 2 Bde., Signatur: A 531/2
15 Die Zitate lauten: "Die Namen von Fürsten und Helden können einem Stücke Pomp und Majestät geben; aber zur Rührung tragen sie nicht bei. Das Unglück derjenigen, deren Umstände den unsrigen am nächsten kommen, muß natürlicherweise am tiefsten in unsere Seele dringen." (14. Stück); "Auf dem Theater sollen wir nicht lernen, was dieser oder jener einzelne Mensch getan hat, sondern was ein jeder Mensch von seinem gewissen Charakter unter gewissen gegebenen Umständen tun werde." (19. Stück); "Die Komödie will durch Lachen bessern . . ." (29. Stück); "Denn nichts ist groß, was nicht wahr ist." (30. Stück); "Das Genie können nur Begebenheiten beschäftigen, die eineinander gegründet sind, nur Ketten von Ursachen und Wirkungen." (30. Stück); "Mit Absicht handeln ist das, was den Menschen über geringere Geschöpfe erhebt; mit Absicht dichten, mit Absicht nachahmen, ist das, was das Genie von den kleinen Künstlern unterscheidet, die nur dichten, um zu dichten, die nur nachahmen, um nachzuahmen . . ." (34. Stück); ". . . Erzählung bleibt immer Erzählung, und wir wollen auf dem Theater wirkliche Handlungen sehen." (53. Stück); "Ich habe es lange schon geglaubt, daß der Hof der Ort eben nicht ist, wo ein Dichter die Natur studieren kann. Aber wenn Pomp und Etikette aus Menschen Maschinen macht,

so ist es das Werk des Dichters, aus diesen Maschinen wieder Menschen zu machen." (59. Stück); "Shakespeare will studiert, nicht geplündert sein." (73. Stück); "Denn er, Aristoteles, ist es gewiß nicht, der die mit Recht getadelte Einteilung der tragischen Leidenschaften in Mitleid und Schrecken gemacht hat. Er spricht von Mitleid und Furcht, nicht von Mitleid und Schrecken... Mit einem Worte: diese Furcht ist das auf uns elbst bezogene Mitleid." (75. Stück); "Die dramatische Form ist die einzige, in welcher sich Mitleid und Furcht erregen läßt; wenigstens können in keiner andern Form diese Leidenschaften auf einen so hohen Grad erregt werden ..." (80. Stück); "Nicht jeder Kunstrichter ist Genie; aber jedes Genie ist ein geborner Kunstrichter." (96. Stück)

'Das klingt sehr tragisch!'
Lessing's *Minna von Barnhelm* As Embodiment of the Genre Discussion

Judith P. Aikin

Lessing's *Minna von Barnhelm*, "ein Lustspiel in fünf Aufzügen,"[1] is often taken, together with other earnest comedies, as definitive evidence that Germans can't or won't write funny, lighthearted plays.[2] Karl Guthke, for instance, views the play not as a *Lustspiel*—in spite of its self-designation—but as a tragicomedy in his *Geschichte und Poetik der deutschen Tragikomödie*.[3] Helmut Arntzen includes an analysis of this play in his *Die ernste Komödie*.[4] Bruce Duncan sees Lessing's play as a prime example of "dark comedy" in his dissertation "Dark Comedy in Eighteenth-Century Germany."[5] The number of scholars who have pointed out the tragic potential of the plot or the serious implications of Tellheim's plight is far greater than that of scholars who see him solely as a comic or ridiculous character. Albert Reh has recently divided up scholarship on *Minna von Barnhelm* according to the stance of each writer on generic characteristics which make this play "tragic," "tragicomic," or "comic," respectively.[6] Indeed, in spite of Lessing's generic information on the title page, tragic expectations are aroused by the very title of the play—the name of a woman of high social class, reminiscent of Gryphius' *Catharina von Georgien*, for instance. Lessing seems to have sensed the resultant need not only for the generic tag "Lustspiel," but also for a subtitle which is overtly comic—"oder das Soldatenglück."[7] The information that it is a five-act play, on the other hand, seems to revert to the notion that the play might be tragic in nature, for five acts remained, for many in the eighteenth century, the outward structure of a tragedy, while comedies normally distributed their plot into three acts. In short, the messages concerning the genre to which this play belongs are in fact confused and confusing—a situation which was surely intended by the theoretically-minded Lessing.

One possible approach to this babble of generic information is to view the play as having not one, but two protagonists, one typical of comedy (Minna), the other of tragedy (Tellheim)—each, interestingly enough, the opposite of expectations based on the title. Several scholars have indeed come to this conclusion, at least in part. Heinz Stolte saw this solution already in 1941:

> Ist die "Minna von Barnhelm" überhaupt ein Lustspiel? Sie ist es, aber sie ist es nicht w e g e n der Gestalt des Tellheim, sondern t r o t z ihr, nicht wegen der sittlichen Strenge dieses preußischen Offiziers, sondern trotz ihr. Sie ist es d a n k der Grazie, Lebendigkeit, spielerischen Tatkraft des sächsischen Edelfräuleins, dank des "corriger la fortune" des französischen Gauners und Harlekins Riccaut de la Marlinière, dank der habsüchtigen Pfiffigkeit des Wirts, der Grobheit Justs und—vor allem—dank der Gerechtigkeit des Deus ex machina, des großen Preußenkönigs.[8]

Guthke, although he terms the play "trotz des Titels ein Tellheim-Drama" (p. 34), also comments: "Sehen wir von Tellheim her, so ist es eine Tragödie, von Minna her eine Komödie" (p. 35). Fritz Martini criticizes Guthke's overemphasis on Tellheim when he similarly attributes tragic characteristics to Tellheim and comic ones to Minna: "Es heißt die Einheit des Spiels als einen ästhetischen Gesamtzusammenhang zu verfehlen, wenn man es je nur aus dem Aspekt *eines* isolierten Charakters—sei es nun Tellheims Tragödie oder Minnas Komödie—begreifen will."[9] Ingrid Strohschneider-Kohrs speaks of "zwei menschliche Grundgebärden nebeneinander: die eine, die aus Freude und Glück im Vertrauen sich gründet,—und die andere, die in Unglück und Bitternis zu Mißtrauen gelangt und bis zum 'Menschenhaß' getrieben zu werden vermag."[10]

Several scholars, beginning with Benno von Wiese in 1968,[11] have postulated that this juxtaposition in a single play of two characters, one characteristic of comedy, the other of tragedy, constitutes an exploration or a dramatization of Lessing's own theories of the dramatic genres. Von Wiese finds a higher, Hegelian view of comedy in this play: "In diesem groß gefeßten Sinn überwindet in Minnas kühnem Spiel ein höheres Prinzip des Komischen die mit Tellheims Charakter und Situation gegebenen Möglichkeiten zum Tragischen." However, he sees this process leading not to a clarification of the comic and the tragic, but to "eine Sphäre, die jenseits von Komik und Tragik steht" (p. 13). Jürgen Schröder analyzes the theoretical stances towards comedy and tragedy represented by Minna and Tellheim in terms of their possible relationship to another dramatization of the theoretical topic by Lessing, the *Fatima* fragments. He refers to the scene where Minna comments on Tellheim's pathos with "Das klingt sehr tragisch!", especially, as a "verdeckte ästhetische Auseinandersetzung."[11] The drama, like the *Fatima* scenes, constitutes "ein Stück dramatisierter Poetik," according to Schröder (p. 88), yet he sees the ultimate purpose of this confrontation of the tragic and the comic not as an exploration of the two genres, but as the correction of an unnatural tragic stance (Tellheim's falsely understood concept of his situation) by means of comic tools. Beatrice Wehrli follows Schröder in this interpretation: although she sees Minna's views of laughter in IV,6 as containing "Lessings Komödientheorie in nuce," she, too, views Tellheim's concept of himself as a tragic hero as a ridiculous self-delusion which needs to be cured by means of Minna's comic techniques.[13] Both of these scholars are primarily interested in a train of thought begun by Paul Böckmann concerning Lessing's "Sprache des Herzens,"[14] and only peripherally in the genre question.

Yet viewing the play as a dialectical exploration of tragic and comic drama in the persons of Tellheim and Minna can offer not only another dimension to our understanding of this play, but also to our comprehension of Lessing's theories of the dramatic genres and their relation to actual practice. The keys to Lessing's affective theory and its application, here as elsewhere, are the intended emotional effects of tragedy and comedy, *Mitleid* and *Lachen* respectively, designed to alter in some way the behavior of the intended recipients. During the course of the play, as will be shown here, Minna wields each of these weapons in the arsenal of the dramatic genre in her assault upon the defenses Tellheim has raised against her loving generosity. The result is a victory not just for the cause of reason or of feeling, but for the comic principle itself. And while this comic principle in Lessing's drama may include comic figures like Riccaut or the innkeeper, its essence lies in the more universal quality of love and in the optimistic world view of the Enlightenment which still depends, at least for Lessing, on faith in Divine Providence. Elucidation of this comic principle is not to be found as such in Lessing's intellectualizations—that has remained largely for twentieth-century Anglicists like Northrop Frye and Susanne K. Langer to provide—but the principle is as much central to this play by Lessing as it is in the Shakespearean comedies which provided the impetus for the development of an appropriate theoretical framework.

The comic principle which rules *Minna von Barnhelm* is much more than the list of comic character types and stock episodes or subject matter provided already in the seventeenth-century by Martin Opitz[15] and reiterated by numerous scholars of German comedy today.[16] It is, as Frye has pointed out in relation to the comedies of Shakespeare, "a natural perspective"[17] on life and the human condition structured on an optimism which is essentially Christian in origin and pattern. Only peripherally having to do with laughter, this principle manifests itself primarily in the happy ending. As Frye notes, in comedies of this sort "The drive toward a comic conclusion is so powerful that it breaks all the chains of probability in the plot, of habit in the characters, even of expectation in the audience, and what emerges at the end is not a logical consequence of the preceding action, as in tragedy, but something more like a metamorphosis" (pp. 123–24). And for Frye this happy ending is nearly synonymous, at least in a typical Shakespearean romantic comedy, with the multiple marriage celebrated or announced at play's end, which, however, is itself only a cipher for a higher meaning: "the ascendant society of the early part of the play, with its irrational laws, lusts, and tyrannical whims, is dissolved and a new society crystallizes around the marriage of the central characters" (p. 118). On the one hand, Frye terms this process the acquisition of a new "social identity" (p. 118); on the other, he relates it to "the parallel between the structure of a romantic comedy and the central myth of Christianity: the parallel that made Dante call his poem a *commedia*. The framework of the Christian myth is the comic framework of the Bible, where man loses a peaceable kingdom, staggers through the long nightmare of tyranny and injustice which is human history, and eventually regains his original vision" (p. 133). One is reminded of the structure which Lessing gives his *Erziehung des Menschengeschlechts*, which is similarly modelled on traditional schematic patterns for delineating *Heilsgeschichte*.

The Shakespearean comedy following the pattern Frye describes—a type which I believe Lessing sought to emulate in *Minna von Barnhelm*—can, and indeed must of necessity incorporate the serious, even potentially tragic side of life. This prerequisite for the romantic or problem comedy modelled on Shakespeare, quite alien to the tradition Lessing found before him in German Enlightenment Comedy, seems to have led him to become far more self-conscious about the tragic—and comic—elements in this play, resulting, perhaps, in a dramatized theoretical dialogue between representations or embodiments of tragedy and comedy which underlines Lessing's aim in writing this play: to create a *Musterbeispiel* of a comedy[18] (read: a Shakespearean comedy) for German literature.

In Lessing's so-called "Tellheim-Drama" *Minna von Barnhelm*, Tellheim's character and actions, in many instances, stamp him the typical tragic hero. He insists on retaining his earnest tone and his serious attitude toward his predicament in the face of Minna's lighthearted attempts both to elevate his mood and to disparage his concerns and expose them to ridicule: "Sie wollen lachen, mein Fräulein. Ich beklage nur, daß ich nicht mit lachen kann" (IV,vi). He maintains this serious view of his circumstances until his "awakening" in V,xiii and xiv, after which he is able to tease Franziska in a matchmaking attempt of his own (end of V,xiv)—for the first time in the play the activity of a typical character in a comedy. And the subject upon which he is adamantly serious is patently no laughing matter: his threatened honor is no "Scheinwert" that needs to be exposed, at least in the minds of Lessing's contemporaries, and if his rigid interpretation of what is honorable seems exaggerated, it never quite attains the stature of the ridiculous—the appropriate treatment in a comedy—as even Minna comes to realize and accept by the end of the play. Tellheim's stance is one of upright morality and sense of responsibility: virtue so obvious that it deserves to be rewarded by earthly and divine justice, as Minna claims in IV,vi, not neglected or rejected. This moral theme would be inappropriate in the realm of comedy, according to a comic theorist of the next generation, August Wilhelm Schlegel,[19] but appropriate in tragedy, particularly as delineated by Friedrich Schiller, premier theorist of tragedy in the next generation.[20] For the struggle against his own desires on Tellheim's part in order to fulfill his sense of responsibility amounts to nothing short of Schiller's "Würde," hallmark of the tragic protagonist: "Wie schwer ist dieser Sieg!—Seitdem mir Vernunft und Notwendigkeit befehlen, Minna von Barnhelm zu vergessen: was für Mühe habe ich angewandt!" (II, ix). His blindness towards the feelings and the pride of those who love him and wish to help him in his need, as well as, more overtly and symbolically, perhaps, in his inability to distinguish the two rings, is likewise a typical failing of the tragic protagonist (although blindness can also afflict a ridiculous character in a comedy). Then too, Tellheim's melancholy mood and pessimistic outlook are a standard part of the makeup of the tragic hero. He answers Minna's love and Werner's generosity with speech after speech on his own misfortunes ("Unglück") and on the bitter "Notwendigkeit" which he sees as the cause.

Minna challenges his tragic outlook directly as she scolds him: "In was für einen Ton bin ich mit Ihnen gefallen! Ein widriger, melancholischer, ansteckender Ton.—Ich nehme den meinigen wieder an" (II,ix). To his complaints that he is no longer the man with whom she had fallen in love, she replies, in acknowledgement of his self-identification with a tragic hero, "Das klingt sehr tragisch!" (ibid.) But she counters his tragic stance with the multifaceted approach of comedy to the sufferings of this world. She makes sport of his earnestness, playing on the unsuspecting Tellheim what many—including Franziska—have termed a cruel trick: "ein Streich . . . , ihn wegen dieses Stolzes mit ähnlichem Stolze ein wenig zu martern" (III,xii). At play's end she even claims that her comic "Streich" had been in retaliation for his own: "Dieses zur Probe, mein lieber Gemahl, daß Sie mir nie einen Streich spielen sollen, ohne daß ich Ihnen nicht gleich darauf wieder einen spiele" (V,xii); she has twisted his moral anguish and attempt at noble renunciation into her own sort of genial playfulness, thus further denying the tragic tone Tellheim earlier upheld. Her comic claims for self-centered happiness and her demand for the fulfillment of her love counter Tellheim's tragic attitude, and she banishes his melancholy with a promise of forgetfulness in the pleasant feelings of present happiness—principle characteristics of the comic theory of August Wilhelm von Schlegel, as noted above.

Minna's identity as the spirit of comedy, in the sense both of Frye's depiction and of Schlegel's theory, is clear from her first entrance as she expresses her confidence that all will work out well in the end: "Franziska, mein Herz sagt es mir, daß meine Reise glücklich sein wird, daß ich ihn finden werde" (II,i). Even as she prays to God, just prior to her first meeting with Tellheim, she rejects Franziska's fears and sympathy for the unfortunate Major: "Ich bin glücklich! und fröhlich! Was kann der Schöpfer lieber sehen, als ein fröhliches Geschöpf!—(Franziska kommt) Bist du wieder da, Franziska?—Er jammert dich? Mich jammert er nicht. Unglück ist auch gut. Vielleicht, daß ihm der Himmel alles nahm, um ihm in mir alles wieder zu geben!" (II,vii). Her optimistic view that the benevolence of God will provide the hoped-for happy ending provides the counterpoint to Tellheim's pessimism and near-despair.

Indeed, Minna's faith in a benevolent Providence which will surely reward virtue and not punish the innocent is an important part of her argument when she attempts to employ rational means to change his mind in IV,vi: "Die Vorsicht, glauben Sie mir, hält den ehrlichen Mann immer schadlos." "Vorsicht," in the eighteenth-century still often used in place of the more modern "Vorsehung," clearly signifies Divine Providence in this context, as F. J. Lamport and others have also seen.[21] Minna uses the term earlier in the same speech as well, coupling it with virtue as something appropriate for the good person to believe in: "Wenn Sie an Tugend und Vorsicht glauben, Tellheim, so lachen Sie so nicht" (IV,vi). And as she champions a benevolent Providence, he continues to insist on "Notwendigkeit"—Fate, a sort of tragic equivalent of the Christian providential view, perhaps inherited from the classical sources of tragedy—until his woe is replaced by that very vindication of his honor and recognition of his virtue predicted so forcefully by Minna in this scene.

The "happy end" characteristic of comedy, rarely subjected to theoretical treatment by Germans,[22] is inherent from the beginning of the play, both in Minna's speeches and attitudes, and in reality itself, as both audience and characters discover during the course of the play—Tellheim's recovery of honor and wealth is no *deus ex machina* device resorted to by a lazy or confounded author, but foreseen and foreseeable from the start, as Benno von Wiese has shown.[23] While Lamport, Brown, and others have seen the happy ending as dependent on Lessing's own belief in a benevolent Divine Providence, others speak of a more secular optimism Lessing would have found in the philosophy of the Enlightenemnt.[24] But whatever the source of the inevitability of the happy ending in Lessing's play,[25] confidence in it on the part of Minna constitutes an important aspect in the comic configuration she embodies. And like any good optimist, not to mention any Shakespearean comic heroine, she does not passively rely on this confidence; she both helps to bring about the happy ending, and serves as the reward, the "Soldatenglück," offered to the virtuous Tellheim. In the comic world of the happy ending, human beings control their fates, not the reverse,[26] and Tellheim's failure to perceive that he plays a role in a comedy, in a world of optimism and benevolent Providence, results in his erroneous self-identification as a tragic hero, as Schröder has shown.[27]

Only at the end, after his honor has been restored and Minna's trick has been revealed, can Tellheim recognize in her (together with Franziska) the comic spirit: "O Komödiantinnen, ich hätte euch doch kennen sollen!" (V,xii). But Minna not only recognizes his insistence that he is a tragic figure in each meeting, but also tries to point out to him the dangers inherent in such a stance. In the speech in IV,vi, for instance, after insisting on the benevolence of Providence, she alludes to the analogies in their situation and in his behavior to Shakespeare's Othello. She, like Desdemona, loved him from afar for his deeds before ever meeting him, although those deeds were generous actions, not heroic actions. And he, like the "Mohr von Venedig," although neither as exotic nor as jealous as Othello, bears a distinct resemblance, as Minna notes: "O, über die wilden, unbiegsamen Männer, die nur immer ihr stieres Auge auf das Gespenst der Ehre heften! für alles andere Gefühl sich verhärten!" But Tellheim, his wits wandering, has missed the point of the analogy, and sees a similarity instead in the fact that each has sought military service in foreign lands, for whatever reasons.[28] In his view, his unhappiness is caused by "Notwendigkeit," not by some character flaw which could be corrected before it is too late.

Although Minna tries a variety of means in order to correct what she nevertheless perceives as a character flaw and unnecessary pessimism in Tellheim, one stands out as belonging to the repetoire of comedy, according to the scraps of a theory of comedy to be found in Lessing's own writings: she laughs at him in order through ridicule to bring him to the discernment of the ridiculous nature of his behavior. Lessing discusses laughter and ridicule in his *Hamburgischer Dramaturgie*, numbers 28 and 29; in the latter passage he states:

> Die Komödie will durch Lachen bessern; aber nicht eben durch Verlachen; nicht gerade diejenigen Unarten, über die sie zu lachen macht, noch weniger bloß und allein die, an welchen sich diese lächerlichen[n] Unarten finden. Ihr wahrer allgemeiner Nutzen liegt in dem Lachen selbst; in der Übung unserer Fähigkeit das Lächerliche zu bemerken; es unter allen Bemäntelungen der Leidenschaft und der Mode, es in allen Vermischungen mit noch schlimmern oder mit guten Eigenschaften, sogar in den Runzeln des feierlichen Ernstes, leicht und geschwind zu bemerken.[29]

Minna, the comic spirit, counters Tellheim's objections to laughter with a paraphrase of her creator's theories on the subject:

> Was haben Sie gegen das Lachen? Kann man denn auch nicht lachend sehr ernsthaft sein? Lieber Major, das Lachen erhält uns vernünftiger, als der Verdruß. Der Beweis liegt vor uns. Ihre lachende Freundinn beurtheilet Ihre Umstände weit richtiger, als Sie selbst. Weil Sie verabschiedet sind, nennen Sie Sich an Ihrer Ehre gekränkt; weil Sie einen Schuß in dem Arme haben, machen Sie Sich zu einem Krüppel. Ist das so recht? Ist das keine Übertreibung? Und ist es meine Einrichtung, daß alle Übertreibungen des Lächerlichen so fähig sind?" (IV, vi)

It is noteworthy that when Tellheim turns the tables on her a few moments later and laughs at her, it is quite a different laugh, the cynical laughter of despair. Minna expresses her horror: "Ich habe nie fürchterlicher fluchen hören, als Sie lachen." This sort of laughter, far from promoting a cure, insures continuation of the tragic affliction.

When all the techniques of the comic heroine—rational and religious professions of optimism, gentle ridicule, offers of love and present pleasure—have failed, and Minna has finally recognized that Tellheim can not be diverted by comic effect, she turns to an intended effect which belongs to tragedy, Tellheim's self-proclaimed genre. As Martin Smith has shown,[30] she authors a fictional tragedy, with herself in the leading role, in order to alter Tellheim's behavior by means of the tragic emotion *Mitleid*. Minna herself, as comic spirit, is apparently unable to feel this emotion in relation to Tellheim's predicament, as she tells Franziska before seeing him: "Er jammert dich? Mich jammert er nicht" (II,vii). But as soon as Minna pretends to have fallen under an analogous burden of "Unglück" and "Notwendigkeit," Tellheim not only feels sympathy for her, but actually becomes, at least temporarily, the better human being Lessing's affective theory of tragedy postulates ("Der mitleidigste Mensch ist der beste Mensch").[31] As soon as he sees Minna's tears and hears from Franziska her alleged sufferings, he loses sight of his own: "Wie ist mir?—Meine ganze Seele hat neue Triebfedern bekommen. Mein eignes Unglück schlug mich nieder; machte mich ärgerlich, kurzsichtig, schüchtern, lässig: ihr Unglück hebt mich empor" (V,ii). He tells Minna, "Sie konnten nicht vermuten, wie sehr mich Ihr Unglück über das meinige hinaus setzen würde" (V,v). He even uses Lessing's central term as he describes a process of enlightenment, brought about not by Minna's comic methods, but by the tools of tragedy, the medium with which he obviously feels more at home:

> Ärgernis und verbissene Wuth hatten meine ganze Seele umnebelt; die Liebe selbst, in dem vollesten Glanze des Glücks, konnte sich

darinn Tag schaffen. Aber sie sendet ihre Tochter, das Mitleid, die, mit dem finstern Schmerze vertrauter, die Nebel zerstreuet, und alle Zugänge meiner Seele den Eindrücken der Zärtlichkeit wiederum öfnet. (V,v)

Thus the two key terms in Lessing's affective theories of comedy and tragedy, "Lachen" and "Mitleid," each appear in speeches in this play. But *Lachen*, the comic cure for the ridiculous, is ineffective against Tellheim,[32] who, as tragic spirit, can only be reached by Lessing's idea of the primary effect of tragedy upon an audience: *Mitleid*. As Smith has noted, Tellheim must be made into the spectator of a tragic play (Minna's feigned disastrous situation) in order to undergo the necessary "Wandlung."[33] And the ability of the comic spirit to enter into its counterpart through playacting—as Minna discovers, the reverse is impossible, for Tellheim can not be made to see himself as the character in a comedy—is perhaps crucial to the triumph of comedy and optimism in this play.[34]

Yet is not necessary to justify Tellheim's presence in the play with new generic terminology; Shakespeare's romantic comedies, although not tragi-comedies, likewise contain figures who would feel more at home in a tragedy: one has only to think of Shakespeare's comic equivalent to Othello, Leontes in *The Winter's Tale*, or the melancholic Jaques in *As You Like It*. Such characters must always either be cured of their tragic attitudes and converted into characters appropriate to a comedy, or they must leave the stage before the celebration of the happy ending. That Tellheim does not, figuratively speaking, at least, end his days in monastic retreat, like Jaques, is due entirely to the efforts of Minna, the power of love, and the machinations of a benevolent Providence.

A number of scholars have concerned themselves with postulating which comic tradition Lessing subscribes to in creating his *Musterbeispiel* for German comedy, *Minna von Barnhelm*. The play has been viewed in context with classical Roman and Greek comedy,[35] the tradition of Saxon comedy,[36] the "weinerliches Lustspiel" (*comédie larmoyante*) of Gellert,[37] and Enlightenment comedy and comic theory derived, through Gottsched, from French models, especially Molière.[38] I find it curious that there are few scholarly references to Shakespeare in context with Lessing's comedy, given his expressed opinion of Shakespearean tragedy; it is clear to me that in *Minna von Barnhelm* Lessing has abandoned any earlier tendencies to write comedy in the style of Molière, and has followed instead in the footsteps of Shakespeare. Lessing's debt is visible both in the general concept of comedy which the two authors hold largely in common, and in the details probably borrowed directly from Shakespearean romantic comedies. In this regard, one should mention, above all, the ring trick (from *The Merchant of Venice*),[39] and Minna's characterization reminiscent of that of any number of comic heroines in Shakespeare:

Portia, Viola, Rosalind. In creating the new *Musterbeispiel* of comedy in the tradition of Shakespeare for German literature, Lessing has personified the two disparate forces which are necessary to the serious romantic comedy, the tragic and the comic spirits, in his protagonists, then effected their reconciliation as he promoted the Shakespearean basis for the happy ending: "Vorsicht," the benevolence of a providential world order. In love and marriage this *Lustspiel* finds an appropriate symbol for the victory of comedy over tragedy, of Providence and optimism over necessity and pessimism—and without denying the seriousness of the human condition, of war, of ethical or moral standards, of the unreliability and fallibility of human institutions, or even of the dangers inherent in taking nothing seriously.

The University of Iowa

1 All quotations from the play follow the edition: Gotthold Ephraim Lessing, *Sämtliche Schriften*, ed. Karl Lachmann, 3rd edition ed. Franz Muncker, vol. 2 (Stuttgart: Göschen, 1886). Henceforth cited only by act and scene number in the text.
2 As Walter Hinck has already lamented in the section on *Minna von Barnhelm* in his *Das deutsche Lustspiel des 17. und 18. Jahrhunderts und die italienische Komödie: Commedia dell'arte und théâtre italien*, Germanistische Abhandlungen, no. 8 (Stuttgart: Metzler, 1965), p. 301.
3 Karl S. Guthke, *Geschichte und Poetik der deutschen Tragikomödie* (Göttingen: Vandenhoeck & Ruprecht, 1961), p. 32.
4 Helmut Arntzen, *Die ernste Komödie: Das deutsche Lustspiel von Lessing bis Kleist* (München: Nymphenburger, 1968), p. 25.
5 Bruce Duncan, "Dark Comedy in Eighteenth-Century Germany: Lessing and Lenz," diss. Cornell 1970.
6 Albert M. Reh, *Die Rettung der Menschlichkeit: Lessings Dramen in literaturpsychologischer Sicht* (Bern: Franke, 1981), in notes 1, 2, and 3 to the chapter "Minna und Tellheim: Tragisches, tragikomisches oder komisches Spiel und Gegenspiel?", pp. 335–36.
7 That the term is a comic topos has recently been demonstrated by Richard E. Schade in a review of an edition of the play in *LY* XVII (1985), 217–21. Schade, in this little study which is more a note than a review, traces the soldier-turned-beggar motif and its connection to the term "Soldatenglück" in German (and English) comic drama and in emblematics of the century-and-a-half leading up to Lessing's use of it in *Minna von Barnhelm*.
8 Heinz Stolte, "Lessings Minna von Barnhelm," *Zeitschrift für deutsche Bildung*, 17 (1941), 80.
9 Fritz Martini, *Lustspiele—und das Lustspiel: J. E. Schlegel, Lessing, Goethe, Kleist, Grillparzer, G. Hauptmann, Brecht* (Stuttgart: Klett, 1974), pp. 65–66.
10 Ingrid Strohschneider-Kohrs, "Die überwundene Komödiantin in Lessings Lustspiel," *Wolfenbütteler Studien zur Aufklärung*, 2 (1975), 196.
11 Benno von Wiese, "Tellheim und Minna: Einige Bemerkungen zur 'Minna von Barnhelm'," in his *Von Lessing bis Grabbe: Studien zur deutschen Klassik und Romantik* (Düsseldorf: August Bagel, 1968).
12 Jürgen Schröder, "*Minna von Barnhelm*: Ästhetische Struktur und 'Sprache des Herzens'," *LY* III (1971), 95.

13 Beatrice Wehrli, *Kommunikative Wahrheitsfindung: Zur Funktion der Sprache in Lessings Dramen* (Tübingen: Niemeyer, 1983), pp. 102–108.
14 In Paul Böckmann, *Formgeschichte der deutschen Dichtung* (Hamburg: Hoffmann & Campe, 1949), pp. 540–45.
15 In his *Buch von der deutschen Poeterey* (Brieg: Müller, 1624; rpt. in *Poetik des Barock*, ed. Marian Szyrocki, Texte deutscher Literatur 1500–1800, Rowohlt, 1968), p. 23.
16 For instance, in connection with *Minna von Barnhelm*, Ingrid Strohschneider-Kohrs, "Die überwundene Komödiantin," op. cit., 182–99, lists the scenes with the innkeeper, the wooing of the various couples, the intrigues and role-playing of Minna, and such stock comic characters as Riccaut, Just, or Franziska, as belonging to the comic tradition, rather than noting the happy ending or the triumphant love and impending marriages at play's end as signifiers of the comic genre.
17 A term Frye uses as the title for a book on this subject: Northrop Frye, *A Natural Perspective: The Development of Shakespearean Comedy and Romance* (New York: Columbia Univ., 1965). Chapter IV, "The Return from the Sea," contains his statement on closure (happy end) in comedy, pp. 118 ff.
18 Helmut Arntzen, *Die ernste Komödie*, op. cit., p. 25, uses this term and refers to Lessing's intentions ("Wunsch") to offer "ein Muster der Gattung" in *Minna von Barnhelm*.
19 August Wilhelm Schlegel, *Vorlesungen über dramatische Kunst und Literatur*, 2 vols. (Stuttgart: Kohlhammer, 1966–1967), "Dritte Vorlesung," I,39–47. Schlegel lays down this law of the comic genre: "Der Dichter muß daher in der komischen Darstellung alles entfernt halten, was sittlichen Unwillen über die Handlungen, wahre Teilnahme mit den Lagen seiner Menschen erregen kann, weil wir sonst unfehlbar in den Ernst zurückfallen." (I,43) Schlegel's characterization of the subject-matter of tragedy and comedy as "Ernst" and "Scherz" respectively is perhaps at least as useful in a discussion of the generic problem for *Minna von Barnhelm* as Lessing's own theoretical utterances on comedy. Schlegel's discussion of the nature of tragedy and "Ernst" as derived from contemplation of the melancholy facts of the human condition could well be a description of Tellheim's behavior: "dann muß jedes nicht dem Gefühl verschlossene Gemüt von einer unaussprechlichen Wehmut befallen werden.... Dies ist die tragische Stimmung." (I,42) And Schlegel's delineation of the comic describes Minna's behavior equally admirably: "so wie der Ernst, auf den höchsten Grad gesteigert, das Wesen der tragischen Darstellungsart ist, so der Scherz der komischen. Die Stimmung zum Scherz ist ein Vergessen aller jener trüben Betrachtungen über der behaglichen Empfindung gegenwärtigen Wohlseins. Man ist dann geneigt, alles nur spielend zu nehmen und leicht über die Seele weggleiten zu lassen." (I,42) He later ("Dreizehnte Vorlesung") defines "Lustspiel," as opposed to "Komödie" (a term he reserves for Old Comedy among the Greeks), as "eine Mischung von Scherz und Ernst" (I,158), "eine gemischte Gattung aus komischen und tragischen" (I,162). That August Wilhelm Schlegel had indeed found Lessing's *Minna von Barnhelm* of interest, perhaps even influential for his own theories, is indicated in one of the last lectures in this series ("Sechsunddreißigste Vorlesung," II,273).
20 Particularly in his "Über Anmut und Würde" of 1793.
21 F. J. Lamport, "Direction, which thou canst not see: Chance, Providence, and Faith in Lessing," *Oxford German Studies*, 12 (1981), 11; others who refer to some sort of providential *Vorsehung* or *Weltplan* include Benno von Wiese, "Tellheim und Minna," op. cit., p. 20, and F. Andrew Brown, "Reason and Emotion in the Drama: Lessing contra Lessing?", *LY* XV (1983), 155–56. See also Leonard P. Wessell, Jr. and Charles M. Barrack, "The Tragic Background to Lessing's Comedy *Minna von Barnhelm*," *LY* II (1970), 151, which discusses Lessing's personal faith in Divine Providence on the basis of other writings.
22 Ernst Bloch discusses it in a chapter titled "Happy-end durchschaut und trotzdem

verteidigt" in his book *Das Prinzip Hoffnung*, vol. 1 (Frankfurt: Suhrkamp, 1959), written already in 1938–1947, revised in 1953 and 1959. Bloch sees the happy ending of comedy as a utopia which can function as a self-fulfilling prophecy for society, and proposes "ein geprüfter Optimismus" (p. 517) to replace Schopenhauerian pessimism, "Trotz und Hoffnung" as revolutionary dramatic emotions to replace *Mitleid* and *Furcht* (pp. 497–99). Walter Hinck, a noted scholar of comedy, offers his views on happy endings and other closures for comedy in a study intended in part as a commentary on Bloch's ideas: *Vom Ausgang der Komödie: Exemplarische Lustspielschlüsse in der europäischen Literatur*, Rheinisch-Westfälische Akademie der Wissenschaften, Vorträge, no. G 221 (Opladen: Westdeutscher Verlag, 1977). However, neither takes the "happy-end mit Hochzeit," as Hinck somewhat sarcastically terms it (p. 27), as seriously as Northrop Frye and other Shakespearean scholars or Anglicists influenced by them.
23 Benno von Wiese, "Tellheim und Minna," op. cit., pp. 14–15.
24 E.g. Georg Lukács, "Minna von Barnhelm," in *Gotthold Ephraim Lessing*, ed. Gerhard and Sibylle Bauer, Wege der Forschung, no. 211 (Darmstadt: Wissenschaftliche Buchgesellschaft, 1968), 442–43: "Das für eine Komödie notwendig gesetzte gute Ende ist kein happy end, noch weniger eine Glorifizierung des friderizianischen Regimes: es ist das Aufklärungsmärchen vom notwendigen Endsieg einer zur Anmut gewordenen Vernunft."
25 Most recently, Peter Christian Giese, in his "Glück, Fortüne und Happy Ending in Lessings *Minna von Barnhelm*," *LY* XVIII (1986), 21–46, has spoken for an optimism which finds its basis both in Providence and in Reason ("zu jener aufklärerischen Haltung, deren Vernunft dazu auffordert, glücklich zu sein," p. 42), but also and perhaps above all to luck and felicitous accident: the arrival of Minna's uncle. In spite of the title of this article, Giese is more interested in demonstrating the existence of the "Fortuna" theme in the play than in understanding the generically dependent happy ending.
26 As Lessing himself believed. See Wessell and Barrack, "The Tragic Background," op. cit., 153.
27 Jürgen Schröder, "Ästhetische Struktur und 'Sprache des Herzens'," op. cit., pp. 174–75.
28 For a recent study on Tellheim's possible reasons for seeking military service in Prussia, see John Whiton, "Tellheim and the Russians: Aspects of Lessing's Response to the Seven Years' War in *Minna von Barnhelm*," *LY* XVII (1985), 89–108. Notes 32 and 33 in that study contain a helpful summary of previous scholarship on this issue. Whiton himself sees Tellheim's decision to fight for Prussia in his "Parteilichkeit"—that is, in the logical assumption that he belongs to the "Prussia party" consisting of those nobles who would like to see Kurland associated with Prussia rather than continuing under the thumb of the Russian occupiers. Whiton also claims to find anti-Russian sentiment in Lessing himself.

Whether Tellheim's reasons for joining the Prussian cause in the Seven Years' War were idealistic ones or not, those for his voicing the possibility of joining with Werner in finding another army to fight for, another war to fight in (V,i), are clearly monetary: at that point he sees the need to rescue Minna from her supposed impoverished state, and does not yet know of his own vindication or of the restitution of his funds.
29 *Sämtliche Werke*, op. cit., vol. 9 (1893), p. 303.
30 Martin E. Smith, "Tellheims Wandlung—eine dichterische Gestaltung von Lessings Mitleidsprinzip," *Acta Germanica*, 7 (1972), 39–57. Other scholars have also pointed out this use of a tragic technique in Minna's trick: Wulf Rüskamp, *Dramaturgie ohne Publikum. Lessings Dramentheorien und die zeitgenössische Rezeption von 'Minna von Barnhelm' und 'Emilia Galotti.' Ein Beitrag zur Geschichte des deutschen Theaters und seines Publikums* (Köln: Böhlau, 1984), p. 71; Ilse Appelbaum-Graham, "The Currency of Love: A Reading of Lessing's 'Minna von Barnhelm'," *German Life and Letters*, 18 (1965), 276.

31 This quotation—and a great deal of Lessing's theory of *Mitleid*—is to be found in a letter from Lessing to Friedrich Nicolai dated November 13, 1756. (*Sämtliche Schriften*, vol. 17 [1904], pp. 63–68). Lessing's theory of *Mitleid* and his theory of tragedy based on Aristotle's "tragic emotions" have produced one of the more interesting scholarly dialogues of our century. See Martin Smith, "Tellheims Wandlung," op. cit., pp. 45–46 and his note 26 for a survey of this discussion. Particularly interesting from this perspective is the recent discussion of *Minna von Barnhelm* by Peter Pütz, in Chapter 5 of his *Die Leistung der Form: Lessings Dramen* (Frankfurt: Suhrkamp, 1986), pp. 203–41, especially 234–41. Pütz finds that Minna's utilization of "Mitleid" in the play obviates any need for tragic purging of the audience and thus contributes decisively to the generic designation: "Indem das Mitleid nicht nur Gegenstand der Reflexion bleibt, sondern als verwirklichtes auf die Bühne gelangt, wird verhindert, daß es im Zuschauer geweckt werden muß. Das eigentliche Lustspielhafte besteht darin, daß sich durch die Darstellung praktizierten Mitleids das Tragische erübrigt . . . so trägt es nicht nur lustspielhafte Züge, sondern zeigt den Triumph des Lustspiels über die Tragödie" (p. 240). This perception marks Pütz as one of the leaders in the exploration of Lessing's affective theories of tragedy and comedy as they function in his dramas, even though that is not his primary focus in this chapter. On Lessing's views of *Mitleid*, see also Hans-Jürgen Schings, *Der mitleidigste Mensch ist der beste Mensch. Poetik des Mitleids von Lessing bis Büchner* (Munich: Beck, 1980).

32 In so stating, I find myself in disagreement with many, if not most, of the scholars who view Tellheim's behavior as that of a ridiculous character who successfully undergoes the comic cure of ridicule. Probably the most adamant among these is Reh, *Die Rettung der Menschlichkeit* op. cit., pp. 238–253.

33 Smith, "Tellheims Wandlung," op. cit.

34 Fritz Martini has pursued this aspect of the comic spirit—playacting—in his fine study of comedy: *Lustspiele—und das Lustspiel*, op. cit., and has interpreted *Minna von Barnhelm* using this perspective.

35 Peter Bruce Waldeck, "Lessings Minna von Barnhelm und Plautus' Amphitrio," *Orbis litterarum*, 24 (1969), 16–34; Hans-Georg Werner, "Grillparzers 'Weh dem, der lügt' und die Tradition der ernsthaften Komödie," in *Die österreichische Literatur. Ihr Profil im 19. Jahrhundert (1830–1880)*, Herbert Zeman (Graz: Akademisch, 1982), pp. 323–41 (where Terence is seen as the model); and Otto Mann, "Lessings 'Minna von Barnhelm'," in *Das deutsche Drama vom Barock bis zur Gegenwart: Interpretationen*, ed. Benno von Wiese, vol. 1 (Düsseldorf: Bagel, 1958), pp. 80–101 (where Terence, Plautus, and Aristophanes are all given credit).

36 Horst Steinmetz, " 'Minna von Barnhelm' oder die Schwierigkeit, ein Lustspiel zu verstehen," in *Wissen aus Erfahrungen. Werkbegriff und Interpretation heute. Festschrift Herman Meyer* (Tübingen: Niemeyer, 1976), pp. 135–53.

37 Ingrid Strohschneider-Kohrs, "Die überwundene Komödiantin," op. cit., sees Lessing's concept of the "wahre Komödie" in a combination of the *Possenspiel* and the *weinerliches Lustspiel*.

38 Emil Staiger, "Lessing: Minna von Barnhelm," in *Die Kunst der Interpretation* (1955); reprinted in *Interpretationen: Deutsche Dramen von Gryphius bis Brecht*, ed. Jost Schillemeit (Frankfurt: Fischer, 1965), pp. 33 ff., especially p. 36.

39 I am currently working out my ideas for a detailed study of resonances from *The Merchant of Venice*—including numerous verbal echoes—in *Minna von Barnhelm*.—My article was in proof on the publication of Wolfgang Wittkowski, "*Minna von Barnhelm* oder die verhinderten Havsväter," *Lessing Yearbook* XIX (1987), 45–66.

Hannah Arendt's
Von der Menschlichkeit in finsteren Zeiten:
A Post-World War II Address

Elizabeth Petuchowski

It is not surprising that *Von der Menschlichkeit in finsteren Zeiten* has received only scant and unequal scholarly attention. With its 51 pages, it appears negligible in comparison with some of the author's other volumes, and its contents tame in comparison with her controversial *Eichmann in Jerusalem* (1963).[1] Yet, when read as *Lessing-Rezeption*, *Von der Menschlichkeit in finsteren Zeiten* is a noteworthy post-World War II document.[2] Presented originally as a *Rede über Lessing*, it should be viewed not only as an essay published in book form, which it is, but in the light of its setting in time and place, namely as an address delivered by Hannah Arendt upon receiving the Lessing Prize of the Free and Hanseatic City of Hamburg at ceremonies on the morning of September 28, 1959, in the *Kaisersaal* of the Hamburg Town Hall.[3] In this setting, *Von der Menschlichkeit in finsteren Zeiten* serves less as a vehicle for scholarly theories, than as *Gespräch*. Arendt's address, itself a response to an invitation, exemplified the kind of dialogue which it urges. In keeping with the occasion, the award of the Lessing Prize, Arendt adduces Lessing and harnesses him to help convey the burden of her message. She celebrates Lessing not as the reclusive poet or theoretician on the sidelines, but as "ein so durchaus politischer Mensch" (51), that is: as one who stood for "Parteinahme für die Welt" (13). *Von der Menschlichkeit in finsteren Zeiten* views Lessing as proponent of the *vita activa*. Such a view adds a dimension to the *Lessing Rezeption* which may deserve Guthke's label *Eroberungsversuch* (77–79), but one which cannot be faulted for lack of lively pertinence.[4]

Among Germanists it is Horst Steinmetz who has noted Hannah Arendt's *Von der Menschlichkeit in finsteren Zeiten*.[5] He comments that one can hardly withhold one's admiration from Arendt's attempt to connect the figure of Lessing with contemporary problems (35). He publishes usefully annotated excerpts from Hannah Arendt's *Von der*

Menschlichkeit in finsteren Zeiten (1960) as the most recent text in a volume documenting Lessing's *Wirkungsgeschichte.*

Why has this work by Arendt been largely overlooked? And what is remarkable about this Lessing Prize acceptance speech? Some answers to these questions will here be proposed.

The work of Hannah Arendt has been discussed chiefly by her peers in the fields of philosophy, political science and political theory, among them former students. But Erich Heller for one alludes to a problem here. Linking his consideration of Hannah Arendt with (German) literature, he raises and briefly answers the question about the area of her true expertise: "Ihr 'Fach' war das Denken, und das Denken ist kein Fach" (328). Merely by way of an introduction to his essay, Heller questions whether Hannah Arendt, by her own definition, had a philosophy, and he reports that she thought of herself only guardedly as a "political scientist."[6] Undoubtedly fruitful for a comprehensive assessment of Arendt, Heller's ancillary observation is pertinent to the essay to be discussed here. Whereas Arendt taught Political Science and Philosophy, her approach to knowledge was not limited to these areas. Also in *Von der Menschlichkeit in finsteren Zeiten,* her scope was broader than that of political science and broader than the viewpoint of systematic philosophers who have, as if with one mind, neglected its chief message while focusing on those passages in it which deal with Truth.[7]

A few examples will illustrate this selective mention of the work. Gordon J. Tolle, in *Human Nature Under Fire: The Political Philosophy of Hannah Arendt,* adduces *Von der Menschlichkeit in finsteren Zeiten* in his discussion of Arendt's views on authority and human nature. In this context, Tolle, as political philosopher, cites Arendt's approval of Lessing's *gladness* [Tolle's emphasis] that "there cannot be one single truth" (111). Tolle paraphrases Arendt's argument that varieties of perceived truth lead to discourse among men—where discourse, in Arendt's view, is the precondition for judgment and for political thought. Tolle thus highlights a component of her speech, important for a political philosopher's viewpoint.

Bhikhu Parekh similarly singles out the passage on truth in a reference to *Von der Menschlichkeit in finsteren Zeiten.* As philosopher, he condemns Arendt's undifferentiated concept of truth, analyzes what he characterizes as her "characteristically sweeping" formulation about truth and proceeds to make, on her behalf, the distinctions which the philosopher Arendt should have made herself (148).[8] In Parekh's summation, Arendt's view on relative truth, as expressed in her Lessing speech, is found to be simplistic on philosophical grounds (181). For his context, Parekh has isolated one topic for philosophical consideration.

By contrast, Margaret Canovan does not isolate Arendt's remarks on truth from their context. Because Canovan understands the philosophical statements as applying to an area beyond philosophy proper, she finds that this essay on Lessing most clearly expresses Arendt's wariness concerning absolute truth. Canovan thinks that Arendt's doubts about the value of absolute truth are, "in our time," closely related to the "devotion of party members to . . . pseudo-scientific ideologies" (114–15). Canovan, then, recognizes that Arendt's philosophically phrased remarks about truth arise from and aim at areas beyond philosophical speculation. An indication that they occur in a speech delivered at the reception of the Lessing Prize of the City of Hamburg would surely strengthen her argument.

It is Melvyn A. Hill who, in a brief mention of the book, relates it to its setting. He sees here a rare instance where Arendt refers to her own experience as a Jew in Germany. Hill finds that "she responded ironically" by making "thinly veiled allusions to the meaning of her experiences" on the occasion of "being publicly honored in the country she once had to flee" (293–94). However, it can be shown that, in their setting, the allusions are, perhaps, not so veiled.[9]

George Kateb writes not solely as rigorous political theorist, but as one responding with anxiety to much of Arendt's work. Although he does not discuss Arendt's Lessing essay, he uses formulations from it for his chapter on "Modernity" in *Hannah Arendt: Politics, Conscience, Evil* (149–87).[10]

The cited instances are typical for the general finding that, apart from statements in it about truth, *Von der Menschlichkeit in finsteren Zeiten* has received little systematic attention from social theorists and philosophers, and that its essential message has not been noted.[11] What other ideas, then, does it contain, and what is its message?

The numerous topics worked into *Von der Menschlichkeit in finsteren Zeiten* are taken from Arendt's store of ideas. Perhaps it is because some of the topics are treated much more fully in Arendt's other writings that the philosopher Leddy's fine study can dispense with the speech altogether, apart from listing it in the bibliography. The speech offers, as it were, a display of thoughts which had occupied and would continue to occupy Arendt.[12] She was sharing her longstanding and ongoing concerns. Only a sampling of such subjects will be briefly discussed here, namely 1) truth, 2) Lessing, 3) the tension between the individual person and the public world as the reality in which he lives. Truth will serve as the first example of an idea touched upon in *Von der Menschlichkeit in finsteren Zeiten* as well as in some other works by Arendt.

As a student of the German Romantic movement, Theology and Philosophy in Marburg, Freiburg and Heidelberg, Arendt was familiar with theories of the nature of truth. But in particular, Arendt's preoccupation with the problem of relative truth is evidenced already in her *Rahel Varnhagen*. She began work on this book after preparing for publication her dissertation in Philosophy[13], at a time when Kurt Blumenfeld, a Zionist spokesman, had awakened her interest in Jewish politics.[14] Subtitled *Lebensgeschichte einer deutschen Jüdin aus der Romantik*, the book gives little factual information.[15] "Was mich interessierte," writes Arendt in the preface to *Rahel Varnhagen*, "war lediglich, Rahels Lebensgeschichte so nachzuerzählen, wie sie selbst sie hätte erzählen können" (10). Accordingly, Arendt adapted the style of her book, including its philosophical passages, to effusions quoted from Rahel Varnhagen's letters and diaries. Especially in the early chapters, the narrator's comments would be indistinguishable from Rahel Varnhagen's own words, were it not for the quotation marks. Attuned to philosophy and alert to a political interpretation of Jewish history, Arendt considers causes and effects of Rahel's unhappiness philosophically and in terms of later Jewish political thinking. One paragraph concludes aphoristically: "Wer will unterscheiden zwischen Meinung und Wahrheit? . . . In der Welt der Meinungen ist die Wahrheit selbst nur eine Meinung . . ." (73). What sounds here like a pseudo-Romantic sigh in consonance with Rahel, really raises the issue of relative truth. This philosophically informed statement is, moreover, not the only one of its kind in this work. Into her book about the Jewess bent on shedding her Jewishness (22–23), Arendt tosses philosophical and theological concepts like, e.g., *Vernunftwahrheiten* and *Geschichtswahrheiten*—outside of subsections headed "Schleiermacher" (64–65), "Schlegel" (65–67) and "Wilhelm von Humboldt" (67–70), where such considerations might be expected.

In *Rahel Varnhagen*, Arendt camouflages learned remarks in a work not easily identified as to genre: it is neither a novel nor a biography,[16] nor a technical essay on a Germanistic or historical subject.[17] Nor is it, with all its surreptitious erudition, a philosophical work. Yet, because theories of truth were integral with the Idealism cultivated in Varnhagen's circles, Arendt could, with impunity, introduce the notion of relative truth into the Varnhagen book. The notion is similarly woven into the argument of *Von der Menschlichkeit in finsteren Zeiten*. The respective theses of the two works include, but comprise more than philosophy. Still, Arendt's philosophical mind had formed the intellectual habit of questioning truth by the time she wrote *Rahel Varnhagen*. She had not abandoned this habit when she spoke in Hamburg to receive the Lessing prize.[18]

The second topic of *Von der Menschlichkeit in finsteren Zeiten* which Arendt mentions also elsewhere, is Lessing. What did Lessing mean to Arendt? Arendt stressed different sides of Lessing at different stages of her life. In her youth, she saw Lessing as the strict rationalist. At the time of the Lessing Prize essay, he is seen as surely willing to sacrifice the truths of reason to the demands of *Menschlichkeit* and friendship.

Lessing's views on religious truth and other aspects of his philosophy are points of departure in Arendt's early, more scholarly "Aufklärung und Judenfrage" (1932). This periodical article and *Von der Menschlichkeit in finsteren Zeiten* have in common that some of the reasoning in both involves Lessing's writings. But the purposes and, hence, the emphases of these Lessing citations differ.[19]

Arendt's "Aufklärung und Judenfrage" starts out from Lessing's ideas on truth and their impact on *Menschlichkeit* and history. Lessing is quoted for his view that not the possession of truth, but the search for it constitutes a person's worth. This, Arendt pleads, does not mean Enligtenment's loss of truth, but, positively, leads to the discovery of "des rein Menschlichen" (109). Among the "Theologische Streitschriften" which she cites are *Eine Duplick, Ein Mehreres aus den Papieren eines Ungenannten, die Offenbarung betreffend, Die Erziehung des Menschengeschlechts* and *Anti-Goeze*. But Lessing does not remain her chief focus. She follows up ideas on truth and on history in the writings of Herder. "Aufklärung und Judenfrage" stresses the disparity between *Vernunftwahrheiten* and *Geschichtswahrheiten*, and demonstrates the superiority of Herder's view of history over Lessing's, and certainly over Mendelssohn's.[20] This essentially Jewish-political tract is argued philosophically and not without a measure of sophistry. Lessing is shown as a—somewhat static—defender of reason in contrast to Herder who builds progress into his systematic philosophy.

However, in *Von der Menschlichkeit in finsteren Zeiten*, Lessing is no longer viewed as brandishing reason to defend the truths of *Geschichtswahrheiten*, as he was in "Aufklärung und Judenfrage." Instead, Lessing is seen as the defender of freedom of thought (12), a point central to the argument in Arendt's Lessing speech, for without freedom to think, and without independent thought [*Selbstdenken*] resulting in discourse among people, there can be no humaneness.[21] When Lessing is engaged in *Selbstdenken*, so Arendt argues, he does not commune with himself. He anticipates discourse with others and is thus essentially polemical (16). For the later Arendt with vibrant political interests, Lessing combines independent thinking with dialogue and polemics. Arendt explicates how dialogue and polemics are essential to a world where people are free to move and to hold different opinions.

A related topic, treated by Arendt both in *Von der Menschlichkeit in finsteren Zeiten* and in other works, is the third one to be identified here. It is pivotal to much of Arendt's thinking, and, in her Lessing speech, is linked to other topics. This subject is the desirable balance in the conflict between a thinking individual and the world, or *Wirklichkeit*, including the world of politics.

This famous tension, or conflict, was familiar to Arendt at least since the time of her preoccupation with German Romanticism. She transposed this conflict to a political and sociological level: it is at the basis of her highly original and astonishing theory about the pariah who, in Arendt's scale of values, possesses positive qualities, in contrast to the parvenu. Her sociological pariah theory can be seen emerging from the conflict between individual and society on the personal level in *Rahel Varnhagen* (186–200). In the light of this conflict, Arendt discusses, among others, Heinrich Heine and Franz Kafka as pariahs, in the essays "Die verborgene Tradition."[22] Also the portraits of, for instance, Bertolt Brecht and Randall Jarrell in Arendt's collection of studies, *Men in Dark Times*, testify to her ongoing preoccupation with the old tension between one who stands apart and the demands of *Wirklichkeit*.

Moreover, at the time of the Lessing essay, the late 1950's, both constituents of this complex issue—the individual thinker and *Wirklichkeit*—had gathered additional meaning. The notion of an independently thinking person at that time implied not only all it could imply before—rebel, genius, artist or outsider—, but also indicated the individual who had not conformed to the majority during the era of Nationalist Socialist rule: either in an attitude of "inner emigration," or as an exceptionally courageous, active opponent of the regime. And "reality," too, had gained an additional connotation and was, in fact, achieving the status of a topic for literary discussion. Because of World War II events, reality was perceived as having changed so radically as to make literary creation, as a reflection of reality, impossible or, at least, uncommonly difficult.[23] Therefore, when Arendt, in her *Von der Menschlichkeit in finsteren Zeiten*, argues the issue of tensions between the rebel Lessing and his world—"Lessing hat mit der Welt, in der er lebte, seinen Frieden nie gemacht" (9)—, her 1959 terminology subsumes the established denotations as well as the newly understood connotations.

At this point, one should recall that Hannah Arendt who had fled from Hitler's Germany in 1933, traveled from America to Hamburg to deliver her Lessing Prize acceptance speech. An honor under any circumstances, the award of this prize to Hannah Arendt was meant to signal a changed attitude towards a Jewish person on the part of the City of Hamburg. Thirteen years earlier, upon Arendt's first published appearance in *Die Wandlung* with her article "Organisierte Schuld," a contributors' note had stated: "Als wir sie [Hannah Arendt] um einen Beitrag baten, schrieb sie, es sei ihr nicht möglich, einfach und selbstverständlich 'zurückzukommen'—und Mitarbeiten an einer deutschen Zeitschrift sei doch eine Form des Zurückkommens—, ohne 'als Jude' willkommen zu sein."[24] And Hannah Arendt was aware of herself as Jewess in Hamburg in 1959, too. She knew she was being honored not only for her contributions to learning, but as representing German—and possibly European—Jewry. Such an understanding of her presence there may have been shared tacitly by some in the audience, but it was articulated in the *Laudatio.*

The climax of Senator Dr. Hans H. Biermann-Ratjen's *Laudatio* addresses the issue of Arendt's Jewishness, a decisive factor for the jury charged with selecting the Lessing Prize recipient.[25] Leading up to the highpoint of his *Laudatio*, Biermann-Ratjen refers to Arendt's *Rahel Varnhagen*. Arendt, he says, offers something other than pity for Rahel Varnhagen's difficult position "Zwischen Paria und Parvenu," as one of the chapters is titled. In her book, he says, Arendt turns hard truth, not pity, into a fortifying remedy [*macht aus der harten Wahrheit ein stählendes Heilmittel*] (37). The Senator speaks to Arendt, a German Jewess, who has not returned to "us Germans," but "we the Germans" have returned to her. Through her work "haben Sie uns wesentlich geholfen, unsere unmeßbar großen moralischen Schulden bei unseren jüdischen Mitbürgern . . . zwar nicht abzutragen—denn das ist unmöglich—aber ihnen zu entsprechen, sie einzubauen in unser Leben, unsere Zukunft. Dies ist zwar nicht der einzige, aber doch einer der Gründe, warum wir versuchen, Ihnen heute unseren Dank abzustatten durch Verleihung des Lessingpreises" (37).[26]

Mindful of the mood of this setting, Arendt gave her speech *Von der Menschlichkeit in finsteren Zeiten.*[27] And just as she does not pity Rahel Varnhagen in her book, she does not display self-pity on this occasion, although self-pity could be an expected emotional stance.[28] Perhaps equally noteworthy is Arendt's restraint in not shaming her audience by broadly belaboring "moral guilt" or by rehearsing the obvious.[29] Instead, her speech is crafted to contain references to aspects of her philosophy, to familiarize her audience with subjects which had occupied her over a long time. They are related to each other and interwoven with secondary themes.

For instance, when Arendt, in her address, suggests an analysis of the intellectual and political preconditions which made the National Socialist takeover of Germany possible, she harks back to *The Origins of Totalitarianism* (1951), for which she had been awarded the prize for Literature from the National Institute for Arts and Letters. In *Von der Menschlichkeit in finsteren Zeiten*, Arendt touches on these preconditions with reference to, among other subjects, philosophy as discussed above, to literary figures (e.g. Goethe 8, 11, 34; Rousseau 23; Faulkner 33–34), and to aesthetic theory, particularly pity and fear (10, 26 et passim).

Arendt regards the thinking individual's isolation from *Wirklich-*

keit as a danger, and that is why Lessing, in this address to a German audience, is not regarded as the isolated artist. To be sure, Arendt shows understanding for those who want to escape and withdraw: "Denjenigen, die in solchen ['finsteren' (Brecht)] Zeiten leben und in ihnen erzogen worden sind, hat es wohl immer nahe gelegen, die Welt und ihre Öffentlichkeit gering zu achten, sie so weit als möglich zu ignorieren . . ." (19). But such withdrawal from the world results in loss of the commonly held, visible world [*Verlust der gemeinen, sichtbaren Welt*] (27), and leads to barbarism [*Weltlosigkeit ist immer eine Form der Barbarei*] (22). Calls for dialogue frame her speech, the tenor of which is dialectic.[30] It exemplifies *Gespräch*, which Arendt advocates as essential for the creation of *Menschlichkeit*. Arendt would persuade her audience that friendship, making discourse possible, will establish a needed link between individuals, just as friendship, leading to discourse, will resolve the conflict between individuals and *Öffentlichkeit*, and she cites *Nathan der Weise* among works exemplifying friendship. But Arendt's plea for friendship and dialogue is not constituted as one might expect.

Arendt, in the course of her arguments—in this speech and in other writings—, upends many accepted notions, among them the subject of *Mitleid*. *Mitleid*, she contends, should be replaced by dialogue (*Gespräch*).[31] Not *Mitleid*, she says, is needed, but *Mitfreude*: "Gesprächig ist die Freude, nicht das Leid, und das wahrhaft menschliche Gespräch unterscheidet sich von der bloßen Diskussion dadurch, daß es von Freude an dem anderen und dem, was er sagt, ganz durchdrungen ist . . ." (25).

Arguments put forward in this manner are clearly informed by philosophy, and philosophers rightly claim Arendt as one of their own. However, a less specialized, more general care compels her equally. A broad humanistic concern made the person Hannah Arendt respond with her own readiness for discourse on the occasion of the Lessing Prize award. For this reason, it is most unlikely that Arendt "responds ironically" with "thinly veiled allusions," as Hill suspects. On the contrary: as a positive gesture of friendship, she condenses her thoughts and convictions into her speech. Spoken in friendship, yet free from pity or sentimentality, the address is an exemplar of the challenging discourse which the speaker urges. It proffers the friendship which Arendt saw exemplified in *Nathan der Weise*. Arendt takes her cue from Lessing—in broadly humanistic, not narrowly philosophical terms.

Von der Menschlichkeit in finsteren Zeiten is not easily scanned at a glance because its various subjects are not stated in sequence, but are sounded and resounded.[32] The address is divided into four sections, and, in this, bears some resemblance to a basic speech in four parts, as recommended by rules of Greek rhetoric. Arendt was a lover of all classical learning. For instance, she did not fail to consult the writings of Cicero when she gave the *Laudatio* at the awarding of the Peace Prize of the German Book Trade to Karl Jaspers on 28 Sept. 1958 in the *Paulskirche*, Frankfurt.[33] With its partition into 1) introduction, 2) narration, 3) proofs, 4) epilogue or conclusion, the Greek oration may have served as model for *Von der Menschlichkeit in finsteren Zeiten*.[34]

Some agreement is recognizable enough in Parts I and IV of Arendt's address as introduction and conclusion, respectively. Most convincing in its correspondence to a possible classical rhetorical pattern is Part III of her speech. In the third part of the rhetorically exemplary Greek oration, an appeal to emotions is in order. It is at the beginning of the third part of her address that Arendt meets most directly the likely expectations of her listeners by speaking of her Jewishness, a topic addressed by Biermann-Ratjen with audible pathos. Also, at the end of Part III, Arendt asks rhetorically if friendship between German and Jew might not have been possible during the Third Reich, to introduce *Menschlichkeit* into reality (38). Arendt's formulation is clearly designed for emotional appeal. Absent, however, from Arendt's address is narrative which Greek rhetoric advises for Part II, for presenting simple facts. A compositional correspondence to a Greek rhetorical model, then, is inexact, but nonetheless detectable.

The presentation of Arendt's thoughts within each of the four divisions in *Von der Menschlichkeit in finsteren Zeiten* is complex throughout: related themes are stated contrapuntally in an interlaced and not immediately apparent pattern.

Arendt loved philosophy, without being a dogmatic philosopher, thus paralleling Lessing who had said of himself: "Ich bin Liebhaber der Theologie und nicht Theolog" (Barner 273). Arendt's *Von der Menschlichkeit in finsteren Zeiten*, though of interest to specialists in philosophy and political theory, appeals to a wider audience and enlists Lessing to support her politico-philosophical exhortation that abstract thinking serve the cause of action. Near the beginning of her address, Arendt states that when Lessing appears to opt for *Gedankenfreiheit*, he does so not for purposes of introspection, but in order to think in an active sense. "Das Lessingsche Denken ist nicht ein Sprechen mit sich selbst, sondern ein vorweggenommenes Sprechen mit anderen" (16). At the end of *Von der Menschlichkeit in finsteren Zeiten*, after detours through a maze of different subjects, Arendt arrives at her tribute to Lessing as "ein so durchaus politischer Mensch" (51). This is Arendt's cause in which Lessing is enlisted.

Lessing was one of numerous influences upon Arendt's mind. She wrote to Scholem: "If I can be said to 'have come from anywhere,' it is from the tradition of German philosophy."[35] And in addition to such German philosophers as Kant, Herder, Marx, Jaspers and Heidegger, the Greek, Latin and German classics equally formed her. Arendt's keen intellect sought support from all the various sources at her command. Steinmetz documents how Lessing, as representative poet and as bearer of German *Kultur* (15–17), eluded existing categories. Hannah Arendt, to date, presents a similar problem: regardless of the area on which she concentrated to make her living in exile, "Ihr Fach war das Denken." Arendt invited her Hamburg listeners to think with her by offering not standard reprove, but a view of Lessing bearing her message: thought should lead to action, where "action" is something as vague as friendship, and at the same time something as specific as political activity and humaneness in dark times, with clear reference to modern problems. Arendt, as it were, here imitates Lessing by serving as *Fermenta cognitionis*, for as such she sees Lessing in *Von der Menschlichkeit in finsteren Zeiten* (14).

Arendt has been admired and condemned for ranging beyond the confines of several disciplines: few other political theoreticians quote literary figures like Lessing in support of their views. "The otherness of Arendt's thought is the source of its advantage to the theory of modern democracy, as well as to our general reflection," says Kateb (Preface, n.p.). Wald speaks of her "independent streak" (269). Blumenfeld fumed at her "journalistic superficiality" (197). More than a repository of philosophical and political statements, Arendt's *Von der Menschlichkeit in finsteren Zeiten* can be fruitfully approached as literature.[36] As the citation for the Lessing Prize 1959 award to Hannah Arendt already stated: "Ihre Untersuchungen weisen nach Form und Methode über den wissenschaftlichen Bereich hinaus und sind in ihrer sprachlichen Durchbildung schriftstellerische Leistungen von hohem künstlerischem Rang."[37] Among influences producing Hannah Arendt as phenomenon was Lessing on whom she called to support her thinking, even as it changed in response to changing times.

University of Cincinnati

1 Arendt's work is undergoing a reassessment; see, e.g., Bernauer, Botstein, Laqueur, Whitfield. Leddy offers fair criticism of the Eichmann controversy from a philosophical viewpoint. 137–61.
2 Cf. Petuchowski, notes 1 and 30.
3 "Es ging natürlich alles gut vonstatten," Arendt wrote to Jaspers after the event, "und Piper will die Rede in der Piperbücherei bringen. Die war aber wirklich nicht 'für die Ewigkeit' geschrieben; sie klang sich besser an als sie ist und muß nun umgeschrieben werden." *Hannah Arendt Karl Jaspers Briefwechsel 1926–*

1969 415 (3 Oct. 1959), in the following to be cited as *Briefwechsel*, page number and (date of the letter). I was unable to establish whether the text was, indeed, revised by Arendt before it was published.

4 Arendt's philosophical struggles with the *vita activa* versus the life of contemplation are reflected in *The Human Condition*. Arendt once disparaged Heidegger as "a philosopher's philosopher." Young-Bruehl, *Hannah Arendt: For Love of the World*. 304.

5 Ruth Angress drew attention to the importance of this work in 1971. 125, n.1. Dvoretzky omits the work because his criterion for inclusion is "die selbständige literarische Bedeutung der zu berüchsichtigenden Autoren." Vorwort, n.p. Ritter-Santini deals with extraliterary points of interest.

6 "Und ihre politische Wissenschaft? Wann immer sie sich im Gespräch dieser Fachbezeichnung bediente, blieben davon fast nur die Anführungszeichen übrig. Im Grunde glaubte sie nicht an die Möglichkeit, über das Politische wissenschaftlich abzuhandeln . . ." (327–28)

7 Helmut Fuhrmann has dealt with the problem of truth with respect to Lessing's *Nathan der Weise* and refers to Arendt's Lessing Prize speech. Notes 37, 39. I thank Professor Edward Dvoretzky for his help with references to Hannah Arendt in the *LY*.

8 Karl Jaspers, formerly Arendt's philosophy professor in Heidelberg, occasionally advised greater philosophical precision in writings which Arendt regularly sent him to Europe from the United States. See, e.g., *Briefwechsel* 244–45 (3 April 1953); 321–22 (12 April 1956); 578 (13 Dec. 1963); 588–89 (25 April 1964) et passim.

9 Arendt's "We Refugees," however, contains ironic passages.

10 Also Whitfield, identifying himself as historian of American political culture, seeks to couple his exegetical aims with his moral considerations. ix–x.

11 Meyerson's doctoral thesis about Arendt mentions the Lessing Prize award in the course of a biographical overview. 253. Young-Bruehl's biography of Arendt mentions the prize and the speech separately, and the latter only briefly in connection with Arendt's views on Lessing's philosophy (94–95). See *Hannah Arendt: For Love of the World*, Index, s.v. "Lessing, Gotthold Ephraim" and "Lessing Prize."

12 Among themes which Arendt interweaves into her essay are: the freedom to think and to move; hope; fraternity; revolution. *Selbstdenken* appears as a theme already in *Rahel Varnhagen* 23 et passim. *Selbstdenken* would recur as Arendt's defense against Scholem's condemnation of her Eichmann book; see *The Jew as Pariah* 250. The image of space (*Zwischenraum*) as a significant area, one of the themes in the Lessing Prize acceptance speech (7 et passim), recurs in *The Human Condition* (242), on the interpersonal level. Some themes in *Von der Menschlichkeit in finsteren Zeiten* are resounded in combination with differing sub-themes, e.g. friendship and fraternity (20–21); friendship and politics (20, 38, 39 et passim); friendship and intimacy (40–41). Arendt had previously devoted a book, *The Origins of Totalitarianism* (1951), to the theme totalitarianism. A typographically conspicuous example of a repeated idea is the Lessing quotation in which the speech culminates and which recurs in Arendt's 1965–66 essay "Truth in Politics." *The New Yorker* 25 Feb. 1967: 49–88, rpt. in *Between Past and Future* (233). For the dating of this essay see Young-Bruehl, *Hannah Arendt: For Love of the World*, 397–98.

13 Arendt started writing the book in 1929, see *Briefwechsel* 724, note 3/3. On the sequence of its creation, see Arendt, *Rahel Varnhagen* 7; *Briefwechsel* 233 (7 Sept. 1952); Young-Bruehl, *Hannah Arendt: For Love of the World* 91.

14 See *Briefwechsel* 234 (7 Sept. 1952). Arendt's views on Zionism underwent some modification; see "Zionism Reconsidered." Cf. Blumenfeld 197.

15 Karl Jaspers suggests the addition of a chronological-biographical table, so that the reader might know to what event Rahel was reacting at any given time. *Briefwechsel* 228, 232 (23 Aug. 1952). In the same letter, Jaspers ventures to

account for the mood of the work: "als ob es sich aus Anlaß Rahels wesentlich um etwas anderes handelt" (229). Jaspers is sensitive to what may have moved Arendt when she wrote *Rahel Varnhagen*. He seems to imply that the book, with outpourings of Rahel Varnhagen's emotions, may, in part, express its young author's pain over her own disappointments.

16 *Rahel Varnhagen* was, at first, to be subtitled: *Eine Biographie*. See *Briefwechsel* 237 (7 Sept. 1952).
17 Arendt spent months in the Prussian State Library to compare Rahel Varnhagen's original letters and diaries with their edited version published by Karl August Varnhagen, Rahel's husband.
18 Arendt read Jaspers' monumental *Von der Wahrheit* (1947, but written during the war). She had consulted Part Three because she needed it for ther own work; see *Briefwechsel* 171 (18 April 1949). After her first complete reading of it, she comments that this is "ein sehr, sehr großes Buch. Diese Gänge des Denkens (. . . wirklich im Stil des Andante geschrieben)." *Briefwechsel* 193 (4 Oct. 1950).
19 Cf. Young-Bruehl, *Hannah Arendt: For Love of the World* 94.
20 Arendt sent Jaspers a copy of the article "Aufklärung und Judenfrage," "der allerdings um Wesentliches gekürzt ist." *Briefwechsel* 53 (1 Jan. 1933). Arendt's comment to Jaspers seems to indicate that the editors of the *Zeitschrift für die Geschichte der Juden in Deutschland* shortened the article. Indeed, the tract does not spell out the ideologically Zionist conclusion to which the argument would lead. The tract expresses the author's strongly held conviction in the language of philosophy and history.
21 Lessing was meaningful to Arendt also in a less technical sense. For instance, she praises an article by Jaspers as "wieder so ganz im Stile oder besser vom Geiste Lessings." *Briefwechsel* 193 (4 Oct. 1950) and note 3. Arendt will see Lessing's influence on Heinrich Heine: "Als Schriftsteller ist Heine vielleicht der einzige unter den deutschen Meistern der Prosa, der die Erbschaft von Lessing wirklich angetreten hat." "Die verborgene Tradition," *Die verborgene Tradition* 46–73, here 54.
22 *Die verborgene Tradition* 46–73. *The Jew as Pariah* 67–90.
23 Günter Eich was, in German, among the first newly to articulate a familiar issue as a distinctly modern literary problem in his often cited "Der Schriftsteller vor der Realität."
24 *Die Wandlung* 1/4 (April 1946): 333. Among subsequent articles by Arendt in *Die Wandlung* are: "Über den Imperialismus" 1/8 (Aug. 1946): 650–66; "Franz Kafka, von Neuem gewürdigt" 1/12 (Dec. 1946): 1050–62; "Konzentrationsläger" 3/4 (July 1948): 309–30. Dolf Sternberger, editor, enquired if Arendt would edit *Die Wandlung* for six months during his absence, but she declined. *Briefwechsel* 150 (16 July 1948).
25 The Hamburg Senators as a body appear to have voiced no opinion on this point. See Hasenclever, "Nachbemerkung." 227–28, here 227.
26 For Arendt's views on the issue of *Bewältigung der Vergangenheit* see *Briefwechsel* 617 (19 Feb. 1965), where she expresses her anger over Benno von Wiese using this expression.
27 It is well to recall that "Aktion Sühnezeichen" had just (1958) been founded in Berlin by Dr. Lothar Kreissig. The pages of the *Aufbau* (New York) report annual pilgrimages, especially by German youth, to the sites of former concentration camps. E.g. "Feier in Bergen-Belsen," 24 April 1959, back page.
28 For Arendt's views on pity and self-pity, see also Young-Bruehl, "Hannah Arendt als Geschichtenerzählerin." 322, 324.
29 The subject of guilt was of utmost concern for Arendt. Her mention of "organized guilt" in her speech (32) refers to her differentiating treatment of the subject in "Organisierte Schuld" and "Organized Guilt and Universal Responsibility." Arendt was instrumental in getting Karl Jaspers, *The Question of German Guilt*, published in the United States. See *Briefwechsel* 85 (9 July 1946) and subsequent

letters. German guilt is also the subject of Arendt, "Ein Briefwechsel. Hannah Arendt/Hans Magnus Enzensberger." 83.
30 Many of her writings can be read as invitations to reply, even as provocations. Arendt confessed to loving a good argument; see *Briefwechsel* 271 (21 Dec. 1953).
31 Arendt's views on pity were not those commonly held on the subject, namely as a praiseworthy quality. She contrasts pity unfavorably with solidarity. Solidarity as an ideal appears already in *Rahel Varnhagen*. 167, 202, 203 et passim.
32 Leddy speaks of the generally "non-linear dynamic of her [Arendt's] reflections." 1.
33 Arendt, "Karl Jaspers: Laudatio" in *Men in Dark Times*. 71–80, here 71–72. Arendt was steeped in the classics. For instance, Young-Bruehl describes Arendt, shortly before her death, reciting Greek poetry as dinner was being served. "Hannah Arendt als Geschichtenerzählerin." 325.
34 See Kennedy 11 et passim.
35 "An exchange of Letters" about *Eichmann in Jerusalem. The Jew as Pariah* 246.
36 Several of Arendt's writings deserve to be examined from a literary viewpoint. Her "Introduction" to Hermann Broch is of interest in its own right. Her "Introduction" to Walter Benjamin, *Illuminations*, originally appeared in *The New Yorker*, an indication of its literary merit. *The Human Condition* has many points of literary interest. Quotations from Arendt's favorite German poets are scattered throughout her oeuvre and were often on her mind, as the following illustrates. After three days and three nights on the train on her first trip from New York to California, lines from Goethe's *West-östlicher Divan* best express her sense of the American continent: "Und wenn die Sonne über den Schneewüsten oder dem Felsengestein aufgeht, das ist es eben: 'Da erschuf er Morgenröte, Die erbarmte sich der Qual.' " *Briefwechsel* 288–89 (6 Feb. 1955) and note 1.
37 I thank Margot Bockelmann, Kulturbehörde, Freie und Hansestadt Hamburg, for sending me the text of this citation and other documents.

Works Cited

Angress, Ruth K. " 'Dreams That Were More Than Dreams' in Lessing's *Nathan*." *LY*, 3 (1971): 108–27.
Arendt, Hannah. "Aufklärung und Judenfrage." *Zeitschrift für die Geschichte der Juden in Deutschland* 4 (1932): 65–77. Cited: Rpt. Hannah Arendt. *Die verborgene Tradition. Acht Essays*. Frankfurt: Suhrkamp, 1976. 108–26.
———. "Ein Briefwechsel: Hannah Arendt/Hans Magnus Enzensberger." *Merkur* April 1965: 380–85. Cited: Rpt. in *Hans Magnus Enzensberger*. Ed. Reinhold Grimm. Frankfurt: Suhrkamp, 1984. 82–89.
———. *Hannah Arendt Karl Jaspers Briefwechsel 1926–1969*. Ed. Lotte Köhler/Hans Saner. München: Piper, 1985.
———. "Franz Kafka, von Neuem gewürdigt." *Die Wandlung* 1/12 (Dec. 1946): 1050–62.
———. *The Human Condition*. Chicago: UP, 1985.
———. Introduction. *Illuminations*. By Walter Benjamin. Trs. Harry Zohn. New York: Harcourt, Brace & World, 1968.
———. Introduction. *Gesammelte Werke. Dichten und Erkennen*. By Hermann Broch. Zürich: Rheinverlag, 1955.
———. *The Jew as Pariah: Jewish Identity and Politics*. Ed. Ron H. Feldman. New York: Grove Press, 1978.
———. "Konzentrationsläger." *Die Wandlung* 3/4 (July 1948): 309–30.
———. *Men in Dark Times*. New York: Harcourt, Brace & World,[2] 1968.
———. "Organisierte Schuld." *Die Wandlung* 1/4 (April 1946): 333–44.
———. "Organized Guilt and Universal Responsibility." *Jewish Frontier* Jan. 1945: 19–23.

———. *The Origins of Totalitarianism.* New Edition with added Prefaces. New York: Harcourt Brace Jovanovich, 1973.

———. *Rahel Varnhagen. Lebensgeschichte einer deutschen Jüdin aus der Romantik.* Mit einer Auswahl von Rahel-Briefen und zeitgenössischen Abbildungen. München: R. Piper, 1959.

———. "Über den Imperialismus." *Die Wandlung* 1/8 (Aug. 1946): 650–66.

———. *Die verborgene Tradition. Acht Essays.* Frankfurt: Suhrkamp, 1976.

———. *Von der Menschlichkeit in finsteren Zeiten. Rede über Lessing.* München: Piper Verlag, 1960. English: "On Humanity in Dark Times: Thoughts about Lessing." Trsl. by Clara and Richard Winston, in Arendt, *Men in Dark Times,* 3–31.

———. "We Refugees." *Menorah Journal* 31 (1943): 69–77. Rpt. in *The Jew as Pariah* 55–66.

———. "Zionism Reconsidered." *Menorah Journal* 33 (1945): 162–96. Rpt. in *Zionism Reconsidered: The Rejection of Jewish Normalcy.* Ed. Michael Selzer. New York: Macmillan, 1970. 213–49.

Barner, Wilfried, Gunter Grimm, Helmuth Kiesel and Martin Kramer. *Lessing: Epoche—Werk—Wirkung.* Arbeitsbücher für den literaturgeschichtlichen Unterricht. Ed. Wilfried Barner and Gunter Grimm. München: Beck, 4th ed., 1981.

Bernauer, James. "On reading and mis-reading Hannah Arendt." *Philosophy and Social Criticism. An International, Interdisciplinary Quarterly Journal* 11.1 (Summer 1985): 1–34.

Biermann-Ratjen, Hans H. "Politische Kultur und Kulturpolitik. Laudatio auf Hannah Arendt." In Hasenclever, 33–38.

Blumenfeld, Kurt. *Im Kampf um den Zionismus. Briefe aus fünf Jahrzehnten.* Ed. Miriam Sambursky and Jochanan Ginat. Stuttgart: Deutsche Verlagsanstalt, 1976.

Botstein, Leon. "Liberating the Pariah: Politics, the Jews, and Hannah Arendt." *Salmagundi* [Saratoga Springs, N.Y.: Skidmore College] (Spring–Summer 1983): [73]-106.

Branch, Taylor. "America's Errant Philosopher." *The Washington Monthly* April 1983: 49–57.

Canovan, Margaret. *The Political Thought of Hannah Arendt.* New York: Harcourt Brace Jovanovich, 1974.

Dvoretzky, Edward. *Lessing: Dokumente zur Wirkungsgeschichte 1755–1968.* Göppinger Arbeiten zur Germanistik. 2 vols. Göppingen: Alfred Kümmerle, 1972.

Eich, Günter. "Einige Bemerkungen zum Thema Literatur und Wirklichkeit." *Akzente* 3 (1956): 313–15. Rpt. as "Der Schriftsteller vor der Realität." *Über Günter Eich.* Ed. Susanne Müller-Hanpft. Frankfurt: Suhrkamp, 1970. 19–20.

Fuhrmann, Helmut. "Lessings *Nathan der Weise* und das Wahrheitsproblem." *LY* 15 (1983): 63–94.

Guthke, Karl S. "Lessing-Forschung 1932 bis 1962." *DVjs* 38 (1964): Sonderheft 68*–169*.

Hasenclever, Volker F.W., Ed. *Denken als Widerspruch, Plädoyers gegen die Irrationalität oder ist die Vernunft nicht mehr gefragt? Reden zum Lessing-Preis.* Frankfurt: Eichborn Verlag 1982.

Heller, Erich. "Hannah Arendt und die Literatur. Mit besonderer Berücksichtigung des Dichters Bert Brecht" in Reif 327–333.

Hill, Melvyn A. "The Fictions of Mankind and the Stories of Men." *Hannah Arendt: The Recovery of the Public World.* Ed. Melvyn A. Hill. New York: St.Martin's Press, 1979. 275–300.

Jaspers, Karl. *The Question of German Guilt.* Trans. E.B. Ashton. New York: Dial Press, 1947.

———. *Von der Wahrheit.* München: Piper Verlag, 1947.

Kateb, George. *Hannah Arendt: Politics, Conscience, Evil.* Totowa, N.J.: Rowman and Allanheld, 1984.

Kennedy, George. *The Art of Persuasion in Greece*. Princeton, N.J.: Princeton UP, 1963.
Laqueur, Walter. "Re-Reading Hannah Arendt." *Encounter* March 1979: 73–79.
Leddy, Mary Joanna. "The Event of the Holocaust and the Philosophical Reflections of Hannah Arendt." Doctoral Diss. U of Toronto, 1980.
Meyerson, Robert Eric. "Hannah Arendt: Romantic in a Totalitarian Age, 1928–1963." Doctoral thesis U of Minnesota, Aug. 1972.
Parekh, Bhikhu. *Hannah Arendt and the Search for a New Political Philosophy*. Atlantic Highlands, N.J.: Humanities Press, 1981.
Petuchowski, Elizabeth. "Zur Lessing-Rezeption in der deutschjüdischen Presse. Lessings 200. Geburtstag (22. Januar 1929)." *LY* 14 (1982): 43–59.
Reif, Adelbert, Ed. *Hannah Arendt. Materialien zu ihrem Werk*. Wien: Europaverlag, 1979.
Ritter-Santini, Lea. "La passion de comprendre. Hannah Arendt: la pénsee se fait littérature." *Mélanges offerts a Claude David pour son 70e anniversaire*. Ed. Jean-Louis Bandet. Berne: Peter Lang, 1983. 359–82.
Steinmetz, Horst. *Lessing—ein unpoetischer Dichter. Dokumente aus drei Jahrhunderten zur Wirkungsgeschichte Lessings in Deutschland*. Hrsg., eingeleitet und kommentiert. Frankfurt: Athenäum, 1969.
Tolle, Gordon J. *Human Nature under Fire. The Political Philosophy of Hannah Arendt*. Washington, D.C.: University Press of America, 1982.
Wald, Alan M. *The New York Intellectuals. The Rise and Decline of the Anti-Stalinist Left from the 1930s to the 1980s*. Chapel Hill: U of North Carolina Press, 1987.
Whitfield, Stephen J. *Into the Dark. Hannah Arendt and Totalitarianism*. Philadelphia: Temple University Press, 1980.
Young-Bruehl, Elisabeth. *Hannah Arendt: For Love of the World*. New Haven: Yale UP, 1982.
———. "Hannah Arendt als Geschichtenerzählerin," in Reif 319–25.

To Hell and Back:
Four Enlighteners and the Devils

Charlotte M. Craig

It appears to be a curious parallel that two inveterate enlighteners of the standard of Gotthold Ephraim Lessing and Georg Christoph Lichtenberg had their respective penchant for the sphere of the occult. The two thinkers, who enjoyed each other's respect, are known to have fostered a lifelong interest in some of the marginal areas of the supernatural scene. Their preoccupation with matters concerning superstition, physiognomy, palingenesis, reincarnation, Freemason practices, and so forth, is well documented.

Perhaps these excursions into the arena of irrationalism have contributed to rendering an image which transcends that of the sober *Verstandesmensch*. Their kinship in the carefully reasoned portrayal of the element of evil, their perception of guilt, of reward and punishment, of the just causes of redemption and damnation, is indeed striking.

Born and bred as pastors' sons in an environment which fostered an atmosphere for reflection, both ultimately perceived their mission as pedagogues in the broader sense, dedicated to the advancement of reason and enlightened principles. Not theology—Lessing soon drifted away from his formal studies in the field, Lichtenberg never embraced it—but disciplines other than the cloth were to shape and color their perception of some fundamental doctrines. The theater was to Lessing what the university chair was to Lichtenberg: a "pulpit" from which to disseminate their message. Essay and aphorism, too, afford insight into the sum and substance of their personality and reflect their common leaning: away from orthodoxy.

Justified skepticism, rejection of unexamined adherence to established practices, staunch opposition to bigotry and petty intolerance contribute to the repertory of traits which shape their image. Their portrayal of the sinister side and influences of mankind, their preoccupation with the place of evil in the supernatural sphere, particularly their illustration of the diabolical aspects, invites attention. Only the latter can be addressed in this investigation.

As Protestants with perceived antiecclesiastical inclinations they, of course, acknowledge the "devil" as incarnate element of evil. But it would be absurd to expect these two merciless critics of irrational excesses to portray the devil as a primitive character who roams the world, seeking the ruin of souls.

In spite of innumerable guises, his assumed, base nature, contemptible mission, and vile abode have contributed to the traditional representation of the devil.[1] In order to enlist the forces of the devil to serve the purpose of enlightenment the devil and his work had to undergo subtle modification, at least on the surface: his potential threat and evil-doing had to be recast as being surmountable by rational means—basically by the relative deservedness of man. Earnestly combatting dissolute influences and a host of destructive forces to which man is prone could restore him in the favor of the Almighty, and thus return him to the flock of the elect, indeed, redeem one who was practically consigned to hell.

Arno Schilson in his study, *Lessings Christentum*[2] deplores the insensitivity of Lessing's opponents, which was responsible for having maligned Lessing for having published the anonymous *Fragmente* (1774–1778) as an act indicative of seeking to discredit the Christian religion. The mature Lichtenberg is known to have taken a cavalier attitude toward organized religion and even admits occasionally to have posed as an atheist, but only "Exercitii gratia."[3] With a view to contemporary literature, he thanked God, tongue in cheek, for having let him turn atheist (I, 402). He hastens to attest to the policy of blanket religious tolerance at his university, as he reassures the Count of Sternberg in a letter, dated February 12, 1787.[4] Both Lessing and Lichtenberg in their way affirm the existence of God, neither denies that of the devil.

It appears that their attitude toward the infernal element, at least on the rhetorical record, was somewhat ambivalent, as concluded from their use of satanical imagery, especially in polemic writing. In the fragment *Von dem Zwecke Jesu und seiner Jünger*[5] (published by Lessing in 1778), he repeatedly invoked the "portals of hell" as a formidable force to be reckoned with, but one which is ultimately destined to be defeated by the Christian church.

Lichtenberg takes the devil's name in vain at many a provocation and even without a provocation, in a more or less traditional manner. There is the evil one portending doom—"the devil is in comets, I believe" (diary entry, August 12, *Tagebuch 1771*, II, 611), innumerable poor devils in a compassionate context practiced to our day—to such an extent that counting the incidents of invocations and circumstances under which they were uttered would do a doctoral dissertation proud. His own speculation concerning the convention of the "poor devil" alludes to the devil's deprived position in enlightened times (II, 186). Lichtenberg's most explicit definition of the appellation "devil" as it occurs in his opus refers to the frame of reference of the contemporary philosophers, "for the sake of peace with all sects and as such more easily comparable to the algebraist's x, y, z, hence—an unknown quantity" (I, 445-446, 485) and one which he never accords the euphemism of writing it as T (for *Teufel*), followed by a few dots (I, 616, 1104).

In a letter to G. A. Bürger, dated summer 1786, Lichtenberg as contributing editor of the *Göttinger Taschen Calender* cites the devil as inspiration and collaborator in a passage potentially offensive to the clergy. Seeking Bürger's counsel, Lichtenberg assures him of having stricken some of the wording from Satan's diction in accordance with the dictates of his, Lichtenberg's, "school conscience."[6] When he likens a catalogue of hell's torments to the bogy who is to frighten children Lichtenberg expresses doubt that superstition can ever be completely eradicated (II, 173).

A satirical reference to hell as the ultimate abode of such literary "rascals" as Shakespeare, Racine, and Lessing occurs in a letter, dated March 17, 1772 to Johann Christian Dieterich, and presumably refers to the argument surrounding the morality of the legitimate theater, in which the pastor Göze had requested an affidavit by the Faculty of Theology at the University of Göttingen.[7] Lichtenberg associates the "devil" within him with stimulating, creative powers, an "itch," as it were, which is sorely missed when absent by reason of his own illness or incapacitation (*BW*, I, 165). No concern about personal perdition appears to be recorded by either Lessing or Lichtenberg.

The devils congregated in the Faustian scenes best characterize the two authors' perception of the satanic role. With almost sensational zest, they report the road to hell and its attendant perils, an approach which bears some unmistakable traces of relish—possibly because the authors anticipate the ultimate victory of their champions. Considered redeemable, these Fausts are plucked from the brink of the abyss and saved from eternal damnation, for their purported failing—the earnest quest of knowledge—cannot be justly condemned by an enlightener. Transformed from vice to virtue, the search of truth triumphs, paving the path back from hell. In each case, the seeker not only is spared eternal anguish, but he is readmitted, to considerable relief, to the *status quo ante*.

Lessing's fragment *D. Faust* (1759), contained in the *17. Literaturbrief* (*Briefe, die neueste Literatur betreffend*, with Mendelssohn and Nicolai, 1759-1765), the correspondence concerning the lost *Faust* manuscript, along with the scenario recast by J. J. Engel, feature an assembly of devils competing for leadership in the practice of evil. Some of the demons have names, all of them have the ambition to please Beelzebub by being better devils, in their dedication to depravity, cunning, with resourcefulness, and speed.

The scene of this satanic convention is a cathedral church in ruins where the delegates, invisibly seated on various altars, report their accomplishment (385). The identification of the ascetic dreamer, Faust, a man apparently devoid of passions and weaknesses by which to seize him, challenges the devils' imagination (385). As a darling of the Lord and a potential threat to the forces of hell if ever he were to teach and lead the nation, he represents a particularly coveted trophy. Satan himself reserves the privilege of appropriating Faust within twenty-four hours, a man whose singular "guilt" is his inordinate appetitie for knowledge.

The *modus operandi* of Satan's zealous pursuit remains enigmatic in the fragment. Not so the manner in which Faust is saved: a *deus ex machina*, equally from the supernatural sphere, is pressed into the service to accomplish not only Faust's "release," but to manifest the victory of the just, the resultant lesson to be learned, and a satisfactory dramatic resolution on top of that.

An envoy of the Lord, an invisible angel who had been hovering above the assembly, heralds the futility of Satan's project. By angelic design, Faust is temporarily removed from circulation and, while under a protective anesthesia (an induced, deep slumber), a phantom to lure the devils is created to take Faust's place (389). This phantom disappears in the critical moment as the satanic hosts are about to triumph at their apparent victory over mankind and knowledge, and the angel rebukes them: what they had witnessed was only sham, while the genuine Faust had experienced a nightmare of the action in a deep slumber. It should be a sacrilege to imagine that man in his "noblest drive" (intellect) should come to grief, i.e., be damned eternally (386). The real Faust meanwhile awakes thanking Heaven for this hortatory dream which has served to chasten and to strengthen his dedication to the ideals of truth and virtue (389).

Lessing had been familiar with the *Faust* motif since his years at the University of Leipzig (cf. Scene 1 of his comedy *Der junge Gelehrte*, 1748), and had presumably witnessed some performances of earlier *Faust* versions.[8] Citing a number of sources from the *Gesta Romanorum*, anecdotes from Pauli's *Schimpf und Ernst*, Franz Noël's *Luzifer*, to assorted devils' and witches' literatures available at the Breslau library,[9] Hans Mayer points to the problematic position of Lessing's *Faust* with its legacy from puppet play, horror show and boorish spectacle. His newly created Faust image is modeled on the concept which equates acknowledgement of truth with defeat of evil. Indeed, Faust's preoccupation with good and evil pervades even his search for the swiftest spirit of hell, who boasts of acting with the speed likened to the transition from good to evil (Act II, Scene 3 of the *Fragment*, 382, also, *Briefe, die neueste Literatur betreffend*, VII, February 16, 1759, *17. Brief*, 103–107)—a spiritual race with rhetorical impact, as Dieter Hildebrand asserts.[10] The fascination of the proximal juxtaposition of such extremes as demonstrated here has been cited in previous research.[11]

Lessings devil(s) who will(s) "the bad, yet conduces to the good," even if indirectly, might be taken as an anticipation of Goethe's view of the devil;[12] and Horst Hartmann attaches significance to Lessing's elimination of the past scene as an essential component of his *Faust* rendition,[13] which suggests to Petsch a vehicle of Lessing's struggle in the service of intellectual integrity.[14] The tendency to secularize is obvious and progressive.[15]

Lichtenberg who, to be sure, never recorded any ambition for creating a *Faust* drama, in the penultimate year of his life (1798) wrote the short narrative *Daß du auf dem Blocksberg wärst—Ein Traum wie viele Träume*. I am not advancing the theory that this effort represents a mini-*Faust*; yet, a number of ingredients points to the *Faust* tradition, sharing similarities with Lessing's concept, and paralleling the protagonist's return and restoration. In this version, too, dream and phantom are elements which pave the road to redemption, which Lichtenberg anticipates in a note: the title curse is actually attuned to Christian principles in that it does not rescind the damned's return while satisfying the affect.

The central figure, an author, i.e., an intellectual, illustrates his dream of a journey to hell and back which, in this case, leads up to the Brocken[16] rather than downwards, as tradition would have it. A mysterious coachman (an "ehrlicher Teufel," III, 475) who has "secret connections" (III, 476), transports the narrator to the scene of the annual exhibit—complete with Walpurgis Night paraphernalia—of all persons and inanimate objects that had been consigned there, according to the title curse. Consignors' names and number of incidents are emblazoned on the victims' backs. Illogical directions, time compression, suspension in space—elements which signal disorder to the scientific mentality—characterize the scene along with the requisite fire and the consuming, "sinful" awe. Wherever Lichtenberg deliberately suspends the laws of nature, even in jest, we suspect a purpose. Indeed, this arena of wishes induced by conscious or semiconscious desire extends beyond personal concerns to a political, sociopsychological satire.[17] The phantom of this version is labeled "echo being" (*Echo-Wesen*), who gets to see himself and the multifarious company of the damned through a bizarre "Ich nicht ich," "Er nicht er" phenomenon.

Lichtenberg, to be sure, demonstrates the collective vulnerability of being dispatched to hell, yet the distress is mellowed by comic relief when, in contrast to others, the protagonist's mirror image remains free of horns.

When this quasi-Faust awakens amused by the incidents in his surrealistic dream he, too, experiences relief and gratitude. As Lessing's counterpart, he returns to his mundane pursuit, restored and redeemed. He has been to hell only on a visit. The interlude has its salutary function. Perdition in the traditional sense is translated by Lichtenberg's dreamer into creative stagnation and misconception—another, subtler aspect of wickedness: the wide-awake author realizes to his chagrin that his new theory of drama has no claim to originality, a shortcoming which he is able to realize only on literally waking up. Becoming enlightened thus is identified with being redeemed. The concept of "sleeping on something" as applied to the process of coming to grips with a situation, Lichtenberg feels, should be modified to "dreaming on something" where the creative arts are concerned—a device seen by Mautner as censuring the purely rational poets, as well as anticipating the early Romantic theory of the creative dream.[18]

Thus the "self-confessed addictive observer" Lichtenberg who "took the side of the senses against all pretentiousness, whether aesthetic, moral, or philosophical,"[19] enlists dream, phantom, proverb, and curse[20] in the service of enlightenment.

As supernatural elements become an edifying example of Lessing's *Traumoptik*,[21] so they do in Lichtenberg's semi-intuitive, semilogical grotesque, far from the image of fiery arrows and temptation which can be overcome by God alone,[22] far, indeed from the Marlowian concept of "the place that men call Hell . . . Where we are tortur'd, and remaine forever."[23]

In his *Mephistopheles. The Devil in the Modern World*[24] Jeffrey Burton Russell cites the devil as the "best-known symbol of radical evil"[25] in the Judeo-Christian-Muslim context. Having pursued the image of the devil from antiquity to the present,[26] Russell sees the traditional belief in the devil as having been subverted by Descartes, Spinoza, and Locke;[27] indeed, he devotes an entire chapter to the waning influence of a progressively "expiring" Satan during the Age of Reason—the secularization of Christianity having begun at the time of the reformation and Counter-Reformation. Deism, we are reminded, is a nature religion without revelation, which acknowledges the existence of God, but had little use for tradition, miracles, or similar manifestations, while Pietism staunchly retained the belief in the devil.[28] Both movements had touched Lessing as well as Lichtenberg to a considerable degree, but neither of these unsentimental thinkers' views are addressed by Russell in his discourse on the devil during the Enlightenment.

Ernst Cassirer[29] devotes considerable space to Lessing's—not Lichtenberg's—attitude toward God, but not toward His adversary. For Lessing, Cassirer maintains, God is an intramundane power, "one which permeates and shapes this world from within."[30] Accordingly, within the authentic religion, such as shown in the idea leading to the parable of the rings in *Nathan the Wise*, the ultimate truth of religion can be demonstrated only be internal conviction. This basic concept reconciling religious and historical knowledge indeed inspired Lessing's *Erziehung des Menschengeschlechts*. Whether "based on historical facts or on logical and metaphysical premises,"[31] Cassirer holds all demonstration as being inadequate. Religion is, in the final analysis, what it does. Voltaire credits philosophy, "that sister of religion," with having "disarmed the hands of superstition," and the exercise of reason with having cleansed the human spirit of the excesses "committed under the influence of fanaticism."[32] Reason is seen as an antidote to zeal and fanaticism, reason is counted on to teach tolerance, dispel discord, promote virtue—all exquisitely antidiabolical designs—and to lead to agreeable obedience vis-à-vis the laws, in place of servile submission or fearful compulsion. Cassirer concludes from this observation that purely intellectual standards were no longer adequate. To Cassirer's mind, Lessing, essentially a conservative, enjoyed pursuing tradition on its obscure and difficult course in the exercise of objective criticism and reason, the real power of which is to be found in its acquisition, rather than in its possession.[33] Thus, Lessing has had a hand in relieving the rigidity of certain eighteenth-century concepts and doctrines.

Not "Age of Reason," but rather, a "Revolt against Rationalism" was held to be the definition of the Enlightenment, according to the philosophes' qualified repudiation of metaphysics, asserting that reason was by no means the sole source of action, and rejecting the assumption that all mysteries can be permeated by inquiry.[34]

Peter Gay illustrates Lessing's concept of hell, which stood in contrast to that of the theologian J. A. Eberhard who asserted that on "humane and scholarly grounds," hell for heathens was not eternal.[35] In a letter to his brother Karl, Lessing who thrived on controversy, insists that Eberhard's brand of hell does not exist, but that the type of hell which does exist is indeed eternal.[36] According to Gay, Lessing concentrated with critical passion on philosophical gravity rather than on theological content, in his concept of the Christian vision to which he denied supernatural character and supernatural justification.[37] Gay points to Lichtenberg deploring the public's lip service to the Enlightenment, i.e., its demand for more light while having no eyes, or staunchly insisting on keeping them shut (Aphorism L, 469. *Aphorismen, 1793–1799,* 90);[38] and he goes on to show Lichtenberg, too, as reflecting a penchant for traditionalism as the philosopher-scientist inveighs against "improvements" for the sake of change, be it the appearance of the hymnal, or the hideous practice of whitewashing Gothic churches. "We should keep them from collapsing, and see that the floors are clean" (Aphorism J 200. *Aphorismen, 1789–1793,* 40),[39] Lichtenberg advises with typical terseness. Any form of obstruction of the will of God, perpetrated by a *Satan,* an obstructor,[40] in whatever guise, represents the work of a demon, even though the devil—his appearance and his function, the existence of evil—has become demythologized and infinitely more symbolical with time.

The problem of radical evil has occupied a number of other leading Enlighteners, most notably Immanuel Kant. His Pietistic Lutheran background led to his preoccupation with the issue of evil which, in his opinion, is universal and indigenous to human nature. Even before he moved on to his major, epochal treatises, he recorded some observations on the realm of the occult in his speculative, philosophical essay "Träume eines Geistersehers, erläutert durch Träume der Metaphysik" (1766). Here,[41] Kant refers to the "shadowy realm" (*Schattenreich*) as the dreamers' paradise (Kant, 317), a vast expanse which they may cultivate liberally, with the help of such building blocks as hypochondriac vapors, nursery tales, and convent miracles. In the preface, Kant rhetorically questions the advisability of serious involvement with this topic, and he anticipates the investigation to yield nothing substantial. Yet, in part attempting to defend his own preoccupation with the subject, making sport of the scholars "thoroughly grounded" in this area, and caustically predicting the effect of the treatise on the readership, who is sure to miss the essential points (Kant, 318), the Enlightener refuses to leave the issue unexamined.

Kant referred to occult phenomena as a comlex metaphysical knot which may be undone, or severed at will (Kant, 319). He contends that considerable speculation is being expended on the concept of ghosts. However, he dismisses as inadequate the definition advanced by the new school of philosophes who describes a ghost as a being having reason on grounds that seeing ghosts would therefore constitute no miraculous gift, as any one seeing them indeed perceives a being apparently possessing reason (Kant, 319).

He carefully distinguishes "ghosts" as belonging to cosmic totality, from the infinite spirit who is both originator and sustainer of that totality (Kant, 321). Even though he seeks to abstract the obscured meaning of the ill-defined term "ghosts" by testing it in a variety of philosophical applications (Kant, 320–321f), Kant fails to come to grips with identifying the causes of perceptible exterior effects. Likewise, he fails with the problem of a spirit and a body forming a unity which, under certain conditions, may be suspended. For any one who, through faulty reasoning, has allowed himself to be carried off as if in a dream, he has a veritable "shock treatment" in store (Kant, 327); but he credits, or blames, "the weak light of metaphysics"—a subject to which he admitted a special attachment (Kant, 367)—for rendering the "realm of shadows" visible (Kant, 329). He, too, cites Heaven as the traditional abode of blessed spirits, but he castigates as illogical its assumed location in immeasurable space above the earth, on the basis of the possible perspective of occupants of other planets, who may indeed perceive the earth as the assumed locus of eternal bliss (Kant, 332). No matter how clearly one's perception of the spiritual realm may be, even if arrived at by syllogisms, there is insufficient evidence for man to become aware of it as a notion of experience (Kant, 338).

Sleepers, including somnambulists, Kant maintains, do not recall any of the obscure perceptions experienced during slumber or sleepwalking; dreamers, on the other hand, can remember such perceptions on awakening, at least in part, even if the impressions perceived were mostly confused, insipid illusions. Departed souls and pure spirits, Kant insists, can never present themselves to our external senses or have communion with substance; they can, however, have an effect on the mind (*Geist*) of man so as to cause perceptions which evoke familiar images (Kant, 340–341)—a deception which can affect each sense (Kant, 341). Because of the extraordinary pliability of metaphysical hypotheses, they can be easily adapted without even verifying their accuracy (Kant, 341).

In the chapter of the same essay, headed "Antikabbala," Kant categorizes existing types of dreamers, as distinguished from the "genuine ghostseers" who differ from the former in degree and the manner of transferring the deception (*Blendwerk*) outside of their bodies. Kant refutes this process rationally on the basis that the *focus imaginarius* is located at the bottom of the eye, not outside the body, if the perception takes place solely in the optical nerve (Kant, 344); he also rejects cases of the transfer of images which occur in a feverish state and bear similarity with such deceptions. Likewise, he addresses the conditions of insanity and mental derangement in which the afflicted person transfers outside of himself sole objects of his imagination while taking them to be objects actually present before him (Kant, 346).

The label "dreams of a ghostseer" obviously extends to the "dreams" of school metaphysics, i.e., the demischolastic speculations concerning God and immortality, with which Kant was eager to settle accounts. He categorically denies that future research would yield any concrete knowledge concerning this speculative subject because the spiritual nature which is an object of conjecture cannot be reasoned positively for lack of appropriate data (Kant, p. 351). Therefore, he hesitates to debunk the validity of ghost tales collectively, but insists on subjecting to scepticism each individual account (Kant, 351).

A considerable portion of the essay is devoted to the sensational activities of Emanuel Swedenborg, the "archdreamer," whose publication had prompted Kant's reaction. Kant takes to task the fabrications (*Hirngespinste*) of the visionary according to whom all men equally are in intimate contact with the spiritual world (Kant, 361); but again, he reasserts that, historically, some contradictory elements are being accepted even by sensible persons merely because of the extensive circulation of such reports. Included in this rubric are, among others, faith-healing, divining rod, premonitions, the effect of the imagination on pregnant women, the influence of the change of the moon, and so forth (Kant, 357).

In the final analysis, Kant believes to have belabored a thankless topic which wasted his time and defrauded his readers by leading them in a circle and back to the starting point. A significant contribution toward the end of the treatise is his definition of metaphysics as the science of the limitations of human intellect (Kant, 367–368).

Kant does not examine the devil per se, but rather extends his scrutiny to the wider scope of the transcendent. Russell maintains that he has taken the phenomenological approach of concepts to the devil from Kant's analysis of the nature of concepts, as outlined in a number of major works.[42] In his *Kritik der reinen Vernunft* (1781; 2nd ed., 1787), Kant designates that which can be grasped as the *phenomenon*, the concept which man creates of a thing, not, however, the thing-in-itself, the *noumenon* (Kant, III, 211). Thus, *a priori* concepts, such as the existence of God, freedom, immortality (and why not the existence of the devil?), defy meaningful argument. Metaphysical statements concerning the transcendent are of a merely analytical and tautological nature. Because it deals with *noumena*, the issue of evil of which the devil is a prominent symbol, is insoluble.

In his "Beispiel einer Erscheinung mehrerer Phantasmen; nebst einigen erläuternden Anmerkungen,"[43] Friedrich Nicolai regards the concept "spirit" (*Geist*) and "body" (*Körper*) as mere abstractions (p. 57), and therefore declares arguments surrounding claims of seeing or hearing ghosts—particularly spirits of departed persons—as absurd. He singles out the optical and acoustical senses as the only ones associated with manifestations of ghosts. Only the devil, as is commonly accepted, can be perceived on departing by the olfactory sense.

In spite of sober, rational counsel dispensed to those who insist on having experienced hauntings, Nicolai records such sightings which he himself had experienced while in full control of his faculties and in spite of his sceptical attitude on psychological and medical grounds. For nearly two months he consistently perceived (saw, heard) a large number of human and other shapes (p. 59), which phenomenon he considered a consequence of a combined nervous and circulatory condition. He immediately reported the event to his attending physician. Nicolai relates as having suffered from physical as well as mental strain between 1783 and 1791, showing symptoms of hypertension and vertigo, compounded by his sedentary lifestyle, along with stress stemming from the conduct of his profession, the loss of a beloved son, plus a number of other upsetting personal problems.

Having neglected the customary treatment for his affliction, he experienced a sighting of his departed son—an apparition which only he perceived and which revisited him, along with other appearances of persons living or dead. Nicolai ascribes these phenomena as the peculiar consequence of an acute illness, but he hastens to assure the reader that during these experiences he engaged his powers of observation. Upon calm reflection he was unable to arrive at a conclusion as to the arbitrary nature of these hauntings (p. 63). Not unlike a dream experience, he failed to be able to summon persons of familiar identity (p. 64). He recognized the phantoms by sight, perceiving their speech with difficulty, the noises of their motions, however, not at all, even if hundreds of them appeared to be in attendance (p. 66). Sightings of persons on horseback, but also animals, such as dogs and birds, are reported (p. 67)—on the premises of his or others' domiciles, rarely out of doors, at any time of day, alone or in the company of others, in normal life size and color, perhaps a trifle paler than in the natural state. None of these apparitions showed any distinguishing marks; none looked horrifying, distorted, or disgusting, most looked indifferent, some, even pleasant in appearance (p. 68).

The condition persisted, even intensified, with increased frequency of apparitions, but, with prescribed medication and reapplication of leeches, the supernatural visions gradually became pale and fragmented, before disappearing entirely (p. 70). Having kept careful records of the apparitions Nicolai consulted his notes when, later, he experienced a fleeting sensation of a momentary repetition of the phenomenon, and he managed to recall clearly the circumstances surrounding the hauntings. Even under complete control, man sometimes is not master of his own vivid imagination, he concludes (p. 70).

Nicolai cites conditions under which one may experience apparitions: in insanity, in a fever, in a mere state of heightened imagination—the most difficult to trace (p. 71). He, too, points to Swedenborg in whom these factors may have been combined, in addition to a predilection for speculative and mystic theology, as well as heavy foods, to enhance the system which he fostered in order to appear as a *Wundermann* (pp. 72–73). Moreover, Nicolai registers an awareness of those who profess a confused kabbalistic-spinozistic ontology, imagining all forces of nature as ghosts (p. 76). Rather, he feels, the constant impact and countereffect of the forces render nature alive (p. 76). He further cites related experiences of reliable persons whose testimony merits attention (pp. 78–81). Nicolai faults his own hyperactivity, his inventive powers, for having experienced the apparitions (p. 82). Inclining neither toward superstition, unhealthy enthusiasm (*Schwärmerei*), nor sensationalism, he recognized these phenomena for what they really were: manifestations of disease or a consequence thereof (p. 85); he credits his own wholesome philosophy and powers of calm reflection for having prevailed (p. 85), and he lauds the satisfying impact of Kant's views on this score (p. 90).

As Kant had already taken a decidedly antidogmatic stand, so does Nicolai, with characteristically anticlerical bluntness, record his dismay at the common fear of death—an unnatural anxiety which he charges as having been introduced by Christian dogmatism.[44] There is no evidence that Nicolai wrestles with the problem of personal redemption.

In the chapter on the eighteenth-century background of his study on Protestant thought,[45] Claude Welch describes a number of special problems recurring in the literature of the Enlightenment, among them, the miracle, a supernatural event. While by no means "devoid of wonder and awe,"[46] the world of the rationalists was demythologized, naturalized. The Deists conceived of the orderly working of the universe as a mircle—the only miracle accepted as something "admirable." Suspicious of all actual religion, an extreme view generally regarded the church as the harborer of superstition, and a perpetrator of "pious fraud, and invention."[47] As Hume says of the continuation of superstition, "No theological absurdities [are] so glaring that they have not, sometimes, been embraced by men of the greatest and most cultivated understanding ... The whole is a riddle, an enigma, an inexplicable mystery. Doubt, uncertainty, suspense of judgment appear the only result of our most accurate scrutiny, concerning this subject ... did we not enlarge our view, and opposing one species of superstition to another, set them a quarreling; while we ourselves ... happily make our escape into the calm, though obscure, regions of philosophy."[48]

For Hermann Reimarus, religion rests on sound natural reason and, therefore, needs no revelation. Influenced by radical English deism, Reimarus, whose *Apology for the Rational Worshipers of God* was published by Lessing in the *Wolfenbüttel Fragments*, held virtue and moral conviction, along with the concepts of God, freedom, and immortality, as being based on a person's own discernment rather than on doctrines directed by an established faith.[49]

Welch asserts that it is indeed possible to perceive in Kant's doctrine of radical evil, developed in *Religion within the Limits of Reason Alone* (1793), a " 'foreign' intrusion into an otherwise rationalist perspective" which was also evinced in *Der Streit der Fakultäten* (1798). It is this aspect of the Kantian programme, i.e., the "inherence of the evil principle *together with* the good" that Karl Barth[50] sees as preventing the philosopher from "affirming the existence of moral progress." Within this framework, the freedom of reason can manifest both the good, lawful will and a will for evil—a dictum implied, yet not expressly stated in the philosophy of practical reason prior to 1793. On the issue of the wickedness of man, i.e., man's deviation from the moral law, a frailty described by Kant as the *peccatum originarium*, a corruption at the source, Kant is found to be in agreement with St. Paul, Romans 5.12. So is his preoccupation with sin, i.e., behavior not in accordance with the moral law as the sole moving force, hence "radical evil," paralleling Romans 14.23.[51] Kant's doctrine of the conflict between good and evil, and of redemption, Barth maintains, also affects his doctrine of salvation, in which such conceptions as vicarious atonement, justification, forgiveness, rebirth, and predestination—"strange visitors from another world," are received with a sentiment "of understanding and surprise, . . . and a respectful shaking of heads."[52]

Both Welch[53] and Barth[54] comment on Lessing's sober judgment of miracles—Barth, in particular, on the agreement of Lessing with opinions expressed in his edition of Reimarus's works. "Only those men need to perform miracles, who wish to convince us of inconceivable things, in order to make inconceivable things conceivable by means of miracles. But those who have nothing to present but teachings, whose touchstone every man carries with him do not need them,"[55] is Lessing's guide away from ecstasizing instead of simply doing good.[56]

Lessing and Lichtenberg have demonstrated their interest in the sphere of the occult—a preoccupation shared and documented by a number of prominent enlighteners, as shown in the supporting evidence. They both transcended the tradition of theological damnation of man for his speculative tendencies. On the balance between reason and sentiment, the indicator points toward reason while the irrational, supernatural element is addressed as an instrument conducive to spiritual deliverance. They have sent their message to the Fausts and quasi-Fausts: "Wake up and be redeemed."

Kutztown University of Pennsylvania

---

1 Cf. *Teufelbücher in Auswahl*, ed. Ria Stambaugh, 4 vols. (Berlin: de Gruyter, 1970–1978). Also, A. Graf, *The Story of the Devil*, trans. E. N. Stone (London, 1931), and G. Roskoff, *Geschichte des Teufels*, 2 vols. (Leipzig, 1869).
2 Arno Schilson, *Lessings Christentum* (Göttingen: Vanderhoeck and Ruprecht, 1980), 32.
3 "In Gesellschaft spielte ich zu Zeiten den Atheisten bloß Exercitii gratia, "Georg Christoph Lichtenberg *Schriften und Briefe*, II, *Sudelbücher*, II, ed. Wolfgang Promies (München: Hanser, 1971), 178. Quotations from Lichtenberg's work are to this edition, by volume and page number in the text, unless otherwise indicated.
4 "Wir suchen hier keine Ehre darin, Proselyten zu machen. Wer hier recht tut, ist angenehm. Jedes vorsätzliche Bemühen irgendeines Menschen, einen Katholiken von seiner Religion abzubringen, würde nicht allein mit Verachtung der ganzen Universität bestraft werden, sondern auch die ernstlichste Ahndung Königl.

Regierung nach sich ziehen. Alles, was Ihr wollet, daß Euch die Leute tun sollen, das tut Ihr Ihnen, zu welcher Lehre Christus den mir immer äußerst merkwürdigen Zusatz macht: Das ist das Gesetz und die Propheten" (IV, 701).

5 *Gotthold Ephraim Lessing(s) sämtliche Schriften*, ed. Karl Lachmann, 3rd ed., III, ed. Franz Muncker (Stuttgart: Göschen, 1897), 220. Hereafter cited in the text by page number.

6 "Der Teufel nämlich, an den ich seit vergangenem Freitag wieder im Ernste glaube, hat mich bei einer Stelle im Kalender inspiriert, und da wäre mein unmaßgebliches Verlangen, zu wissen, ob dieses Evangelium gedruckt werden kann.... Hierbei sagte der Teufel.... Der Teufel gab mir eigentlich ein, zu sagen.... Das Wort... hat aber mein Schulgewissen weggestrichen" (IV, 683).

7 *Georg Christoph Lichtenberg Briefwechsel*, ed. Ulrich Joost and Albrecht Schöne, Vol. I, 1765–1779 (München: Beck, 1983), 83. Hereafter cited as BW.

8 *Lessing heute, Beiträge zur Wirkungsgeschichte*, ed. Edward Dvoretzky, Stuttgarter Arbeiten zur Germanistik, No. 87 (Stuttgart: Heinz, 1981), 20. Hereafter cited as *Dvoretzky*.

9 Hans Mayer, *Doktor Faust und Don Juan* (Frankfurt: Suhrkamp, 1979), p. 25.

10 Dieter Hildebrandt, *Lessing. Biographie einer Emanzipation* (München: Hanser, 1979), p. 239.

11 Dvoretzky, p. 21.

12 In *Faust in Literatur* (London: Oxford University Press, 1975), p. 35, J. W. Smeed perceives this function ("although in very limited, naive form") to the present in the *Faustbuch vom Christlich Meynenden* (1725).

13 Horst Hartmann, *Faustgestalt, Faustsage, Faustdichtung* (Berlin, Volk and Wissen, 1979), p. 37.

14 *Lessings Faustdichtung, Germanische Bibliothek*, IV, ed. Robert Petsch (Heidelberg: Winter, 1911), p. 5.

15 For an extreme view cf. Walter Jens's drama *Der Teufel lebt nicht mehr* (1979), a conversation between Lessing and Heine, in which the latter questions Lessing why he never completed his *Faust*. Lessing's reply: "Weil ich begriff, daß Mephistopheles' Tage gezählt sind, seitdem die Vernunft in ihr Recht gesetzt worden ist. Der Philosoph, mein Herr—Faust, wenn Ihr so wollt—ist Gottes Liebling und nicht Luzifers Vasall. Erkenntnis! Freie Lehre! Wissen! Forschung! Das zerstört den Höllentrug, die Dämonenfurcht so gut wie den Aberglauben der Kirche. Zerstört: nicht dient! Vernunft ist keine Bestie; sie lehrt uns die Bestie zu zähmen." *Die großen Klassiker. Gotthold Ephraim Lessing*, ed. Herbert Schnierle (Salzburg: Andreas, 1981), p. 111.

16 Lichtenberg showed considerable interest in the mountain which was being measured at the time. See letters to Schernhagen, dated November 4, 1776, and December 2, 1776, respectively (*BW* 1, 642 and 654).

17 Franz H. Mautner, *Lichtenberg. Geschichte seines Geistes* (Berlin: de Gruyter, 1968), p. 410. Hereafter cited as *Mautner*.

18 Mautner, p. 411.

19 *German Men of Letters*, VI, ed. Alex Natan and Brian Keith-Smith (London: Wolff, 1972), p. 186.

20 In the introductory remark to the narrative Lichtenberg's "friend" who provided the manuscript points to his interest in collecting German national curses as an element essential to determining the national character (III, 473). The *Deutsches Sprichwörter-Lexikon*, ed. Karl Friedrich Wilhelm Wander, I (Leipzig: Brockhaus, 1867), 407, lists the adage with a reference to Lichtenberg's essay.

21 Cf. Volker Nölle, *Subjektivität und Wirklichkeit in Lessings dramatischem und theologischem Werk* (Berlin: Schmidt, 1977), p. 113.

22 Frank Baron, *Faustus. Geschichte, Sage, Dichtung* (München: Winkler, 1982), p. 49.

23 Christopher Marlowe, *The Complete Works of Christopher Marlowe*, ed. Fredson Bowers, II (Cambridge: University Press, 1973), 177–178.

24 Jeffrey Burton Russell, *Mephistopheles. The Devil in the Modern World* (Ithaca, London: Cornell University Press, 1986). Hereafter cited as Russell.
25 Russell, p. 17.
26 Earlier works on the subject by Russell include *The Devil: Perceptions of Evil from Antiquity to Primitive Christianity; Satan. The Early Christian Tradition; Lucifer. The Devil in the Middle Ages* (Ithaca, London: Cornell University Press, 1977, 1981, 1984, resp.)
27 Russell, p. 128.
28 Ibid., pp. 131–132.
29 Ernst Cassirer, *The Philosophy of the Enlightenment*, trans. Fritz C. A. Koelln and James P. Pettegrove (Boston: Beacon, 1955), (rpt. Princeton University Press, 1960). Hereafter cited as Cassirer.
30 Cassirer, pp. 191–192.
31 Ibid., p. 169.
32 Quoted by Cassirer, p. 169, from Voltaire, "Traité sur la tolérance à l'occasion de la mort de Jean Calais," chs. I, IV, *Oeuvres*, vol. XXIX, pp. 63, 74f.
33 Cassirer, p. 14; p. 360.
34 Peter Gay, *The Enlightenment: An Interpretation. The Rise of Modern Paganism* (New York: Vintage Books, 1968), p. 141. Hereafter cited as Gay.
35 Gay, p. 332.
36 Letter to Karl Lessing, dated July 14, 1773, *Schriften*, XVIII, 86.
37 Gay, p. 332.
38 Ibid., p. 20.
39 Ibid., p. 353.
40 In *Satan*, v sup., Russell defines the devil as personification of the principle of evil, "not a mere demon, . . . but the sentient personification of the force of evil itself, willing and directing evil" (p. 23). The Hebrew term *satan* appears, translated into New Testament Greek, as *diablos*, "adversary," the origin of the English word "devil." Russell points out that the sense and degree of the devil's subordination to the Lord, against whom he struggles continually, is unclear in the New Testament and became the subject of theological controversy (p. 27).
41 Immanuel Kant, *Kants Werke*. Akademie-Textausgabe, II, *Vorkritische Schriften* II, 1757–1777 (Berlin: de Gruyter, 1968), 315–374, rpt. from *Kants gesammelte Schriften*, ed. Königlich Preußische Akademie der Wissenschaften, II (Berlin, 1905–1912), pp. 1–452. References to this essay are cited in the text as Kant, and documented by page number.
42 *Kritik der reinen Vernunft* (1781; 2nd ed. 1787); *Grundlegung zur Metaphysik der Sitten* (1785); *Kritik der praktischen Vernunft* (1788); *Über das Mißlingen aller philosophischen Versuche in der Theodizee* (1791); *Die Religion innerhalb der Grenzen der bloßen Vernunft* (1793), Russell, p. 143.
43 Friedrich Nicolai, *Philosophische Abhandlungen. Größtentheils vorgelesen in der Königl. Akademie der Wissenschaften zu Berlin* [February 28, 1799], I (Berlin, Stettin, 1808), 53–96. First printed in *Neue Berlinische Monatsschrift*, May 1799. Quotations are to the 1808 edition cited in the text by page number.
44 In *Friedrich Nicolai's Leben und literarischer Nachlaß*, ed. L. F. G. v. Göckingk (Berlin: Nicolaische Buchhandlung, 1820), p. 151, we read the following entry: "Ich bekenne, daß ich nie habe begreifen können, wie man sich vor dem Tode fürchten kann; vor einer Begebenheit, die nach der Natur des Menschen nothwendig erfolgen muß. Dieß kömmt von den groben Vorurtheilen her, welche die christliche Dogmatik eingeführt hat, von ewigen Höllenstrafen, vom Zorn Gottes u.s.w. Ich lebe, weil ich leben muß, und thue das beste, was ich im Leben thun kann; weiß, daß ich einmal sterben muß. Es ist eine natürliche Folge des Alters, daß die Haare grau werden. Soll ich mich fürchten vor grauen Haaren?"
45 Claude Welch, *Protestant Thought in the Nineteenth Century*, I, 1799–1870 (New Haven, London: Yale University Press, 1972), 39. To be cited hereafter as Welch.

46 Ibid.
47 Ibid.
48 David Hume, *Natural History of Religion*, ed. H. E. Root (London, 1956), pp. 46–47, 28, 75–76, quoted by Welch, 44.
49 Welch, 38.
50 Karl Barth, *Protestant Thought: From Rousseau to Ritschl*, trans. Brian Cozens from 11 chapters of *Die Protestantische Theologie im 19. Jahrhundert*, rev. H. H. Hartwell (New York: Harper, 1959), p. 178. Hereafter cited as Barth.
51 Barth, pp. 179–180.
52 Ibid., p. 181.
53 Welch, 51–52.
54 Barth, pp. 134–135.
55 *Theologische Schriften*, I, 40, cited by Barth, pp. 127–128.
56 Barth, p. 128.

"Freymüthiges Kaffegespräch Zwoer Jüdischen Zuschauerinnen über den Juden Pinkus." Eine Theaterkritik von Marcus Herz.

Gunnar Och

Unter den Dokumenten, die vom Stand der Judenemanzipation im Deutschland des 18. Jahrhunderts Zeugnis ablegen, zählen Theaterstücke und -kritiken nicht zu den geringsten. Jüdische Bühnenfiguren, die in der zweiten Hälfte des Jahrhunderts immer zahlreicher werden, und die Resonanz, die ihr Auftreten in der literarischen Öffentlichkeit hervorruft, indizieren, in welchem Maße Vorurteile sich abzubauen beginnen bzw. fortgeschrieben werden. Bestes Beispiel: Lessings Stück *Die Juden* und die sich an sein Erscheinen knüpfende Kontroverse. Hatte Lessing gegen die "schimpfliche Unterdrückung" der Juden protestiert und mit der Figur des edlen Juden "dem Volke die Tugend da zeig[en] [wollen], wo es sie ganz und gar nicht vermuthet"[1], so meldete der Göttinger Orientalist Michaelis Vorbehalte an, die sich als kaum verhüllte Vorurteile erweisen. Es sei "doch allzu unwahrscheinlich [. . .], daß unter einem Volcke von den Grund-Sätzen, Lebens-Art, und Erziehung [. . .] ein solches edles Gemüth sich gleichsahm selbst bilden könne."[2] Lessings Kritik der Kritik tritt diesem Vorwurf entgegen. Ihr stärkstes Argument stellt ein ohne Wissen des Verfassers veröffentlichter Brief dar. Es ist ein an Aron Gumpertz gerichteter Brief Moses Mendelssohns, in dem sich die Empörung über Michaelis artikuliert. Damit ist, wenn auch unfreiwillig, aus dem Objekt des Diskurses, dem Juden, ein gleichberechtigter Gesprächspartner geworden, der allein schon durch sein von "Tugend und Gelehrsamkeit" zeugendes Auftreten Vorurteile entkräftet[3]. Dies bleibt kein Einzelfall. Siebzehn Jahre später wird der junge Jude Marcus Herz, Kant-Schüler und späterer Arzt von Rang, in ähnlicher Sache das Wort ergreifen. Die interessante Schrift, die im übrigen Lessings Wirkung und Ausstrahlung auf ein sich erst konstituierendes jüdisches Publikum dokumentiert, ist freilich kaum bekannt. In der älteren Sekundärliteratur werden nur wenige Sätze aus ihr zitiert, und in den jüngsten Arbeiten zum Thema, in Helmut Jenzschs Dissertation über "Jüdische Figuren in deutschen Bühnentexten des 18. Jahrhunderts" bzw. in einem einschlägigen Aufsatz

Jacob Tourys wird sie sogar als verschollen bezeichnet.[4] Grund genug, wie es scheint, den tatsächlich schwer zugänglichen Text wieder abzudrucken und ihn einer eingehenden Betrachtung zu unterziehen.

1

"Freymüthiges Kaffegespräch zwoer jüdischen Zuschauerinnen über den Juden Pinkus oder über den Geschmack eines gewissen Parterrs"—unter diesem Titel erscheint im "Weinmonath" 1771 die in Rede stehende Schrift, ohne Angabe des Orts und des Verfassers. Auf dem Titelblatt findet sich lediglich das Pseudonym Ωτγχουςὴς. (Hörer, Lauscher), das auf die fingierte Situation anspielt, derzufolge der 'Herausgeber' jenes Gespräch hinter einem Schirm belauscht haben will. Anlaß war eine jüdische Bühnenfigur aus dem Drama *Die abgedankten Offiziers* von Stephanie d.j., das Herz, wie alle mitgeteilten Details (die Zahl der Aufführungen, Namen der Schauspieler etc.) zeigen, im gleichen Jahr in Berlin als Aufführung der Kochschen Theatertruppe gesehen haben muß.[5] Als Druckort darf also gleichfalls Berlin angenommen werden, was Schlichtegroll in seinem Nekrolog auf Herz bei im übrigen falscher Datierung (1772) bestätigt[6].

Die Schrift fand bei den Zeitgenossen eine gewisse Resonanz. Sie wird von Christian Heinrich Schmid in seiner "Theaterchronik" rezensiert[7] und von Leon Gomperz, einem jüdischen Kaufmann und Schriftsteller, positiv gewürdigt[8]. Ausführlich äußert sich schließlich Schlichtegroll, im eben erwähnten Nekrolog. Das "Kaffegespräch"— so heißt es hier—würde "als eine flüchtige Zeiterscheinung kaum eine Erwähnung verdienen, wenn sie nicht frühe schon seine [sc. Herz'] Gabe des Styls und sein Gefühl bey angethanem Unrecht bewährte. [...] Den jungen Mann, der seinen Werth als Mensch fühlte, empörte die Behandlung, die seine Mitbrüder auf dem Theater der Welt und auf der Schaubühne erlitten; er machte seinem Herzen Luft."[9] Es ist im übrigen interessant, daß Schlichtegroll es sich in diesem Zusammenhang nicht versagen kann, Herz' Haltung mit dem neuen Antisemitismus der eigenen Zeit zu konfrontieren. Unter Anspielung auf die einschlägigen Pamphlete des preußischen Justizkommissars Grattenauer und dessen im Jahr 1804 erfolgte Amtsenthebung[10] merkt er an: "Was würde H e r z gesagt haben, wenn er G r a t t e n a u e r s pöbelhafte Angriffe an dem Morgen des XIXten Jahrhunderts erlebt hätte! Was aber auch zu der unerwarteten Ehrenrettung, daß dieser neue Apostel der Intoleranz bald darauf als ein öffentlicher Verbrecher der strafenden Gerechtigkeit in die Hände fiel."[11] In der Folgezeit scheint Herz' Schrift in Vergessenheit geraten zu sein, was angesichts der sicher geringen Auflage auch nicht verwundert. Erst Ludwig Geiger, der bedeutende Germanist und jüdische Kulturhistoriker, kommt wieder auf sie zurück. In der

Zeitschrift für die Geschichte der Juden in Deutschland beklagt er zunächst, daß "trotz eifrigen Suchens" der Text nicht aufzuspüren gewesen sei.[12] Doch bereits ein Jahr später kann er ihn an gleicher Stelle seinen Lesern präsentieren.[13] Er gibt eine knappe, kurz kommentierte Inhaltsangabe und zitiert die zentrale Passage, die freilich nur ungefähr ein Sechstel des gesamten Textbestandes ausmacht. Natürlich fehlt auch nicht eine Bewertung. Diese weicht allerdings von Schlichtegrolls Einschätzung beträchtlich ab. Geiger räumt zwar ein, daß Stephanies Stück "platt, witzlos, ohne jede Kunst gemacht" sei. Andererseits müsse man aber auch zugestehen, daß Herz' "ganzer Ausfall von übergroßer Empfindlichkeit diktirt" sei[14]. Ohne hier schon auf die Frage nach der Berechtigung der Herzschen Kritik eingehen zu wollen, läßt sich immerhin feststellen, daß diese Beurteilung für Geiger selbst aufschlußreich ist. Der emphatisch die Assimilation bejahende Jude ist allzu rasch bereit, jüdische Positionen zu kritisieren, um den Antisemiten keinen Anhaltspunkt für den Vorwurf 'jüdischer Selbstgerechtigkeit' zu liefern.[15] Daß solches Verhalten sich letztlich nicht auszahlt, das zeigt die weitere Rezeption der Herzschen Schrift, die offenbar ausnahmslos auf Geigers Teilabdruck, nicht aber auf das Original zurückgeht. So greift Elisabeth Frenzel in ihrer deutlich antisemitisch grundierten Arbeit *Judengestalten auf der deutschen Bühne* Geigers Urteil dankbar auf, wenn sie Herz' Einwände kommentiert: "Falsch verstandene Humanität, übergroße Empfindlichkeit macht aus Komik ein Verbrechen, weil sie das von der Aufklärung verhätschelte Schoßkind, den Juden, trifft."[16] Zu einem anderen Urteil war zuvor Herbert Carrington in seiner Dissertation "Die Figur des Juden in der dramatischen Literatur des 18. Jahrhunderts" gekommen. Carrington, der etwas ausführlicher Theaterstück und Kritik vergleicht, gelangt zu der Einschätzung, daß "Herzens Empfindlichkeit [...], wenn auch nicht zu loben, doch wenigstens leicht zu begreifen" sei[17]. Da die bereits erwähnte Studie von Jenzsch, die ihr vorbelastetes Thema ansonsten durchaus bewältigt, auf das "Kaffegespräch" nicht eingeht, steht ein klärendes Wort in dieser Debatte noch aus.

2

Um nun Herz' Kritik beurteilen zu können, müssen wir uns allererst ihres Gegenstandes, jenes Lustspiels versichern. Der Autor dieses Stücks, Gottlieb Stephan, der sich, um den gutbürgerlichen Vater nicht zu kompromittieren, Stephanie nannte und zur Unterscheidung von seinem im gleichen Fach tätigen älteren Bruder den Namenszusatz 'der jüngere' annahm, war ein Schauspieler und äußerst produktiver Stückeschreiber.[18] Seine biographisch begründete Vorliebe—er diente mehrere Jahre in der preußischen und österreichischen Armee—galt dem Militärischen. Er exzellierte in

Offiziersrollen und adaptierte einschlägige Stoffe. Daher ist es auch nicht verwunderlich, daß er sich, wie viele andere, nach Erscheinen der *Minna von Barnhelm* an einer Nachahmung versuchte. Das Ergebnis, eben das Lustspiel *Die abgedankten Offiziers*, weist deutliche Ähnlichkeiten mit der Vorlage auf: ein Wirtshaus als Schauplatz, ein tugendhafter, unverschuldet in Not geratener Offizier, der von einem adeligen Fräulein geliebt und mit Hilfe von dessen einflußreichem Oheim schließlich gerettet wird.[19] Deutlich genug ist freilich auch der qualitative Abstand: Das Personal, das um zwei Bösewichter vermehrt ist, wirkt schematisch, die Dialoge erscheinen hölzern, Schürzung und Auflösung des Handlungsknotens plump. Eine wichtige Rolle im Gefüge des Dramas spielt der Geldverleiher und Kaufmann Pinkus, der im Personenverzeichnis als "holländischer Jude" vorgestellt wird[20]. Hervorstechendstes Merkmal der Figur ist ihr Jargon, eine mehr oder minder gelungene Imitation des Westjiddischen. Auf den ersten Blick mag man dies für ein realistisches Gestaltungsmittel halten, das der Figur jene Authentizität verleiht, welche den in jüngster Zeit heftig kritisierten 'Edeljuden' Gellerts und Lessings gerade abgesprochen wird[21]. Stephanie selbst legt eine solche Interpretation nahe, wenn er ein nach Ständen spezifiziertes Sprechen propagiert: "Meine Leute müssen mir reden, wie ich ehrliche Leute in unserer lieben Welt reden höre, der Jude wie ein Jude, der Reitknecht wie ein Reitknecht und nicht wie ein Professor auf dem Katheder, der die Wohlredenheit lehrt."[22] Bei näherem Zusehen wird allerdings deutlich, daß gerade der Jargon es ist, der die Figur des Juden Pinkus verzeichnet, sie der Komik preisgibt. Ein Beispiel: Pinkus wird eingeführt, wie er einem der beiden abgedankten Offiziere, dem leichtsinnigen Baron Kreuz, einen fälligen Wechsel präsentiert. Unter einem Vorwand wird er von dessen Diener in ein dunkles Kabinett gelockt, über Nacht eingesperrt, um schließlich erst am nächsten Morgen nach erzwungener Prolongierung des Wechsels freigelassen zu werden. Die Szene, die das alte Klischee vom Juden als betrogenem Betrüger genußvoll variiert, bietet ausgiebig Gelegenheit, das Fluchen und Jammern des Pinkus über seine Lage und entgehende Geschäfte zu gestalten:

> Do bin ich eingesperrt. Du sollst verschwarzen mit deinem Kabinet— An lichten Galgen sollt ihr kemmen mit euren Narrenpossen. Sperrt mich auf.
> [...]
> O wey! über den Goy!
> [...]
> O wey! über die Straich! [...] Kaporeh über den Balmachomeh, wenn ich meinen Rewach verliehr!
> [...]
> Verschwärzt sollst du seyn, Schlemasel über deine Kinder![23]

Der Jude ist hier in die Rolle des Harlekins geschlüpft, der dem seit Gottsched herrschenden Wahrscheinlichkeitsgebot weichen mußte. Als Statthalter des Hanswursts soll er offenbar den Zuschauer mit der strengeren Form versöhnen.[24] Dabei wird ganz unverhohlen aufs Vorurteil des Publikums spekuliert; das erregte Lachen hat keine kritisch-aufklärende, sondern affirmative Funktion. Das Eigentümliche an der Figur des Pinkus ist nun allerdings, daß sie sich in der hier skizzierten Bedeutung nicht erschöpft. Sie erscheint nicht nur als verlachenswertes Objekt, sie vermag auch andere Regungen zu provozieren. So ergibt sich eine positivere Bewertung des Juden aus der Konfrontierung mit christlichen Geldverleihern, deren Wucherzinsen sich als weitaus höher erweisen. Betroffen resümiert der Baron Kreuz seine diesbezüglichen Erfahrungen: "Bey meinen Umständen habe ich Juden und Christen recht kennen, und den Unterschied machen lernen. Es soll mir einer künftig etwas über einen Juden reden, dem breche ich, aus Eyfer für die Wahrheit, den Hals."[25] Im weiteren Verlauf der Handlung erweist sich Pinkus dann trotz jenes üblen Streichs, der ihm gespielt wurde, als uneigennütziger Helfer der beiden Offiziere. Er entlarvt die Betrüger, deren Opfer der Baron zu werden drohte, und trägt schließlich durch seine Vermittlung beim Minister, in dessen Haus er ein und aus geht, zur glücklichen Lösung aller Konflikte bei. Im Schlußtableau scheinen dann die sozialen Gegensätze gänzlich aufgehoben. "Im Herzen ist der wahre Adel nicht in der Geburt", heißt es bezüglich des Eheversprechens zwischen adeligem Offizier und bürgerlicher Wirtstochter; doch darf sich auch der ebenfalls anwesende Jude in den Kreis der Gleichgesinnten einbezogen fühlen, wenn der Baron formuliert: "Von Hohen bis zu Niedrigen bin ich mit lauter rechtschaffnen Herzen umgeben."[26] Sucht man nach einer Vermittlung der einander widersprechenden Entwürfe, des an Gellert und Lessing orientierten Entwurfs des edlen oder doch zumindest uneigennützigen Juden mit dem an der älteren Lustspieltradition orientierten Entwurf des komischen Schacherjuden, so sieht man sich enttäuscht. Es gibt sie nicht. Als einzige Erklärung für das Phänomen bietet sich die Vermutung an, Stephanie, der ja in erster Linie Bühnenpraktiker gewesen ist, habe aus reinem Opportunismus beide Tendenzen gebündelt, wobei die aufgeklärte der komischen das Alibi liefern konnte. Offenbar hatte er sich damit auch nicht verrechnet. Das Lustspiel wurde ein großer Erfolg, was nicht zuletzt auf die Juden-Rolle zurückzuführen ist. Dies zeigt jedenfalls eine zeitgenössische Rezension, die Pinkus geradezu als den "Stückhalter" bezeichnet:

> Eine Rolle im jüdischen Dialekt ist ein neuer und glücklicher Einfall, und in Rücksicht auf den Geschmack der deutschen Parterrs kann ich diesen Juden mit Recht den Stückhalter nennen. Die Manieren, die Sprache, der Accent, welche im gemeinen Leben für den rohen

Haufen ein so reicher Stof des Scherzes sind, die müssen auch auf der Bühne belustigen, zumal wenn sie so vortreflich kopirt sind, wie hier. Diese Rolle läßt mich im Niedrigkomischen ungemein viel von dem jüngeren Herrn Stephanie hoffen; Natur und Einfälle, beides kommt ihm hierinnen zu statten. Der Jude ist Jude, das heißt, er läßt sich nicht gern seinen Schacher entgehen; er mahnt um das, was man ihm schuldig ist; aber unstreitig schwebt dem Verfasser die Absicht von Leßings Lustspiele *die Juden*, vor den Augen, und er wollte nicht, daß die Zuschauer auch den verachten sollten, über den sie lachen mußten. Pinkus ist unerachtet seines Gewerbes der ehrlichste Mann [...][27].

Diese Rezension, die die behauptete Inkonsistenz des Figurenentwurfs ja indirekt bestätigt, überrascht durch ihre Unverfrorenheit. Daß dem rohen "Geschmack der deutschen Parterrs" Rechnung getragen wurde, wird bedenkenlos affirmiert und durch Hinweis auf die zweite, scheinbar philosemitische Perspektive legitimiert. Vielleicht ist es daher auch diese Rezension und nicht allein das eigene Bühnenerlebnis gewesen, die Herz' Einspruch provozierte. Der Untertitel seiner Schrift, "Über den Geschmack eines gewissen Parterrs", könnte dafür ein Indiz sein.

3

Herz spricht seine Einwände nicht unmittelbar aus. Er hat sie vielmehr auf die Teilnehmerinnen eines fingierten Gesprächs übertragen, das er dem Leser in der lustvoll gespielten Rolle eines Herausgebers und galanten Lauschers präsentiert. Diese hübsche Einkleidung, auf die sich wohl Schlichtegrolls Lob ("Gabe des Styls") bezieht, erinnert an Erzählkonventionen des zeitgenössischen Romans, vor allem an Wielands launiges Erzählen, und wäre wohl nicht weiter bemerkenswert, wenn sie nicht eben von einem jüdischen Verfasser stammte. Denn für einen Juden dieser Generation ist solch schöngeistige Bildung beileibe noch keine Selbstverständlichkeit. Sie konnte nur mit großer Mühe erworben und mußte gegen äußere Widerstände durchgesetzt werden. Ein Blick auf Herz' Biographie bestätigt dies. Nachdem der im Jahr 1747 Geborene in Berlin das "Ephraimsche Institut" besucht und dort "talmudische Bildung" erworben hatte[28], wurde er als Handelsdiener zu einem jüdischen Kaufmann nach Königsberg geschickt. Doch war er mit dieser ihm durch die sozialen Verhältnisse gewissermaßen zudiktierten Laufbahn nicht zufrieden. Er begann zu studieren, "und zwar"—wie er selbst berichtet—"mit dem höchsten Grade von Anstrengung aller Seelenkräfte, die auch wohl bey dem vollkommensten Mangel jeder untalmudischen Kenntniß höchst notwendig war." Das größte Hindernis bildete die Sprachbarriere: "Ich wußte von keiner Sprache, kannte meine mütterliche wie ein Judenknabe von damaliger Erziehung"[29], womit offenbar die jiddische Sprachprägung gemeint ist. Herz bestand freilich die Herausforderung mit Erfolg. Nach dreijährigem Studium der Sprachen und Philosophie—"nach den ersten drey Jahren, da ich mich meiner Rohheit entwand"[30]—wurde er von seinem Lehrer Kant dazu bestimmt, als Respondent dessen Dissertation öffentlich mit zu verteidigen (1770). Eigene, neben weiteren medizinischen Studien verfaßte philosophische Arbeiten folgen, bevor Herz schließlich 1774 mit der Promotion in Halle seine Ausbildung zum Mediziner beendet—dem einzigen akademischen Beruf, der einem Juden in dieser Zeit zu ergreifen erlaubt war.

Als Herz freilich das "Kaffegespräch" niederschreibt, ist es noch nicht so weit. Er war eben erst aus Königsberg nach Berlin zurückgekehrt (Herbst 1770) und hatte sich dem Kreis um Moses Mendelssohn angeschlossen. Daß hier Auseinandersetzungen über philosophische Gegenstände stattfanden, ist gewiß[31], daß auch über ästhetische Fragen und Probleme des Theaters im besonderen gesprochen wurde, darf angenommen werden. Jedenfalls sind in Herz' Schrift Gedanken und Elemente der Aufklärungspoetik unübersehbar. So bezieht er in der eingangs zwischen Madame A. und Madame B. geführten Debatte über den Nutzen des Theaters die fast schon zu erwartende Position. Gegen den Vorwurf Rousseaus, läßt er sein Sprachrohr, die Madame B., das Theater als 'moralische Anstalt' verteidigen. Zumal das Trauerspiel verbessere die Sitten, helfe unser "sympathetisches Gefühl" in Wärme zu erhalten (S. 6). Diese Formulierung entspricht natürlich der von Lessing gegebenen Bestimmung des Wirkzwecks des Trauerspiels. An Lessing erinnert des weiteren die klare Ablehnung des französischen Theaters, vor allem der französischen klassizistischen Tragödie, die in den Gestalten der "Madam Clytemnestra" und des "Monsieur Achill" verspottet wird (S. 13). "Pomp und Verzierung"—Lessings Verdikt über die französische Bühnenpraxis[32]—wird von Herz aufgenommen und mit der Verdammung des "Flittergoldes" und "der Wissenschaft des äußerlichen Anzuges" variiert (S. 9f.). Diese starke Präsenz Lessings, die sich in den immer wieder genannten Vorbildern *Sara Sampson* und *Minna von Barnhelm* fortsetzt, stellt ein ästhetisches Credo dar, dem Herz Zeit seines Lebens treu bleiben sollte. Henriette Herz berichtet, daß ihr Ehemann auch die literarische Produktion des Sturm und Drangs und der romantischen Schule mit Blick auf die für ihn allein maßgebliche Autorität prüfte und verwarf, da sie eben nicht "mit Lessingscher Klarheit und Durchsichtigkeit geschrieben war."[33]

Nicht unmittelbar an Lessing, wohl aber an einen Problemzusammenhang, der auch Lessing immer wieder beschäftigt hat, knüpft Herz an, wenn er seine 'Zuschauerinnen' über das mangelnde nationale Gepräge des deutschen Theaters debattieren läßt. Daß die deutsche Dichtung und das Theater im besonderen den deutschen Nationalcharakter repräsentieren sollen, ist eine allgemeine Forderung der Zeit. Doch wird von den kosmopolitisch orientierten Aufklärern der Nationalcharakter selbst als bloße Modifikation einer universell verstandenen Menschennatur gedeutet. So ist auch Lessings Ablehnung des französischen Theaters bei allen Ressentiments gegenüber Frankreich letztlich nicht von nationalen Gesichtspunkten bestimmt, wie z.B. die 1781 datierende Vorrede zu der Übersetzung "Das Theater des Herrn Diderot" zeigt. Denn "die französischen Stücke, welche auf unserm Theater gespielt wurden", werden verworfen, weil sie "nur lauter fremde Sitten" vorstellen, "in welchen wir weder die allgemeine menschliche Natur noch unsere besondere Volksnatur erkennen."[34] Dabei bezeichnet die Reihenfolge eine Hierarchie. Entscheidend ist die übernationale, in einem emphatischen Sinne menschliche Orientierung, weshalb ein französisches Drama wie Diderots *Hausvater* auch für das deutsche Theater vorbildlich sein kann: "Denn der Hausvater war weder Französisch, noch deutsch: er war blos menschlich. Er hatte nichts auszudrücken, als was jeder ausdrücken konnte, der es verstand und fühlte."[35]

Ein vergleichbares, wenn auch noch entschiedeneres Plädoyer findet sich bei Herz. Seine Madame B. beklagt zwar den "Mangel an Nationalstücken" (S. 11), doch vermag sie diesem Mangel durchaus positive Seiten abzugewinnen; denn er bedeute auch "Mangel an nachteiligen Folgen" wie der forcierten "Sucht zu nationalisiren" (S. 13). Ein Drama mit einem so unterentwickelten nationalen Gepräge wie das deutsche könne sehr wohl unser Interesse beanspruchen, und zwar ein allgemeineres als das bloß partikulare Nationalinteresse: "Es ist die Menschlichkeit und nicht die Liebe der Nation, die unsere Thränen hervorbringt" (S. 12).

Im weiteren Verlauf des Gesprächs rückt der Begriff des Geschmacks in den Mittelpunkt. Herz, der wenige Jahre später diesem Gegenstand eine eigene Abhandlung widmen wird[36], kritisiert durch Madame B. das Repertoire der Kochschen Truppe, weil es aus kommerziellen Gründen dem schlechten Geschmack des Publikums entgegenkomme, anstatt ihn zu verbessern. Damit ist man beim eigentlichen Thema, bei Stephanies Lustspiel und dessen Judenbild.

Die Figur des Pinkus wird als Zerrbild bezeichnet, das aus klischierten Vorstellungen und Vorurteilen (eine bis zur Selbstverleugnung reichende Unterwürfigkeit, ausgeprägte Profitlichkeit etc.) zusammengesetzt ist, signifikantes Beispiel der kritisierten Reduktion des Menschlichen auf einen angeblich typischen, in Wahrheit aber entstellten Nationalcharakter.[37] Herz bezieht sich vor allem auf jene bereits geschilderte Mißhandlungsszene, in der Pinkus tatsächlich zum bloßen "Gegenstand des Gelächters" wird

(S. 19). Positive Züge, wie die ausdrücklich vermerkte "Ehrlichkeit", änderten nichts am Gesamtbild, da sie die Figur lediglich über jene Schwelle höben, die Lachen vom Ekel scheidet (S. 24f.). Wenn weiter von Sitten- und Würdelosigkeit, ja von "schmutzigem Wesen" die Rede ist (S. 24f.), so zielt das sicher nicht allein auf die "abgeschmackte Sprache" (S. 23), den von Pinkus gesprochenen Jargon. Zu berücksichtigen ist auch die Bühnenpraxis der Zeit, die die Rolle des komischen Juden als eigenes Fach auffaßte und realisierte, mit den für die Zuschauer gedachten Erkennungssignalen: einer übertriebenen Gebärdensprache, kaftanähnlichem Gewand und besonderer Haartracht.[38] Man darf annehmen, daß Herz den Part des Pinkus auf der Kochschen Bühne in entsprechender Darbietung erlebt hat.[39]

Von Einsicht in die Geschichte der jüdischen dramatis persona zeugt jene Passage des Gesprächs, die eine Parallele zwischen dem früheren "Possenreißer in der bunten Jacke" und komischen Figuren wie eben Pinkus zieht. Der Jude wird hier zutreffend als Nachfolger des Harlekins, als dessen Statthalter "ohne Uniform" gedeutet (S. 25f.).

Mit Anspielung auf Michaelis' Reaktion—ein in Wallung geratenes "theologisches Blut" (S. 20)—und Lessings bzw. Mendelssohns Antwort wird schließlich die Figur des edlen Reisenden aus Lessings *Juden* in die Debatte eingeführt. Sie ist, wie die Emphase zeigt, mit der von ihr gesprochen wird, mehr als ein bloßes Gegenbild zu Stephanies Judenkarikatur. Über die ästhetische Alternative hinaus verkörpert sie für Herz offenbar auch ein soziales Konzept, das Konzept der Assimilation. Besonders deutlich wird das an jener Stelle, wo von der Bildung des edlen Juden die Rede ist, "der, merken Sie wohl, auf seiner Reise einen Mantelsack mit Büchern bey sich führt." (S. 21f.) Diese "Reisebibliothek", die nicht etwa religiöses Schrifttum, sondern ausschließlich zeitgenössische Belletristik enthält[40], symbolisiert die Akkulturationsleistung, die von Herz selbst und vielen seiner jüdischen Generationsgenossen erbracht wurde. Kein Wunder also, daß die Figur identifikatorisch aufgefaßt ist. Doch nicht nur die emotionale Stärke der Affirmation, auch die der Negation wird vom Assimilationskonzept her erst eigentlich verständlich, denkt man besonders an die Art und Weise, wie der jiddische Sprachgestus des Pinkus beurteilt wird. Herz weiß natürlich auch, daß der Gebrauch des Jargons—von der diskriminierenden Verwendung durch Stephanie einmal abgesehen—"nicht erdichtet ist" (S. 24), d.h. ein Stück sozialer Wirklichkeit spiegelt. Trotzdem wird von ihm das Jiddische überhaupt als "Fehler" verworfen (S. 24), da es der erstrebten sprachlichen Angleichung entgegensteht. Ähnlich urteilen andere jüdische Aufklärer. Analog dem weit verbreiteten Vorurteil vermögen auch sie das jiddische Idiom nicht als das zu verstehen, was es tatsächlich ist, nämlich als eigenwertige

Sprache, sondern nur als Produkt der Unkultur. So spricht Wessely von einer Sprachverstümmelung, die "eines gesitteten Menschen Ohr auf das härteste beleidigt"[41]. Und Moses Mendelssohn geht sogar so weit zu behaupten, der "Jargon" habe "nicht wenig zur Unsittlichkeit des gemeinen Mannes beigetragen"[42]. Seine eigene Bibelübersetzung, die für ein jüdisches Publikum bestimmte Übertragung des Pentateuchs ins Hochdeutsche, soll Abhilfe schaffen, die mangelhafte Sprachkompetenz verbessern. Sie wird von ihm deshalb als "der erste Schritt zur Cultur" für seine Nation bezeichnet[43]. Diesen Schritt längst vollzogen haben die jüdischen Intellektuellen aus dem Umkreis Mendelssohns, doch nicht nur sie. Die Blüte der jüdischen Salons Berlins im letzten Jahrzehnt des 18. Jahrhunderts zeigt, daß auch andere Juden, insbesondere jüdische Frauen, Bildung und Kultur zu erwerben verstanden. Marcus Herz, dessen Frau selbst einen solchen Salon unterhalten wird, ist sich dieser Tatsache sicher bewußt, sonst hätte er wohl zwei jüdische Zuschauer, aber keine jüdischen Zuschauerinnen so gepflegt konversieren lassen. Nicht ohne Selbstbewußtsein will er offenbar demonstrieren, wie weit das propagierte Ideal des weltlich gebildeten Juden sich bereits verbreitet hat. Allerdings sind auch kritische Töne unüberhörbar. Die meist stumme, nur an Modetorheiten interessierte Madame C. steht zum Exempel, daß unter den Juden nicht anders als unter den Christen Pöbel ohne Geschmack zu finden sei.

So viel zu den soziokulturellen Zusammenhängen. Es folgt der Text der Theaterkritik.

Freymüthiges/Kaffegespräch/zwoer/jüdischen Zuschauerinnen/ über/den Juden Pinkus,/oder/über den Geschmack/eines gewissen Parterrs,/herausgegeben von Ωτχκουςὴς./Im Weinmonath, 1771.[1]

⟨3⟩

Vorbericht des Herausgebers.

Ich muß meine Verrätherey nur gestehen. Einige Muße und etwas Laune brachten mich in die Visitenstube der Madam A. hinter einen Schirm, um die bey dem Besuche etwa vorfallenden Unterredungen zu Papiere zu bringen, und einen müßigen Abend in einer müßigen Gesellschaft damit zu verscherzen. Dieser letzte Umstand beweist hinreichend, wie wenig ich mir ein Gespräch gegenwärtigen Innhalts vermuthet habe. Wer sollte auch bey einer Sechswöchnerin eine Unterredung über das Theater, den Geschmack, und eine Beurtheilung, die sich weiter als über ein weibliches Publikum erstrecket, erwarten? Indessen war mein vorgesetzter Zweck verfehlt. M a d a m C. die das ganze Gespräch sehr wenig intereßirte, und nur hie und da, wo von den Kopfzeugen oder schmutzigen Ausdrücken, deren M a d a m B. erwähnte, die Rede war, Mine machte, unterbrach solches endlich völlig; und ich suchte, ganz beschämt, so gut ich konnte, mich mit meinem beschriebenen Bogen wegzuschleichen.

⟨4⟩ Die übermäßige Strenge, mit welcher M a d a m B. so wol die *abgedankten Officiers*, als unser Publikum beurtheilt, muß ihrem eigenen Enthusiasm für Deutschland und ihrer Nation zu gute gehalten werden: auch würde sie unter den Augen des Publikums selbst, die Saite gewiß niedriger gespannt haben. Ich würde es gleichfals nicht wagen, Heimlichkeiten auszuschwatzen, und dem Publikum, wenn nicht lauter, doch einige Wahrheiten ins Gesicht zu sagen, wenn ich nicht vor aller Ahndung wegen meines Muthwillens sicher wäre. Denn was habe ich zu befürchten? Das Publikum kennt mich nicht, auch bin ich nunmehr allzuweit von ihm entfernt, als daß sein Unwille auf meine Ruhe einen Einfluß haben könnte; die Unterredenden, welche mich freylich errathen können, werden aus Furcht, mein Muthwillen gehe noch einige Schritte weiter, sich selbst ein Stillschweigen auflegen; und vor den Vorwürfen meiner Frau, dieser eifrigen Freundin der M a d a m B. bin ich nunmehr gänzlich geborgen; die gute Frau ist, seitdem sie zur Seligkeit übergegangen, das sanfmüthigste Geschöpf geworden!

⟨5⟩

Mad. A.   Das ist wahr, Ihre Neigung für das Theater muß seit einigen Wochen ziemlich abgenommen haben. Und ich gestehe es, daß ich es Ihrer Unbeständigkeit Dank weis; Sie waren, seit dem wir die Kochische Gesellschaft[2] bey uns haben, mit Ihren Besuchen ein wenig zu sehr sparsam.

Mad. B   Um Verzeihung M a d. meine Neigung für das Theater überhaupt ist nichts weniger als unbeständig, so wenig sie es damals war, als noch der so genannte deutsche Garrik[3] unsere Bühne zierte, ob ich gleich so manchen langen Winterabend lieber in jener abgeschmackten Gesellschaft bey *** verjähnte, als daß ich ihn hätte von ihm mir wegdonnern lassen. Ich mag das Schauspiel betrachten von welcher Seite ich will, so erscheint es mir immer als eins der reinsten und unschuldigsten Vergnügungen, und für ⟨6⟩ unser Geschlecht als eines der nützlichsten. In der That, welcher Zeitvertreib ist wol mehr fähig, das, was wir Sitten nennen, zu verbessern, als das Lustspiel; was erhält unser sympathetisches Gefühl mehr in seiner Wärme, was macht uns mit den mannigfaltigen Stürmen, denen das menschliche Gemüth ausgesetzt ist, bekanter, als das Trauerspiel, und was ist mehr im Stande, uns die verborgensten Triebfedern der menschlichen Handlungen, und die feinsten Wendungen, die bisweilen unsere Leidenschaften nehmen, zu entdecken, als beide, wenn Dichter, die mit dem menschlichen Herzen vertrauter als unsere Alltagsdichter sind, die Menschen selbst vor uns handeln lassen, und von Natur und Kunst gebildete Schauspieler, die von der Leidenschaft ganz beseelt sind, uns diese handelnde Menschen so vorstellen, als sie nach ihrem vorausgesetzten Charackter gehandelt haben würden, wenn sie auch nie einen Zuschauer hätten, oder, mich kunstmäßig auszudrücken, wenn auch der Vorhang nie wäre aufgezogen worden?

Mad. A   Was hör ich M a d a m? Sie eine solche Lobrednerin für das Schauspiel, Sie die große Verehrerin von Roußeau, die ihn beynahe halb auswendig weis?

⟨7⟩ Mad. B   Ich habe Roußeaus Schrift wider das Theater[4] gelesen, und alles Widerspruches ungeachtet, der sich zwischen seiner Meynung und meiner Neigung findet, dennoch mit Vergnügen gelesen, allein ich muß es gestehen—so sehr auch ein solches Geständnis von dem Modetone, der in dem Zirkel einiger unserer Freundinnen herrschet, entfernt ist—daß ich mir nicht Fähigkeit genug zutraue, über diesen Mann ein Urtheil zu fällen, und über die Wahrheit oder Falschheit seiner Grundsätze das mindeste zu entscheiden; ich überlaße dieses auch willig denen, die mit der Philosophie und diesem Manne vertrauter sind, und denen diese Vertraulichkeit mehr Mühe gekostet, als unser eine vielleicht vermögend ist anzuwenden, allein ich urtheile bloß für mich, nach meinem Vermögen und meinen schwachen Einsichten. Ich will gerne glauben, daß es eine Art Erziehung der Jugend giebt, welcher die Schauspiele nicht allzu vortheilhaft sind, ja es kann seyn, daß sie der Republick, nach dem Entwurfe, den dieser große Mann davon im Kopfe hat, und den Bürgern nach der Lebensart, welche er unter ihnen eingeführt haben möchte, höchstschädlich seyn; genug in der Verfaßung, in welcher wir einmal sind, wo die Erkentniß der menschlichen Gemüther uns so unentbehrlich, und der ⟨8⟩ Regeln, nach welchen man mit der Aeußerung seines eigenen zu verfahren hat, so nothwendig ist, kann ich mir unmöglich einen Zeitvertreib gedenken, der diesen Zwecken auf eine angenehmere Weise Genüge leistet, und der, ich wiederhole es noch einmal, für unser Geschlecht nützlicher wäre, als das Schauspiel. Sehen Sie, dieß sind meine Gesinnungen in Ansehung des Theaters überhaupt, allein in Ansehung unsers Theaters—

Mad. A   Wie M a d a m ! Sie bekennen sich doch wohl nicht zu der Zahl derjenigen von unsern Landesleuten, denen nichts gefällt, was nicht französisch ist, die Patriotismus genug besitzen, den

Deutschen alle Fähigkeiten in Ansehung des Schönen abzusprechen, und sich keinen Begrif machen können, wie ein Acteur, der auf deutschem Grund und Boden groß geworden, der Pflichten der Artigkeit so weit aus den Augen setzt, daß er z. B. im Stande ist, bisweilen ein Frauenzimmer von der Bühne zu führen, ohne vorher die weise Vorsicht zu brauchen, einen weißen Handschuh anzuziehen, (*) der ohne jene maschinemäßige Ver- ⟨9⟩ drehungen des Körpers die Bühne mit deutschen Schritten betritt und verläßt, wie dieser uns rühren, unser Gemüthe in Bewegung und unsere Augen in Thränen setzen kan, die bey dem bloßen Namen einer *Hedu*, einer *Gerardi*[5] außer sich gerathen, und von den meisterhaften Vorstellungen einer *Starkin*, einer *Steinbrecherin*, und eines *Schuberts*[6] mit der größten Kälte sprechen, weil ihnen die guten Leute vielleicht nicht a la grande Mode frisirt sind; die—

Mad. B.   Noch einmal um Verzeihung Madam; ich würde mich schämen, wenn ich je Spuren einer solchen Denkungsart von mir hätte blicken laßen. Ich kenne die Leutchen, von denen Sie sprechen, nur allzugut, und ich habe sie niemals ohne innere Verachtung, über den Werth der Schauspiele so wohl als über das Verdienst der Schauspieler urtheilen oder Vergleichungen anstellen hören können. Die Armseligen! sie beurtheilen alles wie unsere Kinder ihre Pfefferkuchenmänner, nach der Menge des Flittergoldes, das auf ihnen klebt, und was besonders ist, selbst hierin blendet sie das Vorurtheil. Wie oft hat man ⟨10⟩ uns nicht beynahe taub geklatscht, aus Freude über die Auszierung der französischen Bühne, so bald nur der Vorhang aufgezogen wurde, in denen man jetzund nicht das mindeste Schöne finden will. (*) Welche Demüthigung muß nicht ein solcher Beyfall für Schauspieler von Empfindung seyn! Und Sie können im Ernste glauben, daß ich von dem geschmacklosen Geschmack dieser Leute angestecket sey? Warum sollte sich von deutschen Schauspielern, wo nicht mehr, nicht eben so viel als von französischen vermuthen laßen? Was sind es für Gaben des Geistes, ich bitte Sie, die zu einem guten Schauspieler erfordert werden, mit welchen die Natur gegen diese so verschwendrisch und gegen jene so geizig war? Die Wissen-

---

(*) Wirklich erinnere ich mich vor einigen Jahren ein fliegendes kritisches Blat gelesen zu haben, in welchem einem Schauspieler dieses Versehens halber Vorwürfe gemacht werden. Und, wo mich mein Gedächtnis nicht hintergehet, so war es bey einer Gelegenheit, wo er als ⟨10⟩ ein Prinz im aufgebrachtesten Affect seine Braut dem Angesicht ihrer Feinde entreißt, und in Sicherheit bringt. Ich glaube ganz gewiß, daß Mad. A. auf diese Kritik eine Anspielung machet. Anmerkung des Herausgebers.

(*) Es ist bekannt, daß Herr K o c h die ganze Theaterauszierung der französischen Truppe an sich behalten, und folglich natürlicher weise den Beyfall mit erhalten haben sollte. A.d.H.[7]

schaft des äußerlichen Anzuges etwa? O wie viel Thränen verdient derjenige, der über die übelfrisirte leidende Tugend weniger Thränen vergießt, als über die gutfrisirte!

Mad. A.   Nun, so werden unsere Schauspiele selbst die Ursache Ihres Bedenklichen, aber in Ansehung unsers Theaters seyn müßen; und wirklich, ich hätte gleich auf diese Ursache fallen sollen, denn ⟨11⟩ was ist wol jetzund gemeiner als die Klage über den Mangel an deutschen Schauspielen? Die Franzosen sollen einige tausend Stücke besitzen, unter denen, wie man sagt, wenigstens zwey hundert gute und hundert vortrefliche sich befinden; die Engländer zählen weniger, dennoch soll die Zahl der vortreflichen jene weit übertreffen, aber wir Deutsche!—

Mad. B.   Wenn diese Klage sich über den Mangel an Nationalstücken erstrecket, das ist, an solchen, die Charactere, Handlungen, Sitten und Intereße schildern, welche der Nation eigenthümlich und von keiner andern entlehnt sind; so kann ich freylich nicht anders als meine Stimme mit der allgemeinen vereinigen. Wir haben freylich keine Person auf unserm Theater, der man das Deutsche so ansieht, als einem Freeport das Englische oder einem Valcour das Französische[8]; vielleicht sind unsere Sitten nicht so abstechend, und haben nicht so viel eigenthümliches, daß man sie von den Sitten der Menshen überhaupt sollte unterscheiden können. Sie wissen, das Aeffende ist schon ein alter Vorwurf, den man uns macht, aber warum sollte dies einen Mangel an guten Schauspielen hervorbringen? Wenn derjenige, dessen unverdientes Elend unser Mitleiden auffordert, mit uns nicht unter das Geschlecht der Landesleute gehört, so stehen ⟨12⟩ wir doch unter einem höhern Geschlechte zusammen, er ist ein Mensch, wir sind es auch, er leidet und unser menschliches nicht bloß unser deutsches Blut geräth in Wallung; es ist die Menschlichkeit und nicht die Liebe der Nation, die unsere Thränen hervorbringt.

Wir rufen alle mit zusammengeschnürtem Herzen dem unglücklichen Romeo zu, nur noch einige Augenblicke mit dem Gifte zu verziehen, wir zittern für die Sara, wenn sie vor ihrer rachgierigen Nebenbuhlerin, ohne sie zu kennen, auf den Knien liegt[9], und die Quellen unserer Augen ergießen sich über das Leiden des unschuldigen Crispus[10], ohne daß wir uns erst erkundigen, ob sie zu Berlin, Paris oder London zu Hause seyn.

Und wie ist es anders möglich? Giebt es wohl in der Natur einen solchen Felsen von Menschen, deßen Herz, bey Erblickung eines Menschen, der in Gefahr zu ersaufen ist, nicht eher in Pochen geräth, bis er sich erst nach der Sprache erkundigt, in welcher der Unglückliche um Rettung rufet? Oder sollte ihre Nachahmerin die Kunst sich so weit von ihr entfernen, daß sie nur unter dieser Bedingung unser Gefühl aufzufodern vermag, o wie wenig verdiente sie alsdenn diesen edeln Namen?

⟨13⟩ Man kann nicht in Abrede seyn, daß die Nationalstücke ihre besonderen Vorzüge und Schönheiten haben, allein gewiß, wir werden wegen des Verlustes an diesen von dem Mangel an nachtheiligen Folgen, welche sie gemeiniglich mit sich führen, schadlos genug gehalten. Schriftsteller, die mit der Sucht zu nationalisiren geplagt sind, gewöhnen sich allmählich alles aus ihrem einmal gefaßten Gesichtspunkt zu betrachten, und geben endlich ihren Personen oder den Leidenschaften, in welche sie dieselbe versetzen, beständig einen solchen Character, der nur ihren Landesleuten eigenthümlich ist, so sehr dieser auch in der Natur jenen entgegengesetzt seyn mag. Daher halte ich auch den guten Shakespear nicht allemal von diesem Fehler frey; seine Helden haben nur gar zu oft die Leidenschafte und die Laune eines Engländers, sie mögen Römer oder Dänen seyn. (*) Und die Franzosen—warum lachen Sie M a d a m?

Mad. A   Ich erinnere mich an die Madam Clytemnestra und an den Monsieur Achill, der mit sei- ⟨14⟩ nem Degen die Mademoiselle Iphigenie wider die ganze griechische Arme schützen will. Ha, ha, ha!

Mad. B.   Es ist wahr, man muß lachen, wenn man auch gar nicht dazu aufgelegt ist, aber dies bey Seite, gesetzt auch, ich wiederhole es noch einmal, gesetzt auch wir hätten nicht nur keine Nationalstücke, sondern auch sogar keine, die nicht Nachahmungen oder gar Uebersetzungen wären, so wäre dies dennoch nicht Grund genug für den Liebhaber, unsere Bühne unbesucht zu laßen, und für den Kenner, alle Hofnung auf eine Vervollkomnung derselben aufzugeben. Es ist uns nun einmal zur Gewohnheit geworden, nach allem, was nicht unsern Schweiß gekostet, begierig zu greifen, und von dem mindesten, was bey unsern Nachbaren das Licht erblickt, wäre es auch nur ein *Deserteur*[11], so gleich Gebrauch zu machen, wohl! so laßt uns die Früchte unserer Arbeitsamkeit genießen, und unsern Geschmack in Ansehung der Wahl unter der Menge von Stücken, die wir nun einmal besitzen, zu Nutze machen.

Mad. A   Billig wäre es: und gleichwol habe ich mich niemals über die Wahl, die Herr Koch in seinen Vorstellungen trift, genugsam wundern können. Wie ists möglich, daß ein Mann, der beym Theater erzogen, selbst, wie man sagt, mehr als bloßer Hand- ⟨15⟩ werker ist, Schauspieler besitzt, aus deren Art zu spielen, so gar in den schlechtesten Rollen Gelehrsamkeit und gründliche Kenntniß der Bühne hervorleuchtet, und Leute zu Rathgebern hat, die sich schon

---

(*) Worauf dieser Vorwurf eigentlich abziele, und ob er begründet sey, ist nicht meine Sache zu untersuchen, so wie ich auch für die Richtigkeit mancher anderer Gedanken, die M a d a m B. in der Hitze ihres Eifers von sich giebt, nicht Bürge seyn mag. Ich erzähle bloß mit der Aufrichtigkeit eines Geschichtschreibers, was ich gehört habe. A.d.H.

längst zu Gesetzgebern des guten Geschmacks empor geschwungen haben; wie ist es möglich, daß dieser Mann diese Menge von vortreflichen Stücken, die ihm zu Gebote stehen, übersiehet, und einige etwas weniger als mittelmäßige zu seinen Lieblingsstücken machet? Wie kommt es z.B. daß man uns noch nicht ein einzigesmal einen *Spieler*[12], einen *Eduard und Eleonora*[13], einen *Crispus* und einen *Romeo und Julie*[14] gezeigt, und an deren Stelle das *Testament*[15], den *Postzug*[16], und die *Wohlgebohrne*[17] unzähligemal wiederholt hat?

Mad. B.   Wie gefällt Ihnen dies Kopfzeug, das ich itzt aufhabe?

Mad C.   Es ist ziemlich einfältig, aber so habe ich es gerne. Hier hätten freylich einige Fältchen sehr gut angebracht werden können; da würde sich eine Wurst mit einer etwas sanften Beugung ungemein schön ausnehmen, und ein einziges Blümchen dort würde ein bezauberndes Ansehen machen, allein ich weis schon, Sie lieben das Simple, ich auch.

Mad. B.   Es gefällt also auch Ihnen, so hatte Mammsel Lorchen doch unrecht. Gestern besuchte mich ⟨16⟩ dies geschäftige Mädchen mit ihrem Krämchen. Nun Madam! sagte sie, Sie müssen mir doch auch einmal was zu lösen geben. Und warum nicht? antwortete ich ihr, zeige sie nur her, was sie da gutes hat. So gleich war der Deckel von ihrer zwey Ellen langen Schachtel herunter, in welcher zwey Thürme von Kopfzeugern lagen, die mit der Schachtel von einer Länge waren, Flügel wie Drachen hatten, und von Blumen strozten. Nein, mein Jungferchen, sagte ich, dies mal wird wieder nichts daraus, indem ich ganz leise den Deckel wiedrum aufdrückte, aber was kann ich dafür, Jungfer Lorchen, warum macht sie beständig solche ungeheure Dinge, warum bringt sie nicht lieber den Leuten fein solche von der Art? wobey ich ihr das, wovon jetzo die Rede ist, vorhielt. Darauf zog das geschwätzige Gesichtchen ein höhnisches Lächeln: eine artige Frage Madam! das ist eben so viel, als frügen Sie mich: Jungfer Lorchen, warum macht sie doch solche Arbeit, die ihr die Leute aus den Händen reißen, und wobey sie sich so schön ernährt, warum macht sie nicht lieber solche, die ihr keine Seele abkauft, und stirbt hübsch fein vor Hunger? Denn ich muß es Ihnen nur frey heraus sagen, Sie sind die einzige bey der Stadt, welche an einem solchen Kopfzeug, das ich möchte beynahe sagen, nach nichts aussiehet, Gefallen haben.

Mad. A.   ⟨17⟩ Ich verstehe Sie. Sie meynen, Herr Koch würde sich mit Mamsel Lorchen einer gleichen Entschuldigung bedienen.

Mad. B.   Sie haben es errathen. Allerdings wird Herr Koch ihre Frage auf gleiche Weise beantworten. Eine artige Frage, Madam, wird er Ihnen sagen, das ist eben so viel, als frügen Sie mich, mein Herr warum spielen Sie doch immer solche Stücke, in welchen Sie das Parterre und die Logen voller Zuschauer haben, warum geben Sie uns nicht lieber solche, in welchen Ihnen kaum Ihre Auslagen bezahlt werden?

Mad. A. Den Worten nach wäre die Antwort dieselbe, wiewol ich es einem armen Mädchen weit eher verzeihe, wenn sie auf Unkosten unsers lächerlichen Anzuges sich ernährt, als einer Gesellschaft, die es auf Unkosten des guten Geschmacks der Nation thut. Was liegt im Grunde daran, ob ein Frauenzimmer mit einem hohen oder niedrigen, bunten oder glatten, geflügelten oder ungeflügelten Kopfzeuge einhergehet? Zudem, da unsere Moden so vorübergehend sind, so entwöhnen wir uns einer jeden ins besondere gar bald, und wenn der Umlauf der lächerlichen zu Ende ist, so kann die Reihe gar leicht wieder einmal an das simple kommen, an das, was in der That schön ⟨18⟩ ist; allein wie viel liegt daran, daß bey einer Nation der üble Geschmack nicht Wurzel faße, und wie schwer ist es alsdenn nicht, sie wieder zu rechte zu bringen, wenn sich derselbe erst einmal bey ihr eingenistet hat, und durch üble Beyspiele täglich ernährt wird!

Mad. B. Sie haben nicht ganz unrecht. Freylich hätte Herr Koch den ersten Schritt wagen, und seiner Liebe zur Kunst einen Theil des Gewinnstes aufopfern sollen, und ich bin versichert, daß er es gewiß gethan hätte, oder noch thun würde, wenn bey einem großen Theil seiner Zuschauer auch nur die mindeste Anlage zum beßern Geschmack zu verspüren wäre, allein wie wenig Grund hat er zu dieser Vermuthung? Was ist, ich bitte Sie, von einem Publicum zu erwarten, das in einer Zeit von sechs Monathen die Vorstellung der *Minna* kaum ein einziges mal[18], und der *abgedankten Officiere* unzählige mal[19] verlangt hat? der *Minna*, dieses Schatzes von Natur und Philosophie, dieses Meisterstücks der Kunst, das Deutschland Ehre macht, deßen Verfasser jeder Kenner gewiß sich lieber zu seyn wünscht, als die ganze theatralische Bibliothek des großen Corneille verfertigt zu haben; der *abgedankten Officiere*, ⟨19⟩ der unerträglichsten und niedrigsten Farce, die je auf der Bühne war!

Mad. A. Ist dies Ihr Ernst?

Mad. B. Und worüber wundern Sie sich?

Mad. A. Ich muß es gestehen, Ihr Urtheil über das Wiener Stück befremdet mich ein wenig, da ich es so verschieden von dem allgemeinen Rufe finde, in welchem dieses Stück steht. Man sagt so gar, daß es unserer Nation Ehre machen soll.

Mad. B. Ehre! o welche Demüthigung für unsere Nation! wenn man uns darauf was zu gute thun heißt, daß man einen unserer Glaubensgenoßen als einen Gegenstand des Gelächters auf das Theater bringt, von allem, was man Sitten, Anstand und Würde nennt, beraubt, der bey den Großen die Stelle eines Favoritpudels vertritt, den man seines schmutzigen Wesens ungeachtet dennoch nicht übel zu leiden pflegt, dem man auch manchen guten Bißen unter den Tisch wirft, der aber dafür sich nicht unzufrieden zeigen darf, wenn man ihn bey guter Laune einmal derbe herumzoddelt, der sich von den schlechtesten (was sonst als aus Hoffnung zu einem Gewinste?) auf das niederträchtigste behandeln läßt; der einem lüderlichen Menschen welcher das Seine durchgebracht, sich in Schulden gesetzt, und ⟨20⟩ allenthalben Waaren aufnimmt, um sie für den halben Werth zu verspielen, noch Geld vorschießt, und dadurch seiner ausgelaßenen Schwelgerey Nahrung giebt; der endlich sonst keine vortheilhafte Seite zeigt, als daß er diesem leichtsinnigen Verschwender sein Geld mit sechs pro Cent leihet.

Mad. A.   Ihre Kritik ist sehr verschieden von einer andern, die ich mich erinnere einst über Leßings Juden gelesen zu haben, wider welche Herr Leßing selbst einen Brief von unserm lieben M. bekannt gemacht hat, der—

Mad. B.   Freylich, eben so verschieden als Leßings Held von Stephanies verschieden ist. Hätte Herr Leßing seinen Juden einen Pinkus seyn laßen, so seyn Sie nur immer versichert, das Stück hätte unzählige mal aufgeführt werden können, ohne daß irgend ein theologisches Blut darüber in Wallung gerathen wäre, eben so hat ihn jener menschen-freudliche Recensent verlangt, eben so hätte er ihn gerne aufgeführt sehen wollen; allein wie weit edler hat Herr Leßing gedacht? Sein Reisender besitzt den ausgesuchtesten Character und hat das Intereße aller Zuschauer für sich, wenn er auch nicht von einer Rotte Spitzbuben, die ihn umgeben, ausgezeichnet werden möchte. Freylich ist einem in der Noth ⟨21⟩ beyspringen, und ihn aus Mörderhänden reißen, eben keine Handlung, die groß genennt zu werden verdient, ich weis, es giebt keinen so verworfnen Menschen, der seine Pflicht so weit aus den Augen setzen, und für seinen Nebenmenschen nicht ein gleiches thun würde, es müßte denn ein solcher seyn, dem diese menschliche Gesinnung selbst unwahrscheinlich vorkömmt; allein nichts desto weniger muß diese philosophische Abwiegung der Pflichten weichen, und unser Herz in seinen zärtlichen Empfindungen über die ausgeübte Handlung ungestört laßen; nichts desto weniger, ich berufe mich auf Ihr eignes, vergießen wir mit demjenigen, der die Wohlthat empfangen, und seiner Familie, die dem Erretter ihre Stütze, und ihren Vater zu verdanken hat, Thränen der Dankbarkeit, und wünschen bald selbst diese Handlung verrichtet zu haben, bald an die Stelle des Erretteten zu seyn, um unser warmes Gefühl in seiner ganzen Fülle gegen den Wohlthäter ausschütten zu können; und je großmüthiger dieser sich bezeigt, je weniger er seine ausgeübte Handlung zu schätzen scheint, desto liebenswürdiger ist er uns, desto mehr reißt er uns zu sich hin. Und wie sehr weis nicht ein Leßing seinen Zweck zu erreichen? Sein Reisender ist ein Mann, der zu leben weis, der mit dem edelsten Anstande sein Betragen äußert, der, merken ⟨22⟩ Sie wohl, auf seiner Reise einen Mantelsack mit Büchern bey sich führt, der voll Sanftmuth die Schmähungen des dümmsten Pöbels erträgt, und die Grobheiten seines Bedienten mit Geschenken erwiedert, dem nichts unerträglicher ist, als die Erwähnung seiner Wohlthat, dem es leid thut, den Erkentlichkeiten die man ihn aufdringen will, nicht ausgewichen zu seyn. Welche Auszeichnung eines Characters! so viel Eigenschaften, so viel widerlegte Vorurtheile. Man versucht, ihn länger bey sich zu halten, um sich gehörig dankbar erzeigen zu können, er giebt kein Gehör, man bietet ihm ein ganzes Vermögen an; er wird empfindlich darüber, man will ihm die Tochter geben; und siehe! er ist ein Jude, eben eine solche Person, wider die im ganzen Hause das gröbste Vorurtheil herrscht, und dessen sich die Spitzbuben so meisterlich zu bedienen gewust.

Noch mehr, gesetzt auch, Leßings Reisender wäre kein Jude, gesetzt er wäre ein—verkleidetes Frauenzimmer; Orbil ein Weiberfeind, der eben das Vorurtheil wider das weibliche Geschlecht hätte, das er jetzo wider die Juden hat, so würden dem Dichter freilich viele Schönheiten verlohren gegangen seyn, mit denen er jetzo das Stück so reichlich besaet hat; er würde z.B. nicht die Gelegenheit gehabt ⟨23⟩ haben, die niedrigen Gesinnungen des Pöbels zu zeigen, zu welchen ein verderblicher Nationalhaß verleitet, nicht die thörichten Gründe vor Augen zu legen, mit welchen es diese zu beschönigen sucht, und hätte nicht so manchen naiven Zug anbringen können, für den wir ihm jetzo so sehr verbunden sind; aber dem ohngeachtet würde das Stück alle Eigenschaften eines Nachspiels so wie man es von Leßing erwarten kann, vollkommen besitzen, und der Character des Reisenden nichts desto weniger unser ganzes Intereße auf sich ziehen. Allein die *abgedankten Officiere*—laßen Sie Pinkus keinen Juden seyn, oder laßen Sie ihm auch sein Judenthum, und nehmen Sie ihm nur seine abgeschmackte Sprache, über welche unser Parterre sich so herzlich freuet, ob es gleich kein Wort davon versteht, welch eine elende Figur muß Pinkus machen, und welch ein kahles langweiliges Stück bleibet uns übrig!

Mad. A. Ich muß freylich über ein Parterr erstaunen, das wegen des Gelächters, welches die kauderwälsche Sprache eines Poßenreißers ihnen in einigen Scenen erregt, die ganze Vorstellung eines Stücks aushalten kann, das außer seinem zusammengeborgten Innhalte, mit den allerlangweiligsten Scenen und schmutzigsten Ausdrücken erfüllet ist, über ⟨24⟩ die jeder bescheidene Zuschauer erröthen muß; allein auch über das Verfahren der Wiener muß ich mich wundern, daß sie auf Unkosten der gesunden Vernunft das Zwergfell eines Publikums zu erschüttern suchen, bloß durch Vorstellung eines Fehlers, der, wenn er auch nicht erdichtet ist, doch nicht den mindesten Einfluß auf die Handlungen und das Verhalten der Menschen hat, als eine ungewöhnliche Sprache ist; Sie, deren zarter Geschmack, vielleicht aus eben der Ursache, es nicht für gut befand, den *Riccaut de la Marliniere* auf die Bühne zu bringen, eine

Episode, die ich um vieles nicht entbehren möchte; wenn sie auch nicht zur Vorbereitung der künftigen Entwicklung so nöthig wäre.

Mad. B. Ich weis eigentlich nicht, was den sonst geschmacksvollen Wiener Kunstrichter hat bewegen können, eine solche Scene samt ihren Schönheiten in die Schanze zu schlagen[20], auch laß ich dem Verfaßer der Werber[21] Gerechtigkeit wiederfahren, daß er zu seinem Helden einen Juden gewählt, und ihn von allen Seiten lächerlich gemacht—von allen Seiten sag ich, denn die Ehrlichkeit hat er ihm wenigstens laßen müßen, wenn er seinen Zweck nicht hätte verfehlen wollen; hätte er ihm auch diese ⟨25⟩ geraubt, so hätte er aus ihm das widerwärtigste Geschöpf gemacht, das gewiß nicht Lachen, sondern Abscheu und Ekel hervorgebracht haben würde—vielleicht daß ihm der erste der beste Stof, der ihm einfiel, willkommen war, um nur—aus wichtigen Gründen—zum Behufe des Wiener Theaters eine Comödie zu liefern; vielleicht auch, daß irgend ein Privathaß gegen einen unserer Glaubensgenoßen ihm dazu Gelegenheit gegeben, aber warum man uns diese Schnurre so oft vorspielt, das läßt sich durch keine Gründe rechtfertigen. Ist es wahr, daß der Zweck der Comödie ist, unsere leichte Fehler zu verbeßern, indem sie lächerlich gemacht werden, wo ist hier der Zweck? Will man uns beßern, indem man uns Fehler als lächerlich vorstellet, die wir gar nicht kennen, oder will man uns schmeichelhaft zu verstehen geben, daß man eine unrichtige Sprache und doch ein redliches Herz haben kann?

Allein so ist es, unser Parterre will lustig gemacht seyn, will lachen, der Gegenstand welcher es dazu verleitet, sey welcher er wolle, ein Jochim Treps oder ein Doctor Schrepf[22], alles einerley, man schämt sich nur unter einander noch den Poßenreißer ⟨26⟩ in der bunten Jacke wieder auftreten zu laßen, ein einziger nur dürfte den Muth haben, der erste seyn zu wollen, der ihn wieder verlanget, und unser bischen feines Gefühl ist dahin, wir sind wieder die alten Barbaren. So lange dieser erste sich nicht findet, begnügen wir uns mit den Poßen ohne Uniform; diese sind es, die wir in den Stücken, die man uns vorspielt, mit einer besondern Scharfsichtigkeit aufsuchen, und nach diesen empfangen sie von uns die Bestimmung ihres Werths. Daher darf dem Dichter nur ein kaum merklicher zweydeutiger Ausdruck oder dem Schauspieler die mindeste schlüpfrige Gebehrde entwischen, und das ganze Parterre geräth in Bewegung, und lacht sich außer Athem; aber Scenen, welche der Dichter voll von Schönheiten gepropft hat, in welchen er den höchsten Gipfel der Kunst erreicht, indem er der Natur auf ihren geheimsten Wegen nachspüret, Scenen, in welchen der Schauspieler die größte Kräfte der menschlichen Fähigkeit anwendet, um unser Gefühl zu erschüttern, und unsere Augen in Thränen zu setzen, wo ein *Brückner*[23] in der meisterhaftesten Stellung den unglücklichen Brief der *Marwood* liest[24], allmählich erblaßt, die Kräfte seiner Muskeln verliert, bis er ganz versteinert dastehet, alsdenn seine erstickte Leidenschaft wiederum aufbrausen, und ⟨27⟩ stufenweise bis zur äußersten Verzweiflung emporleben läßt; wo eine *Starkin* mit einer alles zerschmelzenden Zärtlichkeit sich mit dem alten *Waitwell* über die unverdiente Güte ihres beleidigten Vaters unterhält[25]; oder eine *Steinbrecherin* von dem Charakter den die Rolle ihr vorschreibt ganz beseelt, die Franciska, wegen der fröhlichen Nachricht von ihrem Tellheim, beschenkt[26], diese sind für uns verloren, gehen ungefühlt uns vorbey, und es ist noch ein Glück, wenn sie sonst keine Wirkung als ein allgemeines Jähnen hervorbringen.

So sind wir beynahe auf der letzten Stufe des guten Geschmacks, und Schauspieler, von denen man es nicht fodern kann, daß sie auf Unkosten ihrer Ruhe und Erhaltung unserm Uebermuth steuern, und uns die schädlichen Speisen, nach denen wir gelüsten, durchaus nicht vorsetzen sollen, können es durch ihre Ergiebigkeit bald dahin bringen, daß diese ungesunde Nahrung sich ganz mit unsern Säften vermischen, ihre Entwöhnung uns unmöglich, und unsere Krankheit unheilbar seyn wird.

    Mad. A   Aber thun Sie unserm Parterre nicht auch gar zu viel? wo mir recht ist, so hat es zwanzig ⟨28⟩ und etliche Vorstellungen von der *Minna* ausgehalten, und der verdiente Beyfall, den man einem solchen Stücke ertheilt, beweist doch wohl—

    Mad. B.   Den verdienten Beyfall; vortreflich Madam, Sie erinnern mich an ein Beispiel mehr, das ich zur Bestätigung meines Urtheils hätte anführen können. Es ist wahr, man hat dieses Stück zwanzig und einige mal von Herrn Döbbelin mit Vergnügen aufführen gesehen[27], aber welche Stellen, wo Sie recht bemerkt haben, waren es wol, welche die Hände der Zuschauer in Bewegung brachten? Etwa diejenigen, in welchen der Dichter einen Blick in die geheimnißvolle Tiefe des menschlichen Herzens that? Etwa da, wo der deutsche Paul Werner, mit einer Naivität, die ein Euripides einer Person nicht vortreflicher in den Mund hätte legen können, unter einem erdichteten Vorwand, als thäte ers nur der Intereße wegen, seinem Major das Geld aufdringen will?[28] Etwa wo Just mit gleicher Einfalt die Geschichte vom Pudel erzählt?[29] oder etwa die tausend andre Züge, die bis in das Innerste unserer Seele dringen? o nein! gewiß diese waren es nicht; aber diese waren es, da wo der Wachmeister in einem poßierlichen Tone das *Frauenzimmerchen! Frauenzimmerchen!* wiederholt; wo das ⟨29⟩ Frauenzimmerchen mit fast unausstehlichen affectirten Gebehrden sich zur Wachmeisterin anbietet;[30] da wo Werner, nachdem er dem Fräulein den Rapport vom Major hinterbracht, sich tacktmäßig schwenkt, und gleichsam als von der Parade abmarschirt;[31] Stellen von der Art sind es, die unser Parterre, im Schauplatze für Freude ganz außer sich bringen, und außer dem Schauplatze am meisten im Munde herumgetragen werden.

Und wie wenig Ursache hat man doch in einem Stücke, wie Minna ist, solche Kleinigkeiten, und wären es auch kleine Schönheiten, die der Dichter im Vorübergehen mit eingestreuet, nur zu bemerken, da eine solche Menge von großen vorhanden ist, die unsere Aufmerksamkeit ganz an sich feßeln sollten! Was meynen Sie, wenn es an dem ist, daß, als der leutselige Chremes auf die Frage des sich selbst marternden Menanders, *hast du denn so viel Muße, daß du dich um fremde Sachen bekümmerst die dich nichts angehen?* ihm antwortete, *ich bin ein Mensch, und was andere Menschen angehet, ist für mich keine fremde Sache,*[32] das ganze römische Parterre in lauten Beyfall ausbrach, und diese Antwort sich unzähligemal wiederholen ⟨30⟩ ließ, welch ein Beyfall müßte auf unserm Schauplatz erschallen, wenn der empfindsame Tellheim, nachdem er in den bedrängtesten Umständen Justen sein Zimmer zu räumen befiehlt, wiederum zurück kehrt. *"Noch eins; nimm mir auch deinen Pudel mit; hörst du Just!"*[33] wie oft möchte ein römisches Parterre sich diese Stelle haben wiederholen laßen!

Mad. A.   Ums Himmelswillen! nichts mehr von Griechen und Römern, mein Mann könnte dazu kommen, und denn kostet es ihm eine Prise Toback, denn diese nimt der Schalk so oft, als er uns so gelehrt sprechen hört.

Mad. C.   Dieser Mühe ist mein Mann Gottlob! überhoben, ich empfehle mich Ihnen Mesdames, leben Sie wohl mit Ihren Griechen und Römern, ich habe Ihr Geschwätz lange genug mit angehöret; der Kaffe ist darüber eiskalt geworden.

Mad. A.   Verzeihen Sie Madam, es soll gleich frischer gemacht werden.

Mad. C.   Ich danke Ihnen ergebenst, es möchte mir zu spät werden, ich muß noch nach der Comö- ⟨31⟩ die. Es soll heute ein vortrefliches Stück gespielt werden, und das auf hohes Begehren.

Mad. B.   So! was ist es für eins?

Mad. A.   Was ist es für eins?

Mad. C.   Die abgedankten Officiere.

Universität Erlangen-Nürnberg

Anmerkungen zum Primärtext

1 Der Abdruck erfolgt nach dem Exemplar der Nationalbibliothek Wien (Signatur: 624129 B Theat.-S.). Die Textgestalt wurde nicht verändert, nur offensichtliche Druckfehler wurden stillschweigend verbessert.
2 Die Theatertruppe Heinrich Gottfried Kochs, die vom 10. Juni 1771 bis zum 15. April 1775 in Berlin regelmäßig spielte (vgl. C.M.Plümicke, *Entwurf einer Theatergeschichte von Berlin* [Berlin/Stettin 1781; Neudruck Leipzig 1975], S. 268ff.).

3 Konrad Ekhof (1720-1778).
4 Gemeint ist wohl Rousseaus heftige Kritik an d'Alemberts Enzyklopädie-Artikel über Genève, der den Mangel eines sittenbildenden Theaters in dieser Stadt beklagt hatte (vgl. Jean Jacques Rousseau, *Lettre A Mr. d'Alembert sur les spectacles*. Edition critique par M. Fuchs, Lille/Genève 1948).
5 Mitglieder der französischen Schauspieltruppe Fiervilles, die neben dem Schloßtheater auch das deutsche Theater in der Behrenstraße von 1769-1771 bespielte und hier vor allem Singspiele gab (Vgl. Plümicke, *Theatergeschichte*, S. 150f. u. S. 261).
6 Mitglieder der Kochschen Truppe (Vgl. Plümicke, *Theatergeschichte*, S. 269 u. S. 272).
7 Plümicke berichtet, daß Koch 1771 die "Fiervillischen Dekorationen" (vgl. Anm. 5) zu einem Preis von 1500 Talern abgelöst habe (*Theatergeschichte*, S. 269).
8 Freeport: ein fiktiver Charakter aus Addisons *Spectator*; Valcour: Figur aus Merciers Schauspiel *Der Deserteur* (vgl. Anm. 11).
9 Vgl. *Miß Sara Sampson* IV,8, Lachmann-Muncker, Bd. 2, S. 336.
10 Christian Felix Weiße, *Krispus, Trauerspiel in fünf Aufzügen*, in: ders., *Beytrag zum deutschen Theater*, Bd. 3 (Leipzig 1764).
11 Plümicke zufolge wurde von Koch Merciers Schauspiel *Der Deserteur* seit dem 22. Juli 1771 "einige 30 mal" gespielt (*Theatergeschichte*, S. 396). (Vgl. *Der Deserteur, ein Schauspiel in fünf Aufzügen. Aus dem Französischen des Hrn Mercier v. Christian Friedrich Schwan*, Mannheim 1770).
12 Johann Joachim Bode, *Der Spieler. Ein Trauerspiel von Edward Moore*, in: (Anonymus), *Neueste proben der englischen Schaubühne* [...] (Hamburg 1754).
13 Johann Heinrich Schlegel, *Eduard und Eleonora, Trauerspiel aus dem Englischen Jacob Thomsons*, in: ders., *Trauerspiele aus dem Englischen übersetzt* (Kopenhagen u. Leipzig 1764).
14 Gemeint ist wohl: C.F. Weiße, *Romeo and Julie. Ein bürgerliches Trauerspiel in fünf Aufzügen*, in: ders., *Beytrag zum deutschen Theater*, Bd. 5, Leipzig 1768. Dieses Stück ist jedenfalls von Koch am 30. November 1771 aufgeführt worden (Plümicke, *Theatergeschichte* S. 402).
15 Ein Stück dieses Titels wurde von Koch am 13. Juni 1771 aufgeführt (Plümicke, *Theatergeschichte*, S. 393, ohne Verfasserangabe).
16 Cornelius Hermann von Ayrenhoff, *Der Postzug oder die nobeln Passionen. Lustspiel in zwei Aufzügen* (1769). Von Koch seit dem 24. Juni 1771 "einige 40 mal wiederholt" (Plümicke, *Theatergeschichte*, S. 394).
17 Gottlob Stephanie d.j., *Die Wohlgeborene oder Heyrathen macht alles gut. Lustspiel in fünf Aufzügen*, in: ders., *Sämmtliche Lustspiele*, Bd. 1 (Wien 1777) Am 9. August 1771 von Koch aufgeführt (Plümicke, *Theatergeschichte*, S. 398).
18 Bei Plümicke ist eine Aufführung durch Koch für den 3. August 1771 belegt (*Theatergeschichte*, S. 397).
19 Plümicke zufolge wurde dieses Stück seit dem 11. Juni 1771 "in allem 35 mal aufgeführt" (*Theatergeschichte*, S. 392f.).
20 Gemeint ist Josef von Sonnenfels, der *Minna von Barnhelm* ausführlich rezensierte und die Tatsache, daß bei der Wiener Aufführung der Part des Riccaut de la Maliniere nicht gespielt wurde, rechtfertigte: "Man vermißt ihn bey der Aufführung im geringsten nicht. Eine Rolle, die nirgend in einem Stücke die geringste Lücke zurückläßt, ist eine müssige Rolle. Was möchte wohl also die Absicht des Verfassers gewesen seyn, als er sie mit in sein Stück aufnahm? Vermuthlich die Risade!—Die Wienerbühne hat *Lessingen* gegen sich selbst Recht verschafft: sein Stück braucht solcher angeflickten Schellen nicht; es hat eigenthümliche und wahrhaft scherzhafte *Einfälle* genug, die es aufheitern—" (J.v.S., *Briefe über die Wienerische Schaubühne*, Wien 1768. *Wiener Neudrucke* 7 [Wien 1884] S. 87).
21 Gottlob Stephanie d.j., *Die Werber*, in: ders., *Sämmtliche Lustspiele*, Bd. 1 (Wien 1771).

22 Figur aus Stephanies *Die abgedankten Offiziers.*
23 Mitglied der Kochschen Gesellschaft (Plümicke, *Theatergeschichte,* S. 269).
24 Als Mellefont in *Sara Sampson* V,10, Lachmann-Muncker Bd. 2, S. 349.—*Sara Sampson* wurde zur Eröffnung der Kochschen Bühne am 10. Juni 1771 gegeben (Plümicke, *Theatergeschichte,* S. 392f.).
25 Als Sara in *Sara Sampson* III,3, Lachmann-Muncker, Bd. 2, S. 308.
26 Als Minna in *Minna von Barnhelm* II,3, a.a.O., S. 198.
27 Plümicke berichtet, daß Döbbelins Truppe 1768 *Minna von Barnhelm* in Berlin aufführte "mit einem bis dahin noch nie erhörten Beifall neunzehn ununterbrochene Vorstellungen in 22 Tagen hintereinander" (*Theatergeschichte,* S. 262).
28 III,7, Lachmann-Muncker, Bd. 2, S. 216–220.
29 I,8, a.a.O., S. 183f.
30 V,15, a.a.O., S. 263f.
31 IV,4, a.a.O., S. 234f.
32 Es handelt sich um eine Passage aus Publius Terentius Afers Komödie *Heauton timorumenos* (I,1, V. 78–80). Herz hat sich freilich im Namen geirrt. Der Selbstquäler heißt nicht Menander, sondern Menedemus.
33 I,10, Lachmann-Muncker Bd. 2, S. 185.

Anmerkungen zum Kommentar:

1 Gotthold Ephraim Lessing, *Sämtliche Schriften,* hrsg. v. Karl Lachmann. 3. Aufl. v. Franz Muncker (Stuttgart bzw. Stuttgart/Leipzig 1886ff.), hier: Bd. 5, S. 270.
2 Johann David Michaelis, Rezension über G.E. Lessings "Die Juden" (*Göttingische Anzeigen von gelehrten Sachen,* Göttingen, 13. Juni 1754), in: Julius W. Braun (Hrsg.), *Lessing im Urtheile seiner Zeitgenossen,* Bd. 1 (Berlin 1884), S. 36.
3 Lachmann-Muncker, Bd. 6, S. 166.
4 Helmut Jenzsch, *Jüdische Figuren in deutschen Bühnentexten des 18. Jahrhunderts,* Diss. Hamburg 1971, S. 388, Anm. 960: Die Schrift, "die in der Nationalbibliothek Wien nachgewiesen ist, konnte nicht beschafft werden." Jacob Toury, "Toleranz und Judenrecht in der öffentlichen Meinung vor 1783," in: *Judentum im Zeitalter der Aufklärung* (Wolfenbütteler Studien Bd. IV), Bremen, Wolfenbüttel 1977, S. 55–73; S. 69f., Anm. 27: "Trotz den Bemühungen des Generalsekretärs der Lessing-Akademie, Dr. G. Schulz, gelang es nicht, ein Exemplar der Schrift aufzufinden. Sie muß als verschollen gelten."
5 Vgl. die unten zu Herz' Schrift gegebenen Anmerkungen.
6 Friedrich Schlichtegroll, *Nekrolog der Teutschen für das neunzehnte Jahrhundert,* Bd. 3 (Gotha 1805), S. 30.
7 Christian Heinrich Schmid, *Theaterchronik* (Giessen 1779), S. 84–93. Der Text, auf den Toury verweist (*Toleranz u. Judenrecht,* S. 70, Anm. 27), war mir leider nicht zugänglich.
8 (Leon Gomperz), *Billette der Madame F. und Madame R. über die Schuchische Schaubühne.* Zweite verbesserte Auflage (Danzig 1775; Erstausgabe, Königsberg 1772). Nachdem Gomperz in den—natürlich fingierten—Billetten bereits absprechend über die Figur des Pinkus geurteilt hat ("Der Jargon des Pinkus scheint mir gar kein Gegenstand für die Bühne."—S. 34), wird von ihm ausdrücklich auf Herz' gleichlautende Kritik Bezug genommen:

> F. an R.
> Gestern Abend nach der Komödie kam Herr G. bey mir, und brachte mir das *freymüthige Kaffegespräch* zwoer jüdischer Zuschauerinnen über den Juden Pinkus. Hier werden Sie Madame, sagte er, eine Beurtheilung finden, welche sich auf das heutige Stück, die *abgedankten Officiere,* bezieht. Wir setzten uns

zu Tische, und Herr G. war so gut, es uns vorzulesen, das Urtheil ist sehr richtig. Und ich versichere Sie liebe R., daß ich viel Vernügen daran gefunden." (S. 61f.)

Bedenkt man, daß Gomperz zur Zeit der Niederschrift in Königsberg lebte, so liegt die Vermutung nahe, er habe den hier studierenden Herz persönlich gekannt und womöglich von ihm selbst die Schrift erhalten. (Zu Gomperz' Biographie vgl. Goedeke, *Grundriß*, IV, 1, S. 494f.).

9 Schlichtegroll, *Nekrolog*, S. 30f.
10 Vgl. hierzu das Kapitel "Der Schriftenkampf für und gegen die Juden. 1803 und 1804", in: Ludwig Geiger, *Geschichte der Juden in Berlin*, Bd. 2 (Berlin 1871), S. 301–319.
11 Schlichtegroll, *Nekrolog*, S. 31.
12 Ludwig Geiger, "Mitteilungen aus der Geschichte der Juden in Berlin," in: *Zeitschrift für die Geschichte der Juden in Deutschland* III (1889), S. 204.
13 Ders., "Kleine Beiträge zur Geschichte der Juden in Berlin," in: *Zeitschrift für die Geschichte der Juden in Deutschland* IV (1890), S. 46–49.
14 A.a.O., S. 49.
15 Vgl. hierzu auch die spätere Monographie *Die Deutsche Literatur und die Juden* (Berlin 1910), wo Geiger nochmals prinzipiell "die übergroße jüdische Empfindlichkeit" angesichts antisemitischer Witze und Karikaturen kritisiert (S. 8) und gegenüber "Antisemitismus und Zionismus" darauf beharrt, "daß der deutsche Gelehrte und Schriftsteller jüdischen Glaubens voll und ganz in Sprache und Gesinnung ein Deutscher ist" (S. 11).
16 Elisabeth Frenzel, *Judengestalten auf der deutschen Bühne* (München 1940), S. 71.
17 Herbert Carrington, *Die Figur des Juden in der dramatischen Literatur des 18. Jahrhunderts*, Diss. Heidelberg 1897.
18 Vgl. hierzu und zum folgenden den einschlägigen Artikel Oskar Walzels, in: *ADB* 36 (1893), S. 97–100.
19 *Die abgedankten Offiziers. Ein Lustspiel von fünf Aufzügen*, in: Stephanie, *Sämtliche Lustspiele*, Bd. 1 (Wien 1771), S. 103–208. Diese hier und im folgenden benutzte Ausgabe weicht laut Vorrede lediglich "durch einige kleine Zusätze und Zusammenziehung des Gesprächs" von der Erstausgabe (*Die abgedankten Offiziers, oder Standhaftigkeit und Verzweiflung, ein Lustspiel von fünf Aufzügen, vom Verfasser der Werber*. Wien 1770) ab.
20 A.a.O., S. 104.
21 Unter ideologiekritischem Aspekt von Hans Mayer (*Außenseiter* [Frankfurt a.M. 1975] S. 332–344), unter primär ästhetisch-formalen Gesichtspunkten von Jürgen Stenzel ("Idealisierung und Vorurteil. Zur Figur des 'edlen Juden' in der deutschen Literatur des 18. Jahrhunderts", in: *Juden in der deutschen Literatur. Ein deutsch-israelisches Symposium*, hrsg. v. A. Schöne u. S. Moses [Frankfurt a.M. 1986], S. 114–126).
22 Zit. nach *ADB* 36, S. 98.
23 *Die abgedankten Offiziers*, S. 126f.—Erläuterungen zu den jiddischen Vokabeln: *Kaporeh*, Verbform zu dem in der Gaunersprache gebräuchlichen kapores aus hebräisch kaparôt (= Sühneopfer, da am Vorabend des Versöhnungsfestes Hühner "kapores" geschlagen, d.h. um den Kopf geschwungen wurden): entzwei, kaputt. *Rewach*, auch Reibach, Rebbach: unverhältnismäßig hoher, durch Manipulation erzielter Gewinn bei einem Geschäft. *Balmachomeh*, entspricht wohl dem im Rotwelsch nachweisbaren Balmilchome, Palmachome von jiddisch baal milchomo: Soldat, Krieger.
24 Vgl. Frenzel, *Judengestalten*, S. 32 u. Jenzsch, *Jüdische Figuren*, S. 89f.
25 *Die abgedankten Offiziers*, S. 160.
26 A.a.O., S. 208.

27 Christian Heinrich Schmid, *Das Parterr* (Erfurt 1771; Nachdruck München 1981), S. 167.
28 "Ein Stück Selbstbiographie und Krankheitsgeschichte. Unvollendet, aus den letzten Wochen seines Lebens, 1802–1803," in: Gotthold Lessing (Hrsg.), *Carl Robert Lessings Bücher und Handschriftensammlung*, Bd. 2 (Berlin 1915), S. 101.—Zur Biographie von Marcus Herz vgl. auch: Ludwig Geiger, M.H., in: *ADB* 12 (1880), S. 260–262 u. Alexander Altmann, *Moses Mendelssohn. A Biographical Study* (Alabama 1973), S. 347–350.
29 *Selbstbiographie*, S. 101.
30 Ebd.
31 Herz schrieb am 11. September 1770 aus Berlin an Kant: "Mein erster Besuch den ich abstatete war bey He. MENDELSOHN, wir unterhielten uns vier ganze Stunden über einige Materien in Ihre dissertation." Zit. nach Moses Mendelssohn, *Gesammelte Schriften. Jubiläumsausgabe* (Stuttgart-Bad Cannstatt 1972ff.), hier: Bd. 12,1, S. 331 f.
32 Lachmann-Muncker, Bd. 10, S. 127.
33 Rainer Schmitz (Hrsg.), *Henriette Herz in Erinnerungen, Briefen und Zeugnissen* (Frankfurt a.M. 1984), S. 29.
34 Lachmann-Muncker, Bd. 8, S. 288.
35 Ebd.—Vgl. zu diesem Komplex: Gonthier-Louis Fink, "Nationalcharakter und nationale Vorurteile bei Lessing," in: *Nation und Gelehrtenrepublik. Lessing im europäischen Zusammenhang*. Sonderband zum *Lessing Yearbook*, (Detroit/München 1984), S. 91–119.
36 (Marcus Herz), *Versuch über den Geschmack und die Ursachen seiner Verschiedenheit* (Leipzig u. Mietau 1776; Zweyte vermehrte und verbesserte Auflage, Berlin 1790).
37 Daß Herz ganz selbstverständlich die Juden als Nation bezeichnet—Madame B. nennt Pinkus eine "Demüthigung unserer Nation" (S. 19)—entspricht dem Sprachgebrauch der Zeit. Vgl. Jacob Katz, *Die Entstehung der Judenassimilation in Deutschland und deren Ideologie*, Diss. Frankfurt 1935 (Nachdruck in: ders., *Zur Assimilation und Emanzipation der Juden*. Ausgewählte Schriften, Darmstadt 1982), S. 14.
38 Vgl. Frenzel, *Judengestalten*, S. 45 u. Jenzsch, der zeigt, daß die ehrlichen oder edlen Judengestalten in der Kleidung den bürgerlichen Figuren angeglichen werden und nur noch Bart und Gebärdensprache als spezifische äußere Kennzeichen besitzen (*Jüdische Figuren*, S. 172).
39 Gomperz weiß jedenfalls über eine Aufführung der Schuchschen Gesellschaft zu berichten: "Pinkus (. . .) gefiel unserm Parterr; und ich glaube nur deswegen, weil er mit dem Barte erscheint." (*Billette*, S. 36).
40 "Sie besteht aus Lustspielen, die zum Weinen, und aus Trauerspielen, die zum Lachen bewegen; aus zärtlichen Heldengedichten; aus tiefsinnigen Trinkliedern, und was dergleichen neue Siebensachen mehr sind." (Lachmann-Muncker, Bd. 1, S. 392).
41 N.H. Wessely, *Worte des Friedens und der Wahrheit*, zit. nach Katz, *Judenassimilation*, S. 61.
42 Mendelssohn, *Jubiläumsausgabe*, Bd. 13, S. 80.
43 A.a.O., Bd. 12,2, S. 149.

Anakreon als Therapie?
Zur medizinisch-diätetischen Begründung der Rokokodichtung

Wolfram Mauser

An Chloen

Ich merke, wann sich Chloe zeiget,
Daß nun mein Auge nicht mehr schweiget;
Daß Suada nach den Lippen flieget
Und glühend roth im Antlitz sieget;
Daß alles sich an mir verjüngt,
Wie Blumen, die der Thau durchdringt.

Dies ist die erste Strophe eines Gedichts von Johann Peter Uz, das 1749 in der Sammlung *Lyrische Gedichte* erschien, 1755 umgearbeitet in die neue Auflage der Sammlung *Lyrische und andere Gedichte* aufgenommen wurde und dann bis zur Ausgabe der *Poetischen Werke* (1805) unverändert blieb.[1] Die Verse sprechen etwas aus, was nicht in jedem Rokokogedicht[2] gleich unverdeckt geäußert wird, aber—so die These dieses Beitrags—der Rokokodichtung im ganzen zugrundeliegt: die belebende, verjüngende, diätetisch-therapeutische Kraft von Phantasieinhalten; sie erfrischen den Menschen "wie Blumen, die der Thau durchdringt". Dies gilt trotz der Tatsache, daß die nachfolgenden zwei Strophen des Gedichts auch auf die Gefahren hinweisen, die mit dieser 'Therapie' verbunden sind. Das Imaginierte kann auch zu einer unmäßigen, fast zwanghaften Besessenheit vom Objekt lustvoller Vorstellungen führen. Das Arkanum Chloe bedroht auch. Aber ist dieser Widerspruch, den die "güldnen Banden" (Vers 12) dieser 'Medikation' mit sich bringen, nicht selbst ein Element der Wirkungsabsicht? Denn mit einer wirkungsästhetisch orientierten Dichtung haben wir es nach wie vor zu tun. Diese gilt es zu verstehen. Der spätere Vorwurf, Rokokodichtung sei unverbindliches Spiel, geht nicht nur an ihrer Intention vorbei, er verdeckt diese bewußt aus der Sicht eines veränderten Dichtungsverständisses. Das Gedicht *An Chloen* endet mit den Versen

> Und Ungedult will mich ersticken,
> Indem ich immer Sehnsucht voll
> Sie sehn und nicht umarmen soll.

Die Unauflösbarkeit dieser widersprüchlichen Empfindung hebt aber die Gewißheit nicht auf, durch die Erscheinung erfrischt und verjüngt zu sein. Die mythologische Einkleidung erfüllt dabei eine wichtige Funktion. Mit ihrer Hilfe verständigen sich Autor und Leser über den Kunstcharakter des Ganzen. Während die Rollensprache des Ich und die Episodenhaftigkeit der Inszenierung vieler Gedichte den Eindruck der Unmittelbarkeit, ja der Spontaneität verstärken, zeigt das mythologische Kostüm an, daß hier nicht von einer bestimmten Person im Umkreis des Autors die Rede ist,[3] sondern von Figuren der Phantasie. Sie wollen gar nicht bezeugen, daß hier ein Ich aus der Einmaligkeit seines Erlebens spricht, sondern wenden sich an die Vorstellungskraft des Lesers. Zur Wein-, Weib-, Gesang-Topik der Anakreontik gehört geradezu das Bewußtsein, daß nicht von der Wirklichkeit die Rede ist, sondern von einer *vorgestellten* Welt geselliger Freude.

> Zu altdeutsch trinken, taumelnd küssen
> Ist höchstens nur der Wenden Lust:
> Wie Kluge zu genießen wissen,
> Verbleibt dem Pöbel unbewußt,
> Dem Pöbel, der in Gift verkehrt,
> Was unserm Leben Stärkung bringt,
> Und der die Becher wirklich leeret,
> Wovon der Dichter doch nur singt.[4]

So stellt sich die Frage nach der inneren Begründung einer Poesie, die meist als Tändelei, als launiges Spiel, als Modeerscheinung abgetan wird, die für die Autoren selbst aber eine Angelegenheit war, die sie mit Ernsthaftigkeit betrieben und für die sie ein hohes Maß an Kunstverstand einsetzten. Wo liegt der mentalitätsgeschichtliche Ort einer Poesie, die, so scheint es, zur Empfindsamkeit eine ebenso große Distanz hält wie zur Erlebnisdichtung? Wo liegen die wirkungspsychologischen und wirkungsästhetischen Absichten von Versen, die, gemessen am heutigen Literaturkanon, eher als Fremdkörper, als Verirrung, als Abweichung vom Gang einer Literaturentwicklung erscheinen, von der man meist annimmt, daß sie einer gewissen inneren historischen Konsequenz folge? Die 'unbekümmert' fröhlichen Verse von Rokokogedichten bereiten dem Leser von heute nicht geringere Schwierigkeiten als das Mühsam-Belehrende anderer Stücke. Die Schulphilosophie des Aufklärungsjahrhunderts, die den Weg zu manchem Lehrgedicht eröffnet, erweist sich dieser Dichtung gegenüber geradezu als hilflos. Da liegt es nahe zu fragen, ob die Berücksichtigung des in der Zeit verbreiteten medizinisch-diätetischen Interesses nicht dazu beitragen kann, die Rokokodichtung besser zu verstehen. Dabei ist nicht an Einfluß, Absicht oder gar die Vermittlung von Gesundheitsregeln gedacht, sondern vielmehr an Affinität, an wechselseitige Ergänzung und an Funktionszusammenhänge in einer Phase, in der Dichtung als ganze, der veränderten Lebensorientierung entsprechend, in neue Zweckbestimmungen tritt.

Den hier folgenden Überlegungen liegt die Annahme zugrunde, daß das neugewonnene Bewußtsein von Autonomie im 18. Jahrhundert mit der Bereitschaft verbunden war, sich den Selbstregulierungskräften der Natur anzuvertrauen; Natur wird zu diesem Zwecke auf eine Weise gedacht, die es ermöglicht, diesem Bedürfnis nachzukommen.[5] Sich die Natur als Selbstregulierungssystem vorzustellen bedeutet, sich auch auf ihre lebendig-sinnliche Seite einzulassen, ja sich ihr ein Stück weit auszuliefern. Dies darf freilich nicht in einem Ausmaß geschehen, daß der Mensch zerstörerischen Leidenschaften verfällt. Deshalb ist es allemal sicherer, sich *in der Phantasie* auf Sinnlichkeit einzulassen als in der Wirklichkeit. Dann allerdings sind Freude, Fröhlichkeit und Lust etwas, was den Menschen stärkt, seine Gesundheit fördert und ihm in vieler Hinsicht hilfreich ist. Freude, Fröhlichkeit und Lust können bewirken, daß der Mensch zu einer der Natur gemäßen Lebensordnung findet. Die theoretische Begründung einer solchen 'Kur' formuliert nicht die Poesie, sondern das medizinisch-diätetische Schrifttum der Zeit, dessen unmittelbare Vorgeschichte in das 17. Jahrhundert zurückreicht.[6]

1. Georg Ernst Stahls Theorie des Lebendigen

William Harveys Entdeckung des Blutkreislaufs (1628) hatte entscheidenden Einfluß auf die Medizin des 17. Jahrhunderts und trug, neben einem allgemein verbreiteten mechanistischen Denken, das auch die Temperamentenlehre (Humoralpathologie) bestimmte, dazu bei, daß bis in das 18. Jahrhundert hinein die Körpervorgänge vorwiegend oder ausschließlich mechanistisch-hydraulisch gesehen und gedeutet wurden. Ärzte wie Hermann Boerhaave in Holland und Friedrich Hoffmann in Halle bewegten sich auf dieser Linie und verstärkten sie. Für eine Seele, die anderes sein sollte als ein vitales Prinzip, war im Bereich der mechanistischen Medizin und der damit verbundenen Anthropologie kein Platz.

Diese Ausrichtung der Medizin fand in der Aufklärungsphilosophie Unterstützung, jedenfalls stand ihr dualistischer Ansatz (Descartes, Leibniz, Wolff), d.h. die konsequente Trennung von Körper (*res extensa*) und Seele (*res cogitans*), den Grundannahmen dieser Medizin nahe. In ihrem dualistischen Zuschnitt ergänzten und bestätigten sich dabei die beiden wichtigen Disziplinen Philosophie und Medizin, *Schul*philosophie und *Schul*medizin. Der Gedanke einer prästabilierten Harmonie, der auf das Denken des 18. Jahrhunderts weithin Einfluß nahm, beruhte auf der Gewißheit, daß Körper und Seele bei einer gedachten vollständigen Trennung der Bereiche einander entsprechen und zur Harmonie befähigen. Immer wieder war von den zwei Uhrwerken[7] (Körper, Seele) die Rede, die in perfekter Parallelität funktionieren. Die Frage, wie man sich das Nebeneinander und Miteinander vorzustellen habe und wie Störungen des Parallelablaufs verhindert werden können, beschäftigte viele Denker in der Nachfolge von Descartes, Leibniz und Wolff. Sie legten besonderen Nachdruck auf die konsequente und wirksame Trennung von Körper- und Seelenvorgängen; nur so meinten sie, könnten die Verstandeserkenntnisse von Trübungen, etwa durch die Sinne, freigehalten werden. Störungen und Unausgeglichenheiten, denen der Körper unterliegt, dürften die Verstandestätigkeit und die Vernunftschlüsse nicht beeinträchtigen. Das imponierende Gebäude von Wissenschaft und Ethik, das Wolff konzipierte, war für ihn nur auf der Grundlage autonomer Vernunft vorstellbar. Was Wolff interessierte, waren mentale Prozesse, gedankliche Leistungen, frei von Außenwahrnehmungen, d.h. von den Unwägbarkeiten der Sinne. Sinnlich eingeleitete Vorgänge hielt er für bedrohlich, da sie Verstand und Erkenntnisfähigkeit beeinträchtigen können.

Den dualistischen Modellen in Medizin und Philosophie stellte Georg Ernst Stahl eine synergetische Theorie des Zusammenspiels von Körper und Seele entgegen, deren Konsequenzen erheblich weiter reichten, als es die Forschung bisher angenommen hat.[8] In Stahls medizinisch-anthropologischem Konzept verbanden sich animistische und hermetische Vorstellungen. Gedanken des Paracelsus wirkten ebenso nach wie die pietistische Übung der Selbstbeobachtung. Seine Lehre war auf die Praxis bezogen und wurde der ständigen Kontrolle durch sie unterworfen. Ihre Offenheit der Erfahrung gegenüber führte dazu, daß seine Schüler und Nachfolger unterschiedliche Akzente setzten und gelegentlich auch mechanistische Konzepte mit einbezogen, die Stahls Grundauffassungen eigentlich widersprachen. Obwohl Stahls Methode, die 'Praxis Stahliana', weite Verbreitung fand und zur Signatur für eine bestimmte ärztliche Grundeinstellung wurde, ist es nicht immer leicht, auch bei Ärzten, die sich offen zu ihm bekannten, Elemente unterschiedlicher Schulen und eigener Erfahrungen auseinanderzuhalten. Dies ist im Zusammenhang meiner Überlegungen aber auch nicht nötig.

Die besondere Leistung Georg Ernst Stahls und der Hauptgrund seiner weitreichenden Wirkung lagen in der Tatsache, daß er sehr früh (1685) eine umfassende Theorie vom Menschen als einer Ganzheit entwickelte. Für ihn standen die wechselseitigen Reaktionen von Körper und Seele im Vordergrund, die Bewegungen, die durch sinnliche Wahrnehmung ausgelöst werden, und die Rückwirkungen physiologischer Vorgänge auf das Gemüt. Der Angelpunkt von

Stahls Lehre und die Grundlage seiner veränderten Vorstellung von Krankheit—und damit auch von Gesundheit, d.h. von einem Glückseligkeit verheißenden Zustand des Gesund-Seins—ist die von ihm entwickelte Theorie vom *motus tonicus vitalis* (1685).[9] Seinen Ruhm begründete das umfassende Werk *Theoria medica vera* (1708). Seine zahlreichen wissenschaftlichen Schriften, das Echo, das seine Lehre in Halle fand, und nicht zuletzt seine Heilerfolge waren die Gründe dafür, daß er 1716 zum Leibarzt Friedrich Wilhelms I. von Preußen berufen wurde. Als Präsident des Collegium Medicum, der obersten preußischen Gesundheitsbehörde, genoß er großes Ansehen. Die Reformen des preußischen Gesundheitswesens, vor allem das Medizinaledikt von 1724, sind weitgehend sein Verdienst.

Stahls Erklärungsmodell, das auf der synergetischen Einheit von Körper und Seele beruht, ist primär praxisorientiert. Es liegt nahe, daß Vertreter seiner Lehre nach dem Befinden und dem Zustand der Seele ebenso eindringlich fragten wie nach den Symptomen des Körpers. Einblick in die Seele, die das Leben 'wirkt', erwartet sich Stahl vor allem von der (Selbst-)Beobachtung. Entschieden vertritt er eine organhaft-ganzheitliche Vorstellung der Körper-Seele-Vorgänge, die zu den in seiner Zeit verbreiteten hydraulisch-mechanistischen Konzeptionen in immer stärkeren Gegensatz treten. Was dies im einzelnen bedeutet, wird an den therapeutischen Schriften eher deutlich als an den theoretischen, so z.B. an seinem Traktat über Frauen- und über Kinderkrankheit. Stahl setzt sich im einen wie im anderen Fall entschieden für eine körpergerechte, d.h. die Bewegungsabläufe des Körpers berücksichtigende Verhaltensweise ein. So hält er für die Entwicklung des Kindes und für dessen Krankheitsanfälligkeit die körperlichen Gegebenheiten im Mutterleib für ebenso entscheidend wie die psychischen Voraussetzungen im Elternhaus.[10]

Stahls Methode, die als Praxis Stahliana fast so sprichwörtlich wurde wie die berühmten Tropfen seines Kollegen und späteren Widersachers Friedrich Hoffmann, nimmt mit der Forderung nach Selbst- und Fremdbeobachtung eine Verhaltensweise auf, die auch für den Pietismus charakteristisch ist. Dies erklärt sich nicht zuletzt aus der geistigen und emotionalen Welt, aus der Stahl kam. Es wäre aber verfehlt, seine Methode als pietistisch zu bezeichnen. Stahl sah sich als Praktiker, als Forscher und als Lehrer. Mit nicht nachlassender Energie vertrat er den akademisch-wissenschaftlichen Charakter seiner Erkenntnisse; dennoch konnten naturphilosophisch-hermetische Gedanken in seine Lehre und Praxis Eingang finden; dies allerdings mit der wichtigen Neuerung, daß die Ergebnisse seiner Beobachtungen und die Deutung des Erkannten der Überprüfung standhalten mußten. Unabhängig von Religionszugehörigkeit und Glauben wurden seine Theorie und seine Methode zur Leitlinie eines veränderten ärztlichen Verhaltens. Sie trugen entscheidend dazu bei, daß sich neben einer mechanistisch und technologisch eingestellten Medizin eine diätetisch orientierte Medizin entwickelte, die auch dort, wo sie mechanistische Vorstellungen mit einbezog, naturhaft-ganzheitlichen Anschauungen folgte. Der Zusammenhang zwischen den medizinisch-diätetischen Bestrebungen vieler Ärzte und der Dichtung der Zeit ist noch nicht erforscht. Es gibt viele Anzeichen dafür, daß er erheblich war. Im folgenden wird am Beispiel der Rokokodichtung gezeigt, daß im 18. Jahrhundert enge Wechselwirkungen und untergründige Gemeinsamkeiten zwischen Medizin und Poesie bestanden. Dabei sei vorweg angemerkt, daß die Nachwirkungen Stahls keineswegs linear verlaufen. Die Ärzte und Diätetiker der ihm nachfolgenden Generationen waren in hohem Maße Eklektiker und verbanden Theoreme verschiedener Herkunft zu keineswegs einheitlichen Vorstellungen von krank und gesund. Auch im Hinblick auf Maßnahmen, die vorsorgend wirksam sein können, bestand keine Übereinstimmung. Für die Betrachtung der Literatur ist dies jedoch nicht von vorrangiger Wichtigkeit.

2. Diätetik und Literatur

Eine Durchsicht des diätetischen Schrifttums[11] der Zeit erbringt die überraschende Tatsache, daß sich hier Ärzte nicht primär auf medizinische Literatur als Autorität berufen, sondern auf Dichter wie Brockes, Hagedorn, Haller, Gleim, Uz und Gellert. So auch der "Weltweisheit und Artzneygelarheit Doctor" Johann Gottlob Krüger in seinem Buch *Diät oder Lebensordnung* (1750, ²1763). Krüger war nach dem Studium zunächst Arzt in Halle und später in Helmstedt. Neben seiner Tätigkeit als Arzt und akademischer Lehrer wirkte er als bedeutender Aufklärungsschriftsteller. Seine Diätetik ist so eingerichtet, daß sie sich für jedermann "schickt", wenn auch nur, wie er schreibt, diejenigen "sie gründlich verstehen, welche sich aus der Naturlehre, Physiologie und Pathologie die Gründe bekannt gemacht haben, auf welchen sie beruhet" (Vorrede). Krüger zitiert an vielen Stellen seiner Gesundheitslehre aus Gedichten Albrecht von Hallers (nicht aber aus seinen medizinischen Schriften), so z.B. dort, wo er Haller als Autorität für Körper-Seele-Zusammenhänge anrufen kann:

> Ein heimliches Gefühl liegt in uns selbst verborgen,
> Das nie dem Uebel schweigt und immer leicht versehrt,
> Zur Rache seiner Noth, den ganzen Leib empört. (59)[12]

Die Brauchbarkeit von Aufklärungs*dichtung* für die Argumentation in medizinisch-diätetischen Schriften zeigt, daß der Versuch, den

Menschen zur Glückseligkeit im Diesseits zu führen, auch bedeutete, seine Gesundheit zu sichern; mehr denn je wurde Gesundheit in seelischem und körperlichem Sinne gedacht. Das medizinisch-diätetische Schrifttum, ein wichtiger Teil der Dichtung und die Mehrzahl der Moralischen Wochenschriften erfüllten darin eine gemeinsame Aufgabe. Diese Erkenntnis legt es nahe, die Dichtung der Vor-Goethe-Zeit nicht nur nach philosophischen und poetologischen Gesichtspunkten zu betrachten, sondern auch in Hinblick auf ein sich ausbreitendes Gesundheitsbewußtsein. Es ist daher nicht nur zu fragen, was Gesundheit in diesem Zusammenhang bedeutet, sondern auch, welcher Leitvorstellungen sich die Autoren bei diesen gemeinsamen Anstrengungen bedienten; der einfache Hinweis auf 'Natürlichkeit' reicht nicht aus.

Der Gesundheitsbegriff des diätetisch orientierten Schrifttums der Zeit steht in auffallender Übereinstimmung mit der Theorie und den allgemeinen Anschauungen Georg Ernst Stahls und seiner Schüler und Gefolgsleute. Danach besitzt der 'natürliche Weg' Vorrang vor jeder Form medizinischer 'Technologie'; so schreibt Johann Samuel Carl in seiner *Medicina Aulica. In einigen nötigen täglich vorkommenden Betrachtungen, Vorstellungen und Anschlägen betreffend die Gesundheit-Sorge* (1740), daß es auf den "einfältigen und geraden Natur-Weg zur Lebens-Ordnung" ankäme (Vorrede). Er nimmt die Forderung auf, daß jeder sein eigener Arzt sein solle, meint allerdings, daß die Armen mehr als die Reichen einer Anweisung dazu bedürften. Verhängnisvoll sei die allgemeine "Gesundheits Vergessenheit", durch die mehr Menschen ums Leben kämen als durch das Schwert (Vorrede). Immer wieder und mit drastischen Formulierungen plädiert er für die Einheit der "Leibs- und Seelen-Wolfahrth" (36). Um sie herzustellen, sei es nötig, den "medicinischen Betrug" zu beseitigen (39). Seine Kritik wendet sich gegen alle Quacksalberei, gegen die "raren, köstlichen, theuren, künstlichen Gold- Silber- Granat- Corall- Perlen-Tincturen und Pulver" (37), gegen "Himmels-astralische Tropfen, Quintessentien der Alchymisten" (38) udglm. Es komme statt dessen darauf an, eine gehörige 'Diät' einzurichten. Dazu sei es "nur nötig in stiller Ruhe die Natur sich erholen zu lassen." (40) "Vor kranke Phantasien der gesunden Reichen sind die Gold-Tincturen trefliche Arzeneien" (39), aber für den, der wirklich krank ist, seien sie nutzlos. "Lasset doch die Natur gewähren", ruft der Verfaser aus, "auf das Ohr zu liegen, einen Trunk Wasser zu thun, auszuschlafen ist besser." (45)

Hinter solchen Anweisungen steht die Überzeugung, daß die Natur die nötige "Reinigungs-Arbeit" (90) vornehmen werde, und die Gewißheit, daß zur "Leibes-Haushaltung" (72) insbesondere das Wohl der Seele, der "Seelen-Kräfte" (73) gehöre. Es sei eine "Tod bringende Bosheit", die "Beschwernisse zu dämpfen, und damit die Natur und ihre Lebens erhaltende Arbeit zu unterdrucken." (79) Und es seien "immer die sichere[n], langsame[n], gelindere[n] Mittel und Wege" vorzuziehen vor "denen dubieusen, unsichern, heftigen Angriffen. Also komt man mit Verweilen zum Eilen. Die Natur wird ohne Heftigkeit im Aequilibrio erhalten, vor das Künftige wird also mehr gesorgt." (92) Hat sich also, so die Kernthese, Unordnung im Körper-Seele-Haushalt ergeben, so komme es darauf an, das *aequilibrium*, d.h. das Gleichgewicht wiederherzustellen, in dem die Gewähr für eine Gesundung liegt. J.S. Carl unterscheidet drei Formen von Gleichgewicht: das *aequilibrium morale*, das *aequilibrium physicum* und das *aequilibrium medicum*; ausführlich bespricht er Symptome und Therapien auf der Linie dieser Gesundheitskonzeption. Dabei ist sich der Verfasser durchaus darüber im klaren, daß Temperament, Gewohnheit, Alter usw. mit darüber entscheiden, wo das *aequilibrium* jeweils zu finden sei. Diätetik, die Lehre vom naturgemäßen, gesunden Leben, erfordere eine unaufhörliche Selbstbeobachtung und eine Selbstbeurteilung dessen, was das innere und äußere Gleichgewicht fördert. Lebensordnung bedeutet, der Ordnung der Natur zu folgen, wobei Natur als ein System gedacht wird, das von sich aus die Kraft besitzt, Störungen zu überwinden und ins Gleichgewicht zurückzukehren.

J.S. Carl sieht sich über die medizinische Ausbildung, die er nach der Methode Stahls genossen hatte, hinaus in der Nachfolge der

> Schüler und Meister der hermetischen Weisheit..., wie sie so verborgentlich von Verborgenheiten der Natur lehren, um zu dem geheimen Schlüssel Salomonis zu kommen, das Centrum der Natur zu öfnen, die elementarische, ia astralische und himlische homogeneische Wesenheiten in die höchste Lauterkeit und Reinigkeit auszuziehen, ia in das Centrum der kleinen Welt zu bringen, damit der Natur-Geist die allerklärste und ihm ähnlichste Nahrung erhalten, mithin gegen alle innere und äusere Einflüsse der Krankheit und des Todes eine beständige Stärkung und Übergewicht möge haben. (260–261)

Das Wunder des Leib-Seele-Zusammenhangs hält er für "zu tief und hoch, daß alle Vernunfts-Lichter freilich zu kurz und zu weit steigen, um alles zu ergründen". (262–263) Die Anspielung auf Paracelsus überrascht nicht. Sie steht in der gemäßigt hermetischen und praktisch orientierten Absicht keineswegs im Widerspruch zur Methode Stahls, der sich selbst offen zu bestimmten Elementen der hermetischen und alchimistischen Tradition bekannte.[13] Man gewinnt überhaupt den Eindruck, daß die sich über ganz Europa allmählich ausbreitende Gesundheitsfürsorge nicht von der mechanistisch-technologischen, sondern von der animistisch-diätetisch orientierten Medizin ausging. Es wäre jedenfalls ungenau zu sagen, daß es die Aufklärung im ganzen sei, die einen besseren Gesundheitsdienst hervorgebracht hat. Um ihn zu erstellen, waren ganzheitliche anthropologische Auffassungen Voraussetzung, deren allmähliche Entfaltung durch die Praxis Stahliana entscheidend gestützt wurde.

Das Thema Lebensordnung verbunden mit den Leitbegriffen Natur und Glückseligkeit bestimmte nicht nur die Ausrichtung der Medizin, sondern auch der Dichtung der Frühaufklärung. Die regelmäßig sich wiederholende Bilanz in den Neujahrsgedichten des Brockes ist nicht weniger Ausdruck eines sich festigenden Bewußtseins dessen, was dem Menschen im Diesseits zuträglich ist, als Hallers großes Gedicht *Die Alpen,* das einen prätendierten Naturzustand der Alpenbewohner zur Voraussetzung seelischer, moralischer, wirtschaftlicher und politischer Gesundheit macht. In englischen Wochenschriften, vor allem in den Beiträgen des *Spectator,* konnten deutsche Autoren—und nicht nur der Hamburger Brockes und der Berner Haller taten dies—eine Fülle von Anregungen und Hinweisen auf diätetisches Denken finden. Brockes macht Vorschläge, die zeigen, daß sein Gesundheitsbewußtsein und sein praktisches Interesse an Heilmethoden weit über Physicotheologie und Deismus hinausgehen. Auch hermetische Gedanken, die er offenbar übernimmt, erhalten in seinem Werk eine diätetische Perspektive. Jedenfalls nutzt er in dem Gedicht *Mittel gegen Schwermut* die Lichtkräfte zur Bekämpfung der schwarzen Schatten und der schwarzen Grillen der Melancholie. "Freuden-Feuer" sieht er als Zeichen der Gesundung erglühen. In dem Gedicht *Trost in Traurigkeit* empfiehlt Brockes im Zustand der Schwermut die Augenlider für ein paar Augenblicke zu schließen und dann langsam wieder zu öffnen:

> So werden, sonderlich bey hellem Sonnen-Schein,
> Die Vorwürff der bestrahlten Erden
> (Die wir, wie herrlich sie gleich waren, und wie schön,
> Doch, durch den Mißbrauch unsrer Sinnen,
> Und durch Gewohnheit blind, vorhin nicht angesehn)
> Uns recht zu Freuden-Quellen werden ... (IV, 395)

Und mit diesen 'Freuden-Quellen' schwinde die Melancholie. Ein Gedicht wie *Bewährtes Mittel, Gemüths-Bewegungen zu stillen* zeigt, daß Brockes im Sinne seines eklektizistischen Verfahrens auf Strecken auch mechanistisch denkt.[14] Dennoch ist bemerkenswert, daß der Dichter ein feines Sensorium für die Wandlungen entwickelte, die sich in den Bereichen Seele und Phantasie in seiner Zeit vollzogen.

3. Die Stärke der Seele

Im 63. Stück von Krügers Traumsammlung erscheint dem Träumenden unerwartet die Seele eines Ochsen.[15] Das Tier ist ganz durchsichtig. Den Körper durchzieht eine große Zahl zarter Gefäße, von Licht durchströmt. "Zuckende Bewegungen aller Fäsergen" begleiten es. Und dann: "Ich untersuchte die Quelle davon, und fand sie in der Seele, welche ich nun abmahlen will, wenn es anders möglich ist etwas abzumahlen, das nicht gemahlt werden kann. Ein Strohm der allersubtilesten Materie, welche ich mit nichts beßer, als dem Lichte vergleichen kan, ob sie schon nichts weniger, als Licht war, hatte den ganzen Cörper bis auf die kleinsten Fäsergen durchdrungen." (238–239) Am stärksten strahlt der Glanz im Gehirn, ganz besonders an einer Stelle, die einem "blitzenden Puncte" ähnlich scheint. Aber nicht logische Operationen erfolgen an diesem schärfsten Punkt seelischer Intensität, der Träumende erblickt darin vielmehr "einen Hauffen künstliche(r) Gemählde . . . , die aber nicht beständig blieben, sondern immer durch andere abgewechselt wurden". (239) Und je lebhafter sie sind, desto stärker werden die Bewegungen im Leib des Ochsen, und es zeigt sich, daß es "alsdenn an denen Orten sehr helle ward, welche sich bewegten". Im Augenblick höchster Bewunderung für dieses Schauspiel erscheint ein Fleischer, der dem Ochsen mit einem Beil vor den Kopf schlägt. "Bey dem Schlage, gab der helle Funken im Gehirn ein recht blitzendes Licht von sich". Dann wird beschrieben, wie sich das Licht aus den Gliedern und "Fäsergen" zurückzieht; selbst in den abgehauenen Stücken vergeht es erst allmählich. "Sie fühlten nichts mehr, sie zogen sich nicht mehr zusammen, der Umlauf der Säfte hörte auf und sie wurden kalt." (240)

Auch wenn der Autor am Ende der kurzen Traumerzählung einräumt, daß sich wohl niemand je "eine ochsenmäßige Vorstellung von der Seele eines Ochsen" gemacht habe, so enthält dieser Text doch höchst aufschlußreiche Elemente. Die Seele, die sich nicht anders denn als Licht vorstellen läßt, steht für die geistige Seite der Existenz. Dort, wo das Vorstellungsvermögen seinen Ort hat, ist die Lichtintensität besonders groß. Die Kraft der Seele, im Traum als Lichtstärke vorgestellt, äußert sich aber auch in allen Bewegungen des Körpers, im Säftefluß nicht weniger als in den Zuckungen der Fasern. Leben bedeutet, von der Stärke der Seele durchströmt zu sein, der Tod tritt ein, wenn die Kraft der Seele erlahmt, genauer: wenn die Spannung abfällt und in der Folge ganz aufhört.[16] Die Tatsache, daß Krüger sein Traumbuch mit einem Tiertraum beginnt, ist nicht ohne Bedeutung. Im Zusammenhang eines verstärkt physiologisch orientierten Verständnisses von Lebensprozessen wurde immer weniger zwischen Mensch und Tier unterschieden, ja erschien der Mensch als nur eine der vielen möglichen Varianten der Tierwelt auf dieser Erde. Am bekanntesten ist Linnés Versuch, Mensch und Tier in ein einziges biologisches Ordnungssystem zu fügen. Die Diskussion um den tierischen Charakter des Menschen war im 18. Jahrhundert weit verbreitet. Nicht weniger die Frage, ob auch Tiere eine Seele haben; sie beschäftigte eine Reihe von Gelehrten.[17]

Es zeigt sich einmal mehr: Das große Thema des 18. Jahrhunderts war die Seele. Keine andere Epoche unternahm so vielfältige Anstrengungen, sie zu verstehen und mit ihr umzugehen. Alle Versuche, sie mit Hilfe scharfsinniger Syllogismen und ausgeklügelter Systematisierungen zu bestimmen, befriedigten viele Zeitgenossen nicht. Dies umso weniger, als immer breitere Kreise es für gewiß hielten, daß die "Seele in den Körper" wirke, daß sie nicht nur die Körpervorgänge bestimme, sondern auch die Frage von Gesundheit und Krankheit, Leben und Tod. Unabhängig davon, daß man der Seele viele Fertigkeiten zuschrieb, erschien sie vornehmlich unter dem Aspekt der Stärke. In der Mehrzahl der Versuche, sie zu beschreiben, ist ausführlich vom Willen oder der Willenskraft die Rede. Gewiß spielte dabei die christliche Grundlehre vom freien Willen des Menschen eine wichtige Rolle. Bestimmender ist aber die Vorstellung, daß der Mensch (und das Tier) mit seiner Seele über eine Kraft verfüge, die Materie zu bewegen. Man erinnert sich an das Diktum aus Aeneis VI,727: *Mens agitat molem*, der Geist bewegt die Materie.[18] Die dualistische Philosophie konnte wenig dazu beitragen, Fragen zu beantworten, die auf ein besseres Verständnis ganzheitlich gesehener Lebenszusammenhänge zielten. Dies erklärt unter anderem die Vielzahl von Polemiken gegen das mechanistisch-dualistische System, jedenfalls in dem Schrifttum, das hier interessiert.

Die Diskussion spitzte sich auf zwei Fragen hin zu. Das war zum einen die Frage nach der Einwirkung der Seele auf den Körper und zum anderen die nach der Bedeutung und dem Gewicht der Erfahrung. Beide Fragen sind nicht neu. Die Auseinandersetzung um überzeugende Antworten führte aber zu einer Verschärfung der Positionen. Konzeptuelle Veränderungen in der Körper-Seele-Frage und verbunden damit eine abnehmende Verbindlichkeit des mechanistischen Konzepts zeigen sich in der Untersuchung von Johann Andreas Roeper aus Halberstadt über *Die Würckung der Seele In den Menschlichen Cörper. Nach Anleitung Der Geschichte eines Nacht-Wanderers. Aus vernünftigen Gründen erläutert* (1748). Auch Roeper ist Stahlianer. Nachdem er über das mechanistisch-dualistische Modell ausführlich referiert hatte, faßt er zusammen:

> Man mag sich drehen und wenden wie man will, so kan man das Vermögen und die Krafft der Seele in den Cörper nicht ausschliessen, oder man negiret, was man ein andermahl zugegeben; giebt man feywillige Bewegungen zu, so kan man damit nicht angestochen kommen, die Seele wisse nichts de excitatione vel directione motuum, sie könne darin nichts verändern, geschwinder oder langsamer machen, der Leib sey eine machina hydraulica, in welcher fluida solida und solida fluida actione reciproca bewegten, wie eine Mühle, eine Uhr, ein Bratenwender etc. welches leichter und geschwinder gesaget, als zu erweisen stehet. (35)

Was Roeper zurückweist, ist vor allem die bekannte und verbreitete Influx-Theorie, die davon ausgeht, daß Leib und Seele durch einen "natürlichen Einfluß eines Dinges in das andere" aufeinander wirkten. Diese Wirkung erfolge über die Nervenbahnen und die "darinnen befindliche flüßige Materie" (27). Dieses Verstehensmodell, das auch Christian Wolff vertrat, folgt einer strengen dualistisch-materialistischen Konzeption.[19] Das Stahlsche Modell geht demgegenüber vom Prinzip des Synergetischen aus, d.h. von der 'Erfahrungstatsache', daß in der Bewegung, in der allein sich Leben denken läßt, Körper und Seele gemeinsam wirken, wobei der Anstoß von der einen oder von der anderen Seite aus erfolgen kann. "Das Commercium zwischen Seel und Leib" ist für Roeper eine gegebene Tatsache: ". . . leidet der eine Theil, so leidet der andere auch" (26). Und da die Seele "eine Freyheit" hat, "ihre Kräfte zu gebrauchen, und den Leib an vielen Gliedern willkürlich zu bewegen" (22), lassen sich daraus Heilmethoden ableiten: "Therapia imaginaria ist nicht zu leugnen" (25). Was Roeper seinen Widersachern abspricht: die Erfahrungsgrundlage der Erkenntnis, hält er im Hinblick auf seine Vorstellung des Leib-Seele-Verhältnisses für gegeben: "Des Herrn von Leibniz Harmonie müsse wohl für eine weit längere weile seyn angenommen worden, denn sine propositione precaria könne sie mit der Erfahrung nicht versöhnet werden." (28)

Die Positionen, die hier aufeinanderprallen, versuchten ihre Gültigkeit und Geltung dadurch zu erweisen, daß sie auf die Methode der Wahrheitsermittlung rekurrierten. Dabei steht der Satz vom zureichenden Grund und vom Widerspruch im Widerstreit zu den Erfahrungstatsachen, das System einer philosophischen Welterklärung zur Lebenspraxis. Sich auf Erfahrung, Erfahrungstatsachen, den gesunden Verstand, auf die Evidenz der Anschauung zu berufen, bedeutete aber nicht, im strengen Sinne 'experimentell' zu verfahren.[20]

Für das Literaturverständnis ist es nun nicht die Frage, ob im Laufe des 18. Jahrhunderts der mechanistische oder der organismische Ansatz, ob die logische Beweisführung oder die auf Beobachtung und Erfahrung gegründete Einsicht mit besseren Gründen und schärferer Argumentation gestützt werden kann, sondern daß sich das *Interesse* von einer schulphilosophisch-konzeptuellen zu einer lebenspraktisch-diätetischen Orientierung verlagerte. Auch in diesem Zusammenhang zeigt sich, was die Auseinandersetzung im 18. Jahrhundert im ganzen charakterisiert und auch darüber hinaus gilt: daß die virulenten Fragen der Zeit nicht im Zug einer argumentativen Auseinandersetzung 'gelöst' wurden, sondern daß neue Antworten und Theorien Zustimmung fanden und die älteren ersetzten. Das dualistische Erklärungsmodell der Schulphilosophie wurde nicht widerlegt, es verlor aber im Gang der Auseinandersetzung an Interesse. Dies hatte nicht nur Folgen für die Auffassung von Kultur im ganzen, die kulturellen Leistungen selbst, insbesondere Literatur und Kunst, spiegeln diesen Prozeß. Natürlich standen sich die Positionen nicht immer schroff gegenüber. Es gab eine Vielzahl möglicher Vermittlungen. Sich der Stärke der Seele bewußt zu werden, mußte keineswegs bedeuten, auf die Anwendung des Verstandes, zumal des gesunden Hausverstandes zu verzichten, da ja auch der Verstand als facultas der Seele galt. Es ist vielmehr die Frage, welcher Komponente der menschlichen Existenz man primären Charakter zusprach.

Der Stärke der Seele einen wichtigen Platz in der Lebensorientierung einzuräumen, bedeutete allerdings, den Aspekt der Moral neu zu gewichten, nicht etwa in dem Sinne, daß die Moral an Verbindlichkeit verliert, sondern vielmehr, daß sie in ein Feld veränderter anthropologischer Orientierungen tritt. In dem Maß, in dem die Aspekte Gesundheit und Krankheit aus dem unmittelbaren Zusammenhang von Laster und Tugend bzw. der Sündhaftigkeit des Menschen treten und in einem umfassenderen Sinn mit Lebensorientierung und Pflege zu tun haben (wozu freilich auch moralisches Verhalten gehört), verlagern sich die Zuordnungen. Die vermeintliche Frivolität der Rokokodichtung ist nur vor dem Hintergrund dieser Veränderung als sinnvolle 'Maßnahme' begründbar.

Auch für Thomas Abbt erweist sich die "Stärke der Seele" nicht mehr in stoischer Standhaftigkeit (*constantia*), in Großmut (*magnanimitas*) und Glaubenskraft (*fides*), sondern in Lebhaftigkeit und Leichtigkeit:

> Die Stärke der Seele besteht also in der Leichtigkeit, diese zum Vortheile wichtiger Ideen nöthige Herrschaft über den Willen zu erhalten. Ich nenne es mit Vorsatze eine Leichtigkeit und nicht eine Fertigkeit, weil letztere mehr auf etwas erworbenes, als auf etwas angebohrnes zeiget, jene aber beydes unter sich begreift.[21]

Die Seele ist nicht betrügbar; ihr kann man sich anvertrauen. Gewähr dafür ist ihre Stärke, die der Mensch als Kraft, als Wille, als bestimmenden Faktor erlebt. Ablesbar ist diese Wandlung u.a. an der sich entfaltenden Thelematologie (Willenslehre), die auf eine "intellektuelle Hygiene" setzt, wie z.B. Crusius sie entwickelt. Crusius stützt sich nicht mehr auf die Richtigkeit der rationalen Prozesse, sondern auf die Redlichkeit und Wahrheitsliebe der 'Scribenten'.[22] Auch für Crusius ist eine umfassende Gesundheit die erste Voraussetzung für Glückseligkeit.

4. Sinnlichkeit: 'Nahrung der Seele'

Eine der aufschlußreichsten Schriften zum Zusammenhang Diätetik—Literatur ist Johann Friedrich Zückerts Buch *Von den Leidenschaften*. Das Werk fand weite Verbreitung. Es erschien zunächst unter dem Titel *Medicinische und moralische Abhandlung von den Leidenschaften* (1764). Die zweite, vermehrte und verbesserte Auflage kam 1768 heraus, eine dritte folgte 1774.[23] Zückert selbst nennt als Autoritäten Georg Friedrich Meier, Albrecht von Haller und Johann Georg von Zimmermann. Seine programmatischen Äußerungen sind eher unspezifisch: "Nach dem Endzweck des großen Urhebers der Natur ist der Mensch zur Glükseeligkeit bestimmt. Er soll und kann seinen Zustand vollkommener machen. Zu dem Ende ist unsere Seele mit vielen Erkenntniß-Kräften begabet. Sie stehet mit dem Körper in einer harmonischen Verbindung." (9) Zückert setzt sich das Ziel, "diätetische Anweisungen" zu geben. Er will "beyde Theile (Körper und Seele), welche das Wesen des Menschen ausmachen" ständig im Auge behalten, und da die Abhandlung "recht practisch" sein soll, werde er die "moralischen und medicinischen Betrachtungen" nicht von einander trennen (7). Dies bedeutet, Zückert bezieht die Körperveränderungen im Sinne direkter Verursachung auf den Seelenzustand, auf den jeweiligen Status der Leidenschaften. Nicht nur eine Reihe von Formulierungen erinnert an Stahls Theorie, sondern vor allem die synergetische Gesamtkonzeption, der er folgt, so, wenn er das Phänomen der Traurigkeit erläutert (wobei er wohl Melancholie meint):

> ... wenn sich unsere Seele das Bild einer uns betreffenden widerwärtigen Begebenheit darstellet, so wird sie von traurigen Gedanken erfüllet, deren betrübte Wirkungen sich durch das ganze organische Gebäude ausbreiten. Es entstehet eine Mißstimmung in den Nerven. Die kleinen Gefäße der Haut werden zusammengezogen; der Ton(us) der festen Theile wird geschwächet; das Herz schlägt matt, die Transpiration ist unterdrücket; die Säfte sind in ihrem Lauf sehr träge, und die Absonderungen derselben sind unvollkommen. Das Geblüt wird dick, der Appetit verschwindet, und der geschwächte und zur Verdauung untüchtige Magen würkt einen Ekel gegen die Speisen. Ein schwarzer Nebel bedrängter Gedanken verfinstert die Seele. (57–58)

Von Fasern und Textur (45) sprechen auch andere medizinische Schulen, der Hinweis auf den Tonus ist jedoch ein Indiz für die Richtung seiner Überlegungen.[24] Nicht weniger aufschlußreich sind seine Hinweise auf den Spannungsabfall, der einem Schrecken folgt, der erfahrungsgemäß "das ganze menschliche Gebäude" "erschüttert" (50):

> Endlich aber überwindet die vermehrte Kraft des Herzens den Widerstand des Bluts und der Gefäße; allmählig werden die festen Theile schlapper und das Blut dringet nach und nach wieder in die äußeren Theile. Die Vernunft erwachet. Der Mensch erholet sich von seiner Bestürzung. Er ist matt und schwach; seine Glieder zittern; das

stockende Blut kann noch nicht sogleich in einen ganz freyen Umlauf kommen. Er muß durch einen Aderlaß die Bewegung der Säfte befördern. Er muß herzstärkende und erquickende Dinge genießen. (51–52)

Nun ist nicht entscheidend, ob und in welchem Ausmaß Zückert der Methode Stahls im wörtlichen Sinn folgt, von Interesse ist seine Vorstellung einer unmittelbaren Einwirkung der Seele auf den Körper und umgekehrt. Sie zeigt sich am deutlichsten in der Erklärung der Ursachen eines—im weitesten Sinn—krankhaften Zustands und in dessen Beseitigung oder vorsorglicher Vermeidung. Das führt auch zu Überlegungen wie dieser, die keineswegs Hallers Irritabilitätstheorie entspricht:

> Eine Freude, die viele Stunden lang anhält, öffnet die Gefäße der Haut zu sehr und führt zu viel gute Säfte durch die unmerkliche Ausdünstung weg: Daher ziehet sie eine Schwäche und Mattigkeit des Körpers nach sich, um so mehr, da sie unsere Fasern endlich zu sehr erschlappet. (37)

Der Wechsel von Anspannung und Entspannung, verbunden mit Wirkungen jeweils auf Seele und Körper, wird an vielen Beispielen und in einer Deutlichkeit beschrieben, die dem Leser der Zeit einleuchten konnte. Die Erläuterungen dienen zugleich dem Versuch, die ethische Forderung des Maßhaltens physiologisch zu begründen.

Die Leidenschaft (d.h. die grundlegenden Seelenformen von Vergnügen oder Mißvergnügen) besitzt für Zückert Primärcharakter, sie verändert den Körper, woraus sich jeweils Rückwirkungen auf die Seele ergeben können. Diese reichen erheblich weiter als die Vernunft. Sie sind dem Menschen notwendig und "gehören mit zu den Kräften, die unsere zusammengesetzte Natur hat, und uns berechtigen, unsere Begierden und Fähigkeiten zu brauchen, damit wir durch unser Zuthun unsere Vollkommenheiten, und mit denselben unsere Glückseeligkeit täglich vermehren können." (13–14) Und "überhaupt lassen sich alle wunderbare Veränderungen des Körpers, die eine lebhafte Einbildung würket, nicht besser erklären, als wenn man die Entstehung einer Leidenschaft voraussezet." (20)

Das Seele-Körper-Modell, wie es Zückert pointiert darstellt und das im lebenspraktischen Schrifttum meist von ärztlicher Provenienz, aber auch in den Moralischen Wochenschriften konsequent vertreten wird, kehrt in der inneren Begründung des bürgerlichen Kulturbetriebs der Zeit wieder. Musik, Literatur, Gartenkunst und Geselligkeit werden nicht nur als Bildungsgüter mit hohem Sozialprestige und als wichtige gemeinschaftsfördernde Faktoren gesehen, sondern vor allem auch in Hinblick auf ihre diätetischen Möglichkeiten, in denen sich Vorstellungen von Gesundheit, Wohlergehen und Moral verbinden:

> Aber das sinnliche Vergnügen, die sinnliche Wollust, würket hier auf Erden mit mächtiger Gewalt auf uns. Sie ist die allgemeineste, die herrschendeste Leidenschaft unter den Menschen. Sie hat für die ganze Welt einerlei Reizungen. Der Reiche verschwendet ganze Tage in dem Schooße der Wollust. Der Weise ist viel zu schwach, die angenehmen Vorstellungen, die sie macht, ganz zu unterdrücken. Selbst in den Hütten der Armen wohnet sie in ihrer unschuldvollen und einfältigsten Gestalt. Der Held, vor dessen Namen der Feind schon zittert, nimmt von seiner Geliebten Gesetze an. Der Hochmüthige nähert sich den Schönen mit Demuth. Der tiefsinnige Metaphysicus, dessen Seele in einem Chaos annoch unerforschter Grundwahrheiten begraben liegt, wird bey dem Anblik eines schönen Frauenzimmers wie aus einem Schlummer erwecket; seine ganze Seele wird heiter; er findet ein Vergnügen, sich mit ihr über tausend Kleinigkeiten zu unterhalten, er, der es sonst vor Sünde halten würde, die Zeit mit Kleinigkeiten zu verschwenden. Der Ernsthafteste, der sonst gegen alles reizende kalt und unempfindlich ist, schämet sich nicht, bey einem Glase Wein den Liebes-Gott zu besingen. So mächtig ist die Gewalt der Wollust. Sie macht den Held, den Hochmüthigen, den Gelehrten, den Mürrischen, zu einem nüzlichen Mitbürger, zum muntern Gesellschafter, zu einem umgänglichen und gefälligen Menschen. (29–30)

Und schon im nächsten Abschnitt heißt es:

> Ist denn aber das sinnliche Vergnügen, die Wollust im guten Verstande, dem Menschen unanständig? Keinesweges. Sie ist uns als eine große Wohlthat, als ein Hülfsmittel der Gesundheit, von dem gütigen Schöpfer zu Theil geworden. Gott gab dem ersten Menschen den prächtigen Garten in Eden zu seinem Aufenthalt. Er würde ihm vielmehr eine rauhe Gegend angewiesen haben, wenn er nicht den Menschen zu dem glükseeligen Genuß der Wollüste in dieser irrdischen Welt bestimmet hätte ... Also ist es uns nicht allein erlaubt und anständig, sondern auch unserer Gesundheit sehr zuträglich, wenn wir ein Vergnügen mäßig genießen. Wenn durch ein anhaltendes Studiren die Kräfte der Seelen erschöpft worden sind, wenn der Regent und der Staatsmann viele Stunden unter der schweren Last der Regierungs-Sorgen zugebracht, wenn der Handwerker sich müde gearbeitet hat: so finden sie alle die edelste Aufmunterung in den Armen einer Gattin, im Spazierengehen, an der Gartenlust, an der entzückenden Harmonie der Töne in der Musik. Sie werden erquickt durch den Rebensaft, durch ausgesuchte Speisen, die den Geschmack rühren, und den Körper stärken. Ihre Seele bekommt Erholungsstunden auf eine Art, die dem Körper zugleich zur Stärkung dienet. (30–31)

So ist es verständlich, daß Carl Friedrich Bahrdt in seinem *Handbuch der Moral für den Bürgerstand*[25] davon ausgeht, daß der "weise Schöpfer" die Natur so eingerichtet hat, daß uns der "Genuß dieser

Freuden zum Bedürfniß und ... zur Pflicht gemacht" wurde. Mit Nachdruck hält er fest: "Die Sinnlichkeit hat ihre unverkennbaren Rechte an unserer Glückseligkeit." (29) Die Legitimation der körperlichen Lust konnte das bürgerliche Anleitungsschrifttum bei Ärzten wie Zückert finden. Dieser stellt fest, daß die "Liebe zum Geschlechte nachdrüklichere Würkungen auf unsern Körper" ausübe. Sie sei "unserer Gesundheit sehr ersprießlich, wenn sie den Zwek der fleischen Lust erreichen kann." Der Widerspruch zwischen einer naturwissenschaftlich-medizinisch begründeten Leidenschaft und der durch die Moral verordneten Enthaltung wird bei Zückert sehr deutlich. Er bekräftigt zwar die Forderung, daß "die Religion, Vernunft, und Mäßigkeit ... der fleischlichen Lust" Schranken zu setzen hätten, er hält aber doch daran fest, daß nichts schädlicher sei, "als eine ungestillte oder unbefriedigte Sehnsucht zur fleischlichen Lust". Diese Schädlichkeit erklärt er damit, daß die "in den Gefäßen eingetriebenen Säfte" ausgeführt werden müssen, was nicht ohne fleischliche Lust geschehen könne. Was er empfiehlt, ist symptomatisch für die widersprüchliche Situation der Jahrhundertmitte:

> Die Vernunft muß entweder dafür sorgen, daß diese Sehnsucht nie überhand nehme, oder wenn sie einmal da ist, so muß man sie schlechterdings zu befriedigen suchen, wenn es ohne Verlezung höherer Pflichten geschehen kann. (77–78)

Im übrigen sei es nicht seine Aufgabe, nähere Erläuterungen darüber zu geben, wie dies geschehen kann; er wolle auch die Autorität eines Zimmermann "nicht mißbrauchen", aber doch mit ihm daran festhalten, "daß der Arzt von der Liebe unter allen Leidenschaften am meisten zu hoffen hat, wenn sie befriedigt wird, und am meisten zu fürchten, wenn sie den geringsten Widerspruch leidet." (77–78)

Auf der Linie Zückerts bewegte sich auch Johann Christian Bolten in seinen *Gedanken von den psychologischen Curen* (Halle 1751).[26] Bolten war ein Schüler Johann Junckers und ein Freund von Krüger und Unzer. Auch er erlangte seine Ausbildung in Halle und stand in der Tradition Stahls. Er war sich der Tatsache bewußt, daß manche der Grundpositionen, die er vertrat, umstritten sind, hielt aber im ganzen doch entschieden an der Linie fest, die die Theorie und die Methode Stahls eingeleitet hatten. Denn die "Herren Stahlianer (sehen) am allermeisten mit auf die Seele ..., wenn sie Krankheiten des Körpers curiren sollen." (95):

> Ich will mich gar nicht in die Frage einlassen, ob die Stahlianische Theorie richtig sey, oder nicht; habe es auch hier keineswegs nöthig, indem nichts weiter zu erweisen ist, als daß diejenigen Curen besonders wol gerathen, wo man zugleich der Seele beispringet, indem man den Körper heilen wil.

Das Ziel der Kuren sieht Bolten in der Herstellung des Gleichgewichts, das in der weiteren Folge Glückseligkeit erwarten läßt. Ihm gilt als Grundtatsache:

> Man müste die Natur des Menschen wenig kennen, wenn man nicht wissen sollte, wie genau die Kranckheiten der Seele mit den Kranckheiten des Körpers verbunden sind, und umgekehrt. Eine Kranckheit des Körpers curiren ohne zugleich der Seele zu Hülfe zu kommen, ist eben so eine vergebliche Bemühung, als das Ebenbild eines häßlichen Gesichtes in einem aufrichtigen Spiegel verbessern wollen, ohne sich zu bemühen, das Urbild schöner zu machen. (Vorrede)

Bolten denkt bei seinen Empfehlungen primär an die Seelsorge, an Prediger, er legt ihnen aber nahe, "ästhetische Regeln" anzuwenden. Er räumt ein:

> Allein, eine Wissenschaft, wie die Aesthetick ist, daraus man eben so wohl lernen kan, eine Anakreontische Ode zu machen, als Gemüthskrankheiten zu curiren, würde vielleicht manchen Geistlichen viel zu fleischlich und zu weltlich scheinen, als daß er sie nur in seiner Bibliotheck leiden sollte, vielweniger sich zu bemühen in Ausübung derselben eine Fertigkeit zu erhalten. (Vorrede)

Ausführlich und deutlich weist er aber nach, daß die Ästhetik (er meint das Ästhetische) ebenso wie die philosophische Pathologie und die Morallehre den Heilungsprozeß befördern, Gesundheit im ganzen stärken könne. Das Ästhetische erreiche vor allem eine Verbesserung der sinnlichen Erkenntniskräfte und des Vortrags. Es ziele darauf ab, Einbildungen zu erregen oder zu unterdrücken, den Witz, die Scharfsinnigkeit, das Gedächtnis, die Dichtungskraft und den Geschmack zu verbessern und das "Bezeichnungsvermögen" zu stärken. (63-79) Jeden einzelnen Aspekt verbindet er mit Hinweisen auf Symptome, denen Überlegungen zur Therapie folgen. Was er als psychologische Kuren bezeichnet, läuft im ganzen auf den Versuch hinaus, Seelenkräfte für die Heilung körperlicher Störungen zu nutzen. Dabei geht er davon aus, daß Werke der Einbildungskraft, aus denen die Seele spricht, dafür besonders geeignet sind. Wie viele vertrat er die Meinung, daß es bei dem Versuch, Menschen gesünder zu machen, nicht darauf ankomme, die Wirklichkeit zu verändern, sondern die Inhalte der Einbildungskraft. Und ihre Domäne sei neben der Malerei vor allem die Poesie.

Mit solchen Thesen konnte man sich auf Du Bos berufen, der die argumentativen Voraussetzungen für eine Diätetik der Poesie geschaffen hatte, die für die gesamte weitere Diskussion im 18. Jahrhundert bedeutsam wurden:

Da die wirklichen und wahrhaften Leidenschaften, welche der Seele die lebhaftesten Empfindungen verschaffen, solche unangenehme Abwechslungen haben, weil auf die glücklichen Augenblicke, zu deren Genusse sie uns verhelfen, ganze traurige Tage folgen: Könnte da die Kunst nicht Mittel erfinden, die schlimmen Folgen, welche die meisten Leidenschaften mit sich führen, von dem, was sie angenehmes haben, abzusondern? ... Könnte sie nicht Gegenstände hervorbringen, welche künstliche Leidenschaften in uns erregen, die fähig wären, uns in dem Augenblicke, da wir sie fühlen, zu beschäfftigen, und unfähig, uns in der Folge wirkliche Schmerzen und Leiden zu verursachen?—Die Poesie und die Mahlerey erreichen diesen Endzweck.[27]

5. Einbildungskraft und Gesundheit: Therapia imaginaria

So gilt für das lebenspraktische Schrifttum des 18. Jahrhunderts: Abgekoppelt von dualistischen Konzeptionen (freilich nicht ohne von dort auch Theoreme zu entlehnen) entwickelten Medizin, Diätetik und Dichtung einschließlich der Moralischen Wochenschriften eine Vielfalt neuer Ideen. Dabei erfüllte das, was die Zeit *Einbildungskraft*[28] nannte, eine besondere Funktion. Sie galt zunächst als die Fähigkeit, sich Gegenstände vorzustellen, die nicht zugleich gegenwärtig sind. Dieser Fähigkeit wurde noch im 17. Jahrhundert große Skepsis entgegengebracht. Christian Wolff und Gottsched meinten sie dadurch domestizieren zu können, daß sie sie dem Primat des Satzes vom Widerspruch und vom zureichenden Grunde unterwarfen. Sie sahen in ihr noch keineswegs freie schöpferische Phantasie, sondern nur das Vermögen, sich an frühere Wahrnehmungen und Erfahrungen zu erinnern, wenn bestimmte Eindrücke oder Empfindungen der Gegenwart den Prozeß des Erinnerns auslösen. Bodmer und Breitinger unternahmen (für Deutschland) erste Schritte, die Einbildungskraft aus dem Bann der Schulphilosophie zu befreien. Sie konnten sich dabei auf Vorbilder in England (Addison, John Locke) und Frankreich (Du Bos) berufen. Eine besondere 'Schubkraft' gewann die Neueinschätzung der Einbildungskraft im Sog des sich ausbreitenden Sensualismus. Dies geschah nicht aufgrund einer abschließenden Klärung philosophischer Fragen, sondern als Antwort auf eine veränderte Bedürfnislage. Man erkannte offenbar früh, daß der Erfolg der Aufklärungsbemühungen davon abhing, daß auf den Leser oder Zuhörer Wirkung ausgeübt wird. Dies konnte aber nur gelingen, wenn das Gebotene den Bedürfnissen des Menschen entsprach (Du Bos).[29] Während die Schulphilosophie am Wahrheitskriterium der Dichtung festhielt, orientierte sich die allgemeine Diskussion immer stärker an der Frage der Wirksamkeit. An diesem Prozeß hatten auch die Schweizer Anteil. Aber nicht nur sie. Mit der Anerkennung des Neuen als poetologischer Kategorie war der Vorrang der Affekte, der Seele, des

Willens verbunden, veränderte sich die Bedeutung des Metaphorischen, versprach Imaginiertes ganz neue Perspektiven zu eröffnen. Darüber hinaus gewann das Problem der Einbildungskraft von einer anderen Seite her Interesse. Der Versuch, die Welt und die seelischen Bereiche des Menschen rational zu erklären, hatte Grenzen gefunden. Dies zeigte sich zum Beispiel im Zusammenhang von Traum und Nachtwandeln. Die Existenz von beidem war nicht zu leugnen. Die Erscheinung von Bildern und das Sich-Ereignen von Vorgängen, die nicht dem Willen folgen und die sich einer vernunftmäßigen Erklärung entziehen, beschäftigte eine Reihe von Autoren, vor allem philosophisch orientierte Ärzte. In fast keiner der Darstellungen zum Leib-Seele-Problem fehlen Abschnitte zu den Themen Traum und Nachtwandeln. Wie war es erklärbar, daß die Einbildungskraft selbständig waltet und Bilder findet, die nicht auf frühere Wahrnehmungen oder Erfahrungen zurückgehen? Was mochte den Menschen dazu bewegen, (offenbar unvernünftige) Handlungen zu vollbringen, an die er sich im Wachzustand auch nicht mehr erinnern kann? Gewiß schien nur, daß die Seele über eine ganz besondere Stärke verfügen müsse, wenn sie selbst im Zustand der Willenlosigkeit (im Schlaf) ebenso vehemente wie ungezügelte Vorstellungen und ebenso waghalsige wie vernunftwidrige Unternehmungen bewirkt. Wir sind gewohnt, den Begriff der Einbildungskraft als poetologische Kategorie zu verstehen, und zwar vor allem in Spannung zum Begriff der Naturnachahmung, der seit der Antike die Dichtungstheorie entscheidend prägte (Herrmann, Dyck, Preisendanz, K.-H. Stahl). Im frühen 18. Jahrhundert zeichnete sich eine erste Lockerung jener festen Positionen ab, die mit der rhetorisch begründeten Poetik des 16. und 17. Jahrhunderts gegeben war. Ausdruck dafür war die ausgedehnte Diskussion um den Geschmacksbegriff, der sich zwar rationaler Begründung nicht verschloß, der sich aber doch auf Überlegungen hin öffnen konnte, die dem persönlichen Urteil und der individuellen Empfindung mehr Raum gaben, als dies vorrationalistische und auch rationalistische Poetiken zulassen konnten: Geschmack als Urteil der Empfindung (König), Geschmack als Kraft des Gemütes (Gottsched). Aber bis in die vierziger Jahre standen die Überlegungen zur Poetik vorwiegend unter dem Primat der Nachahmungsdiskussion und blieb die Argumentation im wesentlichen doch beherrscht von Kategorien wie (scharfsinniger) Verstand, Witz, Regelhaftigkeit, Urteil, Erziehung, Ordnung, Naturgemäßheit.

Einen entscheidenden Schritt in eine Richtung, die sich in Deutschland als zukunftsträchtig erweisen sollte, unternahm Johann Jacob Bodmer mit seiner Schrift *Von dem Einfluß und dem Gebrauche der Einbildungskraft* (1727). Offenbar unter dem Eindruck der englischen Wochenschriften, vor allem den epochemachenden Abschnitten 411-421 des *Spectator* und eines erwachenden Sensualismus ging auch Bodmer davon aus, daß "die Sinnen ...

unsere ersten Lehr-Meister" seien. Über die "Instrumente der Sinnen" habe der Vater der Menschen

> die Seele mit einer besonderen Krafft begabet/ daß sie die Begriffe und die Empfindungen/ so sie einmal von den Sinnen empfangen hat/ auch in her Abwesenheit und entferntesten Abgelegenheit der Gegenständen nach eigenem Belieben wieder annehmen/ hervor holen und aufwecken kan: Diese Krafft der Seelen heissen wir die Einbildungs-Kraft.[30]

Er betonte die Klarheit und den Reichtum der Dinge, die wir vor den Augen sehen. Johann Jacob Breitinger entwarf in seiner Schrift *Von den Gleichnissen* (1740) dann Ideen zu einer Logik der Phantasie. Ebenso wie der Verstand habe die Einbildungskraft eine innere Ordnung nötig. Dazu dienten in besonderer Weise die Gleichnisse, mit deren Hilfe der Dichter den Gedanken in sein volles Licht zu setzen vermag. Während Christian Wolff nicht bereit war, der Einbildungskraft größere poetische Rechte einzuräumen, hoben Bodmer und Breitinger den schöpferischen Charakter der Einbildungskraft hervor. Die poetologische Diskussion verwies im Zusammenhang mit Bodmer und Breitinger auf den psychologischen Empirismus John Lockes', dessen sensualistische Ausrichtung den ideae innatae Descartes' entgegenstand. Zögernd entfaltete sich das Theorem einer Einbildungskraft, die Dinge hervorbringt, die noch niemand gesehen hat. Es konnte sowohl an Ideen Lockes als auch an Überlegungen französischer Rationalisten anschließen. Weitgehend unbeachtet blieben bisher die Vorstellungen von Medizinern, die in den Erfindungen der Seele ein besonders wirksames Therapieelement sahen.

Nach dem heutigen Stand der Forschung ist es schwierig, Gesichertes über die gegenseitige Beeinflußung von Ärzten und Dichtern in der ersten Hälfte des 18. Jahrhunderts auszusagen. Außer Zweifel steht, daß das diätetische Schrifttum der Zeit den sich verändernden poetologischen Vorstellungen sehr entgegenkam. Von den 40er Jahren an nahmen sich Mediziner auch in Veröffentlichungen verstärkt des Problems der Einbildungskraft an. 1744 erschienen Ernst Anton Nicolais *Gedanken von den Würkungen der Einbildungskraft in den menschlichen Körper*, eine zweite, völlig umgearbeitete Auflage kam 1751 heraus. Nicolai bemüht sich, wie er in der Vorrede schreibt, um "Deutlichkeit und Gründlichkeit ... was die Gesetze der philosophischen Methode" anbelangt. In dieser Selbstverpflichtung zur Klarheit folgt Nicolai ohne Zweifel Christian Wolff. Eine solche Selbstdisziplinierung bedeutete aber keineswegs, daß Nicolai auch in den Inhalten der Wolffschen Philosophie folgt. Dies bezeugt nicht nur sein Interesse für Einbildung und Einbildungskraft, sondern auch die entschiedene Orientierung an "Dichtungskraft" und "Dichtungsvermögen". (23) Nicolai gibt Definitionen und bemüht sich um Unterscheidungen.

Was ihn bewegt, ist die Frage nach den Voraussetzungen dafür, daß der Mensch phantasiert. Wichtig ist ihm die Feststellung, daß die "Einbildungskraft ... nicht nur die Affecten, in die wir ehemahls gerathen, wieder in uns erwecken ..., sondern auch Affecten erregen, welche vorher noch niemahls in der Seele gewüthet haben, und davon weder in den Empfindungen noch Vorhersehungen ein zureichender Grund angetroffen wird." (41) Er bezieht diese Erfindungen der Seele zwar primär auf den Traum, schließt aber die dichterische Phantasie mit ein. Ausführlich befaßt er sich mit den Einwirkungen der Seele auf den Körper und schließt, auch er am Beispiel der Melancholie:

> Gebt einem Menschen, der vor Traurigkeit melancholisch geworden, die besten Artzeneyen ein und laßt seine Leidenschaft ungestört, alles wird vergebens seyn. Führt ihn aber in angenehme Gesellschaften und macht ihm allerhand Ergötzlichkeiten, kurtz, sucht in ihm den entgegengesetzten Affect, das ist, die Freude zu erregen, so werdet ihr weit mehr ausrichten, und eben so verhält es sich auch in anderen Fällen. (47)

Es komme für den einzelnen Menschen darauf an, "Fehler in seiner Lebensart" zu vermeiden. Nicolais Schlußfolgerungen sind lapidar:

> Die Einbildungskraft kan Affecten erregen ... Die Affecten verursachen Veränderungen in dem menschlichen Körper ... Folglich kan auch die Einbildungskraft Veränderungen in dem menschlichen Körper verursachen. (49)

Die Diskussion um die Entstehung von Inhalten der Einbildungskraft führte sehr bald über die Annahme hinaus, daß es nur aktuelle oder erinnerte Sinneswahrnehmungen seien, die das Imaginierte auslösen. "Die Seele entziehet sich wohl den äuserlichen Sinnen im Schlaf, nicht aber der inneren Empfindung".[31] Die Bilder, die diese "inneren Empfindungen" hervortreiben, haben Einfluß auf den Körper und damit auf Gesundheit und Krankheit. Roepers *Therapia imaginaria* (25) geht, so wie die Überlegungen vieler anderer Ärzte, nicht nur davon aus, daß ein gegebener Zustand von Körper und Seele bestimmte Einbildungen hervorbringt, sondern auch davon, daß Werke der Einbildungskraft (wie der Kunst und der Literatur) zur Gesundung des Menschen beitragen können. Die Frage, wie medizinisch-diätetisch brauchbare Vorstellungen erzeugt werden können, beschäftigte viele Ärzte.

Zückert griff diese Frage auf, er unterschied aber nicht genau zwischen den diätetischen Wirkungen, die ein "sinnliches Vergnügen" (Gartenlust, Musik, Wein, der Anblick eines schönen 'Frauenzimmers') auslösen, und den Wirkungen eingebildeter sinnlicher Vergnügen, also den Gegenständen der Kunst und Literatur.

Auch trennt er nicht zwischen Realität und Phantasieinhalten. Für ihn ist beides gleichermaßen Anlaß für "sinnliche Wollust". Deshalb kann Zückert auch in seiner Aufzählung von wirkungsvollen Vergnügungen auf diese Unterscheidung verzichten. Es scheint ihm vielmehr darauf anzukommen, daß der Mensch reichlich genießt:

> die Tonkunst, die Kirchenmusik, das Singen, vortrefliche Schildereyen und Gemählde, die Sammlung und Betrachtung der Naturalien, mechanische Arbeiten, wohlausgearbeitete Schauspiele, das Lesen eines Dichters, die sinnreichen Scherze, der Umgang mit tugendhaften Freunden und Freundinnen.[32]

Zur Unterstützung seiner Theorie von den Wirkungen der Einbildungskraft entwirft Zückert eine veränderte Theorie der Temperamente (83–104). Er unterscheidet zwischen moralischen (seelischen) und physischen (körperlichen) Temperamenten. Während er für die letzteren an den gewohnten Bezeichnungen festhält, führt er für die moralischen (seelischen) Temperamente eine neue Terminologie ein. Er spricht von einem lustigen, traurigen, verständigen und sinnlichen Temperament. Die seelischen Temperamente sind, im Unterschied zu den physischen, nicht mechanisch. Es genüge nicht, im Falle einer Erkrankung den Zustand des Körpers zu ändern, man müsse beim moralischen Temperament ansetzen, d.h. die "in der Seele festsitzende Idee", welche z.B. die Nahrung der Melancholie ist, ausrotten. Dies könne z.B. durch eine außerordentliche Zerstreuung, eine Reise oder lustige Gesellschaft geschehen, und, man kann hinzufügen, durch Poesie.

Für die Medizin der Zeit ist die Einbildungskraft Teil einer Reiztheorie, die von der Rührung (Affizierbarkeit) der Sinne, der Fähigkeit, die Erfahrung sinnlicher Vergnügen zu speichern, und dem besonderen Vermögen der Seele ausgeht, Vorstellungen sinnlichen Vergnügens als Mittel diätetisch-therapeutischer Wirkung unter bestimmten Voraussetzungen hervorzubringen. Dies kann auch anhand von Bildern geschehen, die neu zusammengesetzt werden (wie das Pferd Pegasus), d.h. es können in der Imagination Vorstellungen neu miteinander verknüpft werden. "Hierdurch wird", wie Krüger schreibt, "die Einbildungskraft zu einer Schöpferin, indem sie Bilder von Sachen hervorbringt, die in der Welt keinen würcklichen Gegenstand haben."[33] Man weiß, daß der Weg von der Nachahmungspoetik zur Geniepoetik über die Neubewertung der Einbildungskraft (Phantasie) ging. Die Diskussion darüber beschränkte sich nicht auf den Kreis der Literaturtheoretiker, sie erfolgte mit offenbar großer Dynamik im Bereich des medizinisch-diätetischen Schrifttums. Von den 40er Jahren an werden in fast alle seelenkundlichen Schriften Abschnitte über Ästhetik (Bolten) oder das "Dichtungsvermögen" (Krüger, Nicolai,

Unzer etc.) aufgenommen. Entscheidend ist die Tatsache, daß sich das medizinisch-diätetische und poetologische Schrifttum, ja die Dichtung selbst terminologisch nicht nur berührten, sondern daß sie in entscheidenden Punkten übereinstimmten.

Der Seelenzustand, dem man große Wirkung auf den Körper, ja auf die gesamten Lebensvorgänge zusprach, ist die Fröhlichkeit. Damit ist keineswegs Ausgelassenheit, lärmender Frohsinn oder polternde Freude gemeint, sondern ein Seelenzustand der Heiterkeit, für den das 18. Jahrhundert auch die Begriffe 'Vergnügen' und 'Freude' hatte. Offenbar waren diese Bezeichnungen schon damals dem Mißverständnis ausgesetzt, jedenfalls finden sich häufig Wendungen wie "wahre Freude" oder "reines Vergnügen", "reinstes Vergnügen" (Uz). In ihrem geläuterten Verständnis sind sie Ausdruck von Glückseligkeit, ja damit geradezu identisch.

6. Der 'nüchterne Muth' des Anakreon

Johann Peter Uz schreibt in seinem Lehrgedicht *Versuch über die Kunst stets fröhlich zu sein*: "Denn Vergnügen ist das Wesen der Glückseligkeit, die entsteht, wenn wir alle unsere natürliche Begierden mit Vergnügen erfüllet sehen, und von allem Schmerz befreyet sind." Und dafür genüge es, daß "das Vergnügen die schmerzhaften Empfindungen nur merklich übertrift." Für Uz steht außer Zweifel, daß das "Vergnügen ein Zweck der Natur sey"; es lehre uns "ihre ganze Einrichtung", daß Vergnügen nicht anders als Tugend und Weisheit zur Absicht der Natur gehörten (218). Während die Philosophie (auch die Schulphilosophie Wolffs) die Glückseligkeit als höchste Vollkommenheit (*summum bonum*) bestimmt und darin der antiken Philosophie folgt (Cicero, Seneca), steht Uz in seinem Gedicht Epikur näher. Das Motto, das Uz seinem Lehrgedicht voranstellt, stammt von Seneca: "Crede mihi, res severa est verum Gaudium" (Glaube mir, wahre Freude ist eine ernste Sache, 215). Diesen Satz darf man aber nicht als uneingeschränktes Bekenntnis zu Seneca lesen; von den stoischen "Trostgründen der Weisheit" und den theologischen Perspektiven der überlieferten Glückseligkeitslehre distanziert sich Uz ausdrücklich. Sein Lehrgedicht (1261 Alexandriner-Verse) ist ein Traktat, in dem er neben den gängigen philosophischen Lehrmeinungen seine eigene Position umreißt. Was sie sehr deutlich von den traditionellen Glückseligkeitslehren unterscheidet, ist ihre sensualistische Ausrichtung:

> Ein zärtliches Gefühl entehrt nicht unsre Brust:
> Der uns die Sinne giebt, verbeut nicht ihre Lust.
> Der Schöpfer heißet uns ein sinnliches Ergötzen
> Nicht über seinen Werth, nicht unterm Werthe schätzen,

Nicht um ein schlechtres Gut die bessern thöricht fliehn,
Nach diesen geizig seyn, nicht jenes uns entziehn.(240)

Sinnenfreude ja, doch unter dem Primat des Naturgemäßen, mit allen Vorkehrungen der Moral, der Vernunft und der Weisheit.

Die deutsche Rokokodichtung ist—vor allem in ihren besonders gelungenen Leistungen—nicht Nachahmung höfisch-spielerischer Formen und Gedanken im Kreis eines wohlhabend und gebildet gewordenen Bürgertums, sondern der Versuch, im Zusammenhang vielfältiger diätetischer Anstrengungen der Zeit, "sinnliches Vergnügen" nicht nur zu fordern und theoretisch zu begründen, sondern in poetischen Inszenierungen auch vorzustellen. Am Übergang vom allegorischen zum symbolischen Denken, von Begriffen zu Sinnbildern gab es ein verbreitetes Bedürfnis, sich neuer Verhaltensmuster zu vergewissern. Dies geschah auch durch Gestalten, deren Lebensgebärden solche Verhaltensmuster beispielhaft vergegenwärtigten: Sokrates, Prometheus, Demokrit. So auch: Anakreon. Diese Namen sind mehr als historisch-mythologische Referenzfiguren, sie beglaubigen jeweils eine neue Lebensart, indem sie sie verkörpern. Der Anakreon der 40er Jahre ist ein anderer als der früherer Zeiten; er ist der beispielhaft Fröhliche in einer Zeit, in der die Fröhlichkeit einen veränderten Sitz im Leben hat.[34] Noch im 17. Jahrhundert war Fröhlichkeit Signatur und Leitbegriff einer (protestantischen) Glaubenskraft, die der Sünde, den Gebrechen und dem Tod in dieser Welt zu widerstehen vermag (das Kreuz fröhlich tragen, zu Füßen Christi fröhlich singen—Luther, J. Hermann). Um die Mitte des 18. Jahrhunderts wird Fröhlichkeit zum Zeichen für das Vermögen des Menschen, dem betrüglichen Reichtum, der Heuchlerzunft, der Splitterrichterei, der Sklaverei (Formulierungen aus Hagedorns, Gleims und Schillers Oden an die Freude) zu trotzen. Das Wort gewinnt eine quasireligiöse Aura. In ihm erkennen sich alle diejenigen wieder, die von dem Bedürfnis beseelt sind, Staat und Gesellschaft an eine humanere Praxis heranzuführen.

Die Moralische Wochenschrift *Der Gesellige* (1748–1750) bringt dieses Ziel sehr deutlich zum Ausdruck.[35] Das 64. Stück bricht eine Lanze für den anakreontischen Dichter, der Wein, Weib und Gesang verherrlicht und zugleich der "tugendhafteste und nüchternste Mann" (362) ist. Die Zeitschrift postuliert den anakreontischen Menschen, den sie als den "Geselligen" schlechthin bezeichnet.

> Er hält das Frauenzimmer viel zu hoch, als daß er vichische Begierden gegen sie hegen solte: Und der Wein ist ihm viel zu lieb, als daß er sich darin berauschen solte: Er schmeckt ihm viel zu gut, und der Dichter ist diesem guten Geschmack viel zu sehr ergeben, als daß er sich denselben durch die Trunkenheit verderben solte. So empfindet er ein reines Vergnügen, und in dem Gefühl einer wahren und sichern

Freude singt er von Liebe und Wein, um sich und die Gesellschaft zu ergötzen.

Es ist ihm wichtig festzuhalten: "Ein Dichter nennet bey nüchternem Muthe den poetischen Trieb einen Taumel; den bringet er zu dem Glase mit, und holet ihn nicht daher."(362)

Schon im 12. Stück des *Geselligen* (1748), dem der Verfasser ein Motto von Horaz voranstellt, war von der Bedeutung der Fröhlichkeit für das Wohlergehen des einzelnen und der Gesellschaft ausführlich die Rede. Einsamkeit, Traurigkeit und Melancholie hält er für verwerflich.

> Das fröliche Wesen thut gerade das Gegentheil. Ein lustiger Mensch kan unmöglich ohne Gesellschaft leben. Wenn sein Herz voll Frölichkeit ist, so fühlt er in der Einsamkeit einen Mangel, der ihn quält. Aus seiner Frölichkeit entstehen Scherze, angenehme Einfälle, Freundlichkeit, Dienstbarkeit, Liebe und hundert andere Wirkungen, die man in der Einsamkeit nicht an den Mann bringen kan. (65)

Fröhlichkeit, Glückseligkeit und Vollkommenheit bedingen einander. Dies hat vielerlei Folgen. Nicht nur, daß das Denken des Fröhlichen besser vonstatten geht und die Fröhlichkeit die ganze Seele belebt (sie wird durch sie "munter, geschäftig und wirksam", 66), auch "die Gesundheit unsers Körpers hanget von der Frölichkeit ab . . . Die Frölichkeit ist die beste Arzney für viele Krankheiten, sie hilft uns öfters mehr, als der geschickteste Arzt." Was die heidnischen Dichter als Grazien bezeichneten, das ist für ihn die Fröhlichkeit. Und er ist sich dessen gewiß, "daß die Frölichkeit der Natur, der Seele, des Körpers, und so gar der Schönheit des letztern unentbehrlich ist." (66) Anakreon ist die Leitfigur dieser Lebensart, und die Protagonisten, die die Wochenschrift vorstellt, sind Figuren aus der Schäferwelt. Sie werden nach seinem Leitbild charakterisiert; Phyllis, eine der musterhaften Gestalten, ist "eine Meisterin in der anakreontischen Ode, und kan ihren Gleim auswendig. Weil sie eine gute Singstimme hat, so hören wir von ihr Hagedorns Lieder, die sie mit neuen vermehren könnte." (33) Ein Muster des fröhlich Geselligen ist der Dienstfertige. Der uneigennützig dienstfertige Mensch ist für die Gesellschaft unentbehrlich, er ist der "freywillige Unterthan" (5). Die Wochenschrift wird nicht müde, darauf hinzuweisen, daß der fröhlichste Mensch zugleich der geselligste und der dienstfertigste sei. So verwundert es nicht, daß Carl Friedrich Bahrdt in seinem *Handbuch der Moral für den Bürgerstand* den Genuß der Fröhlichkeit in diesem Sinne geradezu zur Pflicht des Bürgers macht.[36] Der Dienstfertig-Fröhliche ist für die Zeitgenossen auch als Krieger vorstellbar.[37]

An die Seite der philosophisch-moralisch begründeten Lehrhaftigkeit der frühaufklärerischen Poesie, die in hohem Ansehen stand, tritt von den späten 30er Jahren an eine Dichtung, die den gesellschaftlich erwünschten Seelenzustand der Fröhlichkeit nicht mit Hilfe philosophischer Begriffe beschreibt, sondern evokativ vergegenwärtigt: die Dichtung des Rokoko. Sie ist ein Werk der Einbildungskraft. Sie bildet nicht ab, sondern erfindet, setzt in Szene, arrangiert. Was sie in ihren repräsentativen Beispielen vorstellt, ist keineswegs unverbindlich. Thematik, Metaphorik und Rhythmus stellen in ihrem Zusammenwirken seelische Wirklichkeit her, die heilkräftig und gemeinschaftsfördernd ist, die imstande sein soll, jene innere Übereinstimmung zwischen den Menschen herzustellen, die Staat und Gesellschaft nicht zu verwirklichen imstande waren. Individuelles Vorteilsdenken, verfestigte Hierarchiestrukturen und die Machtfülle einzelner standen dem entgegen.

Am 7. Juli 1741 schrieb Johann Wilhelm Gleim aus Lähme an Johann Peter Uz in Halle:

> Der Ort meines jetzigen Auffenthalts ist eine halbe Stunde von Blumberg, wo unser Canitz oft—aus dem Gedränge Des Hofes müßig ging.—ich lerne bey meinem jetzigen Landleben, seine Gedichte welche davon handeln, erst recht verstehen, aber, wenn ich die Wahrheit sagen soll, so bin ich nicht recht mit ihm eins. Das Landleben hat viel annehmliches, aber es fehlt ihm das Lebhafte, welches aus dem Umgange, und von den Sitten mehrerer Bürger entsteht, die mit uns einerley Neigungen haben.[38]

Die Notiz ist aufschlußreich. Sie zeigt, worauf es der jungen Generation ankommt: auf die Lebhaftigkeit der Empfindungen und auf den Umgang mit Mitbürgern, die 'mit uns einerlei Neigungen haben'. Man sucht Gleichgesinnte, Menschen, die sich weder dem Hof noch dem Geschäftsleben hingeben, die auch nicht die Einsamkeit suchen, sondern ein Gemeinschaftserleben, dessen Lauterkeit und Lebhaftigkeit dazu angetan sein soll, die öffentlichen Verhältnisse einschließlich der Politik zu humanisieren. Das Wort "Geselligkeit" erhält einen in Deutschland bislang unbekannten Klang.

Was die Poesie des Rokoko vergegenwärtigt, ist ein gesellschaftlich-politisches Modell empathischen Miteinanders. Der patriotisch-zeitkritische Anspruch wird deutlich, wenn man sich daran erinnert, daß Ramler die erste repräsentative Anthologie dieser Dichtung unter dem Titel *Lieder der Deutschen* herausbrachte. Er eröffnete die Sammlung mit Hagedorns *Ode an die Freude,* nicht also mit einem politisch-theoretischen Programm, sondern mit dem Versuch der evokativen Vergegenwärtigung eines Seelenzustandes. Damit ist nicht ein ephemeres Gefühl gemeint, sondern ein universales Prinzip der Natur, das der Liebe, der Freundschaft, dem Patriotismus und der politischen Übereinstimmung zwischen Menschen gleichermaßen zugrundeliegt. Schillers *Ode an die Freude* gab diesem Bewußtsein später beredten Ausdruck.

Zugleich bezeugt jede der *Oden an die Freude,* daß der Fröhlichkeit, dem Scherz und der Freude auch dort, wo die Dichtung nicht davon spricht, der politisch-gesellschaftlichen und der wirtschaftlichen Realität eine Kraft entgegenstellt, die sich durch Stärke der Seele legitimiert. Dabei wird das, wovon die Dichtung sich absetzt, eher schematisch gefaßt: Macht und Reichtum einerseits, Falschheit, Heuchelei und staatliche Enge andererseits. Fröhlichkeit ist demgegenüber der Zustand innerer Unabhängigkeit von allen äußeren Nöten, Beschränkungen und Verkürzungen. Die Leichtigkeit und Lockerheit der Verse ist ein Indiz für diese Form innerer Unabhängigkeit. Der Lebensbereich, in dem man dieses Gefühl inneren Gelöstseins von Materie, Interessen und falschem Glück am deutlichsten und zugleich überzeugendsten erleben kann, ist die Liebe: "Hoch über Wolken hingetragen,/ Werd ich ein Spatz an Venus Wagen!"[39]

Diese Verse stehen am Ende eines höchst aufschlußreichen Gedichts. In Gerstenbergs Sammlung anakreontischer Gedichte findet sich ein Gedicht mit dem einfachen Titel *Ode.* Der Anspruch der Gattung, einen erhabenen Gegenstand darzustellen, entspricht durchaus diesem Begriff von 'Tändelei'. Der erste Vers der Ode lautet: "Ich fühls, es kämpfen in mir die schon verwandelten Glieder!"(54) Was im folgenden beschworen wird, ist die innere Ablösung des Menschen aus den gewohnten Bindungen—"Ich eil in unbeflogne Höhen!"—und aus "eures Grablieds Ewigkeit". Und doch hält sich das Gedicht frei von Pathos, nicht nur mit Hilfe der letzen beiden Verse (54–55).

Die Welt: ein Wagen der Venus; was sie treibt: die Liebe als bewegendes Prinzip. Vermittelbar ist dieses Bewußtsein nicht mit Hilfe der Philosophie, der Staatstheorie oder irgend einer Form akademischer Lehre, sondern mit Hilfe von Dichtung und Kunst, die es verstehen, dieses Bewußtsein und diese Gesinnung suggestiv zu vermitteln. Fröhlichkeit, Freude, Scherz, Vergnügen—das sind Begriffe, über die die Philosophie der Zeit und auch die Dichtung selbst ausführlich sprechen. Das, worauf es der Rokokopoesie aber ankommt, ist nicht eine begriffliche Klärung—auch wenn Begriffliches begleitend mitredet—, sondern die Vermittlung eines Liebes- und Glücksgefühls, das auf ein persönlich-individuelles Bedürfnis antwortet und zugleich dem Prinzip der Natur entspricht. Man kann sich des Eindrucks nicht erwehren, daß die jungen Autoren der 40er und 50er Jahre vor dem Problem standen, auf ein Ausdrucksverlangen zu antworten, für das die poetischen Mittel noch nicht zur Verfügung standen. Die Angst, überflutende Affekte auszulösen, hemmte ebenso wie die Befürchtung, mit der Zensur in Konflikt zu geraten. Abschwächende Umarbeitungen, wie z.B. Uz sie vornahm, sind in dieser Hinsicht aufschlußreich. Nicht weniger charakteristisch ist eine gewisse politische Naivität der Autoren, die offenbar meinten, mit der Evokation eines erwünschten gesellig-empathischen Seelenzustands auch die realen Verhältnisse ändern zu können. Es ist wohl kein Zufall, daß die Rokokodichtung mit dem Regierungsantritt Friedrichs II. einsetzte, und zwar nicht wegen der allgemeinen Orientierung Friedrichs II. an Frankreich (dort war Rokoko eine höfische Kunst), sondern wohl eher aufgrund der Tatsache, daß sich mit dem Preußenkönig Reformhoffnungen verbanden. Die aufklärerisch-staatsdiätetischen Bestrebungen vieler Zeitgenossen verstanden sich ja auch als Versuch, auf den Prozeß einer schrittweisen Verbesserung, einer Gesundung der Verhältnisse Einfluß zu nehmen.[40] Im Bannkreis eines Herrschers, dem man aufklärerische Reformen zutraute, mußte es nicht unzeitgemäß erscheinen, das eigene Feld zu bestellen. So gesehen ist die Wende zu patriotischer Kriegsdichtung, die eine Reihe von Dichtern 1756 vornahm, keineswegs überraschend. Was die berühmt gewordenen Kriegslieder eines preußischen Grenadiers festhalten, liegt strukturell auf der Linie der Rokokodichtung. Indem sie den Seelenzustand des patriotischen Kriegers evozieren, der zu sterben bereit ist, wollen sie auf das faktische Verhalten der Leser und Zuhörer Einfluß nehmen. Ganz selbstverständlich gehen sie dabei von der Gewißheit aus, daß die Werke der Einbildungskraft in den Körper wirken (Nicolai).

Erst allmählich war es offenbar möglich, den Schritt von einem repräsentativen Verständnis sinnlich-seelischer Erfahrung zu einem individuell-persönlichen Sprechen über sinnlich-seelische Erfahrungen zu wagen, das zunächst allerdings noch repräsentativen Charakter besaß. Dieser Übergang ist an Gerstenbergs *Tändeleyen* sehr deutlich abzulesen. In der ersten Auflage (1759) erschienen ausschließlich traditionelle Namen der Schäferwelt, auch wenn offenbar von persönlich gemeinten Empfindungen die Rede war; in der dritten Auflage (1765) ersetzte er sie an den jeweiligen Stellen durch den Namen seiner Braut Sophia. Dabei blieb der vermeintlicherweise Spielerisches signalisierende Titel *Tändeleyen* erhalten. Ähnliches läßt sich an Wielands Verserzählung *Musarion* ablesen. In seinem Schreiben an Christian Felix Weisse vom 15. März 1769 deutet er selbst die Zusammenhänge: "Alle diese Züge, wodurch Musarion einigen modernen Sophisten und Hierophanten, Leuten, welche den Grazien nie geopfert haben, zu ihrem Vortheile so unähnlich wird— diese Züge—ja mein liebster Freund, sind die Lineamenten meines eigenen Geistes und Herzens." Die zunehmende Beschäftigung mit dem eigenen Ich und die zunehmende Vertrautheit nicht nur mit dem Körper, sondern auch mit der Seele des Menschen, zu der das diätetische Schrifttum im ganzen einen erheblichen Beitrag leistete, machte es offenbar von den 60er Jahren an möglich, über die sinnliche

Seite des eigenen Ichs ohne die Zuhilfenahme traditioneller Muster zu sprechen. Das 'Modell' Rokoko-Lyrik verlor damit, wie andere Formen der Aufklärungsdichtung auch, einen guten Teil seiner kommunikativen und ästhetischen Funktion, die Frage nach der richtigen Lebensführung des einzelnen und des Staates stellte sich aber in den nachfolgenden Jahrzehnten nicht nur mit zunehmender Dringlichkeit, sondern auch mit der Chance, differenzierter und zugleich individueller beantwortet zu werden.

Universität Freiburg i. Breisgau

1 Zitiert wird nach der Ausgabe: Johann Peter Uz: *Sämtliche Poetische Werke.* Hg. von August Sauer (Stuttgart 1890) (Deutsche Literaturdenkmale des 18. und 19. Jahrhunderts in Neudrucken, Band 33); *An Chloen* S. 21. Die hier thesenhaft skizzierten Zusammenhänge werden in einer umfangreicheren Studie ausführlich begründet.
2 Die Forschungsliteratur zur Dichtung des Rokoko bzw. der Anakreontik ist umfangreich (Anger, Zeman, Perels, Paustian, Maler u.a.). Der diätetische Aspekt der Rokokodichtung wurde in der bisherigen Forschung nicht berücksichtigt.
3 Gelegentlich war aber dies der Fall (vgl. Schlußteil des Beitrags). - Zum 'Motivarsenal' des Rokoko W. Kühlmann: '. . . eine fiktive Welt voll spielerischer Lebensfreude, erotischer und weinseliger Glückserfüllung, zugleich aber auch musisch-poetischer Spontaneität und Kreativität. Lyrik im Zeichen Anakreons gab die Möglichkeit, Nuancen des Genusses durchzuprobieren, Affekte auszuspielen und zu bejahen, da im Rückbezug auf das antike Muster die dargestellte Lebenswelt jederzeit als fiktiv, als rein ästhetische Imagination zu erkennen oder zu verteidigen war." Wilhelm Kühlmann: "'Amor liberalis'. Ästhetischer Lebensentwurf und Christianisierung der neulateinischen Anakreontik in der Ära des europäischen Späthumanismus." In: August Buck und Tibor Klaniczay: *Das Ende der Renaissance: Europäische Kultur um 1600* (Wiesbaden 1987). (Wolfenbütteler Abhandlungen zur Renaissanceforschung 6, S. 168).
4 Friedrich von Hagedorn: *Sämmtliche Poetische Werke* (Hamburg 1771), dritter Teil, S. 96. (*An die heutigen Encratiten*).
5 Wie revolutionär der Gedanke der Selbstregulierung durch die Natur im 18. Jahrhundert war, geht aus vielen Zeugnissen hervor. Eindrucksvoll als Beispiel für die Disziplinierungslehre des 17. Jahrhunderts ist das Monumentalwerk: Philipp von Zesen: *Moralia Horatiana* . . . (Amsterdam 1656). Tenor: "Naturam Minerva perficit./ Was die Natur angefangen / vollendet die Zucht" (1) und "Educatio naturam corrigit./ Die Erziehung geht der Natur vor." (2–3)
6 Gesundheit und Krankheit sind seit der Antike wichtige Themen der Literatur, im faktischen und im metaphorischen Sinn (Vgl. S. Sontag, C. Heselhaus u.a.) Von 'Liebe als Krankheit', die droht, zum Tode zu führen, handelten schon Catull und Ovid, später Petrarca. Auch die Predigtliteratur nahm dieses Thema auf. Andererseits galt Poesie als Arznei, als medicina mentis. In neuerer Zeit ist es vor allem die Dichtung, durch die der Mensch sagt, was er leidet (Goethe). Kafka: 'Suche es zu verstehen, indem Du es Krankheit nennst'(an Milena S. 292). - Im Unterschied zu den vielfältigen Weisen, Gesundheit und Krankheit zum Thema von Dichtung zu machen, zielt die folgende Studie auf den inneren Zusammenhang von Poesie und Gesundheitsbewußtsein im 18. Jahrhundert als einer besonderen Ausprägung von Glückseligkeitsvorstellungen. Die Anstrengungen des Jahrhunderts, die Gesundheit des einzelnen und des Gemeinwesens zu

sichern und zu fördern, wirkten sich in einer Verbesserung der materiellen Lebensumstände, der Eßgewohnheiten (Diät, Kochkunst) usw. ebenso aus wie in staatlichen Reformen und der Schaffung von Einrichtungen, die nicht nur Machtinteressen dienten, sondern auch ein Stück Humanisierung brachten. Im Rahmen individual- und staatsdiätetischer Bestrebungen konnte auch die Dichtung Erwartungen erfüllen, die auf weniger Krankheit und mehr Gesundheit zielten, wie immer das eine und das andere gesehen wurde.

7 Dazu Johann Andreas Roeper: *Die Würkung der Seele in den menschlichen Körper* (Halberstadt 1748). Das Bild der zwei Uhrwerke, die "einander nicht berühren, und dennoch, wenn das eine unrichtig wird, ... das andere auch nicht recht" gehe, hält er für "unbegreifliche Lehren" (30). Zum Bild sowie zur Mechanisierung und Geometrisierung des Weltbildes seit dem 12. Jahrhundert: Heribert M. Nobis: "Die Umwandlung der mittelalterlichen Naturvorstellung". In: *Archiv für Begriffsgeschichte* 13, 1969, S. 34–57. Zum Bild bei Leibniz: Rudolf Wendorff: *Zeit und Kultur, Geschichte des Zeitbewußtseins in Europa* (Opladen 1980), S. 231 ff.

8 Zu Georg Ernst Stahl: Johanna Geyer-Kordesch: *Georg Ernst Stahl. Pietismus, Medizin und Aufklärung in Preußen im 18. Jahrhundert* (erscheint 1988). Wolfram Kaiser und Arina Völker (Hg.): "Georg Ernst Stahl (1659–1734)." *Hallisches Symposium 1984* (Halle 1985). Wolfram Mauser: *Glückseligkeit und Melancholie in der deutschen Literatur des frühen 18. Jahrhunderts* (erscheint 1988, dort weitere Literatur). Zum Zusammenhang zwischen der Praxis Stahliana und der Literatur und dem Geistesleben der Zeit neben der hier genannten Arbeit des Verfasssers die ungedruckte Dissertation von Johanna Geyer-Kordesch: *Die Psychologie des moralischen Handelns. Psychologie, Medizin und Dramentheorie bei Lessing, Mendelssohn und Friedrich Nicolai* (1977). - Neuerdings: Wolfgang Riedel: *Die Anthropologie des jungen Schiller. Zur Ideengeschichte der medizinischen Schriften und der 'Philosophischen Briefe'* (Würzburg 1985). Das synergetische Konzept Stahls wurde von den 50er Jahren an durch Hallers Irritabilitäts-Lehre allmählich verdrängt, ohne daß die Wirkung seines nicht materialistischen Leib-Seele-Modells aufgehört hätte. - Vgl. auch: Reinhard Löw: *Philosophie des Lebendigen* (Frankfurt 1980). (Vor allem zum Organismus-Gedanken Kants und dessen Vorgeschichte.)

9 Stahls bedeutsame Schrift über den *motus tonicus vitalis* erschien in Latein 1685 und in deutscher Übersetzung im Anhang zu seiner *Ausführlichen Abhandlung von den Zufällen und Kranckheiten Des Frauenzimmers* (Leipzig 1724).

10 Georg Ernst Stahl: *Kurtze Untersuchung der Kranckheiten, welche bey dem Kindlichen Alter des Menschen fürnemlich vorzukommen pflegen.* Aus dem Lateinischen übersetzt. Leipzig 1718. Näheres zu Stahls Animismus bei Geyer-Kordesch und Mauser (vgl. Anm. 8).

11 Die im 18. Jahrhundert verbreitete Gewißheit, daß die Natur über besondere Selbstregulierungskräfte verfüge, führte zu einer Wiederbelebung diätetischer Gedanken, d.h. zum verstärkten Versuch, die Lebensumstände und die Lebensweise der Menschen im Interesse ihrer Gesundheit nach Regeln zu ordnen. Man erinnerte sich an die medizinischen Grundregeln des Hippokrates, machte aber auch Versuche, Natürlichkeitsforderungen mit moralischen Normen in Einklang zu bringen. Das rechte Maß wurde zu einem der Leitgedanken. Zugleich fanden Bestrebungen, das Leben zu verlängern, neue Aufmerksamkeit. Lange vor C.W. Hufeland und Kant (*Grundsatz der Diätetik* in der Schrift *Der Streit der Facultäten*, 1798) nahmen sich auch Verfasser von Beiträgen zu Moralischen Wochenschriften und Schriftsteller diätetischer Themen an. Im 19. Jahrhundert lag der Akzent dann stärker auf Fragen einer *Diätetik der Seele* (Ernst von Feuchtersleben, 1838). Im Zuge einer verstärkten naturwissenschaftlichen Orientierung der Medizin verloren sich in der zweiten Hälfte des Jahrhunderts die Sache und das Wort. Die Bezeichnung 'Diät' bezieht sich heute ausschließlich auf die Gesundheitsernährung. Im 18. Jahrhundert wurde sie noch für den Gesamt-

bereich der Gesundheitsvorsorge benutzt. - Odo Marquard: "Über einige Beziehungen zwischen Ästhetik und Therapeutik in der Philosophie des 19. Jahrhunderts". In: Hans Joachim Schrimpf: *Literatur und Gesellschaft* (Bonn 1963), S. 22–55, geht auf die Voraussetzungen des Themas im 18. Jahrhundert nicht ein; es geht ihm vielmehr um eine Theorie der Gemeinsamkeiten zwischen Schelling und Freud. - Wolfgang Alber und Jutta Dornheim: "'Die Fackel der Natur vorgetragen mit Hintansetzung alles Aberglaubens'. Zum Entstehungsprozeß neuzeitlicher Normsysteme im Bereich medikaler Kultur". In: *Kultur zwischen Bürgertum und Volk* (Berlin 1983), S. 163–181 (Argument Sonderband AS 103). Die Verfasser erkennen den Zusammenhang von "diätetischem Verhalten und sittlicher Lebensführung als Postulat bürgerlicher Aufklärung", beschränken die Darstellung aber auf die Hausväterliteratur und die Gesundheitskatechismen.

12 Krüger, *Diät*, S. 59. Die Verse stehen in Hallers Gedicht *Über den Ursprung des Übels*, 2. Buch, Vers 162–164, die späteren Ausgaben setzen 'wachsames' für 'heimliches' (Vers 162). Auch die Wochenschrift *Der Arzt* zitiert reichlich aus den Dichtungen von Brockes, Haller, Gellert, Gleim, Hagedorn u.a.

13 Zur hermetischen Tradition vor allem bei Brockes: Hans-Georg Kemper: *Gottesebenbildlichkeit und Naturnachahmung im Säkularisierungsprozeß. Problemgeschichtliche Studien zur deutschen Lyrik im Barock und in der Aufklärung*. 2 Bde. (Tübingen 1981); beim jungen Goethe: Rolf Christian Zimmermann: *Das Weltbild des jungen Goethe*. 2 Bde. (München 1969 und 1979).

14 Zu Diätetischem bei Brockes vgl.:W. Mauser: "Irdisches Vergnügen in Gott— und am Gewinn. Zu B.H. Brockes *Die Elbe*," in: *Lessing Yearbook* 16 (1984), S. 151–178.

15 Johann Gottlob Krüger: *Träume* (Halle 1754), S. 238–240.—Vgl. Wolfram Mauser: "Krügers Träume. Zu einer wenig beachteten literarischen Gattung des 18. Jahrhunderts." In: *Germanistik aus interkultureller Perspektive*. Articles réunis et publiés par Adrien Finck et Gertrud Gréciano en hommage à Gonthier-Louis Fink. Collection Recherches Germaniques No 1. Straßburg 1988, S. 49-59.

16 Dies erklärt die veränderte Todesmetaphorik vom frühen 18. Jahrhundert an: Statt als Sensenmann oder Totentanzfigur wird der Tod nun als schlafender Genius mit der nach unten gekehrten Fackel oder als 'Freund Hein'(M. Claudius) vorgestellt. Vgl. dazu (ohne Hinweis auf die medizinisch-diätetischen Hintergründe): Peter Horst Neumann: "Die Sinngebung des Todes als Gründungsproblem der Ästhetik." In: *Merkur* 34 (1980), S. 1071–1080.

17 Das Schrifttum dazu ist umfangreich. Vgl. Sergio Moravia: *Beobachtende Vernunft. Philosophie und Anthropologie in der Aufklärung* (München 1973, ursprünglich Bari 1970), bes. S. 20–26. - Im ersten und im siebten Stück seiner *Träume* (S. 1–9 und S. 29–34) vertrat Krüger entschieden die Meinung, daß auch Pflanzen und Tiere über eine Seele und über Empfindungen verfügen. Der erste Traum wurde neu veröffentlicht in dem Band: Wolfram Mauser (Hg.): *Geträumte Welten. Traumerzählungen des 18. und 19. Jahrhunderts* (München 1987), S. 26–31.

18 Dies ist auch das Motto des 123. Traums in Krügers Sammlung (S. 499–504), in dem das mechanische Weltverständnis ironisch vorgestellt wird. Ganz offen werden die 'Mechanici', die alles nach den Gesetzen der Hydraulik auslegen (womit vor allem der Hallische Arzt Friedrich Hoffmann gemeint ist), gegen die Stahlianer ausgespielt. Im 65. Traum (S. 242–243) erscheinen dem Träumenden Maschinen, "wodurch man Jemanden die Vereinigung des Leibes und der Seele begreiflich machen könnte, ohne ihn mit tiefsinnigen Vernunftschlüssen zu martern." Der eine setzt einen Hund in die Menschenattrappe, der darauf abgerichtet wurde, die Maschine zu bewegen, ein anderer versucht dieses Ziel mit Hilfe von Triebfedern zu erreichen. Die Kraft der Federn wird als Ursache für die Bewegung der Maschine ausgegeben und damit zugleich für die Bewegung von Leben. Die so durchschaute Maschine erscheint lächerlich. Die Schlußfolgerung: "Ins innere der Natur dringt kein erschaffener Geist".

19 Am bekanntesten ist Christian Wolffs Beschreibung dieses Modells in *Vernünfftige Gedancken von Gott, der Welt und der Seele des Menschen* (Halle und Frankfurt a.M. ²1752). (Neudruck) Zur Erläuterung: Karl Eduard Rothschuh: "Leibniz, die prästabilierte Harmonie und die Ärzte seiner Zeit". In: *Studia Leibnitiana Supplementa*. Vol. II, Bd. 2. Wiesbaden 1969, S. 231–254, bes. S. 232–235. - Roeper faßt D. Langes Kritik an Wolff so zusammen: "... da das systema Wolffianum das Regimen der Seele über den Leib abspricht, und selbigen zu einen automatum machet, so nach den legibus mechanicis sich movire, so wären auch seine actiones nothwendig... in dem Gesetz der Natur gegründet...", und er schließt: "... so hätte es mit der Moralität nichts zu thun." (29)

20 Viele Buchtitel sind aus heutiger Sicht irreführend. Krügers *Experimental-Seelenlehre* beruft sich nicht auf experimental-psychologische Erkenntnisse, sondern auf eigene und fremde Erfahrungen und Beobachtungen. Die besondere Betonung der "Erfahrungsseelenkunde" (vgl. Peter Pütz: *Die deutsche Aufklärung* [Darmstadt 1978], S. 82) bedeutet keineswegs, daß damit eine allseitige Anthropologie zu einer "auf Experimente gegründeten Fachdisziplin zusammenschrumpfe" (Pütz), mit dem Hinweis auf 'Erfahrung' soll vielmehr zum Ausdruck gebracht werden, daß mit Hilfe von Beobachtungen Einsicht in ganzheitliche Lebenszusammenhänge gewonnen wird. Dies bedeutet den verbreiteten mechanistischen Vorstellungen gegenüber eine entscheidende Ausweitung des anthropologischen Konzepts. Erst unter diesen Voraussetzungen konnte eine seelische Störung ebenso ernst genommen werden wie die Unordnung des Körpers.

21 Thomas Abbt: *Vom Verdienste* (Berlin und Stettin ²1768), S. 99.

22 Christian August Crusius: *Anweisung vernünftig zu leben, Darinnen nach Erklärung der Natur des menschlichen Willens die natürlichen Pflichten und allgemeinen Klugheitslehren im richtigen Zusammenhange vorgetragen werden* (Leipzig ²1751; ¹1744), Vorrede.

23 Seitenzahlen nach der 2. Auflage (1768). Zückerts Traktat *Von den Leidenschaften* blieb in der germanistischen Forschung weitgehend unbeachtet. Sauder gibt nur einen kurzen Hinweis, Riedel (Anm. 8) berührt am Rande Zückerts Ausführungen zu den Wechselwirkungen zwischen Körper und Seele. Die Formulierung 'Nahrung der Seele' findet sich bei Zückert auf Seite 28. - Zückert verfaßte auch eine: *Diät der Schwangeren und Sechswöchnerinnen* (Berlin 1767, ²1776, ³1791).

24 Zum Unterschied der Positionen Stahls und Hallers vergleiche: Wolfram Mauser: *Glückseligkeit und Melancholie in der deutschen Literatur des frühen 18. Jahrhunderts* (erscheint 1988; dort auch weitere Literatur). Zu Haller vor allem: Richard Toellner: *Albrecht von Haller. Über die Einheit im Denken des letzten Universalgelehrten* (Wiesbaden 1971), bes. S. 157–187.

25 Das Handbuch erschien in Halle 1789 und schreibt offenbar bürgerliche Orientierungen fort, die seit Jahrzehnten zum Kodex bürgerlichen Glückseligkeitsstrebens gehören.

26 Zu dem Programm psychischer und moralischer Kuren vgl. auch Riedel (Anm. 8), S. 53–59 und Gottfried Diener: *Goethes 'Lila.' Heilung eines 'Wahnsinns' durch 'psychische Kur'* (Frankfurt 1971), besonders S. 160–179; über Bolten S. 168. Die Moralische Wochenschrift *Der Glückselige* widmet das 51. und 52. Stück (1763) dem Thema "Von dem Einflusse der Glückseligkeit des Körpers, in die Glückseligkeit der Seele." (193–224); es gipfelt in einer Rokoko-Therapie.

27 Jean Baptiste Du Bos: *Kritische Betrachtungen über die Poesie und die Mahlerey*. 3 Bde. (Kopenhagen 1760; frz. Paris 1719), S. 25–26.

28 Zur Einbildungskraft neben den Lexika (Ritter, Grimm, Zedler usw.) vor allem Jochen Schmidt: *Die Geschichte des Genie-Gedankens in der deutschen Literatur, Philosophie und Politik. 1750–1945.* 2 Bde. (Darmstadt 1985). Silvio Vietta: *Literarische Phantasie. Theorie und Geschichte. Barock und Aufklärung.* (Stuttgart 1986). Steven D. Martinson: *On Imitation, Imagination and Beauty. A critical Reassessment of the Concepts of the Literary Artists during the Early*

German 'Aufklärung'. (Bonn 1977) (Abhandlungen zur Kunst-, Musik- und Literturwissenschaft, 258). - Diese und auch andere Arbeiten zum Thema berücksichtigen den medizinisch-diätetischen Aspekt der Einbildungskraft nicht.

29 Jean Baptiste Du Bos: *Réflexions critiques sur la poesie et sur la peinture*. Paris 1719 (deutsch: *Kritische Betrachtungen über die Poesie und die Mahlerey*. 3 Bde. Kopenhagen 1760) leitete das Vergnügen von den Bedürfnissen ab: "Je dringender das Bedürfniß ist: Je empfindlicher ist das Vergnügen, demselben abzuhelfen ... Unsre Seele hat ihre Bedürfnisse so gut, als unser Körper, und die Nothwendigkeit, die Seele zu beschäfftigen, ist eine der größten bey den Menschen." (6)

30 Johann Jakob Bodmer: *Von dem Einfluß und Gebrauche der Einbildungs-Krafft* (Frankfurt und Leipzip 1727), S. 16–18, zitiert nach: Alexander von Bormann (Hg.): *Vom Laienurteil zum Kunstgefühl. Texte zur deutschen Geschmacksdebatte im 18. Jahrhundert* (Tübingen 1974), S.47.

31 Roeper (Anm. 7), S. 10.

32 Zückert, *Leidenschaften* (Anm. 23), S. 29 und 34. Johann Christoph Harenberg: *Vernünftige und christliche Gedancken über die VAMPIRS*... (Wolfenbüttel 1733), empfiehlt noch, Musik und Werke der Einbildungskraft zu verbieten, um die Phantasie der Menschen nicht zu sehr zu erregen (110).

33 Krüger, *Experimental-Seelenlehre* (Anm. 20), S. 176.

34 Zu einem soziologisch-zeitkritischen Verständnis der Freude-Thematik in der Dichtung des 18. Jahrhunderts: Wolfram Mauser: "'Göttin Freude'. Zur Psychosoziologie eines literarischen Themas." In: Bernd Urban (Hg.): *Psychoanalytische und psychopathologische Literaturinterpretationen* (Darmstadt 1983), S. 208–232.

35 Mitarbeiter an der Wochenschrift *Der Gesellige* war unter anderem der in Halle wirkende Philosoph Georg Friedrich Meier, der in seine zunächst an Leibniz und Wolff orientierte Lehre Sensualistisches und Animistisches aufnahm und diätetischen Bestrebungen der Zeit nahestand. Man darf davon ausgehen, daß Meier entscheidenden Einfluß auf den geistigen Zuschnitt der Wochenschrift hatte. Das Motto des ersten Stückes lautete: "Sie, diese Liebe, war der Menschen erste Kette/Sie macht uns bürgerlich, und sammlet uns in Städte./ Die Freundschaft stammt von ihr." (Albrecht von Haller: *Über den Ursprung des Übels*. 2. Buch, Vers 141–147, nach 'Städte' wurden vier Verse ausgelassen.) - *Der Gesellige* erschien in einer Neuauflage Halle 1764. Die Seitenzahlen beziehen sich auf diese Ausgabe.

36 Carl Friedrich Bahrdt, *Handbuch der Moral für den Bürgerstand* (Halle 1789), S. 28. Zum Zusammenhang von Dienstfertigkeit, Geselligkeit und Glückseligkeit: Wolfram Mauser: *Der Flor der Republik* (erscheint 1988, dort weitere Literatur).

37 Uz, *Werke* (Anm. 1), S. 395: "Freund, dein Fürst, der kühnste Held,/ Geht nun, Meissens Stolz zu straffen,/ Und du folgst ihm in das Feld,/ Und Anacreon trägt Waffen." (Das Gedicht aus dem Jahr 1745 wendet sich an Gleim.)

38 *Briefwechsel zwischen Gleim und Uz*. Hg. und erläutert von Carl Schüddekopf (Tübingen 1899), S. 1.

39 Heinrich Wilhelm von Gerstenberg: *Tändeleien*. Faksimiledruck nach der 3. Auflage von 1765. Mit den Lesarten der Erstausgabe von 1759. Nachwort von Alfred Anger (Stuttgart 1966), S. 55.

40 Aufschlußreich dazu : Georg Heinrich Zinck(e)n: *Anfangsgründe der Cameralwissenschaft*. 4 Bde. (Leipzig 1755). In Bd. 1 handelt Zincken von den Voraussetzungen einer "schönen Policey" (261 ff.); er empfiehlt eine "Cur und Verbesserung" der Seelen und des Geistes (287). "Gesunde Unterthanen" seien zur "schönen Policey" ebenso nötig wie die "Geschicklichkeit des ganzen Menschen" (290). Diesem Ziel dienten neben der Philosophie "wahre und erdichtete moralische Geschichten", "Reisen und Reisebeschreibungen" udglm. (293).

Exemplary Poetics: The Rhetoric of Lenz's *Anmerkungen übers Theater* and *Pandaemonium Germanicum*

Michael Morton

In his *Rede zum Shakespeares-Tag* of 1771, Goethe describes as follows what at the time seemed to him to be the hallmark of Shakespearean dramaturgy: "Seine Pläne sind, nach dem gemeinen Stil zu reden, keine Pläne, aber seine Stücke drehen sich alle um den geheimen Punkt (den noch kein Philosoph gesehen und bestimmt hat), in dem das Eigentümliche unsres Ichs, die prätendierte Freiheit unsres Wollens, mit dem notwendigen Gang des Ganzen zusammenstößt."[1] Others may judge how apt a characterization Goethe in fact succeeds in giving here of the distinctive quality of Shakespeare's drama. Whatever its merits or shortcomings with respect to its intended object, however, the passage presents a remarkably accurate description—all the more remarkable for being, in effect, prophetic—of the work of Goethe's younger contemporary, J. M. R. Lenz. It could, indeed, stand virtually as the epigraph to Lenz's entire, brief career as a dramatist. By that is to be understood, however, not merely the plays themselves that he would produce in the five years following Goethe's Shakespeare-*Rede*, but rather the overall conception of what drama ought to be and the attempt to realize that conception in fact that his theoretical writings and his works for the stage together represent.

For Lenz, as for most of the major authors of the *Goethezeit*, from Lessing to the Romantics, theory and practice of literature, though for certain purposes at least provisionally distinguishable, do not constitute two ultimately distinct spheres of activity. The reasons for that state of affairs—nearly unique in the history of Western literature at large, and almost never encountered outside the German (or German-speaking) tradition[2]—have much to do with the singular situation of German letters in the eighteenth century. Throughout the century, and with both increasing energy and an increasingly intense self-consciousness in its latter decades, German authors face the twofold task of creating at once a new, distinctively German national literature and a foundation in theory and criticism capable of supporting it, including, at minimum, an account of how such a literature might be possible at all under the conditions of the time and, secondly, a justification of the departure from previously established rules and conventions that it would, by hypothesis, represent (indeed, had already begun to). That twofold problem elicits a correspondingly twofold solution. The authors in question become poets and theoreticians simultaneously. They produce works of literature that are at the same time efforts to deal with literary-theoretical issues[3] and critical or philosophical writings constructed not merely as pieces of discursive argumentation but also as literary texts.[4] Examples of both aspects of this response rank among the most important works of virtually all the leading figures in the intellectual and artistic life of the period. Lenz's essay *Anmerkungen übers Theater* of 1774, and his dramatic "sketch" (as he termed it) *Pandaemonium Germanicum* of the following year, together provide a particularly good view of the form taken by that response during the period of the *Sturm und Drang*.

Several of Lenz's assertions in the *Anmerkungen* regarding the nature and function of drama are widely known and frequently cited, perhaps none more so than those involved in the running battle with Aristotle that he purports to wage throughout the piece regarding the definition of tragedy. Against Aristotle's postulation, in the sixth chapter of his *Poetics*, of the primacy of action or event over character in the tragedy, Lenz maintains that a proper understanding and appreciation of that form of drama, at least in the present day (a qualification central to his overall argument and about which there will be more to say below), sees it as distinguished by precisely the opposite relationship. Not tragedy but comedy, he says, has for its primary task the portrayal of events: "Die Hauptempfindung in der Komödie ist immer die Begebenheit, die Hauptempfindung in der Tragödie ist [aber] die Person, die Schöpfer ihrer Begebenheiten."[5] In general, however, there has been relatively little effort to locate this, and a number of other similarly lapidary deliverances, within the context of Lenz's exposition viewed as a whole. And still less attention has been paid to the role of literary techniques of composition in constituting the exposition, or to the ways in which the various modes of organizing and conveying meaning at that level function in relationship to what is said at the (nominally more readily apprehensible) one of discursive argumentation.[6]

Among the first things that the attempt at a synoptic view of the *Anmerkungen* reveals is that, notwithstanding either the reputation of the essay or what is surely its initial impression on most readers, it is in some respects a remarkably straightforward, even conventional, work. In the first place, despite the often apparently random way in which Lenz seems to engage the several aspects of his theme, the exposition is in fact based on an underlying structure that is nothing if not a model of orderly development.[7] It unfolds in three principal sections, with the divisions explicitly marked in the text and, in one case, the break between parts one and two, also announced by the speaker.[8] In part one, Lenz begins with a brief overview of the history of the dramatic genre from antiquity to the present, for which he assumes the guise of a kind of *Bänkelsänger*, unveiling for his audience a series of six "departments" or "chambers" in a vast "theater of the imagination" (I, 329 ff.). He then proceeds to his primary concern in this opening section (to which the bulk of it is devoted), the formulation of the principles of a general theory of literature. In part two, by far the longest of the sections, comprising more than half the work, he applies the conclusions reached in part one to a consideration of the drama in particular. In conjunction with a consideration (anticipated in the *Jahrmarkt*-style review in part one) of certain important respects in which ancient and modern culture differ from one another, he here develops a theory specifically of tragedy. In part three, finally, after recapitulating the main points underlying the argument of part two, he completes his project of outlining a comprehensive theory of drama by incorporating comedy into his scheme and identifying the characteristics by which it is, or ought to be, distinguished from tragedy (the well-known passage cited above appears in this concluding section).[9]

As with the basic contours of the essay's structure, so, similarly, with the broad character of its content—neither the revolutionary impact that Lenz clearly hopes to have on the understanding of drama and its actual production in his own time, nor the stance of provocation and polemic that he adopts to that end, should obscure for us the extent to which the *Anmerkungen* both stand in the mainstream of the critical tradition generally and reflect the dominant concerns of eighteenth-century German poetics in particular. Though obviously not something that, for example, either Gottsched or Lessing could or would have written, the *Anmerkungen übers Theater*, like the *Versuch einer critischen Dichtkunst vor die Deutschen* and the *Hamburgische Dramaturgie*, are in the first instance a work of genre theory. In a form strikingly different from that of his predecessors, and with correspondingly different results, Lenz nonetheless seeks in his generation, as did they in theirs, to address the most fundamental issues of literature by means of a consideration of the nature and limits of its different genres. The theory developed in the *Anmerkungen*, moreover, has its foundation in a reinterpretation of a concept that has, throughout the tradition, perennially served as a starting point for literary-theoretical reflection, that of the imitation of nature. And that reinterpretation, finally, is grounded in turn in the way that had been established by Baumgarten for the field of aesthetics at large, and which is continued in a variety of more particular applications by, for example, Lessing (with his *Laokoon*) and Herder (with, among other works, the *Kritische Wälder* and *Vom Erkennen und Empfinden der menschlichen Seele*), in a general philosophy of mind, conceived specifically as a theory of perception.

What Lenz produces within the context of this broadly shared conceptual framework, though it, too, shows affinities to the work of a number of his contemporaries, notably Gerstenberg, Herder, Goethe of course,[10] and, less obviously perhaps, Kant, nonetheless also bears the characteristic stamp of both his intellect and his temperament in particular. The specific theory of mind that, as noted, underlies the poetics of the *Anmerkungen* stems from and reflects Lenz's distinctive view of the fundamental dimensions of the human condition at large. Though the ideas involved here are presented neither systematically nor at any great length, they are nevertheless clearly visible in the essay as the ultimate source and foundation of his thinking on questions of literature.[11]

II

Lenz begins the development of his theory by noting that the human race appears to possess "einen gewissen angebornen Sinn" for "Dichtkunst," which he characterizes as "diese Sprache der Götter" (I, 332), and he suggests that the reason for that universal predilection lies simply in the fact of poetry's being an imitation of nature. It is, however, not at all obvious that defining the essential quality of poetry in this way actually explains the phenomenon in question. Such an explanation would require, at a minimum, that something more be said both about the particular concept of "imitation" presupposed and, still more basic, about what specifically is to be understood here by "nature" and how we apprehend it. It would require, that is, in short, some account of the fundamental link between the external world and the operation of our minds. Lenz implicitly acknowledges the need by beginning to address precisely that question. It is interesting to observe, however, what happens as he does so. What appears initially to be conceived as a comparatively brief discussion of the point at once begins to expand, seemingly of its own accord, like a tale that grows in the telling:

> Was [die Dichtkunst] nun so reizend mache, daß zu allen Zeiten—scheint meinem Bedünken nach nichts anders als die Nachahmung der Natur, das heißt aller der Dinge, die wir um uns herum sehen, hören *etcetera*, die durch die fünf Tore unsrer Seele in dieselbe hineindringen, und nach Maßgabe des Raums stärkere oder schwächere Besatzung von Begriffen hineinlegen, die denn anfangen in dieser Stadt zu leben und zu weben, sich zu einander gesellen, unter gewisse Hauptbegriffe stellen, oder auch zeitlebens ohne Anführer, Kommando und Ordnung herumschwärmen, wie solches Bunyan in

seinem heiligen Kriege gar schön beschrieben hat. Wie besoffene Soldaten oft auf ihrem Posten einschlafen, zu unrechter Zeit wieder aufwachen *etcetera*, wie man denn Beispiele davon in allen vier Weltteilen antrifft. Doch bald geb ich selbst ein solches ab—ich finde mich wieder zurecht . . . (I, 332–33)

The image of the mind that emerges here, though hastily sketched, is clear in outline. It is that of a combination of determination by external circumstances on the one hand and autonomous activity on the other. Mental representations, Lenz indicates, depend for their existence initially on stimuli from outside us. These give rise to sense perceptions, which in turn (in some way not explained) serve as the foundation of our concepts. Once generated in this way, however, these concepts are then able to act independently, forming various combinations and hierarchies, or simply, as it were, moving about the mind in no special order. The particulars of this process are, of course, as noted, not worked out in any detail here. Unlike Kant, neither Lenz's talent nor (at least not primarily) his interest lies in the area of providing exhaustive answers to fundamental questions of epistemology. Like Kant, however, as we shall see presently, he is in his own way profoundly concerned with the broader, and ultimately metaphysical, issue of determinism and freedom. For the moment, though, there are two additional points to note in connection with the passage at hand, ones whose importance for the exposition at large is at least equal to that of the (more or less) overt content just described.

First, Lenz initiates here, at an early point in the essay, a pattern it will continue to manifest throughout, in accordance with which the text's discursive substance merges with the form of the exposition intended to communicate it. In the case at hand, the effort to evoke a sense for the way in which concepts, once formed in the mind, take on a life of their own, occasions (or appears to) in the speaker himself precisely the sort of self-generating train of thought, with its spontaneous accompaniment of further reflection and commentary, that he is attempting to describe. As also seen, however, Lenz calls attention himself to that very phenomenon ("Doch bald geb ich selbst ein solches ab"), thereby pulling himself up short and returning to the (nominally distinct) original line of exposition ("ich finde mich wieder zurecht . . ."). The real consequence of that move—and this is the second of the two points to be noted in the present connection—is, however, in fact to ironize what we have just witnessed. Having incarnated his conception of the nature of our minds in the form of the text intended to enunciate that conception, Lenz, in the same breath, in effect tells his audience that what it is hearing from him is not in the least spontaneous and unrehearsed, but rather a product of self-conscious and deliberate artistry. And that tension in the fabric of the text itself, between a chain of association of ideas set in motion by external stimuli on the one hand and the control exercised by the consciousness of the artist manipulating his repertoire of poetic and rhetorical techniques on the other, in turn reflects, in exemplary fashion, the same dialectic of the mind, comprehended between the poles of determinism and autonomy, that Lenz has introduced on the discursive level as the first major theme in his exposition.

On this basis, he then moves at once to extend the scope of that dialectic, such that its terms and their interrelationship are now seen to coincide with the fundamental dimensions of human existence as such. The passage last cited continues:

> ... ich machte die Anmerkung, das Wesen der Poesie sei Nachahmung und was dies für Reiz für uns habe—Wir sind, m[eine] H[erren], oder wollen wenigstens sein, die erste Sprosse auf der Leiter der freihandelnden selbstständigen Geschöpfe, und da wir eine Welt hie da um uns sehen, die der Beweis eines unendlich freihandelnden Wesens ist, so ist der erste Trieb, den wir in unserer Seele fühlen, die Begierde 's ihm nachzutun; da aber die Welt keine Brücken hat, und wir uns schon mit den Dingen, die da sind, begnügen müssen, fühlen wir wenigstens Zuwachs unsrer Existenz, Glückseligkeit, ihm nachzuäffen, seine Schöpfung ins Kleine zu schaffen. (I, 333)

In Lenz's simultaneous evocation of the ideal of autonomy and the reality of creatureliness, the striving to realize ourselves as godlike creators of our own worlds and the ineluctable force of the objective conditions that define our situations, it is easy to see essentially the same combination of factors that Goethe, in the *Rede zum Shakespeares-Tag*, identifies as the key to Shakespearean drama. For Lenz, it is that duality that lies at the heart of his notion of "Nachahmung der Natur."

In Lenz's theory, it is not merely the *character* of our imitation of nature that stands in fundamental relationship to our cognitive and psychological makeup. At a still more basic level, the original *impulse* to such imitation stems from and reflects the double character of our existence in the world. Only now are we able to see, first, what it is that permits Lenz to speak of "a certain inborn sense" for poetry in all people; secondly, how that "sense" is linked to the fact that "the essence of poetry" is "imitation of nature"; and, finally, why the characterization of poetry as "this language of the gods" is, in the context of the theory he is developing, more than a mere metaphor or rhetorical flourish. The wish, latent in us by nature, to be entirely free and independent is rendered active through our contemplation of the world around us, which is the manifestation of the Being that possesses those attributes in the highest possible degree. In fact, such contemplation of the divine creation has that effect in twofold fashion. It is not merely that we conclude from what we perceive to be the creator behind it and so find ourselves inspired, in the way Lenz has indicated, as a result. As we have seen, the structure of perception itself, in his view, includes as one of its essential components autonomous mental activity. Thus, apart from the "proof" that the world offers us of its omnipotent creator and the "desire" to "emulate" him that is aroused in us as a result, the very process of apprehending the world at all has already in itself set in motion that same "drive."

The spark of the infinite within us notwithstanding, however, we remain, for Lenz, in at least equal measure creatures of finitude, subject to all the constraints inherent in that condition. In particular, we are unable to create *ex nihilo*, as does God, but must rather take the things of the world as we find them. In this circumstance, the closest approximation of which we are capable to the ideal we seek is the production of fictional worlds. These, however, says Lenz (initially, perhaps, somewhat surprisingly, given what we have heard thus far), are not to be constructed arbitrarily, as reflections merely of the whim or random inclination of the author. Rather they must accord with the pattern set for us by the original, divine creation. The aim, again, is "seine Schöpfung ins Kleine zu schaffen." What Lenz has in view here is clearly a version of an idea that is both of ancient provenance and one of the leitmotifs of eighteenth- and early nineteenth-century thought in particular, the relationship of microcosm to macrocosm. That model, in accordance with which a part of the whole is capable of embodying and reflecting in itself the whole in its entirety, posits (at least in its most usual and by far most influential form) as the concrete realization of the microcosm not simply any of the myriad objects of the world but rather, specifically, man himself. And it is clear that Lenz stands in that current of the tradition as well. The effort "seine Schöpfung ins Kleine zu schaffen" is the expression of what Lenz has characterized as a fundamental human "Begierde 's ihm nachzutun." Thus, though the proximate reference of imitation is to the world as we find it, the ultimate goal, the truly decisive locus of fidelity[12] in Lenz's theory of imitation of nature, is not any object in the world in itself but rather what underlies all such objects, the creative activity of God and the absolute degree of freedom and autonomy that it represents.

Lenz postulates the "Grundtrieb" (I, 333) to imitation in this sense as the first of two sources of poetry, referring as he does so to Aristotle, who, in the fourth chapter of the *Poetics*, asserts in (nominally) similar fashion that "the instinct for imitation is inherent in man from his earliest days."[13] It is immediately apparent, however, that Lenz's citation of what he calls this "Autorität" (I, 333) is thoroughly ironic in spirit. Aristotle's concept of *mimesis* has little, if anything, to do with the interpretation that Lenz gives here to the notion of *Nachahmung*. Indeed, that a principal object of the *Anmerkungen* is precisely the overturning of the Aristotelian poetic edifice is, as noted earlier, among the best-known aspects of the text. Lenz will, in fact, himself all but announce the ironic intent of his nominal appeal to Aristotle as he comes, in a moment, to speak of the second of his ostensible two sources of poetry. His route to that point, interestingly, seems, at least at first, to be a curiously roundabout, even backward, one. He announces that, inasmuch as Aristotle, in the chapter of the *Poetics* to which he has just alluded, mentions two sources of poetry but actually identifies only one,[14] he has hit upon an idea for remedying that deficiency. Indeed, it appears (not coincidentally, of course) that the idea first arose, and is now behaving, in much the same way in which, in the just-completed sketch of the philosophy of mind underlying his theory of imitation of nature, Lenz had spoken of our concepts generally: " . . . so [i.e., occasioned by his reading of Aristotle] ist mir ein Gedanke entstanden, der um Erlaubnis bittet, ans Tageliht zu kommen" (I, 334). Before allowing it to do so, however, Lenz indicates, further recalling the pattern of self-generating, quasi-random reflection and association of ideas seen earlier, he has "noch eine Autorität" (I, 334) to invoke. The apparent excursus is, however, merely apparent. As Lenz introduces us to his second "authority," we are also being led (as we will see in retrospect), not away from, but precisely toward, the "second" of the two sources of poetry.

The "authority" in question could hardly be of a more different order from the sort represented by Aristotle. It is the writer Laurence Sterne. And the text Lenz will cite in this connection, Sterne's *Life and Opinions of Tristram Shandy*, obviously differs at least as markedly from the *Poetics* as do the respective authors from one another. The contrast is, indeed, pointed in the extreme—august philosopher and ironic novelist, sober treatise and whimsical novel. Lenz, however, is doing more than having a bit of fun here. With the juxtaposition of Aristotle and Sterne, he brings to the fore in the exposition a double polarity, at once historical and cultural, between the ancient and the modern and the Greek and the Anglo-Germanic.[15] That twofold opposition will continue to play a central role in the *Anmerkungen* (as, indeed, it does in Lenz's theoretical works generally).

Sterne is, of course, an immensely important figure for many German authors in the latter half of the eighteenth century. This is obviously not the place to discuss in any detail the story of his reception in Germany or his influence on individual authors. Broadly speaking, however, that influence tends to appear in one or the other of two forms, depending on which of the two novels, *Tristram Shandy* or *A Sentimental Journey*, finds the greater resonance. The impact of the latter (on which the scholarly literature seems, for some reason, to have focused almost exclusively) is felt primarily by followers of the cult of sentimentality, *Empfindsamkeit*.[16] For the writers of the *Sturm und Drang*, however, *Tristram Shandy* is, on the whole, the more important work. That importance lies for them, above all, in the extraordinary lengths to which Sterne takes what is, at the time, still a radically new principle of organization for a literary text. What Sterne exploits in hitherto unprecedented fashion is not merely the ability of a single, highly idiosyncratic character to function as the central figure of the work. That much, even in the case of a relatively young genre like the novel, was already a fairly well-explored possibility, having been introduced (along with the genre itself) by Cervantes more than a century and a half earlier. Sterne, however, goes further still, taking a figure of this sort and locating in him the source of the entire fictive world of the text.

The unity of the myriad strains of action and event recounted in *Tristram Shandy* is grounded exclusively in the mind of the narrator, engaged in the (increasingly futile) attempt to write his autobiography. In place of the traditional ontological unity of the text, in accordance with which the coherence of the narrative is established by means of implicit reference to the natural order of phenomena in the real world (embodied, for example, in relationships of cause and effect or temporal priority and succession), Sterne erects a framework of psychological unity. In thus establishing structures of consciousness (as well as—in advance not only of Freud but even of the Romantics—the unconscious) as themselves formal principles of composition, and by incarnating those principles in the psyche of a figure of exceptional, indeed eccentric, singularity, he provides an extreme expression of the preeminence of character—above all, unique character—over action or event.[17] And it is here (as well as in the irony with which the whole large work is sustained) that Lenz finds the link between Sterne's literarily-embodied poetics and the poetic-theoretical construct that he is endeavoring to realize in the *Anmerkungen übers Theater*.

The final twist to Lenz's ironic juxtaposition of Aristotle and Sterne becomes apparent when, upon finally being apprised of the "zweite Quelle der Poesie" (I, 335), for which Sterne is called on to testify as the relevant "authority," we notice that it does not in fact differ fundamentally from the first "source," for which, as we have seen, Aristotle is made the nominal spokesman. Though cast in somewhat different terms, what Lenz describes here is, again, the tension between the reality of the human condition, with its inherent limitations and constraints, and the ideal of infinite capability that, notwithstanding our finitude—or precisely because of it—we never cease to experience as our most deep-seated drive. Where, however, in the case of Aristotle, Lenz found it necessary to work a kind of implicit transformation on the actual theory in order to represent it as in essential accord with his own, no such maneuver is required with Sterne. The reason that is so, moreover, has to do not simply with the substance of the view that Lenz ostensibly means to attribute to him by way of a passage from his novel. It is also, and, if anything, still more decisively, a function of the basic similarity in kind between that work and his own essay. As *Tristram Shandy* is to the genre of the novel, so the *Anmerkungen übers Theater* are to the form of the treatise on poetics. The combination of ironic self-reflexivity, self-deprecation, and apparent confusion, all ultimately referred to the consciousness of the narrator (or speaker), is, in each case, of the essence of the work's structure.

With regard, first, however, to the passage itself that Lenz cites from *Tristram Shandy*—it appears at the beginning of Chapter 40 of Volume III and expresses a distinction between human intellection on the one hand—specifically, our propensity for syllogistic reasoning—and, on the other, the ability of "die höhern Klassen der Wesen, als die Engel und Geister" (I, 334) to accomplish immediately, "durch Anschauen" (I, 334), what we can do only step by step.[18] As with the first, nominally Aristotelian, source of poetry, so here as well reflection on the workings of our minds provides Lenz with the point of departure for a consideration of still larger and more fundamental issues. He proceeds to read the distinction adumbrated here between humans and spiritual beings as, in essence, one between creatures obliged to exist temporally and those not bound by that limitation. For human beings, the medium of existence is, ineluctably, time. Our actions, whether mental or physical, must take place "sukzessiv ... eine nach der andern" (I, 334). Yet, at the same time, we wish "von ganzem Herzen ... weder sukzessiv zu erkennen, noch zu wollen" (I, 334). Rather, says Lenz, in words that read like a paraphrase-in-advance of Goethe's *Faust:* "Wir möchten mit einem Blick durch die innerste Natur aller Wesen dringen, mit einer Empfindung alle Wonne, die in der Natur ist, aufnehmen und mit uns vereinigen" (I, 334–35). Each individual experience, whether of mind or of body, at once arouses a "Verlangen, das Ganze ... zu umfassen," and, again, a "Sturm, das All zu erfassen" (I, 335).

One way in which we attempt to act on that urge is by reducing "unsere zusammengesetzte Begriffe in einfache," in order that our minds thus be able to apprehend "schneller—und mehr zugleich" (I, 335). What we gain in this way in simultaneity of experience, however, we risk losing in immediacy and vividness of its individual parts, now merged into a single, comprehensive "Begriff." The effort to avoid that loss leads then, in turn, to poetry: "... das immerwährende Bestreben, all unsere gesammleten Begriffe wieder auseinander zu wickeln und durchzuschauen, sie anschaulich und gegenwärtig zu machen, nehm ich als die zweite Quelle der Poesie an" (I, 335). In creating poetry, we seek to preserve the intuitive presence—"das Anschauen und die Gegenwart" (I, 335)—of each particular moment, while achieving at the same time a simultaneous grasp of the totality of experience comparable to that (purportedly) enjoyed by "the superior classes of beings, such as angels and spirits," able "mit *einem* Blick durch die innerste Natur *aller* Wesen [zu] dringen" (I, 334; emphasis added).

What Lenz presents in outline here is, of course, an early version of something that will become a centerpiece of the poetics of the next generation in the form of its conception of the poetic symbol. For Lenz, however, unlike either Goethe or the Romantics, we are not—or, at any rate, not yet—able actually to accomplish the feat that he has described as the constant object of our efforts ("das *immerwährende* Bestreben" [emphasis added]). The dialectical synthesis that later poets and thinkers, inspired above all by the example of Herder, will achieve in both conceptual and representational terms between the moments of the universal and the particular remains for Lenz still an unreconciled clash between the opposed poles of infinity and finitude, freedom and determinism. And thus, just as the attempt to render the divine creation "ins Kleine" does not in fact ever completely duplicate the work of God, so the sort of "Anschauen" of which poetry is capable, at least at present, if it provides a kind of microcosmic reflection of a capacity enjoyed by beings not subject, as we are, to the constraints of finite existence, precisely in so doing also constitutes an image of the gulf that continues to separate us from them.

That consideration, however, also enables us to see Lenz's reason for having initiated this entire line of reflection, not simply with a passage from *Tristram Shandy*, but with that passage in particular that he does select. The contrast between the cognitive apparatuses of earthly and spiritual beings, it turns out upon examination—and, just to be sure that his audience does not miss the point, Lenz refers explicitly to the chapter from which the passage is taken—is presented in the novel neither by the narrator nor by any other figure who might with even a remote degree of plausibility be regarded as a seriously intended spokesman for its author. Rather it comes from Tristram's bumblingly pedantic father, Walter Shandy, translating from his favorite philosopher (the remarkable Hafen Slawkenbergius), with the aim of enlightening his brother, Tristram's uncle Toby, on what is for him the overarchingly important topic of noses. In the chapter immediately preceding this one, the narrator, Tristram, has, indeed, set the tone for the scene by referring to his family and its activities as "this whimsical theatre of ours."[19] In his Introduction to the text, Christopher Ricks comments on "the central paradox about [Sterne's] novel: that it hugely widened the potentialities of the novel-form and yet that, unlike most novels, it is concerned explicitly with reminding us that there are things which you cannot expect a novel to do."[20] In the use that Lenz makes of that novel, we can see a corresponding paradox at work at the heart of his attempt to construct a theory of the drama. By expressly basing what is in fact a point of genuine importance for his overall argument on what is, in equal measure of fact, in the context in which it appears not only sheer nonsense but nonsense clearly identified as such,[21] Lenz accomplishes three things at once. With a single stroke, he, first, establishes his substantive point; secondly, however, also ironically undercuts it; but, thirdly, thereby exemplifies in the very form of the text (rather than merely asserting as part of its overt content) a still larger point regarding our status as human beings at large and, as we shall see still more clearly in what follows, the special relationship to that of the dramatic genre in particular. By actively incorporating the element of negativity inherent in our condition as human in the exposition itself, Lenz in effect (in a way that anticipates Friedrich Schlegel and the other ironists of the next generation) stands it on its head, transforming it—or, rather, obliging it to transform itself—into a prospective image of its opposite.

The relationship of microcosm to macrocosm for which, as we have seen, Lenz is working to evoke a sense on the part of his audience is, for him, not a static one, that is, not one in which the degree of reflection of the one moment by the other is fixed once and for all. Rather it is inherently progressive in nature. In general, the distinctively German form of idealist thought, to the eighteenth-century development of which Lenz's work makes an important contribution, differs from the more standard strain of idealism in the tradition precisely in virtue of what might be called its projective, or activist, character.[22] That difference is, in turn, closely linked to another. From Plato to Berkeley, idealism, whatever its particular form in the work of a given thinker, has typically been, in the first instance, an epistemological doctrine, though, obviously, one with implications for other branches of philosophy as well. German idealism, on the other hand, animated by Leibniz's notion of potentiality, is, above all, a doctrine of action, the implications of which are then, in turn, felt throughout its characteristic metaphysics and epistemology as well. German idealism tends not so much to ask what there is as how things come to be. It does not seek so much to determine how we know things, in the sense of explaining how our forms of perception and conceptualization correspond to the objects of the external world, as it does to show how the activity of our minds contributes in essential measure to constituting the objects of our knowledge in the first place. German idealism sees "ideals" not, as they are, for example, for Plato, as eternal forms, but rather as projections of consciousness (what Kant, for example, calls *Denknotwendigkeiten*), which we strive, not to apprehend in pure contemplation, but rather to approach in the sphere of action—an approach, however, that, in the nature of the case, never fully converges with its object. Lenz's discussion of his two sources of poetry accords broadly with this pattern. In each case, poetry appears as the embodiment of an effort to realize the ideal to which, on the one hand, the character of our situation as human beings in the world inevitably gives rise, but, on the other hand, from the full attainment of which the same set of conditions seems with a corresponding inevitability to hold us back.

Only against this background, only, that is, in the context of Lenz's projective idealism and his effort, not merely to describe, but actually to exemplify in the structure of the text itself, the paradox inherent in it, is it possible, it seems to me, to make sense of what has regularly been viewed as the most cryptic passage in the entire *Anmerkungen übers Theater*. That is the summary statement that Lenz, concluding the essay's first major section, gives of his theory of imitation, in the form of a description of "the true poet":

> ... das Vermögen nachzuahmen, ist nicht das, was bei allen Tieren schon im Ansatz—nicht Mechanik—nicht Echo——nicht was es, um Othem zu sparen, bei unsern Poeten. Der wahre Dichter verbindet nicht in seiner Einbildungskraft, wie es ihm gefällt, was die Herren die schöne Natur zu nennen belieben, was aber mit ihrer Erlaubnis nichts als die verfehlte Natur ist. Er nimmt Standpunkt—und dann *muß er so verbinden*. (I, 336–37)[23]

Lenz proceeds here first by a kind of *via negativa*, apparently intent, at least initially, on characterizing the essence of poetic activity indirectly—as medieval theologians sought to do with the nature of God—by stating directly what it is not. And what it is not, we are told, is, in the first place, a mechanical photographic realism, a mere holding of the mirror up to nature. But neither is it pure invention, a projection by the poet of what exists nowhere other than in his own mind.

Lenz's *via negativa* seems, however, on further consideration, to be a road running in the opposite direction from that of the thinkers of the Middle Ages. In denying, in the unique case of God, the legitimacy of any finite predication whatever, even the most approbatory, their aim was to define by implication a kind of infinite, extra-linguistic and extra-conceptual space for the (ineffable) divine presence. Lenz's path of negation, on the other hand, rather than expanding the vistas of poetic activity into the limitless, seems instead to reduce that domain to an extensionless point. For if the poet neither simply duplicates what is already in the world nor of his own accord brings something entirely new into being, it is surely appropriate to ask what task then remains for him. The statement—obviously a centrally important one for the entire exposition—with which Lenz evidently means to answer that question seems, at least on first reading, only to pitch us more deeply into the dilemma: "Er nimmt Standpunkt—und dann *muß er so verbinden.*" Poetic activity as simultaneously autonomous and externally determined, governed at once by the poet himself and by factors outside him, both free and constrained—Lenz seems intent on representing the poet in the world as an embodied oxymoron, a living impossibility.

In a sense, of course, that is precisely his intention. Nietzsche somewhere suggests, provocatively but not entirely facetiously, that the true father of German philosophy is the Lutheran pastor. And it is clear that, with the passage at hand (indeed, as is becoming increasingly apparent, with the *Anmerkungen* at large), Lenz, the cleric's son and onetime theology student, locates himself in a tradition of metaphysical dualism in German thought that extends back at least to Luther's *Von der Freiheit eines Christenmenschen.* Kant, in the two decades following Lenz's essay, will reformulate that dualism in secularized terms as the doctrine of the human being's simultaneous participation in the absolutely determined realm of objective experience and the absolutely free one of moral value. And, as Kant will undertake, in the *Kritik der Urteilskraft,* to resolve the paradox inherent in that position through a theory of aesthetic *experience,* so Lenz seeks to deal with his own version of essentially the same paradox by means of a theory of aesthetic *production.* That difference in approach is, however, a more than incidental matter. It betokens a fundamental difference between Kant and Lenz, their broad agreement on the basic dimensions of human existence notwithstanding, with regard to our actual status in the concrete here and now. For Kant, we are, in all essential respects, already free by virtue simply of our inherent capacity for rationality. We require, therefore, only an explanation of how that part of our nature comports with its other aspects (there being, in Kant's view, obviously no doubt that it in fact does so). For Lenz, in contrast, freedom is, and remains, precisely the paramount goal of our efforts, and one that we approach (if at all) at once in and through the process of poetic creation.

With his notion of *Standpunkt,* Lenz expresses both the reality and the ideal in question here. *Standpunkt,* like its English cognate, has, of course, a dual connotation, and both its senses are active in the passage at hand. To "assume a standpoint" is, first of all, to adopt a particular vantage on those things one intends to observe. With respect specifically to the creation of literature, Lenz appears to be saying, on the one hand, that that determination lies entirely with the poet, that he may view the world from whatever perspective he likes, but, on the other hand, that, once that choice of vantage point is made, the world will present itself to him in one and only one way, which will (or, at any rate, should) then govern the representation he seeks to give of it. It is surely obvious, however, that this cannot be all Lenz intends to convey here. Taken by itself, it both entails the conclusion, wholly foreign to Lenz's outlook, that there exists already for human beings a realm of perfectly realized freedom (represented by the poet's choice of perspective on the world) and, at the same time, reduces the actual production of literature to the purely mechanical (and, thus, entirely unfree) procedure that he has just rejected in explicit terms.

And yet there seems to be no doubt whatever regarding Lenz's commitment to literary realism: "Den Gegenstand zurückzuspiegeln, das ist der Knoten, die *nota diacritica* des *poetischen* Genies" (I, 336); and, further: "Man könnte sein ["the true poet's"] Gemälde mit der Sache verwechseln" (I, 337). The "knot" of poetic activity appears to be tightening into a mass of contradictions, with less and less prospect of an eventual resolution. It is worth looking in this connection, however, at the way in which Lenz continues each of the passages last cited. With respect to the "poetic genius," Lenz adds: ". . . deren es nun freilich seit Anfang der Welt mehr als sechs tausend soll gegeben haben, die aber auf Belsazers Waage[24] vielleicht bis auf sechs, oder wie Sie wollen—" (I, 336). And, in conjunction with the poet's "portrayal," he goes on to say: ". . . und der Schöpfer sieht auf ihn hinab wie auf die kleinen Götter, die mit seinem Funken in der Brust auf den Thronen der Erde sitzen und seinem Beispiel gemäß eine kleine Welt erhalten. Wollte sagen— was wollt ich doch sagen?—" (I, 337). In each case, Lenz breaks off the exposition in midstream, indeed in mid-sentence, apparently having lost the thread of his argument or, at any rate, for some reason unable, for the moment at least, to continue.

The ironic use (and, in a certain sense, abuse) of negativity is, however, a characteristic of the *Anmerkungen* with which we are by now entirely familiar. This was, indeed, the aspect under which Lenz introduced the major portion of the essay's first section:

> Nachdem ich also fertig bin . . . so erlauben Sie mir, meine Herren, Sie beim Arm zu zupfen und mittlerweile das übrige Parterre mit offnem Mund und gläsernen Augen als Katzen nach dem Taubenschlage zu den Logen hinaufglurt, Ihnen eine müßige Stunde mit Anmerkungen über Theater, über Schauspieler und Schauspiel anzufüllen. Sie werden mir als einem Fremden nicht übel nehmen, daß ich mit einer gewissen Freiheit von den Dingen rede und meine Worte—(I, 332)

Lenz's irony here is convoluted in the extreme, beginning with his evident intent to adopt the topos of representing his address as a theatrical performance. His technique for doing so, that is, the way in which he moves to establish the nominal theatrical situation, is, interestingly, to insult part of the audience ("mittlerweile das übrige Parterre mit offnem Mund und gläsernen Augen ..."). The insult, however, cannot function as such, since the part of the "audience" at which it is directed is, by its own terms, not listening. It thus becomes (to adapt the terminology of speech-act theory) a kind of non-performative, undercutting itself. But, in so doing, it also undermines the very topos of theatricality it is ostensibly intent on establishing. Even before that, however, the entire "space" reserved for the *Anmerkungen* is already itself rendered, literally, a non-entity. With his introductory words ("Nachdem ich also fertig bin ..."), Lenz, in effect, announces that the "performance" is to take place after it is already over. Corresponding, finally, to this multiply negative formal determination of the exposition, Lenz's initial characterization of its content in fact says essentially nothing—and that, again, in multiple fashion. The reference to "Anmerkungen über Theater, über Schauspieler und Schauspiel" does not add anything to what we already know both from the title of the piece and from its opening paragraph. And, beyond that, Lenz alludes only to a "certain freedom" with which he proposes to speak. Apparently on the verge of adding something that might clarify what he means by this, he instead leaves the sentence uncompleted.

And yet, notwithstanding what seem to be its own author's efforts to embroil it in several forms of contradiction at once, and so, in effect, to render it both logically and pragmatically impossible in advance, the show, so to speak, obviously does go on. The key, again, as we have seen at other points in the exposition, lies in Lenz's *multiplication* of negativity. In this way he is able at once to acknowledge the constraints exerted on us by the reality of our condition, from which he is, of course, no more exempt than anyone else, and yet, by manipulating—indeed, mocking—those very constraints at the same time that he is bound by the reality they define, to evoke a (necessarily negative) image of the ideal of autonomy. This is the sense of the "certain freedom" of which Lenz speaks and which, as he indicates, will characterize the exposition throughout. That is, however, still only one side of the overall project. To complete the picture, we need to consider further the matter of Lenz's unfinished sentences.

The passage last cited broke off with Lenz calling attention to his own language ("meine Worte") but saying nothing more about it. He thus, in effect, establishes a blank space in the exposition associated with the very material of which it is constituted, a space as ineradicable as it is (apparently) unfillable. In the paragraph immediately following, he continues in much the same vein:

> Mit Ihrer Erlaubnis werde ich also ein wenig weit ausholen, weil ich solches zu meinem Endzweck—meinem Endzweck? Was meinen Sie

aber wohl, daß der sei? Es gibt Personen, die eben so geneigt sind was Neues zu sagen und das einmal Gesagte mit allen Kräften Leibes und der Seele zu verteidigen, als der gröbere Teil des Publikums, der dazu geschaffen ist, ewig Auditorium zu sein, geneigt ist, was Neues zu hören. Da ich hier aber kein solches Publikum—so untersteh ich mich nicht, Ihnen den letzten Endzweck dieser Anmerkungen, das Ziel meiner Parteigänger anzuzeigen. Vielleicht werden Sie, wenn Sie mit mir fortgerittten sind, von selbst drauf stoßen und alsdenn—(I, 332)

And, with this, Lenz then launches, in the next paragraph, into his discussion of the concept of "imitation of nature."

The foundation on which Lenz begins to develop what is in fact the first substantive element in his theory is thus a kind of non-foundation several times over. Speaking in a language that, as just seen, implicitly denies its own existence, he does not merely refuse to tell his audience what he is going to be talking about (implying that they will have to figure that out for themselves). He says that he is, in a sense, not going to be talking about anything at all. For he expressly indicates that he is not one of those who are "geneigt . . . was Neues zu sagen" or "das einmal Gesagte . . . zu verteidigen" and, moreover, that a principal reason that is so is because his audience is not one that is "geneigt . . . was Neues zu hören." Far from being a shortcoming, however, that quality is precisely what distinguishes this audience from "der gröbere Teil des Publikums, der dazu geschaffen ist, ewig Auditorium zu sein." The upshot of all this, it seems to me, is as follows. If the audience is not to hear "anything new," and yet is obviously in process of hearing something, with more to follow, then that must be something that it in some way already knows. And yet, if our task as members of the audience is precisely not to remain merely an audience but rather to become collaborators of the speaker in the journey on which he is now embarked ("wenn Sie mit mir fortgeritten sind"), inventing as we go a language adequate to the goal (thus filling the gap left by the incomplete reference to "meine Worte"), then that "something" must at the same time be an object of knowledge that does not yet exist. And if neither the object nor even the language for it yet exists, then, equally obviously, neither does the knowledge.

What is it that we "know" but, at the same time, do not (yet) know, that can be said to exist but, at the same time, cannot (quite) properly be so characterized? Respectively, an ideal (which, by definition, lies beyond the limits of actual experience) and the mode of being called potentiality. In the essay *Über die Natur unsers Geistes*, Lenz writes:

> . . . der Gedanke ein Produkt der Natur zu sein, das alles nur ihr und dem Zusammenlauf zufälliger Ursachen zu danken habe, das von

> ihren Einflüssen lediglich abhange und seiner Zerstörung mit völliger Ergebung in ihre höheren Ratschlüsse entgegensehen müsse, hat etwas Schröckliches—Vernichtendes in sich—.... Und doch ist er wahr!—Aber mein traurendes, angsthaftes Gefühl darüber ist ebenso wahr.... ist es nicht das erste aller menschlichen Gefühle, das sich schon in der Windel und in der Wiege äußert—unabhängig zu sein. (I, 572)

Acknowledgement of that contradiction is, as we have seen, the first essential element of Lenz's realism. A fully adequate realism, however, as we also see, contains for Lenz in its very formulation an idealist impulse intent on transcending the very thing it appears to posit as inevitable.

Realism *is*, for Lenz, at the same time *program*. And, with this, we return to his distinctive use of the notion of "standpoint." *Standpunkt nehmen*, in addition to its purely perspectival meaning, also connotes activism, the assumption of an ethical position in relation to some goal. And from that sense there follows, in turn, a second interpretation of the imperative "... und dann *muß er so verbinden,*" with the emphasis shifted from the modal to the infinitive. It is not simply that "the true poet," having adopted a particular vantage point, *must* reflect reality as faithfully as possible. Lenz's use of *verbinden* recalls that, for him, in accordance with both the theory of imitation and the underlying philosophy of mind discussed earlier, the production of poetry is at the same time a process of intervention in the world as given, an activity of synthesis whereby something is brought into being that did not previously exist. What that is, however, is ultimately embodied less in the object—again, it is not the poet's task to produce fantastic or idealized images with no counterparts in the real world—than it is in the (godlike) activity of creation itself. And thus it is also the case that "the true poet," embodying in himself the pursuit of the ideal of human freedom, must *connect*, in both the sense and the particular way we have now seen.

Lenz's notion of *Standpunkt nehmen* combines, at once in a single concept and, still more decisive for the exposition, in a single rhetorical gesture,[25] the apparently incompatible realms of fact and value, reality and ideal. In thus forcing together the poles of that, for him, most basic of antinomies, Lenz, so to speak, grasps the nettle of contradiction and, in consequence, effectively turns inside out the extensionless point into which a moment earlier he had appeared to collapse the possibility of poetry being created at all. He thereby constitutes in principle a field of infinite potentiality for both poet and audience. Moreover, precisely in the *form* of the exposition that, as we have now seen, first prepares for and then accomplishes that inversion, he also begins to demonstrate how his theoretical resolution of the problem not only can, but, in fact, must, be at the same time a resolution in reality.

III

With his overall literary-theoretical foundation in place, Lenz, in parts two and three of the *Anmerkungen*, makes the application to what is for him (as, for the most part, for the *Stürmer und Dränger* generally) the paradigmatic literary genre, the drama. And as his deliberations here began with a consideration of the question of literary imitation in general, so he now takes as his leading question that of the proper object of imitation in the drama in particular: "Es kommt itzt darauf an, was beim Schauspiel eigentlich der Hauptgegenstand der Nachahmung: der Mensch? oder das Schicksal des Menschen?" (I, 338). That is not, however, an issue to be decided purely in the abstract, but rather one with specific historical-cultural implications. The alternative Lenz has in view is, fundamentally, a choice between two markedly different conceptions of tragedy, the one modern and (broadly) Germanic, the other ancient and (at least initially) Greek. The passage last cited continues: "Hier liegt der Knoten, aus dem zwei so verschiedene Gewebe ihren Ursprung genommen, als die Schauspiele der Franzosen (sollen wir der Griechen sagen?) und der ältern nordischen Nationen sind, die nicht griechisch gesattelt waren" (I, 338–39).[26]

What Lenz in fact proposes here is, in the spirit of Herder (to whom indirect reference is made at the very outset of the piece[27]), a historicist analysis, and, at the same time, reanalysis, of genre concepts. The particular character of a national literature grows out of and reflects both the concrete conditions under which a given people lives and its corresponding modes of thought and action. Thus, different times and different peoples will not merely produce different types of drama. The genre concepts expressed by the terms 'tragedy' and 'comedy' will themselves acquire new content as drama changes in accordance with changed conditions and the new forms of life that result. For the ancients, for whom, as we have seen, Aristotle, in the *Poetics*, is selected as spokesman, the proper object of tragedy, as Lenz interprets it, was not the great individual, represented in his entirety, but rather the fate of man, as embodied in particular exemplary events. The alternative is clearly constructed in accordance with the dialectic of autonomy and determinism, creativity and creatureliness, that we have seen to be at the heart of Lenz's metaphysics of the human condition at large. For the purposes of his own, avowedly anti-Aristotelian, dramaturgy, he projects the poles of that dialectic onto an axis defined by the forms of tragedy and comedy. To comedy, however, not tragedy, falls the task of representing "das

Schicksal des Menschen" (under the particular interpretation, or reinterpretation, he accords to that concept). Tragedy, on the other hand, he insists, is (now) properly concerned with "der Mensch" as such. Lenz thus not only offers a historicist comparative analysis of dramatic genres. He also (again in the spirit of Herder) constructs a pattern of historical development from one set of genre concepts to another. That development takes the form of a kind of lateral shift along the axis of tragedy and comedy, with the result that what formerly occupied a place under one rubric now appears under the other. That movement is implicit in the argument of the *Anmerkungen*. For both an explicit statement and a further elaboration of Lenz's position here, however, we need to look in addition at his singular anti-drama, *Pandaemonium Germanicum*.[28]

The work comprises two acts plus a sort of epilogue (entitled "Letzter Akt—Gericht") and a concluding revelation that redefines retroactively the nature of what has been presented. The first act is, broadly, an allegorical satire on the state of German literature, in particular, the relationship between the poet and his environment, at the time of the work's composition. The four scenes of this act are set in different locations on, or in the vicinity of, what the stage direction identifies as "Der steil' Berg" (II, 251), a kind of contemporary Mt. Parnassus. The two central figures in the act are Goethe and Lenz himself. Both have managed to ascend the mountain (and they are the only ones to do so here), but they are nonetheless by no means represented as poets of equal stature or ability. Goethe, for example, is shown attaining the heights of the peak effortlessly; the depiction recalls his own characterization, in the *Rede zum Shakespeares-Tag*, of the great man, capable of covering enormous distances with a single stride.[29] Lenz, on the other hand, is able to advance only by crawling on all fours. Indeed, the Lenz of the play appears far less clear than does Goethe on where, in fact, he properly belongs. In the second scene, entitled "Die Nachahmer," Lenz responds to Goethe's laughing dismissal of those below as "Narren" with: "Ich möchte fast herunter zu ihnen und sie bedeuten" (II, 255). In the third scene ("Die Philister"), he appears, holding the text of *Der Hofmeister*, in actual conversation with "einige Bürger aus dem Tal" (II, 257). And, finally, in the fourth scene ("Die Journalisten"), he says expressly: "... ich nahm mir vor hinabzugehn und ein Maler der menschlichen Gesellschaft zu werden." He immediately adds, however: "... aber wer mag da malen wenn lauter solche Fratzengesichter unten anzutreffen. Glücklicher Aristophanes, glücklicher Plautus, der noch Leser und Zuschauer fand. Wir finden, weh uns, nichts als Rezensenten und könnten eben so gut in die Tollhäuser gehen um menschliche Natur zu malen" (II, 260).

The reference to "madhouses" as the most likely places to seek images of "human nature" is followed at once by a change of scene to "Der Tempel des Ruhms" (II, 261), in which the second act takes place and which, in the way it deals with the theme of human nature and its representation, does, to a large extent, resemble nothing so much as a "Tollhaus."[30] The allegorical character of the play is continued here, with the allegory tending to become caricature as Lenz's satirical intent becomes more pointed. What he presents, in a kind of literary-historical *Walpurgisnacht,* is a burlesque review of stages in the development of German literature during the eighteenth century (thereby, in effect, stepping back in time and tracing the events leading up to the point at which the first act began).

Linking the several scenes of the second act together (apart from the historical background) is the theme of the attempt to achieve in literature a true depiction of *der Mensch.* Lenz's way of presenting the matter suggests a sort of evolutionary progression at work. The first scene opens with Hagedorn walking about alone and musing: "Wie wird mir die Zeit so lang, Gesellschaft zu finden" (II, 261). He then proceeds to sit down and paint pictures of animals—that is, to compose his *Tierfabeln.*[31] Gellert then enters and, addressing a crowd that has assembled from nowhere, promises to paint "Menschen" (II, 261). There follows in scene two a series of figures of varying prominence and importance in mid-eighteenth-century German literature, culminating in the appearance of Wieland. The tone and atmosphere of the first two scenes swings back and forth between bumbling ineptitude and general boredom. Lenz's disdain for what the Germans had produced up to this point is more than obvious. At the end of the scene, however, Goethe bursts in, brandishing a bone, and exclaiming: "Ihr Deutsche?——Hier ist eine Reliquie eurer Vorfahren. Zu Boden mit euch und angebetet, was ihr nicht werden könnt" (II, 266). The "relic" is, of course, his *Ritterdrama, Götz von Berlichingen.* Goethe then takes up a lyre and at once reduces everyone to tears. Wieland and Jacobi fall to their knees, women rush to embrace him, and others in the audience place pistols to their heads (at once, however, setting them down). Again, the objects of both Lenz's allegory and his ridicule—respectively, *Werther* and its reception—are entirely obvious. Scenes three and four are then given over for the most part to variations on the dual theme of *Wertherfieber* and the response to the novel on the part of the religiously orthodox.

With the fifth, and final, scene of the second act, subtitled "Die Dramenschreiber" (II, 271), Lenz comes at last to his principal concern, the drama and its possibilities in the present day. In the first part of the scene, he takes the opportunity to present, in parodistic fashion, what is by this time (1775) for the *Stürmer und Dränger* the virtually obligatory denunciation of French influence on the production of German drama. In the scene's second half, however, he once again places himself on stage and, in conversation with Lessing and

Herder (with Klopstock looking on approvingly), presents his own conception of what drama ought to be in accordance with the character of the present age. The overriding concern remains, as it has been throughout, adequate representation of *der Mensch*, and, in this vein, Lenz declares: "Was den Alten galt mit ihren Leuten, soll uns doch auch gelten mit unseren" (II, 275). The conditions under which we live, however, are not those of ancient peoples, and it follows therefore that our dramatic figures cannot be mere duplications of those created, for example, by the Greeks. In accordance with the pattern of historical development noted earlier, Lenz maintains that what was, for the ancients, material for tragedy is now appropriate rather to comedy: "Herr was ehmals auf dem Kothurn ging sollte doch heutzutag mit unsern im Soccus reichen.... was ehmals grausen machte, das soll uns lächeln machen" (II, 275). Or, in plain terms: "Die Leiden griechischer Helden sind für uns bürgerlich..." (II, 276). In sum, Lenz takes the characteristic structure of Greek tragedy, in which a single, preeminent individual is destroyed by the overwhelming power of fate, and at once brings it down to earth and extends it so as to apply to people at large.

In the eighteenth century, man no longer finds credible the notion of a transcendent power such as was fate for the Greeks, one as inaccessible as it is, ultimately, inexplicable. Rather we are all now, as Lenz indicates in the *Anmerkungen übers Theater*, practically speaking, Leibnizians, firm believers in the principle of sufficient reason. And thus we demand to know the causes why things happen as they do: "Da ein eisernes Schicksal die Handlungen der Alten bestimmte und regierte, so konnten sie als solche interessieren, ohne davon den Grund in der menschlichen Seele aufzusuchen und sichtbar zu machen. Wir aber hassen solche Handlungen, von denen wir die Ursache nicht einsehen, und nehmen keinen Teil dran" (I, 341). This, of course, does not mean that people are no longer governed by forces beyond their control. That is, however, now above all a phenomenon rooted in society, not fate. In place of the transcendent dimension of the Greeks, we have the constraints of eighteenth-century political, social, and moral despotism. And corresponding to that reduction in what might be called the stature of tragic determination is a concomitant extension of its scope. Instead of merely a single, exceptional figure, such as Oedipus or Antigone, everyone is now subject to the forces in question and so liable to be destroyed by them.

In his *Selbstrezension* of *Der neue Menoza*, Lenz defines the "Komödie" as "eine Vorstellung, die für jedermann ist" (I, 418). By this he means, in turn, as he goes on to say, a "Gemälde der menschlichen Gesellschaft" (I, 419). That is, of course, as we have seen, precisely what the dramatic figure Lenz, in Act I, Scene iv of *Pandaemonium Germanicum*, announces as the goal of his efforts, and it is also clearly what the actual Lenz's works *Der Hofmeister* and *Die Soldaten* are intended to represent in fact. In the same "review" of his own play just cited, Lenz notes, in addition, however, that comedy is not distinguished as a genre simply by its humorous quality: "Ich nenne durchaus Komödie nicht eine Vorstellung, die bloß Lachen erregt" (I, 418). Given the nature of the society that it is to depict, that cannot be its primary aim. Again, "Komödie ist Gemälde der menschlichen Gesellschaft, und wenn die ernsthaft wird, kann das Gemälde nicht lachend werden" (I, 419). And from that, in turn, follows the principle that "unsere deutschen Komödienschreiber [müssen] komisch und tragisch zugleich schreiben" (I, 419).

We saw in the *Anmerkungen übers Theater* that, for Lenz, creatureliness, in the sense of determination by the natural order of cause and effect, is one fundamental dimension of the human condition. In his comedies, nature appears preeminently in the form of society. The actions of individual persons are here subordinated to a variety of societal forces and processes in relation to which these figures appear as wholly powerless. Their existences are utterly dependent on and conditioned by factors largely beyond even their capacity for awareness, not to speak of the scope of what they might actually control. What Lenz depicts here are not so much whole persons as vehicles of a grotesque social reality. Some of what this yields (paradoxically enough, perhaps) is humorous—parts of *Der Hofmeister* and *Die Soldaten* both can be played for laughs and are clearly meant to be—but much more, equally obviously, is not. And yet, unlike, for example, Brutus in Shakespeare's *Julius Caesar*, whom Lenz implicitly represents in the *Anmerkungen übers Theater* as virtually the paradigm of the distinctively modern tragic hero, or the protagonist of Goethe's *Götz*, to which he devotes an entire essay, no single individual's existence appears in these works as *tragic* in and of itself. What we see are rather historically- and societally-specific conditions and chains of events, which, in turn, generate (merely) "tragic" situations in the ordinary, non-technical sense of occurrences with at once ruinous and devastatingly sad consequences for those involved.

There remains then, however, the question of a contemporary, specifically dramatic tragedy, in accordance with the other pole of the dialectic of the human condition, the drive to realize oneself as the autonomous creator of one's own destiny. In both *Pandaemonium Germanicum* and the *Anmerkungen übers Theater* Lenz indicates unequivocally that that sort of drama is not yet possible. He also suggests, however, that the time of that possibility may no longer lie in the too distant future. In *Pandaemonium Germanicum*, having followed Herder's urging to attempt the creation of "Menschen" for the drama comparable to those of the ancients, he brings forward several figures, only to be told: "Mensch, die sind viel zu groß für unsre Zeit," to which he responds: "So sind sie für die kommende" (II, 275). In the *Anmerkungen,* similarly, characterizing the sort of figure that would properly be the protagonist of a contemporary tragedy, he asserts:

> ... es ist die Rede von Charakteren, die sich ihre Begebenheiten erschaffen, die selbstständig und unveränderlich die ganze große Maschine selbst drehen ... —von Menschen. Ha aber freilich dazu gehört Gesichtspunkt, Blick der Gottheit in die Welt, den die Alten nicht haben konnten, und wir zu unserer Schande nicht haben wollen. (I, 343)

And further in the same vein, in connection with the question of dramatic unity:

> ... bei den alten Griechen war's die Handlung, die sich das Volk zu sehen versammlete. Bei uns ist's die Reihe von Handlungen, die wie Donnerschläge auf einander folgen, eine die andere stützen und heben, in ein großes Ganze zusammenfließen müssen, das hernach nichts mehr und nichts minder ausmacht, als die Hauptperson, wie sie in der ganzen Gruppe ihrer Mithändler hervorsticht. Bei uns also *fabula est una si circa unum sit.* Was können wir dafür, daß wir an abgerissenen Handlungen kein Vergnügen mehr finden, sondern alt genug worden sind, ein Ganzes zu wünschen? daß wir den Menschen sehen wollen, wo jene nur das unwandelbare Schicksal und seine geheimen Einflüsse sahen. Oder scheuen Sie sich, meine Herren! einen Menschen zu sehen? (I, 345)

The growth and development of the human race having reached the requisite level, the potential for creating a contemporary tragedy now exists. That possibility must, however, still be realized in fact, above all through a process of *Bildung* of the audience. For Lenz, that task falls, in turn, to the genre of comedy. Again in his *Selbstrezension* of *Der neue Menoza,* in explanation of the assertion that German authors of comedy must write "komisch und tragisch zugleich," he says: "So erschafft der komische Dichter dem tragischen sein Publikum" (I, 419). The comic poet does this by contributing to the cultivation of individuals capable of functioning as *Charaktere,* in the particular sense Lenz gives to that term. The concrete means by which Lenz envisages this being accomplished are exemplified in the texts of both of his own major "comedies," *Der Hofmeister* and *Die Soldaten.* Each of these works is structured in a way that anticipates Brecht's *Verfremdungs-Effekt.* The aim is at once to depict contemporary social reality and to "alienate" the audience's normal, unreflective perception of it. We are in each case to recognize for what they are—and, still more important, why—the bizarre events in which the action of the play consists. (That, moreover, does not exclude, but, indeed, includes with particular force, the two concluding scenes, with their mammoth parodies of stock happy endings.) And we are then to draw what should be the all-too-obvious conclusion: a society based, as this one is, in a combination of arbitrariness and irrationality is urgently in need of being recreated from the ground up.

The first step of all to that end, however, is the awakening of an active and engaged consciousness in the audience. And precisely that is what we see simultaneously represented and evoked in *Pandaemonium Germanicum* and the *Anmerkungen übers Theater*. *Pandaemonium Germanicum* ends with Lenz awakening from a dream and calling out: "Soll ich dem kommenden [Säkulum] rufen?" (II, 277). The entire play is thus constituted retroactively as a dream vision. And that means in turn that the very thing we as the audience have been viewing renders itself, in a single concluding stroke, isomorphic with our reception of it. That which has been at once the obect of our processes of apprehension and the impetus to further, independent mental activity in the form precisely of the reading we have now given of the text turns out to have been itself an image of a mind analogously engaged. For what Lenz has in the end depicted are, first, the workings of a mind—his own—set in motion by circumstances and events external to it. Thus animated, it then, however, goes on to generate in its own right an entirely new train of thought. And that, finally, is what leads—or has the potential of leading—in the way we have now seen, not merely to the next important stage in the history of literature, but thereby, as Lenz conceives it, to a decisive step forward in the development of the human race at large. To repeat, however, we have not merely observed this chain of events taking place. Rather we have, in a literal sense, collaborated in its very constitution. And thus, with a certain inherent inevitability, we find ourselves—at once manipulated and actively creating, which is to say, simultaneously (however paradoxically) constrained and free—involved in bringing about that same advance.

In the *Anmerkungen übers Theater* it is, as noted earlier, Brutus, in Shakespeare's *Julius Caesar*, who provides for Lenz (as does Oedipus for Aristotle) the embodiment of the tragic hero. Specifically, it is Brutus comprehended in the process of coming to the decision to kill Caesar. The key passage for Lenz in this connection is Brutus' great soliloquy in Act II, Scene i, "als die große Tat noch ein Embryo in seinem Gehirn lag, durchs Schicksal gereift ward, dann durch alle Hindernisse brach und wie Minerva in völliger Rüstung geboren ward" (I, 355). In this evocation of what occurs in the decisive moment and how, we see again, as we have repeatedly throughout the *Anmerkungen*, the interplay of both aspects of Lenz's dialectic of the human condition. And in that "Gang eines großen Entschlusses in der Seele" (I, 355), insists Lenz, we witness—in fact, experience—"die Würde menschlicher Natur" and so feel "den ganzen Umfang des Worts: Mensch" (I, 356). In this light, the way in which Lenz recounts the scene in question takes on particular significance in its own right.

With his introductory characterization, just cited, of the scene as a whole, Lenz already defines the context as an implicit synthesis of active and passive moments, of initiative and dependency. His vocabulary is, on the one hand, one of "decision" and of a resultant "great deed" that "breaks through all obstacles." At the same time, however, he describes this as an "embryo" that is "brought to maturity" and then "given birth to." The imagery of gestation and birth (of which there are a number of other instances in the *Anmerkungen*) itself implies a kind of synthesis in microcosm of activity and passivity. There is, on the one hand, life taking shape and coming to fruition in accordance with its own inner principle of development, and, on the other, absolute dependence during that same period on another being for support and sustenance, with the two aspects converging in the moment of birth itself.

Lenz's synopsis of the scene begins in straightforward fashion: "[Shakespeares] Brutus spaziert in einer Nacht, wo Himmel und Erde im Sturm untergehen wollen, gelassen in seinem Garten" (I, 355). Presently, however, the pace quickens, as the sentences become shorter and the grammatical subject is omitted: "Rät aus dem Lauf der Sterne, wie nah der Tag ist. Kann ihn nicht erwarten, befiehlt seinem Buben, ein Licht anzuzünden.... Philosophiert noch, beratschlagt noch ruhig und kalt, derweile die ganze Natur der bevorstehenden Symphonie seiner Gemütsbewegungen präambuliert" (I, 355). Brutus then reads the message that has been left for him in the garden. Lenz comments: "... ha er reift, er reift der fürchterliche Entschluß (I, 355) and, a moment later, declares: "Jetzt das Wehgeschrei der Gebärerin, wie in kurzen, entsetzlichen Worten" (I, 355) as Brutus determines to take the decisive step. The pace quickens again: "Lucius meldet die Zusammenverschwornen—nun ist's da—die ganze Art—sie sollen kommen—der Empfang ist kurz, Helden anständig, die auf gleichen Ton gestimmt, sich auf einen Wink verstehen" (I, 355). Lenz increasingly assumes aspects of the role he is describing—the characterization of the conspirators as "Helden," for example, is possible only from the perspective of Brutus, and, indeed, only at that point in the play with which we are here dealing—and his synopsis, accordingly, tends increasingly to merge with the play itself. A moment later, after actually citing Brutus' words, he attempts to break off, interrupting himself with: "... was soll ich hier abschreiben. Sie mögen's selber lesen, das läßt sich nicht zerstücken" (I, 355–56). At once, however, he is back in the role, this time without even bothering to identify Brutus as the speaker: " 'Junge! Lucius! schläfst du so feste?' " (I, 356). And he concludes, finally, with an extended elliptical exclamation (part of which we saw a moment ago): "Wer da nicht Addisons Seraph auf Flügeln des Sturmwinds Götterbefehle ausrichtend gewahr wird—wem die Würde menschlicher Natur nicht dabei im Busen aufschwellt und ihm den ganzen Umfang des Worts: Mensch—fühlen läßt—" (I, 356).

We saw essentially the same rhetorical pattern as the one just exhibited near the outset here in Lenz's simultaneous description and exemplification of his theory of mind. The prose style of the *Anmerkungen übers Theater* is, indeed, calculated throughout to evoke the image of a mind engaged in a process of thought, striving for completion of its own ideas and, thereby, of itself. The text is characterized, as we have seen, by a large number of incomplete sentences and apostrophes to the audience of the sort: "Wollte sagen—was wollt ich doch sagen?—" (I, 337). At the same time, as the audience, we both recognize and are clearly intended to recognize that here, as in *Pandaemonium Germanicum*, Lenz is in fact in control of all that we either see or hear. He is driving "die ganze große Maschine" himself, just as, in analogous fashion, does the protagonist of dramatic tragedy. The unity of both the *Anmerkungen* and *Pandaemonium Germanicum* is ultimately that of a single consciousness, having assumed a single "Gesichtspunkt," in pursuit of a single intention—which is, again, precisely the principle of unity that, for Lenz, is to be the foundation of a contemporary tragic genre. In each case, the text seeks to become itself a paradigmatic instantiation of the very thing that is its discursive object.

Completing the picture is the role of the audience's reception and interpretation of what it hears. Here again, as we have seen, Lenz's apparently rambling, disjointed style, with its frequent ellipses, self-interruptions, open questions, and appeals to his listeners, is of central structural importance for the exposition. In being obliged, as we are, to *complete* the meaning of what Lenz says, we find ourselves contributing to the *constitution* of that meaning in the very act of comprehending it. And in this, in turn, we see what Lenz is intent above all on accomplishing with his audience: a process of *Bildung* to the possibility of tragedy through cultivation of a capacity for autonomous creativity. We recall, however, that, for Lenz, it is specifically the task of comedy to carry out the work of establishing a basis for tragedy. By the terms of his own theory, then, each of the two works we have considered here, the *Anmerkungen übers Theater* and *Pandaemonium Germanicum*, thus represents the convergence in a single text of the defining elements of both tragedy and comedy. And here, finally, is Lenz's distinctive interpretation of Goethe's "geheimer Punkt," in which the poles of the dialectic of the human condition meet. That convergence occurs, for him, not, as Goethe sees it in Shakespeare, in the form of works for the stage that are themselves monuments to the genre's complete realization of its potential. Rather it appears preeminently in the active pursuit of the ideal of the human race at large, a "drama" in which poet and audience function together as joint protagonists. The goal of creating a tragic genre in the present age, which coincides with the ideal of human freedom and autonomy, is achieved, to the extent now possible, precisely in the constant, unrelenting—and never wholly successful—effort to bring it into being. And that, in turn, represents for Lenz, in the end, both the true sense and the ultimate importance of the paradox of tragicomedy.

Duke University

1 *Goethes Werke*, hrsg. Erich Trunz ("Hamburger Ausgabe"), 9. Auflage (München: Beck, 1981), XII, 226. Cited hereafter as HA.
2 Occasional suggestions to the contrary notwithstanding, there is, so far as I can tell, little on the contemporary critical scene that reflects anything like the constellation of theory and practice with which I am concerned here. The poets and thinkers of the *Goethezeit*, though sometimes difficult to read—in addition to Lenz himself, Hamann and Herder come at once to mind, as do Novalis, Hölderlin, and Hegel—are so in the sense of Einstein's famous statement, "Raffiniert ist der Herrgott, boshaft ist Er aber nicht." Just as God is, for Einstein, the creator of a universe whose riddles, however difficult, are all ultimately answerable, so the writings of these authors, and those of others working at the same time, are, without exception, informed by a profound ethos of intelligibility. A major source of the difficulty of their works is precisely the effort that these in various ways represent to *extend* the bounds of intelligibility beyond what the dominant tradition of Western thought, from Aristotle forward, had appeared to set once and for all as the limits of what can be coherently thought and expressed. Little could be more alien to the spirit of the *Goethezeit*, with its unprecedentedly vigorous and manifold exploration of the ways in which language in fact does work, and so actually does enable us to accomplish what we wish to with it, than to confuse it with a linguistic nihilism that sees in any text only a (supposed) enactment of language's inability ever to refer or to signify successfully at all.
3 See, for example, Benjamin Bennett's discussions of *Emilia Galotti* and *Nathan der Weise* in *Modern Drama and German Classicism: Renaissance from Lessing to Brecht* (Ithaca: Cornell UP, 1979).
4 See, for example, Morton, "Herder and the Possibility of Literature: Rationalism and Poetry in Eighteenth-Century Germany," in *Johann Gottfried Herder: Innovator Through the Ages*, ed. Wulf Koepke (Bonn: Bouvier, 1982), pp. 41–63.
5 jakob Michael Reinhold Lenz, *Werke und Schriften*, hrsg. Britta Titel und Hellmut Haug (Stuttgart: Gouvert, 1966), I, 359. Subsequent references to Lenz's works are given in the body of the text by volume and page number of this edition. References to this edition in the notes are by the abbreviation WS.
6 The starting points for work on the *Anmerkungen* remain Fritz Martini's "Die Einheit der Konzeption in J. M. R. Lenz' 'Anmerkungen übers Theater'," *Jahrbuch der deutschen Schillergesellschaft*, 14 (1970), 159–82; and Eckart Oehlenschläger's outstanding chapter on Lenz in *Deutsche Dichter des 18. Jahrhunderts*, hrsg. B. von Wiese (Berlin: Erich Schmidt, 1977), pp. 747–81. Other particularly

Michael Morton 149

useful studies include Klaus Gerth's "Die Poetik des Sturm und Drang" and Leo Kreutzer's "Literatur als Einmischung: Jakob Michael Reinhold Lenz," both in *Sturm und Drang,* hrsg. Walter Hinck (Kronberg: Athenäum, 1978), pp. 55–80 and 213–29.

7   The cliché, at one time standard in the literature, that the *Sturm und Drang* assault on the quasi-classicist poetics of the *Aufklärung* is tantamount to an endorsement of mere lawlessness no longer finds many adherents. It has largely been succeeded by the recognition that, notwithstanding the guise of hyper-emotionality and, indeed, near irrationality in which that assault frequently appears, it is neither intent on literary anarchy, nor is that what it in fact achieves. The *Sturm und Drang* rejection of classical norms issues rather in new rules, and correspondingly new literary forms, in its own right. These are derived, however—and this is the decisively important aspect of the *Sturm und Drang* revolution in literature—not simply by replacing old rules and forms with new ones of fundamentally the same order. Rather they proceed from a *reanalysis* and *reinterpretation* of the concepts of literary rule and form themselves. Externally imposed constraints (represented, for example, by the doctrine of the three unities) give way to a poetics that accords primacy to what Goethe and others will call the "inner form" of the work, conceived, in turn, as the embodiment of the creative will of the poetic genius. Cf. Gerth, pp. 58–61.

8   The *Anmerkungen* were, of course, originally an address, or series of addresses. For the history of the work's composition, see WS, I, 647–50.

9   In the final paragraph of the essay (I, 362), Lenz announces a kind of epilogue in the form of his translation of Shakespeare's *Love's Labour's Lost* (under the somewhat curious title *Amor vincit omnia*). The text of the translation appeared as an appendix to the original (1774) edition of the *Anmerkungen*. It is also included in Lenz's *Gesammelte Schriften,* hrsg. Franz Blei (München und Leipzig: Müller, 1909), I, 257–326.

In some respects, the overall structure of the *Anmerkungen* is, strangely enough, remarkably reminiscent precisely of Aristotle's *Poetics*. Both are basically tripartite works. Each has a relatively brief opening section (*Poetics*, Chaps. 1–5) dealing with poetry in general, the concept of imitation, and the origin and development of various particular poetic forms. Each passes then to a long middle section (*Poetics*, Chaps. 6–22) devoted to the tragedy. And each concludes, again in a relatively brief section (*Poetics*, Chaps. 23–26), by distinguishing tragedy from another literary genre. (In the *Poetics*, to be sure, that is the epic, while, as mentioned, Lenz discusses the comedy in the corresponding position.) Aristotle's theory of comedy, according to tradition, was contained in a second book of the *Poetics*, now lost. From that point of view, the *Poetics*, while, in the form in which we have it, concretely a three-part work, might also be regarded as one that at once is and is not constituted of four parts. By appending to his essay proper a translation of a Shakespearean comedy, Lenz both includes in his own work something that occupies a position analogous to that of Aristotle's (presumed) discussion of comedy and also, with an interesting twist—by means of the presence of a text rather than its absence—establishes the overall work as one that, in its own right, at once does and does not consist of four parts.

10 Published anonymously, the *Anmerkungen* were at first attributed to Goethe. See WS, I, 648.

11 Lenz's philosophical views in this regard are presented more explicitly and at greater length in the essays *Über die Natur unsers Geistes* and *Meynungen eines Layen den Geistlichen zugeeignet*. Lenz referred to the latter as the "Grundstein meiner ganzen Poesie." See Oehlenschläger, p. 756; Martini, p. 182.

12 For both the concept and the formulation, I am indebted to Frank Ryder.

13 *Classical Literary Criticism,* trans. T. S. Dorsch (New York: Penguin, 1965), p. 235.

14 Lenz compounds the irony here, for, as he is certainly well aware, Aristotle in fact

identifies quite clearly both of the two "causes" that he takes to be the natural sources of poetry. In addition to "the instinct for imitation" already noted, that is, the natural urge to *produce* imitative works, there is "also inborn in all of us . . . the instinct to *enjoy* works of imitation" (ibid., p. 35; emphasis added). For Aristotle, the essentially public character of all art renders superfluous a separate argument explicitly establishing the proposition that poets and audiences are each individually necessary, but only jointly sufficient, for the existence of poetry.

15 For Lenz, of course, as for virtually every other important figure in eighteenth-century German literature after Gottsched, the peoples of northern Europe, including the English and the Germans, but also, for example, the Scandinavian nations, particularly the Danes, ultimately constitute a single large family, distinct from, and in certain respects opposed to, the peoples of the Mediterranean world, including those of antiquity as well as those, such as the French, who are seen as their modern descendants. When, later in the *Anmerkungen*, Lenz comes to speak directly of Shakespeare, for example, he will refer to him as "unser Landsmann" (I, 343).

16 It is, of course, well-known that Lessing recommended *empfindsam* to Bode, the translator of *A Sentimental Journey*, as the term by which to render the English 'sentimental' into German.

17 The principle of psychological, rather than ontological, unity, and the concomitant derivation of the world of the text from the *Eigenart* of its central figure, is, of course, fundamental to many of the novels produced in the latter decades of the eighteenth century, and, while obviously not attributable solely to Sterne, certainly reflects his influence, whether direct or indirect. The best example (in both senses of 'best') among prose works of the *Sturm and Drang* is unquestionably Goethe's *Werther*. Having once established its value, moreover, this technique continues to play an important role in the work of subsequent literary generations. To advert again to Romanticism, for example (and to continue to limit the scope of consideration to prose narrative), it is the key to the structures of such otherwise quite different works as *Der blonde Eckbert, Der goldene Topf*, and *Aus dem Leben eines Taugenichts*.

18 "The gift of ratiocination and making syllogisms,—I mean in man,—for the superior classes of beings, such as angels and spirits,—'tis all done, may it please your worships, as they tell me, by INTUITION . . ." (*The Life and Opinions of Tristram Shandy, Gentleman*, ed. Graham Petrie, with an Introduction by Christopher Ricks [Harmondsworth, England: Penguin, 1967], p. 242).

19 ibid., p. 241. Cf. Lenz's declaration, introducing the opening section of the Anmerkungen: "Ich zimmere in meiner Einbildung ein ungeheures Theater . . ." (I, 329).

20 ibid., p. 13.

21 See the final paragraph of Volume III, Chapter 39, which immediately precedes the passage in question. In Chapter 40, Walter Shandy continues his disquisition regarding modes of cognition as follows: ". . . and beings inferior, as your worships all know,—syllogize by their noses: though there is an island swimming in the sea, though not altogether at its ease, whose inhabitants, if my intelligence deceives me not, are so wonderfully gifted, as to syllogize after the same fashion, and oft-times to make very well out too:—but that's neither here nor there—" (p. 242).

22 The discussion here of different forms of idealism owes a large debt to Walter Sokel.

23 Alan Leidner's "The Dream of Identity: Lenz and the Problem of *Standpunkt*," *German Quarterly* 59 (1986), 387–400, provides a recent illustration of the extent of the difficulties this passage can create for a reader.

24 The reference is to the Book of Daniel 5:27. Cf. WS, I, 653.

25 With her use of the term 'gesture' to refer simply to the physical movements of the figures in Lenz's plays (or, occasionally, to the positions or groupings of these

figures in relation to each other), Helga Madland has in mind something quite different from the concept of rhetorical gesture represented in the *Anmerkungen.* See "Gesture as Evidence of Language Skepticism in Lenz's *Der Hofmeister* and *Die Soldaten,*" German Quarterly, 57 (1984), 546–57.

26 For the most part, Lenz constructs his opposition in historical terms—the world of eighteenth-century (northern) Europe vs. that of fifth- and fourth-century Athens. At the same time, however, he also introduces a geographical and cultural dimension, thereby freeing his categories (in something like the way Schiller will later treat his concepts of the naive and the sentimental) from a strict linkage with purely chronological relationships. For him, there are, on the one hand, still "contemporary Aristotelians" (I, 341), notably, as already suggested, the French. And, on the other hand, certain (relatively) older poets among the Nordic peoples exhibit what are, for him, distinctly modern qualities. Lenz's principal example is, of course, Shakespeare, to whom, as noted earlier, he refers as "our [i.e., the Germans'] countryman" (I, 343). He also speaks, however, for instance, of the drama of Hans Sachs in similar terms, likening his works, indeed, expressly to those of Shakespeare (I, 359–60).

27 "Diese Schrift ward zwei Jahre vor Erscheinung der *Deutschen Art und Kunst* und des Götz von Berlichingen in einer Gesellschaft guter Freunde vorgelesen" (I, 329; emphasis added).

28 There is a very little in the literature on Lenz that deals with *Pandaemonium Germanicum.* Werner Rieck's "Das 'Pandaemonium Germanicum' von J. M. R. Lenz als poetischer Kommentar zur Literaturprogrammatik des frühen Sturm und Drang," *Kwartalnik Neofilologiczny,* 26 (1979), 235–58, while delivering somewhat less than its title seems to promise, is nonetheless worth consulting. See also WS, II, 741–43.

29 See HA, XII, 224.

30 Examples of this sort of "dream logic," in which something mentioned or alluded to at once appears, either as itself or in substantially equivalent form, occur frequently in the work (as we shall see, entirely appropriately). Cf. Strindberg's introductory note to *A Dream Play:* "In this dream play ... the author has attempted to imitate the disconnected but seemingly logical form of a dream. Anything can happen, everything is possible and plausible. Time and space do not exist. Upon an insignificant background of real life events the imagination spins and weaves new patterns: a blend of memories, experiences, pure inventions, absurdities, and improvisations. [...] The characters split, double, redouble, evaporate, condense, fragment, cohere. But one consciousness is superior to them all: that of the dreamer" (August Strindberg, *Five Plays,* trans. Harry G. Carlson [Berkeley: U of California P, 1983], p. 205).

31 Here and in the following, see WS, II, 745 ff.

"Räsonnirt so viel ihr wollt [. . .] aber gehorcht."
Dialog ohne Chance: Friedrich Maximilian Klingers *Der Weltmann und der Dichter*.

Thomas Salumets

In Friedrich Maximilian Klingers (1752–1831) letztem abgeschlossenen und veröffentlichten Roman *Der Weltmann und der Dichter* (1797/98) begegnen wir zwei alten Schulfreunden, deren getrennt verlaufende Lebenswege sich nach zwanzig Jahren wieder kreuzen. Der Dichter hat seinen "Dichterhain" verlassen, um am Fürstenhof, wie er sagt, "Gerechtigkeit" zu fordern (7).[1] Er setzt sich für die finanziellen Ansprüche eines Franz von L +++ ein. - Franz von L +++ ist der Bräutigam eines der Waisenkinder, deren Fürsorge der Dichter übernommen hat. Der Dichter bittet den Weltmann in dieser "gerecht[en]" Angelegenheit um Hilfe (10). Der Weltmann lehnt jedoch ab. Die Gründe für die abschlägige Antwort werden in den dieser ersten Unterhaltung folgenden privaten Gesprächen im fürstlichen Kabinett entwickelt. Der Dichter wird dabei sowohl in die persönlichen Verhältnisse des Weltmannes als auch in die dubiosen Funktionsweisen des feudal-absolutistischen Machtapparats eingeführt. Ist die Haltung des Dichters dem Weltmann gegenüber zunächst reserviert, oft sogar zynisch, verläßt er den Weltmann am Ende freundschaftlich gesinnt.

Das Interesse der folgenden Untersuchung gilt der Ideologie, die das Gespräch zwischen Weltmann und Dichter kennzeichnet sowie der in diesem Dialogroman beschriebenen Hofwelt. Der erste Teil möchte dabei in den Themenkreis "Dialog" einführen und auf die besondere Problemstellung, die Rezeption und Interpretation des *Weltmann und Dichter* betrifft, aufmerksam machen. Die Aufgabe des zweiten Teils besteht darin, den Nachweis zu erbringen, daß die Gespräche im *Weltmann und Dichter* ein bedingt aktualisiertes Modell "herrschaftsfreier" Kommunikation darstellen, das an den egalitären, sozialutopischen Gedanken des Aufklärungszeitalters erinnert. Im letzten Teil soll der Versuch gemacht werden aufzuzeigen, daß der Roman weiterhin eine realpolitische Wirklichkeit umreißt, die es nicht erlaubt, die durch den Dialog gekennzeichnete emanzipatorische Praxis auch öffentlich zu aktualisieren. Ja, der

Versuch, diese allein zwischen Dichter und Weltmann geübte Anschauung aus dem fürstlichen Kabinet unmittelbar in die dargestellte Wirklichkeit zu überführen, wird nicht nur als weltfremd, sondern als Beeinträchtigung allgemein menschenfreundlicher Verhaltensweisen verstanden. Lediglich "versteckt", dies suggeriert Klingers Roman, ist tatsächlich wirksames, moralisch und sozial verantwortungsvolles Handeln möglich.

I

Der Dialog gilt als das formal markanteste Kennzeichen der gesamten Prosaproduktion Friedrich Maximilian Klingers.[2] In seinem *Weltmann und Dichter* verzichtet Klinger sogar völlig auf einen Erzähler und mögliche "Bühnenanweisungen". In der deutschsprachigen Literatur nimmt dieser Roman den prominenten Rang ein, eines der sehr seltenen Beispiele des reinen Dialogromans zu sein. Die sich gerade in diesem Fall aufdrängende Frage nach der Form ist von der Forschung jedoch nur am Rande berührt worden.[3] Die Gründe hierfür liegen auf der Hand: Klinger gehört besonders als Romanschriftsteller zu den Unbekannteren unter den "Klassikern". Die Dialogform, ganz im allgemeinen, ist zu denjenigen literarischen Gebrauchsformen zu zählen, die "nie recht in ihrem Eigendasein aufgenommen worden" sind.[4] Mag das Aufklärungszeitalter auch zu einer Dialogrenaissance geführt haben, kann der Dialog im achtzehnten Jahrhundert nur als eine "abweichende Form des Erzählens" designiert werden.[5] (Sind 1780 noch ein Sechstel der Romane zum großen Teil in Dialogen abgefaßt, ist der Dialogroman von 1790 an als Ausnahme in der sich ohnehin lediglich zögernd etablierenden Gattung "Roman" zu bezeichnen.[6]) Wieland gehört unter seinen Zeitgenossen mit der Behauptung einer Minderheit an, daß der Dialog "ebensogut ein dichterisches Kunstwerk ist und sein soll als eine Tragödie oder Komödie".[7] Das Drama gilt auch gegen Ende des achtzehnten Jahrhunderts in Deutschland immer noch "als die höhere Gattung".[8]

Vor allem wegen diesem historisch bedingten und weitverbreiteten Mangel an Einsicht in den Dialogroman als selbständige oder auch nur vom Drama verschiedene Gattung, wurden Klingers Romane kritisiert. Sie erweckten Zweifel an seinem schriftstellerischen Leistungsvermögen. Darüber hinaus war Klinger der Öffentlichkeit in erster Linie als Dramatiker und nicht als Romancier vertraut. So ändert sich zum Beispiel die positive Einschätzung eines Rezensenten, der den *Weltmann und Dichter* den Abonnenten der *Allgemeinen Literatur-Zeitung* im Jahre 1805 als "wahres *Drama* mit ächt platonisch dialogischer Kunst" vorstellt, im Laufe der Zeit sehr zum Nachteil des Prosaisten Klinger.[9] Regression und die Unfähigkeit als Romanschriftsteller überzeugend zwischen den Gattungen unterscheiden zu können werden Klinger, wenn auch nur unterschwellig, so doch bestimmt, vorgehalten. Dementsprechend steht für den Philologen Prosch fest: "Im ganzen ist und bleibt Klinger Dramatiker, wie denn auch in seinen Romanen die Form des Dialoges beständig durchbricht".[10] Selbst der Großneffe des "Dichter-Generals", der sich in mühevoller Kleinarbeit über drei Jahrzehnte hinweg mit der Herstellung der längst hinfälligen Biographie Klingers beschäftigte, vermochte sich dieser Diskriminierung der Gattung "Dialog" in seiner auch heute noch in vieler Hinsicht maßgeblichen Monographie nicht zu entziehen. Folgende Zeilen sollen helfen, diesen Sachverhalt zu veranschaulichen: "Den *Dramatiker* hatte Klinger, als er sich dem Roman zuwante, nicht ganz auszuziehen vermocht. Überall nimmt bei ihm der Dialog einen breiten Raum ein, wobei er sich die *Bequemlichkeit* erlaubt, die Reden der Personen ohne erzählende Einführung wie im geschriebenen Drama durch die bloßen Namen kenntlich zu machen."[11]

Ganz abgesehen davon, daß Klinger zu einer für seine Zeit und für die gewählte Gattung außergewöhnlichen Form griff, kommt dem Dialog als fakultatives Darstellungsmittel in der Prosa ein im Gegensatz zum Drama erhöhter und spezifischer Signalwert zu. Der Begriff Dialog bezeichnet nicht nur "eine Art, seine Gedancken durch Frage und Antworte, oder auch durch hin und widerreden an den Tag zu legen", wie uns das *Grosse vollständige Universal Lexicon* aus dem Jahre 1734 informiert, sondern ist auch gleichzeitig Ausdruck eines besonderen Welt- und Menschenbildes.[12] Eine Reduktion des Dialogromans auf Drama, dramatischen Roman oder schlechterdings unbewältigte Neigung zum Dramatischen kann dem Eigenwert und dem Stellenwert des Dialogs innerhalb der Prosa nicht gerecht werden. Im Fall des *Weltmann und Dichter*, so dürfen wir vorwegnehmen, ist der Dialog nicht nur ein außerordentlich zweckerfülltes Mittel, sondern auf eigene Weise auch selbst Gegenstand der Reflexion, die der kommunikativen Absicht dieses Textes, wie wir sie verstehen, zugrunde liegt. Dem Dialog kommt als Darstellungsmittel eine Schlüsselposition für das Verständnis des Textes zu. Wie aus den nun folgenden, an dem ideologischen Aussagegehalt des Dialogs orientierten Bemerkungen hervorgehen soll, ist der Dialog nicht Beleg für einen Mangel Klingers an schriftstellerischem Können, sondern ein Beweis für die Fähigkeit des Dramatikers und Romanciers auch literarisch subtile Gebrauchsformen im Sinne seiner Anthropologie verwerten zu können.[13]

Betrachtet man den Dialog über seine rein kommunikative Funktion hinaus auf seinen Eigenwert als literarisches Darstellungsmittel hin, denkt man in erster Linie gern an den Vorzug dieser Form zur Konkretisierung antithetischer Inhalte: "[T]he popularity of the dialogue is only one evidence of what we may term a controversial frame of mind, a liking for the opposition of ideas."[14] Oder, wie Hüskens-Hasselbeck hinsichtlich der Aufklärung formuliert, wird dem Dialog der Vorzug gegeben "in Zeiten gedanklich-epochalen Umbruchs [...], um konsolidierte Denkgewohnheiten in Frage zu stellen und neue Perspektiven zu eröffnen".[15]

In der deutschsprachigen Literatur zeigt sich die Verwertbarkeit der dialektischen Potenz des Dialogs erfolgreich schon in dem um 1400 entstandenen Streitgespräch zwischen dem Ackermann aus Böhmen und dem Tod. Der Dialog signalisiert dort in erster Linie "eine im Grunde *paradoxe* religiöse Haltung",[16] eine "*Spannung* gegenüber den religiösen Wirklichkeiten".[17] Das antithetische Element dominiert. Der Ackermann setzt sich zur Wehr, verlangt Rechenschaft von, seiner Ansicht nach, opponierenden Kräften. Obgleich vor allem "benutzbar wegen der polemischen Stoßkraft", bedient sich die Reformationszeit der Dialogform auch gerade zur Verdeutlichung und Relativierung oppositionellen Gedankenguts.[18] Im *Karsthans* ist die Disparität bis zur Bereitwilligkeit gesteigert, dem Gegenüber nötigenfalls mit Gewalt entgegenzutreten.[19] Ist im Barock "[g]erade die nichtdiskutierende und nichträsonierende, [...] repräsentative Rede das Entscheidende", das die Autoren zum Dialog greifen läßt,[20] veranschaulicht der Dialog im achtzehnten Jahrhundert unter anderem auch wieder eine tatsächliche Polarität, die kaum mehr etwas mit dem an Lukian erinnernden "rhetorisch-sophistischen Charakter" des Barock-Dialogs gemein hat.[21] Aus dem Streitgespräch des Mittelalters wird die vernunftbestimmte Auseinandersetzung des Siècle des Lumières. Schillers Prosafragment *Spaziergang unter den Linden* (1782) ist ein Beispiel par excellence für den Dialog als antithetisches Darstellungsmittel.[22] Schiller wählt diese Form von Rede und Gegenrede, um weltanschauliche Gegensätze im Munde zweier Gesprächspartner auch ästhetisch überzeugend zum Ausdruck zu bringen. Schon die Szenerie, die "Allee von Linden", verrät den disparaten Tenor dieses Gesprächs: Die vertretenen Positionen bleiben, wie die einander gegenüberstehenden Lindenreihen, unverrückbar diametral entgegengesetzt. Skepsis, Pessimismus, schlechthin die Lebensverneinung eines Wollmar, kontrastiert mit der lebensbejahenden Haltung eines Edwin. Die Lindenallee ist für den einen Ort des Verlustes, für den anderen Ort des Gewinns.

Der Titel von Klingers 1797/98 entstandenen Roman *Der Weltmann und der Dichter* läßt ahnen, daß auch hier der Gegensatz, das Gegenüber von Unversöhnlichem eine entscheidende Rolle spielen dürfte, denn im Dialog "lassen sich [auch, wie wir oben anzudeuten versucht haben,] Typen, Charaktere oder Meinungen am besten gegeneinander abgrenzen".[23] Der Dialog wirkt hier ordnend. An expliziten Belegstellen aus dem *Weltmann und Dichter*, die diese antithetische Verwendung des Dialogs verdeutlichen, mangelt es nicht. Gleich zu Anfang, in der ersten Unterhaltung, wird der Gegensatz zwischen Weltmann und

Dichter als "Kontrast der Denkungsart, besonders ein so auffallender", festgehalten (18). Im Dichter findet der Weltmann, was er sich so sehr wünschte, einen Gesprächspartner, der sich radikal von ihm unterscheidet: "Weltmann. [...] sehne ich mich nach Einem, und zwar nach Einem, der alles das, was ich erfahren und gesehen, nicht erfahren und gesehen hat; der mir dadurch, daß er mit allem dem, was mich beschäftigte, nie beschäftigt war, gar nicht gleicht." (156) In Kongruenz zu jener Qualität des Dialogs und beeinflußt durch die inhaltliche Tendenz der gesamten Prosaproduktion Klingers, haben die wenigen Untersuchungen zum *Weltmann und Dichter* die Antinomie zwischen den Protagonisten dieses Romans auch dementsprechend hervorzuheben gewußt.[24] Der Konvention des Gesprächs entsprechend aber soll ein Dialog nicht nur Probleme stellen, sondern sie auch "lösen [...]. Das spürt man deutlich aus den Gesprächen, die Herder, [um nur ein stellvertretendes Beispiel herauszugreifen,] geschrieben hat. Hinter ihnen steht das Verlangen nach einem harmonischen Schluß".[25] Im Falle Klingers wurde der Mangel an solch einer Lösung kritisiert: "[I]n Rußland erst ging Klinger der große Gegensatz von Ideal und Leben in seiner ganzen Tiefe auf, jener Grundkonflikt, für den er nie einen harmonischen Ausgleich fand. Selbst im "Weltmann und Dichter" wird nur ein Kompromiß geschlossen."[26] Auch wenn man den Dialog wegen des dargestellten Gegensatzes als die "gemäße" Form für diesen Roman erkannte, wurde die Antithetik des Textes jedoch nicht aus einem Verständnis für den Dialog heraus entwickelt, sondern als bloße Gegenüberstellung des althergebrachten Gegensatzes zwischen "homo politicus" und "homo poeticus" bagatellisiert.[27] Federführend mag hier Jean Paul mit seiner polemisch scharfen Bestandsaufnahme der Romane Klingers gewirkt haben. Vermutlich einem Rezensenten der *Allgemeinen Literatur-Zeitung*, erwidernd, schreibt er in seiner *Vorschule der Ästhetik*: "Ich frage jeden Revisor [...], ob er nicht—sobald er nur einmal reifer ist als sein Urteil—zugeben und einsehen muß, daß Klingers Poesien den Zwiespalt zwischen Wirklichkeit und Ideal, anstatt zu versöhnen, nur erweitern, und daß jeder Roman desselben, wie ein Dorfgeigenstück, die Dissonanzen in eine schreiende letzte auflöse."[28] In Hettners *Geschichte der deutschen Literatur im achtzehnten Jahrhundert* ist der Einfluß Jean Pauls auf die Rezeptionsgeschichte des *Weltmann und Dichter* noch deutlich zu spüren: "Es ist hergebracht, gerade diesen Roman immer als Beweis anzuführen, wie durchaus unausgetilgt die Kluft zwischen Herz und Welt, Poesie und Prosa, oder wie man sonst diese Gegensätze nennen will, in Klinger geblieben sei. Und allerdings ist auch hier wieder, wie überall bei Klinger, die Dissonanz schärfer hervorgehoben als deren harmonische Lösung."[29] Hettner (1821–1882) beurteilt Klinger hier aus der Sicht eines Literaturhistorikers, dem es vor allem darum geht, das *Zusammenwirken* von Kultur- und Sozialgeschichte aufzuzeigen und dadurch den besonderen Charakter einer "Nationalliteratur" als spezifische *Einheit* zu bestimmen. Selbst der Klinger-Kenner Hering, der als einziger den Standpunkt vertritt, daß Klingers Leben letztlich die Synthese geleistet habe, sieht im *Weltmann und Dichter* ebenso allein den dualistischen Gegensatz als das prägnanteste Merkmal des Romans an.[30] Hill wiederholt und weitet das schon durch die Forschung hinsichtlich des Dialogs Bekannte aus. Er wertet damit im Grunde in seiner sonst sehr einsichtsvollen Studie die ästhetische Potenz des Dialogs ab, denn auch für ihn ist gerade diese Form uneingeschränkt Kennzeichen eines unversöhnlichen Gegensatzes. Im Dialog manifestiert sich für ihn eine erstarrte Dichotomie, "The deepest of the antinomies is however expressed in the form of the dialogues themselves, which reveal two fundamental attitudes to the experience of reality."[31]

Der Weltmann und Dichter ist aber weder ein verkapptes Drama, noch "begnügt sich [Klinger allein] mit der Darstellung zweier einander ausschließender Standpunkte" in Dialogform.[32] Klingers Roman, den er selbst hoch einschätzte, wenn nicht sogar für sein bestes Werk hielt,[33] würde so reduziert werden auf die Abstraktion eines Teilaspektes des Textes. Die gewählte Form des Dialogs deutet (insbesondere in ihrer anthropologischen Situierung) auf wesentlich komplexere und intellektuell reizvollere Verhältnisse: Der 'echte" Dialog bedeutet: Rede und Gegenrede zwischen markanten, gleichwertigen und *autonomen* Einzelmenschen, die sich offen und zwanglos im *gemeinsamen* Gespräch zusammenfinden. Ein solcher Dialog markiert ein *Ideal* zwischenmenschlicher Beziehungen.

II

Nicht nur Sprecher und Hörer und die von ihnen vertretenen Ideologien stehen sich im Dialog gegenüber, sondern auch deren Träger als ausgeprägte Individuen. Im Unterschied zum Gegenüber profilieren sich diese Einzelwesen im Dialog auf unmittelbare Weise. "Im Gespräch offenbart sich die Persönlichkeit".[34] Ja, der "echte" Dialog setzt den unabhängigen Einzelmenschen voraus. Oder, wie Wildbolz formuliert: "Zur vollen Gestalt erwächst der Dialog erst, wenn an ihm Menschen im vollen Sinne des Wortes teilhaben. [. . .] Zum vollen Sinn des Menschen aber gehört dieses: dass er ein Einzelner ist, in sich selbst gerundet und abgehoben von andern."[35] Sowohl der Weltmann als auch implizit der Dichter erheben vollends ausgeprägte Individualität zur Bedingung, unter der ihre privaten Unterhaltungen stattfinden können: "Sonst wahrlich würde ich Dir meine Geschichte weder erzählen, noch erzählen können. Eben darum, weil auch Du ganz bist, was Du bist, erzähle ich sie Dir." (57)

Der Verzicht auf Eigennamen zugunsten einer klassifizierenden und somit anonymen, unpersönlichen Einordnung der Protagonisten als Weltmann und Dichter, sowohl im Titel als auch in den Sprecherangaben durch den ganzen Text hindurch, erinnert den Leser nun allerdings immer wieder an das Typenhafte in beiden Gestalten.[36] Ein Realpolitiker, der sich "an die Dinge [hält], wie sie sind, nicht, wie sie seyn sollen" (124), steht einem allem Pragmatischen widerstrebenden und sich nur an moralischen Absoluten orientierenden Dichter gegenüber. Schnell werden so Weltmann und Dichter zu eindimensionalen Repräsentanten von Ideal und Wirklichkeit. Der Tenor des Textes läuft zwar auf diese Dichotomie hinaus, sie ist jedoch wesentlich komplexer gestaltet als bisher angenommen. So gilt es festzuhalten, daß sowohl der Weltmann als auch der Dichter für sich den Status des unabhängigen Einzelmenschen in Anspruch nehmen. Sie sehen sich als Individuen und nicht als Typen. Der Weltmann spricht von "dem Dichter, der vor [ihm] sitzt, und dem Weltmann, der vor dem Dichter sitzt" (92). Ganz im Sinne der Selbstbestimmung glaubt der Dichter, "daß der Mensch durch seine moralische Kraft nicht allein die Höhe seiner Selbstständigkeit ersteigen, sondern sich auch [...] darauf erhalten kann" (125). Er teilt mit dem Weltmann die Ansicht, daß "[n]ur halbe Menschen [nichts] taugen", denn "[j]eder muß das ganz seyn, was er ist, was er sich, zu seyn, einmal zum Zweck gemacht hat" (56). Der Weltmann "lieb[t] das Ganze" im Dichter (90) und möchte auch selbst diesem gegenüber nicht als Repräsentant des Staates, sondern als Individuum, so, wie er ist, erscheinen (74). Dieser Anspruch auf Individualität, den beide zum daseinskonstitutiven Element erheben und als Voraussetzung für ihre Unterhaltungen ansehen, wird im Laufe der neun Gespräche implizit durch die Darstellung vergangener und gegenwärtiger Verhältnisse bestätigt. Die verschiedenen, in die Dialoge verwobenen Handlungsstränge legen rein erzähltechnisch die Grundlage hierfür: "The plot lines [...] provide a framework which enables the two characters to be presented as unique individuals".[37] Über die äußere Erscheinung des Dichters erfahren wir zwar nicht wesentlich mehr, als daß er immer noch "Feuer [in den] Augen" und einen "schwebenden Blick" habe (5), daß er verschmutzte Stiefel und staubige Kleider trägt (5). Seine Lebensgeschichte und seine augenblicklichen Verhältnisse allerdings weisen auf mehr als nur den Typus des verkannten Poeten. Er wird uns, wenn auch nur episodisch, vorgestellt als Gymnasiast, als Vater, Liebhaber, Freund und, wie wir später noch sehen werden, sogar als Politiker. Wir werden vertraut gemacht mit seinen wirtschaftlichen Problemen, die ebenso wie sein Lebenswerk (das schon während seiner Schulzeit begonnene Heldengedicht) zu seinem täglichen Leben gehören. In seiner Hütte, die in einem der Stadt nahegelegenen Wäldchen liegt, sorgt er für drei Waisen, die ihm von seinem am Ohio gefallenen Freund anvertraut wurden. Auch hören wir von dem einseitigen, platonischen Liebesverhältnis des Dichters zu dem mit Franz von Lxxx vermählten, ältesten seiner drei Pflegekinder.

Ebensowenig wie der Dichter erscheint der Weltmann allein als Typus. Wir werden zusammen mit dem Dichter zu Zeugen der wichtigsten Stadien seines Lebenslaufes. Die Geschichte seiner Bildung beginnt mit der Zeit als der Weltmann noch der "Ärmste, Unbedeutendste von Allen" war (23). Sie reicht hinein bis in die Erzählgegenwart, in der wir ihn als "Minister" und "Ritter vom xxx Orden" erleben (7). In einer Reihe von Rückblenden erfahren wir Einzelheiten, die zu seinem steilen Aufstieg am Hofe führten, gewinnen aber gleichzeitig auch Einblick in seine unglücklichen familiären Verhältnisse. Selbst das "Entfernteste" (10) wird zum Gegenstand der Unterhaltungen, wodurch das Bild von beiden, dem Weltmann und dem Dichter, ausgefüllt und abgerundet wird und der "philosophische Roman" eine sehr persönliche Note erhält. Nach der Lektüre des Dialogromans signalisiert der Titel dann nicht mehr allein Typen, sondern Weltmann und Dichter sind auch zu Eigennamen für Menschen aus Fleisch und Blut geworden. In diesen Gesprächen hat, trotz des stellvertretenden Charakters beider Protagonisten, jeder "seinen eigenen Kopf mitgebracht, hat seine Meinung".[38] Oder mit den Worten des Dichters, der den Autonomiegedanken hervorhebt, ausgedrückt: 'Ich [...] fühle, daß sich jeder von uns aus sich herausgebildet hat—daß jeder selbst gefunden, was ihm tauglich war; und auch nur so konnte es sich ausründen. Ich fühle zugleich, daß jeder von uns auf seiner Stelle darum so fest steht, weil er sie selbst gefunden hat." (160)

Die Dialogform läßt die Gesprächspartner gleichwertig erscheinen; die Dialogsituation ermöglicht die völlige Gleichsetzung beider. Die Abwesenheit eines Erzählers, einer narrativen *Autorität* also, erlaubt es Klinger nicht nur den Zensoren zu entgehen, sondern unterstreicht den Anspruch auf objektive Darstellung. Die verschiedenen Perspektiven werden unvoreingenommen, dies suggeriert wenigstens die Form, vermittelt. Für Klinger ist eine solche "Offenheit" besonders charakteristisch, denn sie "bedeutet—negativ ausgedrückt—Verzicht auf Systematik, auf logisch zwingende Notwendigkeit und auf lückenlose Geschlossenheit des Denkens".[39] Die Aversion des "Dichter-Generals" gegen eine geordnete Betrachtungsweise berührt den Kern seiner Anthropologie. Diese beruht mit auf einem Verständnis der Realität, das auf einem ausgeprägten Sinn für die Geschichtlichkeit menschlicher Existenz gründet. Nichts wiederholt sich tatsächlich:

> Es giebt sehr kluge Männer, die, nachdem sie die Politik, die ganze Staatswissenschaft, und die Geschichte in Rücksicht auf selbige studirt, und die selbst erlebten Welthändel als ein Studium betrieben haben, sich feste Regeln und Grundsätze aufstellen, nach denen sie nun alles, was sich ferner ereignen mag, beurtheilen wollen. Sie gehen gar soweit, daß sie es einem Andern als Gebrechen oder Geistesschwäche anrechnen, wenn er nach den unvorhergesehenen Ereignissen über eine Begebenheit seine Maynung ändert. Diese Männer gleichen nicht übel den Wetterbeobachtern, die vom ersten Januar bis zum ein und dreißigsten December laufenden Jahrs, das Wetter aufzeichnen, und nun im künftigen immer auf denselben Tag dasselbe Wetter erwarten.[40]

Die zeitliche Gegenwärtigkeit und die Offenheit des Dialogs läßt diese Darstellungsform als konsequentes ästhetisches Medium einer solchen Auffassung erscheinen. Es überrascht daher auch nicht, daß im *Weltmann und Dichter* der Begriff der Erfahrung eine dominierende Rolle spielt, denn "Erfahrung ist immer nur in der einzelnen Beobachtung aktuell da. Sie wird nicht in vorgängiger Allgemeinheit gewußt. Darin liegt die grundsätzliche Offenheit der Erfahrung für neue Erfahrung".[41] Der Weltmann "setz[t] nichts voraus" (30), seine Beispiele stammen nicht aus Lehrbüchern, sondern aus dem "großen Buche des menschlichen Lebens" (132), er macht Erfahrung zum eigentlichen Maßstab der Urteilsbildung, denn "nur der kann gerecht urtheilen, der die losen Fäden in seiner Hand gefühlt hat, an denen [. . .] alles hängt" (77). Im *Weltmann und Dichter* und in den übrigen "philosophischen Romanen", muß nach den Worten Klingers "die Erfahrung und nicht die Theorie das Urtheil sprechen".[42] Verallgemeinerungen werden nur durch "Alter und Erfahrung" (84) legitimiert, erhalten aber keine letzte Berechtigung: "Nur der, welcher die Menschen lange handeln gesehen und recht aufgemerkt hat, der kann die Elemente, Regeln, Maximen, Züge, Beschreibungen, beym Lesen zu Fällen machen, das heißt beleben, dramatisieren—und hätte er auch keinen andern Nutzen davon, so genießt er wenigstens das Vergnügen, längst vergangene Scenen geistig zu wiederholen." (Nr. 612) Für Klinger, um hier mit Wieland zu argumentieren, ist "[d]ie Wahrheit [. . .] etwas verhältnismäßiges", ist also definiert durch das Gegenüber.[43] Sie ist, können wir mit Heißenbüttel behaupten, "nicht in der endgültig zu formulierenden Lehre zu finden [. . .], sondern eingeschlossen in Position und Gegenposition zweier Redender".[44] Gerade hierin ähnelt Erfahrung dem Dialog, denn "[d]ie Dialektik der Erfahrung hat ihre eigene Vollendung nicht in einem abschließenden Wissen, sondern in jener Offenheit für Erfahrung, die durch die Erfahrung selbst freigespielt wird".[45] Auch die Unterhaltungen zwischen Weltmann und Dichter enden nicht mit einer abschließenden "Wahrheit", sondern mit der gegenseitigen Bereitschaft, das Gespräch fortzusetzen.

Ganz aus diesem Verständnis für das "radikal Undogmatische" heraus, bleibt im *Weltmann und Dichter* die Autonomie der Person im Bereich der Dialogsituation, innerhalb der neun Unterhaltungen prinzipiell unangetastet. Der gesellschaftlich unterschiedliche Status stört diese Gleichsetzung der Gesprächspartner nicht. Stand, Herkunft, Besitzverhältnisse und Beziehungen spielen keine Rolle. Die Art der Gesprächsführung selbst verrät, daß es sich hier um Dialoge zwischen Gleichberechtigten handelt: Der Weltmann drängt dem Dichter seine Lebensgeschichte nicht auf. Er mißbraucht seine Position als Minister auch um der persönlichen Genugtuung willen nicht. Der Weltmann stellt es dem Dichter völlig frei, zu ihm zurückzukehren: "Interessirt Dich das nicht, was ich Dir ferner zu erzählen habe, so lassen wir es hiermit genug seyn" (38). Der Weltmann äußert am Anfang der fünften Unterhaltung sogar Zweifel daüber, daß der Dichter zu ihm zurückkehren werde. Dieser Umstand mag unterstreichen, wie wenig ein äußerer Zwang das Zustandekommen der Unterhaltungen bestimmt:

Der Weltmann.

Nun dießmal hast Du lange auf Dich
warten lassen!—Ich dachte schon
. . .

Der Dichter.

Was Sie von mir nicht hätten denken
sollen. So bleibe ich jetzt gewiß
nicht weg. (70)

Auch drängt der Weltmann im Laufe der neun Unterhaltungen seine Lebensgeschichte nicht auf, sondern wartet, bis ihm vom Dichter ein Zeichen gegeben wird, mit seiner Erzählung fortzufahren. Die rhetorische Frage des Dichters, "[w]o blieben Sie doch stehen?" (43), veranlaßt den Weltmann so zum Beispiel in der dritten Unterhaltung seine Erzählung weiterzuführen. Während der Unterhaltungen sind beide Gesprächspartner darum bemüht, auf den Anderen einzugehen und ihm mit einem Vokabular zu begegnen, das dem Rezipienten vertraut ist. Es geht nicht darum, den Anderen zu täuschen. Es handelt sich nicht um einen sophistischen Dialog. Beide bemühen sich um Verständigung, nicht um Manipulation. Als stellvertretendes Beispiel sei hier eine Replik des Weltmannes aufgeführt, in der er versucht, dem Dichter die Hofwelt mit Hilfe einer Metaphernsprache zu vermitteln, die der Welt des Theaters entlehnt ist: "Der Secretair ward dem Grafen vorgestellt, gut aufgenommen; und nun siehst Du ihn mit einem Male auf einem großen Theater, wo er natürlicher Weise eine, der Schaubühne und seinem Range angemessene, Rolle zu spielen hoffte." (43) Die Möglichkeit der Täuschung kommt auch offen zur Sprache. Es wird dabei explizite deutlich, daß diese Gespräche tatsächlich von der Absicht zu Offenheit und Lauterkeit geprägt sind:

> Der Weltmann.
> Indeß wie nennst Du meine Aufrichtigkeit gegen Dich? Sieht man sie so oft? Es würde mir wenig kosten, mich Deiner warmen Einbildungskraft in einem glänzenden Lichte aufzudrängen; aber ich will erscheinen, wie ich bin—wenigstens Dir. (74)

Trotz der längeren Repliken ist der Text keineswegs monologisch. Selbst die weitausholenden Rückblicke werden ständig unterbrochen. Sowohl der Weltmann als auch der Dichter sind konstant gegenwärtig. Der Dialog ist auch in diesem Sinne ein "echter". Wie wenig der Gedanke einer hierarchischen Ordnung das Verhältnis von Weltmann und Dichter bestimmt, wird auch darin deutlich, daß sich der Dichter, ohne Konsequenzen befürchten zu müssen, die Freiheit nehmen kann, die Bitte des Weltmannes eines seiner Werke zu dedizieren, abzuschlagen (42). Im fürstlichen Kabinett, in dieser besonderen Gesprächssituation, bleibt die Autonomie der Person unangetastet. Diese Autonomie ist, wie bereits erwähnt worden ist, Voraussetzung dafür, was wir hier als echten Dialog bezeichnet haben.

Nun erinnert der Weltmann an die potentielle Gefahr, die in der Ausbildung der Autonomität des Einzelnen liegt. Das Ich ist "ein gar mächtiges Ding [...]" und "wird wohl ewig die Central-Kraft der moralischen und physischen Welt bleiben" (66). Die Kehrseite der Ich-Philosophie ist synonym mit der Einschränkung der Freiheit des Einzelmenschen zugunsten der Selstkonstitution des Ich, oder, um hier mit Schlechta zu formulieren: "Macht sich aber das Einzelne als Einzelnes autonom, beginnt es zu wuchern, dann setzt auch notwendig ein Kampf um die Macht ein—ein Kampf um die Vor—um die Alleinherrschaft. Wir haben die Tyrannis und die totale Unfreiheit."[46] Ist aber der Andere, wie im Dialog, notwendiger Bestandteil des Ich, kann jedes Ich "[n]ur in der Antwort seines Du [...] seine unendliche Einheit ganz fühlen",[47] dann wird aus dem potentiellen Machtkampf ein Miteinander. Das "Wort, selbst das widersprechendste, ist" dann, wie sich Settembrini Hans Castorp gegenüber äußern wird, "so verbindend".[48] Die Herkunft des Wortes "Dialog" weist schon auf dieses, dem Dialog inhärent kommunale Element: "Das Wort 'Dialog' kommt seiner Begriffsbestimmung nach von der griechischen Medialform 'dialegesthai', das bedeutet: gemeinsam etwas in der Rede erörtern."[49] Soziologisch betrachtet, situiert sich der Dialog freilich sogar als gesellschaftskonstitutiv: "Ohne solche dialogische Prozesse gibt es kein menschliches Zusammenleben. Dialoge halten soziale Gebilde zusammen [...] Kommunikation organisiert Sozialsysteme."[50]

Nicht allein in der Bereitschaft, sich über mehrere Monate hinweg im gemeinsamen, personengebundenen Gespräch zusammenzufinden, und es auch darüber hinaus fortzusetzen, zeigt sich das kommunale Element im *Weltmann und Dichter*. Auch andere Wesenszüge des Textes signalisieren dies: Gemeinsam ist den Gesprächspartnern so z.B. die Erinnerung an die Schulzeit. Sie waren Schulkameraden am Gymnasium. Für beide markiert das geschriebene Wort Entscheidendes: Der Dichter verdankt ihm seinen schriftstellerischen Ruhm, es ist das Medium seiner Kunst. Der Weltmann verdankt ihm seinen steilen Aufstieg am Hof. Beide sind auf ihre Weise Außenseiter der Gesellschaft, beide verlieren trotz ihrer aufrichtigen Liebe eine Lebensgefährtin, da ihre Liebe nicht erwidert wird. Karl von Fxxx kreuzt die Lebenswege beider und wird zum mittelbaren Anlaß für das Zusammentreffen der Schulkameraden nach zwanzig Jahren getrennt verlaufender Lebenswege. Sowohl der Weltmann als auch der Dichter verachten sozial verantwortungsloses Verhalten und sind Gegner eines blinden Regelfetischismus. Der Weltmann kommt zu dem Schluß, daß seine Lebensweise letztlich in Art und Zweck mit der des Dichters übereinstimmt: "Beyde sind Kunstwerke" (130). Im freundschaftlichen "Du" am Ende der neunten Unterhaltung versinnbildlicht sich das Gemeinsame in einem Schlußakkord. Der Wunsch des Weltmannes hat sich erfüllt: Sie haben sich "in einander—nicht aus einander" geredet (54).

In dieses Ideal dialogischer Kommunikation zwischen Weltmann und Dichter wird auch der Rezipient des Textes, der Leser, mit einem besonders hohen Grad an Intensität enbezogen. Das Gespräch erlaubt es nicht, nur zu lesen, "um auszuruhen, um nicht selbst zu denken, um sich von einem Andern Gedanken vorsagen zu lassen" (Nr. 427). Wie es dem "geschickten Scribenten" gebührt, so nach dem ersten Theoretiker des Romans, Blankenburg, "verbirgt er sich und läßt nur seine Personen sehen".[51] Der Leser muß selbst die vermittelnde Rolle des Erzählers übernehmen. Dadurch wird "die Aktivität des Lesers stimuliert".[52] Dies geschieht aus der für das Aufklärungszeitalter typischen Denkweise heraus, "daß am Zustandekommen von gesellschaftswirksamen Bedeutungen auch der Leser mitarbeiten muß".[53] Denn auch den Worten des Weltmannes gemäß, gehen "nur die Stillsitzenden, die Schmoller [...] leer aus" (42). Hier deutet sich schon, wenn auch nur implizit, das "interessegebundene" Denken Klingers an.

Obgleich der Dichter dem Weltmann in anfänglicher Geringschätzung und möglicherweise latent vorhandener Unsicherheit die persönliche Anredeform versagt und ihm darüber hinaus ein Miteinander mit den "Prosaisten" unmöglich erscheint (14), ist der Dichter dem Weltmann näher, als es sein auf Distanz bedachtes Verhalten annehmen lassen möchte. Ein auf den ersten Blick kaum wahrnehmbarer "Rollentausch" markiert dies. Im Laufe der Unterhaltungen erweist sich, nach Osterwalder, nämlich kurioserweise "[d]er Weltmann [...] als Dichter, und der Dichter wird zum Weltmann".[54] Diese Umkehrung betont mit das imminent Gemeinsame, das beide verbindet. Gleichzeitig bekräftigt dieser bis in extremis, bis in die Überführung in das Gegenüber vollzogene Rollentausch unsere Argumentation, daß wir es nicht allein mit Repräsentanten bestimmter Personengruppen zu tun haben, sondern mit Individuen. Die Autonomie des Ich bleibt dabei nicht nur unversehrt, sondern wird in einem sozial konstruktiven Sinn bestätigt. Weder verzichtet "der Weltmann auf seine weltmännische Art, noch der Dichter auf sein Dichtertum, vielmehr bringen sie ihre Bereiche zur Deckung und können darin jeder die Rolle des anderen annehmen, ohne auf sich selbst verzichten zu müssen".[55] Wie manifestiert sich dieser Rollentausch nun im Einzelnen?

Der Weltmann verdankt seine beispiellose Karriere am Hofe nicht nur dem Zufall, jenem "wahre[n] Gott der politischen Welt" (22). Verantwortlich zeichnen sich auch seine scharfe Beobachtungsgabe, seine Menschenkenntnis und weitere Talente, die man gern mit den Begabungen und Eigenschaften eines Schriftstellers in Verbindung bringt. Der Weltmann besitzt eine außerordentlich profilierte Feder und ein ebenso großes Geschick im Erzählen. Ein "Meisterstück der Zunge" bringt ihm die Beförderung zum "geheime[n] Secretair" ein (84). Der Weltmann ist vertraut mit den Erzähltechniken der Schriftsteller, wie ihm der Dichter selbst bescheinigt: "Heute benutzt der Weltmann den Kunstgriff des Dichters—er spannt [...] die Neugierde, um mehr zu wirken" (135). Für den Weltmann ist dies nicht angelerntes Können, sondern "bloße Natur" (136). Der Weltmann nähert sich dem Dichter auf diese Weise, um, wie oben bereits erwähnt, besser auf seinen Dialogpartner eingehen zu können, um dem Dichter auf dem ihm vertrauten Grund und Boden zu begegnen, wodurch der Prozeß der Kommunikation erleichtert und effektiver wird. Den Gedanken sophistischer Täuschungsmöglichkeit kann man natürlich auch hier nicht ausklammern. Der Text bietet jedoch über dieses für jeden Text vorhandene Potential zur Täuschung hinaus keine Anhaltspunkte, die zu einer Annahme in dieser Richtung berechtigten. Sowohl dem Dichter als auch dem Weltmann ist es am offenen Gedankenaustausch gelegen. Darüber hinaus unterstreicht diese zunächst allein linguistische Überschneidung das dem Dialog zugrundeliegende Element des Gemeinsamen. Der Text liefert zahlreiche überzeugende Beispiele, die den Weltmann mit dem Dichter und seiner Welt in enge Verbindung bringen. Dementsprechend vergleicht der Weltmann die Staatskunst überhaupt gern mit der Dichtkunst. Jene lerne "man so, wie man Dichten lernt" (107). Er sieht sich, sein Leben, seine Rolle im Staatsapparat und den Hof selbst als ein Theater an. Er spricht von dem "Theater [s]einer Thaten" (132, Apparat), er behauptet an anderer Stelle, das Leben am Hofe sei ein Schauspiel (93) und käme einer spanischen Komödie gleich (69). Er selbst sei einer der Autoren, denen das Publikum zujubelt: "Oft vergißt [. . .] der Autor [. . .] diesen oder jenen nach Verdienst zu strafen oder zu belohnen—und doch klatscht alles" (69). Auch ist der Weltmann sowohl auf dem Gebiet der belles lettres als auch im Bereich der Philosophie sehr bewandert. Weder Platon noch Klopstock sind dem Realpolitiker, Pragmatiker und "Dichter" unbekannt (20f.). Klinger selbst betont in einer seiner Aphorismen die schon von der Antike her bekannte *Trennung* als auch *Verbindung* der beiden Bereiche "vita activa" und "vita contemplativa"[56]: "Die schönste, seltenste und glücklichste Vermählung unsrer Geisteskräfte ist die, der hohen dichterischen Einbildungskraft mit der Vernunft des Mannes von Geschäften, der in der Welt lebt, leben muß und Dichter bleiben will, weil er hierin seinen schönsten Genuß, seine festeste Stütze findet." (Nr. 123) Die Belesenheit des Weltmannes erlaubt es ihm sogar sich wertend zu dieser, nach seiner eigenen Ansicht der Politik fremden Welt zu äußern. Dabei stellt er die französische Dichtung über die deutsche (75) und gestattet es sich, die Menschenkenntnis eines Sokrates zu beurteilen: "Sokrates war ein kluger Mann, und kannte die Menschen, für einen Philosophen, recht gut." (28) Der Umstand, daß der Weltmann und nicht der Dichter die Rolle des Erzählers einnimmt, zeigt jenen Rollentausch jedoch am deutlichsten auf. "Der Dichter hat schlußendlich nur zu erzählen, warum er keine Geschichte zu erzählen hat".[57] Ein rein quantitativer Vergleich ergibt, daß dem Weltmann im Durchschnitt viermal mehr Zeilen zukommen als dem Dichter. In der vierten Unterhaltung steigt das Übergewicht bis zu einem überraschenden Verhältnis von 12:1 zugunsten des Weltmannes. Erst in der neunten Unterhaltung sind Rede und Gegenrede weit ausgeglichener verteilt als in den acht Unterhaltungen zuvor.[58] (Der Gedanke einer Kongruenz zu der in der neunten Unterhaltung nun auch formal hergestellten Anerkennung des anderen durch das vom Dichter erstmalig verwandte "Du", drängt sich bei diesem Vergleich auf.) Der Weltmann setzt weiterhin die Geschichte seines Lebens, die er dem Dichter im Laufe der Unterhaltungen erzählt, mit dem Heldengedicht, dem Lebenswerk des Dichters, gleich: "Was ich Dir zu erzählen habe, ist auch ein Heldengedicht—zwar nicht in einem so hohen Tone, aber durch

Mittel, Zweck, That und Werk doch ein Heldengedicht." (20) Der Weltmann, dessen Grundsatz es ist, "nie etwas für einen Andern zu thun, wobey [er sich] schaden kann, und alles zu thun, wobey [er] keine Gefahr l[ä]uf[t], oder gewinn[t]" (17), sehnt sich "seit einiger Zeit [...] nach Träumen" (156). So spricht nun sicherlich nicht der Typus Weltmann. Er ist hier der Dichter, wie er uns als Typus vorschweben könnte. In umgekehrter Weise gilt genau das gleiche für den Dichter.

Einerseits steht außer Zweifel, daß den Dichter Selbstlosigkeit auszeichnet, daß er kein Interesse am gesellschaftlichen Fortkommen hat und sich für seine Mitmenschen einsetzt. So sorgt der Dichter für "Franz von Lxxx, seine Gattin,—ihr Kind—die zwey Kleinen [gemeint sind die beiden jüngeren der drei Waisenkinder, deren Pflegevater der Dichter wurde]—[s]eine Mutter" und drei Gehilfen (55). Andererseits gilt es nicht zu übersehen, daß sein Besuch, den er dem Weltmann erstattet, ursprünglich allein zweckgebunden ist. Überhaupt ist sein Verhalten zunächst von der Fragestellung eines Pragmatikers bestimmt: "Wozu? Was könnte es nützen?" (16) Dies ist die Reaktion des Dichters auf den Vorschlag des Weltmannes ihr Gespräch fortzusetzen und dem Weltmann damit die Möglichkeit zu geben, seine Handlungsweisen zu rechtfertigen. Der Weltmann muß den Dichter darauf stoßen, daß er hier aus seiner Rolle fällt: "Thust Du doch sonst so wenig, des Nutzens wegen!" (16). Der Dichter erscheint nicht als der Kontemplative. Er urteilt rasch (78), ist derjenige, der die Initiative ergreift, der handelt, indem er den Weltmann aufsucht. Er verläßt nicht nur physisch, sondern auch im übertragenen Sinn seinen "Dichterhain" und begibt sich an den Hof, in die Welt der Politik. Ja, er wird im weitesten Sinne des Wortes selbst zum Politiker. Er besucht den Weltmann nicht etwa aus alter Verbundenheit, sondern als Mittelsmann mit einem klar definierten Ziel vor Augen. Er erzählt nicht, sondern fordert, bis letztlich seine "Waisen [...] ein Jahrgehalt bekommen" (53). Er ist weder zuvorkommend, noch unvoreingenommen. Er ist auf Distanz bedacht und zeigt zunächst kein Interesse an einem Gedankenaustausch, der über das rein zweckmäßige hinausginge. Er ist der Weltmann, wie er sich als Typus ausnehmen könnte. Ganz im Gegensatz also zu dem im Text dargestellten Weltmann als Dialogpartner. Wir können Osterwalder zustimmen, wenn er diesen "Rollentausch" zusammenfassend folgendermaßen formuliert: Der Weltmann [...], indem er seine Geschichte erzählt, wird [...] zum Dichter; der Dichter, indem er für die Familie seines verstorbenen Freundes sorgt und seine eigene Geschichte als unerzählbar erklärt und zum Weltmann kommt, verläßt seinen moralischen Bereich einer Schein-Freiheit und wird damit selbst zum Weltmann.[59]

Ein dynamisches Verhältnis zwischen Weltmann und Dichter,

zwischen Typischem und Individuellem, zwischen dem Einzelnen und der Gemeinschaft (zwischen Text und Leser) deutet sich in Klingers Roman an. Polarität und Affinität in Einem definiert nun gerade aber auch den Dialog. In ihm existiert das Eine im Grunde nicht ohne das Andere. Erst in einer Verbindung von autonomen Elementen konstituiert sich paradoxerweise der echte Dialog: "In any actual dialogue the rejoinder [. . .] leads [. . .] a double life: it is structured and conceptualized in the context of the dialogue as a whole, which consists of its own utterances and of alien utterances. One cannot excise the rejoinder from this combined context made up of one's own words and the words of another without losing its sense and tone. It is an organic part of a heteroglot unity."[60] Selbst in Klingers Vorrede zu seinen Werken wird deutlich, daß er auch in seinem Entwurf der Romandekade von diesem Prinzip, das dem Dialog als solchen zugrundeliegt, geleitet wurde. Jedes Werk soll "ein für sich bestehendes Ganze ausmachen", also autonom sein, und "sich am Ende [mit den anderen Romanen] zu einem Hauptzweck evereinig[en]", d. h. ein gemeinsames Ganzes ausmachen.[61] Das der Dekade zugrundegelegte Prinzip überschneidet sich mit dem des Dialogs und mit dem des *Weltmann und Dichter*. Sowohl der Dichter als auch der Weltmann sind sich einig darüber, daß es "verschiedene Ganze" gibt, und daß "jeder Verständige Sinn für das Ganze des Andern haben" muß (90). Und sie warnen: "Wer nur das zu achten weiß, was er selbst treibt, wird uns die Einschränkung seines Geistes in allen Äußerungen zeigen—wird mit seinem eignen Ganzen selbst nie auf das Reine, das Wahre kommen" (90).

Fassen wir die bisherigen Ergebnisse zusammen: Es ist deutlich geworden, daß in diesem Roman Klingers die Protagonisten in einer Reihe von Gespächen begriffen sind, die dem entsprechen, was wir als echte Dialoge bezeichnet haben: Der Weltmann und der Dichter werden als ausgeprägte Individuen dargestellt, deren Status als autonome Einzelmenschen unangetastet bleibt. Trotz unterschiedlicher gesellschaftlicher Positionen herrscht Gleichwertigkeit zwischen den Redepartnern. Offenheit und Zwanglosigkeit kennzeichnet weiterhin die dargestellten Diskurse, als deren erklärtes Ziel nicht Manipulation und Täuschung, sondern Verständigung und "Wahrheit" erhoben wird. Der Text liefert keine Indizien, die es plausibel erscheinen lassen, daß dieses Ziel nicht ernsthaft verfolgt wird. Soziologisch bestimmt diese Gespräche ein ausgeprägter Sinn für das Gemeinsame. In diesen Dialogen, denen hierarchische Strukturen fremd sind, wird ein *Miteinander von autonomen Elementen*, wird mit dem Weltmann und dem Dichter eine *heteropolare Einheit* realisiert.

Betrachten wir den echten Dialog als eine Theorie emanzipatorischer Praxis, wird dann hier, im Bereich der Fiktion, Theorie tatsächlich in Praxis überführt? Denken wir an das Verhältnis zwischen Weltmann und Dichter und ihr Verhalten zueinander, dann können wir diese Frage bedingt bejahen: Aktualisiert wird diese Theorie allein auf der Ebene der Kommunikation und ausschließlich im Rahmen der außerordentlichen Unterhaltungen zwischen Weltmann und Dichter.

Wenn nun die Utopie einer "dialogischen" Realität im *Weltmann und Dichter*, sei es auch nur bedingt, verwirklicht ist, situiert sich der Text dann geistesgeschichtlich nicht lediglich als eine literarische Variante des Humanitätsideals der Aufklärung? Ein Vergleich mit Lessings *Nathan* oder seinem in Dialogform abgefaßten Prosafragment *Ernst und Falk* legt einen solchen Einwand nahe.[62] Lessings Anthropologie setzt nicht mit der Reduktion der als gegeben erkannten Unterschiede zwischen den Menschen ein, sondern allein mit dem Einfühlungsvermögen in den Anderen und das Andersartige. Für ihn wird der Gedanke des gegenseitigen Verständnisses, der Toleranz zur Grundlage von Sozialsystemen. Die Prophezeihung des Weltmannes, daß er mit seiner "Geschichte" den Dichter "schon noch toleranter machen" werde, ruft im Dichter eine Reaktion hervor, die im Zusammenhang mit der Behauptung des Weltmannes impliziert, daß zwischen der Teilnahme am Gespräch und dem Gedanken der Toleranz eine enge Beziehung besteht. Der Dichter antwortet dem Weltmann mit den Worten: "Noch toleranter?—Sie setzen also voraus, daß ich schon tolerant geworden, oder wenigstens auf gutem Wege dazu bin?" (30). Hills Auslegung des *Weltmann und Dichter* spielt auf diese Parallele zu Lessing an und schließt damit eine Einordnung des Romanciers als Epigonen der Aufklärung mit in seine Behauptung ein, wenn er schreibt: "The conclusion of the novel is [...] a broadening of each position to allow tolerant acceptance of the validity of the other."[63] Es wird hier von Hill ein von der Klinger-Forschung bereits vorgegebener Wert auf den *Weltmann und Dichter* übertragen, der zusammen mit anderen vor allem für die Aufklärung von primärer Bedeutung ist und der gleichzeitig auch den Dialog als anthropologisches Phänomen konstituiert: Wie wir mit dem Vorausgehenden am Text des *Weltmann und Dichter* zu zeigen versucht haben und Winter für den Dialog im achtzehnten Jahrhundert überhaupt nachgewiesen hat, signalisiert der Dialog "zumindest formal die Gleichheit der Redepartner [...], ihre Redefreiheit und gegenseitige Toleranz, [...] sowie ihren Willen, selbständig und zugleich gemeinsam zu denken und zu argumentieren".[64]

Die Wiederentdeckung und Blüte des Dialogs im achtzehnten Jahrhundert läßt sich auf diese Affinität von Dialog und idealtypischem aufklärerischen Gedankengut zurückführen.[65] Der Dialog kann somit im literarischen Bereich als eine ästhetische Manifestation des Humanitätsideals ausgelegt werden. Ist damit aber schon jenes "Reine", wovon sowohl Klinger als auch der Weltmann hinsichtlich der neun Unterhaltungen im *Weltmann und Dichter* sprechen, bezeichnet (92)?[66] Die in diesem Roman dargestellte realpolitische Wirklichkeit, um mit dem Weltmann auf diese Frage zu antworten, erfordert "das Gegentheil von allem dem Gesagten" (57). Was im Dialog zwischen Weltmann und Dichter gilt, gilt nicht außerhalb der Sphäre dieser Unterhaltungen. Was wir bisher festgestellt haben, gilt nicht für den Roman insgesamt, sondern bezeichnet nur einen Teil. Die Theorie eines "herrschaftsfreien" Dialogs wird im *Weltmann und Dichter* letztlich in der sozialpolitischen Öffentlichkeit als nicht aktualisierbares Modell abgelehnt. Der Roman markiert *nicht* eine Überführung von Theorie in Praxis, sondern handelt von der Unmöglichkeit, diese Trennung aufheben zu können. Im folgenden Teil soll diese Hypothese verifiziert werden.

III

Verlassen wir die unmittelbare Ebene des Textes, erwägen wir die historische Situation, in der dieser Roman entstand und denken wir an den sozial-politischen Standort des Autors Klinger, dann ist der Schritt zu der kritischen Einsicht nicht weit, daß eine solche im *Weltmann und Dichter* dargestellte "dialogische Anthropologie" ein Modell ist, das sich "in der wirklichen Welt" nicht anwenden läßt,[67] "zu reiner Ideologie werden kann".[68] Als "Skeptiker in der Theorie, aber wahrlich nicht in der Praktik", als ausgesprochener Systemgegner und Verfechter von realitätsfernen Idealen, mußte Klinger der "echte" Dialog als aktualisierbare Theorie suspekt erscheinen.[69] Der Vorwurf, daß "die Schriftstellerei", wie es im *Neuen Teutschen Merkur* aus dem Jahre 1792 zu lesen war, "immer mehr und mehr bloße Handlungsspekulation" sei, beherrschte im ausgehenden achtzehnten Jahrhundert überhaupt das Podium der intellektuellen Öffentlichkeit.[70] Auf die für Klinger von seinen *Zwillingen* an wichtige Dichotomie von Theorie und Praxis zugespitzt formuliert bedeutet dies für den Dialog, daß dessen "Struktur [...] weder spezifisch praxisbezogen, noch eindeutig präliminar für wirkliches Handeln" ist.[71] Der Dialog ist demnach auch zu denjenigen von Klinger verworfenen Theorien zu zählen, "welche [...] Schwärmer [...] von den ältesten bis zu den neuesten Zeiten aufgeführt haben" (33f.).

Die historische, sozial-politische Realität im Deutschland des achtzehnten Jahrhunderts steht dem auch durch den Dialog gekennzeichneten Gedanken der Emanzipation verneinend gegenüber. Weit eindringlicher ausgeprägt als im spätfeudalen Deutschland mußte Klinger dieses Dilemma, das sich auch als Interessenkonflikt zwischen Adel und aufgeklärtem "Bürgertum" begreifen läßt, in Rußland, am Petersburger Hof erscheinen. "Ein selbstbewußter

Dritter Stand, der die Ideen der Aufklärung in der politischen Praxis hätte durchsetzen können, fehlte völlig."[72]

Sollte der *Weltmann und Dichter* etwa "die Enttäuschung des Individuums spekulativ kompensieren, die historisch zugewachsenen Kräfte der Subjektivität nicht in praktischen Lebensverhältnissen realisieren zu können"?[73] Vielleicht ist der Gedanke einer autonomen Dichtkunst von Klinger mitgedacht worden, der *Weltmann und Dichter* deutet jedoch auf das Gegenteil. Wie gezeigt werden soll, bestätigt der Roman (unabhängig von den möglichen Intentionen des Autors und der eigentlichen historischen Situation), was sich hier als Widerspruch zwischen den bisherigen Ergebnissen der Textanalyse und den lediglich angedeuteten, außertextlichen Umständen ausnimmt: Die Theorie, die dem "echten" Dialog zugrunde liegt, soll und kann in der öffentlichen, sozial-politischen Sphäre nicht geübte Praxis werden.

Zeitgeschichtlich situiert sich der *Weltmann und Dichter* zwischen dem amerikanischen Unabhängigkeitskrieg und der Französischen Revolution.[74] Die neun Unterhaltungen finden damit vor einem historischen Hintergrund statt, der (in noch stärkerem Maße als die eigentliche historische Realität in den Jahren unmittelbar nach der Französischen Revolution) den Idealen dialogischen Denkens von Toleranz, Individualität, Gleichheit, Offenheit und Freiheit grundsätzlich Widerstand leisten mußte. Dieser fiktiven historischen Realität entsprechend kann man an dem im *Weltmann und Dichter* dargestellten deutschen Hof "allenfalls an untergeordneten Dienern eine gewisse [...] gebietende und trotzende Ehrlichkeit ertragen" (10). Mit der absoluten Aufrichtigkeit des Dichters ist "in hohen Posten gar nichts auszurichten" (10). Realitätsverhältnisse werden beschrieben, die es nur selten erlauben, "sich ohne Laster [...] zu erhalten" (16). In jenem "Chaos der menschlichen Gesellschaft" (25) werden dessen Mitglieder als "[d]as allerzweydeutigste, betrügerischste, lügenhafteste, unzuverlässigste Geschlecht, im Ganzen" sowohl vom Weltmann als auch implizit vom Dichter bezeichnet (31).

Rousseaus Bestandsaufnahme sozialer Praxis im achtzehnten Jahrhundert hätte sich ebenso auf den *Weltmann und Dichter* beziehen können, der "kein anderer Roman der Zeit [...] diese Einsicht in den komplizierten Gang der intriganten Maschinerie eines Hofes, diese subtile Zergliederung der hintergründigen Vorgänge in der Politik" besitzt:[75] "Quel cortege de vices n'accompagnera point cette incertitude? Plus d'amitiś sinceres; plus d'estime réelle; plus de confiance fondée; les soupçons, les ombrages, les craintes, la froideur, la réserve, la haine, la trahison, se cacheront sans cesse sous ce voile uniforme & perfide de politesse, sous cette urbanité si vantée que nous devons aux lumieres de notre siecle."[76]

Die Handlungsweisen des Weltmannes ähneln dieser vor allem an der französischen Hofkultur orientierten Darstellung Rousseaus. Auch der Weltmann gehört zu denjenigen Menschen, die, wenigstens an der Oberfläche, nicht so gut sind, wie "die Bücher [oder in unserem Fall der Dialog] und idealisirende[n] Moralisten bereden" wollen (22). Schon während seiner Schulzeit gelingt es dem Weltmann allein durch List ein Empfehlungsschreiben zu erhalten, das seine "erste Anstellung [...] bewirkt [...] hat" (26). Als Beamter am Hofe fälscht er Dokumente, hintergeht seine Vorgesetzten und fördert seine Karriere durch ein verwickeltes Spiel von Manipulation und Täuschung. Auch zeichnet er sich für den vom Dichter (und von vielen Zeitgenossen Klingers) scharf verurteilten Söldnerhandel mitverantwortlich. Er schlägt "dem Fürsten vor,—zweytausend Mann oder darüber in Englischen Sold zu geben" (122). Die Entrüstung des Dichters scheint gerechtfertigt und seine Abneigung gegen den Weltmann verständlich. Und dennoch erreicht der Weltmann, nach diesem Roman, nur auf diese Weise das wenige Gute, das er tun kann. Die sechste Unterhaltung soll helfen, diesen Sachverhalt zu veranschaulichen.

Ein bezeichnendes Beispiel realpolitischer Praxis und des Erfolgs "versteckter Moralität" liefert eine Episode, die der Weltmann dem Dichter in der sechsten Unterhaltung erzählt. Der Inhalt ist in seinem Gerüst folgender: Der Weltmann wird durch seine Fürsprache beim Minister in einer rechtmäßigen Angelegenheit nach dem ungeschriebenen Gesetz des Hofes zum Schuldner des Ministers. Die Aufforderung, den vom Weltmann befürchteten Gegendienst zu leisten, läßt nicht lange auf sich warten. Lxxx, der Vater des Franz von Lxxx, ein ebenso rechtschaffener wie naiver Mann, ist wegen seiner freimütigen Kritik der Hofwelt zum Feind des Ministers geworden. Ohne es offen auszusprechen, erwartet der Minister vom Weltmann, daß er die Kenntnis von einem Aktenstück verschweigt. Es geht dabei um das einzige Exemplar einer Unterlage, die die Legitimität eines Handels zwischen Lxxx, den der Minister stürzen möchte, und dem Landesfürsten bezeugt. Ohne diese Urkunde, von der Lxxx aus Gutgläubigkeit keine Abschrift angefertigt hat, ist Lxxx verloren: "Sein ganzes Schicksal, seine Ehre, alles was ihm noch übrig war, hing diesen Augenblick von einem einzigen Stück Papier ab." (98) Es gelingt dem Weltmann jedoch Lxxx vor dem sicheren Ruin zu bewahren. Sein Vorgehen in dieser Angelegenheit konnte, um auf einen Erfolg hoffen zu dürfen, nicht öffentlich sein. Nur im Rahmen der für die Hofwelt geltenden Regeln und der Kenntnis der Verhaltensweisen der Hofleute gelingt es dem Weltmann sein Ziel, Lxxx zu helfen, zu erreichen. Eine dem "echten" Dialog diametral entgegengesetzte Welt ist es, in der der Weltmann sich bewegt: Im gemeinsamen Gespräch möchte der Weltmann den Dichter "ein wenig von [seinen] Vorurtheilen zu heilen suchen" (93), während es am Hofe darum geht, das "Vorurtheil so viel als möglich zu bestärken" (97). Die Bedingung dafür, daß der Weltmann dem Dichter die "Wahrheit" anvertraut, ist das private Gespräch, an dem nur sie beide teilhaben dürfen. Am Hofe würde eine solche unöffentliche Situation dem Verdacht einer beabsichtigten Täuschung unterliegen: "Und Wahrheit—Wahrheit—die muß dem Fürsten in Aller Gegenwart—seys's im Kabinet, oder im geheimen Rathe—gesagt werden, nie unter vier Augen, weil sonst Wahrheit leicht wie Falschheit [. . .] aussieht." (107) Möchte der Weltmann dem Dichter so erscheinen wie er ist (74), geht es am Hofe darum, "nicht zu scheinen, was [man] wirklich im Innersten" ist (97). Das Gespräch zwischen Weltmann und Dichter ist ein ungezwungenes. Es herrscht das Gebot absoluter Freiheit (75). Das Gegenteil gilt für das Leben am Hofe. Dort herrscht "das steifste, zwangvollste Ceremoniel" (94). Offenheit und Aufrichtigkeit bestimmt das Verhältnis zwischen Weltmann und Dichter. Am Hofe muß man "alles mit einem Nebel überziehen" (101). Ist Sprache im echten Dialog das Vehikel zu einer beabsichtigten genuinen Kommunikation, wird sie am Hofe bewußt zum Werkzeug des Sophisten. Suggestion, Manipulation, Täuschung und Irreführung bestimmen den Einsatz der Sprache am Hof:

> Es kommt also darauf an, [. . .] Worte fallen zu lassen, die für den Horcher einen ganz unschuldigen Sinn haben—selbst für den, zu dem sie eigentlich gesagt sind—die aber doch so viel enthalten, daß sie seine Aufmerksamkeit reitzen, gewisse erschlaffte Fäden in seinem Gehirne spannen; Leute anzutreiben, daß sie wieder erzählen, was sie erzählen sollen, damit der, den es betrifft, verstehe oder merke, was man ihn gern wissen lassen will, daß er absehe, was gemeynt ist; und es so zu machen, daß keiner begreift, woher es kommt, und doch jeder klar einsieht, was ihm zu thun obliegt. (101)

So gelingt es zum Beispiel dem Weltmann Lxxx, ohne daß er es ihm direkt mitteilte, wissen zu lassen, daß ihm angeblich nichts von jenem Aktenstück bekannt sei. Der Weltmann muß auf diese versteckte Weise handeln, damit er bei dem Minister nicht in Verdacht gerät, Lxxx unterstützen zu wollen. Weiterhin wird Lxxx durch dieses Manöver dazu veranlaßt, einen Brief an den Weltmann zu schreiben, der die angebliche Distanz zwischen Weltmann und Lxxx bestätigt, den Weltmann aber gleichzeitig als Zeugen nennt, der die Existenz des bewußten Aktenstückes bestätigen könnte. Der Weltmann hofft, daß so die ganze Angelegenheit offen beim Minister zur Sprache käme, und der Minister davon absehen würde, weiter gegen Lxxx vorzugehen. Der Plan mißlingt jedoch. Der Minister treibt ganz im Gegenteil das Versteckspiel weiter. Die einzige Möglichkeit Lxxx zu retten, ist, den Landesfürsten, ohne dessen

Wissen, das Aktenstück noch einmal unterschreiben zu lassen. Diesmal ist der Weltmann erfolgreich. Wiederum "[u]nsichtbar" handelnd (101), spielt der Weltmann Lxxx das Aktenstück in die Hände. Lxxx ahnt zwar nach dem für ihn glücklichen Abschluß des Verfahrens gegen ihn, daß der Weltmann ihm geholfen hat, die Angelegenheit kommt jedoch nicht offen zur Sprache. Sie bleibt im Dunkeln, wie letztlich überhaupt im Dunkeln bleibt, wer noch an der Verschwörung gegen Lxxx beteiligt war. Nur Ahnung, Möglichkeiten und unausgesprochene Verdächtigungen bleiben. Für Aufrichtigkeit, Offenheit und "Wahrheit" ist am Hofe kein Platz, wenn man sich seines Erfolges gewiß sein möchte. Hätte sich der Weltmann nach den Prinzipien des echten Dialogs gerichtet, hätte er sich selbst und Lxxx geschadet. Lxxx wollte als aufrichtiger Mann "recht; aber er vergriff sich in den Mitteln", weil er auch am Hofe Aufrichtigkeit voraussetzte (87).

Der Dichter sanktioniert die Verhaltensweise des Weltmannes und verzeiht ihm den unterschobenen Brief: "Und verletzte auch Ihre That die strenge Moral, so rechtfertigt Sie der Bewegunsggrund, der Zweck derer, [...] die Sie zu diesem Rettungsmittel zwangen." (114) In der politischen Wirklichkeit muß die "Wahrheit" verborgen bleiben, damit moralisch gutes Handeln überhaupt möglich wird. Es gilt "[a]us dem vielen Kleinen recht viel Nützliches" zusammenzusetzen, wie es in einem der Aphorismen aus Klingers *Betrachtungen und Gedanken* heißt (Nr. 246).

An der moralischen Gesinnung des Weltmannes ist, trotz seiner suspekt erscheinenden Handlungsweise, letztlich nicht zu zweifeln: "Wem es aber das Schicksal oder die Umstände zulassen, eine schöne, edle, große That zu thun, der danke ihnen und dem Schicksal. - Ich, ich selbst, würde für ein solches Glück wohl mein nicht leicht erworbenes hingeben können." (73) Der Weltmann versucht innerhalb der durch die realpolitische Situation gesteckten Grenzen des Machbaren und mit den Mitteln des als gegeben anerkannten Herrschaftssystems, dem dialogischen Denken gemäß zu wirken. So hilft er Lxxx, veranlaßt ein Jahresgehalt für die Waisen des Dichters und auch dem Protegé des Dichters, Franz von Lxxx, wird wunschgemäß geholfen. Er wird "zu einer ansehnlichen Stelle berufen" (89). Die ganze Handlungsweise des Weltmannes läuft also darauf hinaus, versteckt zu verwirklichen, wofür der Dichter und auch der Dialog, den Absolutheitsanspruch ausgenommen, stehen: nämlich moralische Verbundenheit. An der Oberfläche erscheint der Weltmann dem Dichter fremd, seine Zielsetzungen stimmen jedoch mit denen des Dichters überein. (Der Weltmann kann, im Gegensatz zum Dichter, jedoch tatsächlich helfen.) In diesem Sinne ist der Weltmann auch ein Dichter, wie der folgende Aphorismus stellvertretend noch einmal bekräftigen soll:

Der Fürst.
Ist die Tugend etwa in unserm Alltagsleben etwas anders? Hat sie nicht alle Eigenschaften der hohen Poesie? Idealischen Sinn? Erhabenheit und Stärke der Seele? Schwebt sie nicht hoch über der Erde und ihren niedrigen Verhältnissen? Beruht nicht sie, wie jene, auf der immer selbstständigen Kraft des Menschen? Ist sie nicht eine Trennung von allem Gemeinen—Prosaischen—(Nr. 354)

Jene "'getarnte' Moralität verleiht der Figur des Weltmannes", wie Segeberg herausstellt, "sympathische Züge".[77] Sie mag sogar dazu verleiten, mit dem Weltmann übereinzustimmen, wenn er, seine eigene Umwelt verteidigend, behauptet, daß, trotz der offensichtlich skrupellosen und unmoralischen Verfahrensweisen, "der Hof weder [...] Hölle [...] noch [...] Paradies" sei (93). Im *Weltmann und Dichter* wird das feudal-absolutistische Herrschaftssystem vorausgesetzt. Innerhalb dieser Regierungsform zu handeln bedeutet aber Konformität, die wiederum nur eine "getarnte Moralität" zuläßt. Am System wird im *Weltmann und Dichter* zwar Kritik geübt, über es hinaus wird aber nicht gedacht. So kann der Weltmann dem Dichter aufgrund seiner Erfahrungen auch raten, sich bewußt an der Realität zu orientieren und nicht allein von einer Tugend zu träumen, "die wohl den Einzelnen glücklich machen, aber nie die Händel der Welt leiten und befördern kann" (16): "Ja Träume! die sind des Dichters Reich und Labsal—Und doch taugt der zum Dichter nicht, der nur glücklich träumen will. [...] [D]ie Gemählde[müssen]wahr seyn, die er uns [...] aufstellt. Nutzen können sie doch wahrlich nicht, wenn Ihr die Mittel zu dem Zwecke nur in dem Reiche der Träume sammelt." (85)

In der Praxis des politischen Alltags werden im *Weltmann und Dichter* Kompromisse als Notwendigkeit dargestellt. Auf den ersten Blick ist ein solches von Kompromissen bestimmtes Verhalten nicht immer auf seinen moralischen Wert hin durchschaubar. Dem Weltmann ist es daher "darum zu thun, daß ihn der Dichter auch da herausfinde, wo er zwey Gesichter zu tragen scheint" (132). Das Gespräch kann zur Manipulation mißbraucht werden, kann lediglich ein barockhaftes, "geschmücktes Wortgepränge" sein (78), kann aber auch dazu dienen, sich über die Wirklichkeit zu verständigen, "das Erfahrene zu benennen, zu ordnen, in einen Zusammenhang zu bringen".[78] Der echte Dialog kann dazu verhelfen sich "von dem bloßen Scheine keiner That, Rede oder Handlung [...] blenden oder täuschen zu lassen" (25). Dieser Dialog dient der "praktische[n] Aufklärung"—er ist ein Mittel zur Unterscheidung wahrer von täuschenden Interessen.[79]

Nicht nur Worte, sondern auch Taten werden oft falsch eingeschätzt:

Der Philosoph.

Sie nehmen meine Worte in einem ganz andern Sinne, als ich sie dachte.

Der Fürst.

So geht es Ihnen oft bey unsern Thaten. (Nr. 365)

Das gemeinsame Gespräch kann zu der nötigen Erkenntnis verhelfen, die dann als Grundlage zu sozial wirksamen Handeln dienen kann:

> Zwar mag es so sein, daß man in der Praxis nur solche Zwecke verfolgt, die man für gut oder zuträglich hält, aber das Gut-Scheinen von Zielsetzungen ist, auch wenn es durch tätigen Einsatz legitimiert wird, keine Garantie für das Gut-Sein. Es muß mit der Möglichkeit gerechnet werden, daß ein aktives Handeln sich über seine wahren Interessen täuscht. Dagegen empfiehlt die Philosophie seit altersher eine besondere Abhilfe: man solle sich in eine gemeinsame Prüfung und Beratung mit anderen begeben, um herauszufinden, was dem Handeln wirklich nutzt. Der sokratische Dialog ist das Urbild einer solchen Aufklärung und Beratung über die wahren Interessen des Handelns.[80]

Der Dichter allein ist es, der zusammen mit der "Menge" (72) jenem "Schimmer der That" zum Opfer fällt (114). Er täuscht sich nicht nur in der Beurteilung des Weltmannes als Schüler oder Politiker, er schätzt auch den "ehemaligen Minister" falsch ein, obgleich sich seine Meinung auf der Autorität der eigenen Beobachtung gründet: "[W]eil seine [gemeint ist der ehemalige Minister] Thaten reden" (72), ist sich der Dichter seines Urteils so sicher. Der Dichter war mit der Bevölkerung des Fürstentums der Ansicht, der Minister, den wir in der sechsten Unterhaltung kennengelernt haben, sei ein aufrichtiger Politiker. Der Schein trügt. Es wäre dem Minister z.B. fast gelungen Lxxx zu ruinieren. Im gemeinsamen Gespräch kann der Weltmann den Dichter über die eigentlichen Hintergründe aufklären. Er beweist dem Dichter den schon während der ersten Unterhaltung erwähnten Umstand der Täuschungsmöglichkeit, trotz empirischer Evidenz: "[U]nd so sieht es leider mit gar vielen Opfern aus, die uns als große, erhabene Thaten aufgedrungen werden, die wir anstaunen und bewundern, weil wir die unreinen Triebfedern der schönen That nicht sehen." (24) Den Dichter, der dem Weltmann "mit so vielen [...] Vorurtheilen naht", sucht der Weltmann "ein wenig von diesen Vorurtheilen zu heilen" (93). (Auch der Leser des Textes wird z.B. zu einer Revision seiner, durch den Titel des Romans evozierten Verallgemeinerung veranlaßt.) Das Gespräch wird zum "Ort der Wahrheit".[81] Außerhalb der Dialogsituation sieht sich der Weltmann, wie oben schon erwähnt, gezwungen, gänzlich anders zu verfahren: "Würde ich nicht die thörichtste aller Thorheiten begehen, wenn ich mich gegen jeden Andern so äußerte?" (17) In der öffentlichen, sozial-politischen Sphäre ist für die Prinzipien, die den echten Dialog ausmachen, kein Platz, "den entweder stürzet man sich selbst, oder man schadet denen, für die man sich auf diesem Wege verwendet" (10). Es gilt in dieser Wirklichkeit das "recht sorgfältig zu verbergen, wodurch man allenfalls etwas werth ist" (16). Vertritt vor allem der Weltmann diesen konservativen und pragmatischen Standpunkt, stimmt jedoch auch der Dichter letztlich mit dem Weltmann überein. Er kann das Vorgehen des Weltmannes gutheißen. Das "Du", das der Dichter am Ende der neunten Unterhaltung schließlich erwidert, ist Symbol hierfür. Weltmann und Dichter gehen als Freunde auseinander. Damit wird aber dem echten Dialog die Möglichkeit einer öffentlichen Aktualisierung in der dargestellten, feudal-absoltistischen Gesellschaftsordnung von Seiten beider Protagonisten nicht nur abgesprochen, sondern dieser Form sozialer Praxis wird im Rahmen dieses Kontextes auch abgeraten.

Klinger muß sich nun allerdings den Vorwurf gefallen lassen, daß der *Weltmann und Dichter* als reiner Dialogroman letztlich mit sich selbst in Streit kommt: Ebenso wie der Dialog zwischen den beiden Titelhelden im Bereich der Fiktion als öffentlich nicht aktualisierbare Theorie dargestellt wird, steht der gesamte Text als Dialogroman einer historischen Wirklichkeit gegenüber, die dem Dialog als "herrschaftsfreiem" widerspricht und eine Umsetzung dieser Theorie in die Praxis nicht zuläßt. Damit wird der Dialogroman und, da dieser für Dichtung überhaupt stehen kann, implizite auch Dichtkunst als solche in Frage gestellt. Es sei denn, Klinger befürwortet insgeheime die Autonomisierung der Kunst. Es wäre immerhin denkbar, daß ihm, wie dem Weltmann, "am Ende [. . .] doch die Wirklichkeit gar zu wirklich" werden könnte, und er sich "nach Träumen" sehnte (156). Ein Brief Klingers an Nicolovius, den er kurz nach Beendigung der Arbeit am *Weltmann und Dichter* schreib, bestätigt die hier implizite Tendenz zum "felix aestheticus": "Ach was ist die Dichtkunst, wenn sie nicht ein Balsam für die Wunden des Schicksals wird!"[82] Obgleich Klinger Menschen, die "über Dinge reden, die ihnen versagt sind" als "stupide" ablehnt, mag er dennoch den von der Praxis zunächst isolierten Kunstbegriff, für den etwa Schiller und Goethe stehen, mitgedacht haben.[83] Es erscheint jedoch unwahrscheinlich, daß Klinger Dichtung bewußt als "Ersatz für vernünftige Lebenspraxis" ansehen konnte.[84] Zu dieser Schlußfolgerung besteht wenig Grund. Klinger vollendet seine Dekade nicht. Der neunte Roman, *Das zu frühe Erwachen des Genius der Menschheit*, blieb Fragment. Von einem zehnten Roman fehlt jede Spur. Was Klinger dazu veranlaßte, seine Tätigkeit als Schriftsteller zu beenden, bevor er das Ziel erreichte, das er sich selbst mit der Vollendung seines Vorhabens eine Dekade zu schaffen, setzte, läßt sich nur vermuten. Plausibel erscheint, daß Klinger gegen Ende seiner schriftstellerischen Laufbahn an der Möglichkeit einer pragmatischen Literatur zweifelt. Er zweifelt daran, daß Literatur unmittelbar interessegebunden sein könne, ohne sich nun dem Gedanken einer autonomen Kunst zu verpflichten.

The University of British Columbia

1 Die in Klammern angegebenen Seitenzahlen beziehen sich auf folgende Ausgabe: Friedrich Maximilian Klinger, *Der Weltmann und der Dichter. Historisch-kritische Gesamtausgabe*, Bd. XVIII, Hg. Thomas Salumets und Sander L. Gilman (Tübingen: Niemeyer, 1985).
2 Vgl. z.B. David Hills einsichtsvolle Untersuchung (ursprünglich seine Dissertation) zur Struktur der Romane Klingers: David Hill, *Klinger's Novels: The Structure of the Cycle* (Stuttgart: Akademischer Verlag Heinz, 1982), S.41ff.
3 Vor allem folgende Arbeiten haben dem *Weltmann und Dichter* erneut kritischen Zugang verschafft: Christoph Hering, *Friedrich Maximilian Klinger. Der Weltmann als Dichter* (Berlin: de Gruyter, 1966). Harro Segeberg, *F.M. Klingers Romandichtung. Untersuchungen zum Roman der Spätaufklärung* (Heidelberg: Winter, 1974). Fritz Osterwalder, *Die Überwindung des Sturm und Drang im Werk Friedrich Maximilian Klingers. Die Entwicklung der republikanischen Dichtung in der Zeit der Französischen Revolution* (Berlin: Schmidt, 1979). David Hill, *op. cit*. Der Dialog ist jedoch in diesen und in den älteren Untersuchungen zu Klingers Prosaproduktion im allgemeinen und im Falle des *Weltmann und Dichter* im besonderen von lediglich marginalem Interesse für die Verfasser.
4 Helmut Heißenbüttel, *Zur Tradition der Moderne* (Berlin: Luchterhand, 1972), S. 26.
5 Hans-Gerhard Winter, "Probleme des Dialogs und des Dialogromans in der deutschen Literatur des 18. Jahrhunderts", *Wirkendes Wort*, 20 (1970), S. 33.
6 Siehe hierzu: Michael Hadley, *The German Novel in 1790. A descriptive account and critical bibliography* (Frankfurt: Lang, 1973), S. 232. Und zur Frage der Gattung "Roman" im ausgehenden 18. Jahrhundert. vgl. vor allem: Eva D. Becker, *Der deutsche Roman um 1780* (Stuttgart: Metzler, 1964).
7 Zitiert nach: Marga Barthel, *Das "Gespräch" bei Wieland. Untersuchungen über Wesen und Form seiner Dichtung* (Hildesheim: Gerstenberg, 1973), S. 121.
8 Eva D. Beckers *Nachwort* zu Friedrich Traugott Hases *Gustav Aldermann* (Stuttgart: Metzler, 1964), S. 11.
9 ———, *Allgemeine Literatur-Zeitung*, Nr. 106, April 1805, Spalte 180. (Hervorhebung nicht im Original.)
10 Franz Prosch, *F.M. Klinger's philosophische Romane, Eine literarhistorische Studie* (Wien: Hölder, 1882), S. 45.
11 Max Rieger, *Klinger in seiner Reife* (Darmstadt: Bergsträsser, 1896), S. 389. (Hervorhebungen nicht im Original.)
12 ———, *Grosses vollständiges Universal Lexicon Aller Wissenschafften und Künste, welche bißhero durch menschlichen Verstand und Witz erfunden und verbessert worden* (Halle und Leipzig: Zedler, 1734), Bd. 7, 'D', Spalte 743.
13 Vgl. auch David Hill, *op. cit.*, S. 172. "[I]t [*Weltmann und Dichter*] is of Klinger's novels probably the one in which the formal elements are most deeply integrated into the substance of the novel".
14 Bartholow Crawford, "The use of formal Dialogue in Narrative", *Philological Quarterly*, 1 (1922), S. 179. Auch der Prager Strukturalist Mukarovsky macht auf

die "Polarität zwischen zwei Subjekten" als Voraussetzung des Gesprächs aufmerksam: vgl. Karin Hüskens-Hasselbeck, *Stil und Kritik. Dialogische Argumentation in Lessings philosophischen Schriften* (München: Fink, 1978), S. 12. "Polarität" als eines der "Grundgesetze der Dialogstruktur" wird im literaturwissenschaftlichen Bereich von Lämmert gesichert: Eberhard Lämmert, *Bauformen des Erzählens* (Stuttgart:Lämmert,1967),S.218.

15 Hüskens-Hasselbeck, *op. cit.*, S. 7.
16 Hermann Gumbel, "Die Verweltlichung des deutschen geistlichen Dialogs im 14. Jahrhundert", *Dvjschr.*, 8, Heft 3 (1930), S. 483 (Hervorhebung nicht im Original).
17 *ibid.*, S. 483 (Hervorhebung nicht im Original).
18 Heißenbüttel, *op. cit.*, S. 28. Vgl. auch folgende Arbeiten, die sich vornehmlich mit den Dialogen der Reformationzeit auseinandersetzen: John van Cleve, "Converting the Common Man. German Dialogues of the Early Reformation", *Colloquia Germanica*, Bd. 13, Heft 2 (1980), S. 97–105. Und vor allem: Werner Lenk, *Die Reformation im zeitgenössischen Dialog* (Berlin: Akademischer Verlag, 1968).
19 Karsthans "is quite prepared to take direct action against such hypocrisy [der Autor bezieht sich hier auf Murner] the dialogue's famous leitmotif 'Wo ist myn pflegel?' testifies to that". Cleve, *op. cit.*, S.101.
20 Zitiert nach: Hans-Gerhard Winter, *Dialog und Dialogroman in der Aufklärung* (Darmstadt: Thesen, 1974), S. 26.
21 Rudolf Hirzel, *Der Dialog* (Leipzig: Hirzel, 1895), S. 272, Bd. II. Vgl. auch: Laszlo Versenyl, *Socratic Humanism* (New Haven: Yale Univ. Press, 1963), S. 114f.
22 Gerhard Fricke und Herbert Göpfert (Hg.), *Friedrich Schiller. Sämtliche Werke* (München: Hanser, 1980), S. 326–332, Bd. V.
23 Winter, *op. cit.*, S. 46.
24 So z.B. Ewald Volhard, *F.M. Klingers Philosophische Romane. Der Einzelne und die Gesellschaft* (Tübingen: Niemeyer, 1930), S. 132. "Die verschiedenen Wesensarten, die bisher jeweils ein Held zu vertreten hatte, kristallisieren sich nun, sauber geschieden, in zwei gegensätzlichen Gestalten [. . .] Die Grundlage von Klingers eigener Meinung, der wir also hier zum erstenmal begegnen, ist die Forderung der absoluten Trennung von Weltmann und Dichter". Oder ähnlich, nur auf die Erzähltechnik bezogen: Kurt Forstreuter, *Die deutsche Icherzählung: Eine Studie zu ihrer Geschichte und Technik* (Berlin: Ebering, 1924), S. 92. "In F.M. Klingers Roman, Der Weltmann und der Dichter, gehen zwei Icherzählungen nebeneinander her". In seinem Buch über lesende Helden schreibt Ralph-Rainer Wuthenow zur *Geschichte eines Teutschen* ganz pauschal abwertend: "Nicht die Bücher im Buch findet man in Klingers Roman, sondern die Wirkung von Ideen in greller Schwarz-Weiß-Zeichnung und auf Menschen, die kaum mehr sind als beredte Demonstrationsobjekte". Ralph-Rainer Wuthenow, *Im Buch die Bücher oder der Held als Leser* (Frankfurt: Europäische Verlagsanstalt, 1980), S. 100.
25 Barthel, *op. cit.*, S. 14.
26 Heinrich Zempel, *Erlebnisgehalt und ideelle Zeitverbundenheit in Fr.M. Klingers Medeadramen* (Niemeyer: Tübingen, 1973), S. 32. Auch Gervinus bemängelt in seiner Literaturgeschichte die fehlende Aussöhnung: "[. . .] und so bleibt die Kluft übrig, die wir gern ausgefüllt sähen". G.G. Gervinus, *Geschichte der deutschen Dichtung* (Leipzig: Engelmann, 1853), S. 544. Stout kommt in seiner Zusammenfassung der Forschungsergebnisse zum *Weltmann und Dichter* zu dem gleichen Ergebnis: "Klinger's novels are thus generally praised for their realistic portrayal of political problems and [. . .] criticized for not presenting solutions to these problems". David Forrest Stout, "The Portrayal of the Author Figure in three Novels by F.M. Klinger", Diss. Cornell, 1979, S. 2.
27 Vgl. die Ausführungen zu Aristoteles von Nicholas Lobkowicz, *Theory and Practice: History of a concept from Aristotele to Marx* (London: Univ. of Notre Dame Press, 1967), S. 3ff.

28 Norbert Miller (Hg.), *Jean Paul. Werke* (München: Hanser, 1963), S. 99f. Bd. V.
29 Hermann J.T. Hettner, *Geschichte der dt. Lit. im 18. Jh.*, Hg. Georg Wittkowski (Leipzig: List, 1929), S. 220, Bd. IV.
30 Hering, *op. cit.*, S. 333f.
31 Hill, *op. cit.*, S. 165.
32 Segeberg, *op. cit.*, S. 196.
33 In seinem Brief an Nicolovius, datiert vom 1. März 1798, wird Klingers positive Einschätzung des *Weltmann und Dichter* besonders deutlich, "Zu Michaelis erscheint der Weltmann u der Dichter von F.M. Klinger. Ich habe mich zusammen genommen, u ich hoffe Sie u die Leser überhaupt sollen hier mehr finden, als Sie erwarten. Es ist Zeit die Sache einmal auf das Reine zu bringen— ich hoffe, ich habe es gethan, u weil ich es mit Redlichkeit, Wahrheit, Verstand, Herz, hoffentlich auch Witz, u meiner möglichsten Weltkentniß gethan habe, so soll mein Nahmen davor stehen. Denken Sie sich nun weder Lästern u [lies: noch] Verzerrung.—Das Ding geht einen schmuken Weg—u da es der Pendant zum Teutschen ist, so sehen Sie doch wohl ab, was der Dichter für ein Wesen sein muß. Meine Theorie über diesen Punkt werden Sie da ausgeführt finden; aber auch die entgegengesetzte ohne Schimpf—u so daß alles hübsch auf das spielt, wogegen ich eigentlich kämpfe." Zitiert nach: Max Rieger, *Briefbuch* (Darmstadt: Bergsträsser, 1896), S. 38.
34 Christian Winkler, "über das Gespräch", *Deutschunterricht*, Heft 4/5 (1951), S. 30.
35 Rudolf Wildbolz, "Der philosophische Dialog als literarisches Kunstwerk", *Sprache und Dichtung*, Heft 77 (1952), S. 35.
36 Vgl. hierzu auch David Stout, *op. cit.*, S. 67: "In light of the novel's title, the individuality [. . .] is somewhat surprising". Oder auch Hill, *op. cit.*, S. 161: "The use of the common nouns throughout the novel to denote the two protagonists in itself suggests that the two people speaking are to be taken as representative examples of their respective classes: they represent principles [. . .]"
37 Stout, *op. cit.*, S. 70.
38 Zitiert nach: Barthel, *op. cit.*, S. 121.
39 Marieluise Blessing, "Der philosophische Dialog als literarische Kunstform von Renan bis Valery", Diss. Tübingen, 1965, S. 156.
40 Zitiert nach der folgenden Ausgabe: F.M. Klinger, *Betrachtungen und Gedanken über verschiedene Gegenstände der Welt und der Literatur* (Cöln; fiktiver Verlagsort zur Irreführung der Zensoren. Eigentlicher Verlagsort vermutlich St. Petersburg. Hammer als Verleger ist ebenso fiktiv. 1803–1805), Nr. 527. Im folgenden wird nach dieser Ausgabe zitiert und in Klammern lediglich die Nummer des zitierten Aphorismus angegeben, unter der er in dieser Ausgabe aufgeführt wird.
41 Hans-Georg Gadamer, *Wahrheit und Methode* Tübingen: Mohr, 1975), S. 334.
42 Zitiert nach Rieger, *Briefbuch*, S. 45. Zur historischen Orientierung über den Begriff 'Erfahrung' vgl. z.B. Joachim Ritter (Hg.), *Historisches Wörterbuch der Philosophie* (Basel/Stuttgart: Schwabe, 1972), Bd. 2, Spalte 610ff.
43 Zitiert nach: Hill, *op. cit.*, S. 213.
44 Heißenbüttel, *op. cit.*, S. 24.
45 Gadamer, *op.cit.*, S. 338.
46 Karl Schlechta, "Das offene Gespräche als Ausdruck der Freiheit", *ZDP*, 80 (1961), S. 119f.
47 Wolfgang Hecht (Hg.), *Friedrich Schlegel. Werke in zwei Bänden* (Berlin/Weimar: Aufbau, 1980), S. 74.
48 Thomas Mann, *Der Zauberberg* (Frankfurt: Fischer, 1959), S. 715.
49 Blessing, *op. cit.*, S. 9.
50 Winfried Berg, *Das Gespräch* (Düsseldorf: Bertelsmann, 1970), S. 14.
51 Ernst Weber (Hg.), *Texte zur Romantheorie II* (München: Fink, 1981), S. 625.

52 *ibid.*, S. 620.
53 *ibid.*, S. 620.
54 Osterwalder, *op. cit.*, S. 175.
55 *ibid.*, S. 175.
56 Vgl. Lobkowicz, *op. cit.*, S. 4 und S. 26, "That which we call 'theory' today corresponds to what Aristotle called 'contemplative life'; and what we call 'practice' has its origins in Aristotele's analysis of 'political life'. In fact, Aristotle seems to have been the first Greek thinker to reduce the many different walks of life to three and in a sense to two, thus becoming the first explicitly to contrast 'theory' and 'practice'. [...] The Pythagorean and Platonic notion of a 'pure' philosopher, who in no way was a man of action or else was a politician by being a philosopher, gradually gave way to the notion that a good politician could not avoid being a philosopher, and vice versa."
57 Osterwalder, *op. cit.*, S. 176.
58

Unterhaltung	Weltmann		Dichter
I	2,5	:	1
II	4,4	:	1
III	11	:	1
IV	12,4	:	1
V	3,1	:	1
VI	3,4	:	1
VII	3,1	:	1
VIII	3,2	:	1
IX	1,5	:	1

59 Osterwalder, *op. cit.*, S. 166.
60 Michail Bakhtin, *The Dialogic Imagination* (Austin/London: Univ of Texas Press, 1981), S. 284. Vgl. auch Hill, *op. cit.*, S. 163: "[T]his novel even more than others presents individuals who represent types". Oder auch Stout, der die Individualität der Protagonisten hervorhebt, wenn er schreibt: "The novel's two figures are thus not to be understood simply as typical representatives of two different professions. Instead they are fully characterized as individuals." Stout, *op. cit.*. S. 69.
61 Zitiert nach: Hill, *op. cit.*, S. 10.
62 Zu Lessings *Ernst und Falk* vgl. vor allem: Karin Hüskens-Hasselbeck, *op. cit.*, S. 118ff. (Kapitel III: "Dialoge als Dialog").
63 Hill, *op. cit.*, S. 164.
64 Winter, *Dialog und Dialogroman*, S. 197.
65 Zum Themenkreis "Dialog und Aufklärung" vgl. vor allem *ibid.*
66 Vgl. Klingers Brief an Nicolovius (1. März 1798). Der hier relevante Teil ist in der Anmerkung 33 bereits zitiert worden.
67 Zitiert nach: Zwi Batscha und Jörn Garber (Hg.), *Von der ständischen zur bürgerlichen Gesellschaft* (Frankfurt: Suhrkamp, 1981) S. 132. Johann Jakob Engels Dialogroman *Herr Lorenz Stark* (der erste Teil erschien drei Jahre vor Klingers *Weltmann und Dichter*), mit dem Klinger vertraut war (vgl. Aphorismus Nr. 439), thematisiert diese Trennung von der "'Idee' des Dialogs und seiner [...] Verwendung". Vgl. Winter, *Dialog und Dialogroman*, S. 197.
68 Winter, *Dialog und Dialogroman*, S. 24.
69 Zitiert nach: Hering, *op. cit.*, S. 333.
70 Zitiert nach: Batscha und Garber, *op. cit.*, S. 133.
71 Rüdiger Bubner, *Handlung, Sprache und Vernunft* (Frankfurt: Suhrkamp, 1982), S. 236.
72 Segeberg, *op. cit.*, S. 35.
73 Christa Bürger, Peter Bürger, Jochen Schulte-Sasse, *Aufklärung und literarische Öffentlichkeit* (Frankfurt: Suhrkamp, 1980), S. 279.
74 Zur Zeitgeschichtlichen Orientierung vgl. Segeberg, *op. cit.*

75 Hering, op. cit., S. 335.
76 Zitiert nach: Oeuvres Diverses de Monsieur J. J. Rousseau, de Geneve (Amsterdam: Compagnie, 1761), Bd. 1, S. 11.
77 Segeberg, op. cit., S.193.
78 Heißenbüttel, op. cit., S. 30.
79 Bubner, op. cit., S. 229.
80 ibid., S. 227.
81 Vgl. Josef Pieper, Tradition als Herausforderung (München: Kösel, 1963), S. 283. "Wahrheit kommt, als menschliche Realität, einzig im Gespräch zustande. Dies sagt Platon in seinem berühmten Siebenten Brief."
82 Rieger, Briefbuch, S. 39 f.
83 Rieger, ibid., S. 49.
84 Christa Bürger, Peter Bürger, Jochen Schulte-Sasse, op. cit., S. 109.

Wezel and the Genre of *Robinson Crusoe*[1]

Brent O. Peterson

On the basis of its subtitle, Johann Karl Wezel's *Robinson Krusoe, Neu bearbeitet*[2] should be little more than an adaptation of Defoe's famous novel, and the first sentence of Wezel's introduction seems to confirm that expectation. There he refers to the book as "eine Umarbeitung des englischen Robinsons" (5), a claim that was certainly calculated to entice contemporary readers, but which has left critics cold. Indeed, until recently most eighteenth-century scholars overlooked Wezel entirely, and those who included him in more general treatments of the period usually decided that his *Robinson Krusoe* was simply a translation that warranted, at best, a brief mention.[3] The small but growing number of Wezel specialists have shown little more interest in the novel; they either limit their consideration to just one of the novel's two volumes—generally to the first and its supposedly close relationship to Defoe, or they concentrate on one specific, often political aspect of the text.[4] This article argues that the book is, however, quite remarkable first, in that it is formally quite different from Defoe's version, and second, in that its anti-utopian vision focuses attention on a broad range of late eighteenth-century philosophical concerns rather than on its hero's adventures. I intend to illuminate the contours of these differences by viewing the text's dialogical position within that multiplicity of discourses called the Enlightenment, as well as within the on-going debate over the literary sub-genre called *Robinsonaden*. Ultimately, the relationship between Wezel and Defoe, and between Wezel's novel and competing versions of *Robinson Crusoe* produced by his contemporaries, allows Wezel's *Robinson Krusoe* to be seen as a paradigmatic example of the political and ideological stakes involved in the constitution and redefinition of a literary genre.

Before continuing, one could ask about the terms "discourse" and "dialogic." Why use them rather than "influence" or, to pick a more fashionable term, "intertextuality," both of which have generally referred in German scholarship to the search for quotations from one

Lessing Yearbook XX, 1988, pp. 183–204.
Copyright © Wayne State University Press, 1989.

author (*Dichter*) in the works of another?[5] Or if context is really the issue, why not treat Wezel's *Robinson Krusoe* as a statement about social and historical reality, or as a document in which that reality is reflected? One way of framing an answer to those questions is to be found in Mikhail Bakhtin's works on language and literature.[6] For Bakhtin the problem with posing the question in terms of influence or context is that, while conceding that novels contain references to various philosophical traditions, to contemporary events, and to other literary texts, both of these strategies posit the text of the novel itself as a closed, unified entity with a single voice—ultimately the author's. The references a work contains are thus to something other than the text and outside it. Implicit in Bakhtin's work on the theory of the novel, however, is a notion of the discursive, narrative basis of human reality. What novels and other works of art represent is not reality per se but discourses in which various realities—or various versions or reality—are constituted by individual speakers reacting to their fellow human beings in a specific, historical time and place. Bakhtin therefore defines the novel as "a dialogized representation of an ideologically freighted discourse."[7]

What this means is that the novel is composed of a wealth of different voices, which often overlap in a single "double-voiced" utterance.[8] Since nothing is ever uttered in a vacuum, the doubling simply refers to the reactive element in every utterance—present even if the source of intended recipient is temporarily absent. Individual words are important not for "the direct meaning the word gives to objects and emotions . . . what matters is rather the actual and always self-interested *use* to which this meaning is put and the way it is expressed by the speaker, a use determined by the speaker's position (profession, social class, etc.) and by the concrete situation."[9] Every utterance becomes what Bakhtin calls a "hybrid construction," which he defines as follows: "an utterance that belongs, by its grammatical (syntactic) and compositional markers, to a single speaker, but that actually contains mixed within it two utterances, two speech manners, two styles, two 'languages,' two semantic and axiological belief systems."[10] These competing voices are realized within the novel in individual characters' speech, in stylized popular and official languages, in direct authorial diction, in stylized semi-literary devices and narrative strategies, and in intertextual references—as well as in parodies and satires of all these forms. Bakhtin calls the multitude of voices united artistically in the novel "heteroglossia"[11] and claims that the existence of heteroglossia means the context from which these voices are drawn is an integral part of any novel's actual text. The text is thus no longer limited to the author's words inside its printed boundaries. Indeed, notions such as *inside* and *outside* break down irreparably when the novel is treated as an ordering of competing voices; yet what one gains from the apparent loss of textual integrity is the opportunity to examine the process that shaped the novel in the first place, namely its dialogue with the theory and practice current at the time of its composition. The advantage in a Bakhtinian approach is that history, i.e., the access we have to social, political, economic, and literary reality, is not imposed on the text from outside; it is, rather, a constitutive element, always already present there.

Of course, discussing these issues is itself a specific form of "dialogized" discourse—even if competing voices in academic literary criticism are often relegated to the footnotes. Moreover, literary scholarship is a form of expression whose rules are well known, or at least readily available (e.g. the second edition of the *MLA Handbook*, which many of us in the humanities find so troubling). In Bakhtinian terms such conventions constitute a particular "speech genre" whose rules prescribe the "thematic content, style and compositional structure" necessary for acceptance as a legitimate example of a particular discourse.[12] For Bakhtin, literary genres are merely one subset of the universal category of speech genres, which include not only literary texts, but also conversations between people of varying status, personal or official correspondence, government documents, etc. Like them, the novel taken as a whole is a special type of utterance whose initial realization is governed by a historically specific set of rules and conventions, which are always in the process of being tested, challenged, and adapted as subsequent novels are written. As any history of the novel shows, no matter what was prescribed by contemporary or ancient critics: "it is generally possible to reaccentuate genres."[13] Yet, even when normative poetics were common, for Bakhtin, the process is only knowable *a posteriori*. Only by examining the work or works in question one can distill the rules that obtained at any given moment.

The major difference between literary genres and other, less conscious speech genres is the former's memory: "A [literary] genre is always the same and yet not the same, always old and new simultaneously. Genre is reborn and renewed at every stage in the development of literature and in every individual work of a given genre. . . . A genre lives in the present, but always *remembers* its past, its beginning."[14] While it is true that Bakhtin's own literary scholarship was mostly concerned with the development of the so-called carnivalistic element in literature, and the extent to which Rabelais and Dostoevsky were able to *conserve* this critical heritage of popular speech within the novel, his ideas about the development of speech genres as both rules and processes, and therefore about the implicit conflictual moments in the history of literary genres, help to locate Wezel's *Robinson Krusoe* within the ebb and flow of *Robinsonaden*.

Within the tradition of the European novel the sub-genre of the *Robinsonade* was initially defined by Defoe's novel and redefined by every imitation of it—as well as by the literary criticism and the reception they inspired. By calling his work "eine Umarbeitung des englischen Robinsons" (5), Wezel assumes that his readers know of the original even if they have not read it, and the assumption was justified. Producing *Robinsonaden* was a minor industry in eighteenth-century Germany. Jürgen Fohrmann has found and analyzed 128 of them that were produced between 1719, when Defoe's version appeared, and 1800.[15] They range from "literal" translations and fairly close adaptations to works whose only similarity with Defoe lies in their choice of title; the name "Robinson Crusoe" sold books. Wezel's *Robinson Krusoe* is generally put into the first category,[16] but the fact that Wezel was a German writing some sixty years after Defoe—that is, that he lived and wrote in a totally different social, political, and literary context—means that even if his text were a word-for-word translation, whatever that might mean, it would have been written and understood according to different criteria, as would all the other versions. In fact, it is clear that Wezel knew Defoe's *Robinson Crusoe* and copied its *plot* through much of the first volume of his own version; one therefore has to assume that Defoe's text is always present behind Wezel's. At this level any differences can thus best be seen in the form of a dialogue between the two authors, a dialogue that includes their beliefs about the nature of literature, reality, and human motivation.[17] Wezel's supposed "Nacherzählung" is not so much a retelling as a re-inscription of the literary, philosophical, and political problems and opportunities present in the sub-genre that Defoe had created—and continued to influence in every interaction with his "original" text.

A comparison of the two novels' opening lines shows this relationship immediately: First Defoe's: "I was born in the year 1632, in the city of York, of a good family, tho' not of that country, my father being a foreigner of Bremen, who settled first at Hull."[18] Wezel modifies this passage significantly: "Robinsons Familie stammte ursprünglich aus Teutschland her: sein Vater war aus Bremen gebürtig, verließ seinen Geburtsort, um sich in England niederzulassen, erwarb sich in diesem Lande viel Vermögen durch den Handel und wählte die Stadt York zum Aufenthalte für den Rest seines Lebens" (17). Since Defoe's *Robinson Crusoe* appeared in 1719, i.e., almost at the beginning of the development of the modern novelistic tradition, before the novel was able to maintain the claim that its created world was *true*, Defoe had to attempt to pass his work off as an actual account of Crusoe's adventures. The book was therefore written in the first person, and its brief preface contained the necessary fiction of an editor who had found the manuscript. The novel's original title page also claimed it was "Written by Himself" (23). In the passage quoted above from his "Vorrede," Wezel has already identified his version as a work of art, "eine Umarbeitung." Its promise lies in the telling rather than in the *facts* that Defoe purported to relate. The shift in the novel's claim about what it represents allows Wezel not only to change the point of view from first to third-person narration, but also to do away with the exact descriptions favored by Defoe.[19] The absence of the date of Krusoe's birth is but one example of a difference repeated frequently in the course of the two novels. Consider the accounts of the journey that caused the disastrous shipwreck. Again, Defoe first:

> We had very good weather, only excessive hot, all the way upon our own coast, till we came the height of Cape St. Augustino, from whence keeping farther off at sea we lost sight of land, and steered as if we was bound for the isle Fernand de Noronha, holding our course N.E. by N. and leaving those isles on the east; in this course we past the line in about 12 days time, and were by our last observation in 7 degrees 22 min. northern latitude, when a violent tournado or hurricane took us quite out of our knowledge; it began from the south-east, came about to the north-west, and then settled into the north-east. (61)

Not only is Defoe enormously detailed, but all of his references could be found in a contemporary atlas. Wezel's tack is completely different. His description is shorter, it is less factual, and it contains an ironic authorial voice (heteroglossia) that takes issue with popular reading matter: "Nichts ist in einer Reisebeschreibung weniger unerwartet als ein Sturm; man wird sich daher nicht im mindesten wundern, wenn dem armen Robinson nicht lange nach seiner Ausfahrt einer der schrecklichsten begegnet, mit welchem jemals ein Schiff gekämpft hat, und ihn nach Norden an die Küste von Guinea trieb." (31) There has been a shift from what Ian Watt calls Defoe's "formal realism," which is set in a world "centered on the social relationships between individual persons,"[20] to what Ross Chambers has termed "alienated discursive practice," in which the artistic telling of the tale gives literature exchange-value, once its informational and experiential use-value has been lost.[21]

One use that eighteenth-century literature nevertheless acquired was a role in other Enlightenment discourses, specifically its privileged position in the "public sphere." Wezel's redefinition of the *Robinsonade* was an attempt to claim this particular sub-genre as a medium for the discussion of political and philosophical issues. There is, for example, a striking difference between the two characters' religious dispositions. Crusoe is overjoyed to find "three good Bibles" (89), which are noticeably absent from Wezel's text, and Defoe's book is filled with Crusoe's rambling meditations on his own sinful nature. Wezel eliminated them entirely. A good example of the change is the two men's discovery of some cereal grains growing next to the entrances of their caves. First, Defoe:

> I knew not how it came there, it startled me strangely, and I began to suggest that God had miraculously caused this grain to grow without any help of seed sown, and that it was so directed purely for my sustenance on that wild miserable place. . . . at last it occur'd to my thoughts, that I had shook a bag of chickens' meat out in that place, and then the wonder began to cease; . . . tho' I ought to have been as thankful for so strange and unforseen providence, as if it had been miraculous; for it was really the work of providence as to me. (94–95)

The source of Krusoe's grain is the same, but his reaction is very different; he remembered: "daß er vor einem paar Monaten an dieser Seite der Wohnung einen Beutel ausschüttete, der den Staub und die Hülsen von altem zerfressenen Getreide enthielt . . . so war ihm doch nunmehr das Wunder der neuen Erscheinung sehr begreiflich . . . So günstig [war] ihm indessen der Zufall" (51). One way of explaining this difference is to look at Crusoe's ascription of the event to "providence," a word that occurs twice in the above quotation and numerous times throughout the novel. Crusoe's stance is very nearly that of the character Medardus, whose religious beliefs Wezel had satirized in his novel *Belphegor* three years before the publication of *Robinson Krusoe*. Wezel portrays Medardus' trust in "Vorsehung," which corresponds to Crusoe's belief in divine providence, as more than a bit ridiculous; Medardus is a character who seems "mit der Welt zufrieden zu seyn, so lange es noch Apfelwein und eine Vorsicht gebe."[22] For Krusoe, who shares the Enlightenment's skepticism at the miraculous, divine intervention has been reduced to "Zufall."

Although Wezel's Krusoe is not as religious as his English ancestor, institutional religion nevertheless comes to play an important role in the text at the moment that a second person—Franz, not Friday—is introduced: "Der ehrliche Robinson, der selbst nur einfältig glaubte, was ihm die Kirche zu glauben befahl, wurde oft durch die Fragen seines Lehrlings in Verwirrung gesetzt" (95). Two things are noteworthy in this passage, the fact that traditional beliefs are portrayed as unreflected and thus suspect, and the suggestion that belief has social origins. Krusoe makes no attempt to solve the first difficulty; in fact, his reflections stress the unsatisfactory nature of his own Christianity, not its inherent superiority over Franz's inherited heathen beliefs. The latter might be irrational, but Krusoe's alternative is by no means intellectually superior. The weakness in his own position causes Krusoe to abandon his plan of vengeance against a group of visiting cannibals, because he can find no moral justification for killing them: "Was hab ich für ein Recht, sagte er sich, Geschöpfe umzubringen, die nichts dafür können, daß sie so grausam sind? . . . Ich habe kein Recht, sie zu einer andern Denkungsart zu zwingen" (82). The expression of Krusoe's doubt is, in fact, that high virtue of the Enlightenment, tolerance: "In seinem Staate herrschten sogar drei Religionen: Franz war ein Protestant, sein Vater ein Heide und der Spanier ein Katholik; und wie ein billiger und weiser Regent gab ihnen ihr Beherrscher völlige Gewissensfreiheit" (103).

As these examples show, the myth of Robinson Crusoe was ideally suited to the task of exploring such issues, for it allowed Wezel to examine both the course of human history and the nature of the contemporary social order, as his Robinson gradually recreated eighteenth-century German society in miniature on an island unencumbered by the weight of inherited tradition. Using *Robinsonaden* to present a fictionalized account of the development of humanity from its most primitive beginnings to the level of agriculture and primitive crafts was fairly common;[23] what is remarkable about Wezel's attempt at writing "eine Geschichte des Menschen im Kleinen" (9) is that volume two of *Robinson Krusoe* continues the story up to the world of his contemporaries. That history was a central topos in the text is illustrated by the publisher's attempt to market the second half of the book under the title *Robinson's Kolonie; oder: Die Welt im Kleinen* in 1795, fifteen years after the novel's initial publication.[24] This edition contained a new introduction written by the publisher, who suggested that it could be read as a sequel either to Wezel's first volume or to the more popular *Robinson der Jüngere* written by Joachim Heinrich Campe.[25] The publisher's decision to eliminate what he called Wezel's "polemische Vorrede" (vii) was not only an attempt to avoid the difficulties with the censor that the author's version had provoked; in view of the fairly general disillusionment with the "Despotismus" (xxiii) that had been raging in France for the previous two years (i.e. since the abolition of the monarchy or the ascension of the Committee of Public Safety), the new introduction also argued for Wezel's renewed topicality: "Da er [der 2. Teil] unter den ißigen Umständen, wo alles über Staatsverbindung und Staatseinrichtung schwazt, dazu beitragen kann, richtige Begriffe zu verbreiten, . . . so liefere ich ihn hier unter einem neuem Titel" (vi–vii).

There is, however, nothing very surprising about the sequence of events that the novel describes. It summarizes the period up to the appearance of Franz as follows: "Sonach war Robinson alle Stände der Menschheit nunmehr durchwandert: er war Jäger, Fischer, Ackersmann, Hirte gewesen; er hatte Handwerke, Künste und Schiffahrt erfunden." (74) Later, as the colony develops, it goes through the stages of feudalism, for which Wezel uses the term *"Knechtschaft"* (142), then *"Tauschhandel"* (158), *"Aristokratie"* (172), and finally *"Monarchie."*[26] The words are italicized in the text so that no one misses the lesson.

What is notable here is that Wezel does not call this succession of events *Fortschritt*, as might have been expected in a more optimistic version of Enlightenment historiography; he deliberately parodies that line of argument by speaking of "Fortgang" (179 and again 235). Each subsequent stage is marked not so much by technical or material progress as by an increase in the level of human suffering and inequality. Krusoe had avoided these problems only because, alone on the island, he had no need for the chief culprit, private property. On the island of *Robinsonia* "abgeteiltes Eigentum" was far from being a guarantee of progress and stability, as had been argued by Locke and others; the Spaniard who recounts the colony's history to the newly returned Krusoe echoes Rousseau's position and comments: "Sobald ein jeder ein *abgeteiltes Eigentum* bekommen hatte, schien der Geist der Einigkeit von uns gewichen und die Zwietracht unter uns eingekehrt zu sein: Eigennutz, Neid, Bevorteilung, Mißtrauen wuchsen allmählich an" (147). It should be noted that this list of vices is very nearly a catalog of what representatives of the Enlightenment typically wanted to replace with virtues like *Mitleid, Gleichheit*, and *Freundschaft*; unfortunately, the vices predominated at every step in the colony's existence. At the stage of feudalism, for example: "[d]er Unterschied der Kräfte, des Fleißes und der Leidenschaften erzeugte unter uns sehr bald Arme und Reiche" (147). Barter allows for specialization, but it does not lead to an improvement in the average standard of living; on the contrary, it adds to the disparity between rich and poor (See 171). Trade offers certain advantages, but they too fail to offset the evil wrought by the introduction of money, which was necessary to carry on exchange: "Diese Erfindung [Geld] erleichterte zwar unsern Handel ungemein, allein die Bequemlichkeit, die sie uns verschafft, kostet uns den ganzen Rest von Einigkeit, die noch unter uns herrschte" (177). At this point Krusoe reappears and attempts to rule "für das gemeine Beste" (180). The phrase itself is interesting in that it is reminiscent of notions like the "common good"' (*Gemeinwohl*) associated with Rousseau and Christian Wolff. The fact that rule "zum gemeinen Besten" occurs earlier, namely when the Spaniard whom Krusoe had freed from some cannibals is elected to lead the first group of colonists (163), suggests that Wezel's stylization of this line of reasoning was not accidental. Both Krusoe and the Spaniard fail, but since their failure belongs to the politics of enlightened absolutism it will be dealt with below. One can, however, already guess that it too was unable to stem the unhappy course of historical development.

The question posed by the course of the colony's history is, what went wrong. The answers were part of an ongoing debate about the source and nature of evil that raged on both a religious and a philosophical level in the eighteenth century. The theological issue was old, but it was joined with new intensity in the Enlightenment for two reasons: first, events like the calamitous earthquake in Lisbon in 1755 produced an almost existential dilemma for nearly every explanatory model of God's plan for the world,[27] and second, a belief in human perfectability was necessary if reason was to make a difference in human affairs. Wezel raises the issue first by allowing Franz to ask a theological question that Krusoe's simple Protestantism cannot answer: "Franz wunderte sich, warum sein Gott, wenn er mächtiger wäre als der Teufel, dieses Ungeheuer nicht umbrächte. Robinson wußte sich nicht zu helfen" (95). Krusoe's dilemma was shared by the theologians of Wezel's time, and the apparently conflicting series of historical and philosophical answers offered by the text represent some of that heteroglossia. Unfortunately, this is a typical point at which previous scholars have felt the need to reduce the text to a single voice, which they generally identify as the author. For example, on the basis of her examination of history in the novel, Annaliese Klingenberg argues that "Wezel [hält] jede Art von Privateigentum an Grund und Boden für die Wurzel antagonistischer Klassenwidersprüche."[28] The conclusion seems reasonable, but Wezel's narrator also finds reason to suspect that human nature is the origin of many problems: "allein mit dem Gegenwärtigen sich zu begnügen ist nicht in der Natur des menschlichen Geistes" (71; see also 68, 75). He blames "Not, Zufall, Leidenschaft, [und] Witz" (121, 122, and 205) for changes in society that in turn influence the course of events: "So vielfache Veränderungen in dem Zustande der Menschen und der Gesellschaft wirkten wieder auf die Menschen zurück" (206). This leads Jürgen Fohrmann to suggest that for Wezel: "Das Desaster der menschlichen Geschichte ist in der Anthropologie letztbegründet."[29] Again, this is a plausible explanation for which there is ample evidence in the text. A third, related explanation has to do with national character. The otherwise enlightened Spaniard, for example, goes so far as to deny slaves humanity; according to him, Franz's father ruled a group that consisted of "fünf Menschen und einigen Sklaven" (189). While explaining to Krusoe why six different, competing groups exist on the island he claims: "Schon die Verschiedenheit der Sprache, der Religion und des Vaterlands machte keine sonderliche Einigkeit under uns möglich" (140). Although there is no textual evidence for such an assumption, Wezel himself might well have favored one or the other of these positions, but to frame the issue in these terms seems unwarranted. Instead of imposing some notion of "author" or even of "narrator" as a single subject position necessitating one overriding voice, the text itself offers at least three equally reasonable explanations. They compete here in much the same way as their proponents debated them at the time. What is significant for the Enlightenment, which itself is a metaphor for a large number of complementary *and* antagonistic positions, is that if any one—or all three—is true, that fact has serious implications for the application of reason to society.[30] In essence, social engineering becomes a hopeless undertaking.

The impossibility of meaningful change sets the stage for one last aspect of Wezel's dialogue with the Enlightenment. All of the Enlightenment's various strands understood themselves as attempts to improve the world, and their chosen instrument was often an enlightened monarch acting on the advice of a philosopher, for example, Voltaire at the court of Friedrich II or writing helpful letters to Catherine the Great in St. Petersburg. Those sections of *Robinson Krusoe* that show Krusoe in his role of *Vater/Regent* to the colony provide a rich commentary on the practice of Enlightenment politics as well as an analysis of its basic tenets. Two facets of that discourse need to be differentiated here, first, the question of the legitimacy of an enlightened monarch's power, and second, the problematic efficacy of monarchical rule.

At one point, for example, the narrator imitates the prevalent form of government in Germany and declares Robinson king, though not of very much:

> Er war ein kleiner *König, Regent und Besitzer einer ganzen Insel, unumschränkter Monarch seiner Untertanen, der Ziegen. Herr über ihren Tod und ihr Leben,* ohne jemals in seiner Ziegenmonarchie Rebellion, Meuterei und Ungehorsam besorgen zu dürfen. Er hielt Tafel wie ein Monarch; der Papagei saß ihm auf der Schulter und hatte als Favorit die Erlaubnis, so viel zu schwatzen, als ihm beliebte; der alte Hund saß wie ein bejahrter treuer Diener zur Rechten und genoß aus seinen Händen die Belohnung seiner Treue; seine beiden Katzen lauerten wie ein paar Hofleute auf einen gnädigen Bissen. (75, emphasis added)

This passage is more than just a parody of court life in a German principality, although it is certainly that, too; the initial portion of the quotation is also a stylized rendition of a noble patent, what Bakhtin calls "stylized official discourse." The full titles of eighteenth-century kings generally listed all their inherited rights in descending order of importance—for Friedrich the Great, for example, it began with *König* von Preußen, continued on to Markgraf zu Brandenburg, added several more steps including *souveräner* Herzog von Schlesien, and ended with *Herr* zu Frankfurt, i.e., exactly the same titles as borne by Wezel's hero. This is not to say that Friedrich the Great's title is being quoted or that he alone is the *source* of Wezel's parody; for Bakhtin the ideas expressed dialogically in the novel have "prototypes" rather than sources, and Friedrich was nothing if not the prototypical enlightened king.[31] What is important is that the language represented in such an utterance (without formal markings indicating that it belongs to another speaker) takes its polemic thrust from the internal, dialogic juxtaposition of an official discourse with objects that are clearly beneath it.

These elaborate titles were the legal expression of royal power, the exercise of which varied from place according to the traditional rights elaborated there. While not inalienable, such titles and the powers they listed were generally passed on through inheritance. Upon his return to the island in volume two, Krusoe reclaims his office on the basis of "das nächste Recht auf die Herrschaft der Insel" (179), and in good monarchical fashion his son Karl succeeds him by virtue of being his "rechtmäßiger Erbe" (204, 208). The problem with mere legality, however, is its tenuous nature in the face of opposition; in fact, both Krusoe and his son rely on support from subjects who were "schon heimlich gestimmt und durch Geschenke gewonnen" (179, for Karl see 208). Thus the surface of legitimacy embodied in stylized official discourse is not only linked to a herd of goats, it gives way to the reality of corruption, which was to question another of the fundamental premises behind hereditary monarchies.

In addition to the power of legitmate enunciation and inheritance, the third element legitimizing traditional monarchs was theological, often indicated by the inclusion of "von Gottes Gnade" in their official titles. Unable to agree on a successor after Karl's untimely death, the colonists who inhabit *Robinsonia* elect to put their trust in "den Zufall . . . [S]ie machten miteinander aus, daß ein jeder mit dem frühsten Morgen sich in Begleitung einer Ziege an einem bestimmten Orte einfinden wollte, und wessen Ziege zuerst meckern würde, dem sollte die Ehre der Oberherrschaft zufallen" (214). And the lucky man's descendants continued to rule (221). The text's emphasis on the accidental nature of this decision ("Zufall . . . zufallen"), which again invokes the critique of providence discussed above, completely eliminates God and his legitimating intervention from the process. In short, not only does a herd of goats provide Krusoe's original subjects, but their heirs choose his successor.

Once the monarchy is established, Krusoe's rule and its problems become the center of the novel's attention. Krusoe's intentions are as exemplary, and as varied, as those of his enlightened contemporaries, Friedrich II, Josef II, etc.—and just as ill-fated. Two projects—first, Krusoe's attempt at codifying the island's laws and second, his freeing of the slaves—are particularly good examples of the difficulties involved in applying reason to society. Wezel's choices here were not unmotivated; both of these ideas were major components of the reforms attempted by enlightened monarchs in Wezel's time, and their portrayal in *Robinson Krusoe* has to be seen as a dialogical representation of the debate they engendered. Work on the Prussian *Allgemeines Landrecht* was begun in earnest in the wake of the Müller-Arnold-Prozeß in 1779/80, but Svarez, the chief author of the

ALR, had started to reform the judicial system of Breslau as early as 1768.[32] As for the European equivalent of slavery, Friedrich II had freed the serfs on the Prussian royal domains in 1777, and Josef II's attempts to end serfdom in Austria and Bohemia were also roughly contemporary. In *Robinsonia*, however, the rationalization of the legal system falters—quite fortunately as it turns out—for lack of paper: "sonst hätte ihnen gewiß Robinson auch ein Gesetzbüchlein abgefaßt und den Grund zu neuen Ungerechtigkeit gelegt" (194). Freeing the slaves succeeds for a while, but its success only makes things worse for those freed:

> Im Grunde war aber dies keine Erleichterung für die Sklaven, sondern für die Herren, die nunmehr nicht für den Unterhalt ihrer Arbeiter zu sorgen brauchten, und diese bekamen einen desto größern Zuwachs von Arbeit, weil sie außer den Diensten, die sie ihren Herren vorher leisteten und itzo gleichfalls leisten mußten, auch für sich und ihre Familie von dem gepachteten Acker ihren Unterhalt gewinnen sollten, den sie sonst von ihren Herren bekamen. (199)

The reform of the legal system and of the status of the rural population are but two examples from Wezel's novel of debates within and concerning the political framework of enlightened absolutism that one could easily trace back to figures as diverse as Pufendorf and Rousseau—if not further. Both proposals met with fierce opposition, not all of which was merely the selfish defense of inherited privileges. For as differentiated as the German Enlightenment was, skepticism at the promise of rationalism should not be surprising.[33] But by 1780 it was clear to observers ranging from the politician and historian Justus Möser to literary figures like Nicolai and Lessing that enlightened absolutism could never live up to its promise; Wezel, too, attacks not so much the specific failures of enlightened government as the very possibility of its succeeding. Change, as the narrator argues, even change for the better, is the result of *"Zufall, Not, Leidenschaft* [und] *Witz* . . . Verstand und anhaltendes Nachdenken brachten keine einzige von den Robinsonischen Erfindungen und auch keine einzige in der Welt" (205). In fact, the history of *Robinsonia* ends not with rational harmoney but in a Hobbesian war of all against all.

I will return to the island's final destruction shortly, but what is of particular note at this point is that none of the dialogic confrontations with topics of political concern during the late Enlightenment have counterparts in Defoe's text. The rewriting and redefinition of the *Robinsonade* in Germany in the eighteenth century necessarily incorporated utterances from contemporary discourses, which is why the struggle to redefine the genre is so interesting—and so crucial to a fuller understanding of Wezel's novel. The skepticism contained in Wezel's text, which anticipated the political concerns that were to trouble the Early Romantics, if not their solutions,[34] turned his novel into an anti-utopia and ultimately led to Wezel's defeat in the battle for control of the myth of Robinson Crusoe. For, as Jürgen Fohrmann has argued, the island's fate sounded the death knell for a genre that had often attempted to sketch out what could be achieved in a society isolated from the evils of inherited tradition: "Nach Wezel ist so die spezifische Programmatik der Robinsonaden an ein Ende gekommen oder gibt nur noch Anlaß zur Parodie."[35]

While Fohrmann may be correct in his assessment of the genre's subsequent history, he overlooks the confrontation that occurred at the time of its publication. As an indication of the contentious intellectual climate in Germany one need only remember that 1780 saw the publication of Friedrich the Great's *de la litterature allemande*, which rekindled the debate over the very possibility of German literature. Wezel joined the fray in 1781 with his own *Über Sprache, Wissenschaften und Geschmack der Teutschen*, where he argued that not only was there no reason to believe that Germans were somehow incapable of great literature but that they had in fact begun to produce it.[36] More importantly for the issue at hand, Wezel's *Robinson Krusoe* appeared in the same year as Joachim Heinrich Campe's phenomenally popular *Robinson der Jüngere*.[37] There were also other contemporary *Robinsonaden*, for example, Musäus' *Der deutsche Grandison*,[38] which appeared in 1781–82, but Campe's pedagogically oriented children's book apparently struck the most responsive chord. It was, for all practical purposes, the first German children's book, published at the very moment when childhood was beginning to be "discovered"—and made available as a luxury to young people like the sons of the Hamburg merchants whom Campe taught. Moreover, Campe's novel was also a practical handbook for those who would teach these "new" children.[39] As a result, *Robinson der Jüngere* was so successful that it quickly drove all the other versions from the market. Wezel's *Robinson Krusoe* had to wait for 200 years for a second edition, whereas Campe's was a bestseller until WWI. The 119th *authorized* edition appeared in 1909! Yet the reasons for the one's success and the other's failure are ultimately not as interesting as the light that differences between the two texts can shed on the stakes involved in the struggle to redefine the genre.

In Bakhtinian terms Wezel and Campe could be said to have been struggling over the "chronotope" or "time-space" of the Robinson Crusoe myth.[40] Whereas Wezel still followed Defoe and located his novel in the zone of biographical time on an uninhabited island, Campe shifted the focus of his version to the frame story, which takes place in an idyllic family setting on the outskirts of contemporary Hamburg. There a father/teacher adapts the Robinson story for his young audience and uses it to provide a series of ostensibly practical lessons on subjects as diverse as virtue, handicraft production, and geography. The chronotopic shift is thus intimately connected with the novel's apparent message. Late Enlightenment skepticism at what Horst Möller has termed the "Bildungsfähigkeit des Menschen"[41] did not prevent Campe's father/teacher from charging his pupils: "wenn ihr wirklich Lust habt, recht trefliche Menschen zu werden, die da gesund and stark an Leib und Sele, und also fähig sind zum Glück Ihrer Mitmenschen viel, recht viel beizutragen: so hört was wir thun wollen!"[42] Even if one were only to doubt the "Bildungsfähigkeit der Erwachsenen," and thus limit enlightenment to children, this is a far more optimistic stance than Wezel could countenance, and he responded with a certain polemical flair. In his introduction to *Robinson Krusoe* Wezel first accused Campe of stealing his material ("da ich das Recht der ersten Besitznehmung darauf hatte" 5), but he quickly broadened the attack to include both Campe's style ("Bei den meisten Kinderbüchern sollte man glauben, daß sie von Kindern und nicht für Kinder geschrieben wären." 13) and, more importantly, the ends to which literature could be addressed. One of Campe's explicit goals was to combat "eine dermalige epidemische Selenseuche ... das leidige *Empfindsamkeitsfieber*,"(6) by which he seems to have been referring, at least in part, to the overly enthusiastic reception of Goethe's *Werther*. Wezel countered by claiming, "daß ich weder meinem noch irgendeinem Robinson auf der ganzen Welt so eine große Wirkung zutraue, wie die Heilung einer Nationalkrankheit erforderte: ich glaube nicht einmal, daß er Kindern zu einem Verwahrungsmittel wider die falsche Empfindsamkeit dienen kann"(5). Elsewhere he scurrilously accused Campe of wanting to prepare "einen Präservatif für die Kinder."[43]

Since Wezel himself devoted a long novel, *Wilhelmine Arend*, to the dangers of "Empfindsamkeit"—in fact, that was its subtitle—his critique might seem more than a little disingenuous.[44] To be sure, Wezel did accord literature a function, but he was more circumspect about the effects that he thought it could produce in the lives of readers:

> Etwas kann also unstreitig der Schriftsteller beitragen, das schädliche Übergewicht der Empfindsamkeit zu schwächen: die affektierte geißle er mit dem unbarmherzigsten, bittersten Spotte, daß sie vor seinem Gelächter flieht wie der Satan vor einem Gebetbuche; die unaffektierte, die aus dem Charakter entstund und durch Lektüre eine oder die andre Richtung bekam, in ihre gehörigen Grenzen allmählich bei der Nation und ihren einzelnen Mitgliedern zu bringen, schreibe er Bücher, die das einzige Gegengift dawider enthalten—Verstand und Witz. (7)

While not in itself remarkable, such skepticism clearly does set Wezel apart from Campe, but if Wezel's stance were this limited, this tame, the stakes in the two authors' dispute would remain at a fairly superficial level. Campe, the educator, might just have been more optimistic by nature. Alternatively, Campe, who came to *Robinson Crusoe* through Rousseau's *Emile*, might simply have believed that his particular objects, namely children and contemporary pedagogical theory, were more malleable. In that reading, Wezel's relative pessimism would still be part of the same discursive framework occupied by Campe.

However, the destruction of Wezel's *Robinsonia* mentioned above raises a far more significant difference between the two texts. Campe begins and ends the idyllic world of *Robinson der Jüngere* under an apple tree on the outskirts of Hamburg (pictured in one of three illustrations in the first edition). There the school's extended family gathers evening for evening while the father/teacher relates the day's episode; from the apple tree the children's next stop is the world of trade, finance, and government service. At the end of Wezel's text no one survives; as the narrator reports:

> die Insel war menschenleere Wüste, wie ein tragisches Theater, auf welchem ein barbarischer Dichter gewürgt hat. Nichts blieb übrig als Spuren der Bevölkerung, Steine mit Aufschriften, verschüttete Pantoffeln, Trinkgefäße und Nachttöpfe, vermoderte Strümpfe, verstreutes Geld, zerbrochene Waffen, umgestürzte Heiligenbilder, damit dereinst ein amerikanischer Antiquar alle diese Altertümer ausgraben und der Akademie der Wissenschaften in Kanada oder der Sozietät der Altertümer unweit Hudsons Bai mit vielen Zitaten aus den alten teutschen, französichen und englischen Schriftstellern beweisen kann, daß hier einmal Europäer wohnten. Wie viele Tätigkeit wird dieser verödete Kothaufen noch einmal nach Jahrtausenden unter dem Menschengeschlechte verbreiten! Die Altertumsforscher in Nordamerika werden sich zanken, ob die Robinsonianer hohe oder niedrige Absätze an den Schuhen trugen; sie werden sehr scharfsinnig die verschiedenen Epochen dieser Höhe festsetzen; sie werden englische und spanische Inschriften auf verfaulten Brotschranktüren nach selbsterfundenen Alphabeten entziffern und alles darinne finden, was sie wollen. (242)

By the time he is done, Wezel's narrator has accused the Eskimos of making imperfect copies of the manuscripts, the inhabitants of "Novazembla" of botching their translated edition, the "grönlandische[n] Nachdrucker" of printing this misshapen text for profit, and, finally, the reviewers of confusing the issue of textual authenticity so badly that no one enjoys reading the story anymore—not even children. Ultimately, thousands of copies pile up unsold. The end result is that whole ships filled with the book are sent to

"Kamtschatka" to be used in the manufacture of bullets for their war; other stacks are sent to papermakers in Siberia, who would otherwise be unable to meet the demands of local poets; while a third batch ends up in cellars, corner stores, and "an anderen Orten zu beliebiger Konsumtion... und endlich ist der Name Robinsonia aus allen menschlichen Köpfen und Büchern so gänzlich vertilgt" (242–243).

At first, this passage seems to contain nothing more than a narrative voice satirizing the concerns and methodology of scholars—their choice of something as trivial as the height of the inhabitants' heels as a subject of inquiry—as well as attacking the practice of pirated editions, which were the bane of contemporary authors and publishers. The comparison, "wie ein tragisches Theater, auf welchem ein barbarischer Dichter gewürgt hat," is evidence of another voice, that of ironic authorial speech, operating on at least two levels; in addition to being a barb aimed at *Sturm und Drang* playwrights, its target is Wezel's own text. In a sense, as Fohrmann has noted, the destruction of the island coincides with the end of the genre. Yet, most importantly, the passage also questions the very notion of language's referentiality and its ability to represent reality. Not only will those scholars who examine the remains of *Robinsonia* "Inschriften... nach selbsterfundenen Alphabeten entziffern und alles darinne finden, was sie wollen," but others produce translations and commentaries, "die alle Namen verhunzen und keine Jahrzahl, kein Datum, kein Kapitel in ihren Zitaten richtig angeben.... Die Rezensenten, die bei der novazemblischen Übersetzung nicht gebraucht worden sind, fangen an launisch zu werden und beweisen mit Schimpfwörtern, daß kein einziger Strumpf dem Originale gemäß nachgezeichnet ist, das sie nie gesehen haben" (242–43). Unable to represent objects in the world, language's role as a tool for reason becomes extraordinarily problematical. From Wezel's position it is but a short step to the Early Romantic epistemological critique, which implicates language in its polemic against instrumental reason.

By way of contrast, Campe intends his method of instruction to provide pupils with two types of knowledge, first, what he calls "elementarische Kenntnisse," which are gained from direct experience with everyday objects and activities, and second, "literarische Vorkenntniß," by which Campe refers to the knowledge gained solely from reading or from listening to the father/teacher. In characterizing this literary, or non-experiential knowledge Campe warns against "der erdichteten Dinge, womit die Geschichte des alten Robinsons aufgestuzt ist,[45] lieber *wahre* Gegenstände, *wahre* Produkte und Erscheinungen der Natur" (5–6, emphasis added). Thus it is not surprising that Campe uses the Robinson Crusoe story not only to impart lessons about the geography and natural history of distant lands, but also as an opportunity to define—again as a paradigmatic lesson for "angehende Pädagogen" (14)—thirty-six unfamiliar words ranging from "Seekrankheit" (25) to "Bankerot" (342), all of which lay outside the children's experience. For Campe, who later edited a five volume *Wörterbuch der Deutschen Sprache*, language was simply a tool whose relationship to reality was unproblematical.[46]

Contemporary reviewers, who actually viewed Campe and Wezel as competitors and tended to deal with both of them in a single critique, were quick to note the dissimilarities. The *Allgemeine deutsche Bibliothek*, for example, repeats criticism from J. E. F. Schall that "insofern man demselben für ein Kinderbuch hat ausgeben wollen," Wezel, in contrast to Campe, "nicht zu der Empfänglichkeit seiner Leser herabzustimmen gewußt habe."[47] The *Teutsche Merkur* noted that both novels were suitable for children, except that Campe's was accessible to those over the age of six, while Wezel's was better for those twelve and older. Thus the reviewer concluded that Wezel had written "ein beßrer Roman, und für Männer eine angenemere Lektüre werden muß."[48] But it was a review comparing the two authors' second volumes in the *Allgemeine deutsche Bibliothek* that caught the essence of the conflict; while again praising Campe's accessibility to children, the author said of Wezel's version: "Das Buch ist also im Ganzen genommen ein politischer Roman." Of course, this is to define politics as a narrowly circumscribed, somehow separate sphere of activity. That literature—at least high literature, and not satire—ought to avoid politics is evident in the reviewer's pejorative conclusion: "Daß es dabey an satirischen Stellen mancher Art nicht fehlen werde, kann man nicht anders vermuthen."[49] Here the genre discourse springs to the surface. The reviewer's implicit normative framework discounts Wezel's novel and warns potential readers of its excesses, while overlooking or, perhaps, accepting Campe's reformist tendencies by treating them as apolitical.

Unlike Wezel's *Robinson Krusoe*, Campe's *Robinson der Jüngere* was fundamentally a call for a form of instruction intended to educate the leaders of an emerging bourgeois order. It was published simultaneously in French, as a foreign-language textbook for use in German schools, and, in short order, in English, Latin, ancient and modern Greek, and a host of other European languages as well. Significantly, too, one of Campe's own pupils during his early years as a *Hofmeister* was the future Prussian educational reformer Wilhelm von Humboldt, and Campe himself was later *Schulrat* in Braunschweig. What little criticism of the contemporary educational system his work contained was soon irrelevant, and once the novel's values came to be broadly accepted, at least among the middle class, the book functioned as a prop for the system it had helped create. The result was both its popularity and its eventual trivialization. Educators no longer needed its lessons, and the myth of Robinson Crusoe had been reduced to children's literature—without any critical import whatsoever. After Ludwig Richter illustrated the fortieth edition of Campe's bestseller in 1848, subsequent readers could only find it *niedlich*.[50] Languishing unread, Wezel's version had also lost much of its immediate relevance; in spite of the publisher's attempt to revitalize the book's polemic thrust in light of the French Revolution, the tradition it represented in the genre debate had been completely eliminated.[51] The Robinson Crusoe myth's potential as a weapon in the public sphere was, of course, also governed by the fate of that institution during the eighteenth century, and a children's Robinson Crusoe fit neatly into the process of its gradual demise. The increasing functional differentiation of German society not only reduced the aesthetic sphere as a whole to a merely compensatory role, it also necessitated a shift in the perceived contents of those works that continued to be read or viewed.

What these differences show is that genre issues cannot be separated from political or philosophical concerns and that the discourse surrounding literature in the eighteenth century was far from marginal politically. Clearly, Wezel's *Robinson Krusoe* is more than just a translation of Defoe, and more than just an alternate, somewhat more adult version of Campe. There was far more at stake in Wezel's ironic, satiric *completion* of the genre. And if this article is more than an exercise in archeology, more than an attempt to exhume a long neglected, yet eminently readable text, its point has to be that the full significance of Wezel's novel, and others like it, only becomes apparent when an interpretation includes both the text's heteroglossia and the related genre discourse. Only then does Wezel's *Robinson Krusoe* spill over the confines of what might otherwise be construed as a narrowly delimited adaptation and speak to the development of literature in general.

University of Minnesota

---

1 In the course of this article's rather long gestation I have received a number of helpful readings and suggestions, and I would like to thank Jeannine Blackwell, Wlad Godzich, Ruth-Ellen Joeres, Phil McKnight, and Steve Suppan for their assistance and encouragement. I presented a much shorter version at the Lessing Society's session at the MLA in 1986, and am grateful to Professor Hansjoerg Schelle for the opportunity.
2 The original title pages and Wezel's introductions to both volumes are reproduced in Johann Carl Wezel, *Kritische Schriften*, Albert R. Schmitt, ed. (Stuttgart: J.B. Metzlerische Verlagsbuchhandlung, 1975) III, 2–52. All quotations in this article will be taken from the edition in the Kleine Bibliothek des Aussteigers und Abenteuers: Johann Karl Wezel, *Robinson Krusoe* (Berlin: Freitag Verlag, 1982), which contains an afterword by Rolf Strube, 246–54. The novel originally appeared in 1779/80 in Leipzig, where it was issued by Wezel's longtime publisher

Dyk, but, except for a partial edition to be discussed below, the novel virtually disappeared for nearly 200 years. It was not available again until 1979, when Anneliese Klingenberg brought out a new edition, Johann Karl Wezel, *Robinson Krusoe* (Berlin: Rütten & Loening, 1979).

3 For example, Wilhelm Voßkamp's "Johann Carl Wezel," in *Deutsche Dichter des 18 Jahrhunderts. Ihr Leben und Werk*, Benno von Wiese, ed. (Berlin: Erich Schmidt Verlag, 1977), 577–593, devotes only three sentences to *Robinson Krusoe*, 593, and it only appears in connection with Joachim Heinrich Campe in *Hansers Sozialgeschichte der deutschen Literatur*. Band 3, *Deutsche Aufklärung bis zur Französischhen Revolution 1680–1789*, Rolf Grimminger, ed. (München: DTV, 1980) 817 ff. in the article on "Kinderliteratur" by Wolfgang Promies.

4 Hans Peter Thurn's *Der Roman der unaufgeklärten Gesellschaft. Untersuchung zum Prosawerk Johann Karl Wezels* (Berlin: Kohlhammer, 1973), gives it a three page chapter, 127–129; Wolfgang Jansen, *Das Groteske in der deutschen Literatur der Spätaufklärung. Ein Versuch über das Erzählwerk Johann Carl Wezels* (Bonn: Bouvier Verlag Herbert Grundmann, 1980) takes it more seriously (161–90) but he dismisses the first part, where the relationship to Defoe is most interesting, calling it simply "eine sachlich bis dürre Nacherzählung," 163; while Phillip Scott McKnight, *The Novels of Johann Karl Wezel: Satire, Realism and Social Criticism in Late 18th Century Literature* (Bern: Lang, 1981) analyzes *Robinson Krusoe* briefly, but solely from the perspective of its supposed relationship to Adam Smith's *Wealth of Nations*. Kurt Adel, *Johann Karl Wezel: Ein Beitrag zur Geistesgeschichte der Goethezeit* (Vienna: Notring, 1968) only deals with *Robinson Krusoe* in connection with Wezel's feud with Campe, mainly by reproducing the highlights of their polemic as it coursed through the contemporary press. The only substantial analyses are Hans Heino Evers," Johann Karl Wezel (1747–1819) Robinson Krusoe. Neu bearbeitet. 2 Bde. Leipzig 1779/80," in Theodor Brüggemann, ed., *Handbuch zur Kinder- und Jugendliteratur von 1750–1800* (Stuttgart: Metzler, 1982), columns 238–255, and Anneliese Klingenberg's "Nachwort" to the edition mentioned in the second footnote, 263–97. Unfortunately, while Evers reduces the "philosophical" content of *Robinson Krusoe* to a somewhat distant history of the world, Klingenberg concentrates almost exclusively on Wezel's biography and on the role played by private property in his depiction of historical developments; in both, the treatment of genre issues is cursory and largely unrelated to the political discourses of Wezel's time. In other words, the broad, complex scope of the novel's contemporaniety is given relatively short shrift.

5 The German tradition, for which *Quellenforschung* might be a better term, is basically philological and is most clearly evident in the apparatus of so-called historical-critical editions. For an account of the trajectory of intertextuality outside of Germany see Tzvetan Todorov, *Mikhail Bakhtin: The Dialogical Principle*, Wlad Godzich, trans. (Minneapolis: University of Minnesota Press, 1984) 60–74.

6 See M. M. Bakhtin, *The Dialogic Imagination*, Caryl Emerson and Michael Holquist, trans. (Austin: University of Texas Press, 1981). The most explicit work on language associated with Bakhtin is one of the books to come out of the Bakhtin circle, namely V. N. Volosinov, *Marxism and the Philosophy of Language*, Ladislav Matejka and I. R. Titunik, trans. (Cambridge: Harvard UP, 1986).

7 Bakhtin, *Dialogic Imagination*, 333.

8 Bakhtin, *Dialogic Imagination*, 324. Bakhtin argues there that "Double-voiced discourse is always internally dialogized."

9 Bakhtin, *Dialogic Imagination*, 401.

10 Bakhtin, *Dialogic Imagination*, 304.

11 See Bakhtin, *Dialogic Imagination*, 262–263. For a more complete listing of the possible types of heteroglossia see Mikhail Bakhtin, *Problems of Doestoevsky's Poetics*, Caryl Emerson, ed. and trans. (Minneapolis: University of Minnesota Press, 1984) 199.

12 M. M. Bakhtin, "The Problem of Speech Genres," in *Speech Genres & Other Late Essays*, Vern W. McGee, trans. (Austin: University of Texas Press, 1986) 60 ff.
13 Bakhtin, *Speech Genres*, 79.
14 Bakhtin, *Dostoevsky*, 106.
15 Jürgen Fohrmann, *Abenteuer und Bürgertum. Zur Geschichte der Deutschen Robinsonaden im 18. Jahrhundert* (Stuttgart: Metzler, 1981). Quite remarkably, sixteen of the Robinsons were females; see Jeannine Blackwell, "An Island of Her Own: Heroines of German Robinsonades from 1720 to 1800," *The German Quarterly*, 58 (1985) 5–27.
16 Evers, for example, claims: "Der wohl bedeutsamste Eingriff des Bearbeiters besteht in der Straffung der Erzählung," 244, while Thurn refers to it simply as a "Nachdichtung" 127. See also Jansen, 163, as quoted in footnote four.
17 Since Defoe was unable to respond directly, the dialogue might seem one-sided, but to the extent that he defined the genre and influenced subsequent readings of his own text, Defoe's part of the dialogue is clearly not an external construct. As will be seen below, Defoe is always present dialogically in Wezel's text, as are a number of other authors, although no claim can be made to have dealt exhaustively with the latter. See also Bakhtin, *Dostoevsky*, 106 ff.
18 Daniel Defoe, *The Life and Adventures of Robinson Crusoe* (New York: Penguin Books, 1965 [1719]) 27. Subsequent references differentiate the two characters, Defoe's Crusoe and Wezel's Krusoe, with the aid of this spelling convention.
19 See Elke Liebs' discussion of Wezel's narrative stance, for example: "[Wezels] Verzicht auf Authentizität resultiert dabei paradoxerweise aus eben demselben Zielvorstellung, die 60 Jahre früher Defoe die Form der fiktiven Autobiographie wählen ließen, aus dem Wunsch nämlich, am paradigmatischen Einzelfall potentielle "Er-Fahrung" von Welt und Gott zu demonstrieren und allgemein verbindlich zu machen." *Die pädagogische Insel. Studien zur Rezeption des "Robinson Crusoe" in deutschen Jugendbearbeitungen* (Stuttgart: Metzler, 1977) 104. See also Horst Brunner, "Kinderbuch und Idylle: Rousseau und die Rezeption des Robinson Crusoe im 18. Jahrhundert," *Jahrbuch der Jean-Paul-Gesellschaft* 2 (1967) 85–116, and Evers, 249–50.
20 Ian Watt, *The Rise of the Novel: Studies in Defoe, Richardson and Fielding* (Berkeley: University of California Press, 1957) 31–34, 84. See also the collection edited by Regina Heidenreich and Helmut Heidenreich, *Daniel Defoe. Schriften zum Erzählwerk* (Darmstadt: Wissenschaftliche Buchgesellschaft, 1982).
21 Ross Chambers, *Story and Situation: Narrative Seduction and the Power of Fiction*, (Minneapolis: University of Minnesota Press, 1984) 12. See also Walter Benjamin, particularly "Der Erzähler: Betrachutungen zum Werk Nikolai Lesskows," Walter Benjamin, *Gesammelte Schriften* (1977, Frankfurt/M.: Suhrkamp, Werkausgabe, edition Suhrkamp, 1980) II.2, 438–65.
22 J.C. Wezel, *Belphegor oder Die wahrscheinlichste Geschichte unter der Sonne* (Frankfurt/M.: Insel, 1984 [1776]), 42. This argument simplifies Crusoe's beliefs somewhat unfairly. However, to get a better look at them one would have to take as an example such episodes as his illness, after which he is very nearly *born again*. For the purposes of an article the problem is that the full flavor would only come from quoting the six or seven pages of rambling meditations on providence that accompany the event (105–111). Wezel reduces this to three shorter pages, leaves out God entirely, and has Krusoe save himself with the medicinal use of tobacco (54–56)!

Moreover, by 1780 the critique of religious dogma was something of an old hat; Gottfried Arnold, carrying on in the tradition of Pierre Bayle, had already published his two-volume *Unparteyische Kirchen- und Ketzerhistorie* in 1699 and 1700. On the other hand, Lessing's polemic *Anti-Goeze*, which he published in 1778, testifies to the continuing actuality of such debates.
23 Defoe is even interpreted as a utopian; see Jürgen Schlaeger, "Die Robinsonade als frühbürgerliche 'Eutopia,'" in Wilhelm Voßkamp, ed., *Utopieforschung: In-*

terdisziplinäre Studien zur neuzeitlichen Utopie (Stuttgart: Metzler, 1982) vol. 2, 279–98.
24 J.K. Wezel, Robinson's Kolonie; oder: Die Welt im Kleinen (Leipzig: Verlag der Dykischen Buchhandlung, 1795).
25 "Vorerinnerung des Verlegers," iii–xxiv.
26 "Monarchie" eventually degenerates to the special form called "Despotismus," which a later accounting considers a separate stage (see 206). Despotism is ultimately followed by anarchy and total destruction.
27 Voltaire's Pangloss, for example, needed to explain away the Lisbon disaster, and it still troubled Kleist enough to produce "Das Erdbeben in Chile."
28 Klingenberg, 294.
29 Fohrmann, 129.
30 A recent attempt to differentiate and periodize the German Enlightenment is Horst Möller, Vernunft und Kritik: Deutsche Aufklärung im 17. und 18. Jahrhundert (Frankfurt/M.: Suhrkamp, 1986) especially 19–40.
31 Bakhtin, Dostoevsky, 91.
32 Reinhart Koselleck, Preußen zwischen Reform und Revolution: Allgemeines Landrecht, Verwaltung und soziale Bewegung von 1791 bis 1848 (Stuttgart: Ernst Klett, 1967) has documented the centrality of this debate for the enlightened reconstitution of the Prussian state.
33 For an interpretation of Wezel's position among the sceptics see Detlef Kremer, Wezel: Über die Nachtseite der Aufklärung (München: Wilhelm Fink, 1984).
34 See Jochen Schulte-Sasse, "Der Begriff der Literaturkritik in der Romantik," in Peter Uwe Hohendahl, Geschichte der deutschen Literaturkritik (1730–1980) (Stuttgart: Metzler, 1985) especially 91 ff.
35 Fohrmann, 129. The parodies to which Fohrmann refers are the anonymous Jesuit auf dem Thron (1794) and the second edition of Musäus's Grandison (1803). The latter is actually his Der deutsche Grandison (1781–82), which was a revision of his Richardson parody, Grandison der Zweite oder Geschichte des Herrn von N (1760–62). Musäus' attacks on Robinsonschwärmerei seem to have been directed at the unbridled enthusiasm that Campe's version produced; at one point Musäus' hero loses sight of reality while camped on an island that had been shoveled together in a pond on his estate—for the purpose of recreating the Robinson experience. J.C. Musäus, Der deutsche Grandison. Auch eine Familiengeschichte, 2nd ed. (Mannheim: n.p., 1803) 20ff.
For attempts to locate Wezel within the tradition of satire in Germany see Maria Tronskaja, Die deutsche Prosasatire der Aufklärung (Berlin: Rütten & Loening, 1969), Regine Seibert, Satirische Empire: Literarische Struktur und geschichtlicher Wandel der Satire in der Spätaufklärung (Würzburg: Königshausen und Neumann, 1981), and Jörg Schönert, Roman und Satire im 18. Jahrhundert: Ein Beitrag zur Poetik (Stuttgart: Metzler, 1969). From my perspective all three studies share an unreflected notion of extra-textual reality, which is then confronted from within a monological text by a uniform authorial voice.
36 Johann Karl Wezel, Über Sprache, Wissenschaften und Geschmack der Teutschen (Leipzig: Verlag der Dykischen Buchhandlung, 1781). There is a facsimile reproduction of this edition in vol. III of the Kritische Schriften, 53–396.
37 Joachim Heinrich Campe, Robinson der Jüngere, zur angenehmen und nützlichen Unterhaltung für Kinder (Stuttgart: Philipp Reclam Jun., 1981).
38 When Musäus decided to rewrite his novel Grandison der Zweite (1760–62) as a Robinsonade, he was aware of his position in the genre debate. As he remarked in the introduction, he intended "[den Roman] nach Maßgabe des Robinson Crusoe auf gemeinen Weberstuhl ganz umzuwirken. Endesgesezter hoffet nicht, daß ihn jemand dießfalls in Anspruch nehmen werde, wie die beyden Strumpfmeister Campe und Wezel gegenseitig zum Scandal aller Innungsgenossen gethan haben" (ix).
39 For a recent treatment of Campe's Robinson see Brent O. Peterson, "Joachim

Heinrich Campes *Robinson der Jüngere:* Ein Unterrichtsentwurf aus dem 18. Jahrhundert," *Neue Germanistik* 3.2 (Winter 1984) 5–16. On the issue of the discovery of childhood during the Enlightenment, see Philippe Aries, *Centuries of Childhood: A Social History of Family Life,* trans. Robert Baldick (New York: Knopf, 1962). Particularly to the extent that children—and noble savages—were viewed as unsullied, *natural* creatures who alone were amenable to reason, the connection between Campe and Rousseau is of interest.

40 See "Forms of Time and of the Chronotope in the Novel," in Bakhtin, *Dialogic Imagination,* 84–258.
41 Möller, 16.
42 Campe, 230. This reprint of the first edition, Hamburg 1779–80, retains eighteenth-century spelling conventions.
43 J.K. Wezel, "Ankündigung des alten Robinsons," *Deutsches Museum* (April 1779) 387. Although an active party to the debate, Campe was far less polemical than Wezel. In his "Ankündigung eines neuen Lesebuchs für Kinder," *Deutsches Museum* (Februar 1779) Campe reports interrupting his own work when he learned of Wezel's undertaking, but having read it: "da kommt es mir noch immer vor, als wenn meine Arbeit mit der Arbeit dieses Mannes gar wohl bestehen könne, weil unsere Zwecke in mehreren Betrachtungen offenbar von einander abzugehen scheinen." 122.
44 J.K. Wezel, *Wilhelmine Arend oder die Gefahren der Empfindsamkeit* (Dessau: Buchhandlung der Gelehrten, 1782), facsimile edition (Frankfurt/M.: Minerva, 1970).
45 Here the reference could be to either Defoe or Wezel. Campe's introduction is dated June 1779, while his discussion of Wezel's version referred to above was published in the *Deutsches Museum* of February 1779, and Wezel's reply, in which he referred to his book as the "alte Robinson," is contained in the April issue of the same journal.
46 J. H. Campe, *Wörterbuch der Deutschen Sprache* (Braunschweig: Schulbuchhandlung, 1807–11). In fact, this was Campe's second dictionary; it superseded his *Wörterbuch zur Erklärung und Verdeutschung der unserer Sprache aufgedrungen fremden Ausdrücke. Ein Ergänzungsband zu Adelungs Wörterbuche* (Braunschweig: Schulbuchhandlung, 1801).
47 "Kurze Nachrichten von Erziehungsschriften," *AdB* 43. 1 (1780) 267. The review is taken from Schall's *Kleine Beiträge zur pädagogischen Literatur* (Breslau: Mayer [1780?]).
48 *Teutsche Merkur* 30.3 (Juni 1780) 240. *Neue Bibliothek der schönen Wissenschaften* also favored Wezel's version, but since the magazine was put out by Wezel's publisher Dyk, its views might be somewhat suspect; see 24 (1780) 116–17.
49 *AdB* 43 (1780) 556—mispaginated as 492.
50 J. H. Campe, *Robinson der Jüngere. Ein Lesebuch für Kinder* (Braunschweig: Verlag der Schulbuchhandlung, 1848). This edition is available in a facsimile version edited by Johannes Merkel and Dieter Richter (München: Weismann Verlag, 1977).
51 Ultimately, this is an overstatement; one can, for example, easily read Michel Tournier's *Friday,* Norman Denny, trans. (New York: Doubleday, 1969) as an attempt to reclaim the genre in order to assess the human cost of imperialism—for both the masters and their victims.

Neue Quellen und Untersuchungen zum Kreise Sophie von La Roches und C. M. Wielands 1. Teil

Hansjörg Schelle

Allgemeine Vorbemerkung

Der Titel soll an einen Aufsatz erinnern, den Adolf Bach im *Euphorion* von 1926 veröffentlicht hat: "Neues aus dem Kreise La Roche-Brentano" (27:321–32) (Bach 2). Seit den Quellenforschungen Bachs sind mit dem Ende des Zweiten Weltkriegs C. M. Wieland und neuerdings im Zeichen des Feminismus auch Sophie v. La Roche in den Vordergrund des Forschungsinteresses gerückt. Mit seiner Sammlung von 1983, einer Auswahl aus S. v. La Roches zum größeren Teil noch ungedrucktem Briefwechsel, hat Michael Maurer die Grundlagen für eine Beschäftigung mit ihr beträchtlich erweitert (Maurer).[1] Im selben Jahr legte Hans Radspieler seine den neuesten Forschungsstand spiegelnde Dokumentation zu Wielands Leben und Wirken in Oberschwaben vor (WOberschw), auf die in diesem 1. Teil in vielen Einzelfragen zurückgegriffen wird.

Die hier zum größeren Teil erstmals abgedruckten Handschriften sind ebenso wie die ihnen vorangestellten Untersuchungen chronologisch angeordnet, doch ergeben sich durch die vom Umfang geforderte Aufteilung Überschneidungen. So handelt der 1. Teil noch nicht von Sophie Gutermanns Jugendjahren, von ihrer Ehe mit La Roche, ihren Kindern und Enkeln, von den wirtschaftlichen Verhältnissen der La Roches und von S. v. La Roches späteren Beziehungen zu Wieland usf. Die Untersuchungen wurden z.T. durch die Handschriften veranlaßt, führen aber als selbständige Aufsätze über die dort angeregten Fragen hinaus. Durch die genealogischen Anhänge werden zunächst eine Reihe der in den Briefen genannten Personen in den Zusammenhang ihrer Sippe eingeordnet, doch soll mit dem genealogischen Anhang zum 1. Teil zugleich ein Beitrag zur Kulturgeschichte der schwäbischen Reichsstädte im 17. und 18. Jahrhundert geleistet werden. Für diesen Anhang und für den Kommentar zu den Briefen hat Hans Radspieler in Biberacher, Augsburger u.a. Archiven Ermittlungen angestellt und seine Ergebnisse in dankenswerter Weise zur Verfügung gestellt.[2]

Untersuchungen

1. Schwäbische Reichsstädter

Die Sippen, denen Sophie Gutermann und Christoph Martin Wieland entstammten, waren seit der Reformation in den schwäbischen Reichsstädten Biberach und Augsburg ansässig und gehörten zur Oberschicht dieser Stadtrepubliken. Die Familien waren miteinander versippt: Wieland und Sophie Gutermann waren Vetter und

Base zweiten Grades. Auch in ihren späteren Jahren, in denen sie beide fern von den Orten ihrer Herkunft lebten, empfanden sie sich als Reichsstädter und betrachteten die heimatlichen Stadtrepubliken als ihr Vaterland. In einem *Merkur*-Aufsatz von 1793 "Über teutschen Patriotismus" blickte Wieland auf die Zeit zurück, in welcher es so etwas wie die "Pflicht, ein *teutscher Patriot* zu seyn," noch nicht gab, und schrieb: "In meiner Kindheit wurde mir [...] vieles von Pflichten gegen Gott, den Nächsten und mich selbst, von Pflichten gegen Eltern und Lehrer, auch wohl beyläufig ein Wort von Pflichten gegen die Obrigkeit, gegen Ihro Römisch-Kayserliche Majestät als das allerhöchste Reichs-Oberhaupt, und insonderheit gegen Herren Burgermeister und Rath der löbl. Reichsstadt N.N. meiner lieben Vaterstadt, vorgesagt."[3] Als die Reichsstadt Biberach im selben Jahr auf die Quartausgabe von *C. M. Wielands sämmtlichen Werken* subskribierte, wollte der von dieser Geste gerührte Dichter, wie er seinem Verleger vorschlug, im Subskriptionsverzeichnis "als der letzte Abkömmling eines altbürgerlichen und um diese Reichsstadt wohlverdienten Geschlechts" vorgestellt werden.[4]

Nachdem Wieland und Sophie die Welt der Höfe aus eigener Anschauung kennengelernt hatten und jeder auf seine Weise mit dem fürstlichen Absolutismus bekannt geworden war, mußten sie sich daran erinnert fühlen, welches Maß an bürgerlicher und religiöser Freiheit die Reichsstädter genossen, von dem die Untertanen fürstlicher Landesherren nichts wußten. Am 27.7.1771 schrieb Sophie La Roche an den Stadtarzt der Republik Zürich, Johann Caspar Hirzel, über die Leserschaft, an die sie bei der Niederschrift ihres ersten Romans gedacht hatte, und bemerkte: "Das meiste ist aber nur für schwäbische Reichsstädte gemeint gewesen" (Maurer, 140). Sie wollte die reichsstädtischen Leserinnen vor dem falschen Glanz der Höfe warnen und sie auffordern, an den bescheidenen Vorzügen ihres Standes Genüge zu finden. Ludmilla Assing, ihre erste Biographin, erzählt, wie Sophie v. La Roche auf ihrer Schweizerreise im Sommer 1784 am Jahrestag der Sempacher Schlacht unter den Zuschauern erkannt und von der Versammlung der Offiziere gefeiert wurde, die "sich einander unter begeisterten Umarmungen gelobten, stets denselben Muth zur Vertheidigung der von ihren Voreltern erfochtenen Freiheit zu bewahren. Da fühlte sich *Sophie* als freie Reichsstädterin. 'So wenig unsere Reichsstädte' bemerkt[e] sie, 'gegen diese Republiken bedeuten, so fühlte sie doch, daß der kleine Traum von Freiheit bei uns, mich fähig machte, dieses Patriotenfest mitzufeiern' " (Assing, 218–19).

So gut wie alle Vorfahren Sophie Gutermanns und Wielands sind in den Reichsstädten Oberdeutschlands nachweisbar, genauer gesagt, in Reichsstädten, die im Gebiet des heutigen bayerischen Schwaben und baden-württembergischen Oberschwaben liegen. Im Mittelalter gehörten diese Reichsstädte zur Landvogtei Oberschwaben, mit Ausnahme von Augsburg, das eine eigene, kleinere ostschwäbische Landvogtei bildete.[5] Biberach und Augsburg waren, wie gesagt, die Schwerpunkte für beide Sippen. Seit Generationen bestand eine durch Heiraten und berufliches Fortkommen bedingte enge Wechselbeziehung zwischen den beiden Städten. Die Reichsstädte Memmingen und Lindau kamen hinzu; aus ihnen stammten u.a. die Mütter Sophies und Wielands. Sophie Gutermann selbst verbrachte Kindheit und Jugend nacheinander in den Reichsstädten Kaufbeuren, Lindau, Augsburg und Biberach. Über die reichsstädtischen Grenzen führen nur die bäuerlichen Vorfahren Wielands hinaus. Sie weisen im Wieland-Stamm in die siebte Generation und auf einen "Hans Wieladt" aus dem Dorfe Reute bei Biberach zurück (Werner, 224); mit dem Bauerntum der Schwäbischen Alb verband ihn eine Ururgroßmutter, die 1608 geborene Margarete Scherrauß, auch sie unter den Ahnen der Vaterseite.[6]

Alle Vorfahren hatten in der Reformation als reichsstädtische Bürger von der Freiheit Gebrauch gemacht, ihrem Gewissen zu folgen, und den lutherischen Glauben, die Augsburger Konfession, angenommen (Borst, 166), während das Patriziat, so z.B. in Biberach, katholisch blieb, ebenso wie das Hinterland der schwäbischen Reichsstädte; als Untertanen geistlicher oder weltlicher reichsunmittelbarer Herrschaften mußte die Bevölkerung den alten Glauben der Standesherren teilen. Umgekehrt hatten sich z.B. Dörfer, die dem Spital der Reichsstadt Biberach gehörten, der Reformation angeschlossen und bildeten eine evangelische Diaspora in katholischer Umgebung; die Reichsstadt als Grundherr bestellte die Geistlichen, so wie Wielands Großvater und Vater im spitälischen Dorf Oberholzheim Pfarrer waren, wo der Dichter geboren wurde. Wenn er später wiederholt von Biberach als seinem Geburtsort sprach, so hatte er insofern recht, als Oberholzheim biberachisches Territorium war. In den nachreformatorischen Jahrhunderten war die Gemeinsamkeit der Konfession für die Wahl der Ehepartner die erste Voraussetzung; gesellschaftliche Stellung und Vermögenslage traten zwar als weitere Bedingungen hinzu. Alle drei Faktoren zusammen genommen aber helfen es erklären, weshalb die Ahnen Sophies und Wielands in einem geographisch und gesellschaftlich so genau abgegrenzten und eng begrenzten Bereich anzutreffen sind. Indem Sophie Gutermann ihre Hand Georg Michael La Roche gab, ist sie aus dem reichsstädtischen Sippenverband ausgebrochen, während Wieland nochmals in die gesellschaftliche Schicht der Vorfahren heiratete, als er nach seinen mißglückten früheren Versuchen, eine eheliche Verbindung einzugehen, um die Augsburger Kaufmannstochter Anna Dorothea von Hillenbrand anhielt.

Die oberdeutschen Reichsstädte hatten in den zwei oder drei Jahrhunderten vor dem Ende des alten Reiches (1803) ihre einstige politische und wirtschaftliche Bedeutung verloren. Den im 15. und 16. Jahrhundert über ganz Europa hin blühenden Fernhandel mit Biberacher Barchent z.B. gab es nicht mehr (vgl. Diemer.). Die Reichsstädte waren "auf sich selbst und auf die einzigen Gebiete zurückgeworfen, die ihnen innerhalb ihrer Mauern in unbegrenzter Weise verblieben waren: auf Kunst, Lehre und Forschung" (Borst, 174). Auch dafür liefern die Sippen Gutermann und Wieland in ihrem engen Verflochtensein mit anderen reichsstädtischen Sippen—durch Blutsverwandtschaft oder Verschwägerung—ein so anschauliches Beispiel, daß dieser Erscheinung ein eigener genealogischer Anhang gewidmet wird. Überraschend groß ist der Anteil an Persönlichkeiten, die einen geistigen Beruf ausübten und oft musische Neigungen zeigten, und ebenso zahlreich sind die Vertreter eines Kunsthandwerks, für das die Reichsstadt Augsburg im 18. Jahrhundert Weltruf genoß: das Goldschmiedegewerbe und die damit zusammenhängenden Berufszweige.[7] So gab es unter den Augsburger Gutermann Kaufherren, die den Silberhandel betrieben, und unter den Goldarbeitern befanden sich Meister ihres Faches, die heutzutage Künstler heißen würden, so etwa Wielands Großonkel Georg Christoph Wieland, der sich in Augsburg niederließ. Enge Familienverbindungen der Gutermann wie der Wieland bestanden zum "bedeutendsten Goldschmied und Juwelier des deutschen Barock," dem aus Biberach stammenden Johann Melchior Dinglinger,[8] und zu dessen Bruder, dem Emailleur Georg Friedrich, die am Dresdner Hof für August den Starken arbeiteten.

Wieland hat sich über das Erbe, das in ihm fortlebte, wiederholt Rechenschaft abgelegt, und er dachte dabei an die stadtbürgerlichen Ahnen mit den überwiegend geistigen Berufen wie an die bäuerlichen Vorfahren, die einem der naturnahesten Berufe nachgingen. Als der Verfasser eines Artikels im *St. James Chronicle* den siebenundsechzigjährigen Dichter wegen dessen "prediction concerning Buonaparte" (im zweiten der *Gespräche unter vier Augen*) zum Duell forderte, antwortete er auf dieses groteske Ansinnen mit reichsstädtischem Selbstbewußtsein und machte in seiner Entgegnung im April-Stück des *Neuen Teutschen Merkur* von 1800 geltend, daß er auf die Forderung nicht einzugehen brauche, da er nicht "von einem alten *ritterbürtigen* Geschlecht" abstamme, daß seine "Voreltern seit zweyhundert Jahren bloße Bürger einer freyen Reichsstadt" gewesen seien, die—und dies schien ihm hervorzuheben wichtig—wie er selbst "von der Feder Profession machten." Das heißt, sie waren keine Handwerker, und tatsächlich konnte Wieland unter den Vorfahren auf der Vaterseite bis zu den Ururgroßvätern hinauf neben dem Juristen Dr. Martin Wieland fünf Geistliche geltend machen. Er kam auf den Großvater Johann Christoph Kick zu sprechen, "der sich unter *Eugen von Savoyen* und Prinz *Ludwig von Baden* vom gemeinen Soldaten bis zum Oberstwachtmeister hinaufarbeitete, aber [...] von seinem martialischen Geist sehr wenig auf seine Tochter und ihren Sohn fortgepflanzt [...habe]." Und schließlich verwies er mit besonderem Stolz auf die bäuerlichen Ahnen und das auf sie deutende Familienwappen, das schon der Urururgroßvater Georg (Jerg) Wieland, Gastwirt und Büchsenmeister der Bauernzunft in der Reichsstadt Biberach, erworben hatte (vgl. WOberschw, 13-14 u. Farbt. 1). Er stamme nämlich zudem, betonte Wieland, "von einer uralten, seit *Kaiser Ruperts* Zeiten im Gebiet [...seiner] Vaterstadt angesessenen *Bauern-Familie*" ab (NTM [1800]1.4:243-76, Zitat 265).

Die Reichsstädter nahmen unter dem deutschen Bürgertum insofern eine bevorzugte Stellung ein, als sie sich politischen Einfluß erkämpft hatten und an der Regierung ihrer Stadtstaaten aktiv mitwirkten. Die Wieland wie die Gutermann waren seit Generationen politisch tätig: 1548 wurde der Uhrmacher Jörg Gutermann von den Handwerkern in den neuen Rat der Stadt Augsburg gewählt (Rebel, 306), und der Gastwirt Sebastian Wieland, der 1588 geborene Sohn des Jerg, wurde Senator in Biberach. Es war Familientradition geworden, ein reichsstädtisches Amt zu suchen, und so war es nichts Außergewöhnliches, daß Wieland 1760 in den Dienst seiner Vaterstadt trat. Zu den reichsstädtischen Beamten unter den Vorfahren zählten gewiegte Realpolitiker wie der Bürgermeister Dr. Martin Wieland, der Urgroßvater und bedeutendste Ahnherr des Wieland-Stammes, oder der mit Sophie gemeinsame Urgroßvater, der Senator und Oberbaumeister Georg Ludwig Rauh. Die republikanische Gesinnung mit einem wachen Interesse am Schicksal des Gemeinwesens waren dem Reichsstädter zur Natur geworden und teilten sich den Erben mit. So sind in Sophie und Wieland beim Heranwachsen in traditionsbewußten reichsstädtischen Familien jene Fähigkeiten geweckt und entwickelt worden, die sich auf ihre Herkunft zurückführen lassen und dazu beigetragen haben, daß Sophie v. La Roche eine der ersten Frauen aus dem deutschen Bürgertum mit politischem Verständnis wurde (vgl. Maurer, 11.) und Wieland der bedeutendste politische Schriftsteller unter den Weimarer Großen.

Die ev. Bürger waren zwar an der Stadtregierung beteiligt, die politische Gleichberechtigung mit dem kath. Patriziat aber ließ bis ins 18. Jahrhundert hinein auf sich warten. Zur Hebung ihres Ansehens bemühten sie sich um ein Familienwappen: Jörg Gutermann erhielt ein bürgerliches Wappen im Jahre 1648 (Rebel, 306); der Wappenbrief für Georg Wieland und seine Nachkommen ist von 1645 datiert.[9] Ein bedeutsamer Schritt zur Gleichstellung mit den ursprünglichen Patriziern war für die bürgerlichen Reichsstädter die Bewerbung um einen Adelstitel, die Nobilitierung. Am 17.12.1701 wurde ein Angehöriger der Gutermannschen Sippe, der aus Biberach gebürtige Augsburger Kaufherr und Silberjuwelier Jakob Friedrich

Gutermann, durch Leopold I. mit dem Prädikat "v. Bibern" in den Reichsadelstand erhoben (Rebel, 307; Rathke-Köhl, 153-54); vier Jahrzehnte später folgte der Gutermannsche Zweig, dem Sophie entstammte: Durch das kurpfälzische und pfalzbayerische Reichsvikariatsdiplom vom 29.3.1741 wurde ihrem Vater Georg Friedrich Gutermann zusammen mit seinem Vetter, dem 1699 gleichfalls in Biberach geborenen Johann Karl Gutermann, Kaufherr, Juwelier und Rittmeister des reichsstädtischen Reichssturmkontingents in Augsburg, der Reichsadel verliehen mit dem Titel "v. Gutershofen," der auf ein Hofgut dieses Namens bei Alberweiler in der Nähe Biberachs zurückging (Rebel, 308; Rathke Köhl, 154; vgl. vBrentano, 74.)

Wieland hat nie um ein Adelsprädikat nachgesucht. Er tat sich etwas darauf zugute, wie seine Vorfahren ein "bloßer Bürger" zu sein, und empfand es auch gegenüber seinen fürstlichen Herren als überflüssig, "seine 'Hoffähigkeit' durch andere Mittel zu beweisen als durch das Gewicht seiner geistigen und schöpferischen Persönlichkeit."[10] Sophies Haltung in dieser Frage war ihrer andersgearteten gesellschaftlichen Situation entsprechend differenzierter. Daß sie eine Nobilitierte war, spielte wohl bei der Eheschließung La Roches eine Rolle, welcher Sophie in seinem Testament von 1754 ausdrücklich eine "gebohrne *v. Gutermann*" nannte (Hs 1.7). Auch mochte sie es als eine deutsche Autorin im 18. Jahrhundert für notwendig halten, sich durch ein Adelsprädikat Gewicht zu geben, so wie sie sich in ihrem Brief an den Verleger Reich vom Dezember 1771, also noch vor der erst am 31.8.1775 erfolgten Nobilitierung La Roches, mit "*Sophie de La Roche*" unterzeichnete (Hs 3.23). Selbst Wieland schien dieses Vorgehen zu billigen und ihm Vorschub zu leisten, wenn er seinen halb fiktiven Brief, den er als Herausgeber dem *Sternheim*-Roman voranstellte, "An D[ie]. F[rau]. G[eheime]. R[ätin]. V[on].+++++++" richtete. So verschieden Wieland und Sophie über die Bedeutung eines Adelstitels dachten, so unterschiedlich war die Einstellung der Reichsstädter gegenüber dieser Frage überhaupt. Da sich jeweils nur einzelne Persönlichkeiten einer Familie nobilitieren lassen konnten oder wollten, so gab es z.B. unter den Gutermann und den Hiller einen geadelten und einen bürgerlichen Zweig, und selbst unter den Nobilitierten schienen nicht alle Glieder das Adelsprädikat führen zu wollen. Wieland konnte mit dem Beifall des alteingesessenen Patriziats wie seiner bürgerlichen Landsleute rechnen, wenn er in seiner kleinen Prosadichtung von 1776, *Bonifaz Schleichers Jugendgeschichte*, soziale Stellung und Ansprüche der Nobilitierten ironisierte. Denn es heißt dort von den "Herren und Frauenzimmern," die bei dieser "gesellschaftlichen Unterhaltung" in einer "kleinen Reichsstadt in Oberdeutschland" zugegen waren, daß darunter "einige sogar ein *von* vor ihrem Nahmen führten," doch—wird abschwächend in Klammer hinzugesetzt—"es waren aber freylich nur *Nobilitierte*."[11]

Im Westfälischen Frieden war 1648 für die Reichsstädte Augsburg und Biberach neben Dinkelsbühl und Ravensburg die politische Gleichberechtigung beider Konfessionen, die sogenante Parität, festgelegt worden (Borst, 168). Dies gab den Evangelischen ein gleiches Anrecht auf reichsstädtische Ämter wie dem kath. Patriziat, und es führte in Biberach zu einer Doppelbesetzung verschiedener Ämter, die schon zu Dr. Martin Wielands Zeiten eine wirtschaftliche Belastung für die Stadt geworden war (Springer 2:93). Andere Ämter wurden durch "Alternation" von Katholischen und Evangelischen besetzt, was häufig und zumal, als C. M. Wieland 1760 zum Kanzleiverwalter gewählt wurde, zu Streitigkeiten zwischen den Konfessionsparteien führte. Bedingung für die Besetzung der höheren Ämter waren u.a. das Adelsprädikat oder ein akademischer Grad. Daß Wieland keine der beiden Bedingungen erfüllte, nahm die kath. Partei zum Anlaß, die Wahl anzufechten, und leitete damit jenen für die Reichsstadt kostspieligen Rechtsstreit ein, der schließlich nach vier Jahren mit einem Vergleich und der Bestätigung Wielands im Amt endete (Springer 4). Der Apotheker Georg Ludwig Rauh d.J., der neben dem Betrieb seiner Apotheke seit 1683 reichsstädtische Ämter bekleidet hatte, unternahm im Jahre 1700 den unerhörten Schritt des Konfessionswechsels, um das an die Alternation gebundene, mit einem Katholiken zu besetzende einträgliche Amt des Oberbaumeisters an sich zu bringen. Der Glaubenswechsel galt zwar ausdrücklich nur "für seine Person," mußte aber in einer politischen Situation, in der Konfession und Politik so eng miteinander verquickt waren, von der ev. Partei als eine peinliche Niederlage empfunden werden und unter der betont ev. Familie Zwietracht stiften; der Urgroßvater blieb der einzige Katholik unter allen nachreformatorischen Ahnen Sophies und Wielands (Werner, 243–48). Die Reichsstädter waren auf ein ersprießliches Zusammenleben mit den Angehörigen des anderen Glaubensbekenntnisses angewiesen, und vor allem unter der oberen Gesellschaftsschicht bildete sich aus Berechnung oder vorurteilsfreier Gesinnung eine Liberalität im Verkehr mit den Andersgläubigen heraus. So hatte der Augsburger Kaufherr Johann Karl v. Gutermann seinen Garten vor den Toren der Stadt den fürstbischöflichen Domherren zur Verfügung gestellt, die dort am 28.10.1745 zu Ehren des neugewählten Kaisers Franz I. ein großes Feuerwerk und Festmahl veranstalteten. Sein Entgegenkommen wurde ihm von der ev. Bürgerschaft verübelt und der Gutermannsche Garten nach dem Fest vom Pöbel verwüstet. Georg Friedrich Gutermann teilte des Vetters liberale Gesinnung; er tat sich mit den kath. Intellektuellen Augsburgs zusammen, um gemeinsame geistige Interessen zu verfolgen. Als jedoch bei der Vorbereitung des Ehekontrakts für die Tochter sein tief in ihm verwurzelter ev. Glaube empfindlich getroffen wurde, löste er brutal Sophies Verlobung mit dem Katholiken Bianconi auf und bewirkte dadurch in ihr eine seelische Erschütterung, die u.a. eine Indifferenz gegenüber den Konfessionen in ihr festsetzte—eine Haltung, die mit des Urgroßvaters opportunistischer Einstellung freilich nichts zu tun hatte. Denn auch nach ihrer Eheschließung mit dem Katholiken La Roche und der Heirat ihrer Tochter Maximiliane in eine der führenden kath. Familien der Reichsstadt Frankfurt hielt Sophie v. La Roche für ihre Person an dem Protestantismus ihrer Herkunft fest, und dies noch bewußter nach der von ihr als schnöde empfundenen Behandlung La Roches durch den kath. Klerus.

Reichsstädtische Konfessionspolitik hatte nicht nur den Amtsantritt Wielands gefährdet sondern griff auch in sein persönliches Schicksal ein und vereitelte seinen Wunsch, die Katholikin Christine Hogel zu heiraten. Durch sein Amt, das zweithöchste der Reichsstadt, war er als Vertreter der ev. Partei exponiert; sein Vater war der höchste ev. Geistliche. Christines Eltern wiederum zählten zwar zum Handwerkerstand, aber die Paten aller acht Hogelschen Kinder waren Hieronymus Eberhard v. Brandenburg und Maria Anna Christina v. Settelin, zwei einflußreiche kath. Patrizier, die mit ihrem Anhang den Hogels Rückhalt gaben; der Vater, der Säcklermeister Wilhelm Pelagi Hogel, gehörte u.a. der vom kath. Patriziat gegründeten Bruderschaft vom Heiligen Blut Christi an, welche die Blutreitergruppe der Reichsstadt Biberach beim Blutritt in Weingarten stellte.[12] Es war ein Dilemma, aus welchem es für Wieland nur den Ausweg des Verzichtes gab; denn einzig um den Preis von Amt und Ansehen hätte er durch eine kath. Heirat die Geliebte halten können. Vor allem die aus einer kath. Schulmeisterfamilie stammende Mutter Christines hatte die Verbindung der Tochter mit einem Protestanten unter allen Umständen zu hintertreiben getrachtet, doch stand ihrem unduldsamen Eifer die strenggläubige Enge der Seniorin Regina Katharina Wieland kaum nach; die Mutter Wielands, der die Freigeisterei des geliebten Sohnes später Seelenängste bereitete, hatte z.B. in ihrem Klagebrief an Bodmer vom 10.10.1753 die zeitweise bei ihr lebende Sophie Gutermann u.a. auch deshalb angeschwärzt, weil diese in Biberach in einem kath. Haus verkehrte (WBr 2:203). Die Toleranz und der innere Abstand des Aufklärers und Humanisten sprachen auch den Weimarer Wieland nicht von der Verpflichtung los, der Sache seiner ev. Landsleute zu dienen und dadurch mittelbar in die konfessionelle Politik der Reichsstadt Biberach einzugreifen. Die Angelegenheit fiel bezeichnenderweise in die Entstehungszeit der *Abderiten*. Als im Jahre 1774 ein ihm zugefallenes Haus in Biberach verkauft werden sollte, beauftragte Wieland seinen dortigen Agenten Justin Heinrich v. Hillern, es dem ev. Magistrat anzubieten, auch wenn er es auf dem freien Markt hätte vorteilhafter verkaufen können. Nach beiderseitigen Zugeständnissen kam das Geschäft zustande, zu welchem Wieland den ev. Magistrat beglückwünschen ließ. Dieser habe nämlich "die Satisfaction," schrieb er am 2.4.1774 an v. Hillern, "durch Rettung dieses Hauses, (welches sonst am Ende gleichwohl in Catholische Hände gefallen wäre) dem dasigen Evangelischen Wesen einen würklichen Dienst geleistet zu haben, welcher, gesezt auch daß er etwas theuer bezahlt worden wäre, nach der Lage der dasigen Umstände, nicht leicht *zu* theuer erkauft werden kan" (*WBr* 5:242–43; vgl. 216–17 u. 232–33.).[13]

Durch die Nobilitierungen kam es gelegentlich zu Kraftproben innerhalb des ev. Bevölkerungsteils, an denen wiederum Vorfahren und Verwandte Wielands und Sophies beteiligt waren, so daß diese Streitfälle, die in das politisch-gesellschaftliche Gefüge einer schwäbischen Reichsstadt im 17. und 18. Jahrhundert Einblick gewähren, zugleich ein Licht auf die betroffenen Persönlichkeiten werfen. Dr. utr.iur. Martin Wieland, seit 1674 ev. Bürgermeister, der einen bemerkenswert skrupellosen aber nicht immer erfolgreichen Nepotismus betrieb, indem er Söhnen, Stief- und Schwiegersöhnen usf. reichsstädtische Ämter zu verschaffen suchte, mußte die Vorteile der Nobilitierung im Sinne gehabt haben, als er sich 1682, allerdings vergebens, um ein Adelsprädikat mit der Begründung bewarb: "So ungern er daran gehe, so müsse er sich doch der Seinigen wegen nobilitieren lassen" (Springer 2[1932]:1–3). Im Jahre 1670 hatte er ein Gutachten zu verfassen, in welchem ausdrücklich festgehalten wurde, daß zwei kürzlich Nobilitierten "hiedurch kein Vorrecht geschaffen werden soll gegenüber den Graduierten, Literaten oder auch Bürgern guten *judicii* und Beistands" (Springer 2:94). Der eine, Georg v. Gaupp, ein oberschwäbischer Ahnherr Friedrich Hölderlins, war seit 1648 ev. Bürgermeister und als solcher der Amtsvorgänger Dr. Wielands. In den Verhandlungen über den Westfälischen Frieden hatte Gaupp die Reichsstadt geschickt vertreten und ist 1661 in den erblichen Adelsstand erhoben worden.[14] Durch seine Schwester Katharina, die Mutter Georg Ludwig Rauhs d.J., war er mit Sophie und Wieland versippt, während es sich bei dem anderen neu Geadelten um einen gemeinsamen Ahnherrn handelte, auch er auf der Seite ihrer Mütter. "Für seine Verdienste als Mitglied des Inneren Rats, Geheimer Rat und Spitalpfleger seiner Vaterstadt" sowie wegen "höchst gefährlicher Verschickungen zu Kriegsgeneralitäten" wurde Johann Georg Schmid am 19.8.1667 von Kaiser Leopold I. der rittermäßige Adel mit dem Prädikat "v. Schmidsfelden" verliehen. Nachdem er seit 1633 Stadtschreiber gewesen war, hatte man Schmid 1641 als Protestanten aus dem von den Kaiserlichen besetzten Biberach vertrieben und erst nach Friedensschluß wieder in sein Amt eingesetzt.[15] Dr. Martin Wieland hatte im Sinne der aristokratischen Partei gehandelt, als er 1668 für die Anerkennung eines ev. Patriziats eintrat (Springer 2:93)—die ev. Nobilitierten wurden aber erst 1716 dem kath. Patriziat gleichgestellt (Springer 5:49)—während sein fünfter Sohn Sebastian Martin, Geheimer Rat und Spitalpfleger, demokratisch gesinnt war und 1705 als Vertrauensmann der ev. Gemeinde deren Interessen in den Streitigkeiten mit den Nobilitierten vertrat (Springer 2:3). Die Beispiele beschließt ein belustigender Zwischenfall, der jedoch die bis ins kleinste geregelten gesellschaftlichen Stufungen der Reichsstadt veranschaulicht. 1716 wurde vor dem ev. Magistrat gegen die Frau Maria Christine des damaligen Hauptmanns Johann Christoph Kick Klage geführt. Die selbstbewußte und eigenwillige Tochter Georg Ludwig Rauhs d.J., die Großmutter Wielands und Großtante Sophies, hatte Anstoß erregt, weil sie bei öffentlichen Anlässen zwar den Frauen der kath. Patrizier und Räte den Vortritt ließ, den Frauen der nobilitierten ev. Räte aber nicht. Die siebenundzwanzigjährige junge Frau berief sich auf die "noble Charge" ihres Mannes und wurde von diesem, Wielands "martialischem" Großvater, in ihrer Haltung bestärkt (Springer 5:49–50).

Sophie v. La Roche und C. M. Wieland gaben sich über die prekäre Situation der Reichsstädte in der 2. Hälfte des 18. Jahrhunderts keinen Illusionen hin. Als ein lebensfähiger Kleinstaat hatte sich die Reichsstadt überholt; die geschichtliche Entwicklung begünstigte den Großstaat, und die Reichsstädte gingen dem Schicksal entgegen, das sie mit dem Reichsdeputationshauptschluß von 1803 dann tatsächlich ereilte: dem Gebiet der Territorialfürsten einverleibt und ihrer Hoheit unterstellt zu werden (Borst, 172–73, 182): Augsburg gelangte an das Königreich Bayern, Biberach zunächst an das Großherzogtum Baden und 1806 an das Königreich Württemberg (Wöhrle, 35–37). Als Justin Heinrich v. Hillern aus Biberach berichtete, daß die beiden Ratsparteien, Katholiken und Evangelische, einander vor dem Reichshofrat in Wien wieder "beym Wammes" hätten, schrieb Wieland am 29.3.1776 aus Weimar besorgt zurück:

> Wenn die Reichsstädte Augen zu sehen hätten, und wißten wie dünne das Haar ist an welchem das Schwerdt der Knechtschaft über ihnen hängt, sie würden wahrl. keine solche Streiche machen, sondern ihre Freyheit, Unabhängigkeit und Selbständigkeit in Frieden so lange nutzen und nießen, als es ihnen Gott gönnt.—Aber so machen wir's, und dann brummen und belfern wir noch wenn man uns Abderiten nennt. [...] Verzeyhen Sie mir diese freye Republikanische ejaculation; aber es geht mir durchs Herz, wenn ich bedenke wie glücklich die Biberacher und alle Reichsstädter gegen die Unterthanen d[er] Fürsten seyn könnten, und wie sauer sie einander selbst das Leben machen (*WBr* 5:489–90).

Ähnlich äußerte sich Sophie v. La Roche nach den Enttäuschungen mit dem Kurtrierer Hof; am 12.10.1781, ein Jahr nach La Roches Entlassung durch den Kurfürsten, schrieb sie an Bodmer in der Republik Zürich: "In unsern Reichsstädten ist nur ein Schatten von Freiheit und Selbständigkeit, doch habe immer deutlich gefühlt, was es auf die Gesinnungen würkte und wie viel Widerstrebendes gegen Hofleben, Hofgrundsätze und Lüge in mir war" (Maurer, 241).

Ihr einstiges gewichtiges Mitspracherecht an der großen Politik des Reiches hatten die Reichsstädte seit Jahrhunderten eingebüßt, so daß sich die politischen Kräfte nur noch in der Selbstregierung der Stadtrepubliken entfalten konnten und sich in internen Kleinkriegen zwischen den Parteien ausleben und aufreiben mußten (vgl. Borst, 174). In den neunziger Jahren, wohl unter dem Eindruck der Biberacher Subskription auf die Quartausgabe, verfaßte Wieland eine Huldigung an seine "geliebte Vaterstadt"; er wünschte dort u.a., daß man die bestehenden Gegensätze positiv nutze, und schrieb: "Selbst deine *gemischte* Religions-Verfassung, diese so oft beseufzte *Parität*, die Quelle so mancher Mißverständnisse, so manches verderblichen Haders, dieß *vermeintliche* ewige Hinderniß deines Wohlstandes—könnte—o möcht' ich nur dießmal Glauben finden!—könnte eine ewige Quelle deines Wohlstandes, eine immer gespannte Triebfeder wetteifernder Tugenden und patriotischer Wirksamkeit seyn, und aus diesen Differenzen, durch das Band aufrichtiger menschlicher und bürgerlicher Wohlmeinung und Friedfertigkeit die schönste Harmonie entstehen!"[16] Zur Erneuerung von innen kam es nicht mehr; die Veränderung wurde den Reichsstädten ungefragt von außen aufgezwungen. Als seine Heimatstadt "aus einem unmittelbaren freien Reichsstand in ein Königlich Württembergisches Municipalstädtchen verwandelt" worden war, sprach Wieland in seinem Brief vom 2.5.1808 an Karl Friedrich Dizinger, den mit der Mediatisierung beauftragten ersten württembergischen Oberamtmann, von der "Aussicht in bessere Zeiten und in einen wiederauflebenden Wohlstand" und von seinen Landsleuten als den "eines sanften Jochs bedürftigen, aber noch ungewohnten neuen Untertanen Sr. Königlichen Majestät von Württemberg."[17] Indem Wieland, sich selbst einbeziehend, gegenüber v. Hillern von "uns Abderiten" sprach, gab er damit einen Hinweis, wie *Die Geschichte der Abderiten*, die er damals niederschrieb, u.a. verstanden werden soll: als eine Selbstkritik des reichsstädtischen Bürgertums.[18] Nicht nur entsprach die Stadtrepublik Abdera in ihrer inneren Gliederung der "Aristocratisch-Democratischen Republik" Biberach (*WBr* 3:35; vgl. WOberschw, 65.), sondern es war auch der Geist der Reichsstädte in den letzten Jahrzehnten vor ihrer Auflösung, den Wieland in komisch-satirischer Übertreibung eingefangen hat. Er, der aus eigener Erfahrung wußte, wie man einem in diesen republikanischen Kleinstaaten mitspielen konnte, nannte in einem Brief an Böttiger vom 11.2.1798 den Altphilologen und Nordisten Friedrich David Gräter aus Schwäbisch Hall einen "breiherzigen, durch den reichsstädtischen Kakodämon übel geplagten und verkröpelten jungen Mann" (*LZuZ* 2:174).[19] Doch in der Art und Weise, wie er etwa mit Justin Heinrich v. Hillern über Sophie v. La Roche und

Katharina v. Hillern loszog und selbstgerecht moralisierend über die letztere den Stab brach (Hss 6–8), verriet Wieland, daß er gegen diesen bösen Geist selbst nicht immer gefeit war.

Über dem Vergleich von Wielands Abdera mit den deutschen Stadtrepubliken hat man übersehen, daß, wie schon erwähnt, *Bonifaz Schleicher*, eine andere Prosadichtung aus der Entstehungszeit der *Abderiten*, tatsächlich in einer "kleinen Reichsstadt in Oberdeutschland" spielt, die durch einen versteckten Hinweis als des Dichters Heimatstadt zu erkennen ist.[20] *Bonifaz Schleicher* ist wie das fast dreißig Jahre später entstandene *Hexameron von Rosenhain* eine der wenigen Wielandschen Dichtungen, die in des Autors Gegenwart spielen, und beide Male handelt es sich um Rahmenerzählungen.[21] Im *Hexameron* läßt der Dichter Angehörige des Landadels und des gehobenen Bürgertums, "eine auserlesene Gesellschaft liebenswürdiger und gebildeter Personen beiderley Geschlechtes auf dem Landsitz des Herrn v. P. im ++++" zusammenkommen (AA 20:1), während die Rahmengesellschaft im *Bonifaz Schleicher* ein "kleinstädtisches Kränzchen" genannt wird (AA 14:121); es besteht, wie gesagt, aus Bürgern und einigen Nobilitierten, und alle Teilnehmer sind wie die Figuren der *Abderiten* als Typen gezeichnet—hier wie dort erscheint ein "dicker Rathsherr" (104)—und ihre Beschreibung ist so allgemein gehalten, daß man versucht ist, Personen aus Wielands persönlicher Bekanntschaft in ihnen zu erkennen (vgl. den K zu 6.32.). Der Dichter des *Hexameron* nennt das Erzählen und die Gespräche über das Erzählte ein "Gesellschaftsspiel"; es seien "anspruchslose Zeitkürzungen eines kleinen Kreises einander gefallender und dabei leicht befriedigter Verwandten und Freunde" (AA 20:5); das heißt, die Mitwirkenden und ihr Tun entsprechen sich hier auf eine im Sinne des späten Wieland ideale Weise. Im *Bonifaz Schleicher* heißt es zwar, daß die Frage "Ob man ein Heuchler seyn könne ohne es selbst zu wissen?" in dem reichsstädtischen Kränzchen "mit aller Seichtigkeit, womit dergleichen spekulative Dinge in allen gesellschaftlichen Gesprächen behandelt zu werden pflegen, durchgebeutelt wurde" (AA 14:100), und auch gegen Ende hat es zunächst den Anschein, als wolle der Erzähler diese "ganze gesellschaftliche Unterredung" gegenüber den "Lesern aus der feinern Welt" gleichsam entschuldigen (120). Aber es ist gerade die sogenannte "große Welt" mit ihren "vornehmen und großen Gesellschaften," der Wielands Kritik gilt und gegen die er die anspruchslose Abendgesellschaft des Reichsstädtchens ausspielt (120–21). Indem er bürgerliche Lebensart in positiver Weise der höfischen gegenüberstellt, stimmt er mit Sophie v. La Roche überein, die sich gerade in diesem Sinne auf ihre reichsstädtische Herkunft zu berufen pflegte. Die sogenannte "gute Gesellschaft" in ihrer Oberflächlichkeit und Flatterhaftigkeit sei weder willens noch fähig, meint Wieland, ein spekulatives Thema auf eine Weise zu erörtern, die "einer ernsthaften Untersuchung oder einem *Sokratischen Gespräche* ähnlich" sehe; zu erwarten sei von ihr "eine Art von Konversazion, wozu der *möglichst wenigste Aufwand von Verstand, Witz, Geschmack* und *Empfindung* erfordert" werde usf. Nun erscheint zwar auch das Gegenbild in ironischer Brechung, die Sympathien des Autors aber gehören gleichwohl der kleinen oberdeutschen Reichsstadt, wenn er schreibt, es habe sich dort

> seit wenigen Jahren ein gewisser Geschmack am Lesen, und mit diesem (da er noch so neu ist) eine gewisse Sucht in guten Gesellschaften von Litteratur und Moral, oder (wie mans in solchen kleinen Orten noch zu nennen pflegt), von *interessanten* Gegenständen zu schwatzen, [...] eingeschlichen [...]. Dieser Umstand [... mache] es einiger Maßen begreiflich, wie eine Gesellschaft [...] fähig seyn konnte, sich so lange mit *einerley Gegenstand*, und (was noch das ärgste ist) mit einer *moralischen Aufgabe*, zu beschäftigen, und sogar *Unterhaltung* dabey zu finden (120).[22]

Wieland kannte die Vorzüge und Schwächen der kleinen Stadtrepubliken und schrieb nach der Mediatisierung Biberachs an Dizinger, die "ehemalige gute und schlechte Seite" dieser Stadt sei ihm "wohl bekannt." Er wollte, daß die Reichsstädter die Grenzen ihrer Möglichkeiten einsahen, etwas, das seine Abderiten nicht vermochten, und er wünschte seiner Vaterstadt in jener Huldigung aus den neunziger Jahren: "Möchtest du fühlen, wie glücklich du in deiner goldenen Mittelmäßigkeit seyn könntest." Es ist die bekannte Lebensmaxime Wielands, die in diesem Zusammenhang einmal mehr begegnet, und es fragt sich, ob nicht gerade sie ein Erbe seiner reichsstädtischen Herkunft ist.

Die Nobilitierungen, aber nicht in erster Linie sie, brachten, wie schon angedeutet, in einer und derselben reichsstädtischen Sippe soziale Unterschiede mit sich und konnten bei Persönlichkeiten wie Sophies Schwester Katharina v. Hillern zu einem übertriebenen Standesbewußtsein führen (vgl. den K zu 6.32.). Entscheidender war die vor allem von wirtschaftlichen Erwägungen bestimmte Berufswahl. Nicht alle Söhne konnten die Universität beziehen, so wie der Großonkel Wielands, der Bruder des Pfarrers Thomas Adam Wieland d.Ä., oder sein eigener Bruder Goldschmiede wurden. Wieland hatte jedoch mit dem Hinweis auf die Profession seiner Ahnen recht: er selbst stammte auf der Vaterseite bis hinauf zu den Urgroßvätern jeweils von denjenigen Familiengliedern ab, die geistige Berufe ausübten. Indessen wurden auch diese als ein Handwerk betrachtet, so wie Wielands Eltern vom Sohn erwartet hatten, daß er sich "auf eines von den gelehrten Handwerkern legen sollte, durch welche man wo nicht sein Glük machen, doch wenigstens sein Brodt verdienen kan" (*WBr* 1:406). Persönlichkeiten wie die Kaufherren unter den Gutermann oder wie der Apotheker Georg Ludwig Rauh d.J. mit seinem zusätzlichen Einkommen aus dem reichsstädtischen Amt haben als Besitzbürger zu gelten. Doch selbst die Bildungsbürger wie die väterlichen Vorfahren Wielands, die ein Amt als Hauptberuf versahen, waren, u.a. durch ihre Familienpolitik, auf wirtschaftliche Sicherheit und einen gewissen Wohlstand bedacht. Wieland selbst, durch seine umsichtige und verantwortungsvolle Verwaltung der ihm durch Erbe und Heirat zugefallenen Summen, ist ein anschauliches Beispiel für diesen Typus eines reichsstädtischen Bildungsbürgers. Wenn er im Verein mit v. Hillern die Schwester Sophie Gutermanns verdammte, sprach der reichsstädtische Bürger aus ihm: Abgesehen davon, daß Cateau in ihrem sträflichen Leichtsinn die Pflicht des verantwortungsbewußten Wirtschaftens verletzt hatte, war ihre ganze Lebensführung nicht den Erwartungen ihres Standes gemäß gewesen. Denn Sophie v. La Roche und Wieland hielten auch nach der Französischen Revolution an einer Hierarchie der Stände fest, und sie blieben ihrer Herkunft aus dem Bildungsbürgertum der schwäbischen Reichsstädte treu.

Mit ihrem ersten Roman wollte Sophie "Personen von [...ihrem eigenen] Stand und Herkommen" ansprechen (Maurer, 141), und diese Absicht verfolgte sie auch mit ihrem umfangreichen späteren Werk. Freilich meinte sie damit das deutsche Bildungsbürgertum schlechthin, nicht bloß das reichsstädtische ihrer Herkunft, von dem sie ausging. Gegenüber Johann Georg Jacobi betonte sie am 26.7.1771 ihre "Gleichgültigkeit für das Urteil der großen Welt" über ihre *Geschichte des Fräuleins von Sternheim,* mit der sie den Frauen des Mittelstandes habe "Hlfsmittel wahren Glücks und Zufriedenheit anweisen wollen, indem [...sie] so viele von ihnen von Begierden nach unerreichbarm Rang und Reichtum gemartert sah, weil sie den Wert dessen, was sie besaßen und erlangen konnten, aus falschen Begriffen nicht zu schätzen und zu lieben wußten" (Maurer, 141–42). Die *Briefe an Lina,* zunächst ein Bestandteil ihrer Zeitschrift *Pomona für Teutschlands Töchter* von 1783/1784, seien "an ein Mädchen von 13 Jahr, Tochter eines Rats, der nicht reich ist," gerichtet, heißt es im Brief vom 7.11.1782 an Lavater (246), und in den *Briefen über Mannheim* bemerkt sie zu Caroline, die wiederum die Adressatin der Briefe ist: "Ihr Gatte ist Rechtsgelehrter—Ihr Bruder studirt die Rechte—Ihr Sohn ist dazu bestimmt" (89).[23] Den Angehörigen der höheren Stände gab die Autorin zu verstehen, daß sie ihre Aufgabe darin sah, das Selbstbewußtsein des Bürgerturms zu heben. Die *Briefe an Lina* seien "nur für einen gewissen Stand berechnet," schrieb Sophie am 31.1.1783 an Wolfgang Heribert v. Dalberg, "und können also große Damen nur insoweit anziehen, als sie denken, daß es gewiß für jedes

Land glücklich wäre, wenn der Mittelstand richtige Begriffe von Glück und Vergnügen" bekomme (Maurer, 248). Schon am 10.3.1779 hatte sie Dalberg in ähnlicher Weise von ihren erzieherischen Absichten mit *Rosaliens Briefen* berichtet: er schreibe für Edelleute, sie aber "für Ratstöchter, um Beamten und überhaupt Gelehrten- und Mittelstandsfamilien ihr eigenes Verdienst, Vorzüge und Glück zu zeichnen" (Maurer, 211).

Handschriften und Kommentar

1

Testament von Georg Michael La Roche

Warthausen, 20. März 1754.

In Gottes Nahmen.

Ich Endts Unterschriebener Bekenne Hirmit und in Kraft dieses. Daß Nachdeme durch Gottes des Allmächtigen sonderbahre Fügung ich mit Gutem Bedacht und wohlErwogenem Muth, auch Elterlicher Einwilligung Meine Herzlich Geliebte Ehefrau: *Maria Sophiam* Gebohrne *v. Gutermann* geHeÿrathet; Beÿ und mit derselben aber das Vollkommenste Vergnügen, zufriedenheit und Irrdische glück geniesse, das Gott einem Menschen den Er mit Gnade überhäufen will, zufliessen lassen kann: Unsere Leebens-Täge gleichwohl in denen Händen des Herrn stehen, und ich leicht Vor derselben aus dieser zeitlichkeit ohne Hinterlassung Ehelicher Leibs-Erben abgefoderet werden könte; daß Ich in solchem fall, Nemblich: Wann mich Gott der Allerhöchste, Vor meiner Herzlich Geliebtesten Ehefrau *Maria Sophia* ohne Ehliche LeibsErben absterben liesse, Hirmit All mein Hinterlassendes Vermögen ohne die Geringste Ausnahme ahn liegend und fahrendem, als Ein wahres Eigenthumb Ihr schencke, Vermache, und Eigen Verschreibe, also das sie damit nach Ihrem Gefallen als eine *Universal* Eingesezte Erbin, schalten, walten, und anderwärts *Dispon*iren Könne, Männiglich Ohngehinderet.

25 Weshalben dann Gegen Wärtiger Brief statt eines *Testaments*, *Codicill*s, schenckung umb Todts-Willen, *Contract*, oder unter was nahmen Er Gültig seÿn mag und Kann, Beÿ Jedem Gericht Gelten, und als *solemn*isiret angenommen werden solle. Kraft Eigner Ausferigung,
30 Hand und Unterschrift, auch pettsschafft so Geschehen Warthausen den 20ten *Martij* 1754

> Georg Michael La Roche
>
> Hochgräfl. Stadionischer/
> Rath und Ober-Ambtmann/ allda.

12 Unsere < ?   18 liesse < ?   26 schenckung < schenkung

ÜBERLIEFERUNG

Hs: FDH. Hs-20182. Ein Doppelblatt 210 x 330 mm. Wz: Doppeladler mit dem üblichen heraldischen Schmuck und den Initialen VAI unterhalb des Wappenvogels. (Mitteilung Dr. Jürgen Behrens.) uR Siegel.

2

Sophie La Roche an Johann Georg Jacobi
(mit einem Zusatz Wielands)

Warthausen, den 15. Juli 1770.

Wäre Wieland vorgestern noch, in meiner Nachbarschaft gewesen, so würde ich ihn gebetten haben, die Freude zu beschreiben, welche mich das Geschike beÿ
5 empfang des gütigen Geschenks Ihrer Werke empfinden liesse, den ich erhielte es in der nehmlichen Stunde in der ich so glüklich war durch einen Freundschaftlichen betrug, einem sehr Rechtschafenen *Familien* Vatter, seinen eigensinnigen wiederwillen gegen arzneÿen zu
10 benehmen, und ihm dadurch das Leben zu retten. in dem augenblik, da Er von meinen Händen das erste Hülfs Mittel nahm, und ich mit thränenden augen Seegen dazu erbat, schikte mir die Post das päkgen mit Ihren Büchern, ich sahe nur nach der aufschrift, und wolte es erst in
15 Warthausen aufmachen, aber mein Nahme, und *par Coblençe* erregte meine Neugier; "du hast keine bekante

in dieser Gegend, und wer soll da wissen daß du *Sophie* heist": aufgerissen wurde es, und als/ ich [1ᵛ] Ihre Werke, und Ihre Hand erblikte, empfand ich mit der Zärtlichsten rührung, das Sie bestimt waren, mich durch dieses Freundschaftliche Geschenk für den dienst zu belohnen den ich der *Familie* meiner Freunde geleistet hatte: allezeit hätten Ihre Schriften, von Ihrer Hand mich erfreut, indem ich sie als ein untrügliches kennzeichen Ihrer erhaltenen Achtung schäzen muß, aber beÿ dieser Gelegenheit wurden sie mehr als kennzeichen. denn alle Ihre schöne Gemählde der Edelsten Fühlbarkeit unserer Seele, wurden mein eigenthum in dem augenblik da mir mein Herz sagen konte, ich verdiene, sie zu besizen; dem Geschike dankte ich die edle die vollkomene Zufriedenheit die ich dabeÿ genos, und Ihnen mein theurer Freund danke ich, daß Sie so gern dem Zuflüstern des wohlthätigen *Genius* folgten, der Ihnen sagte, S o p h i e L a R o c h e s o l l a u c h d i e s e S a m l u n g h a b e n. ich hatte sie schon zweÿmahl gekauft, und artigen Mädchen/ gegeben und [2ʳ] vorgelesen, und nach abgang meines Leztern Briefes an Sie, genos ich das traurige vergnügen, das mir nach dem Tod eines lieben empfindungsvollen Mädchen von 17 Jahren, beÿ Zurüksendung Ihres Elysiums, noch ein dank von dem guten kind geschrieben wurde weil sie mir, wie sie sagte das vergnügen der lezten freuden thränen schuldig gewesen. Elysium kam 2 Tage vor ihrem Tod an, und wurde ihr vorgelesen, alle kräfte samlete sie noch u. mit Englischem Lächlen sagte Sie "o gewiß, gewiß werde ich auch im Elysium bekränzt, o süsse Hofnung." sagen Sie Lieber Jacobi, halten Sie sich nicht, für die schöne Arbeit Ihres Elysium belohnt? und konte ich Ihrem Herzen einen angenehmeren und würdigern dank sagen als durch die anzeige dieser Würkung Ihres Elysiums; Süssigkeit, in die bittere Schale des Todes zu giessen, wie Seelig ist diese empfindung: wird Ihnen nicht auch dadurch der Jammer versüßt, den Sie in Ihrem Brief an Herrn *Compagne* beschreiben? aber was, *Jacobi*, was/ soll ich [2ᵛ] Ihnen für eine *Lorenzo* Dose geben, wenn Sie noch eine hätten, und Wieland Sie versicherte, das dieses geschenk, von mir gewiß nicht entheiliget würde. wollen Sie diese anfoderung vergeben,

warthausen   Ihrer Freundin *Sophie/ La Roche*
den 15 July 1770.
unserm *Jacobi*.

Ich habe nicht Zeit diesem Briefe, der Ihnen Vergnügen machen wird, mehr beÿzufügen als daß ich Sie liebe, wie noch kein Poet den andern geliebt hat./

Ihr *Wieland.*

2 noch, in] noch in Dr   3 gebetten] gebeten Dr
4 Geschike beÿ empfang] Geschicke bei Empfang Dr
6 liesse, den ich erhielte] ließ, denn ich erhielt Dr
6 nehmlichen Stunde in] nämlichen Stunde, in Dr
7 glüklich war durch] glücklich war, durch Dr
7 Freundschaftlichen betrug, einem] freundschaftlichen Betrug einem Dr
8 Rechtschafenen *Familien* Vatter, seinen] rechtschaffenen Familienvater seinen Dr
9 wiederwillen gegen arzneÿen] Widerwillen gegen Arzneien Dr
10 benehmen, und] benehmen und Dr
10 in dem augenblik, da Er] In dem Augenblick, da er Dr
11 Hülfs Mittel nahm, und] Hülfsmittel nahm und Dr
12 thränenden augen Seegen] tränenden Augen Segen Dr
13 schikte] schickte Dr   13 päkgen] Päckchen Dr.
13 Büchern, ich sahe] Büchern. Ich sah Dr
14 aufschrift, und wolte] Aufschrift und wollte Dr
15 Nahme, und *par Coblençe*] Name und *par Coblence* Dr
16 Neugier; "du hast keine bekante] Neugier. Du hast keine Bekannte Dr
18 heist" *F* heist
18 *Sophie heist"*: aufgerissen] Sophie heißt? Aufgerissen Dr.
19 erblikte] erblickte Dr
19 Zärtlichsten rührung, das Sie bestimt] zärtlichsten Rührung, daß Sie bestimmt Dr
21 Freundschaftliche] freundschaftliche Dr
21 dienst zu belohnen den] Dienst zu belohnen, den Dr
22 *Familie*] Familie Dr
22 hatte: allezeit] hatte. Allezeit Dr
23 Schriften, von] Schriften von Dr
24 kennzeichen] Kennzeichen Dr
25 schäzen] schätzen Dr   25 beÿ] bei Dr
26 kennzeichen. denn] Kennzeichen. Denn Dr
27 Ihre schöne Gemählde der Edelsten] Ihre schönen Gemälde der edelsten Dr
28 Seele, wurden] Seele wurden Dr
28 eigenthum in dem augenblik da] Eigentum in dem Augenblick, da Dr
29 konte, ich] konnte. Ich Dr
29 besizen; dem Geschike] besitzen. Dem Geschicke Dr
30 edle die vollkomene Zufriedenheit die] edle, die vollkommene Zufriedenheit, die Dr
30 dabeÿ genos] dabei genoß Dr
31 Ihnen mein theurer Freund danke] Ihnen, mein teurer Freund, danke Dr
33 *Genius*] Genius Dr.
33 sagte . . . h a b e n. ich] *Sophie La Roche soll auch diese Sammlung haben.* Ich Dr
35 zweÿmahl gekauft, und] zweimal gekauft und Dr
35 Mädchen/ gegeben] Mädchen gegeben Dr
30 abgang meines Leztern] Abgang meines letzten Dr   37 Sie, genos] Sie genoß Dr
37 vergnügen, das] Vergnügen, daß Dr   39 Mädchen] Mädchens Dr
39 beÿ Zurüksendung] bei Zurücksendung Dr   39 Elysium] *Elysiums* Dr

40 dank] Dank Dr   40 kind] Kind Dr   41 wurde weil] wurde, weil Dr
41 sagte das vergnügen der lezten freuden thränen] sagte, das Vergnügen der lezten Freudentränen Dr [neuer Abschnitt im Dr]
42 Elysium kam 2 Tage] *Elysium* kam zwei Tage Dr   43 an, und] an und Dr
43 vorgelesen, alle kräfte samlete] vorgelesen; alle Kräfte sammlete Dr
44 noch u. mit Englischem] noch, und mit englischem Dr   44 Sie "o] sie: "O Dr
45 bekränzt, o süsse Hofnung."] bekränzt—o süße Hoffnung."
46 sagen Sie Lieber] Sagen Sie, lieber Dr   47 nicht, für] nicht für Dr
47 Elysium belohnt? und konte] *Elysiums* belohnt? Und konnte Dr
49 würdigern dank] würdigeren Dank Dr   49 anzeige] Anzeige Dr
50 Elysiums; Süssigkeit, in] *Elysiums!* Süßigkeit in Dr
50 bittere] bittre Dr   51 giessen, wie Seelig] gießen: wie selig Dr
50 empfindung: wird] Empfindung. Wird Dr
53 *Compagne* beschreiben? aber] Compagne beschreiben? Aber Dr
54 *Jacobi*, was/ soll] Jacobi, was soll Dr   54 *Lorenzo* Dose] Lorenzodose Dr
55 hätten, und] hätten und Dr
56 versicherte, das dieses geschenk von] versicherte, daß dieses Geschenk von Dr
57 wollen] Wollen Dr   57 anfoderung vergeben,] Anfoderung vergeben. Dr
58 warthausen . . . 1770. [fehlt im Dr]   47 Sophie/ La Roche] Sophie La Roche. Dr
60 unserm *Jacobi.* [fehlt im Dr]   61 Ich . . . *Wieland.* [fehlt im Dr]
62 beÿzufügen] beyzufügen Dr(WBr 4:169 Z 3)

ÜBERLIEFERUNG

Hs: WM. Eing.Nr. 935. Ein Doppelblatt 182 x 240 mm. Wz: Querlaufende Linien. (Mitteilung Diplombibliothekarin Viia Ottenbacher.) Untere Hälfte von 2ᵛ, quergeschrieben, v.d.Hd. S. La Roches: Z 60; darunter Zusatz v.d.Hd. Wielands: Z 61–64. Dr: Z 1–58: Maurer: 109–10; Z 61–64: WBr 4:169 (vgl. *Prol* 635.).

ERLÄUTERUNGEN

S. La Roche sandte ihren Brief an J. G. Jacobi zusammen mit einem Brief an Wieland vom selben Tag an diesen nach Erfurt (*WBr* 4:167–68). Er versah Sophies Brief mit einem Zusatz (Z 61–64), schrieb selbst an Jacobi (4:169–70) und schickte die beiden Briefe mit der Bitte um Weiterleitung an den gemeinsamen Freund Gleim nach Halberstadt in der Annahme, daß dieser den Aufenthaltsort des auf Reisen abwesenden Jacobi kannte (170–72 u. bes. 172 Z 60–63).[K2]

Von Wieland dazu angestiftet hatte sich S. La Roche im November 1769 mit einem übermütigen Streich, der noch auf die "Pastor-Amor-"Affäre von 1771 nachwirkte, anonym an Johann Georg Jacobi (1740–1814) gewandt.[K3] Im Zeichen der Empfindsamkeit entstand zwischen ihnen eine lebenslange Freundschaft, an welcher damals auch andere Persönlichkeiten wie Jacobis Bruder Fritz, Wieland und Gleim teilhatten. Die Gepflogenheiten dieses Kreises gleichgestimmter Geister zeigen sich in der Art und Weise, wie der vorliegende Brief "unserm *Jacobi*" übermittelt wurde. Es entsprach zugleich einem persönlichen Bedürfnis S. La Roches, solche Briefe im Bewußtsein der Verbundenheit auch anderen Freunden mitzuteilen.

Ihr gleichzeitiger Brief an Wieland enthielt freilich Äußerungen, die nur für den vertrauten Freund bestimmt waren, so u.a. ihre Klagen über die demütigende Behandlung La Roches durch die Erben Friedrich von Stadions und die ihr selbst daraus erwachsenden Spannungen (*WBr* 4:168 Z 38–42). Sophies Verbindung mit J. G. Jacobi fiel somit in die für die La Roches unglücklichen Jahre zwischen dem Tod des alten Grafen im Okt. 1768 und der Übersiedlung der Familie nach Ehrenbreitstein im Frühjahr 1771. Dort fand im Juni desselben Jahres im Beisein Wielands die erste persönliche Begegnung S. La Roches mit den Brüdern Jacobi statt.

Wieland rühmte Sophies Brief an Jacobi, zeigte dabei jedoch erneut jene herablassende Haltung gegenüber weiblicher Schriftstellerei, die er damals bei der Überarbeitung und Herausgabe des *Sternheim*-Romans an den Tag legte. Für dessen Abfassung erteilte er im selben Brief vom 29.7.1770 Ratschläge, nachdem er zunächst zu dem hier mitgeteilten Brief bemerkt hatte: "je la trouve très bien écrite, et cela précisément parceque je crois, qu'en l'écrivant Vous n'avez fait que laisser aller la plume; c'étoit Votre coeur qui fit apparement tout le reste. A une femme comme Vous il n'y a qu'une seule règle de composition à donner—c'est: suivez en écrivant l'impulsion de Votre génie, n'écrivez jamais que dans ces momens où Vous Vous sentez ou le coeur ému ou l'imagination échauffée" (*WBr* 4:177).

5 Ihrer Werke   *Sæmmtliche Werke* von Johann Georg Jacobi. Erster Theil; Zweyter Theil (Halberstadt: Johann Heinrich Groß, 1770). I: 2 Bl., 276 S.; II: 1 Bl., 236 S.

Anders als die gleichzeitigen Erfurter Schriften Wielands, mit denen sich S. La Roche nicht in allen Stücken befreunden konnte, entsprachen Jacobis Dichtungen ganz ihrer eigenen Seelenlage. Sie hatte die *Sæmmtlichen Werke*, wie sie schreibt, vor dem Eintreffen des Geschenkexemplares "schon zweymahl gekauft" (Z 28), und Wieland konnte im Juli 1770 dem Autor melden: "R i e d e l hat bereits sein eigen Exemplar von Ihren Schriften an Mad. de L.R. überschickt, welche sehr begierig darnach war, wie Sie dencken können" (*WBr* 4:170).

Der 1774 erschienene Dritte Theil enthielt u.a. die Epistel im genre mêlé "An Aglaja," in welcher unter diesem Namen S. La Roche angesprochen wird, sowie das Gedicht "Der Schmetterling" mit der ihm vorangestellten Prosaepistel "An Sophie von Laroche" (vgl. den K zu Z 47). Sophie hatte schon die vorher erschienenen Einzeldrucke dieser Dichtungen erhalten: *An Aglaja* (Düsseldorf, 1771): 14 S. und *Der Schmetterling nebst drey Liedern* (Halberstadt: J. H. Groß, 1772):38 S. "Wie schön ist Ihr Brief *An Aglaja*," schrieb sie am 30.8.1771 an den Dichter, und in Sophies Brief vom 15.3.1772 heißt es: "Ich [. . .] schreibe mit meiner alten zärtlichen Achtung an Sie über das Vergnügen Ihrer Freundschaft und über die angenehme Stunden, welche mir Ihr *Schmetterling* machte" (Maurer, 146 u. 162).

8 *Familien* Vatter   Sophies Brief an Wieland vom 15.7.1770 ist zu entnehmen, daß es sich um einen Angehörigen der seit dem 14. Jahrhundert in Biberach ansässigen kath. Patrizierfamilie v. Klock handelte: "le Pere de famille sauvés par moi, c'est Glock" (*WBr* 4:168 Z 27). Der Junker Karl Joseph Bernhard v. Klock (1731–1805) war seit 1758 mit Marie Antonia Barbara von Furtenbach, einer Patriziertochter aus Feldkirch verheiratet. Als Vertreter der Katholiken bekleidete er nacheinander verschiedene Ämter der Reichsstadt und war damals (1770) Kapellenpfleger. In den Auseinandersetzungen der Jahre 1760–1764 um Wielands Kanzleiverwalterstelle saß Karl v. Klock im Inneren Rat auf der gegenerischen Seite.[K4] Ihr Verhältnis mochte während der Biberacher Jahre gespannt gewesen sein, obgleich Wieland damals eine Abneigung gegen v. Klock bestritt (*WBr* 3:334), doch hielt es der Weimarer Wieland um seiner Geschäfte mit der Reichsstadt Biberach willen für angebracht, sich gut mit ihm zu stellen. In diesem Sinne schrieb er am 29.5.1774 an seinen Biberacher Agenten J. H. v. Hillern: "Da dies eine Gelegenheit ist, wobey mein Andenken auch bey Dero Hrn. NebenPfleger, dem Hrn. Sen. von Klock, erneuert wird, so ersuche Dieselben mich diesem würdigen Mann bestens zu empfehlen, Ihn meiner unwandelbaren Hochachtungsvollen Ergebenheit zu versichern, und mir die Fortsetzung Seines gütigen Wohlwollens überhaupt, zu dem vorhabenden Geschäfte aber in Specie Seine geneigte Einwilligung ge[horsamst] zu erbitten" (*WBr* 5:266; vgl. 5:340 u. 378, Hs 6 u. S. 212–13.).

Wie S. La Roche stand auch ihre Schwester Cateau in Verbindung mit v. Klock. Er war der Empfänger eines Briefes der Frau v. Hillern, mit welchem sie um die Jahreswende 1770–1771 in Biberach das Gerücht verbreitete—das sie später widerrufen mußte—Wieland sei als Kanzler an die Universität Gießen berufen worden (*WBr* 4:253–54; vgl. den K zu Hs 6.32.).

12 *par Coblençe*   Das in Düsseldorf aufgegebene Postpaket wurde über Koblenz gesandt. S. La Roche hat es in Biberach in Empfang genommen.

39 Mädchen von 17 Jahren   "La fille de 17 anns morte, est une fille dont obereit m'ecrivait ces nouvelles," heißt es in Sophies Brief an Wieland vom 15.7.1770 (*WBr* 4:168 Z 27–28). Der aus einer Lindauer Familie stammende mystische Philosoph und Sonderling Jacob Hermann Obereit (1725–1798), dem die Germanistik die Entdeckung von Hs C des Nibelungenliedes verdankt und dem Wieland in seiner Eigenschaft als Hofpfalzgraf den Doktortitel verliehen hatte, praktizierte damals als Arzt in seiner Heimatstadt.[K5] Die Verbindung mit S. La Roche dürfte Wieland hergestellt haben, der Obereit seit seiner Zürcher Zeit kannte. Als dieser 1782 auf seine Einladung nach Weimar kam, schrieb Wieland über ihn an Merck, er habe "den sonderbaren Menschen seit 28 Jahren immer lieb gehabt" und nannte ihn eine "von den wohlmeynendsten Seelen von der Welt."[K6] Zu diesem Zug stimmt Obereits Besorgtheit um das seelische Wohl der jungen Sterbenden.

47 Ihres Elysium   *Elysium: Ein Vorspiel mit Arien*, an dem Geburtstagsfeste Ihro Majestät der Königin aufgeführt von der Gesellschaft Königlicher Schauspieler zu Hannover, den 18ten Jenner 1770 (Halberstadt: Johann Heinrich Gros, 1770).—Das Werkchen war im 2. Bd. der *Sæmmtlichen Werke* enthalten, doch besaß S. La Roche offenbar auch den Einzeldruck vom selben Jahr.
Im Sinne seines empfindsamen Rokokoklassizismus hat J. G. Jacobi die im 18. Jahrhundert vielgestaltig erneuerte Welt der lukianischen Totengespräche seinem Singspiel zugrundegelegt,[K7] dessen Schauplatz folgerichtig die "elysäischen Felder" und dessen Personen "Schatten im Elysium" sind. Elise ist nach ihrem bereiteten Empfang im Schattenreich und über die Anmut des Ortes "voll Bewunderung und Entzücken." Sie war die Tochter einer Witwe, die unverschuldet ihr kleines Vermögen verloren hatte, und ist in der bittersten Armut gestorben. Während ihres Erdenlebens hatte Elise die Tugenden der Nächstenliebe und Wohltätigkeit geübt, und die Erinnerung an eine solche Tat sichert ihr die Aufnahme ins Elysium. Sie will nach Lindor, ihrem früh verstorbenen Geliebten suchen, dem sie ihre Hand verweigert hatte, weil er nicht auch ihre verarmte Mutter hätte ernähren können. Doch trifft Elise zunächst auf Themire, die Gespielin ihrer Kindheit, die, aus einem alten Geschlecht gebürtig, in der "großen Welt" verlernt hatte, "was Liebe, Freundschaft und Menschlichkeit sey," und sich auch von Elise, der einst geliebten Freundin und Tochter ihres Pächters hochmütig abgewandt hatte. Nach ihrem Tod in den "Gefilden der Nacht" erwachten in Thermines Herzen jedoch die abgetöteten Empfindungen wieder, und ihre Reue verschafft ihr Zugang zum Elysium, wo sie Elise zu finden hofft. Gerührt gibt Elise sich ihr zu erkennen, und gemeinsam begeben sich die Freundinnen auf die Suche nach Lindor, stoßen auf dessen Vater Erast, der im Elysium vergebens nach dem Sohn Ausschau gehalten hatte und nun an dessen Tugendhaftigkeit zweifelt. Die Handlung endet damit, daß Lindor mit den andern im Elysium glücklich vereint wird: Er war "mit einem kleinen Hasse gegen eine Welt, in welcher Elise nicht glücklich seyn konnte," gestorben und hatte sich in den Gefilden der Nacht erst "mit den Menschen [. . .] versöhnen" müssen, ehe er die "Wohnungen des Friedens" betreten durfte.[K8]
Es versteht sich, daß die Verfasserin der *Geschichte des Fräuleins von Sternheim* von Jacobis tugendhafter und wohltätiger Heldin unmittelbar angesprochen sein mußte. Dabei wirkte in des Dichters Bekenntnis zu innerer Anmut und Reinheit des Herzens das ethisch-ästhetische Ideal Shaftesburys der "moral grace" und "inward beauty" nach, während andrerseits Jacobische Dichtungen wie das Vorspiel *Elysium* auf Schillersche Vorstellungen von der schönen Seele und der ästhetischen Erziehung des Menschen vorausweisen (vgl. Elschenbroich, 225.). Ein formaler Zug des *Elysiums*, das Gleiten vom Vers (der Arien und Chöre) in die Prosa (von Monolog und Dialog) und zurück in den Vers, entspricht den Regeln der Gattung Singspiel und ist zugleich eine eigens von J. G. Jacobi gepflegte, seinem empfindsamen Rokoko

entgegenkommende Kunstform, das genre mêlé, dessen er sich auch in den von ihm bevorzugten episch-lyrischen Kleingattungen bediente. In der Art, wie der lutherische Theologe Jacobi das Jenseits als paganes Elysium und als locus amoenus gestaltete, läßt es sich mit christlichen Paradiesesvorstellungen vereinbaren. Die bürgerliche Moralität dieses Vorspiels erinnert an Verserzählungen Gellerts. Ihr widerspricht der höfische Rahmen: Im Prolog wird Georg III. und seiner bei der Aufführung anwesenden Gemahlin gehuldigt, der Prinzessin Sophie Charlotte von Mecklenburg-Strelitz. Freilich versäumt der Dichter nicht, den Herrscher an seine Sterblichkeit zu erinnern und ihn zur Nächstenliebe zu ermahnen. Dennoch gehört *Elysium* in die Reihe weiterer höfischer Gelegenheitsdichtungen J. G. Jacobis—Kantaten zum Geburtstag Friedrichs II. von Preußen, die dem Dichter dem Wunsch S. La Roches und ihres Freundeskreises eingetragen haben, er möchte "keinen König mehr besingen." "Andre Poeten sollen es tun," schrieb sie ihm am 15.3.1772, "aber unser edler, sanfter George nicht" (Maurer, 162). Nach der persönlichen Begegnung im Juni 1771 hat der Dichter die damals fünfzehnjährige Maximiliane La Roche unter dem Namen Elise besungen (vgl. Maurer, 415; *JGJacobiSW* 2:184–88.).

J. G. Jacobi kam später auf den hier vorgelegten Brief in seiner dem Gedicht "Der Schmetterling" vorangehenden Prosaepistel "An Sophie von Laroche" wie folgt zurück (vgl. den K zu Z 5.): "Noch immer, liebste Freundin, denke ich an das siebenzehnjährige Mädchen, das Ihnen, nach seinem Tode, für die Mittheilung meines Elysiums, und, wie das gute Kind sich ausdrückte, für die letzten Freudenthränen, danken ließ. 'Zwey Tage vor ihrem Ende', so erzählten Sie mir, 'hatte die junge Sterbende noch alle Kräfte gesammelt, um Elysium anzuhören, und nachher mit einem englischen [d.h. engelhaften] Lächeln gesagt: O gewiß werde auch ich in Elysium bekränzt!' Dieses rührende Bild ist mir, seit Ihrer Erzählung, überall gefolgt. [...] Sie fragten mich, theuerste Sophie, ob die letzte Rede des siebenzehnjährigen Mädchens nicht der beßte Lohn meiner Arbeit, und es nicht eine der seligsten Empfindungen wäre, Süßigkeit in die bittere Schaale des Todes zu gießen?... Allerdings, meine Freundin, und aus eben der Ursache wird Elysium beständig mein Lieblingswerk seyn" (*JGJacobiSW* 2:3–4).

53 Brief an Herrn *Compagne*   Der Brief "An den Herrn von Compagne, Referendarius zu Berlin," erschien im 2. Teil der *Sæmmtlichen Werke*:225–29.

54 *Lorenzo* Dose   J. A. v. Ittner berichtet in seinem 1822 erschienenen *Leben Joh. Georg Jacobi's* über eine Gepflogenheit der Jahre 1769 bis 1771, sogenannte Lorenzo-Dosen zu verschenken. Bei der Lektüre von Laurence Sternes *Sentimental Journey Through France and Italy by Mr. Yorick* (von 1768) waren die Brüder Jacobi von der zu Beginn des Buches erzählten Begegnung des Helden mit dem greisen Franziskanerpater Lorenzo gerührt worden.

Der Mönch hatte um ein Almosen für sein Kloster gebeten und war von dem Engländer selbstgerecht abgewiesen worden, was der Franziskaner mit einer demütigen Geste hinnahm und dadurch in Yorick späte Reuegefühle weckte. Als Pater Lorenzo ihm wieder begegnete und ihm aus seiner hörnenen Schnupftabaksdose zu kosten anbot, machte im Yorick seine eigene aus Schildpatt zum Geschenk, um die früher geschehene Unbill wieder gutzumachen. Der Mönch wiederum bestand darauf, daß Yorick stattdessen seine hörnerne annehme, welche dieser von nun an als eine ständige Mahnung an die Sanftmut ihres Gebers bei sich trug.

In diesem Geiste kauften die Brüder Jacobi selbst hörnerne Tabaksdosen, ließen den Namen Lorenzo in sie einlegen und teilten einige an ihre Freunde aus, "als symbolische Erinnerung, auch bei der größten Heftigkeit zur sanften Mäßigung zurückzukehren." J. G. Jacobi mußte jedoch erleben, daß das Verschenken von Lorenzo-Dosen schließlich des tieferen Sinnes entleert zur Mode verflachte (*JGJacobiSW* 8:42–45).

3

Sophie La Roche an Philipp Erasmus Reich

Ehrenbreitstein, den 26. Dezember 1771.

Monsieur

j'espere que notre digne Ami Wieland Vous aura marquè l'accident, qui est arivè à ma premiere lettre, par
5 *l'inadvertance de mon Domestique; car asurement je n'aurais pas voulu manquer Si long tems, à vous faire mes remerciements pour L'envoy du B e l A m a d i s et les exemplaires de ma fille Phantasque, qui à beaucoup gagnè par les Soins que vous aves pris de Son entrée dans le beau*
10 *monde. mais vous m'obligeres bien sensiblement Mon sieur Si vous voudries me comuniquer vos remarques [1ᵛ] Amicales et judicieuses, sur le peu de merite et les defauts de cette composition hasardèe qui ne devoit Servir que de charmer les peines d'Esprit, que certaines circonstances*
15 *Versaient Sur moi.*

L'asurence de Votre Estime que vous me donnes apres m'avoir vue et parlè,—est bien flateur pour moi, je vous prie aussi Monsieur d'etre asurè, que ces deux heures d'entretien avec vous, ont beaucoup augmenté, les Senti-
20 *ments de Consideration que Monsieur [2ʳ] Wieland, et Jacobi m'avoit donnè po[ur] vous, et avec lesquels je serais toujour Monsieur/ votre tres humble Servante*

Ehrenbreitstein 26 xbr 1771.   Sophie de La Roche

17 *flateur* < ?

ÜBERLIEFERUNG

Hs: WM. Eing.Nr. 1019/1986. Ein Doppelblatt 190 x 232 mm. Wz: IV u. Querstreifen. (Mitteilung Diplombibliothekarin Viia Ottenbacher.) 2ᵛ quergeschrieben (v.d.Hd. S. La Roches): "*Monsieur/ Monsieur Reich—Negociant/ Libraire à/ Leipzig.*" LR Siegel. rR Empfangsvermerk (v.d.Hd. Reichs?): "1772. 10 [<20.] Jan. Ehrenbreitstein/ delaRoche." Dr(Auszug): J. A. Stargardt, Sonderkatalog 635 (1986) Nr. 214b.

ERLÄUTERUNGEN

Philipp Erasmus Reich (1717–1787) war als Mitinhaber der Firma Weidmanns Erben und Reich in Leipzig einer der führenden Verlagsbuchhändler seiner Zeit, ein

Pionier des Buchwesens. Nachdem er 1768 *Idris* und *Musarion* verlegt hatte, blieb Reich für die nächsten Jahre der Verleger Wielands, der mit ihm auch den Verlag von Sophie La Roches erstem Roman verabredete und für die Autorin in der Honorarfrage vermittelte (vgl. Hs 18.).

Am 19.6.1771 kündigte ihr Wieland den Besuch seines Verlegers folgendermaßen an: "Reich viendra vous voir à Coblence. S u l z e r de Berlin vient lui ecrire: Sie werden in Mad. La Roche eine Frau kennen lernen, deren Deutschland wenige aufzuweisen hat" (*WBr* 4:310).

7 *B e l A m a d i s*   C. M. Wieland, *Der Neue Amadis: Ein comisches Gedicht in Achtzehn Gesängen.* Erster [Zweyter] Band. Leipzig: bey M. G. Weidmanns Erben und Reich, 1771.—Die beiden Bände in Großoktav waren mit Titelkupfern, 18 Kupfern, 2 Titel- und 2 Schlußvignetten nach Oeser von Geyser, Crusius und Stock ausgestattet (Deusch, Nr. 20a).

8 *fille Phantasque*   Sophie La Roche. *Geschichte des Fräuleins von Sternheim.* Von einer Freundin derselben aus Original-Papieren und andern zuverläßigen Quellen gezogen. Herausgegeben von C. M. Wieland. Erster [Zweyter] Theil. (Leipzig: bey Weidmanns Erben und Reich, 1771.)—Vgl. Hs 18.

21 *Jacobi*   Vgl. Hs 2.

23 *de La Roche*   Vgl. S. 210.

4

Sophie von La Roche an Unbekannt

Ehrenbreitstein, vor Oktober 1776.

Lieber Freund! ich habe Ihren Brief den nehmlichen Tag, da ich ihn empfing nach Weimar geschikt—aber noch nichts da gegen erhalten—
5   Die ursache warum ich mich nicht selbst gleich an Wieland oder Göthe wegen Ihnen wendete—war gewiß nicht übel u. Ihr Brief an Wieland wird und muß eine ganz andre würkung hervor bringen—als einer von mir gethan hätte = den wenn ich auch nichts denke nichts berechne—als daß
10   ich meine Achtung—meine Freundschaft [1ᵛ] u. mein Kopf—nach der jezigen Laage von Göthe u. Wieland— beyden unnöthig u. unüz sind so wär dieses schon genug um mich zu überzeugen—daß sie wenig auf etwas achteten was ich vorbrächte—aber es war noch mehr
15   dabey—wovon die erzählung nicht hälfe—u. daß verschweigen niemand als etwa mir schädlich ist—
Sie jamern mich mehr als ich sage—u. ich bereue mehr als jemahls—das ich mich von meinen angelegenheiten so hinreissen ließ—nachläßig [2ʳ] über andre zu werden—
20   da ich in vorigen Zeiten meines Lebens kein bessers

Hülfsmittel gegen Kummer meiner Seele gefunden als etwas gutes für andre zu thun---
Ich hab Ihnen geschrieben daß Herder als *General Superintendent* nach Weimar komt—
25 Merk ist mitarbeiter am Merkur u. Wielands freund geworden dem Baron Heyniz hatte ich von Ihnen geschrieben—u. Sie hätten ihm u. ihr nur mein Briefchen zeigen dörfen—so wären Sie in der bekantschaft—eines ganz vortreflichen [2ᵛ] Manns gewesen—nun thut es auch
30 nichts, da Ihr ursachen auch gut waren---

adieu lassen Sie mich was von Ihnen wissen—ich mag nichts mehr von mir sagen--- aber ich verdiene Ihr vertrauen noch gewiß?

19 *Superintendent* F *Superintentend*

ÜBERLIEFERUNG

Hs: Universiteits-Bibliothek Amsterdam. Died 102 Cx 3. Ein Doppelblatt 117 x 193 mm. Wz: Streifen im Abstand von 26 mm mit Bruchstücken von Lettern. (Mitteilung Dr. Ruth Haag.) Ohne Ort, Datum u. Unterschrift. Den Hinweis auf diese Hs verdankt der Hrsg. seinem Kollegen, Prof. Hermann F. Weiss, The University of Michigan, Ann Arbor.

ERLÄUTERUNGEN

Die in dem Brief enthaltenen Angaben lassen keinen Schluß auf den Empfänger zu. Für die Datierung ergibt sich als terminus ante quem der 1.10.1776, der Tag von Herders Ankunft in Weimar, dessen Berufung übrigens zuerst von Wieland angeregt worden war (Z 23–24).ᴷ⁹ Merck indessen konnte sich schon Anfang April 1773 einen "treufleißigen Mitarbeiter des Merkur" nennen (Z 25; Wahl, 14).

22 Baron Heyniz   S. v. La Roche war mit dem Freiherrn Friedrich Anton v. Heinitz (1725–1802) durch Henriette Karoline vom u. zum Stein in Nassau, die Mutter des späteren preußischen Ministers, bekannt geworden (Maurer, 263; vgl. Bach, 598). Baron Heinitz, zunächst in braunschweigischen und kursächsischen Diensten, wurde 1777 Leiter des preußischen Bergwerks- und Hüttendepartments und hat in dieser Eigenschaft 1784 Carl v. La Roche als Königlichen Eleven des Bergwesens "in sein Haus und an seinen Tisch genommen" (Maurer, 263 u. vgl. 279, 304 u. 434; Kampf, 109 u. Hs 17.).

5

Sophie von La Roche an Philipp Erasmus Reich

Speyer den 11 aprill 1783

Vergeben Sie, wenn mein brief und handschrift heute schlechter als gewöhnlich sind—ich bin seit einigen tagen

nicht wohl—aber ich Muß Ihnen auf meinem bette
5   danken daß Sie, so freundlich mir wegen Meiner *Pomona*
schrieben—Ich will Sorge tragen daß sie bälder und
ordentlicher nach Leipzig komt—und wenn S i e - in
Weittere Gegenden für die blätter sorgen können So thun
es—und glauben Es gehört unter die [1ᵛ] schöne gesi-
10 nungen Ihres Lebens—dieß was Sie von sich - und Ihrer
würdigen Gattin sagen - giebt mir den angenehmen
gedanken—das war so edel Lieb! - ist auch ein edler
Freund—Seyen Sie es beyde von mir—und die Vorsicht
gebe Ihnen schöne Tage, und wohlseÿn—Geben Sie mir
15 Nachricht von verdienten Teutschen Frauen-Zimmern
ich bitte Sie - und *Madame* Reich Giebt mir ihre
freundschaft—

Sophie v. La Roche

2 wenn < ?

ÜBERLIEFERUNG

Hs: WM. Eing.Nr. 936. Ein Doppelblatt 188 x 230 mm. Wz: Posthornwappen mit Krone; darunter D & C BLAUW; Querstreifen. (Mitteilung Diplombibliothekarin Viia Ottenbacher.) 2ᵛ quergeschrieben (v.d.Hd. Sophie La Roches) "*à Monsieur/ Monsieur Reich—/ Libraire à/ Leipzig.*" rR Empfangsvermerk (v.d.Hd. Reichs ?): "1783. 19. Apr. Speÿer/ *La Roche*"; daneben Siegel.

ERLÄUTERUNGEN

5 *Pomona*   *Pomona für Teutschlands Töchter.* Von Sophie von la Roche. Erstes Heft. Januar 1783 - Zwölftes Heft. Dezember 1784. Speier: gedruckt mit Enderesischen Schriften.—Der autobiographische Einschlag kommt u.a. in dem allegorisch gemeinten Titel zum Ausdruck: S. v. La Roche stilisierte sich als "Großmamma" (die sie für ihre Enkel Brentano im wirklichen Leben war) und identifizierte sich mit Pomona, die sie als Göttin des Herbstes verstand ([1783]1:14–15). Sowohl für Freunde und Bekannte als auch für ihr Lesepublikum wurde sie Pomona, und sie erwarb sich durch ihre Monatsschrift den Namen einer Erzieherin von Deutschlands Töchtern.
Dabei hatte sie ihre Zeitschrift als eine finanzielle Spekulation unternommen, die ihr nach der Entlassung La Roches aus ihrer Notlage helfen sollte (Schelle 3:184–87). Unbefangen bat sie ihren umfangreichen Freundeskreis um seine Hilfe bei Absatz und Vertrieb ihrer Zeitschrift. Zwar hatte Wieland der Freundin noch am 14.2.1783 geraten: "Wenn Sie Sich mit Reich arrangiren, [...] so sind Sie unendlicher Plackereyen und mannigfaltiger Nachteile [...] überhoben und *Pomona* kann mehrere Jahre eine Quelle von Vergnügen, Ruhm und Vortheil für Sie seyn" (Horn, 244). Am 8.1. 1784 aber konnte er ihr seine "Freude über den glücklichen Erfolg dieser Spekulation" bezeugen (249; vgl. Hs 6.44.) Reich scheint indessen für den Vertrieb der Zeitschrift tätig geworden und seine Frau Luise—er hatte sie erst als Achtundfünfzigjähriger 1775 geheiratet ("LeipzVerl" 1:174)—eine Leserin der Monatsschrift gewesen zu sein.
Zu den empfindsam-moralischen Grundsätzen, für die S. v. La Roche durch die *Pomona* wie schon durch den *Sternheim*-Roman eintrat, gehörte u.a. Wohltätigkeit.

Darauf kamen Wieland und v. Hillern zurück, als die "Dame Pomona" um die Unterstützung ihrer Schwester Cateau bat, und wiesen tadelnd auf "die Kluft [...] zwischen S c h w a t z e n und H a n d e l n bey dieser Schriftstellerin" hin (vgl. Hs 6.44; 7.36; 8.20–23, 52 u. 74.).

6

C. M. Wieland an Justin Heinrich von Hillern

Weimar, etwa 20. August 1785.

Wohlgebohrner / Hochzuehrender Herr KirchenPfleger

Sowohl Eu. Wohlgebohren an mich erlaßenes *Avis*-schreiben wegen der *incas*sierten————500f. als diese f500 selbste (in 180 Stück Laubthalern, 2 *Convent:*thalern und 12xr.) sind mir in gehöriger Zeit und zu meiner gehorsamsten Dankverbundenheit richtig zu Handen gekommen.

Gegen bevorstehenden *Martini* hat ein Schweizerischer Freund in *circa* f250 an mich zu bezahlen. Ich habe ihn angewiesen, das Geld *franco* an Eu. Wohlgeb. auf meine Rechnung einzusenden, in Hofnung daß dieselbe, die Freyheit die ich mir dadurch genommen, gütigst vermerken würden. Vielleicht geht bis dahin auch zu Biberach noch einiges Geld ein: auf allen Fall aber ersuche *Dieselb*en gehorsamst, auf *Martini*, wo Dieselben, mit der hiezu benöthigten *Cassa* für mich versehen seÿn werden, im Nahmen der beÿ mir als Hausjungfer noch befindlichen Jgfr. Floriana Wielandin an deren Schwester, die Wittwe C r a m e r i n, Büchsenmacherin, *Ein hundert Gulden,* auf meine Rechnung gegen einen auszustellenden Empfangschein, auszuzahlen; auch unbeschwehrt derselben von der Zeit, da ihr diese von ihrer Schwester ihr und ihrer Tochter zugedachte Wohlthat durch *Dero* und meine Vermittlung zufließen werde, zu ihrer allenfalsigen Nachachtung, gütigste Benachrichtigung ertheilen zu lassen.

Heute erhalte ich von der *Frau Geheimen Staatsräthin von La Roche, sub dato* 17ten *huj.* ein Schreiben, worin sie mich ersucht "an Hrn. Burgermeister von Zell in Biberach zu schreiben, und ihn zu bitten daß er die Großmuth an der Wittib seines Vorgängers ausübe—und ihr e t w a s vom[1ᵛ] Spital zu genießen gebe. Sie ist so arm (fährt die Fr. Geh. Staatsräthin fort) daß sie o h n e B e t t ist, u. s. w."

Ich gestehe, daß mich diese Nachricht und diese Zumuthung ein wenig auf den Kopf gestellt hat. Ich kann weder begreiffen, wie die Verwittibte Fr. Bgmstr. v. Hillern in solche *Extrem*itäten sollte gerathen seÿn: noch wie die Frau Staatsräthin, welche in dem Besitz eines ansehnlichen Vermögens seÿn muß, ihre meisten Kinder (alle bis auf einen Sohn) versorgt weiß, ein paar Tausend Gulden *Pension* jährlich, auch nach der *Dimission* ihres Mannes von *Coblenz* gezogen, und seit ein paar Jahren einige Tausend gulden mit ihrer *Pomona* gewonnen hat, ein Herz haben kann ihre l e i b l i c h e S c h w e s t e r ohne Bett zu lassen, und überhaupt nicht auf eine anständigere Art für sie zu sorgen. Eben so unbegreiflich ist mir, daß *Magistratus Biberacensis*, der doch von jeher den *Relictis* angesehener und verdienter Männer, wenn selbige dessen bedürftig gewesen, Gnadengelder von 1, 2, auch wohl mehr Gulden wochentlich zu geben gewohnt war, und dießfalls häuffige *præjudicia* vor sich hat, nur in diesem Fall, beÿ der Verwittibten Fr. BM. v. H. eine Ausnahme machen, ja die Grausamkeit gar soweit treiben sollte, daß ein Fremder (wie ich doch allerdings anzusehen bin) um eine Wohlthat aus dem Spital für sie bitten helfen müßte. So unangenehm diese Sayte auch zu berühren ist, so weiß ich mir [2ʳ] doch nicht anders zu helfen, als daß ich Eu. Wohlgeb. gehors. ersuche, mir, *sub sigillo amicitiæ et confidentiæ*, über alle dieses einige Auskunft zu geben; auch mir allenfalls *Dero* Meÿnung zu sagen, ob Sie einen solchen seltsamen Schritt wie der den mir die Frau Staatsräthin zumuthet, für nöthig oder diensam halten, als woran ich, allen Umständen nach, fast zweifle. Übrigens merke ich (unter uns gesagt) nur gar zu wohl, daß die Fr. Staatsräthin durch diese unanständige Zumuthung *indirecte* meine Großmuth aufreitzen wollte, ihrem eignen Geiz oder wie ichs nennen soll, zu Hülfe zu kommen, und für eine entferntere Verwandte zu thun was sie selbst für eine leibliche Schwester nicht thun mag: aber ich habe die Pflicht auf mir für 10 Kinder zu sorgen, und würde, wenn ich nicht unermüdet arbeitete und mich und die Meinigen einzuschränken wißte, oder auch, wenn ich meiner Gutherzigkeit keine Grenzen setzen wollte, bald selbst in dem Falle seÿn an das biberachische Spital *prætensionen* machen zu müssen—wofür uns der Himmel bewahren wolle!

80 In Erwartung *Dero* beliebiger Antwort, und unter herzl.ⁿ Glükwünschen in eignem und aller der Meinigen Nahmen zu der Eu. Wohlgeb. zutheil gewordnen Freude durch die Frau Tochter O. Amtmannin mit einer Enkeltochter sich beschenkt zu sehen; empfehle ich mich zu fürdaurender mir höchstschäzbarer Freundschaft, und bin
85 lebenslänglich mit Verehrung und Ergebenheit / Eu. Wohlgeb. / gehorsamst verbundenster Dr. / und Vetter

Weimar den August 1785. *W i e l a n d*

6 < zu > [*üdZ:* in]	11 angewiesen < angef ?	14 würden. F würden,
17 [üdZ: hiezu]	32 und < d	57 um < für ?

ÜBERLIEFERUNG

Hs: NFG, GSA. Wieland II, 6, 1. *Prol* 2065 (Datierung Seufferts: etwa 20. 8. 1785). Ein Doppelblatt 188 x 230 mm. Wz: VanderLey. (Mitteilung Dr. Gerhard Schmid.) 1ʳ oR (Vermerk v.d.Hd. v. Hillerns): "*d. Augusti*/$^{accepi\ d.}_{resp.\ d.}$ $^{2}_{4}$*7bris* 1785."

ERLÄUTERUNGEN

Justin Heinrich v. Hillern d.Ä. (1732–1792) (StT 4). Am 3.1.1760 wurde der Senator J. H. v. Hillern zum Stadtammann, dem Vorsitzenden des Gerichts der Reichsstadt Biberach gewählt, ein Amt, um das sich zunächst Wieland beworben hatte. Durch v. Hillerns Wahl wurde eine Senatorenstelle frei, die Wieland, der damals noch in Bern war, am 30.4.1760 erhielt (Springer 4:33). Berührungspunkte zwischen J. H. v. Hillern gab es in dessen Biberacher Jahren durch ihre Ämter, durch die gemeinsame Verwandtschaft zu Katharina v. Hillern und durch die ev. bürgerliche Komödiantengesellschaft, deren Direktorium Wieland vom Jan. bis Dez. 1761 übernommen hatte und mit der er zum ersten Mal in Deutschland ein Shakespearesches Stück nach einer kunstgerechten Übersetzung unter dem Titel "Der Sturm oder der erstaunliche Schiffbruch" aufführte (Ofterdinger 2:122). J. H. v. Hillern war sein Vorgänger und Nachfolger in diesem Amt, und Wieland hat ihn offenbar auch nach der Niederlegung des Direktoriums beraten (114–15). Als ein Liebhaber der Musik hat v. Hillern deren Rolle bei den Aufführungen der Gesellschaft beträchtlich erweitert (115), er hat dabei den in die Musikgeschichte eingegangenen Komponisten Justin Heinrich Knecht gefördert (vgl. StT 5 u. GA 1:8), und beide haben mit dem Weimarer Wieland u.a. wegen der Musik zu Operetten korrespondiert (vgl. WBr 5:551, 577 u. 595).

In den gemeinsamen Biberacher Jahren scheint es zwischen J. H. v. Hillern und Wieland Spannungen gegeben zu haben, die wohl in dessen gespanntem Verhältnis zu v. Hillerns Bruder, dem Bürgermeister, ihre Wurzel hatten (vgl. den K zu Z 32.). Wieland beklagte sich 1764 bei S. La Roche, einige Monate vor dem Vergleich im Kanzleiverwalterstreit, daß man an ihn vonseiten des Bürgermeisters mit der Zumutung herangetreten sei, den Stadtammann v. Hillern für wenigstens ein halbes Jahr in seine Amtswohnung aufzunehmen und ihm das ganze obere Stockwerk zu überlassen. "Avoir l'impudence canine d'exiger de moi," schrieb er über das Ansinnen Johannes v. Hillerns, "que je reçoive un homme qui m'a fait tant de mal, un homme aussi ingrat, aussi fourbe aussi traitre que le *Stadtamman* a été envers moi sans avoir jamais reçu de moi le moindre apparence d'un sujet de mecontentement. [...] Jamais," heißt es weiter, "je logerois sous le même toit ni avec Mr. le *Stadtamman* ni avec Mr. le *Burgermeister*" (*WBr* 3:243–44). Nach dem, was Wieland kurz vorher, am 9.2.1764, Sophie gegenüber andeutete, muß J. H. v. Hillern andrerseits auf das scheinbar gute Einvernehmen eifersüchtig gewesen sein, das zwischen Wieland und Bruder und Schwägerin nach außen hin bestand und das der Stadtammann, wie Wieland behauptete, nach Kräften zu untergraben suchte (236). Daß das Verhältnis Justin Heinrichs zu Johannes und Cateau v. Hillern nicht sehr herzlich gewesen ist, geht aus seinem Brief vom 4.9.1785 hervor, u.a. aus der Bemerkung von der "gräßlichsten Vervortheilung," die er "zu erleiden gehabt," und überhaupt aus der ganzen Art und Weise, wie er über die Schwägerin und ihr Schicksal urteilt (Hs 7. 146 usf.).

Durch Justin Heinrich v. Hillern hielt der Weimarer Wieland die Verbindung mit der Heimat, der Reichsstadt Biberach, aufrecht. Das erste erhaltene Schreiben ihres bis zu v. Hillerns Tod andauernden umfangreichen Briefwechsels ist Wielands Brief vom 6.4.1773 (*WBr* 5:104), das letzte ein Brief des Dichters vom 8.12.1791 an den zum Bürgermeister gewählten J. H. v. Hillern (*Prol* 2903). Es waren meist die zahlreichen Geldgeschäfte Wielands mit der Reichsstadt oder mit Biberacher Privatleuten, welche den brieflichen Kontakt erforderten; v. Hillern handelte als Wielands Vertrauensmann und hat dessen Aufträge jeweils aufs gewissenhafteste erledigt. Zwar wurden die Briefe vielfach durch finanzielle Angelegenheiten veranlaßt—von ihnen ist auch in den hier vorgelegten drei Briefen vorwegnehmend die Rede—boten andrerseits aber reichlich Gelegenheit zum Austausch von Familiennachrichten, zu Anfragen und Auskünften über Biberacher Begebenheiten usf. Bei all seiner Redlichkeit und Zuverlässigkeit vertrat v. Hillern jedoch das negative Element des reichsstädtischen Geistes. Als Wieland 1764 auf die "petits esprits que sont ces fourbes Biberaquois" schalt, hatte er dabei auch J. H. v. Hillern im Sinn (*WBr* 3:245). Dessen Verbitterung über die "*miserable* Besoldung" usf. läßt auf enge Verhältnisse schließen (Hs 7.102); auch er wurde, wie Wieland es bei anderer Gelegenheit nannte, von "reichsstädtischen Kakodämon" geplagt (*LZuZ* 2:174; vgl. S. 215–216.). Allerdings fühlte sich der Kirchenpfleger von diesem Brief Wielands ermutigt, wenn er nun selbstgerecht Sophie v. La Roche und Katharina v. Hillern schmähte.

9 Schweizerischer Freund   Johann Heinrich Steiner (1747–1827) hatte in Winterthur eine Verlagsbuchhandlung gegründet. Er stammte aus einer dort alteingesessenen, politisch tätigen Familie, deren Angehörige erbliche Mitglieder der Herrenstube waren; er selbst war von 1799 bis 1821 Stadtpräsident von Winterthur. Gegenstand der zwölf erhaltenen Briefe Heinrich Steiners an Wieland aus den Jahren 1784–1789 sind die beiden Werke: *Freund Hein's Erzählungen in Holbein's Manier* von Johann Karl August Musäus mit Radierungen von J. R. Schellenberg, deren Verlag Wieland vermittelte und die 1785 bei Heinrich Steiner u. Comp. herauskamen (vgl. *LZuZ* 1:177), und die 1786–1789 ebenfalls dort erschienene dreibändige Sammlung Wielands, *Dschinninstan, oder auserlesene Feen- und Geister-Mährchen, theils neu erfunden, theils neu übersezt und umgearbeitet.*

Am. 20.6.1785 hatte Steiner die Übernahme des Verlags für *Dschinnistan* zugesagt und versprochen: "Für den gedruckten Bogen bezahle ich f. 6 in Ld'or" (Hs: SLB; *Prol* 2044). Dazu bemerkte er am 1.9.1785: "Über die Bedingniße sind wir ganz einig. Die Zahlung werde ich nach Vorschrift machen, und mit den ersten 20[?] *Louis* im *9bre* anfangen" (Hs: SLB; *Prol* 2074). Über diese Zahlung wird v. Hillern am 10.9. von Wieland unterrichtet (Hs 8.7–8), und Steiner meldet am 30.10. nach Weimar: "Mit diesem nehmlichen Postwagen gehen die 20 *Ld'or* nach Biberach ab" (Hs: SLB; *Prol* 2180.).

19 Floriana Wielandin   Katharina Floriane Wieland (1729–1799) (StT 2; GA 1:6 u. 7). Nach dem Tod ihres Vaters, des Goldarbeiters Christoph Friedrich Wieland im Jahre 1750 wurde Floriane einundzwanzigjährig ins Haus von Wielands Eltern

aufgenommen und von der Mutter Wielands in der Hauswirtschaft unterwiesen (Rebel 2:44 u. 46). Als der Senator und Kanzleiverwalter Wieland in den sechziger Jahren in der Stadtkanzlei wohnte, stand Floriane in seinen Diensten; sie folgte der Wielandschen Familie nach Erfurt und Weimar und blieb dort als "Hausjungfer" bis in die späten achtziger Jahre. Dann übersiedelte Floriane Wieland nach Eßlingen am Neckar und lebte dort mit ihren Geschwistern Jacobine Amanda und Georg Amandus Wieland.[K10] In seinen Briefen an S. La Roche kommt Wieland wiederholt auf Floriane zu sprechen: Im Sept. 1762 war einmal davon die Rede gewesen, "Florchen" zu ersetzen, die damals der Mutter Wielands offenbar nicht behagte (WBr 3:110–11); im Febr. 1763 hieß es, "madame F l o r e est mauvaise cuisiniere" (156), und im Okt. 1764 dachte Wieland daran, seinen Haushalt aufzulösen und "la Flor" zu entlassen (308), die in der Episode mit Christine Hogel seine enge Vertraute gewesen war und mit ihm zusammen sogar über die Trennung von seiner Geliebten geweint hatte (190 u. 211). Indessen blieb Floriane auch nach seiner Heirat Teil des Wielandschen Haushalts (vgl. 362 u. 415). Vor dem Aufbruch nach Erfurt meldete er Riedel, daß er sein "ganzes Domestique mitbringe," denn er könne "nicht ohne eine schwäbische Köchin seyn"—womit wohl Floriane gemeint war (595). Fritz La Roche, Sophies Ältester, der mit Wieland nach Erfurt gekommen war, bestellte im Brief an seine Mutter vom 15.9.1769 auch Grüße der "Flor" (4:31), und als er fünfzehn Jahre später, im Febr. 1784, die Wielandsche Familie in Weimar aufsuchte, waren Wieland und Frau "just in der Comödie, und der junge Kriegsmann fand niemand zu Hause, als die Großmama, Floriane und die sämmtlichen Kleinen" (Horn, 251).

Aus diesen vereinzelten Zeugnissen erfährt man freilich mehr über den Egoisten Wieland als über Floriane, eine Base dritten Grades—die arme Verwandte, die er als Hausangestellte beschäftigte und die eine Vertrauensstellung in der Wielandschen Familie besaß und rechtfertigte. Ein Zug, mit dem der Bürger Wieland übereinstimmte, war Florianes sparsames Wirtschaften. Sie habe, schrieb Wieland am 8.4.1770 aus Erfurt an La Roche nach Warthausen, "theils von dem Verkauff einiger Kleider etc etc. vor unserm Abzug aus Biberach, theils von ihrem ersparten Lohn 200 fl. beysammen, welche sie, ut est frugi, gerne an Interessen legen möchte" und die ihr Schwager Schmelz in Biberach für sie anlegen soll (WBr 4:124). In diesem Sinne unterstützte sie dann ihre Halbschwester Susanne Cramer und deren Tochter. (Vgl. Hs 7.19 u. 8.10.)

20 Wittwe C r a m e r i n   Vgl. StT 3 u. GA 1:7.

24 Tochter   Vgl. StT 3 u. GA 1:7.

31 Burgermeister von Zell   Andreas Benedict (v.) Zell, geb 25.12.1729 in Biberach, gest. 20.4.1794 in Brackenheim. Seine Mutter, Justina Karolina (oder Katharina) Zell geb. Hochstetter (1701–1792), war eine Patin C. M. Wielands; der Vater, Johann Georg Zell, seit 1736 Abendprediger und bis 1761 Senior der ev. Geistlichen, war der Amtsvorgänger von Wielands Vater (vgl. Werner, 116; WBr 2:36; Luz, 338; WOberschw, 24 u. 34.). Andreas Benedict v. Zell studierte im Kloster Maulbronn und in Tübingen, wurde am 22.5.1753 Innerer Rat der Reichsstadt Biberach und im selben Jahr nobilitiert; 1759 wurde er Waisenpfleger und 1760 Kassier. Am 30.7.1765 wurde v. Zell der Nachfolger Johannes v. Hillerns als ev. Bürgermeister; 1791 folgte ihm dessen jüngerer Bruder Justin Heinrich v. Hillern d.Ä. in diesem Amt nach (vgl. Luz, 338, 340, 342, 349 u. 350.). Im Jahre 1771 heiratete v. Zell in Frauenzimmern die 1751 geb. Sophie Friederike Köstlin, Tochter des herzogl. württ. Rats und Kellers in Brackenheim, wohin das Paar nach v. Zells Resignation im Juli 1791 zog (HR nach Volz). Während des Prozesses um die Kanzleiverwalterstelle rechnete ihn Wieland einmal zu seinen erklärten Feinden (WBr 4:243). Auch als v. Zell in der zweiten Hälfte von Wielands Biberacher Amtsjahren sein Vorgesetzter war, spielte er diesem gegenüber im Streit zwischen der Reichsstadt Biberach und der Herrschaft Wart-

hausen, der zum vorübergehenden Bruch Stadions und La Roches mit Wieland führte, eine undurchsichtige Rolle. In den siebziger Jahren war v. Zell indessen ein Bezieher des TM (vgl. WBr 5:404, 418, 473 u. 489.). Vgl. Hs 8.26.

32 Wittib seines Vorgängers   Katharina (Cateau) Christine v. Hillern geb. Gutermann v. Gutershofen (1734–1793) (StT 4 u. 9). Man kennt ihre Persönlichkeit und Lebensgeschichte nur aus der Sicht anderer, besonders aus den Äußerungen der lebenslang um sie besorgt gewesenen älteren Schwester. Katharina v. Hillerns Briefe an Wieland haben sich nicht erhalten; für die wechselvolle Geschichte seiner Beziehungen zu ihr muß man im wesentlichen mit dem vorliebnehmen, was Wieland selbst darüber ausgesagt hat. Zusammenfassend hat er sich über sein Verhältnis zu Cateau im Beisein Böttigers geäußert (HistTb, 407–13), dessen Aufzeichnungen durch Wielands Bemerkungen in seinen früheren Briefen im großen und ganzen bestätigt werden.[K11]

Wieland hatte Katharina Gutermann im Jahre 1750 in Biberach zusammen mit ihrer Schwester Sophie kennengelernt und als eine "sechzehnjährige Schönheit *in her full blossom*" beschrieben, die "schon mit [...ihm] zu kokettieren angefangen" habe (HistTb, 407), so daß Sophie, die sich wieder in Augsburg aufhielt und der ihres Verlobten Empfänglichkeit für die Reize Cateaus Sorgen machte, von ihm beruhigt werden mußte (WBr 1:10). Nach dem Tod der Mutter im Aug. 1748, der die neunjährige Schwester Regine Friederike ein halbes Jahr später nachfolgte (?Rebel 2:34), mußte sich Sophie, die Älteste, der Erziehung ihrer übrigen drei Geschwister annehmen. Cateaus Gefallsucht und Leichtsinn beunruhigten sie offenbar schon damals, während sie selbst durch den Schock der gewaltsamen Auflösung ihrer Verlobung mit Bianconi im Sommer 1749 und die Entfremdung vom Vater in ihrer ernsteren, geistigeren Natur bestärkt worden war. Als Wieland im Sommer 1752 aus Tübingen nach Biberach zurückkehrte, pries er Cateau als "ungemein Liebenswürdig" (WBr 1:93), doch als Sophie in dem von ihm angeregten Briefwechsel mit der Zürcherin Barbara Meyer im Frühjahr 1753 von ihrer "liebenswürdigen jüngern Schwester" sprach, versah er das Wort 'liebenswürdig' mit einer Anmerkung, die Distanz verrät und zugleich Cateaus äußere Erscheinung beschreibt: "wenn," gab er zu bedenken, "eine Länge von 6 Schuh 4 Zoll, eine artige Bildung des Körpers, grosse glänzende Augen, eine Lilienhaut und Rosenwangen zusammen genommen eine liebenswürdige Person ausmachen" (WBr 1:153). Sie hatte sich damals Johannes v. Hillern, dem Kanzleiverwalter der Reichsstadt Biberach, versprochen, und Sophie war über diese "schnelle entschließung [...] sich an einen hiesigen Herrn der ein Witwer mit 2 Kindern ist, zu verheurathen," der Lebensweise des Bräutigams wegen in Sorge und sollte mit ihren Befürchtungen recht behalten ("EmpfBrW," 168).

Im Tagebuch ihrer Reise von 1799 erinnert sich S. v. La Roche einer Episode, die in diesem Zusammenhang nicht bloß um Cateaus willen interessiert. Ein "Herr von Holzapfel" habe "die schönen Augsburgerinnen" malen lassen, und der Magistrat habe es ihm erlaubt, "die Sammlung in einem Saal des Rathhauses aufzustellen," erzählt sie und fährt fort: "alle Patrioten, besonders aber die Väter und Männer der Frauenzimmer dankten ihm wie in meiner Familie geschah, weil meine nun lang verstorbene Schwester v. Hillern, als die schöne Braut eines Patriziers gemalt wurde" (Schattenrisse, 388–89; vgl. Assing, 126.). Es wird angenommen, daß diese Schönheitengalerie im Rathaus der Stadt Augsburg in den *Abderiten* ihren Niederschlag gefunden hat (vgl. u.a. Rebel 2:34–35), wo es im 2. Kap. des 1. Buches von der "den Vätern des Vaterlandes" gebotenen "Augenweide" heißt: "Wohin sie in dem Sahl ihrer gewöhnlichen Sitzungen ihre Augen warfen, glänzten ihnen schöne nackende Kämpfer, oder badende Dianen und schlafende Bacchanten entgegen; und Venus mit ihrem Buhler, im Netze des Vulkans allen Einwohnern des Olymps zur Schau ausgestellt" usf. (AA 10:28). Nun handelte es sich bei dem Urheber dieser Augsburger Sammlung um den 1762 als Generalmajor des Schwäbischen Kreises verstorbenen Joseph Lorenz Ignaz Holzapfel v. Herxheim, der als Hauptmann im Baden-Badenschen Kreisregiment am 2.2.1727 in Augsburg Maria Barbara v. Sättelin, verwitwete v. Roth, heiratete (Haemmerle, Nr. 3790), die Tochter des kath.

Bürgermeisters der Reichsstadt Biberach, Johann Franz v. Settelin (Bushart, 304).[K12]
Nachdem Sophie Gutermann Ende 1753 ebenso kurz entschlossen La Roche geheiratet und Wieland in Zürich nach einer darauf folgenden ersten brieflichen Aussprache nichts mehr von der einstigen Verlobten gehört hatte, war es Katharina v. Hillern, die im Herbst 1755 auf sein Drängen die Verbindung mit der nun in Mainz lebenden Frau La Roche wiederherstellte (WBr 1:240–41, 244, 246–48 usf.). Wieland hat sich später dahingehend geäußert, daß er die Berufung nach Biberach Frau v. Hillern verdankte, die dabei folgende Beweggründe hatte: "[Sie] hatte eine Stieftochter [Anna Magdalena Sofie (StT 4)] und legte nun mit ihrem Mann den Plan an, mich aus der Schweiz nach Biberach zurückzuangeln und mit ihrer Tochter so zu verkuppeln, daß ich ihr Schwiegersohn und Anbeter zu gleicher Zeit wurde" (HistTb, 407). Wieland durchschaute das Spiel zunächst nicht. Gleich nach der Ankunft in Biberach, am 14.6.1760, schrieb er an S. La Roche nach Mainz: neben der Aussicht, sie selbst in Warthausen wiederzusehen, sei es der Gedanke gewesen, in Frau v. Hillern eine Freundin zu finden, was am meisten zur Annahme der Biberacher Stelle beigetragen habe (WBr 3:3). (Das Amt des Kanzleiverwalters war 1760 vakant geworden, nachdem man v. Hillern zum ev. Bürgermeister gewählt hatte.) Beim Abschied hatte Wieland der Julie Bondeli "ewige Liebe geschworen," schwärmte nun aber in seinen Briefen nach Bern "in der Aufrichtigkeit [...seines Herzens] immer feuriger und lobpreisender" von der Biberacher Freundin, so daß es mit Julie zum Bruch kam (HistTb, 408–09).[K13] Außenstehende täuschten sich nicht über Wielands Donquichotterie. So wußte Obereit am 22.10.1761 an Bodmer zu berichten, daß Wielands "vornehmste Bekanntschaft und tägliche Conferenz-Unterhalterin die Fr. Bgmstrin v. Hiller seyn soll," und er fügte hinzu: "Das scheint wohl die Circe oder Calypso unseres Ulyß oder Telemachs zu seyn, und gut mit Verwandlungen umgehen zu können" (WOberschw, 56; vgl. den K zu 2.39.).

Der Umgang mit Cateau war ihm, seinem spätern Geständnis nach, zum Bedürfnis geworden, weil sie "ihre unglückliche Ehe (ihr Mann betrank sich damals fast täglich) sehr zu Klagen benutzte und durch ihre reizende Figur eben sogut als durch ihr Unglück sich [...Wieland] interessant machte" (HistTB, 408). Hinzukam, daß sie häufig leidend war, was Sophie immer wieder zu besorgten Anfragen nach dem Befinden der Schwester veranlaßte (vgl. WBr 3:20, 22, 204, 237; vgl. HistTb, 413.). Cateau hatte offenbar eine zarte, wenn nicht schwache Konstitution; auch war sie nach der Geburt ihrer Tochter Johanne Wilhelmine (StT 4) nicht mehr fähig, Kinder zu gebären—ein Umstand, auf den der Weimarer Wieland in taktloser Weise zu sprechen kam (HistTb, 412). In den frühen Biberacher Jahren aber war er ganz Mitgefühl gewesen und klagte über die Gefühllosigkeit des Gatten gegenüber der Kranken (WBr 3:237–38). "Ein roher Mann, der aber gewisse äußere Talente und männliche Schönheit hatte"—so hat Wieland aus der Erinnerung den Bürgermeister v. Hillern beschrieben (HistTb, 407). In der Biberacher Zeit warf er ihm vor, daß er sein Gehalt nicht richtig ausbezahle und den Prozeß um die Kanzleiverwalterstelle hängen lasse (WBr 3:99–100, 243–45); er bezichtigte ihn der Falschheit (245–47), und im Nov. 1764 kam es zu einer Szene im Hause von Wielands Eltern und dabei zu Tätlichkeiten v. Hillerns gegen seine Frau (320–22). Wieland bedauerte Frau v. Hillern, die unter diesen Verhältnissen leiden müsse (vgl. 243–45, 320–22.); er glaubte an die freundschaftliche Unterstützung durch sie (236), die sich auch in der Affäre mit Christine Hogel zu seiner Vertrauten gemacht hatte (218), und schon im Herbst 1763 hatte er Sophie geschrieben, daß die Schwester endlich glücklichere Zeiten zu sehen verdiene (176).

Der Umschwung kam mit dem plötzlichen Tod des Bürgermeisters im Juli 1765. Daran, daß Wieland die Stieftochter heiraten würde, hatten die Beteiligten schon längst nicht mehr gedacht (WBr 3:236; vgl. HistTb, 411.), doch war Wieland trotz Sophies Zweifel fest davon überzeugt, daß nun "die schöne Witwe [...seine] Frau werden würde." Zu seiner Verblüffung aber hörte er sie bei seinem Beileidsbesuch "in den klingendsten Phrasen ihren Verlust bedauern und ihrem seligen Manne eine Lobrede halten," und er erfuhr von Sophie, daß die Schwester zu stolz sei, "von der Frau Bürgermeister zur Frau eines bloßen Offizials (dazu gehörte der Stadtschreiber) herabzusteigen," und selbst den Ruhm, "die Gattin eines berühmten Dichters [zu] sein, [...] ihrem Rangstolz nicht aufopfern [könne]." Wieland hatte dann wenige Jahre später die Genugtuung, daß seine Berufung an die kurmainzische Universität Erfurt "mit dem Charakter eines Regierungsrathes und unter den schmeichelhaftesten Bedingungen" für Cateau eine "schreckliche Demüthigung" wurde (*HistTb*, 410–11; vgl. *WBr* 3:348–49.). Nachdem ihm die Augen aufgegangen waren (*HistTb*, 411), hieß Frau v. Hillern in den Briefen an Sophie nicht mehr "Votre digne Soeur" (*WBr* 3:218), "respectable et aimable Soeur" (204), "adorable" (236 u. 237), "pauvre, bonne aimable Soeur" (322), und er würde nun nicht mehr wie im Jahre 1763 von ihr sagen, er bewundere sie "pour la justesse de sa façon de penser, pour la bonté de son coeur, pour la generosité avec laquelle elle m'a rendu des Services" usf. (218). Zwar schrieb er schon im Mai 1765, kurz vor v. Hillerns Tod, er liebe Cateau trotz ihrer kleinen Fehler, ohne welche sie gewiß zu liebenswürdig wäre (344), gegen Ende des Jahres aber hielt er mit seiner Kritik an der "belle Dame," wie er sie nun ironisch nannte, nicht mehr zurück. Er sah in ihr die falsche Prüde, deren Worte zu ihrer Handlungsweise im Widerspruch stünden, und mit Vergleichen, die an diejenigen Obereits erinnern, bereitete er Sophie darauf vor, "de voir une Zulica ou quelque chose de pire encor sous le masque d'une Lucrece" (366).[K14] Als sie ihn bei seinem Abschied von Biberach zu sich bat, entzog er sich kurzerhand der "pathetischen Rede," durch welche Frau v. Hillern sein "Herz in Bewegung setzen wollte" (*HistTb*, 413). "Die bewußte *Dame*," so schrieb er jetzt an ihren Schwager v. Hillern, war "zu ihrer Zeit auch eine große P h i l o s o p h i e - und M o r a l - S c h w ä t z e r i n" (Hs 8.51).

Wieland hatte auf seine Weise mit der Vermutung recht, daß er "ganz unglücklich [...] geworden [wäre], wenn [...er] die Hiller zur Frau bekommen hätte." Doch wird man die anschließende Bemerkung nicht unbesehen hinnehmen können, welche lautet: "Sie war eine imposante herrschsüchtige Frau, die hier in Weimar überall Unmuth und Misvergnügen erregt hätte" (*HistTb*, 412). Zweifellos hat er in Katharina v. Hillern die Züge gesehen, die er der Dame Salabanda in der *Geschichte der Abderiten* verliehen hat—der Frau, die ein Mitspracherecht in der von Männern beherrschten abderitischen Politik geltend machte, politischen Einfluß anstrebte und ausübte. Es war ein Recht, das Wieland zumindest einer Frau aus dem deutschen Bürgertum einzuräumen nicht gewillt war. Cateau Gutermann hatte in Augsburg großbürgerliche Verhältnisse gesehen; sie empfand sich als Dame und stellte Ansprüche, die sie nicht aufrechterhalten konnte, weil einerseits zureichende wirtschaftliche Voraussetzungen fehlten und sie andrerseits durch Leichtsinn und Egoismus ihre Möglichkeiten verscherzte (vgl. S.218.). Wieland verriet sich, als er im Brief an S. La Roche vom 12.1.1766 Dorothea Wieland, seine "petite femme," gegen Katharina v. Hillern, "la Belle des belles," ausspielte (*WBr* 3:369). Sein "Weibchen," das ihm vierzehn Kinder gebar (vgl. *HistTb*, 411 u. 412), und das zu den Frauen gehörte, die "vortreffliche Gattinnen und Mütter, und wahre Vorbilder jeder menschlichen und häuslichen Tugend sind" (AA 23:75; vgl. Hs 8:45–50.), entsprach genau den Erwartungen an die deutsche Bürgersfrau bis in unser Jahrhundert hinein. Cateau war ihrerseits keine Intellektuelle, aber sie war auf ihre Weise emanzipiert. In ihr begegnete Wieland dem Frauentypus, dem er im wirklichen Leben nicht gewachsen war und ihn stattdessen im Werk immer neu variierte. Katharina v. Hillern hatte Züge von Wielands "problematischen Charakteren," von denen Goethe sprach und dabei an das Vergnügen des Dichters dachte, "ohne Rücksicht auf weibliche Keuschheit, das Liebenswürdige einer M u s a r i o n, L a i s und P h r y n e hervorzuheben" usf. (Logenrede, 14).

Im Nov. 1770 berichtete Sophie nach Erfurt von einer regen Korrespondenz mit der Schwester, welche zur Vermittlerin zwischen La Roche und dem als Staats- und Konferenzminister nach Kurtrier berufenen Freiherrn Franz Eustachius Maria v. Hornstein-Göffingen geworden war (*WBr* 4:214), der "diese Stellung nur unter der Bedingung angenommen [hatte], daß gleichzeitig mit ihm La Roche als Wirklicher Geheimer Rat nach Koblenz-Ehrenbreitstein, der Hauptstadt Kurtriers, übersiedle" (Bach, 11). Der in Oberschwaben begüterte Hornstein war Domkapitular zu Augsburg und Dompropst zu Freising, woraus zu schließen ist, daß Frau v. Hillern sich damals in ihrer Heimatstadt aufhielt. Von dort aus hat sie wohl auch an den Junker v. Klock jenen Brief geschrieben (vgl. den K zu Hs 2.8.), durch welchen in Biberach das Gerücht verbreitet wurde, das sie dann widerrufen mußte, Wieland sei als Kanzler an die Universität Gießen berufen worden. Der Erfurter Wieland beklagte sich am 20.1.1771 bei Frau La Roche in Bönnigheim über diese "etourderie [. . .] des plus deplaisantes" und bat sie, der Schwester ("cette Dame") nahezulegen, "de [. . .le] laisser absolument là sans se mêler jamais de [. . .ses] affairs" (WBr 4:253–54). Nach diesem Zwischenfall scheint Wieland die Frau v. Hillern aus den Augen verloren zu haben. Ein vom 17.8.1785 datierter Brief der S. v. La Roche an Wieland ist nicht erhalten (Z 29), doch hatte sie offenbar schon in einem früheren Brief Andeutungen über die Schwester gemacht, die Wieland befremdeten und auf die er am 16.2.1785 zurückkam; die Stelle, die neben Cateau auch auf den Bruder Jakob Imanuel zu beziehen ist (vgl. den K zu Hs 7.136.), lautet folgendermaßen: "Was Sie mir in Ihrem letzten Briefe von einigen Ihnen sehr nahe verwandten Personen nur mit 2 Worten schrieben, ist mir ein unverständliches Räthsel. Sie setzen vermutlich voraus, dass ich von diesen Geschichten schon einige Nachricht bekommen haben könnte: aber ich schwöre Ihnen zu, dass ich kein Wort von dem allen weiss, und dass Lotto und Schatzgraben—in d i e s e r Connexion—mir sehr befremdliche Dinge waren" (Hassencamp, 276).

In den Augen der reichsstädtischen Gesellschaft war Frau v. Hillern vom rechten Weg abgekommen und hat, nach den Worten Wielands, "ein schreckliches Ende genommen und ist elend auf einem Bund Stroh gestorben" (HistTb, 413). Sophie v. La Roche hatte in ihrem Brief an G. W. Petersen vom 10.4.1793 ihre "an dem Krebs an der Brust sterbende Schwester in Augsburg" erwähnt; am 26.6. meldete sie ihm deren Tod (Maurer, 351 u. 354). Katharina v. Hillern wurde am 23.6.1793 in Augsburg in der ev. Pfarrei St. Ulrich beigesetzt; Pfarrer Matthias Jacob Adam Steiner hatte die Sterbende auf den Tod vorbereitet und ihr als ihr Beichtvater die Beichte abgenommen.[K15]

Wielands Erzählung zufolge "bediente sich [Cateau] am Ende ihrer eigenen Tochter, um Liebhaber für sich anzulocken, verschwendete ihr Vermögen in eiteln Bestrebungen nach höhern Verhältnissen und erlebte ein schreckliches Ende" (HistTb, 413). Doch abgesehen von dem, was ihre Verwandten über sie berichteten, sind offenbar sonst keine Zeugnisse über die schlimme Wendung von Cateaus Schicksal erhalten. Ob S. v. La Roche nach Wielands Ansicht einen Vorwurf verdient, daß sie nicht mehr tat, um der Schwester zu helfen (vgl. HistTb, 113; vgl. Hs 6 u. 8.), kann ohne genauere Kenntnis von Sophies Vermögenslage und dem Umfang ihrer Unterstützung Cateaus wohl nicht entschieden werden.[K16] Er selbst hat 1785 mit bürgerlicher Selbstgerechtigkeit über den "Verfall dieser *Dame*" geurteilt und betont, daß er "kein Mitleiden mir ihr haben [könne], sondern ganz natürlich und billig finde, daß es ihr ergeht wie sie es verdient hat," und er fühle sich dabei noch mit J. H. v. Hillern "vor Gott und Menschen gerechtfertigt" (Hs 8.55–59, 70). Katharina v. Hillern war das abschreckende Beispiel einer jener Frauen aus dem Mittelstand geworden, von denen S. La Roche schon im Brief an J. G. Jacobi vom 26.7.1771 bemerkt hatte, daß sie "von Begierden nach unerreichbarm Rang und Reichtum gemartert [. . .wurden und] den Wert dessen, das sie besaßen und erlangen konnten, aus falschen Begriffen nicht zu schätzen und zu lieben wußten" (Maurer, 141–42; vgl. S. 218.) Mit einer Mischung von Selbstgerechtigkeit und menschlichem Mitgefühl kam Sophie in ihrem Brief an Wieland vom 1.8.1806 auf Cateau zurück und rief aus: "Was verwandlungen der S c h ö n h e i t u. adel Stolz" (Hs 24).

Es scheint, daß in der reichsstädtischen—wie in jeder anderen Gesellschaft—vor allem die Frauen über die feinen rangmäßigen Abstufungen eifersüchtig wachten—die Herausforderung der Maria Christine Kick an die Biberacher Nobilitierten ist ein Beispiel dafür (vgl. S. 214.). Vielleicht hat Wieland an Frau v. Hillern, "la Belle des belles," subtile Rache genommen, als er im *Bonifaz Schleicher* von 1776 die Nobilitierte "Frau von A." beschrieb, "die vor fünf und zwanzig Jahren für das schönste Mädchen unsres Orts gehalten wurde, und seitdem in einer Art von Besitz *vel quasi* geblieben war, sich für die V e n u s der Stadt und Landschaft ++ zu halten" (AA 14:100;

vgl. S. 216.). Ihr übertriebenes Standesbewußtsein ist Cateau mit zum Verhängnis geworden (vgl. S. 217), und möglicherweise hat sie durch diesen Zug auch das Lebensglück der Tochter zerstört, indem sie sich deren Verbindung mit einem "rechtlichen Beamten" widersetzte (*HistTb*, 413; vgl. den K zu Hs 7.111.). Auf die Todesnachricht, die Sophie ihm übermittelt hatte, schrieb Wieland am 21.10.1793 zurück: "Wohl der armen unglücklichen H. daß sie ausgelitten hat!" und fuhr fort: "Ihr Schiksal war hart—aber—Es ist ein zu melancholisches *Sujet*, um davon zu reden; und doch könnte es vielleicht lehrreich und warnend für andere werden, wenn Sie aus der Geschichte dieser Unglüklichen (mit den nöthigen Veränderungen u. *Reticenzen*) eine Art von moralischem *Roman* machten" (Schelle 2:687). An anderer Stelle hieß es: "Salzmann"—gemeint ist Goethes Straßburger Freund, der Popularphilosoph Johann Daniel Salzmann (1722–1812)[K17]—"sollte ihre warnende Geschichte schreiben und sie als eine Verlassenschaft fürs künftige Jahrhundert deponiren" (*HistTb*, 413). Katharina v. Hillern war für Wieland zum Studienobjekt geworden.

33 Spital   Der Hospital—das Maskulinum ist die ortsübliche Form—war als wohltätige Stiftung 1236 gegründet worden und bildete im 18. Jahrhundert mit vierundzwanzig Dörfern und Weilern den größten Landbesitz der Reichsstadt Biberach (Luz, 94–96; Diemer); die Spitalamtung gehörte deshalb zu den begehrtesten Ämtern, die nach der Parität verteilt und auf der ev. Seite vielfach von Vorfahren Sophie Gutermanns und C. M. Wielands besetzt waren (vgl. GA 1). Als Wieland in den siebziger Jahren mit J. H. v. Hillern, dem ev. Kirchenpfleger, wegen eines Hausverkaufs verhandelte (vgl. S. 212–13 u. GA 1:5), ließ er an den kath. "Neben-Pfleger," den Junker K. v. Klock Grüße bestellen (vgl. den K zu Hs 2.8.). Seit seiner Gründung war es die Aufgabe des Spitals gewesen, für die Ortsarmen zu sorgen; die offenbar verwickelten Bestimmungen für diese soziale Tätigkeit und deren Grenzen werden in hier vorgelegten Briefen erörtert.

42 Sohn   Franz Wilhelm v. La Roche. Vgl. Hss 11, 14, 16 u. 24.

45 *Pomona*   Vgl. den K zu Hs 5.5.

82 Enkeltochter   Von den neun Kindern aus der ersten Ehe Christian Ad. Kurrers mit Maria Johanna v. Hillern haben nur zwei Töchter länger gelebt: Eleonora Friderica (geb. 12.3.1789) und Karolina Henriette (geb. 8.12.1791) (HR nach Volz; vgl. StT 4.). Die von Wieland erwähnte erste Tochter des Paares muß also früh gestorben sein.

7

Justin Heinrich von Hillern an C. M. Wieland

Biberach, den 4. September 1785.

Wohlgebohrner, / HochzuverEhrender Herr Vetter!

Die VerEhrliche Zuschrifft vom abgewichenen Monath August, welche eben so wenig ein *datum*, als die so sehnlich erwartete KlockenWirthische *Obligation* enthalten hat, habe mit vorgestrigem PostTag richtig erhalten, und daraus den richtigen Empfang der überschickten 500 fl. mit Vergnügen ersehen.

Fordersamst nun will Euer Wohlgebohrn um die *Remitt*irung der KlockenWirth Johannes Dollinger- auf 400 fl. lautenden *Obligation* um so angelegentlicher gebetten haben, als solche Löblich-Evangelischer Cassen, welche zu Ablösung dieses *Capitals* das Geld hergeliehen hat, je bälder, je besser einliefferen muß.

Was übrigens der Schweizerische Freund auf bevorstehende *Martini* an mich bezahlen wird, werde auf Euer Wohlgebohrn Rechnung zu nehmen, und sodann zu übersenden, nicht ermangeln, auch der Büchsenmacher Cramerin die von ihrer Jungfer Schwester *Floriana assign*ierte 100 fl. bis *Martini* gegen Empfang Schein ausbezahlen zu können mich befleissigen, ohnerachtet bis dato noch nicht weiß, ob und was vor Geld bis dahin eingehen möchte? Wo indessen gedachter Cramerin von dieser Schwesterlichen Liebes Gabe bereits mündliche Eröffnung gethan habe, und Sie davon Meldung zu thun, nicht unterlassen wird.

Weniger Schwesterliche Liebe scheinet die Frau Geheime StaatsRäthin von *La Roche* an ihrer in den bedrängtesten und gefährlichsten Umständen sich befindlichen Frau Schwester erweisen, sondern solche, guten Freunden—zu Empfehlung—und endlichen gar dem alhiesigen Spital überschieben zu wollen. Wie sich diese Gesinnung gegen eine leibliche noch einige Schwester mit dem Weltberühmten Menschenliebenden und Großmüthigen Character einer *La Roche* [1ᵛ] vereinbaren lasse, darüber mag die *Pomona* und ihre Leser ein Urthel fällen.

Sie die kluge—die zärtliche—die vermögliche *La Roche* kann und will ihre ehmals so geliebte—so erhobene—so verehrte Frau Schwester, gleich einem *Lazaro* die Brosamen von ihrem Tische versagen—und hingegen die Großmuth anderer—und zwar, um was—um ihr etwas vom Spital zu geniessen zu geben—erregen— In wahrheit diese Unbarmherzigkeit gegen eine leibliche Schwester, hätte ich um vergangener Sachen willen, von einer *La Roche* niemals erwartet! Alleine nun ist es so—Sie will ihr—von ihrem Überfluß nichts angedeihen—sondern die in so grossem Ansehen ehmals alhier gestandene

Schwester, zu Jedermanns *Spectacul* aufstellen, und in Gesellschaft der SpitalArmen ihr ehemaliges glänzendes—und nunmehr erschreckliches Schicksal überdencken und beweinen lassen.

Ein welches geschehen wird und muß, wann anderst die Frau Geheime Staats Räthin von *La Roche* alles Schwesterliche Erbarmen aus ihrer Brust verbannen und Sie einem der grausamsten Schicksaale ausgesezt seÿn lassen will.

Dann Euer Wohlgebohrn ist hiesige Verfassung ja von Selbsten bekannt, man giebt Niemand nichts, ausser man mache beÿ Rath das ansuchen darum. Dieses hat die Verwittibte Frau Burgermeisterin bishero nicht gethan. Sie kan also zur Zeit noch nicht sagen, daß sie abgewiesen—und hilfloß gelassen worden. Indessen aber, wann ihre Noth und Elend ihr auch dieses Bitten beÿ Rath abpressen wird, was wird der Erfolg hievon anders seÿn als daß man ihr unter Tausend Vorwürffen /: und diese sind leider mehr als zu wahr :/ etwa einen wochentlichen Gulden oder höchstens Thaler—und wann es über gut gehet—eine unbedeutende Speiß von schwarzem Meel und Brod bewilliget—Wo will Sie alhier hiermit *subsist*iren wo Bett—wo HaußZinß—Holz—und andere unentbehrliche LebensMittel aufbringen? Zu was hat Sie sich alsdann, da dieses nicht möglich—anders [2ʳ] zu entschliessen, als um die Aufnahme in den Hospital selbst zu bitten, allda die Nächte auf einem elenden Lager durchzuseuffzen—und die Täge in Gesellschaft des verächtlichsten Pöbels hinzubringen.

Und dieses wäre dann alles—was auch das beste EmpfelungsSchreiben zu bewürcken im stande wäre, und was Sie diesemnach, ohne gute Freunde darmit zu *charg*iren, auf ihr Selbstiges Ansuchen erlangen, darmit aber, wie bereits bemercket, niemals geholffen seÿn kan und wird.

Das hiesige *Publicum* ist *enerv*irt—das Mitleiden gegen Sie—da Sie durch keine UnglücksFälle in diesen elenden Zustand gerathen, gänzlich verbannet—und die wenige Darreichung zu ihrer nur wenig ehrlichen *Sustentation*, nirgendwo hinlänglich.

Ihre Lage übertrifft allen Menschlichen Jammer und elend, und wo die Frau *Geheime* Staats Räthin Von *La*

90   *Roche* Sie nicht zu sich nehmet, so scheinet Sie an den Rand der Verzweiflung zu kommen, und der Himmel stehe vor die Folgen die aus derselben zu entstehen pflegen.

            Euer Wohlgebohrn können gar nicht glauben, in welche
95   *desperate* Lage sich diese Frau mit dem Umgang der schlechtesten *Avanturie* und *Lotter*ien gestürzet hat—und wann der Erzehlung des Herrn Dr. Heiders Glauben beÿzumessen, so dörffte Sie in kurzem ein Opffer der Augspurgischen *Justiz*—und in dortiges Arbeitshauß
100   gebracht werden.

            Ich habe vor mich selbsten zu sehen, und beÿ meiner nun in die 31. Jahr fortdaurenden sehr *miserablen* Besoldung genugsam zu thun, um neben täglicher Einbusse meine Tage ehrlich beschliessen zu können. Genug daß
105   ich über ihre unvorsichtige Lebensart, zum öfteren mein MisFallen zu erkennen gegeben, davor aber keinen Nuzen verschaffet habe. Nun hat Sie sich alles Unglück selbst beÿzumessen, und meinem Nahmen genug Tort angethan, da Sie solchen dergestalten verunehret: [2ᵛ] daß solchen,
110   ohne die Leute in Augsprug erröthend zu machen, zu nennen erschrecken muß. Ihre Tochter hat Sie darneben auch verdorben, um das ihrige gebracht, und in gleiche hilfflose Umstände gesezet.

            Bey solcher Aussicht überlasse *Euer Wohlgebohrn*
115   erleuchteren Gutdüncken zu thun, was Sie vor gut finden, und wann die Frau von *La Roche* kein Gehör geben—und wie schon gemeldt—diese Schwester zu sich nehmen will, so ist Sie verlohren, und die bündigste Empfehlungs-Schreiben werden Sie nicht mehr zu retten vermögen.

120   Wann die Frau von *La Roche* nichts thun will, was kan Sie andern—in keiner sonderlichen *Connexion* mehr stehenden = und selbst mit einer zahlreichen *Famille* überhäufften Freunden zumuthen? dis heißt die Versuchung zu weit treiben—und *honnete* Leute mis-
125   brauchen zu wollen—Nun mögen ihr freÿlich durch ihren Gemahl die Hände auch gebunden seÿn—als der—der Gemahlin Eigenschafft sowohl—als der Schwester üble WirthsSchafft schon längst eingesehen und verabscheuet hat, und auf das Beÿeinander seÿn—beider
130   Schwestern wenig gutes Zutrauen sezen mag; Bevorab da die Frau Burgermeisterin, der Frau von *La Roche* Groß-

mütterliches Erb nicht nur eingenommen und verschwendet, sondern auch den *Papa* also zugerichtet hat, daß derselbe kaum noch mit Ehren das Grab erreichen—die Frau von *La Roche* aber und der hiesige— in gleich elenden Umständen sich befindliche Bruder, das blosse nachsehen, einziehen können. Indessen ist es nun so—und wann Frau von *La Roche* keinen Ausweg weißt—so weiß ich noch weniger einen—und finde mich auch—wann Sie gleich anhero kommet, nicht im stand, ihro einen zu zeigen—sondern muß Sie gleichwolen dem grausamen Schicksaal überlassen—da es mir nicht sowohl an Neigungs= und VerwandtSchafftsLiebe—/: deren mich jedoch in guten Zeiten weder von ihrem seel. H. noch ihro niemals zu erfreuen, sondern vielmehr die gräßlichste Vervortheilung zu erleiden gehabt :/ als am Vermögen, ihro helffen zu können, gebricht. Der Himmel gebe mir übrigens Gedult und Kräfften auch diesen Schandfleck meiner *Famille* ohne nachtheilige Kränckung überstehen zu können! dann der Stürme sind zu viel—und kein Wunder, wann endlichen darunter erliegen müßte—

Gott Bewahre eine jede *honnette Famille* von derleÿ leidigen Zufällen, *Euer Wohlgebohrn* aber erhalte Er— samt der gesammten Hochansehnlichen *Famille*, der wir uns allerseits gehorsamst empfehlen, beÿ unverrücktem Hohen Wohl und schencke mir die Freude und das Vergnügen, mich noch eine zahlreiche Reihe von Jahren nennen zu können, / *Euer Wohlgebohrn*, / gehorsamsten diener und treuen

Biberach den 4. *Septembr.* 1785.   v Hillern

6 Post < Posten   29 bedrängtesten *F* bedrangtesten   44 Schwester < ?
95 *desperate F* desperater   107 [*üdZ:* Sie]   108 meinem *F* meinen
136 Bruder < aber >   145 H. < als >

ÜBERLIEFERUNG

Hs: SLB. Mscr. Dresd. h 43, II, Nr. 68. *Prol* 2076. Ein Doppelblatt 190 x 235 mm. Wz: im Falz, nicht erkennbar. (Mitteilung Bibliotheksrat Deckert.)

ERLÄUTERUNGEN

10 Klockenwirth Johannes Dollinger   Johannes Dollinger, geb.(get.)21.10.1749, gest.13.(begr.15.)3.1795 als Glockenwirt und Spital-Holzwart (HR). Verschiedene Angehörige dieser Sippe waren im 18. und frühen 19. Jahrhundert in Biberach als Gastwirte tätig (vgl. Luz, 343, 363, 371, 379 u. 380.).

15 Schweizerische Freund   Vgl. den K zu Hs 6.9.

18 Büchsenmacher Cramerin   Vgl. StT 3 u. GA 1:7.

19 *Floriana*   Vgl. den K zu Hs 6.19.

36 *Pomona*   Vgl. den K zu Hs 5.5.

40 *Lazaro*   Luk. 16.19–31.

97 Dr. Heiders   Dr.utr.iur. Georg Christian Heider (Heyder), 1727 in Kaufbeuren geb., stammte aus einer in den Reichsstädten Lindau und Biberach ansässigen ev. Sippe. Während der Biberacher Amtsjahre Wielands war Heider Kirchen- und Kapellenpfleger und saß im Inneren Rat (*WOberschw*, 64 u. 66); seit 1770 wird er als Hospitalpfleger, 1771 als Geheimer Rat erwähnt; 1795 erhielt er von Kaiser Franz II. das Reichsadelsdiplom. Georg Christian v. Heider starb 1805 in Biberach als "Kurpfälz. Bayer. Geheimer Rat und Hospitalfleger, des Ehegerichts-, Kirchen- und Schulrat erster weltlicher Beisitzer."[K18]
In den Auseinandersetzungen mit dem kath. Magistrat um Wielands Amt war der ev. Magistrat uneins, und es war Dr. Heider, der gelegentlich und so um die Jahreswende 1762–1763 eine von Wieland und seinen Anhängern abweichende Meinung vertrat. Um dem geldfressenden Prozeß ein Ende zu bereiten, drängte Heider darauf. daß Wieland "ernstl. und ultimato anzubefehlen" sei, die Forderung des kath. Magistrats zu erfüllen, sein eigenes Versprechen einzulösen und sich um einen juristischen Doktorgrad zu bemühen. Diesem einleuchtenden Vorschlag wurde nicht entsprochen, und Heider widersetzte sich weiterhin und bis zum Ende des Prozesses im Sommer 1764 kostspieligen Schritten beim Reichshofrat in Wien in dieser Angelegenheit (Springer 4:2 u. vgl. 36, 54, 4–5.).
Heiders Haltung scheint neben sachlichen Erwägungen durch persönliche Gegensätze und Spannungen begründet zu sein. Er ist die Zielscheibe von Wielands Satire in einem übermütigen Brief an Sophie La Roche vom Okt. 1762, aus der Entstehungszeit des *Don Sylvio*. Der Dichter beschreibt, wie er unter dem Einfluß des Burgunders, den er in der gräflichen Gesellschaft auf Schloß Warthausen genossen hatte, auf dem Rückweg nach Biberach einen Abkömmling von Bileams Eselin, den Esel des Silen, zu hören glaubte. "Monsieur le Grauschimmel" habe sich jedoch als der angeheiterte "*Mr. le* Dr. Heider" entpuppt, der einer Schlägerei mit einem anderen Biberacher Senator im Gasthaus von Oberwarthausen entronnen sei, und Wieland habe nun "rougissant jusqu'aux oreilles" in Begleitung Heiders seinen Einzug in Biberach halten müssen (*WBr* 3:119–20). In den Quellen, von Wieland vielleicht in ironischer Absicht, wird Heider stets mit dem Doktortitel erwähnt, auf den er sich offenbar etwas zugute tat. Auch die Bemerkung v. Hillerns in vorliegendem Brief wirft ein gewisses Licht auf Heiders Persönlichkeit. Wielands geringe Meinung von dessen Geistesgaben kommt schon in einem Brief an die Mutter aus der Tübinger Studentenzeit zum Ausdruck, in welchem von einem anderen Heider, einem "liederlichen Gesellen," die Rede ist, von dem Wieland sagt und dabei wohl auf Georg Christian Heider anspielt: "Doch kann er nicht unwissender seyn als mein Hr. Landsmann" (*WBr* 1:19 u. vgl. 2:38.).[K19]

111 Tochter   Johanne Wilhelmine v. Hillern (geb. 1754) (StT 4). Über die Zehnjährige hatte Wieland an S. La Roche nach Bönnigheim geschrieben: "La petite Jeanette, qui est ma favorite et qui promet d'etre un jour tout ce qu'il y a de plus aimable, vous presente ses respects" usf. (*WBr* 3:239). Als er später im Beisein Böttigers auf sie zu sprechen kam, äußerte er sich kritischer: "Die einzige Tochter, die sie [Katharina v. Hillern] von ihrem Mann hatte, wurde ein sehr schönes Mädchen, aber äußerst verzogen, so schön sie auch selbst über Erziehung schwatzen

konnte" (*HistTb*, 413). Am 28.10.1793 erkundigte sich Wieland bei Sophie, "was [. . .] denn aus dem *Johanneli* (wie der alte *Egoist* Stadion sie zu nennen pflegte) geworden [sei]?" (Schelle 2:687 u. vgl. 694.). Eine Antwort darauf, die gewissermaßen bestätigt und erläutert, was J. H. v. Hillern andeutete, gab Wieland wiederum selbst: "Eine sehr annehmliche Partie für ihre Tochter, wie ein rechtlicher Beamter um sie anhielt, verschlug sie [Cateau] dadurch, weil der Schwiegersohn ihr nicht vornehm genug war" (*HistTb*, 413). Andere Zeugnisse über das Schicksal von Johanne v. Hillern waren nicht aufzufinden. Vgl. den K zu 6.32.

136 Bruder   Jakob Imanuel Gutermann v. Gutershofen wurde am 1.7.1743 in Augsburg getauft (HR nach dem Taufbuch Barfüßer; vgl. StT 9). Er war der einzige Bruder Sophie Gutermanns, der das Mannesalter erreichte. Nach der Wiederverheiratung des Vaters und Cateaus "schneller entschließung" zur Heirat mit Johannes v. Hillern war Sophie, wie sie im Frühjahr 1753 bekannte, "um die gute erziehung [. . .ihrer] zwey jüngern geschwister [Jakobine Barbara u. Jakob Imanuel] sehr besorgt" ("EmpfBrW," 168), und es war neben Cateau der Bruder, der sie aus ihrer moralischen Verantwortung und praktischen Fürsorge zeitlebens nicht entließ. J. I. Gutermann war ein Tunichtgut, der am Leben scheiterte und in demütigenden Umständen in Biberach sein Dasein fristete. Noch ein halbes Jahr vor ihrem Tod schrieb Sophie v. La Roche an Wieland: "Mein Elender bruder, ist thorwächter in dem nun neu [d.h. an Württemberg] verschenkten biberach, der will mit seiner Frau v Schmidtsfeld auch gestüzt seyn" (Hs 25). Schon den Sechzehnjährigen nannte sie "mon pauvre frere Cadet" und dankte Wieland im Okt. 1760, daß er sich für ihn verwende (*WBr* 3:20 u. 22). Dies muß ihm Gutermann schlecht gelohnt haben, denn im März 1764, wenige Monate vor dem Vergleich im Kanzleiverwalterstreit, schrieb Wieland an Sophie, "Monsieur de Goutermann" habe in Schwaigern das Gerücht verbreitet, er, Wieland, sei wegen seiner Unfähigkeit, der Reichsstadt zu dienen, weggejagt worden)*WBr* 3:247)/[K20]

Gutermann hielt sich damals auf zwei Jahre bei dem mit den La Roches befreundeten Diakon Johann Jakob Brechter in Schwaigern auf (Hs 17), der sich, wohl auf Betreiben Sophies, darum bemühen sollte, den jungen Mann auf den rechten Weg zu bringen. Ein Bericht Brechters vom 12.2.1763 lautet jedoch skeptisch: Der Bruder sei "gar zu verderbt [und] ganz unwissenheit und Vorurtheil" gewesen. Er wolle Jurist werden, doch fehle ihm die Befähigung dazu; u.a. könne er nicht "das sittliche vom unsittlichen unterscheiden." Soldat zu werden habe er keine Lust, und ein Handwerk wolle er nicht lernen. Als Gutermann, offenbar nach seiner Rückkehr, Kanzlist und Gerichtsassessor in Biberach wurde, zeigte sich Brechter in zwei Briefen von 1769 weiterhin besorgt: Frau La Roche solle darauf sehen, daß der Bruder arbeite "und sich in seinem Posten zeigt," und Brechter "ist bange, ob er sich halten wird. Seine Seele ist nicht zu bessern" usf. (Rudolph, 180).

Jakob Imanuel v. Gutermann wurde 1773 erster adeliger Stadtgerichtsassessor in Biberach, 1774 Stadtrechnungs-Registrator und 1776 Kanzlist (HR). Schon 1785 muß er sich, der Bemerkung J. H. v. Hillerns zufolge (Hs 7.136), in "elenden Umständen" befunden und nach einer von Wieland überlieferten Andeutung Sophies u.a. mit "Schatzgraben" abgegeben haben (Hassencamp, 276; vgl. den K zu 6.32.). Im Nov. 1789 entwich er aus Biberach, Schulden halber, in die er durch den Pferdehandel geraten war. Doch kehrte er wieder zurück und schlug sich als Schreiber, Bote und Hauslehrer durch (Luz, 351; Rudolph, 180–81). Auch soll er zehn Jahre lang, von 1791 bis 1801, Schulmeister in Röhrwangen, einem Dorf des Biberacher Spitals, gewesen und 1801 freiwillig ins Arbeitshaus gegangen sein (Werner, 247). Schließlich unternahm Sophie La Roche für den Bruder einen Schritt, wie sie ihn schon für Cateau tun wollte: Am 4.12.1804 nämlich wandte sie sich an die damals badische Stadt Biberach, bekam jedoch vom Oberamt den Bescheid, daß "Gutermann bereits die Hospitalspeise und seine Frau die große Beihilfe genießen und daß man Gutermann wegen seiner Unreinlichkeit und unkorrekten Handschrift nicht anstellen könne."ᴷ²¹ So fand Jakob Imanuel v. Gutermann zuletzt als Torwart Verwendung. Zu Gutermanns Frau und ihre Herkunft vgl. GA 2.

8

C. M. Wieland an Justin Heinrich von Hillern

Weimar den 10ten Septemb. / 1785.

Wohlgebohrner Herr / Hochgeehrtester und Geliebtester Herr Vetter!

Mit vieler Abbitte meiner leztmaligen Nachläßigkeit⁺ erfolgt hiebeÿ die Glockenwirth Dollingersche *Obligation* zurük. Von Hrn. Heinrich Steiner in Winterthur werden Eu. Wohlgb. auf 1. *Novemb. a. c.* f 264. in Französ. *Louisdor à* 11 f. auf meine Rechnung baar erhalten. Sollte also bis auf *Martini* nichts weiters eingehen: so nehmen Sie die 100 f. für die BüchsenM. Cramerin von besagtem Gelde, und haben die Gewogenheit mir den Rest zuzusenden. Für die geneigtest ertheilte Auskunft über die Lage der bewußten *Dame* dancke ich Eu. Wohlgeb. ganz ergebenst. Alles was Sie mir über diesen *fatalen* Gegenstand geschrieben haben, ist wie aus meiner eigenen Seele geschrieben: ich hoffe auch, Sie haben aus dem ganzen Ton meines lezten Briefes *quoad hanc materiam* schon zum Voraus ersehen, wie vollkomen ich in Rücksicht auf das Betragen der Fr. Geh. Staatsräthin v. *L. R.* Mit Ihnen gleichförmig dencke und gesinnt bin. Dieses Betragen ist eine neue Probe wie groß die Kluft ist, die zwischen S c h w a t z e n und H a n d e l n bey dieser Schriftstellerin befestigt ist.[1ᵛ] Mir ists in der That unbegreiflich, wie sie ein solch Betragen gegen eine leibliche Schwester gegen sich selbst rechtfertigen kann. Ihre Absicht, da Sie mir zumuthete den Hrn. BM. v. Zell um die Spitalspeise für ihre Schwester, d i e S c h w e s t e r e i n e r G e h e i m e n S t a a t s = R ä t h i n, zu bitten, war im

[1ʳ uR] ⁺welche meist durch mehrere in Eil sich über einander her-wälzende Geschäfte und *Incidentia* veranlaßt wird—

Grunde keine andere, als mich dadurch in Mitleiden zu schmelzen, in Hofnung daß ich nun nichts nöthigers haben würde, als mich eilends zu einer wochentl.[n] oder Monatl.[n] Beÿsteuer anzubieten. In der That denkt diese Dame so sonderbar, daß sie sich kein Gewissen daraus machen würde, falls ich so ein guthertziger Thor wäre mich zu einem Beÿtrag für ihre Schwester anzubieten, solchen von mir anzunehmen, ungeachtet sie wohl weiß, daß ich, in diesem Jahre erst eine Tochter ausgestattet, und noch 9 Kinder gröstentheils noch ganz unerzogen zu erziehen und zu versorgen habe, und also an den Pflichten gegen die Meinigen über und über genug zu thun habe, und diese nur einigermaßen zu erfüllen nicht im Stande wäre, wenn ich mir nicht alle mögliche Mühe gäbe meine wenigen Fähigkeiten zum Nutzen der Meinigen anzuwenden, und daß auch dies nicht einmal möglich wäre ohne gute Oekonomie und vornehmlich [2ʳ] ohne das was mein nie genug zu rühmendes Weib zur Erhaltung unsres Hauswesens durch Eingezogenheit, Fleiß, gute Aufsicht und alle andre Tugenden beÿträgt, in welchen sie ein Muster einer vortreflichen Hausfrau und Mutter ist. Wäre die bewußte *Dame*, die zu ihrer Zeit auch eine große P h i l o s o p h i e = und M o r a l = **S c h w ä t z e r i n** war wie die Frau *Pomona*, nur den vierten Theil *in Praxi* was unsre beÿden Frauen sind, so hätte es nie soweit mir ihr kommen können.

So abscheulich und schreklich auch der Verfall dieser *Dame* seyn mag, so gestehe ich, daß ich, in Betracht aller Umstände, kein Mitleiden mit ihr haben kann, sondern ganz natürlich und billig finde, daß es ihr ergeht wie sie es verdient hat. Ich billige daher auch im höchsten Grade, was Sie, Mein liebster Vetter, mir von Ihrem Entschluß, der mit dem Meinigen ganz gleichförmig ist, in dieser Rücksicht, melden. Ich bin gewißermaßen noch näher mit dieser Unglücklichen verwandt, wiewohl sie, durch Heurath, zu I h r e m Nahmen gekomen ist: aber, so lange sie eine Schwester hat, die eine weit nähere Verbindlichkeit und (wofern sie nicht auch durch heillose Wirthschaft zurükgekommen ist) weit mehr Vermögen hat als ich, so werde ich es [2ᵛ] der vermöglichen Schwester überlassen, für die dürftige zu sorgen—und Wenn Sie eben so denken, so sind Sie wahrlich vor Gott und Menschen gerechtfertigt. Der Geheime Rath *La Roche* wird es, aller Wahrscheinlichkeit nach, nicht mehr lange treiben, und alsdann zweifle ich nicht, daß die

75 *Dame Pomona*, wenn Sie thun kann was sie will, ihre Schwester zu sich nehmen oder sonst versorgen wird.

Soviel ein für Allemal von dieser unangenehmen Materie—die ich nie wieder zu berühren wünsche, da nichts unangenehmer ist als sein und andrer Gemüth mit Vorstellungen fremden Elends zu plagen, welchem man,
80 mit allem guten Willen, nicht abhelfen kann. Übrigens habe ich im Lauf meines Lebens 1000 Gelegenheiten gehabt zu sehen, daß Tugend, Fleiß und Geschiklichkeit niemanden, wie wenig er auch geerbt haben mag, zu Grunde gehen lassen; und daß die reichsten Leute durch
85 schlechte Aufführung, üble Haushaltung und Untauglichkeit auf die Gasse oder ins Spital gekommen sind—zum Beweis des alten Spruchs, *quilibet fortunæ suæ faber est*. Der Himmel schencke uns Leben, Zufriedenheit, Genügsamkeit und Freude an den Unsrigen! Ich und mein Haus
90 empfehlen uns aufs beste, und ich verbleibe so lang ich athme Eu. Wgb. / getreu ergebenster und verbundenster / Diener und Vetter

Wieland.

15 [*üdZ:* haben]   38 [*üdZ:* noch ganz unerzogen]
43 zum < zu < ihrem > Nutzen   44 [*udZ:* auch dies nicht einmal möglich wäre]
49 einer < eines   52 [*üdZ:* wie die Frau *Pomona*]
64 Heurath < V ?   75 nehmen < wird, oder sie müste >   78 sein < Ge >

ÜBERLIEFERUNG

Hs: NFG, GSA. Wieland II, 6, 1. *Prol* 2081. Ein Doppelblatt 116 x 188 mm. Wz: nur das obere Stück von V und L erkennbar. (Mitteilung Dr. Gerhard Schmid.) 1ʳ oR (unter dem Datum Vermerk v.d.Hd. v. Hillerns): "*accepi* den 23ᵗᵉⁿ 7ᵇ 1785."

ERLÄUTERUNGEN

5 Glockenwirth Dollingersche   Vgl. den K zu Hs 7.10.

6 Heinrich Steiner   Vgl. den K zu Hs 6.9.

10 BüchsenM. Cramerin   Vgl. StT 3 u. GA 1:7.

26 Hrn. BM. v. Zell   Vgl. K. zu 6.31.

46 Weib   Anna Dorothea Wieland geb. (v.) Hillenbrand. Vgl. StT 1; GA 1:5; S. 207; K zu Hs 6.32 u. Hs 14.75.

52 Frau *Pomona*   Vgl. den K zu Hs 5.5.

9

Sophie von La Roche an Susanne von Bandemer

offenbach den 27 nobr 1794

die alte grämliche Mutter *La Roche*, kann nicht auf so artigen Blättern von Freundschaft sprechen als ihre liebens würdige Tochter *v Bandemer*—aber wahre Freude gab mir das *Elegante* trauliche Briefchen—und ich danke sehr recht sehr dafür—freue mich auf den lieben besuch—und möchte wissen ob Sie dann zugleich mit Hrn- *Brede* wegen dem druk Ihres werks sprechen wolten—der schön schreibende Hr-Göschen—ist ein Buchhändler von denen meine Freundinn Baldinger schrieb—/ dieße Herrn nähren und bereichern sich von dem Hirn der Schriftsteller—
kommen Sie Liebe! dann reden wir—kommen Sie mit Engel v Holzhausen, die ich umarme—das andenken der Fürstinn v. Nassau, ist eine Heilige sache—hätte ich nicht wegen einem *Rhumatisme* mich inne halten müssen ich würde [1ᵛ] dießer verehrten, und geliebten Frau willen— nach Frankfort gekommen seyn
Sagen Sie liebes Kind! der edlen güte vollen Frau recht viel dankbares von mir, über Ihre erinnerung an die

alte *la Roche*

Ihr König bewundert mich/ das ist ja eine aussicht/ Zum besten meines Sohns/ Dank für die angenehme/ nachricht—möge es so seyn

ÜBERLIEFERUNG

Hs: Firmenarchiv Merck, Darmstadt. Erwerbung 1960. Ein Blatt 117 x 197–199 mm. Wz: nicht entzifferbar. (Mitteilung Dres. Welters u. Possehl.)

ERLÄUTERUNGEN

Susanne v. Bandemer geb. v. Franklin (1751–1828). In einem mit S. v. B. gezeichneten Brief vom Juli 1796 an die Französische Nationalversammlung, den der *Allgemeine Litterarische Anzeiger* am 25.11.1797 abdruckte und mit dem die Autorin für die zweite Auflage ihrer Schriften warb, hatte sie sich als eine Verwandte des "Amerikaners Franklin" bezeichnet. Anne Susanna Sophia v. Mädchenname wurde am 2.3.1751 in Berlin als Tochter eines preuß. Hauptmanns geboren, der möglicherweise mit einem 1740 genannten Leutnant Frenckelin identisch ist. Bei der Heirat der Fünfzehnjährigen im Jahre 1766 mit dem Leutnant v. Bandemer aus dem in Ostpreußen stationierten Regiment v. Manteuffel wurde ihr Mädchenname mit v. Franklin wiedergegeben, und da eine Familie Frencklin oder Franklin in Preußen offenbar sonst nicht nachweisbar ist, liegt die Vermutung nahe, daß der Vater

Ausländer und ein Angehöriger der britischen Familie Franklin war, aus der auch Benjamin Franklin seine Abstammung herleitete.[K22]
Neben den hier vorgelegten Hss 9 u. 12 haben sich aus den Jahren 1794-1797 weitere Briefe S. v. La Roches an S. v. Bandemer erhalten, die damals in äußerst unglücklichen Umständen lebte. Ihre Ehe mit dem Major v. Bandemer war geschieden worden (Friedrich, 14); eine zweite Ehe mit dem Grafen Kurt Ludwig v. Bohlen hatte dieser gelöst und seine Frau in bitterer Armut zurückgelassen. S. v. La Roche sprach der Unglücklichen zu und gab den Anstoß zur Abfassung ihres autobiographisch gefärbten Romans *Klara von Bourg, eine wahre Geschichte*, der 1798 in Frankfurt a. M. erschienen ist.[K23] Bei ihrem angekündigten Besuch in Offenbach wollte Frau v. Bandemer, wie es scheint, wegen des Druckes mit dem dortigen Verleger Carl Ludwig Brede sprechen (Z 7-8; vgl. den K zu Hs 18.2.).

Die Berlinerin war mit der Karschin, mit Ramler und, wie Sophies Brief vom 10.12.1796 vermuten läßt, mit Nicolai befreundet (Hs 12.11), doch kannte sie auch Herder und Wieland, an den sie u.a. am 2.3.1793 aus Berlin geschrieben hatte (Hs: SLB; *Prol* 3097). Später ließ sich S. v. Bandemer in Koblenz nieder, wo sie am 30.12.1828 starb, hatte aber, wie der vorliegende Brief zeigt, schon in den neunziger Jahren Beziehungen zum Mittelrhein.

9 Göschen   Im Jahre 1794 hatte die monumentale Ausgabe von *C. M. Wielands sämmtlichen Werken* zu erscheinen begonnen, mit welcher sich der Verleger Georg Joachim Göschen (1752-1828) den Ruf eines Pioniers der Buchdruckerkunst zu erwerben gedachte—ein aufwendiges Unternehmen, das ihn bis ins neue Jahrhundert hinein in Anspruch nahm. Daneben traten einige weitere bibliophile Drucke wie seit 1796 eine gleichfalls kostbare Ausgabe von *Klopstocks Werken*. Dies nötigte den Verleger zum Kurztreten und zur Ablehnung von Manuskripten. "Göschen will nun einmahl nichts mehr verlegen, was er nicht für ein k l a s s i s c h e s W e r k hält," schrieb Wieland am 30.12.1800. Daß der Verleger jedoch auch mittelmäßige Autoren durch Prachtausgaben auszeichnete, hat z.B. den mit Göschen befreundeten aber von ihm als Verlagsautor zurückgewiesenen August Wilhelm Schlegel gekränkt.[K24]

10 Baldinger   Die thüringische Pfarrerstochter Dorothea Friderica Baldinger geb. Gutbier (1739-1786) heiratete 1764 den Arzt Ernst Gottfried Baldinger (1738-1804) in Langensalza (Friedrichs, 14). Ihre autobiographische Skizze "Versuch über meine Verstandeserziehung" erschien 1791 in Offenbach unter dem Titel: *Lebensbeschreibung von Friderika Baldinger von ihr selbst verfaßt*, herausgegeben und mit einer Vorrede begleitet von Sophie, Wittwe von La Roche (Maurer, 436).

13 Engel v Holzhausen   Die Frankfurterin Frau v. Holzhausen, eine Bekannte S. v. La Roches in den Offenbacher Jahren, wird in ihren Briefen an Gräfin Elisabeth v. Solms-Laubach wiederholt genannt, so im Brief vom 15.8.1796, wo von einem Besuch der "guten Holzhausen" bei ihr und deren Bericht über "die Szene des Wegführens ihres Mannes als Geisel" die Rede ist, eine Szene, die "schauerlich [war], weil das mitten in der Nacht mit aller Rauhigkeit geschah" (Maurer, 359). Daraus ist auf die Person des Freiherrn Anton Ulrich v. Holzhausen (1754-1832) zu schließen, des Schöffen und letzten Älteren Bürgermeisters der Reichsstadt Frankfurt; seine Frau Erdmuthe war eine geb. Hohenstein (*NDB* 9 [1972]:593; Kampf, 108).

14 Fürstinn v. Nassau   Aus dem Zusammenhang ist nicht festzustellen, um welche Fürstin v. Nassau es sich handelt. Vgl. Hs 20.

21 Ihr König   Friedrich Wilhelm II., König von Preußen (1744-1797),[K25] der sich 1793 nach der Eroberung Frankfurts mit seinem Gefolge dort aufhielt (Kampf, 114), hatte S. v. La Roche empfangen, die darüber im Juni an Gräfin Solms berichtete: "Ach ja, ich habe mit Friedrich Wilhelm gesprochen; er wollte mich sehen, war gütig wie gegen alle. Freunde wollten was daraus ziehen, aber es wurde von Elenden vereitelt"

(Maurer, 352-53). Tatsächlich hat sich Sophie, die damals ihre unglückliche, im Sterben liegende Schwester Katharina v. Hillern unterstützen mußte (vgl. den K zu Hs 6.25.), an den "guten König von Preußen" gewandt und die Landgräfin von Hessen-Darmstadt, des Königs Schwiegermutter, gebeten, "die Bittschrift mit einer Fürbitte zu begleiten." "Der König sprach gnädig von meinen Werken," schrieb Sophie am 10.4.1793 an G. W. Petersen, ihren Mittelsmann in Darmstadt, und so bat sie den König nun um Abnahme von 100 Exemplaren der zwei Jahrgänge von *Pomona* (vgl. den K zu Hs 5.5.), deren Preis sie auf fünf Taler das Exemplar veranschlagte (Maurer, 350-51). Am 26.6.1793 konnte sie Petersen melden: "Der König hat mir 100 Exemplare der *Pomona* mit 100 *Frédéric d'or* bezahlt. O danken Sie mit mir der edlen, gütevollen Frau Landgräfin" (Maurer, 354).

22 meines Sohns   Georg Carl v. La Roche (1766–1839) stand in preußischen Diensten; 1788 war er kgl. preuß. Bergrat und Assessor beim Salzamt Schönebeck geworden. Vgl. Hss 11.19; 14.31; 15 u. 17.

10

Handschriftliche Widmung Sophie von La Roches aus dem Jahre 1796

meiner gütigen und verehrten/ Freundinn von Eschermann/ gebohrner von Görz zu erinnerung/ an Ihre ergebne dienerinn/ die alte *v la Roche.*

5 neben den/ 1 Theil aufzustellen und dabey an die/ Freude zu denken welche Ihr gütiger besuch mir machte als ich das erste heft ihr gab—

2 erinnerung < ?   3 dienerinn < ?

ÜBERLIEFERUNG

Dr: WM. Eing.Nr. 3737-3738/1986. *Schönes Bild der Resignation.* Von Sophie von La Roche. [Titelvignette gez. "Le Ch$\underline{\text{e}}$– Dufresne f."] Leipzig: bei Heinrich Gräff, 1795. Titelkupfer gez. "Le Chev^{er} Dufresne del./ JKüpffer sc. et illum: 95."; Titelbl.; 1 Bl. Widmung "An die Prinzeßinn von Preußen."; 246 S. Text; 8 unbez. S. Verlagsanzeigen. *Schönes Bild der Resignation.* Von Sophie von La Roche. [Titelvignette gez. "G G Endner et sc."] Zweyter Theil. Leipzig: Bei Heinrich Gräff, 1796. Titelkupfer gez. "J. S. Küpfer. del. et sc. J Keißer. 1796."; Titelbl.; 232 S. Text; 12 S. Verlagsanzeigen. Beide Bände mit hs. Besitzvermerk "Eschermann" auf dem Titelblatt. Die Widmung v.d.Hd. S. La Roches befindet sich in Bd. 2, recto des Blattes mit dem Titelkupfer. Dr u. Faksimile der hs. Widmung S. La Roches: Antiquariat Wolfgang Braecklein, Berlin, Katalog 25 (Herbst 1985) Nr. 116.

ERLÄUTERUNGEN

Der Titel des Werkes, *Schönes Bild der Resignation*, das die Verfasserin "Eine Erzählung" nennt (1:1), weist mit dem Schlüsselwort "Resignation" auf ein Lieblingsthema von S. v. La Roches Leben und Schaffen. Im ersten Band steht zwischen Titelblatt und Text folgende gedruckte Widmung: "An die *Prinzeßin von Preußen.*

Bildhauer werden *Eurer Königlichen Hoheit* die Gruppe der G r a z i e n weihen—: I c h lege den Auszug aus dem Leben einer verdienstvollen Frau mit allen den Gefühlen zu *Ihren* Füßen, mit welchen sich eine Griechinn, in den schönen Zeiten ihres Vaterlandes, dem Altare der Tugend näherte, und die Stufen mit Blumen bestreute.— Gott erfülle jede Hofnung, mit welchen die Preußischen Staaten auf *Eure Königliche Hoheit* blicken, und alle Wünsche, welche für *Höchst-Dero* Leben und glückliche Tage gemacht werden! Möchten *Eure Königliche Hoheit dieses Gelübde gnädigst aufnehmen von Dero* alten, unterthänigsten Dienerinn, Wittwe von La Roche."

Prinzessin Luise Auguste Wilhelmine Amalie v. Mecklenburg-Strelitz (1776–1810) heiratete 1793 den preuß. Kronprinzen, der 1797 als Friedrich Wilhelm III. König v. Preußen wurde. Sie ist als die mutige und zugleich schöne und anmutige Königin Luise durch ihren Widerstand gegen Napoleon in die Geschichte eingegangen, und sie war offenbar mit der deutschen Gegenwartsliteratur vertraut; denn als das Königspaar im Jahre 1799 Weimar besuchte und Wieland ihm während einer Aufführung des *Wallenstein* vorgestellt wurde, sagte sie zu ihm, "sie hätte seinem M ö n c h u n d N o n n e zu Gefallen in Eisenach diese Felsen, so hoch es gehen wolle, erstiegen [usf. . . .]. Nun ging die Königin ins Detail über seine Schriften und zeigte große Belesenheit darin, vorzüglich im Oberon." Wie S. v. La Roche in ihrer Widmung, so huldigte nun auch Wieland der Königin mit einer Anspielung auf ihre Anmut: er "war ganz entzückt über ihre anspruchslose, von aller Gefallsucht entfernte Grazie. Die Schmeichelei habe nur die Grazien vervielfältigt; er, als ein guter Monarchist, habe von jeher nur eine einzige Grazie geglaubt und heute die vollkommenste Bestätigung seines Monotheismus gefunden" (*HistTb*, 439–40).

Mit ihrer Widmung an Königin Luise wollte S. v. La Roche einerseits als Frau eine Fürstin mit einer Dichtung vertraut machen, die von dem "Leben einer verdienstvollen Frau" handelt, andrerseits hatte sie offensichtlich das fürstliche Mäzenatentum im Sinn, so wie sie Luises Schwiegervater Friedrich Wilhelm II. um die Abnahme der *Pomona* gebeten hatte (vgl. den K zu Hs 9.21.).

Die hs Widmung galt einer der zahlreichen Verehrerinnen S. v. La Roches, die sie in Offenbach aufsuchten. Möglicherweise handelte es sich um die Gemahlin des kurtrierischen wirklichen geheimen Rats Johann Christian Hermanngild Eschermann, der auf der Liste der Zivilbeamten Kurtriers unter Clemens Wenzeslaus im Jahre 1794 als Regierungsdirektor, Lehnprobst, Revisions- u. Hofkriegsratsdirektor erscheint, Ämter, die vorher z.T. auch La Roche bekleidet hatte (Vehse 46:116–17).

11

Sophie von La Roche an Charlotte von Zanthier

offenbach den 20 May 1796

wie gerne mein edles geliebtes Fraülein von Zanthier! Trette ich in die liebe verbindung mit Ihnen Zugleich guten Menschen eine kleine gefälligkeit zu beweißen—
5   der bediente meines theuren Franz steht jetzo bey Hrn. Baron von Weyhers Hauptmann und Flügeladjutant des Hrn. Landgrafen von Darmstadt der ihn sehr liebt—auch Pelzer sehr glücklich ist—sich verheurathet hatt—u nun von seinem Herrn geschmält wird, das er seinen Eltren
10 nicht schriebe——

unßere Henriette hatte mir vor einiger/ Zeit geschrieben und [1ᵛ] auch um die dauer meiner liebe gebetten—ich schikte ihr den 1 band der erzählung die *Resignation*—und sehr natürlich die versicherung das sie mir immer theuer seyn wird von ihrem wochenbett u beschwerden wußte ich nichts—mich freut das sie glüklich lebt—Gott erhalte sie so—wundern machte mich es—das sie das *Portrait* meines geliebten Franz von seinem bruder Carl Zurük foderte—aber innig freut mich Schäzbare *Charlotte!* das Ihre gesundheit gut ist—dieß allein macht das leben ganz gut—weil man dabey seine Seele ganz genießen kann—O mögen Sie glüklich seyn edle! von m e i n e m F r a n z so verehrte *Charlotte* v Zanthier! Haben Sie ein Kupfer von ihm [2ʳ] sagen Sie mir es, sonst schike Ihnen eines—des rechtschafnen Hengstenbergs glük würde meinen Sohn in der Ewigkeit freuen— Gott sein amt, und die *Damen* die ihm gerechtigkeit erzeigten. Sie wissen das er ein gedicht auf den Tod meines Sohnes schrieb—hier theile Ihnen eines mit welches Graf Volrat von Solms assenheim schrieb—und nun seinem neugebohrnen Sohn den Nahmen Franz gab—auf eine stunde nach der taufe mit thränen im aug vor das bild meines Franz trat und sagte O mögest Du zum Schuzgeist meines Franz bestimmt werden! *Charlotte* Zanthier vergiebt dieße regungen der Mutter liebe [2ᵛ] und die thränen welche mich hindern weiter zu schreiben

eine emphelung an Ihren Edlen Hrn. bruder, ach an alle die Ihrige die so viel güte für meinen franz hatten ich bin wohl und arbeite an den lezten blättern des 3 bands briefe an lina—denn seit 1794 im 8br da die franz- Coblenz wegnahmen habe meine einkünfte verlohren u lebe von zwey Kostgänger aus dem bethmannischen Hauße—jezo weiß ich zu was, richtige begriffe von dem werth dießes faden glüks—moralische gefühle gut sind
ich umarme S i e theure Freundinn von/ Franz u

Sophie la Roche

ÜBERLIEFERUNG

Hs: WM. Eing.Nr. 937. Ein Doppelblatt 113 x 190 mm. Wz: 9 Längsstreifen. (Mitteilungen Eugen Schelle †.)

ERLÄUTERUNGEN

S. v. La Roches jüngster, 1768 in Warthausen geb. Sohn Franz Wilhelm v. La Roche, war am 11.9.1791 erst dreiundzwanzigjährig an einer "Entzündungskolik" plötzlich gestorben (Maurer, 331). Die Mutter hatte auf ihren Lieblingssohn alle Hoffnungen gesetzt und konnte seinen Tod, den sie als härtesten Schicksalsschlag empfand, nie überwinden; der Verlust ihres Franz war für sie ein einschneidenderes Ereignis als der Tod ihres Mannes (vgl. Maurer, 30). Die Trauer um den zu früh verstorbenen Sohn durchzog von nun an wie ein roter Faden ihre Briefe und ihre Schriften. Der Erinnerung an ihn gilt auch vorliegender Brief. Vgl. Hss 4; 11; 14.24; 16 u. 20. Franz Wilhelm v. La Roche hatte bei Jung-Stilling in Marburg das Forstwesen studiert, und um ihn nicht der Rache von La Roches Feinden am kurtrierischen Hof auszusetzen, bemühte sich S. v. La Roche, ihn bei einem protestantischen Fürsten unterzubringen, und griff dabei auf ihre Beziehungen zum Darmstädter Hof zurück (Maurer, 30; vgl. Hs. 9.21.). Landgraf Ludwig X. von Hessen-Darmstadt (1753–1830) war am 6.4.1790 seinem Vater in der Regierung gefolgt (Z 7); am 20.4. richtete S. v. La Roche ein Bittschreiben an ihn (Maurer, 325–26 u. 443); am 2.2.1791 berichtete sie Gräfin Elisabeth v. Solms-Laubach: "Mein Franz ist seit dem neuen Jahr als Jagdjunker und Forstassessor mit 300 Gulden und Fourage für zwei Pferde in Darmstadt, ist geworden in Kenntnis, Grundsätzen, Bezeugen und Person, was ich wünschte, verdient meinen Segen und meine Liebe. [...] Sein neu gegründetes Etablissement ist immer, seit vielen Monaten, der erste und letzte Gedanke meiner Seele gewesen" (327).

Franz v. La Roche war mit Henriette v. Bülzingslöwen verlobt (Z 11–19); Charlotte v. Zanthier, Stiftsdame in Schmalkalden und die Empfängerin dieses Briefes war ihre Freundin (Maurer, 445). Noch unter dem Eindruck ihres Verlustes, den sie auch über ihrer Schweizerreise nicht vergessen konnte, hatte S. v. La Roche aus Lausanne am 24.11.1791 und etwas gefaßter am 10.3.1792 auf Briefe Charlottes geantwortet und darin ihres Franz und seiner Verlobten gedacht (334–35 u. 342–44). Über seine Beziehung zu Charlotte v. Zanthier schrieb Frau v. La Roche: "Er genoß das Glück, eines der klügsten, edelsten Frauenzimmer zur Freundin, zur Vertrauten zu haben" (343). Am 5.3.1793 erwähnte sie Gräfin Solms gegenüber einen Brief Henriettes und den Besuch ihres Bruders und schrieb: "Ach, es war ein harter Tag, denn Franz und Bülzingslöwen wurden in der nämlichen Stunde verlobt" (350).

14 *Resignation*   Vgl. den K zu Hs 10.

19 Carl   Vgl. den K zu Hs 9.22; Hs 14.31.

25 *Hengstenbergs*   Karl Hengstenberg (1770–1834) stammte aus einer Pfarrfamilie und hatte selbst in Marburg Theologie studiert und dort auch im Hause Jung-Stillings verkehrt, wo er mit Franz v. La Roche bekannt geworden sein dürfte. Hengstenberg wurde calvinistischer Pfarrer am freiweltlichen Fräuleinstift in Fröndenberg, Grafschaft Mark. Er versuchte sich auch als Dichter und verfaßte u.a. patriotische Lieder und religiöse Gesänge.[K26]

30 *Graf Volrat*   Graf Vollrat v. Solms-Rödelheim und Assenheim (1762–1818) heiratete 1789 die Tochter von Gräfin Elisabeth v. Solms-Laubach und kam 1790 an die Regierung (Maurer, 440). Er war literarisch interessiert, schrieb Gedichte und stand in den Jahren 1808–1809 mit C. M. Wieland im Briefwechsel.

S. La Roche hat das Gedicht später, zusammen mit der vorhergehenden Bemerkung über seine Veranlassung, ihrem kompilatorischen Buch von 1799, *Mein Schreibetisch*, einverleibt:

"Als Graf V o l r a t v o n A s s e n h e i m, Herrn H e n g s t e n b e r g Gedicht, an H e n r i e t t e v o n B ü l z i n g s l ö w e n las, worin Er sich des Verlustes ihres Bräutigams, des Hessen-Darmstädtischen Jagdjunkers Franz von l a R o c h e erinnerte. 1794.

Heilig ist das Grab, an dem die Liebe weinet,
Fern von ihm des ungeweyhten Tritt!
Weit umher, so weit die Sonne Gottes scheinet,

>   Weinen gleich getrofne herzen mit,
>   In den Jammer, der aus tiefer Herzensfülle
>   Auf die öde Stätte sich ergießt,
>   Geister wandeln um den Hügel, der die Hülle
>   Eines so Beweinten in sich schließt.
>   Heiliger und hehrer ist die Ruhestelle,
>   Wo die Freundschaft mit der Liebe weint:
>   Wo die Zwillingstöchter einer reinen Quelle,
>   Eines Baches linde Flut vereint;
>   Aber grausend ist der Abgrund, der die Blicke
>   Einer schönen Hoffnung in sich schlang,
>   Rauh das Kampfgefild, wo Tugend, Reitz und Güte
>   Fruchtlos, mit des Schicksals Strenge rang!
>   Wo des Edlen lichte Bahn sich in das Grauen
>   Einer unermeß'nen Nacht verlohr,
>   Wo die Flamm erlosch, die mancher voll Vertrauen,
>   Sich zum Leitstern seines Pfads erkohr.
>   Doch nicht ewig schallt der treuen Liebe Klage,
>   Ewig jammert nicht des Freundes Schmerz—
>   Eine Stunde goß den Kelch der herben Plage,
>   Tausend gießen Balsam uns in's Herz.
>   In des Abgrunds Schoos, entknospen Früchtenkeime
>   Jenen Blüten der Vergangenheit,
>   Durch das Graun der Nacht herüber wehen Träume,
>   Von des Wiedersehens goldner Zeit.
>   Aus des öden Hügels Thränen feuchtem Grunde,
>   Sproßt der Mirte immer schattend Laub,
>   Leise weht ihr Flüstern in geweyhter Stunde,
>   Wie ein Hauch, von dem geliebten Staub!
>   Und wenn in des Hügelbaumes heil'gen Schatten,
>   Einst der Schmerz in linden Schlummer sank,
>   Wird hier Freude sich mit süßer Schwermuth gatten,
>   Dann verwandelt Kage sich in Dank"

(*Schreibetisch* 1:56–59; vgl. Heidenreich, 418 Anm. 23).

39 briefe an lina   S. v. La Roche, *Briefe an Lina als Mutter*. Dritter Band. Leipzig: Heinrich Gräff, 1797.—Vgl. S. 218.

42 Kostgänger   Eduard Henri Ferdinand Bethmann-Metzler (1786–1839) war von 1794 bis 1801 mit seinem Hofmeister Pensionär der S. v. La Roche (vgl. *UnstL*, 523; Hs 24.).

12

Sophie von La Roche an Susanne von Bandemer

offenbach den 10 xbr 1796

Ihr entzükter anbeter Gsellius hat mir getreu, die nur z u   s c h ö n e n *Verse* recht artig *declamirt*—nehmen Sie liebenswerthe Frau von *Bandemer!* meinen innigsten dank dafür an—ich könnte beynah auf meine graue Haare eitler werden, als ich es einst auf *Castanien* braune war—gewiß ist—das freundschaft edler Seelen— alte Tage noch glüklicher macht, als Liebe die jugend möchte der Himmel mir die gewalt gegeben haben, Ihre Sorgen zu verscheuchen, wie Sie die Gaabe erhielten, die so trüben winter *Nicolai* Stunden zu verschönern ich bitte das Schiksal Sie so glücklich zu machen als mein Herz wünscht

vLaRoche

3 artig < ?   7 Seelen < ?   11 Stunden < ?

ÜBERLIEFERUNG

Hs: WM. Eing.Nr. 938. Ein Blatt 117 x 190 mm. Wz: Längsstreifen. (Mitteilung Diplombibliothekarin Viia Ottenbacher.)

ERLÄUTERUNGEN

Vgl. den K zu Hs 9.

3 *Verse*   Am 16.5.1799 übersendet S. v. La Roche an Gräfin Elisabeth v. Solms-Laubach auch "ein Gedicht von der höchst unglücklichen Bandemer" (Maurer, 373).

11 *Nicolai*   Friedrich Nicolai (1733–1811), Autor und Verlagsbuchhändler in Berlin. Vgl. den K zu Hs 9.

13

Sophie von La Roche an Christian Friedrich Schwan

offenbach den 27 may 1797

Nehmen Sie verehrungswerther freund noch mals meinen innigen dank, für Ihren gütigen besuch bey der alten Mannheimer Nachbarinn—und glauben das dießes edelmütige Kennzeichen Ihres mir erhaltenen wohlwollens mir auf immer Schäzbar bleibt—denn gewiß, von allem was von den geschenken der Menschen einen wahren werth hat—ist F r e u n d s c h a f t das beste! und in dem alter wo ich mich finde ist es von dem Höchsten werth—einen beweiß der freundschaft eines verdienstvollen mannes erhalten zu haben—also theurer Herr

HofCammer Rath habe ich Ihnen eine edle Freude zu danken mögen Sie Ihr gütiges vorhaben erfüllen können— meine Hütte [1ᵛ] noch einmal zu besuchen— der Himmel lasse Sie, in Ihrer *Familie* die kleine
15 erhohlungs Reiße zu verlängerung Ihrer Lebensjahre geniessen—und erfülle meinen Traum Sie noch in meinem geliebten würtenberger Land zu sehen—
   Herrn Eßlinger und Frau machen Sie viele empfelungen von Ihrer/ gehorsamen Dienerinn/ und alt ergebenen
20 Freundinn
von La Roche

   darf ich bitten Hrn. Eßlinger zu sagen, das für eine Dame die liste der *interessant*esten/ Neu Franz—Schriften wünsche—denn sie solten bald nach *Pyrmont* abgeschikt
25 werden wie sie gewält sind—Nesserwerk [?], hatt sie schon—

6 bleibt < ?

ÜBERLIEFERUNG

   Hs: WM. Eing.Nr. 939. Ein Doppelblatt 120 x 191 mm. Wz: *oR* beschnitten: C & I (?) HONIG. (Mitteilung Diplombibliothekarin Viia Ottenbacher.) 2ᵛ *oR* (v.d. Hd. Schwans): "Frau von L a R o c h e in Offenbach." Von inhaltlichen Anhaltspunkten abgesehen ergibt sich Schwan als Empfänger durch den Vergleich des Empfangsvermerks mit der Hs seines Briefes an Wieland vom 16.12.1780 (in der SLB).

ERLÄUTERUNGEN

   Christian Friedrich Schwan (1733–1815) wurde im brandenburgischen Prenzlau als Sohn eines Buchhändlers geboren und begann nach dem Theologiestudium in Halle und Jena ein wechselvolles Wanderleben, bis er am 17.8.1765 die älteste Tochter Johann Georg Eßlingers (1701–1787) heiratete, des Frankfurter Buchhändlers und Verlegers, der u.a. antiklerikales und amoralisches Schrifttum der französischen Aufklärung einführte und nachdruckte (Bach, 116, 117, 120 u. 128). Schwan übernahm die Mannheimer Hofbuchhandlung seines Schwiegervaters und machte die kurpfälzische Residenz, die noch ganz der französischen Kultur zugewandt war, mit der neuesten deutschen Literatur bekannt; er war unter den ersten Mitgliedern, als der Kurfürst 1772 die deutsche Gesellschaft in Mannheim gründete, die der "Verbesserung und Reinigung der deutschen Sprache in der Pfalz" dienen sollte und in welche um die Jahreswende 1782–1783 auch S. v. La Roche aufgenommen wurde. Als Autor und Unterhändler wirkte Schwan bahnbrechend für das von Karl Theodor gefördete deutsche Theater Mannheims und erhielt 1778 "mittelst eines Patents den Charakter eines kurpfälzischen Hofkammerrathes." Im allgemeinen Bewußtsein lebt Schwan als der hilfsbereite Freund seiner literarischen Zeitgenossen und zumal als ein Wegbereiter des jungen Schiller fort (*Wieland 1983*, 574–79, bes. 575).[K27]
   Die La Roches verbrachten den Winter in ihren Speyrer Jahren (1780–1786) des Theaters und anderer kultureller Einrichtungen wegen jeweils in Mannheim und verkehrten dort auch mit Christian Friedrich Schwan (Asmus, 141–42), der damals

nach einer glücklichen Ehe schon verwitwet war und mit seinen Töchtern lebte. In ihren *Briefen über Mannheim* gedachte Sophie einer Tischgesellschaft im Hause Schwans (164–67), mit dem sie sich "über weibliche Erziehung," ihr Lieblingsthema, zu unterhalten suchte. "Ich war überzeugt," schrieb sie, "daß [...Schwan] bey seinen grossen Reisen und Erfahrungen, bey Geschäften und Beschwerden, welche seinen männlichen Verstand und Charakter bereicherten, gewiß immer ein Auge auf wahre weibliche Liebenswürdigkeit geheftet hatte, und daß er diese in seiner Familie sehen will." Da sie selbst den Bildungswert des Reisens betonte, war ihr "ein Theil seiner Erziehung [...] besonders werth," das heißt, daß Schwan "wenigstens alle zwey Jahre eine Reise mit seinen Töchtern macht[e], und sie da Gottes und Menschen Welt sehen und beurtheilen lehrt[e]." Als die Rheingegenden unter den Kriegshandlungen zu leiden hatten, zog Schwan von Mannheim im Jahre 1794 zunächst nach Heilbronn, dann nach Stuttgart und ließ sich zuletzt in Heidelberg nieder (vgl. Z 18.).

23 Eßlinger   Schwans Schwager Friedrich Daniel Eßlinger (1761–1812), Buchhändler in Frankfurt; u.a. eröffnete er dort als erster eine Leihbibliothek (Kampf, 127; Maurer, 452).

24 Pyrmont   Vermutlich handelt es sich bei der Dame um Gräfin Elisabeth v. Solms. S. v. La Roche hatte ihr schon am 25.6.1783 "Erzählungen durchzulesen" geschickt, "welche vielleicht bei einem Spaziergang nach dem Pyrmonter Wasser eine Zerstreuung von anstrengenden Gedanken geben können" (Maurer, 249).

14

Sophie von La Roche an C. M. Wieland

offenbach den 9 Nobr 1798

Theurer—Theurer Wieland!

    Sie haben Taußenden, Schöne Tage gegeben—aber gewiß niemand hat so süsse innige Freuden Thränen, bey
5   den schönen stellen Ihrer werke geweint, als wirklich noch aus meinen augen fließen, denn es ist noch keine viertel stunde daß ich Ihren brief vom 4 dießes erhielt Ihre handschrift—Ihr wappen bewegte mich schon so, daß die gute nun 82 jahr alte Cordel mich mit Staunen
10   betrachtete—
    dank—dank sey Ihrem Genius, der den edelmuth Ihrer Seele wekte—und noch eine der süssesten Freuden mich kosten machte—W i e l a n d schreibt mir nach so langem schweigen—W i e l a n d—will mir noch einen dopelt
15   schönen Frühling geben—da er mich zu sich bittet—ich glaube mein Schiksal will mir ersaz geben—für alles—O Seegnen Sie ihn selbst den Tag—an welchem Sie den

entschluß Faßten, mir einen Festtag zu geben—gewiß
Ihre Freundschaft—Ihre erneute Freundschaft ist Festtag
für mich—Tausend Tage der Trauer und des Kummers—
scheinen mir löße geld für dießen Tag zu seyn Seegen sey
ihm dießem Tag—denn er hat viel bitteres, von mir
genommen—ich wußte daß Sie lebten—aber nicht mehr
für mich—ich legte ihn auf das Grab meines Franz—
dießen schmerz er würde mir sonst zu Herb geweßen
seyn—ich fühle mich glüklich d i e ß e s weh—von
d i e ß e m Grab hinweg nehmen zu können ja mich
dünkt, es wachsen blumen an der stelle—O wenn Gott
mich dießen winter erhält—so komm ich—ja wieland!
dankbar und mit / entzüken komme ich, im früh[1ᵛ]jahr,
eher als Ihre Kinder aus Kiel—und mein Carl holt mich
bey Ihnen ab—denn er wünscht, daß ich ihn und seine
Kinder sehe—wie lieb, wie sehr lieb ist mir die kleine
geschichte von dem See *Oneida*, welche S i e so gütig, so
lebendig an mich denken machte—ich habe Gerning
einen Brief an Sie mitgegeben—ich konnte es unmöglich
nur bey einem gruß lassen—nun weiß ich mir dank, daß
mein brief dem Ihrigen entgegen gieng—wie schön werde
ich den weg nach O ß m a n s t ä t t finden—wie viel alte
liebe erinnerungen an warthaußen werden uns vorkommen theurer lieber Freund; ich habe dießen augenblik, die entblätterte baüme meines gärtgens noch in der
abend Sonne glänzen sehen und den Himmel gebetten
mich den tag erleben zu lassen—wo die Sonne mich in
I h r e m garten bescheinen wird—und wo ich wünschen
werde, daß die Sonne I h r e s lebens spat—spat sich
neigen möge—wie offen und wahr wird meine Seele Ihren
Fragen antworten! und in Ihrer Theilnahme unglük
vergessen, und glük geniessen—ich bin sehr zufrieden daß
ich S i e und I h r e Familie nicht in weimar zu suchen
habe—ach, ich glaubte nicht mehr an Ihre Freundschaft—
und daß Sie mich mit wohlwollen sehen würden—zu
meinem Carl wollte ich—und auf dießer Reiße nach
osmanstätt—nur den ort sehen wo Sie wohnen, und den
Gärtner bitten, mir Ihren Garten zu weißen—dießem
wolte ich eine rolle papier geben—sonst niemand sehen,
in weimar und zu meinem Carl—o dank wieland dank!
daß Sie eine so schöne aussicht mir gaben—

dank! daß Sie bedauren, nie mit meiner wahren lage
bekannt / geweßen zu seyn [2ʳ] Sie wissen daß ich viel
tragen und schweigen kann—eher mich, als andre opfere—
nun mein gütiger lieber Freund! so bin ich biß an die gränze

	des 68 jahrs meines Lebens gekommen—habe viel erlebt,
	viel, ü b e r l e b t daß ich aber noch erlebte, daß **S i e** mich
65	zu, sehen, und zu sprechen wünschen O w i e l a n d!
	wenn Sie wüßten was dießes, für mich ist? Gott Seegne Sie
	und Ihre *Familie* dafür, ich hoffe es soll nicht das Schiksal
	von Moses seyn das gelobte land nur zu denken—man
	sagte mir Sie haben einen Sohn der landwirthschaft liebt
70	und führt—ich wollte Ihnen schon, die noch übrige papiere
	von *laRoche* landwirthschaft, u. ein bild, von warthaußen
	dazu schiken—dann scheute mich, und sagte ach
	wieland—wird keine Freude mehr daran haben—nun ist
	alles besser—alles anders seit 2 stunden—O sagen S i e
75	Ihrer Schäzbaren Fra[u] wie innig ich sie umarmen—sagen
	Sie Ihren [Kindern] wie Herzlich die alte *Sophie la Roche*—
	sie a l l e [an] ihr Herz drüken wird—und sich selbst—wie
	gern ich Ihnen vergeben werde—wenn ich in Ihrer
	bedeutenden *Physiognomie* bey meinem anblik—die
80	geschichte der Roße und Hanbutte leßen werde—O wie-
	land! lassen Sie mir, durch einen Sohn, oder Tochter
	schreiben, ob Sie das bild von warthaußen u. die *Papiere*
	von *la Roche* Sennerey, haben wollen—ob es Ihnen recht
	ist, wenn ich F r ü h im Frühling komme—O es ist leicht
85	mit mir leben—ich brauche wenig—esse meist nur Suppen
	/ Fragen Sie wer mich kennt—Ach Wieland! Seeligkeit
	werden Ihre / Tage für die erquikung welche Ihr Brief mir
	gaab, *adieu* von

Sophie.

5 den < dem   14 schweigen < ?   34 welche < ?   66 [*üdZ*: wüßten]
79 bey < ?   80 werde < Freude   83 ob < ?

ÜBERLIEFERUNG

Hs: NFG, GSA. Wieland III, 3, 16. *Prol* 4141. Ein Doppelblatt 191 x 225 mm. Wz: C & I H o n i g. (Mitteilung Eva Beck.) 2ᵛ (v.d.Hd. S. La Roches): "An/ Herrn Hofrath Wieland/ in/ Osmannstätt/ b e y W e i m a r/ ⟨fro Erfurt⟩." Dr (Auszüge): Sudhof, 103–04.

ERLÄUTERUNGEN

Wieland war dem Wunsch der Jugendfreundin nach einem Wiedersehen in Weimar in den achtziger und neunziger Jahren, als Sophie v. La Roche zu reisen begann, immer wieder ausgewichen. Zwar hatte es an Anläufen zu einer Einladung nicht gefehlt, aber wenn es mit einem Besuch Sophies ernst werden sollte, winkte Wieland um Aufschub bittend ab (vgl. Schelle 2, bes. 657–58.). Dies erklärt ihre überschwengliche Freude über Wielands (nicht überlieferten) Brief vom 4.11.1798 (Z 7), mit dem sie nun, wie es scheint, ohne weitere Vorbehalte zu einem Besuch in Oßmannstedt aufgefordert worden war. Nicht im Frühjahr, wie sie vorliegendem Brief zufolge geplant hatte (Z 84), sondern erst am 11. Juli 1799 trat sie in Begleitung ihrer Enkelin Sophie Brentano die Reise nach Oßmannstedt und Schönebeck an, von der sie Mitte Oktober wieder nach Offenbach zurückkehrte (*Schattenrisse*, 24 u. 447).

8 Wappen   Vgl. S. 209.

9 Cordel   Cordula Frank, Nichte La Roches. Vgl. Hs 16.

24 Franz   Vgl. den K zu Hs 11; Hss 16 u. 20.

31 Kinder aus Kiel   Carl Leonhard Reinhold (1758–1823), Professor der Philosophie an der damals dänischen Universität Kiel, hatte am 16.5.1785 in Weimar Wielands älteste Tochter Sophie Katharina Susanna (1768–1837) geheiratet.[K28] In seinem Brief vom 10.9.1785 an J. H. v. Hillern hatte der Dichter von der Ausstattung dieser Tochter geschrieben (Hs 8.37–38).

31 Carl   Vgl. Hss 9.22 u. 11.19.

34 *Oneida*   Sophie v. La Roche, *Erscheinungen am See Oneida*, 1.–3. Bändchen (Leipzig:/Heinrich Gräff, 1798).—Der 1757 geb. älteste Sohn Sophies, Fritz v. La Roche (vgl. den K zu Hs 6.19.), besuchte im Sept. 1794 mit seiner Familie auf einer Reise durch den Staat New York verschiedene französische Emigranten, die sich dort niedergelassen hatten. Am Oneida-See trafen sie auf ein Ehepaar de Watines, das sich zunächst auf einer Insel im See niedergelassen hatte und offenbar auf gutem Fuß mit den benachbarten Oneida-Indianern stand—ein seltsames Paar, das trotz des entbehrungsreichen Lebens in der Wildnis versuchte, einen kultivierten Lebensstil aufrecht zu erhalten. Der Bericht von Sohn oder Schwiegertochter über die Watines und ihren Lebenskreis lieferte den Stoff für Sophies Roman, in welchem sie die mitgeteilten Fakten im Sinne der Empfindsamkeit verarbeitete (vgl. Lange, bes. 57–59), doch bemühte sie sich, wie es scheint, um eine genaue Kenntnis des nordamerikanischen Milieus: Durch J. I. v. Gerning (vgl. den K zu Z 35.), an den sie sich am 12.1.1797 wandte, versuchte die Autorin eine exakte Beschreibung einer indianischen Hütte von einem Augenzeugen zu bekommen (Hs: FDH; vgl. Maurer, 451). Im Sept. 1797 war die Arbeit abgeschlossen.

Wie mit ihren Reisetagebüchern sprach Sophie v. La Roche mit den *Erscheinungen am See Oneida* zunächst das Interesse ihrer Leserinnen an fremdländischen Lebensweisen an und verleugnete andrerseits auch hier nicht die Erzieherin, indem sie mit den Watines eine Familie kultivierter Europäer vorstellte, die ein hartes Schicksal auf sich zu nehmen fähig war.

35 *Gerning*   Johann Isaak v. Gerning (1769–1837), Diplomat, Schriftsteller und Kunstsammler in Frankfurt, den S. v. La Roche als ihren Neffen bezeichnete (*Schattenrisse*, 68; Maurer, 375). Goethe hatte sich im geselligen Verkehr mit ihm in den ersten drei Monaten des Jahres 1799 mit Münzen und Antiquitäten beschäftigt.[K29] In einem Brief aus Oßmannstedt vom 9.8.1799 erwähnte ihn Sophie Brentano gegenüber ihrer Freundin Henriette v. Arnstein, welcher v. Gerning huldigte (Schenck, 84 u. 160). S. v. La Roche erteilte ihm am 29.8.1799 von Schönebeck aus Aufträge, u.a. "einen nach Oßmannstedt" (Maurer, 375). J. I. v. Gerning vermittelte für Sophie v. La Roches und Sophie Brentanos Aufenthalt in Weimar die Wohnung im Hause der Frau v. Kalb (Schenck, 160).

68 Moses   5. Mos. 34.1–8.

69 Sohn   Carl Friedrich Wieland (1778–1856), der zweite von Wielands Söhnen, die das Mannesalter erreichten. Carl Wieland besuchte das Weimarer Gymnasium und wurde auf Wunsch des Vaters zunächst Landwirt, um später das väterliche Gut

übernehmen zu können, trat aber nach dem Verkauf Oßmannstedts im Frühjahr 1803 in den Großherzogl. Sächsischen Finanzdienst. Sein jüngerer Bruder Wilhelm August (1781–1856) wurde jedoch Gutsverwalter, zunächst (1803) bei einem Grafen Magnis in Eckersdorf in Niederschlesien (Straub; vgl. "LeipzVerl" 3:235.).

Genealogischer Anhang 1

Vorbemerkung

Abstammung und Familienverbindungen Sophie Gutermanns und C. M. Wielands liefern einen überzeugenden Beweis für die Vermutung einer weitreichenden "zwischenstädtischen Versippung" (Borst, 166). Ihre Vorfahren waren in der Reformation ev. geworden und gehörten in den nachreformatorischen Jahrhunderten so gut wie ausschließlich dem Bürgertum einiger weniger schwäbischer Reichsstädte an (vgl. S. 205–07 u. Werner, 248.) In beider Sippen fällt das Überwiegen von Vertretern geistiger Berufe oder künstlerisch ausgerichteter Handwerke auf—Berufe wie Bäcker oder Metzger z.B. scheinen, zumindest in den vorangehenden vier Generationen, ganz zu fehlen. Sophies und Wielands Ahnen und Verwandte gehörten durch die beträchtliche Anzahl von Inhabern höherer reichsstädtischer Ämter zur politisch führenden Schicht dieser Stadtrepubliken, so wie sie mit dem hohen Anteil an Kunsthandwerkern und musischen Persönlichkeiten die bemerkenswerte Kultur der oberdeutschen Reichsstädte in den letzten Jahrhunderten ihres Bestehens bezeugen (vgl. S. 207–08 u. Borst, 174.). Sophie und Wieland blieben dieses Erbes eingedenk; sie wußten, was sie ihrem Herkommen verdankten (vgl. S. 208f.). Um all dies im einzelnen aufzuzeigen, mußten wenige Auszüge aus den Stammtafeln und die nähere Beleuchtung einiger in diesem Zusammenhang aufschlußreicher Persönlichkeiten genügen; man brauchte dafür nicht, wie dies die Aufgabe einschlägiger genealogischer Darstellungen ist (vgl. Werner, Schenk, WOberschw.), die Sippen bis zur Reformation und weiter zurück zu verfolgen.

In den archivalischen Quellen schwankt die Schreibung der Namen ebenso wie der Gebrauch des Adelsprädikats bei Personen aus den nobilitierten Zweigen. Ferner hat man sich zu vergegenwärtigen, daß für die früheren Jahrhunderte ganz allgemein gilt, was an den reichsstädtischen Sippen in die Augen fällt: So gut wie alle und zumal die höheren Berufe blieben dem Manne vorbehalten, während den Frauen bestenfalls Erwerbszweige wie Hebamme oder Hausangestellte offenstanden. Angestrebtes Ziel war für die Reichsstädterin eine Heirat, welche Gleichheit von Konfession und Stand und überdies ein angemessenes Vermögen zur Voraussetzung hatte. Aufgabenkreis der Frau waren Kinder und Haus; einer großen Kinderzahl in den meisten Ehen stand die hohe Kindersterblichkeit gegenüber; nach dem Tod des einen Ehepartners ging der hinterbliebene Teil oft gleich wieder eine neue Ehe ein usf. Trotz der engen Verflechtung der reichsstädtischen Familien ist weder bei Sophie Gutermann noch bei C. M. Wieland ein Ahnenverlust festzustellen, wie er durch Heiraten unter Verwandten entsteht.

Bei der Benutzung der angeblich auf archivalischen Quellen beruhenden gedruckten Literatur oder hs. Verzeichnisse stößt man laufend auf Unstimmigkeiten in den genealogischen Angaben. Mit dieser Unzulänglichkeit hatte man sich dort abzufinden, wo die Quellen verloren sind oder eine Überprüfung der Daten in den Archiven nicht mehr möglich war. Vielfach muß ungeklärt bleiben, ob das Datum den Geburtstag oder den Tauftag bezeichnet, da die Angaben vielfach auf Taufeintragungen zurückgehen; Entsprechendes gilt für den Todes—bzw. Begräbnistag. Im Fall von Sophie Gutermanns Vater weiß man z.B. (aus dem Kirchenregister St. Anna, Augsburg), daß Georg Friedrich Gutermann am 8.5.1784 gest. ist und am 10.5. begraben wurde (HR).

Stammtafeln

Stammtafel 1 (Nach Volz, Werner, Straub, WOberschw, HR)

Sebastian Wieland
* 26.11.1588 Biberach †1635 o.1636
Gastgeber z. Schwarzen Bären, Senator in Biberach

oo (2. Ehe) 20.2.1623

Barbara Zoller
* 30.7.1602 Biberach

7 Kinder, 2. Kind

Martin Wieland
* 18.11.1624 Biberach †1.1.1685 Biberach
Dr.utr.iur., 1651 Mitglied des Inneren Rats, Kapellen- u. Almosenpfleger, 1669 Kirchenpfleger, 1673 Mitglied des Geheimen Rats, Spitalpfleger, 1674 ev. Bürgermeister

oo (1. Ehe)

Maria Walpurga Wern
* 10.8.1627 Biberach †1.2.1669 Biberach

12 Kinder, 4. Kind, 3. Sohn

Thomas Adam Wieland d.Ä.
* 27.7.1653 Biberach †29.3.1729 Oberholzheim
Mag., 1680 Pfarrer v. Kohlstetten u. Kleinengstingen, 1688 Pfarrer v. Mundingen, 1693 Pfarrer v. Oberholzheim

oo 1.7.1680 Biberach

Anna Maria Brigel
* 1.2.1661 Biberach †3.7.1739 Biberach

10 (12?) Kinder

Thomas Adam Wieland d.J.
* 3.1.1704 Oberholzheim †29.9.1772 Biberach
1728 Pfarrer in Oberholzheim, 1736 Siechenprediger (St. Magdalena) in Biberach, 1754 Hospitalprediger, 1755 Abendprediger, 1761 Frühprediger und Senior

oo 1732

Regina Katharina Kick (Kück)
* 1.7.1715 Biberach †27.12.1789 Weimar

5 Kinder (1., 3. u. 5. Kind früh †)

Christoph Martin Wieland
* 5.9.1733 Oberholzheim
†20.1.1813 Weimar

oo 21.10.1765 Biberach

Anna Dorothea v. Hillenbrand
* 8.7.1746 Augsburg
†8.11.1801 Oßmannstedt

Thomas Adam Wieland (III.)
13.12.1735 Oberholzheim
†8.5.1764 Biberach
Goldarbeiter u. Kupferstecher

oo 14.5.1759 Biberach

Maria Catharina Angelin
* 24.9.1728 Biberach
†27.5.1774 Biberach

Stammtafel 2 (Nach Volz, Werner, Rebel, Haemmerle, HR)

Sebastian Wieland
* 26.11.1588 Biberach †1635 o.1636
Gastgeber z. Schwarzen Bären, Senator in Biberach

oo (1. Ehe) 10.1.1611

Apollonia Spät
3.5.1590 Biberach †1622 Biberach

7 Kinder

Hanß Ulrich Wieland
* 30.12.1613 Biberach †1669? Augsburg
Kaiserlicher Notar, Kanzleisekretär u. Registrator in Augsburg

oo (2. Ehe) 11.(19?)5.1642

Anna Maria Erhard
Augsburg

Johann Friedrich Wieland
* 27.12.1648 Augsburg †1685(?) Augsburg
Diakon in Augsburg

oo

Margarete Wölffin

Christoph Friedrich Wieland
* 5.8.1681 Augsburg †5.8.1750 Biberach
Goldarbeiter, Kramerzunftmeister, Salzmeister, Gerichtsverwandter in Biberach

oo (1. Ehe) 8.8.1705

Anna Dorothea Johnin
* 13.3.1687 Sachsen †13.(15?)3.1712 Biberach

5 Kinder

Christoph Friedrich Wieland

oo (2. Ehe) 11.7.1712 Biberach

Maria Katharina Knecht
* 24.8.1690 Biberach †6.10.1724 Biberach*

8 Kinder, darunter

Anna Maria Wieland
* 18.4.1720 Biberach †7.6.1787 Biberach*

oo 23.8.1751 Biberach

Johann Christoph Schmel(t)z
* 19.3.1726 Biberach †10.4.1770 Biberach*
Sigill- u. Edelsteinschneider

4 Kinder, darunter

Sophie Helene Schmel(t)z
* 18.8.1752 Biberach*

Christoph Friedrich Wieland

oo (3. Ehe) 19.1.1725

Susanne Wishack verw. Guntenschweiler
* 14.2.1702 Biberach t 4.(5?)1.1739*

9 Kinder, darunter

Jakobine Amanda Wieland	*Katharina Floriane Wieland*	*Georg Amandus Wieland*
* 19.3.1726 Biberach	* 13.6.1729 Biberach	* 14.4.1731 Biberach
†1797 Eßlingen	†1799 Eßlingen	†Eßlingen
		Goldarbeiter u. Farbenmacher

oo 22.9.1766 Biberach

Maria Susanna Koblizin

Stammtafel 3 (HR nach Volz)

Jakob Wishack
* 7.8.1665 Biberach †20.9.1740
Weißgerber

oo 12.6.1689

Anna Katharina Dinglinger
* 23.11.1669 Biberach †10.12.1739

Susanne Wishack
* 14.2.1702 Biberach †4.(5?)1.1739

oo (1. Ehe) 10.6.1720

Georg Konrad Guntenschweiler
* 14.3.1691 Biberach †2.5.1724
Chirurg, Barbier u. Perückenmacher

3 Kinder, 1. Kind

Susanne Katharina Guntenschweiler
* 21.2.1721 Biberach †20.8.1788 Biberach

oo (1. Ehe) 1.9.1738

Christoph Wohlhüter
* 20.1.1705 †5.2.1750 Biberach
Büchsenmacher

7 Kinder

Susanne Katharina Guntenschweiler

oo (2. Ehe) 2.8.1751 privatim

Samuel Cramer
* 19.5.1710 Memmingen †16.9.1767 Memmingen
Büchsen- u. Uhrmacher, Fecht- u. Tanzmeister

3 Kinder, darunter

Ernestine? Caroline Wilhelmina Cramer
* 9.8.1754 Kilchberg b. Tübingen
†29.10.1755

Luise Cramer
* 15.9.1756 Kilchberg b. Tübingen †?

oo 25.8.1788 Biberach

Erhard Hartmann
* 10.9.1760 †10.(begr. 13.)7.1845
Schuhmachermeister

3 Kinder

Stammtafel 4 (Nach Volz, StTHiller, WOberschw, HR)

Johann Georg Hiller
* 12.8.1700 Biberach †17.4.1760
Am 21.3.1739 in Wien als *von Hillern* in den rittermäßigen Reichsadelstand erhoben,
2.1.1742 Pfalzgraf
Gelernter Zuckerbäcker, Spitalpfleger, N[otarius] C[aesareus] P[ublicus] et in camera
immatriculatus in Biberach

oo (1. Ehe) 9.6.1721 Biberach

Anna Magdalena Haas, adopt. Hartmann
* 15.12.1699 Biberach †10.7.1748 Biberach

12 Kinder, darunter

Johannes v. Hillern
* 26.5.1725 Biberach †2.7.1765 Biberach
J.U.C., Nassau-Weilburgischer Rat, 1744
Kanzleiverwalter, 1760 ev. Bürgermeister
in Biberach, 1748–1752 Direktor d. ev.
bürgerl. Komödiantengesellschaft

oo (1. Ehe) 9.8.1745

Euphrosine Dorothea Gutermann
* 11.2.1727 Biberach †14.7.1752 Biberach

3 Töchter

Anna Magdalena Sofie v. Hillern
* 6.8.1746 Biberach

oo (1. Ehe) 14.10.1773 Biberach

Titelius
†25.2.1783
Oberamtmann in Burtenbach

Anna Magdalena Sofie v. Hillern

oo (2. Ehe) 7.11.1786 Biberach

Georg Friedrich Rauh
zu Augsburg

Sabine Luise Dorothee v. Hillern
* 29.4.1748 Biberach †12.8.1748
Biberach

Justin Heinrich v. Hillern d.Ä.
* 3.8.1732 Biberach †28.10.1792
Biberach
J.U.Practicus, adeliger
Stadtgerichtsassistent, 1760
Stadttammann, 1765 des Innern
Rats u. Kriegskassier, 1769
Kapellenpfleger, auch Schul- u.
Kirchenrat, 1791–1792 ev.
Bürgermeister, 1755–1760 u.
1762–1779 Direktor d. ev.
bürgerl. Komödiantengesellschaft

oo 1.8.1752 Königsbronn

Eleonora Magdalena Maichel
* 21.5.1734 Königsbronn
†31.7.1790 Biberach

16 Kinder,
darunter

Maria Johanna v. Hillern
* 24.2.1757 Biberach †17.10.1796

oo 25.11.1784 Urach

Christian Ad. Kurrer
* 22.(23?)6.1755 Bebenhausen Rat
u. Oberamtmann in Untermarchtal

Justin Heinrich v. Hillern d.J.
* 5.7.1771 Biberach †18.1.1851
Karlsruhe

Caroline Luise Friederike v. Hillern
˙ 12.8.750 Biberach
†1.(o.14.)8.1816
Biberach

oo 8.2.1779 Biberach

Georg Klemens Titelius
†14.8.1816
Oberamtsschreiber z. Oberhausen
b. Augsburg

Johannes v. Hillern

oo (2. Ehe) 1.7.1753 Biberach

Catharina (Cateau) Christine Gutermann v. Gutershofen
˙ 11.8.1734 Kaufbeuren †(begr.)27.6.1793 Augsburg

| 1 Kind

Johanne Wilhelmine v. Hillern
˙ 29.5.1754 Biberach

oo (1. Ehe) 9.2.1795 Biberach

Augustine Regina Sibylle Volz
˙ 11.11.1776 Biberach †20.6.1856
Dekanstochter aus Biberach

Stammtafel 5 (Nach StTHiller, HR)

Daniel Hiller
* 18.8.1709 Biberach †29.11.1748
Des Großen Rats, Gold- u. Silberarbeiter in Biberach

oo 3.9.1731 Biberach

Eva Maria Wißhak
* 14.2.1709 Biberach †31.12.1759

2 Kinder, 1. Kind

Anna Catharina Hiller
* 2.8.1732 Biberach †18.3.1783 Biberach

oo 19.1.1750 Biberach

Johann Georg Knecht
* 15.5.1722 Biberach †4.1.1773 Biberach
Collaborator, Cantor in Biberach

3 Kinder, darunter

Justin Heinrich Knecht
* 30.9.1752 Biberach †1.12.1817 Biberach
Präzeptor, Musikdirektor in Biberach, Komponist

oo (1. Ehe) 26.7.1773 Biberach

Sophie Helene Schmel(t)z
* 18.8.1752 Biberach

Stammtafel 6

(Nach Volz, Werner, Rebel, Haemmerle, vBrentano, WBr 2, WOberschw, HR)

Johann Jakob Gutermann
* 23.2.1648 Biberach
†27.12.1718 Biberach
Zuckerbeck, Handelsmann,
Zunftmeister, geheimer Rat

oo 28.1.1669

Anna Maria Weng
* 18.12.1648 Biberach

Johann Adam Gutermann
* *23.6.1673 Biberach*
†*23.1.1759 Biberach*
Woll- u. Tuchhändler in Biberach, 1711
Mitglied des Stadtgerichts, 1720 Des
Großen Rats, 1723 Des Inneren Rats,
1729 Spitalmeister

Georg Ludwig Rauh d.J.
* 31.12.1654 Biberach
†vor 1739
Apotheker, 1683 Geheimer Rat,
Gerichtsverwandter, Poeta laureatus caesareus, 1685 Innerer Rat, 1700
Konversion z. Katholizismus, darauf
Oberbaumeister in Biberach, 1686
Direktor der ev. bürgerl.
Komödiantengesellschaft

oo (1 Ehe) 15.5.1679

Anna Maria Buck
* 11.1.1656 Biberach
†20.8.1693 Biberach

8 Kinder, 2. Kind

Maria Jakobina Rauh
* 26.2.1681 Biberach
†30.3.1754 Biberach

oo 8.11.1700

Georg Friedrich Gutermann
* 27.11.1705 Biberach †8.(begr. 10.)5.1784 Augsburg
Mit Adelsbrief v. 10.6.1741 als Gutermann v. Gutershofen geadelt
Dr.med., 1728 Stadtphysikus in Kaufbeuren, hochfürstl. Kemptenscher Hofmedicus,
1737 Stadtphysikus in Lindau, 1741 Stadtphysikus in Augsburg, Dekan des med.
Kollegiums

oo (1. Ehe) 20.5.1728 Memmingen

Regina Barbara Unold
* 1.5.1711 Memmingen †(begr.)10.8.1749 Augsburg

Georg Friedrich Gutermann
oo (2. Ehe) 29.1.1753 Augsburg

Ursula Eberle, verw. Wachter
von Ulm

Kommentar

1. *Sebastian (Bastian) Wieland* (StT 1 u. 2). Nachdem schon sein Vater *Georg Wieland* Büchsenmeister der Bauernzunft gewesen war und das Familienwappen erworben hatte (vgl. S. 209 u. *WOberschw*, 13–14), wurde Sebastian Wieland, der wie der Vater als Gastwirt auf dem Schwarzen Bären saß, Assessor des Stadtgerichts und Mitglied des Inneren Rats der Reichsstadt Biberach (Werner, 223 u. vgl. Springer 2:92). Er eröffnete im Wieland-Stamm die stattliche Reihe der reichsstädtischen Amtsträger, deren verdienstliches Wirken—neben C. M. Wielands persönlichen Verdiensten—bei der Verleihung des Hofpfalzgrafenprivilegs an den Dichter durch den Grafen Friedrich v. Stadion in die Waagschale geworfen und im Pfalzgrafendiplom vom 28.9.1765 ausdrücklich vermerkt wurde (*WBr* 3:353; *WOberschw*, 68).

Durch seinen Sohn *Hanß Ulrich Wieland* (StT 2) aus der ersten Ehe mit *Apollonia Spät* (StT 2), der Tochter des Gastwirts *Hans Spät*, wurde Sebastian Wieland der Begründer des Ausburger Familienzweiges. Nach seinem Tod schloß seine zweite Frau *Barbara Zoller* (StT 1), Tochter des Büchsenmachers *Martin Zoller*, eine zweite Ehe mit dem Bären—und Kronenwirt *Konrad Pfest*, deren Sohn *Georg Lazarus Pfest* wie sein Halbbruder Dr. *Martin Wieland* Jurist wurde (Werner, 223).

2. *Martin Wieland* (StT 1). Er studierte in Tübingen, Straßburg und Basel die Rechte und begann nach der Promotion zum Dr. utr.iur. seine Ämterlaufbahn in der Reichsstadt Biberach, die am 10.(13?)12.1674 in seiner Wahl zum ev. Bürgermeister gipfelte (Werner, 222; Springer 2:94). Dr. Wieland, der als kräftiger Esser und starker Zecher barockes Lebensgefühl verkörperte (Springer 2:4), hat mit seinen drei Ehen und durch seine umsichtige Familienpolitik Einfluß und Ansehen seiner Sippe von allen Vorfahren C. M. Wielands am meistern gefördert (vgl. S. 208, 209, 211, 213). Nach ihm hieß der Urenkel Martin.

Maria Walpurga Wern (StT 1), des Dichters Urgroßmutter, war die Tochter und Enkelin von Mitgliedern des Inneren Rats der Reichsstadt, *Christian* und *Adam Wern*. Von den sieben Söhnen und fünf Töchtern aus dieser ersten Ehe Dr. Wielands war C. M. Wielands Großvater *Thomas Adam Wieland d.Ä.* der dritte Sohn (StT 1; GA 1:3) und *Regina Margarete Wieland*, welche 1693 die zweite Frau *Georg Ludwig Rauhs d.J.* wurde (StT 6, GA 1:9), die jüngste Tochter.

Bedeutsam ist in diesem Zusammenhang der vierte Sohn *Georg Christoph Wieland*, der Goldschmied wurde und sich in Augsburg niederließ, wo er 1684 erstmals nachweisbar ist. Er wurde am 9.9.1654 in Biberach geboren und starb am 6.2.1715, heiratete am 24.1.1684 in Augsburg *Maria Regina Straubin* und am 19.7.1688 in zweiter Ehe, aus der elf Kinder hervorgingen, *Veronica Nepperschmidtin*. Die wenigen von ihm bekanntgewordenen Arbeiten weisen ihn als einen handwerklichen Könner und bedeutenden Künstler aus (*WOberschw* 2; vgl. S. 208 u. 217.).

Der fünfte Sohn, *Sebastian Martin Wieland*, geb. 30.11.1659, gest. 4.9.1723, erhielt auf Betreiben des Vaters nach seinem gesundheitshalber aufgegebenen Tübinger Jurastudium 1682 das Amt des Spitalsyndikus in Biberach; er wurde Gerichtsverwandter und 1704 Mitglied des Geheimen Rats und Spitalpfleger (Springer 2:3–5; *WOberschw*. 18, 20, 68 u. vgl. S. 213.) Von seiner aus dem damals württ. Mömpelgard (Montbéliard) stammenden Frau *Sibylla Wienott* hatte er vier Söhne und vier Töchter (Werner, 226–27). Zu erwähnen ist hier der Älteste, der Theologe *Martin Wieland*, geb. 7.12.1683, gest. 22.3.1725, der als Verfasser von Kirchenliedern hervorgetreten ist. Er hatte in Tübingen studiert und 1707 als Anhänger des Pietismus in der ev. Gemeinde der Reichsstadt Biberach einen Sturm erregt, so daß er dort seiner theologischen Auffassungen wegen nicht Fuß fassen konnte. Martin Wieland starb als Pfarrer in Kleinbottwar im Württembergischen (Werner, 227; Springer 2:10; *WOberschw*, 20).

Unter den sieben Kindern des Dr. Martin Wieland mit Maria Walpurga Wern fehlte nicht ein mißratener Sohn. Der Vater hatte sich bemüht, dem 1650 geb. *Johann Wolfgang Wieland* eine sorgfältige Erziehung zu geben, und dieser hatte es zum Lic.iur. gebracht. Doch entpuppte er sich als ein Tobsüchtiger mit verbrecherischen

Neigungen, der nirgends guttat. Die Bemühungen Dr. Wielands, dem Sohn ein reichsstädtisches Amt zu verschaffen, mißbrauchte dieser, und ebenso schlugen die Versuche fehl, ihn anderorts unterzubringen. Doch bezeichnenderweise wurde das Sorgenkind trotz der Tobsuchtsanfälle und Gewalttaten letzten Endes nie fallengelassen: Hans Wolfgang mochte das Wielandsche Ansehen schmälern, aber nicht zuletzt um des Ansehens in der reichsstädtischen Gesellschaft willen mußte Dr. Wieland dem Sohn immer wieder verzeihen und in ihm eine von Gott gesandte Bürde sehen (Springer 2:5, 9–10; WOberschw, 18–19, 22).

Am 6.5.1669 schloß Martin Wieland eine zweite Ehe mit *Barbara Lay* (Werner, 222). Sie war die reiche Witwe des Biberacher Handelsmannes *Johann Jakob Altensteig*, eines Verwandten von Dr. Wielands erster Frau, deren Mutter *Elisabeth Altensteig* (geb. 22.1..1598) und deren Großvater der Handelsherr *Hans Adam Altensteig* (geb. 28.2.1571) gewesen waren. Mit Barbara Lay heiratete Wieland wiederum in eine Sippe, die zum Besitzbürgertum und zur politisch führenden Schicht der Reichsstadt Biberach gehörte. Sein erfolgloser Gegenkandidat für das Amt des Bürgermeisters im Jahre 1674 und schon vorher ein Gegenspieler Dr. Wielands im Magistrat war Dr. iur. *Johann Georg Lay* gewesen (Springer 2:94 u. 1–2), der am 4.7.1682 von Leopold I. mit dem Prädikat "v. Löwen" in den Reichsadelstand erhoben wurde, zusammen mit seinen Brüdern Johann, Johann Christoph und Johann Nikolaus.[K30] Im Hause *Christoph Lays* fand die Trauung Martin Wielands mit Barbara Lay statt, die kränklich war und schon ein Vierteljahr nach der Hochzeit starb. Christoph Lay, Handelsmann und Ratsherr, war 1654 durch seine Frau *Susanne Müller*, die Tochter des Ulmer Handelsherrn *Johann Müller*, in den Besitz einer ansehnlichen Hinterlassenschaft gekommen. So bezieht es sich wohl auf Barbara Lay, wenn Dr. Wieland 1674 geltend machte, "daß seine verstorbene Frau ein großes Vermögen hier eingebracht habe" (Springer 2:9). Durch Barbaras Schwester *Katharina*, die Frau des *Hans Jakob Gutermann*, war Dr. Wieland mit der Gutermannschen Sippe verschwägert (Springer 2:3 u. 9 St T 7).

Noch im Todesjahr seiner beiden ersten Frauen reiste Martin Wieland nach Augsburg (Springer 2:9), um dort am 21.12.(11?)1669 in dritter Ehe die Witwe seines Halbbruders *Johann Ulrich Wieland* (StT 2) zu heiraten (Haemmerle, Nr. 3125; Werner, 222); *Anna Maria Wieland* (StT 2) war die Tochter des in Augsburg begüterten Handelsmannes *David Erhart* und der *Ursula Lotter* (Werner, 225). Als Martin Wielands Witwe verheiratete sich Anna Maria in Augsburg zum dritten Mal mit dem verwitweten Magister *Johann Tulla* (Haemmerle, Nr. 3680). Dr. Wieland nahm sich der Kinder des Halbbruders an: Im Dez. 1671 beantragte er, daß sein Stiefsohn, der Theologe *Johann Friedrich Wieland* (StT 2) in Biberach predigen dürfe; 1673 bewarb er sich für ihn, allerdings vergebens, um das Amt des Stadtsyndikus; Johann Friedrich Wieland wurde im Jahre 1684 Diakon in Augsburg, resignierte aber bereits 1685 "gewisser Ursachen halber" (Werner, 226; Springer 2:5). Die Stieftochter, die nach der Mutter *Anna Maria* hieß, heiratete am 8.11.1677 in Biberach den Augsburger Predigersohn und Pfarrer *Johann Markus Göbel* (Werner, 225–26; Springer 2:9). Im selben Jahr (1677) verschaffte Dr. Wieland seinem Schwiegersohn Wolff die Stelle des Stadtsyndikus, die sein Rivale Dr. Lay für seinen eigenen Schwiegersohn erhofft hatte. Doch bei der Neubesetzung einer Predigerstelle in Biberach im Jahre 1680 gelang es dem Vater nicht, *Thomas Adam Wieland d.Ä.* dazu zu verhelfen (Springer 2:1–2).

3. *Anna Maria Brigel* (StT 1). Durch seine Großmutter auf der Vaterseite wurde C. M. Wieland der Nachfahre zweier Pfarrfamilien. Die beiden *Matthäus Brigel, d.J.* (1633–1702) und *d.Ä.* (1600–1660), Vater und Großvater der Anna Maria, durchliefen die Hierarchie der ev. Geistlichen in der Reichsstadt Biberach, wo ihre Sippe seit der Reformation ansässig war (WOberschw, 20). Der ältere Matthäus heiratete in 3. Ehe die Memmingerin *Anna Maria Stainer* (1606–1636); Großvater ihrer 1582 geb. Mutter *Anna Hummel* war der 1578 verstorbene Kaiserliche Notar und Spitalpfleger der Reichsstadt Memmingen, *Michael Hummel*; dessen Vater, der Spitalpfleger *Matt-*

häus Hummel, hatte unter dem deutschen Kaiser Ferdinand I. als Kriegsoberst gedient und von ihm ein Wappen erhalten (Schenk).

Die Vorfahren der 1639 geb. *Anna Barbara Henisius* waren auf der Schwäbischen Alb beheimatet, in Orten, die zur Herrschaft der Reichsstadt Ulm gehörten. In Stubersheim bei Geislingen an der Steige, wo sie 1636 geb. wurde und 1656 den jüngeren Matthäus Brigel heiratete, waren Vater und Großvater Pfarrer gewesen, der Mag. *Martin Henisius* (1589-1671) und der 1627 in Ulm verstorbene Mag. *Ludwig Heinz,* der sich als *Henisius* latinisierte (*WOberschw*). Frau des Martin Henisius war die Bauerntochter *Margarete Scherrauß* (vgl. S. 207 u. Anm. 6.).

4. *Thomas Adam Wieland (III.)* (StT 1). C. M. Wielands jüngerer Bruder hatte an eine Familientradition angeknüpft, als er nach dem Besuch der Biberacher Lateinschule den Beruf eines Goldschmieds wählte (vgl. GA 1:2). Auch lebte damals in seinem Elternhaus die Base dritten Grades Floriane Wieland, die Goldschmiedstochter, Schwester und Halbschwester von Goldschmieden (vgl. den K zu Hs 6.19; GA 1:6 u. 7 u. S. 217.). Sechsundzwanzigjährig hat Th. A. Wieland noch die Kupferstecherkunst erlernt. Während Goldschmiedearbeiten von ihm bisher nicht aufzufinden waren, haben sich einige Kupferstiche erhalten, die von einem mittelmäßigen Talent zeugen: Im Dez. 1763 bekam er den Auftrag für ein Titelkupfer zum *Neu aufgelegten Biberachischen Gesang-Buch für die Evangelische Gemeinde;* er hat die Porträts von zwei Biberacher Predigern radiert, von Johann Georg Zell (1761) und Christoph Heinrich Hauff (1763); eine Ansicht von Biberach aus dem Jahre 1764, seine wichtigste Arbeit, besitzt stadtgeschichtlichen Wert, und offenbar hat Thom. A. Wieland auch eine Folge von Stichen, "Neue Zeichnungen für angehende Goldschmiede," geschaffen, die 1762 in Augsburg bei Gottfried Böck verlegt wurde (*WOberschw*, 32-34 u. 137 Anm. 12).[K31] C. M. Wieland wurde von dem plötzlichen Tod des Bruders am 8.5.1764 so erschüttert, daß er selbst erkrankte und der Beerdigung fernbleiben mußte. Der Jüngere, der zeitlebens im Schatten des begabten Bruders gestanden hatte, war auch körperlich benachteiligt und starb, wie C. M. Wieland dem Arzt Zimmermann berichtete, nach einer "mehr als 14jährigen ausserordentl. Engbrüstigkeit" (*WBr* 3:266). Th. A. Wielands Frau war die Tochter des Biberacher Kunstglasmachers, Glasmalers, Kirchen—und Kapellenglasers Johann Jakob Angelin (geb. 22.11.1702, gest. 12.3.1774) (HR); sie endete durch Selbstmord aus Schwermut (Werner, 219-20).

5. *Anna Dorothea v. Hillenbrand* (StT 1). C. M. Wieland heiratete durch sie in das Besitzbürgertum der Reichsstadt Augsburg (vgl. S. 207.). Der Vater *Johann David v. Hillenbrand,* Handelsherr und Senator, war am 16.1.1763 im Alter von einundfünfzig Jahren beerdigt worden. Er war der Sohn des *Jakob Hillenbrand,* der am 26.1.1705 in Augsburg *Maria Kleopha Weidin* geheiratet hatte (Haemmerle, Nr. 3541). Nach diesem Großvater Anna Dorotheas hieß das Handelshaus "Jakob Hillenbrands seel. Erben," über welches C. M. Wieland vielfach seine Geldgeschäfte abwickelte. Anna Dorotheas Vater *David* war durch ein vom 6.4.1757 aus Wien datiertes Adelsdiplom zusammen mit seinen Brüdern *Johann* und *Johann Balthasar* nobilitiert worden (HR). Er hatte am 6.10. (oder 28.9.) 1783 *Maria Katharina (vom) Thurm* geheiratet (Haemmerle, Nr. 3950), eine Tochter des *Johann Christoph Thurm* (Rebel). In zweiter Ehe heiratete sie den Senator *Lomer,* in 3. Ehe *Johann Lorenz Hommel* in Augsburg (Straub). Unter den Zeugen ihres Ehevertrags mit Hommel aus dem Jahre 1783 erscheint auch C. M. Wieland (Schelle 1:562).

Am 21.11.1765 schrieb Wieland an den Verleger S. Geßner nach Zürich über seine junge Frau: "Sie hat noch neun Geschwister, und ist also nicht reich, ob sie gleich mit der Zeit von ihren Eltern so viel zu erwarten haben mag, als sie nöthig haben könnte, wenn sie Wittfrau würde. Das warum es mir zu thun war," betonte er, "ist ihre Person" usf. (*WBr* 3:364). Anna Dorotheas Schwester *Anna Maria v. Hillenbrand,* geb. am 26.12.1739 in Augsburg, gest. am 14.11.1812 in Biberach, war seit 30.12.1762 in Biberach mit *Christoph Adolph Kick,* geb. am 18.8.1742, gest. am 24.7.1814 in

Biberach, einem Verwandten von Wielands Mutter, verheiratet (HR), und ihn hatte der Dichter, wie er Ende Juli 1765 an S. La Roche schrieb, als eine Art Brautwerber mit dem Auftrag nach Augsburg geschickt, "de sonder prealablement et sans me compromettre les parens [...]—car comme Vous savés il n'est pas ordinairement question du gout et de l'inclination de la fille; tant pis pour elle et pour l'epoux, si l'amour ne vient pas aprés les nôces" (351). Im August konnte er dann über die Braut seiner Vertrauten La Roche melden: "Je l'ai vue: c'est une bonne enfant, qui n'a et n'aura jamais rien de brillant, mais qui [...] developpera des Vertues domestiques, et cela me suffit" (351).

Anna Dorothea Wielands Schwager Kick geriet später in finanzielle Schwierigkeiten und mit seiner Familie in Not; das Kicksche Haus in Biberach, das Wieland zufiel, ließ dieser 1774 durch seinen Mittelsmann J. H. v. Hillern verkaufen (vgl. S. 212 u. WBr 5:216–17). Mit den Augsburger Hillenbrand hingegen wurden die verwandtschaftlichen Beziehungen gepflegt, und Aktenstücke aus dem Wielandschen Nachlaß deuten auf ein Vertrauensverhältnis hin (Schelle 1:558 u. 562); u.a. erhielt der Dichter im Jahre 1780 von seinem Schwager Johann Georg v. Hillenbrand eine Vollmacht über dessen mütterliches Erbe usf.

6. *Christoph Friedrich Wieland* (StT 2). Der Augsburger wird im Aug. 1705 mit seiner Frau *Anna Dorothea Johnin* aus Dresden als Bürger in Biberach aufgenommen (HR nach Stadtarch. Biberach, Bürgerbuch, 2242). Die Dresdner Herkunft der Frau läßt auf eine Lehrzeit bei den dort tätigen Dinglinger vermuten (vgl. S. 208 mit Anm. 8.). Eine Tochter aus dieser Ehe heiratete einen Edelsteinschneider Bopp aus Biberach; drei Söhne aus seiner zweiten Ehe lebten als Goldarbeiter in Paris (Werner, 226); die Tochter *Anna Maria* (StT 2) spielte zusammen mit ihrem Mann, *Johann Christoph Schmelz*, durch die der Familie C. M. Wielands geleisteten Dienste in des Dichters Biberacher Jahren eine gewisse Rolle. Durch ihre Tochter *Sophie Helene Schmelz* wurde das Paar die Schwiegereltern des Komponisten *Justin Heinrich Knecht* (StT 2 u. 5). Von den neun Kindern aus Christoph Friedrich Wielands dritter Ehe mit *Susanne Wißhack* interessieren u.a. die unverheiratet gebliebenen Töchter *Jacobine Amanda* und *Katharina Floriane Wieland* (StT 2; vgl. den K zu Hs 6.19.).

Über den Sohn aus dritter Ehe, *Georg Amandus Wieland* (StT 2), der wie der Vater und die Halbbrüder Goldarbeiter war, heißt es im Biberacher Seelenregister: "Er hielt sich led. lang in Paris auf. Sie zogen im Herbst 1776 v. hier weg nach Augsburg [...]; ab 17[87?] nach Eßlingen," d.h. wiederum in eine schwäbische Reichsstadt, "wo er sich mit sr. Schwester eine Pfrund kaufte" (HR nach Volz). C. M. Wieland erwähnte am 16.9.1766 "les noçes du frere de la Floriane" (WBr 3:415) und stellte am 8.7.1768 als Kanzleiverwalter einen Kaufvertrag zwischen Rudolf Heiß und Georg Amandus Wieland aus (Schelle 1:560). Am 22.8.1776 bewarb sich Georg Amand Wieland mit Frau um Bürgerrecht und Kramergerechtigkeit in Augsburg (HR). Dort wurde dieser Vetter für den *TM* tätig. So schrieb C. M. Wieland am 30.12.1776 an J. H. Knecht: "Den T.Merkur [...] können Sie *pro anno* 1777. von Hrn. Goldarbeiter *Wieland* in Augsburg / Ihrem *Oncle* / verschreiben, und werden solchen durch diesen *Canal* künftig / wie ich glaube / wohlfeiler erhalten können als bisher; und zwar Monatlich. Es kömmt nur darauf an, ob Sie in und um Biberach etliche *Abonenten* zusammenbringen können" (Hs: Schiler-Nationalmuseum Marbach 56. 1260; vgl. WBr 5:577); auch in Bertuchs Abrechnung über den *TM* von 1783 wurden unter den Einnahmen 20 Rtlr. "Von H. *Amand Wieland* zu Augsburg für 12 Ex. à 1⅔ rth" aufgeführt ("LeipzVerl" 2:159). Es dürfte sich wohl um einen anderen Bruder oder Halbbruder Florianes gehandelt haben, von dem C. M. Wieland am 2.5.1767 an Sophie schrieb, er habe ihm aus Paris von einer in Arbeit befindlichen Übersetzung seines *Agathon* berichtet (WBr 3:454).

Christoph Friedrich Wieland besaß seit 1720 das Haus Waaghausstraße 3 in Biberach mit einer Herberge, einem Höflein und einer Eßgerechtigkeit, das er 1737 an die Kirchen—und Kapellenpflege verkaufte; daraufhin war es die Wohnung des jeweiligen ev. Siechenpredigers, also die Amtswohnung von Thomas Adam Wieland d. J., Wielands Vater. Vorher hatte dieser im Haus Waaghausstraße 9 gewohnt, das 1737 an den kath. Schulmeister Andreas Eschenlohr verkauft wurde. Dieser veräußerte es 1744 an seinen Schwiegersohn Wilhelm Pelagius Hogel, den Vater Christine Hogels (HR nach HsbchBib, Nr. 990 u. 1004; vgl. WOberschw 2 u. S. 212 mit Anm. 12.).

7. *Susanne Wishack* (StT 2 u. 3). Durch ihre Herkunft aus den Biberacher Sippen Wishack und Dinglinger und ihre beiden Ehen wurde sie eine Schlüsselfigur der reichsstädtischen Versippung. Aus ihrer ersten Ehe mit dem Biberacher *Georg Guntenschweiler* (StT 3) stammte *Susanne Katharina Guntenschweiler*, jene nach ihrem zweiten Ehemann, dem aus Memmingen stammenden *Samuel Cramer*, in den vorgelegten Briefen genannten, damals schon seit fast zwanzig Jahren verwitweten "Büchsenmacher Cramerin" (Hs 6.20, 7.18 u. 8.10). Das Ehepaar Cramer war nacheinander nach Hechingen, Ofterdingen, Kilchberg bei Tübingen, Waldenbuch und Memmingen gezogen (HR); die Witwe kehrte offenbar mit ihrer Tochter Luise nach Biberach zurück. Durch ihre Schwester *Eva Maria Wishack* wurde Susanne Wishack die Großtante *Justin Heinrich Knechts* (StT 5).

8. *Justin Heinrich v. Hillern d.Ä.* (StT 4; vgl. den K zu Hs 6.). Sein Schwiegervater, Th.Doct. *Daniel Maichel*, war Pfarrer im württ. Königsbronn. Abgesehen von der Tochter *Maria Johanna* (StT 4 u. vgl. den K zu Hs 6.82.) überlebte von den sechzehn Kindern noch eine weitere, unverheiratet gebliebene Tochter *Katharina Friderica* (1757–1791) und ein Sohn das Kindesalter, *Justin Heinrich v. Hillern d.J.* (1771–1851). Dieser studierte von 1788 bis 1791 in Tübingen, wurde 1791 Stadtgerichtsassessor, 1792 Senator und Kriegskassier und 1795 Kanzleiverwalter in seiner Vaterstadt. Nach der am 20.1.1801 vollzogenen Scheidung von *Augustine Regine Sibylle Volz* heiratete J. H. v. Hillern d.J. am 10. 8. 1801 in zweiter Ehe *Julie Friederike Kölderer* (geb. 5.10.1784 in Memmingen, gest. 1.1.1841 in Karlsruhe). Im Jahre 1804 zog die Familie nach Karlsruhe (StTHiller u. HR nach Volz). Nach dem Tod und im Sinne seines Vaters hielt J. H. v. Hillern d.J. die Verbindung C. M. Wielands mit der Reichsstadt Biberach in den Jahren 1792–1798 aufrecht, war dessen Mittelsmann in Geldangelegenheiten, versorgte ihn mit Nachrichten aus der Heimatstadt und war ein Bezieher des *NTM*.

Johannes v. Hillern (StT 3) wurde "als Student in Jena" am 23.13.1744, also neunzehnjährig, zum Kanzleiverwalter der Reichsstadt Biberach gewählt (HR). Wie seine zweite Frau Katharina stammte auch die erste aus der Gutermannschen Sippe: *Euphrosine Dorothea Gutermann* (StT 4) war die Tochter des Spitalpredigers *Christoph Jakob Gutermann* und die Enkelin des Seniors *Johann Jakob Gutermann* (1651–1754), jenes Bruders von Sophie Gutermanns Großvater, zu dessen fünfzigjährigem Amtsjubiläum als ev. Geistlicher der junge Wieland ein Glückwunschgedicht verfaßt hatte (vgl. WOberschw, 40–41). Euphrosine Gutermann war somit eine Base zweiten Grades von Sophie und Katharina Gutermann v. Gutershofen; die gemeinsamen Urgroßeltern waren *Johann Jakob Gutermann* (1645–1718) und *Anna Maria Weng* (geb. 1648) (StT 6). *Anna Magdalena Sophie v. Hillern*, die am 6.8.1746 geb. älteste Tochter aus J. v. Hillerns erster Ehe, war dem Alter nach diejenige Stieftochter Cateaus, die sie mit Wieland verheiraten wollte (vgl. den K zu Hs 6.32.). Daneben entstammten dieser Ehe zwei weitere Töchter, von denen die eine, *Salome Louisa Dorothea*, als Säugling starb (StT 4).

Caroline Louise Friederike v. Hillern, geb. 12.8.1750 in Biberach und dort gest. 1.(o.14.)8.1816, die dritte und jüngste Tochter aus J. v. Hillerns erster Ehe, hatte von einem preußischen Werbeoffizier Schidmikrovsky (?) in Grünenbach (Grönenbach?) ein Töchterlein, das in Biberach begraben aber nicht in die Matrikel eingetragen wurde (HR nach Volz). Sie heiratete am 8.2.1779 den Oberamtsschreiber zu Oberhausen bei Augsburg *Georg Klemens Titelius* (gest. 14.8.1786—wohl ein Bruder jenes Titelius, mit welchem Carolines Schwester Anna Magdalena Sophie in erster Ehe verheiratet war (StT 4). Zu der Vermutung, daß Caroline v. Hillern das Urbild für S. v. La Roches Lina/Karoline gewesen sein könnte, ist folgendes zu bemerken (vgl. S. 218

u. Anm. 23.): In den *Briefen über Mannheim* (von 1791) heißt es im Zusammenhang mit der Zeitschrift *Pomona für Teutschlands Töchter* (von 1783/1784): "Meine Briefe an Lina sind Auszug meiner genossenen Erziehung, mit Zusätzen meines Nachdenkens und meiner Erfahrungen, die 12 ersten waren schon vor 20 Jahren einer meiner Nichten gewiedmet, welche den Namen Caroline trägt, welche ich ungemein liebte, und dadurch ihr Glück, ihre Ruhe—Ehre und Verdienste zu gründen hoffte" (208). Die Stelle erscheint dem Sinn nach unverändert und nur leicht von Wieland stilistisch geglättet in *Melusinens Sommer-Abenden* (von 1806) (xxxviii). Caroline v. Hillern war die einzige Nichte der La Roche, die diesen Vornamen trug; die Absicht S. v. La Roches, durch ihre erzieherischberatenden Briefe "Glück, Ruhe, Ehre und Verdienste" ihrer Nicht zu befördern, könnte man auf Caroline v. Hillerns Fehltritt beziehen. Die zwölf ersten "Briefe an Lina" erschienen in den *Pomona*-Heften von Januar bis Oktober des ersten Jahrgangs 1783. Wenn man die Bemerkung "vor zwanzig Jahren" so verstehen dürfte, daß diese Briefe zwanzig Jahre vor ihrer Veröffentlichung entstanden sind, so ergäbe dies das Jahr 1763, in welchem Caroline v. Hillern dreizehnjährig war. Nach S. v. La Roches Brief vom 7.11.1782 an Lavater wiederum seien die "Briefe an Lina" "an ein Mädchen von 13 Jahr, Tochter eines Rats, der nicht reich ist," gerichtet gewesen (Maurer, 246). Die Rechnung geht jedoch nicht auf. Johannes v. Hillern hatte zwar den Titel eines Nassau-Weilburgischen Rats, und im ersten der "Briefe an Lina" ist die Empfängerin eine fünzehnjährige Waise, aber an derselben Stelle wird ein Bruder der Lina genannt, der Vaterstelle an ihr vertrete (*Pomona* 1:16–18). J. v. Hillern hatte jedoch keine Söhne; ebensowenig treffen die Äußerungen in den an "Caroline" gerichteten *Briefen über Mannheim* auf Caroline v. Hillern zu. So gilt wohl auch für Lina/Karoline wie für ähnliche Figuren S. La Roches, daß geschichtliche Wirklichkeit und Fiktion miteinander verwoben sind. Der biographische Bezug wäre auch ein viel zu enger für alles, was die Autorin der Lina/Karoline zuschreibt und was sie ihr zu sagen hat.

Von den zwölf Kindern aus der ersten Ehe *Johann Georg v. Hillerns* (StT 4) erreichte neben *Johannes* und *Justin Heinrich* ein weiterer Sohn das Mannesalter, *Georg Friedrich v. Hillern* (1737–1819), der 1764 eine Freiin *Charlotte Marie Sophie v. Wöllwarth-Sachsenfeld* heiratete (StTHiller); am 21.9.1774 läßt C. M. Wieland dem Paar Grüße bestellen (*WBr* 5:296–97).

Der 1739 geadelte *Johann Georg Hiller* (StT 4) und sein jüngerer Bruder *Daniel Hiller*, Gold—u. Silberschmied und Mitglied des Großen Rats in Biberach (StT 5), waren Söhne des *Johannes Hiller* (1676–1734), N. C. P., Sch. lat. Collaborator und Organist, Capellenschreiber, des Gerichts, Salzmeister und Spitalsyndicus zu Biberach, aus dessen erster Ehe mit der Biberacher Goldschmiedstochter *Anna Marie Beeringer* (1679–1732) (StTHiller). J. H. v. Hillern d.Ä. war somit ein Vetter ersten Grades von *Anna Catharina Hiller* und der Onkel des Komponisten *Knecht* (StT 5), der nach ihm, seinem Paten, *Justinus Heinrich* getauft wurde; Taufpatin war ein Fräulein *Elisabetha v. Bruiningk*, eine Verwandte von Johann Georg v. Hillerns zweiter Frau, der *Johanne Wilhelmine Edlen von Bruiningk* (HR nach Ev. Taufbuch Biberach; StTHiller). Am 30.12.1776 wurde J. H. Knecht von C. M. Wieland gebeten, J. H. v. Hillern eine Geldanweisung zu präsentieren, über deren Erlös er folgendermaßen verfügt: "Geben Sie das Geld Ihrer Frau Schwiegermutter [*Sophie Helene Schmelz* (StT 2)], und sagen Ihr, nebst unser aller Gruß und Empf[ehlung], daß 5 f davon Ihr Selbst gehören sollen, als ein kleines Andenken von Mir, und 1 f möchte Sie im Nahmen der *Floriane* ihrer Schwester Cramerin zum Neuen Jahr geben" (Hs: Marbach; vgl. *WBr* 5:577 u. *GA* 1:6.).

9. *Georg Ludwig Rauh d.J.* (StT 6; vgl. S. 209, 211 u. 218.).   Aus seiner ersten Ehe mit *Anna Maria Buck* stammte *Maria Jakobina Rauh*, ihr zweites Kind, die Großmutter Sophie Gutermanns (StT 6); als sechstes Kind folgte C. M. Wielands Großmutter *Maria Christine Rauh* (geb. 21.2.1689 in Biberach, dort gest. 24.1.1765). Sechsundzwanzigjährig heiratete sie am 4.2.1713 in Biberach als dessen zweite Frau den aus einer in der Reichsstadt Lindau ansässigen Sippe stammenden *Johann Christoph Kick* (geb. 10.8.1663 in Lindau, gest. 22.8.1741), Hauptmann, später Major und

zuletzt, wie sein Enkel betonte (S.208–09), Obristwachtmeister des Erbprinzlich baden-badenschen vorderen Kreisinfanterieregiments (Werner, 239; WOberschw).[K32] Zur gesellschaftlichen Stellung von C. M. Wielands Großeltern in Biberach, wo Kick seit 1713 lebte, vgl. S. 214.

Mit *Anna Maria Buck* heiratete Rauh in zwei in der Reichsstadt Biberach politisch tätige Familien. Sein Schwiegervater, *Johann Michael Buck* (geb. 1619), iur. utr.cand., war dort wie der Ururenkel Stadtschreiber; Rauhs Schwiegermutter, *Anna Maria Schmid* (geb. 1643 in Biberach), war die Tochter des *Georg Schmid v. Schmidsfelden* (1606–1673), kaiserlicher Notar und gleichfalls Biberacher Stadtschreiber (vgl. S. 213 m. Anm. 15); dessen Frau war die Pfarrerstochter *Anna Marie Hellwag* aus dem württ. Nürtingen (Werner, 248; WOberschw). Rauhs Mutter, *Katharina Gaupp* (1616–1689), die 1647 *Georg Ludwig Rauh d.Ä.* (geb. 1621), Apotheker, Mitglied des Inneren Rats und Waisenpfleger in Biberach, heiratete (WOberschw), stellt die Verbindung zu einer Sippe her, die der Reichsstadt Biberach eine Reihe von Bürgermeistern gab; ihr Bruder war der Bürgermeister *Georg v. Gaupp* (vgl. S. 213 m. Anm. 14.4).

In zweiter Ehe heiratete G. L. Rauh d.J. am 22.11.1693 *Regina Margarete Wieland* (geb. 3.1.1663, gest. 9.5.1739), eine Tochter Dr. Martin Wielands (vgl. GA 1:2), die in erster Ehe mit dem Physikus Dr.phil.et med. *Ludwig Müller* verheiratet gewesen war. Als Siebzigjährige wurde sie eine Taufpatin ihres Großneffen C. M. Wieland (Werner, 116 u. 243).

Literaturverzeichnis

Nachschlagewerke. Verzeichnisse

ADB   *Allgemeine Deutsche Biographie.* Auf Veranlassung... Seiner Majestät des Königs von Bayern ... hrsg. durch die historische Commission bei der Königl. Akademie der Wissenschaften. Bd. 1–56. Berlin: Duncker & Humblot, 1875–1912. Rpt. 1967–1971.

Deusch   Deusch, Werner R. *Wieland in der zeitgenössischen Buchillustration: Eine Bibliographie.* Bibliographien des Antiquariats Fritz Eggert, 1. Stuttgart: Antiquariat Fritz Eggert, 1964.

Friedrichs   Friedrichs, Elisabeth. *Die deutschsprachigen Schriftstellerinnnen des 18. und 19. Jahrhunderts.* Repertorien zur Deutschen Literaturgeschichte, 9. Stuttgart: J. B. Metzlerschen Verlagsbuchhandlung, 1981.

NDB   *Neue deutsche Biographie.* Hrsg. von der Historischen Kommission bei der Bayerischen Akademie der Wissenschaften. Bd. 1–. Berlin: Duncker & Humblot, 1953–.

Prol   Seuffert, Bernhard. *Prolegomena zu einer Wieland-Ausgabe VIII: Briefwechsel 1. Hälfte 1750–1790.* Abhandlungen der Preußischen Akademie der Wissenschaften, Jg. 1936, Philos.-histor. Klasse, 11. Berlin: Akademie-Verlag, 1937; ... *Briefwechsel 2. Hälfte 1791–1812.* Unter Mitwirkung von Margarete Seuffert, ... Jg. 1940, ... 15. Berlin: Akademie-Verlag, 1941.—Die Ziffern nach *Prol* bezeichnen die Nummer von Hs oder Dr, nicht die Seite der Abh.

ProlErg   Seiffert, Hans Werner. *Ergänzungen und Berichtigungen zu den Prolegomena VIII und IX zu einer Wieland-Ausgabe.* Abhandlungen der Deutschen Akademie der Wissenschaften zu Berlin, Klasse für

Sprache, Literatur u. Kunst, 2. Berlin: Akademie-Verlag, 1953.—Die Ziffern nach *ProlErg* bezeichnen die Nummer, nicht die Seite.

Editionen. Quellen

AA	*Wielands Gesammelte Schriften.* Hrsg. von der Deutschen Kommission der Königlich Preußischen Akademie der Wissenschaften; ... Deutschen Akademie der Wissenschaften zu Berlin; ... Akademie der Wissenschaften der DDR durch Hans Werner Seiffert. 1. Abteilung: *Wielands Werke.* Bd. 1–. Berlin: Weidmannsche Buchhandlung; Akademie-Verlag, 1909–.
C	*C. M. Wielands sämmtliche Werke.* Bd. 1–39. Leipzig: Georg Joachim Göschen, 1794–1811; ... Supplemente. Bd. 1–6 ... 1798. C^1, "wohlfeile" Kleinoktavausgabe. Rpt. *C. M. Wieland: Sämmtliche Werke.* Bd. I–XIV. Hamburg, Nördlingen: Greno Verlagsges., 1984.
"EmpfBrW"	Seiffert, Hans Werner. "Ein empfindsamer Briefwechsel." In *Beiträge zur deutschen und nordischen Literatur: Festgabe für Leopold Magon.* ... Deutsche Akademie der Wissenschaften zu Berlin. Veröffentlichungen des Instituts für deutsche Sprache und Literatur, 11. Berlin: Akademie-Verlag, 1958:158–74.
Hassencamp	Hassencamp, Robert, Hrsg. *Neue Briefe Chr. Mart. Wielands vornehmlich an Sophie von La Roche.* Stuttgart: Verlag der J. G. Cotta'schen Buchhandlung Nachfolger, 1894.
HistTb	Böttiger, C. W., Hrsg. "Christoph Martin Wieland nach seiner Freunde und seinen eigenen Äußerungen." *Historisches Taschenbuch.* Hrsg. v. Friedrich Raumer. 10(1839):359–464.
Horn	Horn, Franz, Hrsg. *C. M. Wieland's Briefe an Sophie von La Roche, nebst einem Schreiben von Gellert und Lavater.* Berlin: E. H. G. Christiani, 1820.
Kampf	Kampf, Kurt. *Sophie Laroche: Ihre Briefe an die Gräfin Elise zu Solms-Laubach 1787–1807.* Offenbacher Geschichtsblätter, 15. Offenbach: Offenbacher Geschichtsverein, 1965.
Logenrede	Goethe. *Wieland's Andenken in der Loge Amalia zu Weimar gefeyert den 18. Februar 1813...Faksimile des Erstdrucks...*Biberach an der Riss, 1984.
LZuZ	Böttiger, K. W., Hrsg. *Literarische Zustände und Zeitgenossen: In Schilderungen aus Karl Aug. Böttiger's handschriftlichem Nachlasse.* Bd. 1–2. Leipzig: F. A. Brockhaus, 1838. Rpt. Frankfurt a. M.: Athenäum, 1972.
Mannheim	La Roche, Sophie. *Briefe über Mannheim.* Zürich: Bey Orell, Geßner, Füßli und Compagnie, 1791.
Maurer	Maurer, Michael, Hrsg. *"Ich bin mehr Herz als Kopf": Sophie von La Roche: Ein Lebensbild in Briefen.* München: Verlag C. H. Beck, 1983.
MelusSom	*Melusinens Sommer-Abende* von Sophie von la Roche. Herausgegeben von C. M. Wieland. Mit dem Portrait der Verfasserin. Halle: Im Verlage

	der N. Societäts—Buch u. Kunsthandlung, 1806:xi, lvi, 342 S. ["Der Herausgeber an die Leser," iv–xi; "Mad. L—an Melusine," i–lvi.]
NTM	Wieland, C. M., Hrsg. *Der Neue Teutsche Merkur.* Weimar, 1790–1810.
Pomona	*Pomona für Teutschlands Töchter.* Von Sophie von la Roche. [Jg. 1–2.] Speier: Gedruckt mit Enderesischen Schriften, 1783–1784. [Fortlaufende Numerierung innerhalb eines 12 Monatshefte umfassenden Jahrgangs. *Pomona....* Von Sophie la Roche. 1. Heft. Januar 1783.]
Schattenrisse	La Roche, Sophie von. *Reise von Offenbach nach Weimar und Schönebeck im Jahr 1799; Schattenrisse abgeschiedener Stunden in Offenbach, Weimar und Schönebeck im Jahr 1799.* Leipzig: Heinrich Gräff, 1800.
Schenck	Schenck zu Schweinsberg, Karen, Hrsg. *"Meine Seele ist bey euch geblieben": Briefe Sophie Brentanos an Henriette von Arnstein.* Weinheim: Acta Humaniora, VCH, 1985.
Schreibetisch	*Mein Schreibetisch.* [Titelvignette. Bildnis der Verf. "C. Schule sc. 1799."] von Sophie von La Roche. An Herrn G[eheim] R[at] P[etersen] in D[armstadt]. 1.–2. Bdchen. Leipzig: Bey Heinrich Gräff, 1799. I:Titelkupfer, 2 unbez., 384 S.; II:2 unbez., 470 S.
Sternheim	*Geschichte des Fräuleins von Sternheim.* Von einer Freundin derselben aus Original-Papieren und andern zuverläßigen Quellen gezogen. Herausgegeben von C. M. Wieland. Erster—Zweyter Theil. [Neuausgabe] Hrsg. Kuno Ridderhoff. Deutsche Literaturdenkmale des 18. und 19. Jahrhunderts, 138; 3. Folge, 18. Berlin: B. Behr's Verlag, 1907; Rpt. Nendeln, Liechtenstein: Kraus, 1968. ["Einleitung," v–xxxix.]
Sudhof	Sudhof, Siegfried, Hrsg. *Sophie Brentano, Christoph Martin Wieland: Briefwechsel 1799–1800.* Briefe aus Frankfurt. N.F. 10. Frankfurt am Main: Johannes Weisbecker, 1980. ["Nachwort," 91–122; "Die Familie Brentano," 123–26.]
TM	Wieland, C. M., Hrsg. *Der Teutsche Merkur.* Weimar, 1773–1789.
UnstL	Schellberg, Wilhelm, Friedrich Fuchs, Hrsg. *Das unsterbliche Leben: Unbekannte Briefe von Clemens Brentano.* Jena; Eugen Diederichs Verlag, 1939.
WBr	*Wielands Briefwechsel.* Hrsg. von der Deutschen Akademie der Wissenschaften zu Berlin, Institut für deutsche Sprache und Literatur [durch Hans Werner Seiffert]; ... Akademie der Wissenschaften der DDR, Zentralinstitut für Literaturgeschichte. Bd. 1– . Berlin: Akademie-Verlag, 1963– .—Die Ziffern nach *WBr* bezeichnen Band und Seite, nicht die Briefnummer.

Wissenschaftliche Literatur

Asmus	Asmus, Rudolf. *G. M. De La Roche: Ein Beitrag zur Geschichte der Aufklärung.* Karlsruhe: J. Lang's Verlagsbuchhandlung, 1899.

Assing	Assing, Ludmilla. *Sophie von La Roche, die Freundin Wieland's.* Berlin: Verlag von Otto Janke, 1859.
Bach	Bach, Adolf. *Aus Goethes Rheinischem Lebensraum: Menschen und Begebenheiten.* Gesammelte Untersuchungen und Berichte... Rheinischer Verein für Denkmalpflege und Heimatschutz, Jb. 1967/68. Neuss: Verlag Gesellschaft f. Buchdruckerei AG, 1968.
Bach 2	Bach, Adolf. "Neues aus dem Kreise La Roche-Brentano." *Euphorion* 27 (1926):321–32 u. Abb. 1–7.
Borst	Borst, Otto. "Die Kulturbedeutung der oberdeutschen Reichsstadt am Ende des alten Reiches." *Blätter für deutsche Landesgeschichte* 100(1964):159–246.
vBrentano	Brentano, Peter Anton von. *Schattenzug der Ahnen der Dichtergeschwister Clemens und Bettina Brentano.* Regensburg: Josef Habbel, 1940; Rpt. Bern: Herbert Lang, 1970.
Bushart	Bushart, Bruno. "Augsburg und die Wende der deutschen Kunst um 1750." In *Amici Amico: Festschrift f. Werner Gross zu seinem 65. Gebrutstag...* Hrsg. v. Kurt Badt u. Martin Gosebruch. München: Wilhelm Fink Verlag, 1968:261–304, Abb. 84–94.
Diemer	Diemer, Kurt. "Reichsstadt Biberach im 18. Jahrhundert: Das politische, wirtschaftliche und kulturelle Leben." *ZuH* Jg. 17, Nr. 1(Biberach, 7. Mai 1974).
Goldinger	Goldinger, Walter. "Der Aschaffenburger Stiftsdechant Johann Georg von Hoffmann und seine Verbindung zu dem Kreise Stadion, La Roche und Wieland." *Festschrift zum Aschaffenburger Jubiläumsjahr 1957: 1000 Jahre Stift und Stadt Aschaffenburg; Aschaffenburger Jahrbuch* 4(1957):813–26.
Haemmerle	Haemmerle, Albert, Hrsg. *Die Hochszeitsbücher der Augsburger Bürgerstube und Kaufleutestube bis zum Ende der Reichsfreiheit.* München: Privatdruck, 1936.
Heidenreich	Heidenreich, Bernd. *Sophie von La Roche—eine Werkbiographie.* Frankfurter Hochschulschriften zur Sprachtheorie u. Literaturästhetik, 5. Frankfurt am Main, Bern, New York: Verlag Peter Lang, 1986.
HsbchBib	Kleindienst, Carl. "Beiträge zu einem Häuserbuch der Reichsstadt Biberach." 3 Bde. Biberach, 1961. Masch.
Lange	Lange, Victor. "Empfindsame Abenteuer: Materialien zu Sophie La Roches Roman *Erscheinungen am See Oneida.*" *Gallo-Germanica: Wechselwirkungen und Parallelen deutscher und französischer Literatur (18.–20. Jahrhundert).* Hrsg. v. E. Heftrich u. J.-M. Valentin. Nancy: Presses Universitaires de Nancy, 1986:47–70.
"LeipzVerl"	Schelle, Hansjörg. "Wielands Beziehungen zu seinen Leipziger Verlegern: Neue Dokumente (Teil 1–3)." *LY* 7(1975):149–219; 8(1976):140–239; 9(1977):166–258.

Luz	Luz, Georg. *Beiträge zur Geschichte der ehemaligen Reichsstadt Biberach.* Biberach: Verlag von Matthias Kloos, 1876.
Rathke-Köhl	Rathke-Köhl, Sylvia. *Geschichte des Augsburger Goldschmiedegewerbes vom Ende des 17. bis zum Ende des 18. Jahrhunderts.* Vorwort d. Hrsg. Heinz Friedrich Deininger. Schwäbische Geschichtsquellen und Forschungen. Schriftenreihe des Historischen Vereins für Schwaben, Bd. 6. Augsburg: Historischer Verein für Schwaben, 1964.
Rebel	Rebel, Franz. "Sophie von Gutermann-La Roche: Ihre Eltern und ihre Augsburger Jugendzeit." *Augsburger Rundschau: Illustrierte Wochenschrift für Theater, Konzert, Kunst u. Leben* 2. Jg., Nr. 26–36 (Augsburg, 3. April–12. Juni 1920).
Rebel 2	Rebel, Franz. "Sophie von Gutermann-La Roche":80 S. Masch. [Forts. des vorigen.] WM 4967.
Rudolph	Rudolph, Martin. *Johann Jakob Brechter (1734–1772): Diakonus in Schwaigern: Ein Beitrag zur deutschen Kultur—und Geistesgeschichte des 18. Jahrhunderts.* Sonderdruck aus *Deutsches Familienarchiv*, 42. Neustadt a. d. Aisch: Verlag Degener & Co., Inh. Gerhard Geßner, 1969.
Schelle 1	Schelle, Hansjörg. "Das Wieland-Museum in Biberach an der Riß und seine Handschriften." *JDSG* 5(1961):548–73.
Schelle 2	Schelle, Hansjörg. "Unbekannte Briefe C. M. Wielands und Sophie von La Roches aus den Jahren 1789 bis 1793." *MLN* 86(1971):649–95.
Schelle 3	Schelle, Hansjörg. "Wielands Briefwechsel mit Christian Friedrich von Blanckenburg und zwei Briefe Wielands an Göschen." *LY* 17(1985):177–208.
Schenk	Schenk, G[eorg]. "Neues zur Abstammung von Chr. M. Wieland." *Schwäbische Zeitung,* Ausgabe Biberach an der Riß, Nr. 178(Biberach, 14. Nov. 1951).
Schenk 2	Schenk, G[eorg]. "Neue Entdeckungen auf Wielands Ahnentafel." *Schwäbische Zeitung,* Ausgabe Biberach an der Riß, Nr. 11 (Biberach, 16. Dez. 1953).
Springer 1	Springer, Eugen. "Die Beziehungen des Dichters Ch. Martin Wieland zu Biberach während seiner Studienzeit (1747–1754)." *ZuH* Jg. 7, Nr. 6(Biberach, 29. Okt. 1930):14–44; Jg. 8, Nr. 1(Biberach, 15. Jan. 1931):4–7.
Springer 2	Springer, Eugen. "Beiträge zur Wielandschen Familiengeschichte." *ZuH* Jg. 8, Nr. 12(Biberach, 18. Nov. 1931):92–94; Jg. 9, Nr. 1–3(Biberach, 13. Jan., 10. Febr., 9. März 1932):1–5, 9–12, 22–24.
Springer 3	Springer Eugen. "Der Fall Brechter." *ZuH* Jg. 10, Nr. 2–4 (Biberach, 30. März, 16. Jun., 13. Jul. 1933):13–21, 27–32.
Springer 4	Springer, Eugen. "Die Wahl Christoph Martin Wielands zum Kanzleiverwalter in Biberach." *ZuH* Jg. 10, Nr. 5–7(Biberach, 18. Aug., 6.

Sept., 29. Nov. 1933):33–40, 41–48, 49–56; Jg. 11, Nr. 1–4(Biberach, 11. Jan., 9. Febr., 22. Febr., 6. März 1934):1–8, 9–16, 17–24, 25–28.

Springer 5   Springer, Eugen. "Ordnungen in der Reichsstadt Biberach auf dem Gebiete des Privatlebens der Bewohner, wie Hochzeits-, Rang- und Kleiderordnung." *ZuH* Jg. 11, Nr. 7(Biberach, 18. Sept. 1934):45–56.

StTHiller   Kleindienst, Carl. "Stammtafeln der oberschwäbischen Familie Hiller." München, 1928. Masch.

Straub   Straub, Adolf. "Die Nachkommen von Christoph Martin Wieland." Stuttgart, 1949. Masch.

Straub 2   Straub, Adolf. "Die Ahnen Justin Heinrich Knechts." *ZuH* Jg. 3, Nr. 26 (Biberach, 29. Sept. 1926):178–80.

Vehse   Vehse, Eduard. *Geschichte der kleinen deutschen Höfe.* 11.–14. Teil: *Die geistlichen Höfe.* 1.–4. Teil. *Geschichte der deutschen Höfe seit der Reformation.* 6. Abt. ... Bd. 45–48. Hamburg: Hoffmann und Campe, 1859–1860. ["Der Hof der Kurfürsten von Mainz zu Mainz und Aschaffenburg," Bd. 45:109–204; "Der Hof der Kurfürsten von Trier zu Trier, Ehrenbreitstein und Coblenz," Bd. 46:1–123; "Der Hof des Bischofs von Augsburg zu Dillingen," Bd. 48:3–28.]

Volz   Volz, Johann Wilhelm. "Versuch eines Seelenregisters. ... " 2 Bde. 1802. Hs. Evangelisches Dekanat Biberach.

Wahl   Wahl, Hans. *Geschichte des Teutschen Merkur: Ein Beitrag zur Geschichte des Journalismus im achtzehnten Jahrhundert.* Palaestra, 127. Berlin: Mayer & Müller, 1914. Rpt. New York: Johnson, [1967].

Werner   Werner, Heinrich. "Christoph Martin Wieland, seine Abstammung und seine Familienverbindungen." *Württ. Vierteljahrshefte für Landesgeschichte* 22(1913):112–19, 218–52.

Wieland 1983   Schelle, Hansjörg, Hrsg. *Christoph Martin Wieland: Nordamerikanische Forschungsbeiträge zur 250. Wiederkehr seines Geburtstages 1983.* Tübingen: Max Niemeyer, 1984.

WOberschw   Radspieler, Hans. *Christoph Martin Wieland 1733–1813: Leben und Wirken in Oberschwaben.* Ausstellung der Stadtbibliothek Ulm vom 4. Mai bis 25. Juni 1983 im Schwörhaus Ulm und der Stadtbücherei Biberach vom 4. September bis 15. Okt. 1983 im Museum Biberach. Veröffentlichungen der Stadtbibliothek Ulm, 3. Weißenhorn: Anton H. Konrad Verlag, 1983.

WOberschw 2   Radspieler, Hans. *Christoph Martin Wieland: Leben und Wirken in Oberschwaben.* Ausstellung im Museum Biberach 1983. Nachtrag zum Katalog. Weißenhorn: Anton H. Konrad Verlag, 1983.

Wöhrle   Wöhrle, Karl. *Aus der Geschichte des Wieland-Gymnasiums Biberach an der Riß; ... der höheren Knabenschule in Biberach an der Riß: Ein Beitrag zum Jubiläum des 26jährigen Bestehens der Wielandoberschule für Jungen mit Realgymnasium als Vollanstalt und ein Rückblick auf die rund 700 Jahre bestehende Lateinschule.* Biberach/Riß: Biberacher Verlagsdruckerei, 1953.

ZuH   Zeit und Heimat: Beiträge zur Heimatgeschichte. Beilage zum
           Anzeiger vom Oberland. Jg. 1–12. Biberach an der Riß, 1924–
           1935; . . . Beiträge zur Geschichte, Kunst und Kultur von Stadt und
           Kreis Biberach. Beilage der Schwäbischen Zeitung. Ausgabe Biberach
           [an der Riß]. Jg. 1– . Biberach an der Riß, 1954– .

1 Vgl. die Rezension des Buches von Maurer in LY 19(1987): 332–36. Bei dieser Gelegenheit sei in LY 19(1985) folgendes richtiggestellt: Sophie Gutermanns Geburtsjahr ist 1730 (S. 182); La Roches Nobilitierung erfolgte 1775 (S. 183).
2 Die Beiträge von Herrn Studiendirektor Dr. Hans Radspieler, Ulm, werden jeweils durch die Initialen HR gekennzeichnet. Außer ihm sei für freundlich gewährte Auskünfte oder die Beschaffung von Materialien gedankt: Frau Holde H. Borcherts, M.A.L.S., The University of Michigan Graduate Library, Ann Arbor, Herrn Dr.phil. Michael Maurer, Göttingen und Frau Diplombibliothekarin Viia Ottenbacher, Leiterin des Wieland-Museums. Der Dank an weitere Persönlichkeiten wird in den entsprechenden Anmerkungen abgestattet.—Über die Wiedergabe der Handschriften und über Sigel und Zeichen unterrichtet Anm. K1, über Abkürzungen für Druckwerke und handschriftliche Quellen das Literaturverzeichnis am Schluß. Auf Stellen in den Untersuchungen wird jeweils durch die Seitenzahl verwiesen.
3 NTM(1793)2.5:5–6. In C^1 29(1797):474 ist die Stelle weggefallen.—Anders als in den Abt. "Handschriften und Kommentar" werden in den "Untersuchungen" Hervorhebungen durch Sperrung (im Druck) oder Unterstreichung (in der Hs) mit Kursive wiedergegeben.
4 Hs: NFG, GSA. Prol 3226. 1^r. Vgl. WOberschw, 129 u. 132.
5 Vgl. Karl Otto Müller, Die oberschwäbischen Reichsstädte: Ihre Entstehung und ältere Verfassung, Darstellungen aus der Württembergischen Geschichte, 8 (Stuttgart: W. Kohlhammer, 1912). Im Gegensatz zum heutigen engeren geographischen Begriff Oberschwaben gehörten im Mittelalter zur Landvogtei Oberschwaben auch die sechs "im Allgäu gelegenen Reichsstädte Kaufbeuren, Kempten, Memmingen, Leutkirch, Wangen und Isny" (3). Weitere der Landvogtei Oberschwaben unterstellte Reichsstädte waren "Ravensburg, Überlingen, Lindau, Buchhorn [= Friedrichshafen], Biberach [. . .] und Buchau" (3) "Aus dem nordöstlich an die Landvogtei Oberschwaben angrenzenden Gebiet um Augsburg zwischen Donau, Iller und Lech wurde gleichzeitig eine besondere, kleinere (ostschwäbische) Landvogtei Augsburg gebildet" (3, Anm. 2). Ulm war zwar "auf das Recht mancher oberschwäbischen Reichsstädte von bedeutungsvollem Einfluß," war aber "wenigstens in ältester Zeit [. . .] der Landvogtei Niederschwaben unterstellt" (5).
   In seinem Kommentar zur zitierten Stelle in S. La Roches Brief vom 27.7.1771 an Hirzel schreibt Maurer u.a.: "Die Bewohner der oberschwäbischen Reichsstädte definierten sich wesentlich in Abgrenzung vom nahen, sie alle umschließenden fürstlichen Absolutismus des Territorialstaats Württemberg" (415 u. vgl. 11.). Geographisch war keine der Reichsstädte, die für Sophie Gutermanns Lebensgeschichte von Bedeutung sind, von württ. Gebiet umschlossen, und Ulm war zwar die Heimatstadt ihrer Stiefmutter, spielte aber sonst in diesem Zusammenhang keine Rolle. Die von Maurer gebrauchte Bezeichnung "oberschwäbisch" entspricht weder den heutigen Gegebenheiten noch denen im 18. Jahrhundert.
   Für die Situation der oberdeutschen Reichsstädte im 18. Jahrhundert vgl. Borst; für die politische Gliederung der Stadtrepublik Biberach, die Verteilung und Aufgaben der verschiedenen Ämter vgl. neben WOberschw, 55–79 ("Amt und Leben in Biberach") vor allem die informative Übersicht von Diemer.
6 Nach Schenk 1 wären Werner, 232 u. 237, und WOberschw, Faltbl. nach S. 96, zu

berichtigen: Das Geburtsdatum der Margarete Scherrauß ist der 12.5.1599, ihre Eltern sind Jörg Scherrauß und Barbara Busenbentz usf.
7 Vorwort von Heinz Friedrich Deininger zu Rathke-Köhl, v; vgl. Werner, 225.
8 Werner Holzhausen, "Dinglinger, Johann Melchior," *NDB* 3 (1957):730–31; vgl. C. Clauß, "Dinglinger, Johann Melchior," *ADB* 5(1877):240–41.
9 Zur Datierung der Verleihung des Wappens vgl. *WOberschw*, 13–14; vgl. Werner, 113.
10 Wolfgang v. Ungern-Sternberg, "Ch. M. Wieland und das Verlagswesen seiner Zeit: Studien zur Entstehung des freien Schriftstellertums in Deutschland," Sonderdruck aus *AGB* 14(1974):Sp. 1211–1534, Zitat 1279.
11 *Bonifaz Schleichers Jugendgeschichte* ist eine psychologische Studie über die im *TM* gestellte Frage, die im Untertitel wiederholt wird: "Kann man ein Heuchler seyn ohne es selbst zu wissen?" Das Werkchen wird als "Eine gesellschaftliche Unterhaltung" bezeichnet. Es erschien zuerst in drei Fortsetzungen im *TM* von 1776, dann in Teilsammlungen und zuletzt 1795 in Bd. 15 von C. (AA 14:100–22, 55A–67A, Zitat 120.)
12 Vgl. Gertrud Beck, "Wie Reichsprälat Mauritius Moriz aus Biberach eine komplizierte Liebesgeschichte meistert: Eine historisch-heitere Betrachtung um den jungen Wieland," *ZuH* Jg. 22, Nr. 3 (Biberach, 13. Dez. 1979); ebendies., "Annäherung an Wieland," Literarisches Forum Oberschwaben (Oberholzheim, 4. Sept. 1983), Masch., ungedr. Weitere Aufschlüsse über das kath. Biberach im 18. Jahrhundert und die Familie Hogel verdankt der Verf. der Freundlichkeit von Frau Gertrud Beck, der verdienten Erforscherin des kath. Oberschwaben (Mitteilung v. 8.9.1983).
13 Am 2.5.1777 schrieb Wieland hingegen, J. H. v. Hillern solle für ihn die "Gelegenheit finden, etliche Hundert [...Gulden] bey einem wackren Evangelischen (oder auch Catholischen) Bürger auf gute noch unverpfändete Hypothek anzubringen" (*WBr* 5:614).
14 Eugen Eisele, "Biberacher Bürgermeister aus der Sippe Gaupp: Aufzeichnungen über die 350jährige Familiengeschichte Gaupp von 1482 bis 1848," *ZuH* Jg. 12, Nr. 5 (Biberach, 3. Dez. 1969); Jürgen Schneider, "Friedrich Hölderlin und seine schwäbische Abstammung: Verwandtschaft des Dichters mit dem Biberacher Bürgermeister Georg von Gaupp (1611–1675)," *ZuH* Jg. 15, Nr. 3 (Biberach, 27. Sept. 1972).
15 Max Flad, "Die Schmid von Schmidsfelden, eine Biberacher Honoratiorenfamilie," *ZuH* Jg. 29, Nr. 2 (Biberach, 14.8.1986).
16 Bernhard Seuffert, *Prolegomena zu einer Wieland-Ausgabe VII: Nachträge und Untersuchungen*, Abhandlungen der Preussischen Akademie der Wissenschaften, Jg. 1921, Philosophisch-historische Klasse, 3 (Berlin: Verlag d. Akademie d. Wissenschaften, 1921):48–49. Vgl. *Wieland 1983*, 522 Anm. 50.
17 *Prol* 5128. Dr: Otto Hutter, Hrsg., *Denkwürdigkeiten Dizingers: Lebenserinnerungen des ersten Biberacher Oberamtmanns* (Biberach-Riss: Anzeiger vom Oberland, 1934):45–47, Zitat 46.
18 Liest man die Akten zum Kanzleiverwalterstreit genauer (vgl. Springer 4), so gewinnt man den Eindruck, daß Wieland bei der Verfechtung seiner Sache selbst nicht geradlinig verfahren ist und seinen Teil zu ihrer Verschleppung beigetragen hat. Vgl. in diesem Sinne Borst, 174.
19 Vgl. Hansjörg Schelle, "C. M. Wielands Brief an Christoph Wilhelm Hufeland: Zu Ludwig Wielands Jenaer Episode," *MLN* 91(1978):445–46.
20 W. Kurrelmeyer, der Hrsg. von AA 14, bringt den Ortsnamen B[+++] auf S. 115 in Verbindung mit der "kleinen Reichsstadt in Oberdeutschland" auf S. 120, was "die Deutung Biberach desto wahrscheinlicher" mache (76A).
21 Hansjörg Schelle, "Zu Entstehung und Gestalt von C. M. Wielands Erzählzyklus *Das Hexameron von Rosenhain*," *Neophilologus* 60(1976):107–23.
22 In einem Essay aus derselben Zeit, "Gedanken über die Ideale der Alten" von 1777, kommt Wieland gleichfalls mit leichter Ironie auf schwäbische Reichs-

städte zu sprechen. Der Autor wendet sich gegen die Auffassung, "daß die Schönheit mit der Einfalt der Lebensart und Sitten in gleichem Verhältniß gehe. Wäre dieß," meint er, "so müßt' es nirgends schönere Menschen geben als in den kleinern Schwäbischen Reichsstädten, wo beides sich noch bis diesen Tag in hohem Grade erhalten hat. Überlingen, Wangen, Buchhorn, Bopfingen, Pfullendorf u.s.w. müßten die großen Tempel der Schönheit und die Akademien seyn, wohin unsre Künstler, um die schöne Natur zu studieren, wallfahrten müßten. Ich berufe mich aber auf die wackern Einwohner dieser kleinen Republiken selber, ob sie *von dieser Seite* auf einigen Vorzug Anspruch machen?" (Zitiert nach AA 14:134.)

23 In der Figur der Lina-Karoline mischen sich geschichtliche Wirklichkeit und Fiktion. Zu S. v. La Roches Nichte Caroline v. Hillern als mögliches Urbild dieser Figur vgl. GA 1:8.—Caroline war andrerseits auch der Taufname von Peggy Pfeffel, die der Frau La Roche in den Speyrer Jahren zeitweise zur Erziehung anvertraut war (Maurer, 436). Sie erscheint in den an "Caroline" gerichteten *Briefen über Mannheim* jedoch als "Peggy Pfeffel"; die Verfasserin nennt sie "meine liebe junge Freundin" und "meine anvertraute Tochter" (130). Eine Nichte S. v. La Roches war die Tochter des elsäßischen Dichters, Pädagogen und hessen-darmstädtischen Hofrats Gottlieb Konrad Pfeffel (1736–1809) jedenfalls nicht. Pfeffel erhielt den Hofratstitel 1763. Vor der Gründung seines Erziehungsinstituts in den siebziger Jahren hatte er durch sein Augenleiden mit wirtschaftlichen Sorgen zu kämpfen. Man könnte ihn, was in diesen Zusammenhang passen würde, als Kolmarer einen Reichsstädter nenne, da die Stadt, ehe sie 1635 französisch wurde, deutsche Reichsstadt war. Vgl. Martin, "Pfeffel, Gottlieb Konrad," *ADB* 25(1887):614–18. Herrn Dr. Michael Maurer, Göttingen, sei für seine Bemerkungen zur Identität der Lina-Caroline gedankt.

K1 Den Besitzern der im folgenden vorgelegten oder auszugsweise wiedergegebenen Handschriften sei an dieser Stelle für die freundlicherweise gewährte Druckerlaubnis und für die Beschreibung der Hss gedankt. Über Einzelheiten unterrichtet die ÜBERLIEFERUNG der jeweiligen Hs. Bibliotheksvermerke auf den Hss werden nicht verzeichnet. Wo es zutrifft, wird auf die Wieland-Epistolographie verwiesen (*Prol* u. *ProlErg*).

ZUR TEXTGESTALTUNG: Hss und Zitate aus hs und gedruckten Quellen werden diplomatisch wiedergegeben. Bei der Darbietung der Hss werden im wesentlichen die editorischen Grundsätze für Bd. 1 u. 2 von *WBr* (1963 u. 1968) berücksichtigt. Sperrdruck entspricht Unterstreichung in der Hs. In den Untersuchungen werden jedoch die in den Quellen unterstrichenen oder sperrgedruckten Wörter durch Kursive wiedergegeben.

Die La Roches, Wieland und J. H. v. Hillern gebrauchen im allgemeinen die deutsche Schrift. Daneben verwenden sie in charakteristischer Weise lateinische Schrift, die im Druck durch Kursive wiedergegeben wird. Dies betrifft z.B. französisch abgefaßte Briefe (wie Hs 3). Abgesehen vom Gebrauch lateinischer Schrift für Eigennamen ist ihre Verwendung für fremdsprachliche Sätze, Wörter oder als fremdsprachlich empfundene Wortteile sprachgeschichtlich belangvoll. Angesichts seiner Wirkung auf die Entwicklung der nhd. Schriftsprache gilt letzteres besonders für die Gepflogenheiten Wielands.

Schwierigkeiten bereitet eine diplomatische Wiedergabe der Handschriften S. La Roches, die u.a. in Groß- u. Kleinschreibung und Interpunktion, in der Unterscheidung von s u. ß, von z u. tz keinerlei Regel folgt. M. Maurer suchte in der Frage, ob man für die Briefe S. La Roches "einen möglichst originalen Text" oder "einen möglichst lesbaren" bieten solle, in seiner für das größere Lesepublikum gedachten Briefausgabe einen Mittelweg einzuschlagen. Für seine editorischen Grundsätze vgl. Maurer, 395–98; für deren praktische Anwendung vgl. die Textveränderungen von Hs 2. Dem normalisierenden Verfahren M. Maurers ist im Sinne der Zweckbestimmung seiner Ausgabe grundsätzlich zuzustimmen. Zur Beurteilung seines Vorgehens ist die Transkription von Hs 2 als Vergleichsbasis freilich zu schmal. Immerhin fällt auf, daß er z.B. die archaischen oder mda.

Formen "Anfoderung" (Z 57) und "sammlete" (Z 44) stehen läßt, das im 18. Jahrhundert, bei Wieland etwa, häufige schwache Adjektiv in "Ihre schöne Gemählde" (27) durch die starke Form ersetzt: "Ihre schönen Gemälde"; daß er "würdigern" (Z 49) in "würdigeren," umgekehrt aber "bittere" (Z 50) in "bittre" verändert.

Hier wird an der diplomatischen Wiedergabe festgehalten. Ein Vergleich von S. La Roches Briefen mit ihren gedruckten Schriften legt es u.a. nahe, daß diese von Dritten, wenngleich in verschiedenem Maße, für den Druck sprachlich-stilistisch überarbeitet wurden, nicht allein die von Wieland betreuten Werke. Gewiß zeigt S. La Roche in der unbekümmerten Schreibweise ihrer deutschen wie französischen Briefe ihre Individualität. Doch überrascht der Mangel an formaler sprachlicher Schulung bei einer Frau, welcher die bestmögliche Erziehung zuteil wurde, die eine Tochter der Augsburger Oberschicht aus ihrer Generation erhalten konnte.

Auch im Falle von G. M. v. La Roche, J. H. v. Hillern und C. v. La Roche verrät die diplomatische Wiedergabe der Hss individuelle Eigenheiten. Zugleich aber repräsentieren diese Persönlichkeiten jeweils eine Generation, einen Stand und den Inhaber höherer, im Falle von G. M. v. La Roche höchster Ämter. Keiner von ihnen war ein Schriftsteller im engeren Sinne, so daß ihr Sprachgebrauch über das Individuelle hinaus als typisch für den zeitgenössischen Durchschnitt gelten kann.

ZEICHENERKLÄRUNGEN: Hs(s) = Handschrift(en), eigenhändige Niederschrift(en) des Verf.; hs = handschriftlich; Wz = Wasserzeichen; Dr = Druck; K = Kommentar; Z = Zeile; Hs 1.1 = Handschrift 1, Zeile 1 usf.; 1^r = Vorderseite (recto) von Blatt 1 usf.; 1^v = Rückseite (verso) von Blatt 1 usf.; / = neue Zeile in der Hs; < > = Tilgung; < = verbessert aus; < ? = unleserlich korrigiert; verbessert aus?; < ? > = unleserlich getilgt; [ ] = Textverlust; F = Verschreibung oder Fehler; lR = am linken Rand; rR = am rechten Rand; oR = am oberen Rand; uR = am unteren Rand; [üdZ:. . .] = über der Zeile; [udZ:. . .] = unter der Zeile; v.d.Hd. = von der Hand; FDH = Freies Deutsches Hochstift, Frankfurter Goethe-Museum, Frankfurt am Main; NFG, GSA = Nationale Forschungs—und Gedenkstätten der klassischen deutschen Literatur, Goethe—und Schiller-Archiv, Weimar; SLB = Sächsische Landesbibliothek, Dresden; WM = Wieland-Museum, Biberach an der Riß; GA = Genealogischer Anhang; StT = Stammtafel(n); HR = Beitrag Hans Radspielers.

K2 *WBr* 4:169 nennt "um den 20. Juli" als Datum für Wielands Zusatz (Z 61–64); als mutmaßliches Datum für den Brief an Jacobi wird der 21. Juli angenommen (4:169), für den Brief an Gleim der 21.–23. Juli (170 u. 172). Zur Datierung vgl. ferner *Prol* 635–637. Richtigzustellen ist Seufferts Einleitung zu *Prol VIII*, S. 11: Sophies Brief an Jacobi vom 15.7.1770 hat dem Brief an Wieland tatsächlich beigelegen; denn es heißt dort (*WBr* 4:168 Z 22): "Vous voyes aussi cher Wieland par L'incluse que Jacobi m'a fait une surprise." Dies bezieht sich auf Z 18–21 usf. des vorliegenden Briefes.

K3 Adalbert Elschenbroich, "Jacobi, Johann Georg," *NDB* 10[1974]:220–28 (zit. Elschenbroich.).

K4 Eugen Eisele, "Das Biberacher Patriziergeschlecht von Klock: Familiengeschichtliche Aufzeichnungen aus dem 13. bis 18. Jahrhundert," *ZuH* Jg. 11, Nr. 1 (Biberach, 7. Jun. 1968). Vgl. Luz, 343, 351, 412, 379–80 u. Springer 4:3. *WOberschw* enthält aus S. 64 ein Faksimile der "Ersazung deß Geheimen und Inneren Raths" aus einem "AmtBüchle," das im Kat. auf die Zeit "um 1760" datiert wird. Da als ev. Bürgermeister v. Zell genannt wird (vgl. Hs 6.31.), hat das Todesdatum seines Vorgängers v. Hillern (2.7.1765) als terminus post quem und Wielands Entlassung (1769) als terminus ante quem für diesen Eintrag zu gelten. Klock wird unter den Inneren Räten aufgeführt.

K5 H. A. Lier, "Obereit, Jacob Hermann," *ADB* 24(1887):88–90; Thomas Stettner, "Jacob Hermann Obereit," *Goethe* 28(1907):192–204.

K6 Wieland an Merck, Weimar, 8.11.1782 (Wagner 2:214 u. 215).

K7 Hansjörg Schelle, "Totengespräch," *Reallexikon der deutschen Literaturgeschichte* 4(1984):475–513.

K8 *J. G. Jacobi's sämmtliche Werke*, Bd. 1–8; 3., rechtmäßige Original-Ausgabe (Zürich: Orell, Füßli und Compagnie, 1819–1822) (zit. *JGJacobiSW.*). Hier, 201–36.

K9 Rudolf Haym, *Herder*, Mit einer Einleitung von Wolfgang Harich, Bd. 1–2 (Berlin: Aufbau-Verlag, 1954) 1:779; 2:23 u. 54.

K10 In der SLB befinden sich zwei Briefe der Floriane an C. M. Wieland aus Eßlingen (vom 3.3.1787 u. Febr. 1790), ferner ein Brief ihrer Schwester Jacobine Amanda Wielandin an ihn (Eßlingen, 26.10.1789).

K11 Eine naive und z.T. überholte Darstellung gab R[obert] Hassencamp, "Chr. Mart. Wieland und Katharina v. Hillern," *Württ. Vierteljahrshefte für Landesgeschichte* N.F. 4(1895):162–69.

K12 Die Frau ihres Neffen, des Biberacher Patriziers, Ratskonsulenten und kath. Bürgermeisters Sebastian Wunibald v. Settelin, war die Patin Christine Hogels (vgl. S. 212 u. Anm. 12.). Vgl. Eugen Eisele, "Die Familien v. Dolle, Krafft und Gebele v. Waldstein: Die beiden Schwiegersöhne des Bürgermeisters Sebastian Wunibald v. Settelin in Biberach an der Riß," *ZuH* Jg. 4, Nr. 3 (Biberach, 29. Dez. 1961). Zu Katharina v. Hillern als mögliches Modell für ein Augsburger Damenbildnis vgl. Bushart, 303–04; *WOberschw*, 55–57.

K13 Später hat er Cateaus Rolle eingeschränkt und Julie Bondelis Bruch mit ihm mehr dem Einfluß ihrer Freundin Mariane Fels zugeschrieben, die er Böttiger gegenüber eine "geschworene Männerfeindin" nannte und "die lange Zeit bei Julien Alles aufbot, um ihre Neigung gegen [...ihn] zu bekämpfen" (*HistTb*, 404–05 u. vgl. 408–09.). Im Brief vom 10.8.1802 an S. v. La Roche kommt er nämlich auf Julie Bondeli zu sprechen, "von welcher [...er] gewiß viel weniger durch [...seine] vorgebliche Unbeständigkeit, als durch die Eingebung der kalten Raisonnir-Maschine ++++ [= Mariane?] getrennt worden [...sei]; wiewol auch die unglückliche ++ [= Cateau] das Ihrige redlich—oder richtig zu reden, unredlich genug dazu beygetragen hat" (Horn, 345).—Zu Maria Jacobea (Mariane) Fels vgl. Schelle 2:665–66, 671 u. 693.

K14 Wieland besorgte der Witwe v. Hillern im Juli 1765 einen Rechtsbeistand (*WBr* 3:350), und im Aug. 1768 beklagte er sie wegen ihrer Schwierigkeiten mit Gmelin (540–41; vgl. GA 2).

K15 HR nach dem Beerdigungsbuch St. Ulrich, S. 23, Nr. 37 und nach dem Allgemeinen Taufbuch; die Vornamen des ev. Pfarrers Steiner nach dem Augsburger Adreß-Sack-Calender 1792. Falls K. v. Hillern tatsächlich "ein Opffer der Augspurgischen *Justiz*" geworden sein sollte (Hs. 7.98), so wäre dies in dortigen Akten nachzuweisen; HR konnte jedoch in den Augsburger Archiven bisher keine weiteren Angaben über sie finden.

K16 S. v. La Roche erwähnt die Unterstützung der Schwester u.a. im Brief an Petersen vom 10.4.1793 (Maurer, 351) und noch am 1.9.1806 gegenüber Wieland (Hs 24). Mit einem auf die Zeit nach dem 26.6.1793 zu datierenden Brief wurde Gräfin Elisabeth v. Solms-Laubach von Sophie gebeten, ihr eine goldene Dose abzukaufen; sie benötige das Geld, "um, ohne von [...ihrer] Pension zu nehmen, die Bergräbniskosten für [...ihre] letzte arme Schwester zu zahlen und den größten Verdruß zu vermeiden" (Kampf, 50).

K17 Vgl. Martin, "Salzmann, Johann Daniel," *ADB* 30(1890):300.

K18 [Eugen] E[isele], "Die Familie von Heider: Familiengeschichtliches aus Biberach," *ZuH* Jg. 7, Nr. 1(Freitag, 3. Apr. 1964). Vgl. Lutz, 342, 379–80, 412.

K19 Nach Volz soll Heider in Jena studiert haben (HR), doch ist nach *WBr* 2:38 weder in der Jenaer noch in der Tübinger Universitätsmatrikel ein Heider nachzuweisen. In einem weiteren Brief an S. La Roche aus der Biberacher Zeit, vom Juli oder August 1765, wird eine "Mselle [...] Heider, digne et aimable Soeur du Mr. le Docteur Heider" bespöttelt (*WBr* 3:349).

K20 Zur unsicheren Datierung des Briefes vgl. neben *WBr* die Vermutungen Seufferts, *Prol* 343.

K21 Nach Anton Schuster, *Aus Warthausens Vergangenheit [und seine Beziehungen zu Biberach]: Heimatgeschichte großer Männer und Geschlechter: Eine chronologische Zusammenstellung* (Biberach: Kommissionsverl. d. Buchhandlung Bopp & Haller, 1935): 37. Vgl. Rudolph, 181.

K22 Für und Wider der angeblichen Verwandtschaft S. v. Bandemers mit Benjamin Franklin erörtert Helga Slessarev, "Susanne v. Bandemer und Benjamin Franklin," *AN&Q* 4.10(1966):149–51.

K23 Vgl. Helga Slessarev, "Susanne von Bandemers Beitrag zur Entwicklung des Briefromans," *Goethe* N.F. 30(1968):132–37. Vgl. Goedeke 5(1893):415–16.

K24 Hansjörg Schelle, "C. M. Wielands Briefwechsel mit Friedrich Vieweg: 2. Teil," *MLN* 99(1984):678–79 u. 684; ebenders., "Ein unbekannter Brief August Wilhelm Schlegels an Georg Joachim Göschen," *Wieland 1983*, 594–614.

K25 Hans Haussherr, "Friedrich Wilhelm II., König von Preußen," *NDB* 5 [1961]:558–60.

K26 O. v. Ranke, "Hengstenberg, Ernst Wilhelm," *ADB* 11(1880):737–38; Karl Kupisch, "Hengstenberg, Ernst Wilhelm," *NDB* 8 [1969]:522–23.

K27 E. Hermann, "Schwan, Christian Friedrich," *ADB* 33(1891):176–77.

K28 Vgl. Hansjörg Schelle, "Unbekannte Briefe C. M. Wielands an Carl Leonhard Reinhold aus den Jahren 1787 bis 1792," *LY* 3(1971):7–24.

K29 Heinz Nicolai, *Zeittafel zu Goethes Leben und Werk*. Beck'sche Schwarze Reihe, 161 (München: Verlag C. H. Beck, 1977):79.

K30 E[ugen] Eisele, "Die Familie Lay und v. Löwen: Familiengeschichtliche Aufzeichnungen aus Biberach," *ZuH* Jg. 9, Nr. 1(Biberach, 4. Jan. 1966).

K31 Hans Radspieler, "Erläuterungen" zu: Thomas Adam Wieland, "Biberach von Osten 1764," Radierung von . . . dem Bruder von C. M. Wieland. Faksimiledruck z. Festwoche 900 Jahre Biberach an der Riss 1984, nach dem Original im Wieland-Museum Biberach . . . Hrsg. v. Apotheker Werner Friedrich Allmann . . . (Biberach an der Riß, 1984):2 Bl.

K32 Zu den Vorfahren von J. Ch. Kicks Großmutter väterlicherseits, der 1596 geb. Lindauerin Agnes Rad, die eine Verwandtschaft C. M. Wielands zu weiteren in den Reichsstädten Lindau, Ravensburg, Memmingen und Ulm führenden Sippen und zum oberschwäbischen Adel erschließt, vgl. Schenk 2.

Nachträge und Ergänzungen zur Wieland-Bibliographie 5

Hansjörg Schelle

Vorbemerkung

Das Verzeichnis beschränkt sich auf die im Jahre 1986 erschienenen Titel, soweit diese bis Redaktionsschluß zu ermitteln waren. Als Nachlese zum Wieland-Gedenkjahr 1983 werden unter "Kolloquium Erfurt" die Beiträge der Winckelmann-Gesellschaft zum Thema "Christoph Martin Wieland und die Antike" verzeichnet (vgl. Kunze.).—Für ihre Hilfe bei der Erarbeitung des Verzeichnisses sei der Leiterin des Wieland-Museums in Biberach an der Riß, Frau Diplombibliothekarin Viia Ottenbacher, Frau Holde Borcherts, M.A.L.S., Wissenschaftliche Auskunft der University of Michigan Harlan Hatcher Graduate Library, sowie Herrn Kollegen Prof. Dr. Werner Grilk erneut gedankt.

Ann Arbor, Michigan, Oktober 1987.

1986

Editionen

Wieland, Christoph Martin. *Geschichte des Agathon.* Hrsg. Klaus Manger. *Christoph Martin Wieland: Werke in zwölf Bänden,* Bd. 3. Bibliothek deutscher Klassiker, 11. Frankfurt am Main: Deutscher Klassiker Verlag: 1156, 4 unbez. S. (Dünndruck); 19 Abb. (Kunstdruck). [2. Titel: *"Geschichte des Agathon: Erste Fassung von 1766/1767.* Mit einer synoptischen Übersicht über die Kapitelfolge der ersten und der letzten Fassung sowie den Zusätzen und Ergänzungen von 1773, 1794 und 1800," 5; "Inhalt," 7; Text der 1. Fassung, 9–555; "Anhang": "Synoptische Übersicht über die Kapitelfolge des Romans in der ersten Fassung von 1766/1767 und in der letzten Fassung von 1794," 559–72; "Über das Historische im Agathon (1773 und 1794)," 573–85; "An die Leser des Agathon (1773)," 587–88; "Vorbericht zu dieser neuen Ausgabe (1794)," 589–91; "Ergänzung: Zwölftes Buch, neuntes Kapitel bis Romanende in der letzten Fassung von 1794," 593–777; "Agathon und Hippias ein Gespräch im Elysium (1800)," 779–95; "Abbildungen"; "Kommentar": "Wielands Roman Geschichte des Agathon" (Entstehung, Wirkung, Struktur u. Gehalt), 799–956; "Stellenkommentar," 967–1085; "Zu den Abbildungen," 1086–91; "Literaturverzeichnis," 1092–1114; "Register": "Namen- und Sachregister," 1117–46; "Register der Werke Wielands," 1147–48; "Inhaltsverzeichnis," 1149–56.]

Wielands Werke. 6. Bd.: Agathon. Hrsg. Wilhelm Kurrelmeyer. [Wielands Gesammelte Schriften. Hrsg. v. d. Deutschen Kommission d. Preußischen Akademie d. Wissenschaften. 1. Abt.: Werke.] Berlin: Weidmannsche Buchhandlung, 1937. Rpt. (Neuauflage) Christoph Martin Wieland. Gesammelte Schriften. 1. Abteilung: Werke. IV(6) Agathon. . . . Hildesheim: Weidmannsche Verlagsbuchhandlung GmbH.

———. 12. Bd.: Dichtungen I: 1775–1779. Hrsg. Wilhelm Kurrelmeyer. [Wielands Gesammelte Schriften. Hrsg. v. d. Deutschen Kommission d. Preußischen Akademie d. Wissenschaften. 1. Abt.: Werke.] Berlin: Weidmannsche Buchhandlung, 1935; Bericht des Herausgebers zu Wielands Werken, 12. Band. . . . 1935; Wielands Werke. 13. Bd.: Dichtungen II: 1780–1812. Hrsg. Wilhelm Kurrelmeyer . . . 1935; Bericht des Herausgebers zu Wielands Werken, 13. Bd., und Register zu Bd. 12 und 13 . . . 1935. Rpt. (Neuauflage) Christoph Martin Wieland. Gesammelte Schriften. 1. Abteilung: Werke. VIII(12, 13) Dichtungen I: 1775–1779. Bericht des Herausgebers. Dichtungen II: 1780–1812. Bericht des Herausgebers und Register zu Bd. 12 und 13 . . . Hildesheim: Weidmannsche Verlagsbuchhandlung GmbH.

Shakespear. Ein St. Johannis Nachts-Traum. Aus dem Englischen übersezt von Herrn Wieland. C. M. Wieland. Shakespear: Theatralische Werke in Einzelausgaben. Neu hrsg. nach der ersten Zürcher Ausgabe von 1762 bis 1766 von Hans und Johanna Radspieler, Bd. 1. Krater Bibliothek. Nördlingen: Franz Greno: 123 S., 1 unbez. S. "Inhalt." [Text, 3–111; "Anhang": "Zu dieser Ausgabe," 115–16; "Notizen zum Text," 117–21; Übersicht über den Erstdruck von Wielands Shakespeare-Übersetzung, 122–23; " . . . in der Werkstatt von Franz Greno aus der Cicero halbfetten Monotype gesetzt und auf einer Condor-Presse gedruckt; holzfreies Wasserlinienpapier . . ." (Impressum).]

———. Das Leben und der Tod des Königs Lear. Aus dem Englischen übersezt von Herrn Wieland. C. M. Wieland. Shakespear: Theatralische Werke in Einzelausgaben. Neu hrsg. nach der ersten Zürcher Ausgabe von 1762 bis 1766 von Hans und Johanna Radspieler, Bd. 2. Krater Bibliothek. Nördlingen: Franz Greno: 199 S. [Text, 5–183; "Anhang": "Zu dieser Ausgabe," 186–88; "Notizen zum Text," 189–96; "Inhalt," 197. . . .]

———. Wie es euch gefällt; oder, die Freundinnen; ein Lustspiel. Aus dem Englischen übersezt von Herrn Wieland. C. M. Wieland. Shakespear: Theatralische Werke in Einzelausgaben. Neu hrsg. nach der ersten Zürcher Ausgabe von 1762 bis 1766 von Hans und Johanna Radspieler, Bd. 3. Krater Bibliothek. Nördlingen: Franz Greno: 141 S. [Text, 5–125; "Zu dieser Ausgabe," 129–31; "Notizen zum Text," 133–36. . . .]

Wieland, Christoph Martin. Übersetzung des Horaz. Hrsg. Manfred Fuhrmann. Christoph Martin Wieland: Werke in zwölf Bänden, Bd. 9. Bibliothek deutscher Klassiker, 10. Frankfurt am Main: Deutscher Klassiker Verlag: 1288, 5 unbez. S. (Dünndruck). [2. Titel: "Briefe und Satiren des Horaz: Aus dem Lateinischen übersetzt und mit Einleitungen und Erläuterungen versehen. Mit dem von Wieland beigefügten Text des Originals," 5; "Inhalt," 7; "Horazens Briefe aus dem Lateinischen übersetzt und mit historischen Einleitungen und andern nötigen Erläuterungen versehen von C. M. Wieland," 9–573; "Horazens Satiren aus dem Lateinischen übersetzt und mit Einleitungen und erläuternden Anmerkungen versehen von C. M. Wieland," 575–1058; "Kommentar": "Wielands Horaz-Übersetzungen," 1061–95; "Zu Textgestalt und Kommentaranlage," 1096–1102; "Stellenkommentar," 1103–70; "Abkürzungs- und Literaturverzeichnis," 1171–75; "Register": "Personen, Orte, Begriffe," 1179–

1243; Übersetzungen fremdsprachlicher Wendungen und Zitate, Nachweis von Zitaten," 1244–83; "Inhaltsverzeichnis," 1285–88.]

Horazens Briefe aus Lateinischen übersetzt und mit historischen Einleitungen und andern nöthigen Erläuterungen versehen von C. M. Wieland. Hrsg. Hans Radspieler. Revision des lateinischen Textes und Übersetzung der altsprachlichen Zitate: Hans Ohm. Horaz, 2. Nördlingen: Franz Greno: 701 S. [Text, 5–656; "Anhang": "Horaz-Übersetzungen aus einem Schulheft des vierzehnjährigen Christoph Martin Wieland," 658–67; "Abkürzungen," 668–69; "Literaturverzeichnis," 670–87; Hans Radspieler, "Notizen zum Text," 688–94; "Inhalt," 695–99.]

Wissenschaftliche Literatur

Albrecht, Wolfgang. "Kritik, Polemik und Ästhetik im Zeichen der Gelehrsamkeit: Lessings Beitrag zu den *Briefen, die neueste Literatur betreffend.*" *Impulse* 9:115–52. [Wieland, passim.]

———. " 'Sich selbst zu leben': Über ein literarisches Motiv Lessings und Wielands." In *Aufklärung und Tradition: Eine Festgabe für Thomas Höhle.* Hrsg. Dieter Heinemann. Hallesche Studien zu Wirkung von Sprache und Literatur, 13; Wissenschaftliche Beiträge, Martin-Luther-Universität Halle-Wittenberg, 1986/72 (F63). Halle (Saale): Abt. Wissenschaftspublizistik der Martin-Luther-Universität:13–21.

Berthold, Heinz. "Christoph Martin Wieland und die Nöte des Übersetzens." Kolloquium Erfurt:31–43.

Bülow, Gerda v. "Das historische Vorbild für Wielands Abdera." Kolloquium Erfurt:95–99.

Dahnke, Hans-Dietrich. "Die Götter im Negligé: Die Erneuerung der lukianischen Gesprächstradition in Wielands *Göttergesprächen.*" *Impulse* 9:187–224. [Erweiterte Fassung des Beitrags "Die Götter im Negligé: Zu Wielands *Göttergesprächen*" in *Wieland-Kolloquium Halberstadt 1983.* Hrsg. Thomas Höhle. Kongreß- und Tagungsberichte der Martin-Luther-Universität Halle-Wittenberg; Wissenschaftliche Beiträge, 12. Halle (Saale): Wissenschaftspublizistik der Martin-Luther-Universität, 1985:103–16.]

Dotzler, Bernhard J. " 'Seht doch wie ihr vor Eifer schäumet . . .': Zum männlichen Diskurs über Weiblichkeit um 1800." *JDSG* 30:338–32. [II. "Autors-Künste," 357–67: Wieland als Hrsg. der *Geschichte des Fräuleins von Sternheim.*]

Erxleben, Maria. "Goethes Farce *Götter, Helden und Wieland.*" Kolloquium Erfurt:77–87.

Funke, Hermann. "Arno Schmidt: Wieland und die Antike." Kolloquium Erfurt:23–43.

Goldammer, Peter. "Christoph Martin Wieland als Taschenbuchautor." In *Über den Tag hinaus: Zur deutschen Literatur im 19. Jahrhundert.* Berlin und Weimar: Aufbau-Verlag:5–53, 389–97("Anmerkungen"), 438–39 ("Nachbemerkung"). [Zugrunde liegen u.a. folgende Teilarbeiten: "Das *Taschenbuch auf das Jahr 1804* von Wieland und Goethe im Ensemble der deutschen Almanache und Taschenbücher um 1800," *Marginalien* 83(1981): 41–59; "Zwischen Weimarer Klassik und Jenaer Romantik: Christoph Martin Wielands *Hexameron von Rosenhain,*" *Impulse* 6(1983):66–95; "Nachwort" zu *Taschenbuch für 1804: Menander und Glycerion* von C. M. Wieland.... *Krates und Hipparchia ein Seitenstück zu Menander und Glycerion* ... : *Zum Neujahrs-Geschenk auf 1805.* ... Rpt. Leipzig: Edition Leipzig, 1983:55 S.]

Hahn, Karl-Heinz. "Schiller, Göschen und der *Historische Kalender für Damen.*" *Kalender! Ey, wie viel Kalender! Literarische Almanache zwischen Rokoko und Klassizismus.* York-Gothart Mix, Katalog u. Ausstellung. Mit Beiträgen von Karl-Heinz Hahn et al.... Wolfenbüttel: Herzog August Bibliothek:209–18. [Wieland, passim; z.T. gleichlautend mit dem Aufsatz "Schiller, Göschen und der Historische Calender für Damen: Mitteilungen aus Verlegerbriefen des 18. Jahrhunderts," *GJ* (1976):490–99.]

Hahn, Karl-Heinz, Hrsg.; Jürgen Karpinski, Fotografien. *Goethe in Weimar: Ein Kapitel deutscher Kulturgeschichte.* Leipzig: Edition Leipzig; Zürich u. München: Artemis Verlag. [Wieland, passim.]

Heidenreich, Bernd. *Sophie von La Roche—eine Werkbiographie.* Frankfurter Hochschulschriften zur Sprachtheorie und Literaturästhetik, 5. Frankfurt am Main, Bern, New York: Verlag Peter Lang. [Wieland, passim u. bes. Kap. I:"*Geschichte des Fräuleins von Sternheim* (1771)." ... B. "Entstehung, Komposition und Einflüsse." ... I:"Die Entstehung der *Sternheim* und der Anteil Wielands," 8–13; ... III:"Die Vorrede und die Anmerkungen des Herausgebers," 16–19; Kap. V:"Das Alterswerk (1799–1806)." ... B."Die einzelnen Werke." ... IV:"*Melusinens Sommer-Abende* (1806)." ... 2."Wielands Vorwort," 260–61.]

Henning, Hans. "Wielands Verhältnis zur Antike, dargestellt nach seinen Briefen bis 1772." Kolloquium Erfurt:7–22.

Hinderer, Walter. "Schiller und Bürger: Die ästhetische Kontroverse als Paradigma." *JFDH*:130–54. [Wieland, passim.]

———. "Die projizierte Kontroverse: Text und Kontext von Schillers Bürger-Kritik." *Kontroversen, alte und neue: Akten des VII. Internationalen Germanistenkongresses Göttingen 1985.* Bd. 2: *Der Literaturstreit* ... Hrsg. Helmut Koopmann. Tübingen: Max Niemeyer Verlag:180–88. [Wieland, passim. Gekürzte Fassung des Aufsatzes in *JFDH* (1986):130–54.]

Irmscher, Johannes. "Byzanz in der Sicht des jungen Wieland." Kolloquium Erfurt:55–63.

Johne, Renate. "Wieland und der antike Roman." Kolloquium Erfurt: 45–54.

Kastinger Riley, Helene M. *Die weibliche Muse: Sechs Essays über künstlerisch schaffende Frauen der Goethezeit.* SGLLC, 8. Columbia, South Carolina: Camden House. [2."Tugend im Umbruch: Sophie Laroches *Geschichte des Fräuleins von Sternheim* einmal anders," 26–52, 184–87, 275–76.]

Köpke, Wulf. "Agathons und Gustavs 'Fall': Wieland-Spuren in Jean Pauls *Unsichtbarer Loge.*" *JJPG* 21:7–22.

Kunze, Max, Hrsg. im Auftrag der Winckelmann-Gesellschaft. *Christoph Martin Wieland und die Antike: Eine Aufsatzsammlung.* Beiträge der Winckelmann-Gesellschaft, Bd. 14. Stendal: Winckelmann-Gesellschaft: 107 S. [= Kolloquium Erfurt] ["Überarbeitete Beiträge eines Kolloquiums in Erfurt 1983" von Hans Henning, Hermann Funke, Heinz Berthold, Renate Johne, Johannes Irmscher, Max Kunze, Maria Erxleben, Wilfried Rudolph, Gerda v. Bülow, Siegfried Scheibe.]

———. " 'In Deiner Mine diese stille Größe und Seelenruh' zu sehn!': Winckelmann bei Wieland." Kolloqium Erfurt:65–74.

Kurth-Voigt, Lieselotte E. "Grimmelshausens *Simplicissimus* in Aufklärung und Vorklassik." *Simpliciana: Schriften der Grimmelshausen-Gesellschaft* 8:19–50. [Wieland, passim.]

Madland, Helga. "Lenz und Wieland: The Dialectics of Friendship and Morality." *LY* 18:197–208.

McCarthy, John A. "Die gesellige Klassik: *Das Taschenbuch auf das Jahr 1804*." *Kalender! Ey, wie viel Kalender! Literarische Almanache zwischen Rokoko und Klassizismus.* York-Gothart Mix, Katalog und Ausstellung. Mit Beiträgen von Karl-Heinz Hahn et al. . . . Wolfenbüttel: Herzog August Bibliothek:171–78. [Wieland, passim.]

Mix, York-Gothart, Katalog u. Ausstellung. *Kalender! Ey, wie viel Kalender! Literarische Almanache zwischen Rokoko und Klassizismus* . . . Mit Beiträgen von Karl-Heinz Hahn et al. Ausstellung im Zeughaus der Herzog August Bibliothek Wolfenbüttel vom 15. Juni bis 5. November 1986. Ausstellungskataloge der Herzog August Bibliothek, 50. Wolfenbüttel: Herzog August Bibliothek:254 S. [Paul Raabe, "Vorwort," 7; Wieland, passim u. s. unter Karl-Heinz Hahn u. John A. McCarthy.]

Paulin, Roger. "Johann Joachim Eschenburg und die europäische Gelehrtenrepublik am Übergang vom 18. zum 19. Jahrhundert." *IASL* 11:51–72. [Wieland, passim.]

Perels, Christoph. "Ein unbekannter Brief Heinrich von Kleists an Christoph Martin Wieland." *JFDH*:179–86.

Radspieler, Hans. "Wieland's Shakespear." In *Almanach der Krater Bibliothek: Das erste Jahr.* Hrsg. Karl Clausberg. Nördlingen: Franz Greno:159–75.

Rudolph, Wilfried. "Einige Aspekte des Antike- und Zeitbezugs in Wielands Roman *Geschichte der Abderiten*." Kolloquium Erfurt:89–94.

Scheibe, Siegfried. "Zum Stand und zur Perspektive der Wieland-Akademie-Ausgabe." Kolloquium Erfurt:101–07.

Schelle, Hansjörg. "Biographie und Literaturgeschichte: Der Fall Wieland." *Kontroversen, alte und neue: Akten des VII. Internationalen Germanisten-Kongresses Göttingen 1985.* Hrsg. Albrecht Schöne. Bd. 11: *Historische und aktuelle Konzepte der Literaturgeschichtsschreibung* . . . Hrsg. Wilhelm Voßkamp. Tübingen: Max Niemeyer Verlag:89–92.

———. "Zur Biographie des Erfurter Wieland I." *LY* 18:209–26.

———. "Nachträge und Ergänzungen zur Wieland-Bibliographie 3." *LY* 18:227–37.

———. "Neue Wieland-Ausgaben 1: 1981–1985." *Das achtzehnte Jahrhundert: Mitteilungen der Deutschen Gesellschaft für die Erforschung des achtzehnten Jahrhunderts* 10.1:35–43.

Simon Schuhmacher, Lioba. "Christoph Martin Wieland y el modelo del *Don Quijote*." *Communicaciones Germánicas* No. 13:37–47. [*Germanistik* 28 (1987): 85 Nr. 679. In Bibliotheken der BRD und den US nicht nachweisbar.]

Van der Laan, James M. "The German Essay of the 18th Century: A Mirror of its Age." *LY* 18:179–96. [Wieland, passim.]

Vietta, Silvio. *Literarische Phantasie: Theorie und Geschichte: Barock und Aufklärung*. Stuttgart: J. B. Metzlersche Verlagsbuchhandlung: vii, 339 S. [Wieland, passim u. IV:"Roman der Aufklärung"...3."Christoph Martin Wieland" (*Don Sylvio* u. *Geschichte des Agathon*), 165–209, 292–302.

Wardell, James Raymond. "The Essay of Christoph Martin Wieland: A Contribution to the Definition and History of the Genre in Its European Context." Diss. Michigan (Ann Arbor).

Wilson, Daniel W. "*Humanität* und Xenophobia: The Motif of Rescue in Wieland's *Oberon*, Lessing' *Nathan*, and Goethe's *Iphigenie*." In *Lessing and the Enlightenment*. Ed. Alexej Ugrinsky. Contributions to the Study of World Literature, 15. New York, Westport, Connecticut, London: Greenwood Press:139–48.

Dokumente zu Wirkung und Nachwirkung

Bock, Heinrich, Hans Radspieler, Bearbeiter. *Gärten in Wielands Welt*. Marbacher Magazin, 40 (Sonderheft). Marbach am Neckar: Deutsche Schillergesellschaft:112 S. [Katalog "für die Ständige Ausstellung 'Gärten in Wielands Welt', eingerichtet vom Wieland-Museum Biberach an der Riss in Wielands Gartenhaus"; "Die für Wielands Gartenhaus bestimmte Titelauflage wurde gefördert von der 'Arbeitsstelle für literarische Museen, Archive und Gedenkstätten in Baden-Württemberg', Marbach am Neckar." Zeugnisse von und über Wieland u.a. mit erläuternden Zwischentexten; schwarz-weiße und farbige Falttafeln und Abbildungen im Text nach Vorlagen aus dem 18. und frühen 19. Jahrhundert; aquarellierte Federzeichnung "Ein Garten zu Biberach, wo Wieland studirte. Juli 1816." und Impressum auf dem Einband; Schutzumschlag mit Inhalt und Begleitwort von Ulrich Ott. Inhalt: "Gärten in Wielands Welt: Eine Einführung," 1–2; "Oberholzheim," 3–5; "Wielands Gartenhaus in Biberach," 6–14; "Graf Stadions Park in Warthausen," 15–26; "Wielands 'heiteres Land- und Gartenleben' in Weimar," 27–33; "Sommertage in Tiefurt," 34–36; "Geistergesellschaft im Park von Belvedere," 37–42; "Wielands letzte Wohnung in Weimar," 43–45; "Wieland, der 'poetische Landwirt' in Oßmannstedt," 46–53; "Weinbau und Obstbau in Oßmannstedt," 54–56; " 'Eine kleine Republik von guten und glücklichen Menschen'," 57–65; "Verkauf des Landgutes Oßmannstedt," 66–67; "Abschied von Oßmannstedt," 68–70; "Der Pegnesische Blumenorden und sein Gesellschaftspark Irrhain," 71–84; "Wieland als Ehrenmitglied," 85–90; "Sanspareil, der Park der Markgräfin Wilhelmine von Bayreuth," 91–111; "Quellennachweis und Dank," 112.

Clausberg, Karl, Hrsg. "Zu Shakespear." In *Almanach der Krater Bibliothek: Das erste Jahr*. Nördlingen: Franz Greno. [(Verlagsankündigung von) "Shakespears Theatralische Werke nach Christoph Martin Wielands Übersetzung von 1762 bis 1766. Neu herausgegeben in 21 Einzelbänden nach der ersten Zürcher Ausgabe von 1762 bis 1766, von Hans und Johanna Radspieler," 132–33; (Wielands Übersetzung von) "Alexander Pope's Vorrede zu seiner Augabe des Shakespears," 134–51; C. M. Wieland, "Einige Nachrichten von den Lebens-Umständen des Herrn Wilhelm Shakespear," 152–58; Hans Radspieler, "Wieland's Shakespear," 159–75.

Fuhrmann, Manfred. "Nichts Neues unter der Sonne: Das Verdikt über Wieland und sein Bild der Antike—von der Goethezeit bis heute." *Frankfurter Allgemeine Zeitung*, Nr. 203(Frankfurt, 3. Sept.):34.

"*Kenntnisse des Geistes, Güte des Herzens*": *Sophie von La Roche und ihre Zeit.* Verf. Michael Maurer. Südwestfunk, Baden-Baden. 2. Programm. Samstag, 14. 6.:97 S. masch.schriftl. Mskpt. [Rundfunk-Soiree mit verteilten Rollen; "Sprecher 5: Christoph Martin Wieland." Zweiter Teil: "Sophie Gutermann-La Roche und Christoph Martin Wieland," 15–38.]

The University of Michigan, Ann Arbor

Book Reviews

*Edited for the Lessing Society
by Richard E. Schade*

I.

BOHNEN KLAUS (Hrsg.) *Lessing: Nachruf auf einen Aufklärer. Sein Bild in der Presse der Jahre 1781, 1881 und 1981.* München: Fink (1982). 187 S.

Nachrufe und Lobreden auf Klassiker aus Anlaß zufälliger Jubiläen geraten überaus schnell in Vergessenheit. Ruft man sich in Erinnerung, welche Fülle von Würdigungen über Lessing 1979 und 1981 geschrieben wurde, wie aber danach sein Name im Grunde nicht mehr existent ist, geschweige denn sein Werk, so wird eine Sammlung von so ephemeren Texten durchaus verdienstlich sein. Es ist heute, einige Jahre nach dem Erscheinen dieses Bandes, schon ein notwendiges Unternehmen gegen das Vergessen. Klaus Bohnens Buch wurde zunächst überwiegend kritisch beurteilt; Peter Demetz schrieb in der *FAZ* vom 19.8. 1983, das Buch sei nach der Salami-Methode entstanden, indem es drei Schnitte durch die Tradition gelegt habe. Die meisten Dokumente für die Jahre 1781 und 1881 seien bereits mehrfach in den Sammlungen von Braun, Steinmetz und Dvoretzky abgedruckt worden. Hinzu kämen 10 Gedenkartikel aus der bundesrepublikanischen Presse und 2 aus der DDR. Gewiß läßt sich mit solcher Metaphorik jedes Unterfangen ironisieren, durch den Lauf der Geschichte Querschnitte zu legen. Immerhin gibt es ja für die Wahl der Daten einige Gründe.

Statt eines Vorworts wird der Band mit einem Aufruf, "namentlich an die Juden", von Abraham Geiger eröffnet, der 1862 zu Spenden für ein Lessing-Denkmal aufrief. Durch den Band zieht sich, abgesehen von den Beiträgen aus der DDR-Presse, das Thema "Lessing als Anwalt der Juden" wie ein Leitthema. Zum 15. Februar 1781 wurden Nachrichten über Lessings Tod aus der damaligen Zeitungswelt und der Bericht von Johann Anton Leisewitz über Lessings letzte Lebenstage in Braunschweig aufgenommen. Die Nekrologe und kritischen Würdigungen, Gedichte und Briefe sind weitgehend bekannt, zeigen aber in dieser Zusammenstellung, daß die Zeitgenossen sehr wohl wußten, wer der literarischen Welt durch den Tod entrissen worden war. Die deutschen Verhältnisse charakterisiert der klagende Ausruf, daß ihm in England "öffentlich ein ewigs Denkmahl" geweiht würde.

Das Gedenken zum 100-jährigen Todestag 1881 im Nationalstaat und Kaiserreich stellt zunächst zwei Texte im Auszug gegenüber, die sich nicht grausamer widersprechen könnten: Ludwig Auerbachs "Genesis des Nathan", worin er den Christen ins Gewissen redet, da sie die Religion der Liebe verkehrt hätten, und Eugen Dürings schlimmen Beitrag zur "Judenfrage als Frage der Racenschädlichkeit für Existenz, Sitte und Cultus der Völker". Dieser Beitrag ist eine der infamsten Schmähungen, die Lessing in der neueren Rezeption widerfahren ist. Von seinem "Judenmaß niedriger Sinnlichkeit" und ähnlichem ist die Rede. Bei den sogenannten Positivisten tritt diese Thematik allerdings wieder zurück.

In den Kommentaren zu den Gedenkfeiern des Jahres 1981 in West und Ost fehlt es nicht an Polemik gegen die "propagandistische Bewertung der Erbepflege in der DDR". Häufiger ist vom sehr differenzierten Interpretationsstand der Lessing-Forschung in der DDR die Rede. Die eigentlichen Gedenkartikel sind überwiegend schnell zusammengeschrieben und nicht immer von Kennern erarbeitet worden. Man bedient sich einfach prominenter Lessing-Würdigungen, so etwa Friedrich Schlegels oder Rillas. Unter diesen Artikeln ragt der Beitrag von Wolfgang Martens als sachhaltigste und prägnanteste Charakteristik heraus. Die umfangreichen Artikel der Antipoden Fritz J. Raddatz und Marcel Reich-Ranicki sind Zeugnisse des bedenklichen Niveaus, das unsere Großkritiker sich bei solchen Anlässen erlauben. Reich-Ranicki, wie immer forciert polemisch, stellt die elementare Frage, ob Lessing ein großer Kritiker war. Antwort: "Er war weniger und mehr zugleich." Seine Kritiken seien "verblaßt", was der Theoretiker jedoch hinterlassen habe, sei zu einem erheblichen Teil auch heute nicht überholt. Bei den Stimmen aus der DDR sind nicht unbedingt die besten Beiträge gewählt worden. Ursula Püschel und Inge von Wangenheim schreiben überwiegend parteiliche Bekenntnisnachrufe—diese Äußerungen werden erst in der Einbettung in die Erbe-Diskussion völlig verständlich. Vielleicht hätte der Herausgeber gerade hier durch eine knappe Einführung den Stellenwert dieser Artikel einsichtiger machen können.

Das Nachwort reflektiert über Lessings Aversion gegen jede Art von Nachruf und Nekrolog—er hätte sich die verbeten. Hervorgehoben wird diese Stereotype des Lessing-Bildes in der Rezeption. Dazu gehören vor allem das Ansehen der Person und das Lob des Mannes. Hinzu tritt der Kult der "Vorgeschichte"; Lessings "Vorläuferschaft" wird wie eine Zauberformel verwendet. Lessing wurde immer wieder als "Kämpfer" und "Wahrheitssucher", als "Begründer der deutschen Nationalliteratur" gefeiert. Zahlreich sind allerdings auch die Aspekte seines Werkes, die konsequent ausgeklammert wurden. Obwohl sich diese Stereotypen in beiden deutschen Staaten mit typischen Abweichungen gehalten haben, dominiert in der Bundesrepublik das Lob Lessingscher Liberalität ohne jede Absicherung, während in der DDR seine soziale Existenz entschiedener betont wird. Insgesamt läßt sich von einer Beunruhigung oder Herausforderung in diesen Nachrufen nicht reden.

In den bibliographischen Hinweisen werden die Sammlungen und Zeitungen genau nachgewiesen, welchen die Texte entnommen wurden. Der Hinweis auf Hans Georg Werners Aufsatz "Ideelle Formen der Lessing-Aneignung in der DDR" (WB 9/1981, 5–48) korrigiert das wenig überzeugende Bild der Lessing-Rezeption in der DDR in den beiden abgedruckten Zeitungsartikeln.

Abgesehen von dem Teil, der dem letzten Jubiläumsdatum gilt, ist in dieser Sammlung tatsächlich nichts Neues zu finden. Doch dürfte dies auch nicht das Interesse des Herausgebers gewesen sein. Der Band eignet sich vorzüglich als Textbuch für akademische Lehrveranstaltungen. Selten lassen sich Rezeption und Wirkung eines Autors so präzise beschreiben wie anläßlich der Texte, die zu den Jahren 1781, 1881 und 1981 entstanden sind. Für Lessing-Seminare zweifellos eine nützliche Ergänzung.

Saarbrücken *Gerhard Sauder*

I

DURZAK, MANFRED, *Zu Gotthold Ephraim Lessing. Poesie im bürgerlichen Zeitalter.* Stuttgart: Ernst Klett Verlag (1984). 163 pp.

Diese Sammlung von Aufsätzen Durzaks wurde in die Reihe der LWG (Literaturwissenschaft-Gesellschaftswissenschaft)-Interpretationen aufgenommen, von denen Durzak selbst einer der Herausgeber ist. Sechs von den acht Aufsätzen, die hier gesammelt sind, waren schon zwischen 1969 und 1977 veröffentlicht worden und sind nun in diesem Band überarbeitet wiederabgedruckt. Die Erstdrucke der Studien sind am Ende des Bandes angegeben.

Zunächst sollen vier Aufsätze vorgestellt werden, die direkt der Werkinterpretation gewidmet sind. In "Von der Typenkomödie zum ernsten Lustspiel. Zur Interpretation des 'Jungen Gelehrten' " stellt Durzak fest, daß Lessing durch Individualisierung der Hauptfiguren in der realistisch-mimetischen Darstellung die konventionelle Typenkomödie durchbricht. Damis ist "eine Figur, die nicht a priori als lächerlich erscheint" und ist vor die ernste Aufgabe gestellt, "die Kluft zwischen gesellschaftlicher Realität und abstrakter Bildungsvorstellung zu überwinden" (S.17). Valer ist "durchweg ernsthaft gezeichnet" (S.26). Unverkennbar kann man tatsächlich aus dieser Komödie, die vermutlich in demselben Jahre entstand wie Gellerts typisch rührendes Lustspiel *Die zärtlichen Schwestern*, das Ernsthafte ersehen. Von Valer, Gegenfigur zu Damis, abgesehen, kommen doch, entgegen Durzaks Betonung der ernsthaften Motivationen, an dem Verhalten des Damis auch die komisch-lächerlichen Züge durch Übertreibung und Wiederholung in der Darstellung deutlich zum Ausdruck. Aufgrund der Hypothese, die aus dramaturgischen Überlegungen in den später entstandenen Schriften Lessings aufgestellt wird, hat Durzak den Erstling von Lessings Komödien zu weit in die Nähe des Gipfels derselben Gattung, *Minna von Barnhelm*, gerückt.

Mit "Äußere und innere Handlung in 'Miß Sara Sampson'. Zur ästhetischen Geschlossenheit von Lessings Trauerspiel" versucht Durzak, die ästhetische Geschlossenheit in Inhalt und Form des Stückes zu bestätigen und es gegen die Kritik an der dramatischen Bauform zu verteidigen. Er betont die zentrale Bedeutung der Szene der entscheidenden Konfrontation Saras mit Marwood im achten Auftritt des vierten Aktes statt der sogenannten Brief-Szene mit dem langen Gespräch zwischen Sara und Waitwell im dritten Auftritt des dritten Aktes. Nach Durzak enthält diese Szene die drei strukturellen Elemente "Glückswechsel, Erkennung und Leiden" (S.34), die Lessing in Anlehnung an Aristoteles im 38. Stück der *Hamburgischen Dramaturgie* für die gute Fabel herausgearbeitet hat. Durch die Gegenüberstellung der beiden Rivalinnen wird die Verkennung des nur aus der Perspektive Mellfonts gezeigten Marwoodbildes bei Sara nun korrigiert, und damit gelangt Sara auch zur Erkennung ihrer eigenen Person. Mit dem Perspektivenwechsel und der Entpuppung vollzieht sich die Wendung der Handlung zur Katastrophe. Im achten Auftritt des vierten Aktes wird solcherweise die "Übereinstimmung zwischen äußerer und innerer Handlung" (S.34) verwirklicht. Durzaks bis ins Einzelne durchgeführte Interpretation von *Miß Sara Sampson* verdient besondere Beachtung, und vor allem ist die sorgfältige Analyse des Prozesses der Selbsterkennung Saras überzeugend und aufschlußreich.

"Das Gesellschaftsbild in Lessings 'Emilia Galotti' " bearbeitet das von Lessing mit Konsequenz dargestellte Bild der gesellschaftlichen Beziehungen, die der "Mechanismus der Veräußerlichung, der Verabsolutierung von Dinglichem und gänzlicher Abhängigkeit" (S.56) beherrscht. Durzak findet in diesem Stück einen Querschnitt durch die feudalabsolutistische Gesellschaft eines kleinen italienischen Fürstentums in der Renaissancezeit, indem Personen von der obersten bis zur untersten Schicht auftreten, vom Prinzen bis zu Pirro und Angelo. Die Aktionen aller Personen werden von ihren Positionen in dem hier von Lessing entworfenen Gesellschaftsmodell durchaus bestimmt. Die Haltung sowohl des Prinzen als auch des Höflings Marinelli anderen Menschen gegenüber ist von Nutzerwägung und Mangel an Reflexion motiviert. Die unterwürfige Passivität Odoardos dem Prinzen gegenüber und sein äußerst patriarchalisches Verhältnis zu seiner Tochter werden vor dem Hintergrund seiner sozialen Beziehungsverhältnisse verständlich. Von diesem Gesichtspunkt aus betrachtet Durzak auch die Katastrophe, wo Emilias Selbstvernichtungsdrang aus dem durch die familiär-gesellschaftlichen Beziehungen verursachten und nach der Entführung aufs äußerste vertieften Konflikt erwächst. Durzaks Argumentation ist im ganzen klar und plausibel, aber teilweise fraglich. Liegt der Haltung Odoardos seiner Tochter Emilia gegenüber wirklich das gleiche Nutzprinzip wie bei dem Prinzen zugrunde?

In "Ein Lustspiel zum Weinen, ein Trauerspiel zum Lachen. Lessings dramatisches

Gedicht 'Nathan der Weise' " wird das im Titel angedeutete Problem der "Gattungszwiespältigkeit"(S.115) leider nicht erfolgreich genug behandelt. Dieses dramatische Gedicht ist nach Durzak der frühen Komödie *Die Juden* dadurch überlegen, daß Nathan seine vorbildliche Moralität als Ergebnis von schmerzhaften Erfahrungen besitzt, während sie dem Reisenden im früheren Werk als tugendhafte Eigenschaft von Anfang an beigelegt ist. In gleicher Weise wird der Fortschritt im *Nathan* gegenüber *Miß Sara Sampson* und *Emilia Galotti* damit bezeichnet, daß die Hauptperson sich nicht in den kleinen privaten Kreis der Familie zurückziehen will, sondern sich aktiv mit der Wirklichkeit konfrontiert und durch die Ringparabel sogar auf den Sultan seinen verändernden Einfluß auszuüben versucht. Insofern wird sicherlich die Beweisführung Durzaks allgemeine Zustimmung finden. Problematisch ist dagegen, daß die Aufdeckung der geschwisterlichen Bindung zwischen Recha und dem Tempelherrn einen "menschlichen Verlust" (S.127) herbeiführt und damit ein Element "zum Weinen"(S.128) im Stück darstellt. Diese Wiedererkennung hat doch vielmehr eine positive Bedeutung. Es handelt sich dabei um Konstituierung des Menschenkreises einer unzerstörbaren, ursprünglicheren Verbundenheit durch die Einheit des Blutes.

Interessant sind auch die weiteren Studien der Sammlung. "Vernunft und Offenbarung im Denken Lessings" versucht, die Wechselbeziehung dieses Begriffspaares aus den mannigfachen Äußerungen Lessings herauszuarbeiten. Durzak sieht in *Die Erziehung des Menschengeschlechts* eine philosophische Harmonisierung von beiden Begriffen und in *Nathan* deren poetischen Ausdruck. "Gesellschaftsreflexion und Gesellschaftsdarstellung bei Lessing" bearbeitet den historischen Stellenwert von "gebrochener politischer Aktion"(S.98), z.B. Eskapismus oder Selbstvernichtung der Dramenfiguren Lessings. In "Lessing und Büchner: Zur Kategorie des Politischen" erörtert Durzak wiederholt die Diskrepanz zwischen Moral und Politik und analysiert das Verhalten der Personen wie Henzi, Odoardo und Danton der gegebenen Wirklichkeit gegenüber. "Bürgerliches Trauerspiel und bürgerliche Gesellschaft" beschäftigt sich mit Lillo, Moore, Diderot, Lessing, Lenz, Schiller und Hebbel und bietet uns einen umfassenden Überblick über die Entwicklung des bürgerlichen Dramas.

Insgesamt hat Durzak mit dieser wertvollen, durchweg sozialhistorisch orientierten Werksammlung einen anregenden Beitrag zum Verständnis der vielfältigen Leistung Lessings geliefert.

Universität Osaka *Motoyasu Nakamura*

HOMANN, RENATE, *Selbstreflexion der Literatur. Studien zu Dramen von G. E. Lessing und H. von Kleist.* München: Wilhelm Fink Verlag (1986). 454 S.

Mit dieser Arbeit, die in der verdienstvollen Reihe *Theorie und Geschichte der Literatur und der schönen Künste* erschienen ist, hat Renate Homann ihre Habilitationsschrift vorgelegt. Sie unternimmt darin den Versuch, eine "Theorie der ästhetischen Literatur" (S. 69) zu entwickeln und verfolgt damit eine Zielsetzung, die sie bereits in ihrem in der gleichen Reihe erschienenen Buch *Erhabenes und Satirisches. Zur Grundlegung einer Theorie der ästhetischen Literatur bei Kant und Schiller* (München, 1977) als "die zentrale Aufgabe der gegenwärtigen Literaturtheorie" (S. 14) bezeichnet hatte. Unter ästhetischer Literatur versteht sie Texte, die durch ihre semantische Struktur implizit oder explizit eine systematische Rezeption der Paradigmen der Literaturgeschichte darstellen, über sich selbst als Literatur reflektieren und auf diese Weise ihre eigene, immanente Literaturtheorie formulieren. Konsequenterweise versucht R. Homann, diese Theorie der ästhetischen Literatur direkt aus bestimmten literarischen Werken zu gewinnen, indem sie diese unter dem Aspekt der "Selbstreflexion" betrachtet.

Die Werke, die behandelt werden, sind Lessings *Minna von Barnhelm, Emilia Galotti* und *Nathan der Weise*, sowie Kleists *Der zerbrochne Krug, Penthesilea* und *Prinz Friedrich von Homburg*. Es ist zweifellos ein Versäumnis, daß diese Auswahl nur sehr unzureichend, nämlich in einer halben Seite und einer Fußnote, begründet wird. Nicht allein die Wahl dieser Texte, sondern besonders die der Gattung Drama hätte aber in jedem Falle einer näheren Begründung bedurft. Denn wenn man das Drama als Theorie der Literatur und ihrer Rezeption betrachtet, reduziert man es in seiner Bedeutung, da man gerade die praktische Dimension, die der Aufführung, ausklammert, die dieser Gattung eigen ist und aus der sie ihre Wirkung bezieht. Die Notwendigkeit einer solchen Entscheidung hätte jedoch deutlich gemacht werden müssen, sowohl, um dem eigenen theoretischen Anspruch, als auch dem Untersuchungsgegenstand gerecht zu werden.

Dieser offenkundige Mangel ist umso bedauerlicher, da sich die Arbeit ansonsten durch eine methodisch vorbildliche Vorgehensweise auszeichnet. Jeder Arbeitsschritt wird präzise erläutert, bevor er ausgeführt wird; Zielsetzung und Bedeutung der jeweiligen Untersuchung sind immer transparent. Kurze, eingeschobene Zwischenzusammenfassungen rekapitulieren die gewonnenen Ergebnisse und sorgen für eine große innere Kohärenz der einzelnen Studien. Zu dieser Übersichtlichkeit, wie man sie allen wissenschaftlichen Publikationen nur wünschen kann, trägt auch das ausführliche und sehr detaillierte Sach- und Personenregister bei.

In einem Einleitungsteil, den sie den eigentlichen Untersuchungen voranstellt, legt R. Homann die theoretischen und literaturgeschichtlichen Prämissen dar, auf denen ihre Arbeit basiert. Darin wendet sie sich mit Schillers Begriff des "Sentimentalischen" und J. G. Hamanns "Theorie des Ästhetischen der Sprache" (S. 31) gegen Hegels 'Satz vom Ende der Kunst', den sie als Mißverständnis betrachtet, das von der modernen Literaturwissenschaft reproduziert worden sei. Es ware hilfreich gewesen, wenn dieser zentrale Ausgangspunkt der Arbeit anhand einiger Beispiele für die Auswirkungen dieses Mißverständnisses ein wenig ausführlicher dargestellt worden wäre. Denn so bleibt die Zielrichtung der Argumentation und insbesondere die Erörterung ihrer Relevanz für die moderne Literaturwissenschaft zu allgemein.

Kern- und Glanzstück des Einleitungskapitels ist sicherlich die Interpretation von J. G. Hamanns *Aesthetica in nuce*, deren großes Verdienst es ist, die Bedeutung dieser Schrift für die moderne Theoriebildung aufzuzeigen. Die herausgearbeitete Auffasung Hamanns vom Ästhetischen im literarischen Werk als "die reflexive Präsenz der gesamten Geschichte des Metaphorischen der Sprache" (S. 50) ist auch die Grundlage der Position R. Homanns. Das Problematische an dieser Position ist jedoch, daß sie letztendlich literatur-immanent und damit zirkulär bleibt. Wenn das konstitutiv ästhetische Moment der Literatur in ihrer Auseinandersetzung mit sich selbst gesehen wird, dann wird die Literaturwissenschaft auf eine hermetische, egozentrische Nabelschau reduziert, der jeder Realitätsbezug verlorengeht. Das äußert sich dann z.B. darin, daß R. Homann die "wechselnden Anleihen bei den anderen wissenschaftlichen Disziplinen" (S. 19) als Indizien für die Aporie der Literaturwissenschaft wertet, anstatt sie, was ja auch möglich wäre, als die Bemühung um Erweiterung des eigenen Horizontes zu begreifen.

Es gelingt R. Homann, ihre Haltung präzise gegenüber anderen literaturtheoretischen Ansätzen abzugrenzen. Sie weist geschickt und in übersichtlicher Form diejenigen Teilaspekte darunter auf, die sich mit ihrer Position vereinbaren lassen. In ihren Ausführungen wird jedoch eine Tendenz deutlich, die bezeichnenderweise selbst nicht problematisiert wird: Über die Betonung der "Unabhängigkeit der Interpretation der Literatur von dem . . . Selbstverständnis der Autoren" (S. 61), die sie als wesentliche Erkenntnis der Jauß'schen Rezeptionsästhetik versteht, gelangt sie, ohne dies weiter zu explizieren, zur Wiedereinsetzung des autonomen Kunstwerkes als absolute Autorität, gegen die sich die Rezeptionsästhetik ja gerade gewandt hatte. Das literarische Werk wird durch eine derartige Betrachtungsweise wieder in einen illusionären geschichts- und ideologiefreien Raum entrückt. Das ist in der Konsequenz nichts anderes, als ein Schritt zurück zu einer normativen Ästhetik, die sich an einem nicht weiter hinterfragten Kanon, "den großen literarischen Werken" (S. 63) orientiert. Die mangelhaft begründete Textauswahl scheint das zu bestätigen.

Es ist der Autorin vorzuwerfen, daß sie bei aller auf die Erörterung ihrer Prämissen angewandten Sorgfalt ausgerechnet diesen entscheidenden Punkt nicht darlegt. Er wird damit zur Schwachstelle der theoretischen Grundlegung der Arbeit, die die Intention der Werke in ihrem historischen und sozialen Kontext nur noch mit der stereotypen Formel von der "Erschließung der zeitgenössischen Weltverhältnisse" (S. 31, 243, 283, 305) erklären kann.

So eingeschränkt und einschränkend R. Homanns Position als allgemeine, verabsolutierte Grundlage von Literaturwissenschaft und -theorie auch wirkt, so fruchtbar ist die Perspektive der Selbstreflexion doch für die Interpretation der ausgewählten Texte selbst. Die Fragestellung führt nicht selten ins Zentrum der Problematik des jeweiligen Dramas, und die originellen Antworten, die angeboten werden, machen das Buch zu einem wertvollen Beitrag sowohl zur Lessing-, als auch zur Kleist-Forschung. Die Analysen überzeugen durch ihre Stringenz und die sehr genaue Textarbeit, die die große Stärke des Buches ist. Letztere kommt v.a. in der Interpretation der Ringparabel im *Nathan*-Kapitel zum Tragen, die zu dem Ergebnis kommt, "daß das Problem der Religionen im *Nathan* überhaupt nicht als ein theologisches, sondern als ein ausschließlich literaturtheoretisches Problem dargestellt ist." (S. 212)

Unter den Studien zu Lessing ragt das Kapitel über *Minna von Barnhelm* heraus. Es gelingt R. Homann, das literatur- und gattungstheoretisch Neue des Stückes zu beschreiben. Die Perspektive der Selbstreflexion ermöglicht dies, indem sie zeigt, daß das Moderne nicht so sehr auf der Ebene der Charakterdarstellung bzw. des Inhaltes liegt, sondern darin, wie systematisch die Unangemessenheit zweier Beispiele der Gattung, der Verlachkomödie und des rührenden Lustspiels, demonstriert und durch die aus dieser Reflexion entstehende "ästhetisch entworfene Komik" (S.116) überwunden wird. Der Ansatz ist besonders dazu geeignet, die theoretische Innovationskraft Lessings hervortreten zu lassen und erstmals ausdrücklich ästhetisch zu begründen. Wie für Lessing, eröffnet er auch für Kleist neue Dimensionen des Textverständnisses, wie z.B. die Erklärung von Penthesileas Tragik durch Analyse ihres Sprachverständnisses zeigt. Es wäre wünschenswert, wenn von dieser Arbeit Impulse für weitere Bearbeitung dieser Themenkomplexe ausgehen würden.

Die einzelnen Studien sind für sich abgeschlossen; der jeweils gleiche Untersuchungsaspekt und die einheitliche Methode machen sie miteinander vergleichbar. Dennoch werden sie zu selten direkt aufeinander bezogen und auch ein Rückbezug auf den theoretischen Teil wird nur in einigen Fußnoten geleistet. So erscheint, was als großer Zusammenhang gedacht ist, oft nur als bloße Wiederholung, worunter natürlich die Intention des Buches, die Theorie einer ästhetischen Literatur darzulegen, leidet. Um dieser gerecht zu werden, wäre es unbedingt notwendig gewesen, die einzelnen Analysen, evtl. in einem zusammenfassenden Schlußteil, miteinander in Verbindung zu bringen. Ansätze zu sehr interessanten Querverbindungen, z.B. zwischen *Nathan der Weise* und *Prinz Friedrich von Homburg* unter dem gattungsspezifischen Gesichtspunkt der jeweils gleichartigen Bezeichnung als "Schauspiel" (S. 379), sind durchaus vorhanden, hätten aber ausführlicher herausgearbeitet werden müssen.

Wenn also die große theoretische Absicht des Buches nicht vollständig verwirklicht werden kann, so wird mit dem Aspekt der Selbstreflexion doch eine erhellende neue Perspektive für die Literaturwissenschaft gewonnen. Deren Bedeutung könnte sich gerade in dem Zusammenwirken mit den von R. Homann aufgrund ihrer normativen, werkästhetischen Grundposition ausgegrenzten Ansätzen wie z.B. der Sozialgeschichte und der Ideologiekritik erweisen. Die neuere Theoriediskussion, in der die Komponente des Ästhetischen oft vernachlässigt wird, würde auf diese Weise belebt und bereichert werden.

University of Cincinnati *Christian Liedtke*

PÜTZ, PETER, *Die Leistung der Form. Lessings Dramen.* Frankfurt: Suhrkamp (1986). 283 S.

Peter Pütz durchdenkt das dramatische Schaffen Lessings im Rahmen der Geistes- und Sozialgeschichte sowie—das sagt der Titel—als Kunst. Die spezifische Fügung der Themenkomponenten gewährt einen kognitiven Mehrgewinn: so das Ergebnis der einleitenden Erörterung zur Überlegenheit der künstlerischen Darstellung über die diskursive Darlegung. Diese Erinnerung ist· heute nötig und höchlich zu begrüßen. Pütz bekräftigt sie besonders anschaulich am *Nathan,* wo Lessing die Kanzel mit der Bühne vertauscht und tatsächlich zu erheblich weiterreichenden Wahrheiten vorstößt.

Ein zweites Einleitungskapitel zielt auf die Affinität des dramatischen Prozesses zur Aufklärung—zu ihrem Insistieren auf Änderung, auf Neuorientierung, auf zumindest versuchsweiser Umkehrung alter und neuer Normen, auf Destruktion falscher Ansprüche und Autoritäten. Im Drama geschieht das durch Gegensetzungen und Umkehrungen, die sich dialektisch zuspitzen. Mit 'Dialektik der Aufklärung' im Sinne Horkheimers und Adornos hat das freilich nichts zu tun. Umgekehrt: diese Dialektik erfolgte überhaupt erst nachträglich im 19. Jahrhundert. Und die Aufklärer reflektierten, obwohl die Frankfurter Schule es ihnen absprach, durchaus und unentwegt ihre Bedingungen und Ziele. Lessings frühe Komödien mit der Turbulenz ihrer entlarvenden Umkehrungen liefern ein einleuchtendes Beispiel.

Leider stellt Pütz weiter keine Größen auf den Kopf. Ja, er setzt sich mit der Forschung hinter den Kulissen auseinander. Er zitiert sie selten und beliebig und jedenfalls nicht die Arbeiten, die er "umkehrt." Das wirkt zwar äußerst souverän, verbirgt aber, wieviel Pütz dem Streit um Lessing selbst verdankt und welchen Platz er selber darin einnimmt. Sachlich wie methodisch ist das um so bedauerlicher, als das Buch übersichtlich, gemeinverständlich, ja elegant geschrieben ist und sich mit vernünftigen Ansichten wie mit scharfsinnigen Beobachtungen eigentlich auch dem Anfänger empfiehlt.

Um einige herauszugreifen: die zeitgemäßen Themen des Geldes, der Moralität und ethischen Autonomie als Waffen des aufstrebenden Bürgertums gegen den Adel; die Vaterrolle als Zentrum aller menschlichen Bezüge; die Entbehrlichkeit des Eros für die damalige Ehe. In *Emilia Galotti* enthüllen die kurzen Repliken Unbewußtes und das oft angewandte Mittel der "angekündigten Ankunft" die "Gewalt des ehernen Zusammenhangs von Ursache und Wirkung, von Tat und notwendiger Folge" (188). Dagegen weisen die ausgedehnten Passagen einer Rhetorik dirigierter Affekte *Miß Sara Sampson* der weinerlichen Empfindsamkeit zu. In *Minna von Barnhelm* bildet die Strategie des militärischen Annäherns und Entfernens das Strukturprinzip von Sprache und Szene. Die Figuren im *Nathan* lösen die Botschaft der Ringparabel bereits ein. Und in allen Dramen kommt es "buchstäblich auf diesen einen Tag" an, auf den Zusammenfall der Handlungslinien in der Einheit der Zeit eines Tages.

Für *Minna von Barnhelm* ermittelt Pütz das Datum des 22. Augusts 1763, ohne daraus Konsequenzen zu ziehen. Ich fand durch es meine "optimistische" Deutung des Stückes bestätigt, indem ich es auf das Evangelium der Liturgie des Tages bezog (vgl. *LY XIX* 1987, S. 45–66 sowie Wittkowski, Hg., *Verantwortung und Utopie.* Tübingen: Niemeyer 1988, S. 18, Anm. 6). Pütz dagegen gelangt im verschwiegenen Dialog mit Peter Michelsen zu dessen skeptischem Ergebnis, die prästabilierte Harmonie der Folge 'Tugend—Glückseligkeit', also der Grundpfeiler des Wertsystems der Aufklärung, werde erschüttert: komme ihm doch zuletzt bloß die umkehrende Macht des Zufalles zu Hilfe.

Man kann also der Kennzeichnung der Form durch Pütz im ganzen beipflichten und trotzdem ihre Leistung für den Sinn ganz anders, ja umgekehrt verstehen. Überhaupt gilt ja, daß Form ihre Funktion nicht unmittelbar "verrät", sondern nur im Kontext des Ganzen und seiner Deutung. Daß mich eine Reihe einzelner Formbestimmungen durch Pütz nicht überzeugen, mag hier auf sich beruhen (z.B. die Behauptung, alle

Dramen Lessings hätten drei thematische Handlungskomponenten—in der *Minna* kommt bei Pütz selber mit dem Mitleid Nr. 4 zu Ehre, Liebe, Geld hinzu). Aber Meinungsverschiedenheiten wie die, ob das Lustspiel Anlaß zu Weltvertrauen bietet oder nicht, wurzeln in verschiedenen Grundeinstellungen zum Verhältnis von Wirklichkeit, Kunstwerk und idealer Sphäre. Hier liegt der eigentliche Streitpunkt.

Zwei Beispiele. Pütz zeigt scharfsinnig—ob als erster, muß bei seiner Verfahrensweise offenbleiben, und ich weiß es nicht—, daß die Figuren der frühen Lustspiele die Notwendigkeit und Möglichkeit zum Umdenken zwar ahnen, indes die Kraft dazu nicht aufbringen. Er macht dafür sozialgeschichtlich die Verhältnisse verantwortlich: die Kluft zwischen ideeller Theorie und rückständiger Gebundenheit des Handelns (98f.). Gleichzeitig soll von der Unzulänglichkeit auf der Bühne der Appell ans Publikum ausgehen, das anvisierte Umdenken tatsächlich zu vollziehen. Reale Menschen wären dazu aber noch weniger imstande; denn Pütz meint natürlich *deren* Sozialverhältnisse, diejenigen der Lessingzeit. *Das* ist der Weg, auf welchem—hinter seinem eigenen Rücken gleichsam—Pütz zu dem Schluß gelangt, das Ganze zeige wenig Aufklärungsoptimismus. Eine schwerwiegende Folgerung! Nun appellieren aber andere Dichter ähnlich an ihr Publikum, auch an ein Publikum fortschrittlicher Ungebundenheit, dem jene Zeiten rückständig erscheinen. Und in der Tat: bleiben wir nicht alle—wenngleich individuell verschieden weit, stets hinter dem Ideal zurück? Vervollkommnung verheißt damals nur Annäherung ans Ideal; und beide zusammen bringen—das sieht Pütz auch—den Willen zu ständiger Verbesserung hervor. Daß für sie immer Spielraum bleibt, deprimiert nur, wenn man das Ideal für erreichbar hält. Das tat man damals nicht—und konnte deshalb zuversichtlich hoffen. Von Lessing wissen wir es.

Pütz interpretiert *Emilia Galotti*, indem er sich teils den Verteidigern des Stückes, mehr indes den Rezipienten der aktualisierenden Kortner-Inszenierung anschließt. Seine Argumentation wird dadurch in sich widersprüchlich; man vergleiche seine Kommentare zu Odoardo. Ferner sagt Pütz zwar richtig, die Orsina spreche die Quintessenz des Werkes aus; diese aber engt er ein auf den undurchbrechbaren Kausalnexus, in dem, neben dem Fürsten, auch die Bürgertugend Emilia zu Tode hetze. Das halte ich für eine Pervertierung des einfachen Sachverhalts, daß es die Prinzipientreue der Galottis ist, die ihre Tragik besiegelt—wie denn in Dramen dieses Typus stets die Tugend die Tragödie heraufbeschwört. Im Geist des Stückes sind deshalb nicht die Galottis zu bedauern (gewiß verdienen sie unser Mitleid!); denn sie verwirklichen ja ihre Prinzipien. Pütz bestreitet das und geht damit Ilse Graham und H.J. Schulte-Sasse auf den Leim. In ihrem Gefolge verkennt er, was die Conti-Stelle im Zusammenhang hiermit und mit dem Zeiterlebnis der Figuren bedeutet. Ferner ignoriert er, daß den Urheber des tragischen Nexus die Nemesis trifft (ohne daß uns das sonderlich mitleidig stimmte). Das ist die Kehrseite des Kausalnexus. Der Mensch kann zwar in ihn eingreifen, gegebenenfalls aber nicht ungestraft—auch wenn die Strafe ihn erst im Jenseits ereilt, wie es hier nahegelegt wird. Von der Nemesis hat der Wiese-Schüler freilich nur eine verschwommene Vorstellung; sonst könnte er uns nicht versichern, Emilias Autonomie richte sich "nicht gegen eine fernher wirkende Nemesis". Warum sollte sie, und wer täte denn dergleichen? Die Nemesis ist ja auf ihrer Seite und wird—das verkünden die Orsina (das verkörperte Werkzeug der Nemesis) und die letzten Worte Odoardos—ihr Opfer erreichen, den Prinzen. Der Zusammenhang von Tugend, Glück und Vatertum bewährt also seine Geltung, und zwar triumphal—und bricht eben nicht bedauerlicherweise auseinander, wie Pütz meint, weil halt die Tugendträger zweifeln, schwanken und zuletzt scheitern; das aber gehört zu ihrer tragischen Situation. Oder aber: zweifeln sie am Ende nicht genug, werden deshalb zu Opfern ihrer klassischen Bildung, zu Imitatoren von Virginius und Virginia—und geben so Pütz' Deutung recht? Für mich entscheidet hier die Form: das im Zeichen der Conti-Stelle abgestufte Zeiterlebnis der Figuren. Doch das ist sicher nicht das letzte Wort (vgl. *LY* XVII 1985, S. 65–87).

So reizt das Buch, nachdem man daraus viel Kluges und scharf Beobachtetes gewonnen, ja selbst nachdem man Einiges darin korrigiert hat, zum Überdenken und womöglich Umkehren eigener Lesarten und vor allem auch der grundsätzlichen Maßstäbe, die viele von uns unter dem Eindruck bewunderter Autoritäten gelernt haben an Dichtung anzulegen.

State University of New York at Albany   Wolfgang Wittkowski

II.

SCHLEGEL, FRIEDRICH, *Sich "von dem Gemüthe des Lesers Meister" machen: Zur Wirkungsästhetik der Poetik Bodmers und Breitingers.* Frankfurt: Peter Lang (1986). 276 pp.

The starting point for this study is given by what the author sees as a pronounced acceleration at the beginning of the eighteenth century (brought about by the marked expansion at that time of the commercial book market) in the supplanting of oral by written modes as the primary vehicles for the production, and hence also, the reception, of literature: "In dem Maße, wie das Buch als Medium literarischer Kommunikation mehr und mehr an Bedeutung gewann, wurden die Formen traditioneller, kollektiver wie mündlicher literarischer Rezeption ungebräuchlich und tendenziell endgültig durch die stille und vereinzelte Lektüre ersetzt" (p. 7). This state of affairs represents, in his view, for Bodmer and Breitinger the primary point of engagement with the nascent German literary renaissance of their day. For them, he argues, the overriding concern of a poetics intent on speaking to contemporary needs must be to demonstrate how the qualities of an earlier, at once oral and public, literature—above all, the ability of that literature genuinely to *affect* its audience—can be realized anew under the conditions of a time in which literature is read rather than heard, and that, moreover, alone rather than in the company of one's fellows—as Bodmer puts it (in a phrase that becomes something of a refrain in Schlegel's exposition), "in der Einsamkeit des Cabinets" (p. 14, passim).

Schlegel's emphasis on the central importance of the category of *Wirkung* is, of course, entirely appropriate. That category is one of the leitmotifs, not only in the writings of the Swiss critics in particular, but in the running debate on fundamental questions of literary theory among German authors at large throughout the eighteenth century. That being so, however, it then seems all the more surprising, at least initially, that Schlegel says next to nothing about what, on its face, would appear to be the most natural response to a threatened "Wirkungsverlust" (p. 7) of literature in an age of print, and what, in addition, was the course actually chosen by most of the major German authors of the time, especially after the middle of the century. As Bennett and others have pointed out (and notwithstanding the very considerable advances that Germany in the eighteenth century also witnesses both in lyric poetry and in narrative fiction), the principal form in which the rebirth of German literature at this time occurs is that of the *drama.*

Yet if there is an oversight to be registered here, it is not to be laid to Schlegel so much as to Bodmer and Breitinger themselves. For it is, in the first instance, their view (though it is, to be sure, also one in which they are seconded by Schlegel) that the situation of the modern recipient of literature will be determined with a certain inevitability by the "Einsamkeit des Cabinets" already referred to. To note that, however, is at the same time to see that it is at least somewhat anachronistic to speak of an oversight in this regard at all. For, at the time at which Bodmer and Breitinger are writing (and despite the efforts of Gottsched and others), the emergence of German drama as a significant literary force, in the form that will prove decisive not only for the eighteenth century but thereafter as well, is still a decade or more in the future.

As they appear in Schlegel's depiction of their thought, that is, Bodmer and Breitinger are among the first to identify what will increasingly be recognized by other authors as one of the paramount needs to be addressed by a contemporary German literature, but they have not yet hit upon the specifically generic key to the problem's solution. Precisely this sort of position, moreover, half way between old and new, proves in one connection after another to be the salient quality of Bodmer's and Breitinger's theory of literature generally as Schlegel describes it. What he provides, in other words (whether or not as a matter of conscious intent), is a view of one instance of what may be the most difficult of all literary-historical phenomena to isolate and describe well, that of *transition*.

The image of Bodmer and Breitinger that emerges in Schlegel's account is, for example, one of thinkers who, while still bound to the faculty psychology of Wolff as well as to the Horatian doctrine of *ut pictura poesis*, are also, objectively, preparing the way for a literature—which will then be realized, initially, by Klopstock, and which, soon thereafter, will be given its theoretical description and justification by Herder—in which a simultaneously rhetorical and constitutive paradigm assumes preeminence, succeeding the "uncritical" (pre-Kantian) representationalism of an earlier generation. Similarly, we encounter here a perspective on literature that is still to a large extent that of the Baroque—one that, for example, continues to regard figurative language as, in essence, merely a matter of embellishment of the text—but that also stresses, in anticipation of the aesthetics of the next generation, the extent to which the audience must itself collaborate in bringing about the very poetic illusion through which the work achieves its goal of *Gemütsbemeisterung*. And, again—to mention but one more from among several additional instances of the same pattern that could be cited—while the fundamental purpose of literature remains for Bodmer and Breitinger, in accordance with the didacticism broadly characteristic of the *Frühaufklärung*, the straightforwardly utilitarian one of edification and moral betterment of the reader, there are at the same time discernible here at least the first stages in the development of a subtler and more differentiated conception, in which the aim of *Bildung* of the audience will be combined (as, for example, by Schiller) with the at first sight apparently contrary ideal of the autonomy of the literary work of art.

It would be gratifying to be able to report that a book with this much of interest to offer is also a pleasure simply to read. Such is, alas, not the case. It has about it, unfortunately, all the marks of an essentially unrevised dissertation, from the numerical schematism of the Table of Contents to the mass of factual minutiae in the body of the text (much of it at best marginal relevance to the main line of the argument) to the always thick, and sometimes nearly impenetrable, *Doktorarbeitdeutsch* in which Schlegel writes. Nonetheless, the reader with both an interest in important, if lesser known, junctures in the development of modern literature and a willingness to make allowances for an unnecessarily difficult expository style may well find that the rewards to be had from this study repay at least most of the effort that is required to reap them.

Duke University   Michael Morton

GELLERT, CHRISTIAN FÜRCHTEGOTT, *Fabeln und Erzählungen*. Hg. Karl-Heinz Fallbacher. Stuttgart; Philipp Reclam (1986). 256 pp.

Karl-Heinz Fallbacher's collection of Gellert's fables and stories is intended to be a faithful reissue of the complete texts of 1746 and 1748. The preceptive tone of the original is certainly intact.

Since Gellert was, in a sense, a pioneer among the leading German poets and theorists of the *Aufklärung*, Fallbacher's edition revives the notion—gaining prominence around 1740—that middle-class values had begun to exert considerable influence in hierarchical Germany.

Gellert's essentially rational and religious themes are evident here in such meditative fables as *Die Betschwester* and *Die beiden Knaben* but also in the pithy *Das Kutschpferd*. A lighter, more humorous story is found in *Damoetas und Phyllis*. Whatever form these stories take, it is clear that Gellert is trying to enlighten the character of his readers. Nevertheless, Fallbacher states in the "Nachwort" that some of Gellert's letters show him to have been less humble than is commonly supposed; that he was quite proud of his fame, for instance (p. 246). While that type of evidence provides an interesting addendum to the biography of the man, it should not extend so far as to obscure the clarity of Gellert's theoretical writings on taste and the purpose of art.

In "Von dem Einflusse der schönen Wissenschaften auf das Herz und die Sitten," Gellert discusses how taste develops and notes that the influence of good taste:

> ... breitet sich nicht nur über unsere Art zu denken, sondern über unsern ganzen Charakter aus. Er wachet, gleich einem getreuen Aufseher, über alle Pflichten unsers Lebens, und lehrt uns unvermerkt die gute Art, mit der wir sie verrichten sollen. Er machet uns tugendhaft; aber er giebt unsern Tugenden einen Werth und eine Anmuth, die sie ohne ihn nicht haben würden. (See C. F. Gellert's *Sämmtliche Schriften*, V, 1775, p. 79.)

As meaningfully as any of his contemporaries, Gellert highlights the relationship between aesthetics and man's general cultivation. His views so affected the age that Max Wehrli was caused to offer this perceptive comment about Gellert and Lessing:

> Stützte sich höfisches Bewusstsein auf die objektiven Ordnungen von Gerburt, Macht, Dogma, so wird das neue Innenleben eines vernünftigen und gefühlvollen und tugendhaften Menschen die bürgerliche Domäne. Den Durchbruch dieser Bürgerlichkeit bezeichnet etwa, seit 1740, die Wirksamkeit Gellerts. Zum aktiven Prinzip wird sie eigentlich nur in der Gestalt Lessings. (See *Deutsche Literaturgeschichte in Grundzügen*, ed. Bruno Boesch [Bern und München: Franke, 1967], p. 191.)

Consequently, scholars and students alike will appreciate this affordable edition; they will appreciate it for the content of the stories but also for the reproduced, critical documents from several of Gellert's contemporaries, which prepare a perspective for understanding the period. That perspective is complimented by Fallbacher's own concise overview of the fable genre in the eighteenth century.

St. Thomas College   *Denny McClelland*

REYNOLDS, JOHN F. (Hrsg.), *C. F. Gellerts Briefwechsel Band II (1756–1759)*. Berlin u. New York: Walter de Gruyter (1987). XI + 525 S.

Als ich den ersten Band besprochen habe (*LY* XVII, 226–228), sah es aus, als würde die Ausgabe aus drei Bänden bestehen. Während aber jener Teil 247 Briefe von und an Gellert aus den Jahren 1740 bis 1755 brachte, umfaßt der gegenwärtige Band mit seinen 289 Briefen nur vier Jahre. Da Gellert in der letzten Dekade seines Lebens unermüdlich weiter korrespondierte, ist wohl noch, zumal bei dem Entdeckerfleiß und -glück des Herausgebers und der Ausführlichkeit des Apparats, mit mindestens drei weiteren Bänden zu rechnen. Wieviel an neuen Materialien Reynolds für diesen Teil zusammengetragen hat, geht daraus hervor, daß er etwa 150 Briefe erstmalig abdruckt; zwar stammen sie zum großen Teil aus bekannten Autographensammlungen, viele aber ließen sich nur vereinzelt und weit verstreut finden. Handschriften zu 72 weiteren Briefen wurden ermittelt, von denen Drucke bereits vorlagen, sodaß insgesamt drei Viertel des Editionskorpus auf Originalhandschriften bzw.—in den allerwenigsten Fällen—auf Abschriften zurückgehen. Aus der gleichen Zeitspanne im Leben Gellerts druckten Schlegel und Heyer in ihrer Ausgabe (1774) 45 Briefe ab. Höchstes Lob gilt wieder Anmerkungen, Register und Verzeichnis der zitierten Texte, denen 225 Seiten gewidmet sind. Besonders dem Leser, der, vom Register darauf hingewiesen, einen beliebigen Brief aufschlägt, fällt es auf, daß bei der Herstellung des Apparats jedes Stück als Einheit behandelt wurde, daß daher auch Namen, die immer wieder vorkommen, glossiert werden, wenn auch nur durch Hinweis auf eine frühere Anmerkung. Allerdings ist zum Gebrauch dieses Teils Band I erforderlich, da sich viele solcher Hinweise auf ihn beziehen.

Als Professor für Poesie, Rhetorik und Moral in Leipzig stand Christian Fürchtegott Gellert in den Jahren 1756 bis 1759 auf dem Höhepunkt seiner Wirkung, deren Abnahme er nicht mehr erlebte. Er war der im ganzen protestantischen Deutschland gefeierte Verfasser von Lustspielen, Fabeln und Liedern, die dem sozialen Ethos der bürgerlichen Aufklärung im christlich-stoischen Sinne Ausdruck verliehen haben. In seinem Briefwechsel wird deutlich, wie beliebt Gellert war, sowohl bei bürgerlichen Lesern als auch bei adligen, sowohl bei anderen Gelehrten als auch bei Bauern und Bediensteten, wohl wegen seiner menschlichen Lauterkeit und seines Vermögens, in einer durchaus als "modern" empfundenen und verstandenen Welt die moralischen Werte des Protestantismus human zu vertreten. Gellert unterhielt einen regen Austausch mit u. a. Hans Moritz von Brühl, Johann Andreas Cramer und Gottlieb Wilhelm Rabener. Am intensivsten aber bei weitem korrespondierte er zu dieser Zeit mit Johann Adolf Schlegel. Die 56 in diesem Teil enthaltenen Briefe, die Gellert und Schlegel austauschten, zeigen deutlich, wie sich die Freunde gegenseitig bei der Veröffentlichung ihrer Werke unterstützten, und geben auch viele Einblicke in ihre konkrete Lage im Alltag. Gellert wurde empfindlich durch den Siebenjährigen Krieg gestört, als preußische Truppen Leipzig verschiedene Male besetzten und seine Pension ausblieb. Als man von der Notlage erfuhr, erhielt Gellert viele, teils anonyme Geldgeschenke von dankbaren Lesern, aber auch aus Adelshäusern, an die er Hofmeister empfohlen hatte. Gellerts "tändelnd"—erzieherische Briefe an die siebzehnjährige Johanna Erdmuth von Schönfeld weisen die anmutigsten Züge seines Stils auf und geben Einblick in eine wohl nicht selten ambivalente Beziehung des Professors zum sächsischen Adel.

State University of New York at Buffalo   Michael M. Metzger

GOETHE, JOHANN CASPAR, *Reise durch Italien im Jahre 1740* (*Viaggio per l'Italia*). München: Deutscher Taschenbuch Verlag (1986), 634 S.

Goethes Vater (1710–1782) reiste nach Abschluß seines Jurastudiums ungefähr zwei Jahre lang durch Süddeutschland, Frankreich und Italien. Wie viele frisch promovierte Juristen hielt sich der Dreißigjährige dabei längere Zeit am Reichstag in Regensburg umd beim Reichshofrat in Wien auf. In Italien verbrachte er 8 Monate. Später wertete er diese letztere Zeit als einen Höhepunkt seines Lebens, erzählte im Familienkreis oft davon, was bei dem Sohn Johann Wolfgang früh das Interesse am Süden weckte, und ging in den 60-er Jahren daran, seine italienischen Erlebnisse niederzuschreiben. Zwischen getaner und beschriebener Reise lag also fast ebenso viel Zeit wie später bei Johann Wolfgang Goethe. Die Niederschrift geschah, zunächst mit Hilfe des Sprachlehrers Giovanni Giovinazzi, auf italienisch; der Verfasser zeigte sich stolz, der einzige deutsche Italienreisende zu sein, der seinen Bericht in dieser Sprache abgefaßt habe. Zur Veröffentlichung war das Manuskript wohl nicht vorgesehen, eher zum Vorlesen und Vorzeigen im engeren Freundes- und Familienkreis.

Der handschriftliche "Viaggio per l'Italia" ist im Besitz der Nationalen Forschungs- und Gedenkstätten der klassischen deutschen Literatur in Weimar. 1932/33 erschienen zwei Bände einer redigierten und gekürzten Ausgabe von Arturo Farinelli in Rom, 1943 und 1972 Teilübersetzungen des italienischen Textes in Deutschland. Albert Meier legt nun erstmals eine vollständige Ausgabe in deutscher Sprache vor, die neben den 42 als "Briefe" abgefaßten Kapiteln auch die fünf Appendices enthält, die sich mit Volkscharakter, Sitten, Religionsverhältnissen beschäftigen und eine längere galante Korrespondenz mit einer, sicherlich fiktiven, Mailänder Dame bieten. Meier hat den Text selbst übertragen und kommentiert. Neben dem ausführlichen und treffsicheren Kommentar enthält der Anhang des Bandes einen editorischen Bericht, der Auskunft gibt über den Zustand des Grundtextes und die Prinzipien der Übersetzung. Meier hat sich bemüht, dem historischen Sprachgebrauch, vor allem was die politischen, geographischen und reisetechnischen Fachtermini anlangt, zu entsprechen— das ist ihm, wovon die Lektüre überzeugt, mit Hilfe älterer Wörterbücher und Reisebeschreibungen gelungen. Entlastet hat Meier den fortlaufenden Text von jenen unzähligen lateinischen Inskriptionen, deren Notat besonders in Rom zum gelehrten Pensum eines Bildungsreisenden gehörte: ein eigener Teil des Anhangs versammelt diese Inschriften, sie wurden, soweit möglich, an Theodor Mommsens Standard-Edition (*Corpus Inscriptionum Latinarum*, 1869 ff.) überprüft und werden im Kommentar übersetzt und erläutert—ein vertretbares und leserfreundliches Verfahren. Auf die weiteren Teile des Anhangs—Zeittafel, Literaturverzeichnis, Ortsregister und ein verdienstlicherweise mit Lebensdaten und Kurzcharakteristiken bereichertes Namensregister—sei kurz und lobend verwiesen.

Noch einige Bemerkungen zum *Nachwort* des Herausgebers. Vielleicht hätte man bei der Einordnung der Goetheschen Reise in die Geschichte des Reisens etwas genauere Unterscheidungen von Kavalierstour, Gelehrtenreise, fachwissenschaftlicher und Bildungsreise erwartet, doch ist die Erforschung der Phasen, Typen und Formen der Reisekultur und -literatur ja noch jung und im Fluß. Vielleicht findet man die Bezeichnung "Neoklassizist" für Palladio unpassend (S. 495), doch sind solche Mäkeleien wenig angebracht angesichts der Dichte und der Klarheit, womit diese kurze Einführung insgesamt belehrt. Sie macht mit der Biographie des Autors bekannt, mit der Textgenese und auch der Textqualität, was die fremdsprachlichen Unzulänglichkeiten des Vaters Goethe anlangt. Sie führt in die Reisetradition ein und hebt dabei die konventionellen Elemente hervor, von denen auch Goethe nicht abweicht—sei es die Route, die er bei seinem Giro einschlägt; sei es die zeitliche Planung (wann hat man in Venedig zu sein, wann in Neapel, in Rom?); sei es die Wahl der Beförderungsmittel, der Logiergelegenheiten und der Ciceroni; seien es übernommene und weitergereichte Ratschläge, was die Kleidung und den Gebrauch der Landessprache betrifft; sei es schließlich das von den Apodemikern des 17. und 18. Jahrhunderts überlieferte und immer wieder supplierte Verzeichnis dessen, was man zu besuchen und *ad notam* zu nehmen habe. Eigenwillige Auswahl der zu beobachtenden Dinge, Originalität des Urteils (vornehmlich in Kunstsachen) oder empfindsame Wärme sind bei Johann Caspar Goethe nicht zu suchen; er folgt weitgehend einem "Pflichtprogramm" (S. 492), wie es die Musterreisenden Maximilien Misson, Johann Georg Keyßler oder Johann Christoph Nemeitz vorgezeichnet haben. Auch der schriftstellerische Anspruch ist, trotz der epistolaren Fassung der Ereignis- und Sachbeschreibungen, nicht hoch. Hier ist ein selbstbewußter aufgeklärter Stadtbürger unterwegs, auch ein, worauf Meier aufmerksam macht, "zeittypischer Moralist" (S. 497), der auf der Reise die Unvernunft tadelt, wo er sie antrifft, bei ungerechten

Regierungen ebenso wie in Wunderglauben und Reliquienverehrung der katholischen Kirche.

Reizvoll sind die Überlegungen, die der Herausgeber zum "historischen Paradigmenwechsel" von der Reise des älteren zur Reise des jüngeren Goethe anstellt, dem Wandel vom "enzyklopädischen Interesse" zur Reise als Erlebnis der Heilung oder gar menschlicher Erfüllung und Neugeburt. Ein Wandel zwischen zwei Generationen— sicherlich nicht allein für Vater und Sohn Goethe, sondern auch für die jeweiligen Generationsgenossen (S. 492 f). Doch sollte bedacht bleiben, daß die gelehrte Bildungsreise noch bis ins 19. Jahrhundert fortlebt. Mit dem neuerschlossenen Goethe-Text liegt uns für sie ein anschauliches Exempel vor.

Universität Bremen *Hans-Wolf Jäger*

SCHRAMKE, JÜRGEN, *Wilhelm Heinse und die Französische Revolution.* Tübingen: Max Niemeyer Verlag (1986). 147 S.

Wilhelm Heinse ist auch den meisten Germanisten nur bekannt als Verfasser des Romans *Ardinghello* und einiger häufig abgedruckter grandioser Naturschilderungen, vor allem des Rheinfalls bei Schaffhausen; und er steht beispielhaft für den ästhetisch-immoralistischen Kraftanspruch der Genie-Epoche. Das vorliegende Buch ergänzt und differenziert dieses Bild, korrigiert es wohl auch. Sein Verfasser untersucht das Verhältnis des Dichters zu dem bewegendsten öffentlichen Ereignis am Ende des 18. Jahrhunderts und bedenkt, um die herangezogenen Zeugnisse angemessen zu werten, Heinses persönliche Situation. Der Dichter erhält nunmehr, dieses Ergebnis sei vorweg genannt, die "geistige Physiognomie" eines "Spätaufklärers" (S. 1).

Das einleitende Kapitel gilt Heinses Stellung in der Mainzer Residenz, wo er nach dürftiger Jugend-, Studenten- und Wanderzeit 1786 als Vorleser und Privatbibliothekar des Kurfürsten zum Hofrat aufgestiegen ist. Der Stürmer und Dränger ist leise, ja, wie Zeitgenossen berichten, verschlossen und unzugänglich geworden, hat sich, so Georg Forster, ein "Futteral" zugelegt. Allein in Briefen äußert er sich, vorsichtig abgestuft je nach Adressat, zu politischen Dingen, nur dem intimen Journal vertraut er seine wirklichen Gedanken an. So muß sich, wer Authentisches über Heinses Ansichten zur Revolution erfahren möchte, auf die Tagebücher stützen, die seit 1925 gedruckt vorliegen. Der Verfasser begnügt sich allerdings nicht mit dieser Edition, sondern zieht die Handschriften heran und kann einige stichhaltige Klärungen und Berichtigungen gegenüber dem Druck vornehmen. Heinse zeigt sich als ein genau beobachtender, ein—zumal durch französische Zeitungen—wohlinformierter und als ein politisch denkender Mann. Sein Tagebuch kommentiert eingehend die französischen Vorgänge, es schließen sich daran grundsätzliche Reflexionen an, und in diesen werden bisweilen Entwicklungen vorweggenommen, die in Frankreich später eintreten. Kühles Registrieren der Ereignisse wandelt sich bis hin zur "Billigung" (S. 108) radikaler Maßnahmen der Jakobiner. Letztere stimmen, wie der Verfasser durch Interpretation der Tagebuchnotate wie im Rückgriff auf frühere Äußerungen Heinses nachweisen kann, mit dessen eigenen Ansichten überein, etwa über klerikale Macht und ihre Beschneidung, über die Beschränkung von Erb- und Eigentumsrechten, über die konstitutionelle Monarchie, in welcher Volkssouveränität gegen erblich unverletzbares Königtum steht—ein Widerspruch, der für Heinse als vernunftgemäße Alternative nur noch die Republik empfiehlt. In Fragen der "Egalité" und des Eigentums weist der Verfasser sogar Sympathien Heinses für die Position der "Enragés" nach (S. 94), und was das Recht eines Volkes auf Umsturz angeht oder die Rechtfertigung der Terreur als Remedium gegen Gefährdungen der Revolution von innen und außen, so scheint Heinse in seinen Meinungen hierzu den jakobinischst gesonnenen deutschen Intellektuellen gleichzukommen.

Doch dienten solche ins intime Journal geschriebenen Meditationen nur "zur Selbstverständigung" (S. 110) des Literaten; nach außen drang nichts. Als Heinse 1794 wirklich eine Veröffentlichung zu den Vorgängen in Frankreich ins Auge faßte, entstand ein *revolutionsfeindlicher* Aufsatz ("Über einige Grundsätze der Französischen Drakonen"). Der Verfasser weist in philologischer Kleinarbeit nach, wieviel gedankliche und auch wörtliche Übereinstimmung diese, schließlich unveröffentlicht gebliebene, Schrift mit den Tagebucheinträgen aufweist, wie die Wertungen jedoch umgekehrt werden, was zu gedanklichen Schwächen führt. Der Verfasser meint, der geplante Aufsatz hätte im Bedarfsfall Heinse vor Repressalien und die neue Ausgabe des *Ardinghello* (1794) vor Zensurbehinderungen schützen sollen. Eine plausible Erklärung.

Überzeugend auch, wie rückblickend von den Revolutionskommentaren Heinses frühere Ideen von Individuum, Individualismus und Genie ins rechte Licht rücken, wie verdeutlicht wird, daß sie mit gemeinschaftsfeindlicher Egozentrik wenig zu tun haben, viel aber mit aufgeklärten, westeuropäischen Rechts- und Gesellschaftsvorstellungen. Die Parallelen zu Montesquieu, Helvétius, Diderot, auch zu Schlözer leuchten ein. Der Verfasser zeigt sich in den Debatten über Staats- und Naturrecht ebenso bewandert wie in den einzelnen Phasen der Französischen Revolution; erfreulich, wie konzis er seine Kenntnisse mitzuteilen versteht. Ein schlankes Buch, lesenswert und sehr lesbar.

Hans-Wolf Jäger *Universität Bremen*

KOEPKE, WULF. *Johann Gottfried Herder.* Boston: Twayne Publishers (1987). 146 pp.

Unlike the several extensive biographies and earlier short introductions to Johann Gottfried Herder's life and works [such as Haym (1880/85), Kühnemann (1927), Gillies (1945), Clark (1955) and Kantzenbach (1970)] which have concentrated predominantly on the facts of his life and his relationship to others such as Hamann and Kant or have focused on his role in history as the mentor of Goethe, the instigator of the Storm-and-Stress movement or of seminal ideas to be developed more fully by others, Koepke emphasizes Herder's work, his unique world view and the development of his thoughts in their own right. Koepke's insightful introduction to Herder is long overdue. It not only provides an updated, contemporary survey of Herder's thoughts and ideas in English, it also offers an excellent annotated bibliography. For this reason, Koepke's introduction is particularly valuable for both the student seeking a concise, clearly written account of Herder's life and works and for the nonspecialist interested in a select, representative bibliography of Herder scholarship.

Considering the growing renaissance of interest in Herder experienced in recent years and the renewed discovery of Herder by American scholars (evidenced in part by Koepke's recent publication of *Johann Gottfried Herder: Innovator Through the Ages* 1982), a new introduction to Herder's works in English superseding Clark's thirty year old production was absolutely necessary.

While reading this book, it becomes immediately clear that it is the result of an extensive and sensitive understanding of Herder's intentions and goals. Despite the relative shortness of this work, Koepke has succeeded in capturing and relating to the reader not only a sense of the universality of Herder's scholarship; its concern with religion, psychology, history, education, science, aesthetics etc., but also of the unity and continuity of the ideas which reappear throughout his vast œuvre. Koepke points out that Herder's work is "a prime example for the heroic effort to achieve a Renaissance universality and synthesis"; a goal obscured in his writings by their diversity and fragmentary nature. The purpose of Koepke's introduction is to illustrate the synthesis of ideas in Herder's works—a synthesis which corresponds to Herder's belief in "Ganzheit" or the Spinozistic/Leibnizian concept of *Eins und Alles*: "There is a unity, even stubborn tenacity, in Herder's writings. Following in a Herderian spirit, the development of these central points in their historical sequence will best reveal their significance." Indeed, it is Koepke's concentration on the unity of thought in Herder's works which makes this introduction to Herder so valuable and which distinguishes it clearly from similar introductions from earlier years. Koepke outlines succintly during the course of his book the unfolding of and the synthesis of such ideas as the origin of language and culture and the development of history as they appear time and again in Herder's writings.

In this manner, for example, Koepke outlines the development of Herder's theory of language as it appears in *Über den Fleiss in mehrern gelehrten Sprachen* (1764) in which Herder stresses the original unity of language, thought and culture, and the historical/anthropological character of language. These ideas are followed in their further development in *Über die neuere deutsche Literatur: Fragmente* (1766/67) where Herder envisions different historical stages in the evolution of language. Accordingly, Koepke emphasizes Herder's attention to language as a natural, simultaneous partner to man's *Besonnenheit* and its historical/cultural development in the *Abhandlung über den Ursprung der Sprache* (1770) pointing out that these ideas are also important in Herder's essays on the Bible, for his *Ideen* and for his later essays on Kant.

As we would expect from a basic introduction, Koepke outlines the central ideas and implications of Herder's writings. This introduction is, however, particularly valuable because it succeeds in demonstrating the synthesis of several of Herder's central concerns in a way which would be especially helpful to the orientation of students unfamiliar with Herder's entire œuvre. In addition to its other merits, the book is well written and enjoyable to read. Koepke has produced a long overdue and particularly excellent handbook for students of Herder.

University of Rochester   *Susan E. Gustafson*

RÖßER, HANS-OTTO, *Bürgerliche Vergesellschaftung und kulturelle Reform: Studien zur Theorie der Prosa bei Johann Gottfried Herder und Christian Garve*. Frankfurt am Main, Bern, New York: Peter Lang (1986). 426 pp.

The goal of this study is to demonstrate to what measure Herder's and Garve's concepts of prose are essential components of their ideas on bourgeois socialization and cultural reform and to place and attempt to evaluate this process in its historical context. Chapter I is largely devoted to a detailed examination of Herder's theories of prose as postulated in the early *Literaturfragmente* and which are closely associated with such seminal ideas as the "ages of language," nature, art and *Volk*. The author views Herder's historical philosophy of the Bückeburg period with its religious overtones as the culmination of his efforts to conceptualize a theory of prose in the earlier writings. During this time Herder concludes that the current age is a philosophical one. Notably because of the reaction to the publication of the *Fragmente*, Herder was now firmly established as the spokesman and ideological initiator of the *Sturm und Drang*.

The emphasis in Chapter II is placed on the social and historical context of Herder's thinking. *Volk*, intellectuals and nation are seen as a cultural process, examined first from the standpoint of the early philosophical sketches of 1765 and compared with a later treatment of the same theme in the *Humanitätsbriefen*. Here the digression into an examination of the social-historical context of Herder's thinking in more recent secondary literature suffers from an eclectic choice of examples in German and a complete ignoring of the substantial literature in other languages, especially English.

Christian Garve is not exactly a household name, so one wonders why he is included in a study devoted primarily to Herder. Unfortunately, that question remains open even after one has read the book. There is an obvious point of contact between Herder and Garve through Garve's critiques of the *Fragmente*, both of which Herder seemed to accept as reasonable and justifiable criticism. The main thrust in this third and concluding chapter concerns Garve's well known position as a popular philosopher and the role which his theories of prose play in that philosophy. The few attempts, though, to relate or compare Garve with Herder never really quite get off the ground.

Despite an unifying theme, the individual sections and chapters of the study largely remain separate entities. The opportunities for drawing comparisons and interrelations from the wealth of information-and there are a number of these-are either ignored or at best confronted only fleetingly. The complete absence of any reference to the substantial secondary literature on Herder in English, some of which addresses directly the subject of the study, can only be regarded as a serious shortcoming. Thus the discussion both of Herder as a psychologist and of his concept of *Seelenlehre* would have been enhanced considerably by references to the research in this area by Martin Schütze and R.T. Clark. Even the considerable bibliography of German titles reveals curious omissions. The treatment of several ideas in the *Reisejournal* contains no reference to either Mommsen's excellent historical-critical edition or von Wiese's several studies, all of which would have been useful to the author.

For the 224 pages of text, there are 172 pages of endnotes and twenty-six pages of bibliography. One of the notes, number 65 beginning on page 364, runs for no less than six pages. Frankly, the amount of endnoting in this volume seems excessive. The style and format of the endnotes and bibliography, both of which are liberally sprinkled with small but annoying typographical and factual errors, can only strengthen one's appreciation of the guidelines set down by the *MLA Stylesheet*.

To summarize: While the book examines Herder's and Garve's theories of prose from a unique perspective and offers many interesting insights, it does not read easily and fails to unify the disjointed parts into a composite whole.

Kalamazoo College   *Joe K. Fugate*

ZAREMBA, MICHAEL, *Johann Gottfried Herders humanitäres Nations- und Volksverständnis*, Berlin: Peter Oberhofer (1985), 348, pp.

The interdisciplinary approach in this work which brings together both literary and political science perspectives makes it an interesting study for scholars in areas which are often thought to have little in common. The reader will want to consult carefully the introduction in which the author sets the tone of the study and outlines its goals and its methodology.

The two goals of this study are 1) to awaken popular and scholarly interest in Herder and his writings and 2) to attempt to achieve politically a position designation of the Federal Republic. The latter point relates to the continuing problem of identify for Germans, and their tendency toward dependent and uncritical imitation of a stronger partner. Currently this is the case in the Federal Republic with a wide-spread acceptance of things American.

Herder's ideas and concepts are seen as appropriate objects for this investigation as they have been claimed and adapted by almost all of the relevant historical ideologies in Germany. As the author demonstrates, no other representative of Weimar Classicism influenced the development of such critical political concepts as *Humanität*, democracy, nation, and *Volk* as did Herder, who politically was the most rebellious representative of his age. Herder's concept of *Humanität* thus became ethically and politically the primary concept for many literary figures from Heine to Thomas Mann.

Methodologically the goals of the study are approached in three steps. In the first chapter there is a critical look at the literary and intellectual-historical reception of Herder's work to the present day. This part of the study does not attempt an exhaustive listing of the varied findings of Germanists and historians, but rather tries to identify and explicate those broader perceptions that have been important for an understanding of Herder and his thought. The second chapter seeks to put into the historical and intellectual context of the times such pivotal Herderian concepts as state, nation, and *Volk*, all of which have played a profound role in German history. The third step in chapters 3 and 4 investigates the nineteenth and twentieth centuries in regard to the historical possibilities for the application of Herder's humanitarian concept of *Volk* and its importance for self-understanding in the Federal Republic.

The lack of any firm system in Herder's thought, and this includes his sociopolitical ideas, is a generally accepted and well documented fact. With this in mind it is perhaps easier to understand why such widely divergent ideologies as National Socialism and Marxist-Leninist thought have laid claim to Herder as one of their own. With a critical eye the author has demonstrated how this was possible by his discussion of the various milestones of Herder reception until the present day. The ideas of leading Herder scholars are presented in the historical and socio-political context of the times. Thus the author concludes that from the middle of the nineteenth to the middle of the twentieth century that literary scholarship plays an important role as the proclaimer and maintainer of the cultural heritage for the bourgeois and national self-realization process (42). He rightly observes that Marxist-Leninist literary research has been adapted successfully in the DDR in the process of the legitimization of a new state and the citizens' identification with it (56).

While the author bemoans the lack of general interest in Herder in the Federal Republic, he is full of praise for work done by Anglo-Saxon scholars in general and those in the USA in particular. Indeed, he singles out the well-known monograph of Robert T. Clark as the best Herder portrayal of the twentieth century (66). In his otherwise perceptive and thorough review of recent literature in English, which includes contributions by such often neglected writers as Carlton Hayes and Royal Schmidt, there is some indication that author is unsure of the national origin of the Anglo-Saxon writers cited. Thus H. B. Nisbeth is erroneously referred to as a US scholar (63). In fact, in view of the important contribution made to Herder scholarship by British scholars in the last several decades, one wonders why their contributions were not singled out from those of their US counterparts.

The discussions of the sub-topics in the study are characterized by a thoroughness and familiarity with the literature which is generally laudible. Only in one instance, in his treatment of "Herder's relationship to France and Europe" where he examines in detail the *Reisejournal*, did I note what seems to be a serious omission. One wonders why there is no mention of either of Benno von Wiese's important essays where he examines in detail Herder's philosophy of history. Although there is one passing reference to von Wiese's earlier monograph on Herder, these essays are sufficiently important to the overall topic of the study to merit consideration.

I would like to suggest several general reasons why this study, which in many ways is primarily directed to the political scientist and historian, merits the attention of the literary scholar. First, it makes use of an interdisciplinary approach by combining the two disciplines of Germanistics and political science. Second, the study contains an excellent survey of literature, including many titles which are likely unknown to the literary scholar. And finally, the author has applied Herder's essential concept of *Humanität* to the contemporary situation in the Federal Republic.

An extensive bibliography and an index of personal names conclude this interesting and unusual contribution to Herder scholarship.

Kalamazoo College   *Joe K. Fugate*

GAWLICK GÜNTER, LOTHAR KREIMENDAHL, *Hume in der deutschen Aufklärung. Umrisse einer Rezeptionsgeschichte.* Stuttgart-Bad Cannstatt: frommann-holzboog (1987).

Philosophiegeschichte ist immer in Gefahr in der Aneinanderreihung von Interpretationen von Werken zu verbleiben und damit innerhalb bloßer Textimmanenz zu kreisen. Dies ist nicht Zufall, sondern rührt von einem Philosophieverständnis her, das sich vom status quo eines Textkanons bestimmen läßt, der eben dadurch maßgeblich geworden ist, daß er sich gegen andere durchgesetzt hat, und das heißt: durchgesetzt worden ist. Die spezifische Gewordenheit solcher philosophiegeschichtlicher Konstruktionen ist aber gerade auf ihr Geschichtliches hin zu befragen. Alle interpretatorische Virtuosität setzt sich letztlich dem Ideologieverdacht aus, tut sie dies nicht. Dagegen ist das Rezept der Rezeptionsgeschichte entwickelt worden, welches aber nur zu oft in methodische Beliebigkeit umschlägt, die den Mechanismus, den sie zu analysieren hätte, verstärkt und genau die Betriebsamkeit reproduziert, der es zu entkommen gälte. Demgegenüber liegt aber in methodisch reflektierter Anwendung ein Potential, das buchstäblich Neues an den Tag zu bringen vermag. Einen überzeugenden Beweis für die Möglichkeit wie Notwendigkeit umsichtig durchgeführter Rezeptionsgeschichte legen Günter Gawlick und Lothar Kreimendahl mit ihrem Band *Hume in der deutschen Aufklärung* vor. Denn eine Untersuchung, die historisch verfestigte tableaux unterläuft, vermag schließlich zu "so etwas wie einer Philosophiegeschichte 'von unten'" vorzustoßen und ein Zeitalter in seiner ganzen gedanklichen Bewegtheit nachzuzeichnen.

Aufgrund seines radikalen Skeptikizismus als Freidenker—ein im Deutschland des 18. Jahrhunderts noch durchwegs negativ verwendetes Etikett—verschrien, kann an der Rezeption Humes in Deutschland gleichsam der Stand realisierter Aufklärung abgelesen werden. An der Textur der Stellungnahmen in Anzeigen, Rezensionen, Übersetzungen und der Diskussion in philosophischen Werken und philosophiegeschichtlichen Darstellungen zeichnet sich in wenigen Jahrzehnten vom Erscheinen der Werke an eine Tendenz ab, die zwar den rezeptionsgeschichtlichen Topos von Hume als vorbildlichen Stilisten, bei dem aber philosophisch nichts zu lernen sei, repetiert, in der Folge jedoch mit dem Fortschreiten der Aufklärung die Rezeption aus der Defensive in eine sachlichere Auseinandersetzung führt und damit die Emanzipation der philosophischen Diskussion signalisiert. In den achtziger Jahren prägt Kants Transzendentalphilosophie die Hume-Rezeption. Humes theoretische Philosophie wird nun zwar in ein günstigeres Licht gerückt, aber lediglich um Kants Verdienst desto deutlicher herauszustreichen, oder allenfalls um ihn im Gegenzug gegen Hume leichter auszuspielen: "Humes Lehre war zur Dispositionsmasse in der Auseinandersetzung um die durch Kant ausgelöste Revolution in der Philosophie geworden."

Neben einer Reihe bemerkenswerter Verweise auf Moses Mendelssohn, dem das Verdienst zukommt, als erster in Deutschland Humes Ansatz produktiv aufgenommen zu haben, auf Hamann, Jacobi, Herder u.a., für die Hume in je eigener Weise entscheidende Bedeutung bekam, gelingt es den Autoren, Neues zu Kant an den Tag zu bringen. Kant hat wiederholt darauf hingewiesen, daß es Hume war, der ihn aus dem dogmatischen Schlummer geweckt und seinen Untersuchungen eine andere Richtung gegeben habe. Seither ist viel darüber spekuliert worden, was Kant damit genau gemeint habe. Gawlick und Kreimendahl haben nun eine Übersetzung des Schlußabschnitts des ersten Buchs von Humes *Abhandlung über die menschliche Natur* entdeckt, die erstmals 1771 unter der Überschrift "Nachtgedanken eines Zweiflers" als anonymer Beitrag in der *Königsbergschen gelehrten und politischen Zeitung* erschienen war, und die, da Hamann der Übersetzer war, bisher irrtümlicherweise ihm zugeschrieben worden war. Da Kant die Hamannsche Übersetzung schon früher vorlag, diese vermutlich sogar im Auftrage Kants vorgenommen worden war, setzen die Autoren spätestens den Anfang des Jahres 1768 für Kants Bekanntschaft mit dem Text an. Diese Entdeckung löst nicht nur das Rätsel, weshalb Kant, der selber nicht englisch las, der aber mit Humes Schriften, soweit sie ihm zugänglich waren schon sehr früh vertraut war, erst zu diesem Zeitpunkt den entscheidenden Anstoß erhielt, sondern räumt auch einen ganzen Knoten hermeneutischer Probleme aus dem Wege, die allein dadurch entstanden waren, daß bisher Humes Stellung zur Frage der Kausalität als Kants Ausgangspunkt angenommen worden war. Dagegen drückt nun das von Hamann übersetzte Fragment Humes tiefe Skepsis in bezug auf die Widersprüchlichkeit der menschlichen Vernunft selbst nachhaltig aus und nimmt die dann von Kant so genannte Problematik der Antinomie der Vernunft bereits vorweg, das heißt die Einsicht in die Dialektik, in die Vernunft zwangsläufig verfällt, wenn sie a priori zu räsonnieren beginnt. Das von Gawlick und Kreimendahl ans Licht gebrachte Hume-Fragment macht erst verständlich, warum "Humes Abhandlung über die menschliche Vernunft . . . Kants Pegasus ist", wie es Hamann, der als erster die *Kritik der reinen Vernunft* schon in den Fahnen las, in einem Brief an Herder formulierte, und erweist das Problem des Widerstreits der Vernunft mit sich selbst als das Grundproblem der *Kritik*, von dem diese ihren Anfang nimmt.

Harvard University *Willi Goetschel*

SCHNEIDER PETER-PAUL, *Die 'Denkbücher' Friedrich Heinrich Jacobis.* Stuttgart-Bad Cannstadt: frommann + holzboog (1986); Reihe Spekulation und Erfahrung, Texte und Untersuchungen zum Deutschen Idealismus, Abteilung II: Untersuchungen, Bd. 3, 573 S.

Reiseführer durch ein unzugängliches Land. Dieser Gedanke drängt sich mir nach der Lektüre von Schneiders Buch auf, weil in ihm nahezu unzugängliches handschriftliches Material beschrieben wird, das uns der Autor—er hat die Veröffentlichungsrechte—bislang vorenthalten hat. Zwar sind die Kladden Jacobis, mit einigem Recht in Abhebung von der Standarddefinition des Tagebuchs 'Denkbücher' genannt, schon seit längerem allgemein bekannt und von Hammacher auch verwendet; allein es ist schwierig, sie einzusehen, deshalb muß ich Schneider voll zustimmen, wenn er sagt: "erst eine *vollständige* Edition, die das die Kladden und ihre Eintragungen untereinander verknüpfende Verweisungssystem *allein* deutlich machen kann, wird die Vielfältigkeit der Niederschriften in Thematik und Funktion erkennen lassen." (365) Ich kann nur zustimmend antworten, die an Jacobi interessierten Philosophen, Literaturwissenschaftler und Literatursoziologen erwarten dringend eine Veröffentlichung des Textes der Kladden. Nur wenn der Text geschlossen vorliegt, ist eine fachübergreifende Bewertung einigermaßen zuverlässig möglich.

Und das eben Gesagte schlägt nun fatalerweise zurück auf Schneiders Buch. Sollen wir einfach darauf vertrauen, daß er uns auf 366 Textseiten, der Rest sind Anmerkungen und Bibliographie, einen bündigen Leitfaden durch die erhaltenen oder zumindest bislang bekannten Aufzeichnungen Jacobis gegeben hat. Wäre hier nicht die weitgehende Unkontrollierbarkeit anzumahnen? Mir liegt es fern, Schneiders im Winter-semester 1981/82 bereits als Dissertation in Bamberg vorgelegte Schrift (XI) in ein falsches Licht zu rücken, stehen doch unser beider Namen auf den ersten drei Bänden der Jacobi-Briefedition. Es wäre aber unlauter, eine objektive Bewertung des Buches vortäuschen zu wollen, die mangels des von Schneider beschriebenen Textmaterials nicht möglich ist. Ich bin nicht einmal—aus den genannten Gründen—in der Lage zu sagen, ob Schneider seiner These gerecht werden konnte: "vita in tabula et creatio ex tabula." Was Schneider auf den ersten vierundsechzig Seiten über Jacobi biographisch und bibliographisch zu berichten weiß, führt allerdings nicht über unter Jacobi-Freunden Altvertrautes hinaus, sieht man einmal von dem Unterpunkt "1.5. Stationen des 'äußeren Lebens' in den Kladden Jacobis" (59ff.) ab. Daß das "Responsorisch-Dialogische" (21) bei Jacobi eine bedeutende Stelle einnahm, ist Allgemeingut. Daß er den "Despotismus" (28) als unmoralisch empfand und eine "grundsätzliche Ablehnung des Sklavenhandels" (23) öffentlich aussprach, ist ebenfalls nicht unbekannt. Sudhof sprach schon bei seiner Antretungsvorlesung in Bamberg über Jacobis Ablehnung des Sklavenhandels.

Die Kapitel 2 bis 6 sind der Darstellung der Kladden gewidmet. Kapitel 2 beschäftigt sich mit der historischen Einordnung der Kladden und mit den äußeren Formalien. Interessant ist, daß von 1786 bis 1819 elf von dreizehn Heften erhalten sind, wobei Nr. 3 und 11 fehlen. Interessant ist ebenfalls, daß Jacobi schon vor diesem Zeitpunkt Aufzeichnungen geführt haben muß (65). Daß Jacobi neben den bekannten Kladden noch Werkkladden geführt haben muß, ist ebenfalls wichtig (70). Die dann folgende philologische Beschreibung der Kladden übergehe ich und setze erst wieder ein mit Teilveröffentlichungen der Kladden. Diese Teilveröffentlichungen liegen uns in den "Fliegenden Blättern" der von Jacobi und dann von Roth besorgten Ausgabe vor. (95)

In Kapitel 3 beschreibt Schneider die Quellen der Kladden-Eintragungen, wobei thesenartig vermerkt wird, daß die Kladden "Notizheftcharkter" (114) haben. Zur Dokumentation werden herangezogen Jacobis "Buchbesitz" (115), "Zeitschriften und Zeitungen", (117), "Briefwechsel und Gespräche" (120). Unter Briefwechsel wird eine Reihe interessanter Briefstellen aufgeführt. Bei den Gesprächen heißt es: "Jacobi dürfte den 'Gesprächen' die gleiche Bedeutung innerhalb der Bemühungen um die Darstellung seiner Position und damit um Erkenntnis beigemessen haben, wie den 'Briefen'. In den Kladden hält er sowohl Gespräche als auch Äußerungen Dritter, die sonst nicht belegbar sind, fest." (138)

In Kapitel 4 unternimmt Schneider eine Analyse der Kladden als "Denkbücher" in typologischer Absicht (148), wobei er sich hauptsächlich auf Kladde 1 stützt (149). Es wird darauf hingewiesen, "daß Jacobi vor den uns erhaltenen Kladden ähnliche Aufzeichnungshefte geführt hat" (149). Schneider typologisiert unter den vier Grundtypen "Notizen, Exzerpte, Denkvorgänge und Formulierungsversuche" (150). Diese Typen werden jeweils wieder unterteilt, sodaß endlich Denkvorgänge im Heuschreckenstyl erscheinen, womit Jacobi im Anschluß an Hamann Aphorismen meint. "Trifft doch der aphoristische Vortrag, und was mein verewigter Freund Hamann seinen Heuschreckenstyl nannte, oft glücklicher das Ziel, als die am künstlichsten gefügte Rede." (176) Dann weist Schneider darauf hin, daß die Kladden nicht als "Manuskriptvorstufen der Publikationen zu verstehen" (178) sind, gleichwohl Briefentwürfe belegbar sind (183). Später finden wir den Hinweis, daß für die Kladden die Ausdrücke "Kladden", "Gedankenbuch" und "Denkbücher" (193) belegt sind und warum Schneider sich gegen den Ausdruck Tagebuch für "Denkbücher" entscheidet. (193ff.)

Im fünften, meiner Ansicht nach wichtigsten Kapitel versucht Schneider eine inhaltliche Strukturierung der Kladden. Hier finden wir in der Grobstrukturierung einen philosophischen (206), einen politischen (271) und einen literarischen (308) Bereich. Bei den Philosophen treten Kant, Fichte und Schelling in den Vordergrund, in der Politik die französische Revolution und im literarischen Bereich Jacobi zur Zeit der Niederschrift der Kladden offensichtlich spärliche Äußerungen zu Kunst Literatur und Poesie, obwohl dann in Kapitel 6 (323) unter dem Titel "Kladde und Werk" die Problematik der Allwillausgabe von 1792 und der Woldemarausgabe von 1794/96 behandelt wird. Daß Schneider in bezug auf seine Inhaltsrekonstruktion durchaus selbstkritisch ist, verdeutlicht seine Aussage im Kantteil wo es heißt: "Eine Alternative [zu seinem Verfahren, PB] ... läge nur in einer abfolgegetreuen Transkription der Texte, die aber nicht Aufgabe dieser Untersuchung, sondern nur die einer Edition sein kann." (228) Selbst bei dem reichen Material, das Schneider z.B. zu Kant gibt, wäre es nicht möglich, nun einen gutinformierten Aufsatz zu Jacobi-Kant zu schreiben, weil einfach zuviel an Material fehlt. Im Briefwechsel liegt die 'Kant-Epistel' an Claudius noch nicht vor, und ob Schneider Vollständigkeit beanspruchen kann oder will, ist nach obigem Zitat mehr als fraglich. Im Fichteteil wird die Unvollständigkeit mit dem Hinweis auf Hammacher (229) begründet, der sich schon mit dem Problem 'Jacobi und Fichte' befaßte.

Diese Hinweise mögen genügen, um meine Ausgangsthese zu belegen, daß wir einen Reiseführer durch ein unzugängliches Land vor uns haben. Wir richten also an Schneider die Bitte, uns das Land möglichst schnell in Form des transskribierten Textes nachzuliefern, denn nur dann ist es möglich über den Wert oder Unwert, Brauchbarkeit oder Unbrauchbarkeit seiner Karte zu urteilen. Das reiche Material, das er liefert, ersetzt nicht den Umgang mit dem Text. Ich könnte mir vorstellen, das sein Buch ein hilfreicher Kommentar für die Bewältigung des Textes ist, zumal er zahlreiche Querverweise zu Briefen und Werken gibt, den Text aber kann uns diese Arbeit nicht ersetzen. Jegliches Lob wäre ebenso geheuchelt, wie jeder Tadel vorurteilsvoll sein möchte. Deshalb nochmals der Aufruf an Schneider: "Stellen Sie die Texte der Forschung möglichst schnell zur Verfügung, und bitte nicht scheibchenweise." Vielleicht wird das eine oder andere heute als unbekannt angesehene Zitat dann erkannt.

Freie Universität Berlin   *Peter Bachmaier*

KANT, IMMANUEL *Briefwechsel.* Auswahl von O. Schöndörffer, bearbeitet von R.Malter. Mit einer Einleitung von Rudolf Malter und Joachim Kopper. Dritte, erweiterte Ausgabe. Hamburg: Felix Meiner (1986). 968 pp.

Mit der Neuauflage der zuletzt 1972 erschienenen Ausgabe von Kants Briefwechsel ist ein gewichtiges Werk wieder greifbar geworden, das für die Erforschung des 18. Jahrhunderts von ebenso grundlegender Bedeutung ist wie—über die Kantforschung hinausgehend—für die Philosophie überhaupt. Dies schon allein deshalb, weil angesichts von Kants Schlüsselstellung in der Geschichte der Philosophie einmal jedes von ihm erhaltene Wort erhöhtes Interesse verdient, dann aber auch, weil Briefe den sonst unzugänglichen aber so aufschlussreichen Bereich des Privaten beleuchten.

Neu hinzugekommen sind inzwischen neu endeckte Briefe Kants, beziehungsweise neuentdeckte Originalfassungen bisher nur in Abschrift oder im Druck bekannter Briefe. Spektakulärster Fund ist dabei wohl der vor zehn Jahren erstmals veröffentlichte Brief Kants an Théremin, der als Verbindungsmann zu Sieyès diente. So sind hier alle Briefe von Kant aufgenommen und von denen an Kant die bedeutenderen. Was aber das Besondere von Kants Briefwechsel ausmacht, ja geradezu enigmatisch wirkt, ist der auf das Pragmatische abgestimmten Ton der Briefe. Wie Joachim Kopper in seinen nachdenklichen Ausführungen zu Kants Korrespondenz bemerkt, ist sogar zuweilen von "falsch klingenden Tönen" zu reden (LIV), welche ein "etwas seltsame[s] Gemälde des Verhaltens Kants" (LV) zeigen.

All diese Sonderlichkeiten sind nun hineingelegt in eine Kommunikation, die ausser in den Höflichkeitsfloskeln kaum irgendeine Zuwendung zu dem persönlichen Ergehen und den Lebensverhältnissen des Adressaten kennt. Auch in der Mitteilung über sich selbst geht Kant nicht über den stereotypen formelhaften Hinweis hinaus, dass er ständig kränkele, ohne eigentlich krank zu sein, ein Hinweis, der zugleich andeuten soll, dass auch das Briefschreiben ihm immer wieder schwer falle. Und dieses karge und dürftige Bild vom Menschen und von den Verhältnissen zwischen Menschen ist gemalt ohne alle Nebenfiguren, ohne Vorder- und ohne Hintergrund. [...] da ist keine Landschaft, kein Lebewesen erwähnt [...] kein Wort wird verschwendet über irgendeine Betätigung, irgendeinen Lebensumstand, irgendeine Freude, irgendeinen Kummer oder Schmerz [...] (LVI).

So nähern sich diese Briefe dem Ideal des Erhabenen, und es bleibt die Frage nach dem Grund solcher Selbststilisierung: "alle lebendige Daseinserfahrung ist aus diesen Briefen ausgetilgt, wir stehen vor einer unermesslichen Leere, die doch ist und uns durch die Verneinung alles Bestimmten etwas von der entbundenen Grösse des Menschen erfahren lässt" (LVI). Es ist dieses Phänomen der extremen Zurückgenommenheit alles Persönlichen, die gerade beim Philosophen der Autonomie des Erkenntnissubjekts erstaunen mag. Aber sie ist es, die gleichsam von der Hinterseite der Medaille her, Aufschluss über das damit verbundene Selbstverständnis gibt. Das Rührende, Empfindsame ist dabei wohlgemerkt nicht abwesend, aber es ist in der Zopfigkeit des Zeitalters der Empfindsamkeit in behutsame Reserviertheit gekleidet. Gefühlsemphase ist da Zeichen von Gefühlsverdrängung: kanalisiert ins streng Formale. Die Rede von der "Herzensvereinigung zwischen Wohldenkenden" (525) ist so keine Floskel, sondern bezeichnet genau das Problematische, an dem Kant leidet, das er erkennt und überwinden möchte: Trennung von Kopf und Herz, und die Apores ihrer Synthesis. Das Herz spielt eine zentrale Rolle. Die Rede von ihm ist zuweilen auch Index seiner Ausgespartheit: der letztlich leere Tempel. Seine Beschwörung, um der es der *Kritik der Vernunft* letztlich geht, wird Fetisch, dessen Inhalt entwischt ist. Kants im hohen Alter ausgegebenes Satis est, was die sonst von ihm so interessiert verfolgten Kämpfe seiner Schüler betrifft, lautet: "denn was sollen uns alle Bearbeitungen und Streitigkeiten der Spekulation, wenn die Herzensgüte darüber einbüsst?" (743). Kant auf Herzlosigkeit zu diagnostizieren, hieße aber, gerade am Wesentlichen seines Philosophierens vorbeizugehen. Vielmehr ist es gerade Kants unnachgiebiges Bemühen, ein buchstäbliches Ringen seit seiner Frühzeit, die Qualität des Herzens in Philosophieren einzubringen. In nichts anderem besteht seine Rousseau-Verehrung. Daß aber die Transformierung des Herzens in Philosophie zugleich nur unter schweren formalen Zwängen vonstatten gehen kann, darum trauert diese Philosophie. Konsequent kann so noch selbst im Intimraum nichts gesagt werden, was dem Herzen nicht zu nah kommt. Herzlichkeit, und ihr Potential stellt sich bei Kant auf jeder Seite seines Werks unter Beweis, kann so wieder auch nur unter transzendentaler Verschlüsselung überhaupt nur zur Sprache kommen. Ihr Potential geht, könnte man zugespitzt sagen, ganz in der transzendentalphilosophischen Reflexion auf, sich unmittelbar auszudrücken ist ihr verwehrt. Es ist so diese stumme Herzenskraft Kants, die den so merkwürdig sachlichen gefühlskalten Ton seiner Briefe ausmacht: die ungeheure Askese, hinter der sich die unstillbare Sehnsucht verbirgt. Die echte, weil zutiefst selbstreflexiv kritische Humanität, die sich in diesem Schweigen, Verschweigen in der betriebsamen Beredtheit des Alltags ausdrückt, verrät mehr über die *conditio humana* als die Briefe in ihrer Unprätentiösheit den Anschein geben.

Was Kant über die *Kritik der reinen Vernunft* schreibt, gilt so auch für den Gestus seiner Briefe: "Der die Klippen zeigt, hat sie darum doch nicht hingestellt, u. ob er gleich gar die Unmöglichkeit behauptet, zwischen denselben *mit vollen Segeln* (des Dogmatismus) durchzukommen, so hat er doch nicht *alle* Möglichkeit einer glücklichen Durchfahrt abgeleugnet." (413) Wem es bei dieser Fahrt durchs Meer der

Transzendentalphilosophie auch nicht ganz ohne Schwierigkeiten abgeht, der sei mit dem alten Kant getröstet: "daß ich mich nicht einmal selbst hinreichend verstehe" (677). An Einsichten in kulturhistorische Hintergründe ist der Band reich. Grade die kleinen Selbstverständlichkeiten des Alltags tragen zu einem vertieften Bild Kants und des Gelehrtenlebens seiner Zeit bei. So gibt denn der Band, gleichsam in der Aussparung des Intimen durch Kants Gefühlsenthaltung geprägt, gerade so den besten, nämlich authentischen Zugang zur Komplexität der Persönlichkeit des Philosophen. Und er ist damit auch Dokument der noch immer unterschätzten außerordentlichen Selbstreflektiertheit des Zeitalters der Aufklärung.

Harvard University *Willi Goetschel*

KLINGER, FRIEDRICH MAXIMILIAN, *Fausts Leben, Taten und Höllenfahrt.* Stuttgart: Reclam (1986). 269 pp.

This useful paperback edition is based on the second, "improved and augmented" edition, St. Petersburg, 1794. The edition under consideration contains the English motto, the preface of 1791, the preface to the second edition, and the *Epilogus.* It also includes the illustrations of the second edition of 1794. Spelling and punctuation have been modernized, glaring misprints have been corrected.

The appendix offers informative material. It calls attention to the three versions of Klinger's *Faust* novel having appeared in various major editions: first, St. Petersburg, 1791, having been published anonymously by a fictitious publisher (presumably to indicate that the work has passed Russian censorship); the reader is informed that this edition was actually printed in Leipzig. Next, the second "improved and augmented" edition, St. Petersburg, 1794, again an anonymous, fictitious publication (likely for the same reason as the first edition), printed likewise in Leipzig. This edition contains addenda, such as the soliloquy of the Doctor of Laws in the first scene in hell, and the Junker Trossel episode. The *Epilogus,* too, is more detailed and more polemic than its counterpart in the first edition. Third, the Friedrich Nicolovius edition of *F. M. Klingers Werke,* Vol. III (Königsberg, 1815), which appears politically weakened and lacks the *Epilogus* entirely.

The notes, prepared by Esther Schöler, are arranged by page number and line count. The text itself contains neither line nor reference numerations. Schöler included notes on words, phrases, concepts which, in her judgment, called for explication for the edification of the contemporary reader. In particular, it is the younger generation who is no longer versed in terms of foreign extraction which a generation or more ago could be expected to be common knowledge to reasonably sophisticated readers—a readership who, by virtue of more or less solid *Allgemeinbildung* had been at least exposed to a smattering of foreign concepts which came to be accepted as *geflügelte Worte,* such as "ich kam, sah, und siegte: lat. veni, vidi, victi" [sic] (p. 242), or the meaning, if not the roots, of such terms as "Bacchanal" (p. 242), "Doge" (p. 236), "Pas de deux" (p. 236), or "Kastraten" (p. 235). If the preparer of the notes feels that modern readers' mentalities no longer rise to such demands it may be a disappointing commentary on our time, but, on the other hand, it also indicates that Schöler takes no chances with being misunderstood and hopes that the reader will resort to the appendix for explanations, if needed. Other notes with reference to terms of rare usage, either from Greek, Latin, Italian, mythological, or antiquated German sources, as well as names of persons, places, or historical events are informative and thoughtfully presented. This is a feature shared by the Aufbau-Verlag (Berlin, Weimar, 1981) edition, for example. pp. 245 to 247 contain the chronology of Klinger's life and works.

In the following bibliographical part, the existing editions from 1791 to the most recent, *Friedrich Maximilian Klinger: Werke.* Historisch-kritische Gesamtausgabe.

Bd. 11: *Faust's Leben, Thaten und Höllenfahrt.* ed. Sander L. Gilman. (Tübingen: Niemeyer, 1978), are listed chronologically. The French sources of the work, J. Burchard, *Journal de J. Burchard;* Philippe de Commines, *Memoires de Messire Philippe de Commines,* and A. Gordon, *La vie du pape Alexander VI,* as well as a listing of pertinent secondary literature from 1925 to 1965 round out the reference portion.

In the concluding remarks, Uwe Heldt offers a penetrating portrait of Klinger, which surpasses a perfunctory description of the author's life and works. Beyond the customary background and career sketch, Heldt casts Klinger against the backdrop of the Storm and Stress—a literary revolution with political concerns—and with a view to Klinger's ideological relationship with Rousseau, as a product of the transition from the *Aufklärung* to the *Sturm und Drang*. This position, according to Heldt, appears nowhere more poignantly in Klinger's work than in *Faust*, whose protagonist is cast as the inventor of printing, i.e., the initiator of a new historical epoch—a titan à la *Sturm und Drang*, and a wronged one at that. On the other hand, it is the frustrations imposed by the lamentable lack of sound judgment on the part of society which drives him to the pact with the devil, whom Faust seeks to force to believe in human virtue, in an effort to prove the rational basis of evil and the perfectibility of man.

Heldt takes exception with the classification of *Faust* as a "grotesque satire" because it lacks the dimension of the individual's self-assertion. He characterizes Faust as a democrat without people, an enlightener without an audience to address, an enemy of despots who sees no other solution but to place himself at their disposal. As a catalyst, an observer of the game of power and feudal sovereignty, Faust appears to Heldt as the carrier of the action of a *bürgerliches Trauerspiel*.

The historical casting of this work serves the dual purpose of securing immunity from censorship while depicting an aspect of feudal despotism. In the epilogue which is a part of this edition Klinger satirically parallels events portrayed in the work to prevailing conditions of his time, along with his opinion of the likelihood of social or political enhancement under an autocratic regime. The acceptance of Klinger as a poet of transition appears to be Heldt's principal concern and message to the reader.

The print is clear, but extremely small. For reference, this vade mecum edition is recommended as a useful tool to those who do not shy away from inordinately fine print.

Kutztown University of Pennsylvania   *Charlotte M. Craig*

KLOPSTOCK, FRIEDRICH GOTTLIEB, *Der Messias: Gesang I–III: Text des Erstdrucks von 1748.* Ed. Elisabeth Höpker-Herberg. Stuttgart: Reclam (1986). 248 pp.

Since Uwe-K. Ketelsen's edition of selections from Klopstock's works in the series "Rowohlts Klassiker der Literatur und der Wissenschaft" went out of print, it has been difficult to include Klopstock's *Messias* in undergraduate courses on 18th-century German literature, for want of texts. The great Hamburger Klopstock-Ausgabe is priced quite beyond the financial resources of most professors, never mind their students. Fortunately, one of the principal editors in that project has now made available a "Studienausgabe" worth many times its modest cost.

Untold careful, intelligent decisions have gone into the making of this selection. The choice of the first three parts of *Der Messias* for reprinting is not haphazard, for it corresponds to the first publication in 1748. The editorial interventions in the text are slight, and will give students a valid impression of Klopstock's language without imposing undue barriers.

The "Anhang," which comprises more than half the book, is its second strength.

Two of Klopstock's odes about the writing of *Messias* and his essays "Von der heiligen Poesie" and "Von der Nachahmung des griechischen Sylbenmasses im Deutschen" give insights into Klopstock's self-concept as a poet and into his aesthetic intentions. In order to convey a sense of the development of the entire *Messias*, the "Abbadona episode" is then presented as a cross-section from parts II, V, IX, XIII and XIX. Excerpts from letters, many otherwise inaccessible, document contemporary reception (168–208). After a short note on editorial principles, there follow: an index to Biblical names and places, all too necessary for students these days; a table correlating the line numbers of the 1748 and 1799 editions; a succinct bibliography; a chronology of Klopstock's life; and a brief concluding essay. The conclusion will be a good place for students to begin an encounter with Klopstock because it clarifies the difference between the expectations of readers in the 1750's and readers today.

With this volume, Höpker-Herberg has set a new standard for Reclam editions, and has demonstrated how the fruits of the most sophisticated editorial undertakings can be generously shared. May others do likewise!

Carleton University   Arnd Bohm

KLOPSTOCK, FRIEDRICH GOTTLIEB, *Werke und Briefe*, Historisch-kritische Ausgabe, begründet von Adolf Beck, et al. Abteilung Werke: II, *Klopstock Epigramme*, Text und Apparat, Hrsg. Klaus Hurlebusch. Berlin, New York: de Gruyter (1982). 439 pp.

This volume contains 223 epigrams, divided into three groups. By far the largest group belongs to the period 1755–1801 and contains 154 epigrams, arranged chronologically; the second group (1795–1803) contains 62 epigrams, none of which could be dated precisely; the third group contains five epigrams, none of which could be attributed unequivocally to Klopstock. Hurlebusch's edition surpasses earlier editions not only in quantitative terms (cf. Vetterlein [1830]: 126 epigrams; Boxberger [1879]: 194 epigrams; Hamel [1884]: 111 epigrams), but also in qualitative terms. Hurlebusch argues (p. 392) that these earlier editors were primarily concerned with publishing either as many epigrams as possible or a representative selection thereof; they were not concerned with establishing a definitive text. Thus, they did not include variant readings and displayed a certain disregard for accuracy in matters of orthography, punctuation and titles. Hurlebusch has devoted his immense editorial energies to making good the deficiencies in these nineteenth-century editions; furthermore, his edition contains twelve hitherto unpublished epigrams.

This volume comprises both the text of the epigrams (pp. 1–72) and the critical apparatus (pp. 73–383); the latter is supplemented by an Appendix (pp. 385–439) which contains an elucidation of the editorial principles, a select bibliography, synoptic tables of the main sources, an alphabetical index of titles and an index of the occurrence of proper names in the epigrams. The critical apparatus itself is divided into two parts: firstly, *Überlieferungskomplexe* (pp. 75–138), and secondly, *Einzelapparate* (pp. 139–383). In the section *Überlieferungskomplexe* the editor offers detailed descriptive and in part critical observations on the manuscript and first printed sources of the epigrams. The *Einzelapparate* occupy the main part of this volume; each of these commentaries is based on a fixed pattern, consisting of the following sections: 1. "Überlieferung", 2. "Verfasser", 3. "Entstehung", 4. "Zeugnisse zum Text", 5. "Textgenese", 6. "Textkonstitution", 7. "Lesarten", 8. "Varianten". Hurlebusch's note on these sections is not quite accurate: 'Die Abschnitte "Verfasser", "Zeugnisse zum Text", "Textgenese", "Lesarten", "Varianten" erscheinen nur dann, wenn entsprechende Angaben zu machen sind.' (p. 399) Surely, "Textkonstitution" must also be added to those sections which are only included when relevant. Under "Textkonstitution" the editor informs the reader of his reasons for choosing a particular version when more than one source was available to him. Thus, this section is rightly excluded, for example, in the commentaries on *Zinzendorf* (p. 149) and *Papa und Großpapa* (p. 213). In the main the commentaries on the individual epigrams are designed to enable the reader to identify precisely the source (both manuscript and first printed) and date of origin of a given epigram. Of the remaining sections the most illuminating are 4. "Zeugnisse zum Text" and 8. "Varianten". Under the former the editor has assembled Klopstock's own observations on individual epigrams as well as those of his correspondents, and under the latter, the poet's own textual emendations. Throughout these *Einzelapparate* the editor has refrained from offering any annotation of an exegetical nature. Hurlebusch's aim has been to establish and authenticate a definitive text of the *Epigramme*; without doubt, this aim has been achieved.

University College of Wales, Aberystwyth   G. L. Jones

KRÜGER, JOHANN CHRISTIAN, *Werke. Kritische Gesamtausgabe*, herausgegeben von David G. John (*Neudrucke Deutscher Literaturwerke*, Neue Folge, Band 37). Tübingen: Max Niemeyer Verlag (1986). 560 pp.

Among those assisting at the birth of Enlightenment comedy in Germany in the 1740s, Johann Christian Krüger (1723–1750), playwright and member for nine years of Schönemann's theatrical troupe, has a claim to be regarded as at least as original and interesting as the now better-known J. E. Schlegel or young Lessing. His variety of comic forms and styles and the genuine social criticism in one or two plays stand out against others' reworkings of stereotype comic character traits, and he produced important translations of French comedy, particularly the two volumes of Marivaux of 1747 and 1749. When the scholarly renaissance of this period in early modern German comedy began a decade or two ago, however, the difficulties of access to his complete output (small enough, given his short life) served Krüger ill. Except for a modern reprint of 1740s' editions of *Die Geistlichen auf dem Lande* and *Die Candidaten*, his works have not been republished since the eighteenth century; moreover, the hitherto standard edition, *Poetische und Theatralische Schriften*, 1763, by Johann Friedrich Löwen, used an arbitrary selection of texts. David John's *Kritische Gesamtausgabe* is thus welcome in that it puts together for the first time all Krüger's known original works.

Welcome also, in this first scholarly edition of Krüger, are the meticulous editorial methods applied in presenting the poems, one-act curtain-raisers, major plays, dramatic fragments, and the two prefaces from the Marivaux translations. An appendix adds *Das Glück der Comödie*, a short play of which Krüger is not firmly proven the author, Löwen's preface to his 1763 edition, and a contemporary review of that edition. A problem lay in choosing which version of the texts to print. No manuscripts are extant; there is no reliable major edition, Löwen having frequently altered texts in his concern for Krüger's posthumous reputation; the works had to be drawn from a variety of sources—editions of single plays, collections such as Schönemann's *Schauspiele* or Gottsched's *Deutsche Schaubühne*, poetry anthologies, and Löwen. John has solved the difficulty satisfactorily by reprinting from each work's earliest publication, with any later variant readings in footnotes. In a few cases this meant using a posthumous edition, but the editor makes it clear that only those texts published in the author's lifetime are to be regarded as authoritative. In addition to a comprehensive technical description and categorization of the primary sources, the Introduction presents the sparse known facts about the playwright's life and gives a useful chronological overview of Krüger texts and criticism.

To write that a publication fills a gap is something of a reviewers' cliché: in this case the phrase is justified. The wider critical attention Krüger himself deserves should follow.

University of Alberta   *Alison Scott-Prelorentzos*

HEIDENREICH, BERND. *Sophie von La Roche—eine Werkbiographie.* Frankfurter Hochschulschriften zur Sprachtheorie und Literaturästhetik, Bd. 2. Frankfurt am Main, Bern, New York: Peter Lang (1986). 6 unbez. S., xii S. ("Einleitung"), 7 unbez. S. ("Inhaltsverzeichnis"), 466 S.; 8 Taf. auf Kunstdruckpapier.

Vorliegende Dissertation vermehrt unsere Kenntnisse von S. La Roches Werk beträchtlich, das, abgesehen von der *Sternheim*, wegen des Fehlens neuerer Textausgaben so gut wie unzugänglich ist. So hat auch die neuere Forschung neben dem Erstlingsroman im wesentlichen nur, und dies vor allem im Zusammenhang mit der Geschichte des Journalismus, von der Zeitschrift *Pomona* Kenntnis genommen (S. 128–29). Aus dem umfangreichen Schrifttum der Autorin hat Heidenreich (im folgenden = H.) eine chronologisch angeordnete Auswahl getroffen. Drei der fünf Kap. sind jeweils einem einzigen Werk gewidmet: Der *Geschichte des Fräuleins von Sternheim* von 1771 (Kap. I, S. 1–66), S. La Roches zweitem Roman *Rosaliens Briefe an ihre Freundin Marianne von St++* von 1779–1781 (Kap. II, S. 67–127) und dem Roman von 1797–1798, *Erscheinungen am See Oneida* (Kap. IV, S. 172–219); in Kap. III (S. 128–71) behandelt H. *Pomona für Teutschlands Töchter* und die (dort begonnenen und dann in Buchform erweiterten) *Briefe an Lina* (1783–1797), und in Kap. V (S. 221–76) stellt er "Das Alterswerk" (1779–1806) mit vier Schriften vor: I. *Mein Schreibetisch* (1799), II. *Liebe-Hütten* (1803/04), III. *Herbsttage* (1805) und IV. *Melusinens Sommer-Abende* (1806). Den 276 S. mit den Interpretationen dieser Werke geht eine theoretische "Einleitung" voraus, und es folgt ein "Anhang," der neben einem 15seitigen "Quellen- und Literaturverzeichnis" nicht weniger als 173 S. "Anmerkungen" enthält, meist ausführliche Zitate aus den behandelten Schriften oder anderen Quellen. Die Anm. sind nach Unterkap. numeriert; sie aufzufinden ist mühsam wenn nicht entmutigend, und es wäre sehr zu wünschen und bei der Herstellung des masch.schriftl. Mskpt.s auch technisch zu lösen gewesen, daß man die Anm. als Fußnoten auf der entsprechenden Textseite vorgefunden hätte.

Man wird der Feststellung des Verf. ohne weiteres zustimmen, daß S. La Roches "Werk hinsichtlich der Form und Thematik, . . . der Rezeption literarischer Muster . . . und philosophischer . . . Strömungen als weitgehend exemplarisch gelten" könne und daß dies die "Trivialität" ihrer Schriften mit einschließe, durch welche diese "vielleicht zu einer wertvolleren Quelle für die bestimmenden Tendenzen der Epoche als die gleichzeitig erschienenen literarischen Spitzenprodukte" werden (S. iv). H. führt die Breitenwirkung ihres Werkes auf die "bürgerliche Leserschicht" an; er nennt die "Auflagenzahlen ihrer Romane"—wobei über die Höhe der einzelnen Auflage freilich zu wenig bekannt ist—und er erwähnt die Rezensionen in literarischen Zeitschriften (S. iv).[1] So seien für "die Wahl Sophie von La Roches als Gegenstand einer Werkbiographie . . . weniger der künstlerische Rang, die Originalität oder gar die sprachliche Qualität ihrer Werke als vielmehr die für das vorklassische 18. Jahrhundert exemplarischen Züge in ihrem Leben und Werk bestimmend" gewesen (S. iv). (Nach diesen durchaus berechtigten Einschränkungen, mit denen H. ihren Schriften den Rang des Dichterischen abspricht, würde man S. La Roche wohl zutreffender Schriftstellerin oder Autorin nennen statt sie, wie H. es tut, als "Dichterin" zu bezeichnen.)

Als "exemplarisch" will H. seine nach vier Gesichtspunkten getroffene Auswahl verstanden wissen (S. ix). U.a. sollen "die behandelten Schriften ... die einzelnen Lebensabschnitte und verschiedenen Schaffensperioden" der Autorin repräsentieren (1) und den "pädagogischen Anspruch und die didaktischen Absichten" ihrer Schriften dokumentieren (3); das Alterswerk werde "besonders umfangreich berücksichtigt, weil gerade darin der ... charakteristische Zusammenhang von Leben und Werk zum Ausdruck" komme (4), und schließlich sei "das Schwergewicht auf den Roman" zu legen gewesen, "der quantitativ im Werk Sophies dominiert und die Grundlage für ihren schriftstellerischen Erfolg bildete" (2). Nun treffen die drei erstgenannten Faktoren zwar ebensogut auf S. La Roches Reisebeschreibungen zu, so wie diese auch ihrem Umfang nach neben ihren Romanen ins Gewicht fallen. H. erwähnt ihre in den achtziger und neunziger Jahren unternommenen Reisen aber nur im Vorbeigehen (S. 172–73, 383–84), so wie er auch die im Gesamtwerk S. La Roches gleichfalls gewichtige Gattung der moralischen Erzählung, auf die hier nicht eingegangen werden kann, nur beiläufig behandelt (vgl. u.a. S. 139–40, 358–59.). Rez. hat schon darauf hingewiesen (vgl. LY 19 [1987]: 331–32.), daß S. La Roche als einer der ersten Frauen aus dem deutschen Bürgertum ausgedehnte Bildungsreisen vergönnt waren, die sie von vornherein mit dem Ziel der literarischen und damit kommerziellen Auswertung unternahm, daß die Form der Reisebeschreibung es ihr erlaubte, durch Mitteilung des erworbenen vielseitigen Wissens bildend und erziehend auf ihre deutschen Leserinnen einzuwirken. Mit ihren Reisen begann für Frau v. La Roche ein neuer Lebensabschnitt, und die Gattung Reisebeschreibung wurde für sie im materiellen wie im ideellen Sinne ein "Mittel der Lebensbewältigung," wie dies nach H. für die "schriftstellerische Arbeit der La Roche" überhaupt und für *Sternheim*, *Pomona* und *Liebe-Hütten* im besonderen gelte (S. viii–ix). Die Reisebeschreibungen S. La Roches in ihrer Mischung aus eigenen Beobachtungen, Mitteilungen aus anderen Autoren und nicht zuletzt aus persönlichen Erinnerungen kamen dem Drang dieser Autorin zur Selbstdarstellung unmittelbarer entgegen als die epischen Gattungen Roman und moralische Erzählung, die nach einer Objektivierung des Persönlichen verlangen. Ihre Reisebeschreibungen schließen an die halbfiktiven oder wirklichen Briefe der 'Frau Pomona' an, und die subjektive, offene Form dieser Gattungen hatte ihre Fortsetzung in den kompilatorischen Alterswerken *Mein Schreibetisch*, *Herbsttage* und *Melusinens Sommer-Abende*. Man mag H. zugestehen, daß es sich dabei um die Produkte einer auf das Honorar angewiesenen Vielschreiberin handelt, um Schriften, in denen die Anleihen an andere Autoren überhandgenommen haben, in denen die Autorin nichts Neues mehr zu geben hat, sondern bloß bekannte Anschauungen wiederholt, um Arbeiten, die "das Nachlassen ihrer künstlerischen Gestaltungskraft dokumentieren" (S. 275, vgl. 240.). H. scheint seiner Bewertung jedoch den Roman als Maßstab zugrundezulegen und die Autorin dafür zu tadeln, daß sie den Ansprüchen dieser Gattung mit ihren Alterswerken nur noch bedingt—und zwar mit den *Liebes-Hütten*—zu erfüllen vermochte.[2] Hier dürfte bei H. ein Vorurteil der älteren Dichtungswissenschaft gegen die 'non-fiktionalen' Gattungen mitspielen,[3] deren sich S. La Roche in richtiger Einschätzung ihrer Möglichkeiten und Grenzen bediente.

Das unbestreitbare Verdienst von H.s Arbeit liegt u.a. in den 'werkimmanenten Interpretationen' und in der kritischen Einschätzung der Rolle, welche die Bildungsfaktoren beim Entstehen der einzelnen Werke spielten. Dabei konnte H., was Richardson, Rousseau oder *Werthers Leiden* betrifft, von älteren Untersuchungen ausgehen, während er z.B. im Falle des für das Spätwerk wichtigen Rousseau-Schülers Bernardin de St. Pierre oder Christian Garves im wesentlichen Neuland betrat. Doch bleibt der Forschung hinsichtlich der Bildungsfaktoren angesichts von S. La Roches Belesenheit noch manches zu tun. Daß H. die kommerziellen Faktoren und die Wirkungsgeschichte in die Interpretationen einbezieht, ist ein weiterer Gewinn seiner Untersuchung. Vor allem aber gibt er Aufschluß darüber, was im Gesamtwerk S. La Roches konstant, was Veränderungen unterworfen ist. Dazu gehören als ein zentrales Problem ihre (Wunsch-)Vorstellungen von der Frau, d.h. der Frau aus dem deutschen Bildungsbürgertum. H. weist z.B. nach, wie S. La Roches Frauenbild in *Rosaliens Briefen* gegenüber der *Sternheim* eine Differenzierung erfährt (vgl. S. 119–21.), und ähnliches gilt für ihre von nun an neutralere und positivere Einstellung gegenüber dem Adel. Überhaupt ist die Interpretation von *Rosaliens Briefen* der gelungenste Teil von H.s Untersuchung, u.a. durch den Vergleich dieses Romans mit der *Sternheim* und andrerseits mit dem *Werther* und durch die kritische Auseinandersetzung mit der älteren Darstellung über den deutschen Frauenroman im 18. Jahrhundert von Ch. Touaillon. *Rosaliens Briefe* sind vielleicht das einzige der besprochenen Werke, für das H. vorbehaltlos eintritt, und man möchte wünschen, daß in Bälde ein Neudruck dieses Romans veranstaltet wird.

H. hat mit der Festellung recht, "daß die Interpretation der meisten Werke Sophies die Kenntnis des biographischen Hintergrunds voraussetzt" (S. viii) und daß "gerade die charakteristischen Züge" von S. La Roches Gesamtwerk "sich ohne Einbeziehung des Lebens kaum überzeugend deuten lassen" (S. ix). Die Verwirklichung dieser u.a. theoretischen Überlegungen leidet jedoch an seinen unzulänglichen Kenntnissen von S. La Roches Biographie und der geschichtlichen Gegebenheiten im Deutschland des 18. Jahrhunderts, so wie H. sie aus den bereits gedruckten Quellen hätte gewinnen können. Um ungedruckte Zeugnisse—z.B. um S. La Roches Briefe an Wieland aus ihrem letzten Lebensjahr, die u.a. Auschluß über Abfassung und Stilisierung ihres autobiographischen Abrisses von 1806 gegeben hätten (und demnächst im *LY* vorgelegt werden)—hat H. sich nicht bemüht (vgl. S. vii.). Dies wirkt seinem Vorhaben, eine "Werkbiographie" zu liefern, entschieden entgegen; es beeinträchtigt diejenige Seite seiner Arbeit, auf die er am meisten Wert legt. Neben faktischen Irrtümern (z.B. Geburtsjahr S. Gutermanns: 1731 statt richtig 1730 [S. 1]; Sohn Franz statt Fritz [S. 9–10]), Widersprüchen ("die Gutermanns... eine aristokratische Familie" [S. 1], "eine bürgerliche Gelehrtenfamilie" [S. 5]) und anderen Flüchtigkeiten stören die zahllosen halbrichtigen Behauptungen. Rez. kann seine Einwände hier nur mit einem einzigen Beispiel belegen: Die Darstellung des Fürstenhofes im *Sternheim*-Roman schreibt H. "eigenen Erfahrungen" der Autorin zu, die sie "etwa an den Höfen Stadions in Mainz und Warthausen" gemacht haben soll (S. 11). In Mainz lebte Graf Stadion als kurmainzischer Minister am Hofe des Kurfürsten und zog sich 1761 auf sein Schloß Warthausen zurück, wo er 1768 starb. Mit Bezug auf diese Jahre pflegt man seit dem 19. Jahrhundert vom 'Warthauser Musenhof' zu sprechen. Es kann von keinem Stadionschen "Hof" im Sinne der kurfürstlichen Höfe in Mainz und Trier oder des herzoglichen Hofes von Karl Eugen von Württemberg die Rede sein. S. La Roche hat den Stuttgarter Hof, welcher der Überlieferung nach in der *Sternheim* gemeint ist, in den sechziger Jahren im Gefolge Stadions besucht; Karl Eugen ist das Vorbild für den "galanten, genußsüchtigen Monarchen" des Romans (vgl. S. 50.). Auf die Höfe der geistlichen Kurfürsten am Mittelrhein könnte die *Sternheim*-Episode auch deshalb nicht bezogen werden, weil S. La Roche zu vorsichtig gewesen wäre, eine negative Darstellung ihrer nächsten Umgebung und Roman einzuverleiben. Nach diesen kritischen Bemerkungen, zu denen noch der Wunsch nach mehr philologischer Genauigkeit bei der Einrichtung des Manuskriptes zu zählen wäre, sei ausdrücklich die Bereicherung betont, welche die La Roche-Forschung durch H.s gewichtige Studie erfahren hat.

The University of Michigan, Ann Arbor   Hansjörg Schelle

---

1 An anderer Stelle wurde schon darauf hingewiesen, daß die Identität der Mitarbeiter an der *Allgemeinen deutschen Bibliothek* bekannt und Musäus als Rezensent der *Sternheim* auch anderweitig nachgewiesen ist (*LY* 19 [1987]:). J. G.

Sulzer war weder Mithrsg. noch Mitarbeiter der *AdB.* Vgl. S. 64 u. 311–12, 124 u. 346, 169–70 u. 381–82, 229 u. 419–20, 246 u. 427–28.
2 Die Freundin S. La Roches, welche die Anregung zu *Melusinens Sommer-Abenden* gab, wünschte sich ausdrücklich "ein Werk . . . unterhaltend ohne R o- m a n aber aus thätigem leben" (S. La Roche an Wieland, Offenbach, 18.3.1806, ungedr.).
3 Vgl. zu diesen den anregenden Sammelband *Prosakunst ohne Erzählen: Die Gattungen der nicht-fiktionalen Kunstprosa,* Hrsg. Klaus Weissenberger (Tübingen: Max Niemeyer Verlag, 1985).

LAVATER, JOHANN CASPAR, *Physiognomische Fragmente zur Beförderung der Menschenkenntnis und Menschenliebe.* Eine Auswahl mit 101 Abbildungen. Herausgegeben von Christoph Siegrist. Stuttgart: Reclam (1984). 398 S.

Johann Caspar Lavater wäre mit der vorliegenden Auswahledition seiner 'Physiognomischen Fragmente' nicht einverstanden gewesen. Der immerhin recht umfangreiche Reclamband hat mit der großformatigen, vierbändigen Prachtausgabe, die von 1775 bis 1778 in Leipzig und Winterthur erschienen ist, kaum noch etwas gemein. Und gerade der exklusive Charakter seines Werks war Lavater wichtig gewesen; dies läßt sich auch in Siegrists Auswahl nachlesen: " 'Aber dieses Werk ist sehr kostbar und prachtreich? ' Antwort: Es ist durchaus nicht für den großen Haufen geschrieben. Es soll von dem gemeinen Manne nicht gelesen und nicht gekauft werden. Es ist kostbar seiner Natur nach; kostbarer als andere Werke mit Kupfern, weil sehr viele Zeichnungen und Kupferplatten fehlgeschlagen sind—übrigens, können's verschiedene zusammenkaufen und gemeinschaftlich besitzen.-Ich sparte nichts, das Werk nach dem Geschmacke der Leser, für die ich es bestimmt hatte, einzurichten. Wenn ich zu einem Fürsten gehe, so zieh' ich mein bestes Kleid an. Wenn Pracht nicht Zweck, sondern nur Mittel zu einem weit wichtigern Zweck ist, sollte sie dann unerlaubt seyn? " (S. 8) Der Käufer, der sich dann als Fürst fühlen durfte, mußte für jeden der vier Bände 24 Reichstaler aufwenden. Es handelte sich, wie Siegrist in seinem Nachwort feststellt, "um eine der teuersten Buchproduktionen der Zeit in Deutschland" (S. 387).

Den Käufer des Reclambandes wird kaum eine feierliche oder erhebende Stimmung ergreifen, schon deshalb nicht, weil ihn auf dem Buchumschlag ein merkwürdiges Gesicht anschaut, das, wie Lavater selbst sagt, "ins Affengeschlecht sieht" (S. 243). Es handelt sich um die 'religiose Physiognomie' eines schwäbischen Bauern, aus der Lavater Folgendes glaubt herauslesen zu dürfen: "So hab' ich noch keinen Affenblick gesehen! Und selten noch die vielseitige kindlich einfältige, und dennoch, obgleich planlos—feine Naturkraft, und kalte, doch bisweilen heftige, kühne Religion. Nah' an Wunderkraft gränzte einst der nun verloschne Glaube dieses Mannes—Trockner, kälter, unzärtlicher, und dennoch zugleich kindlich liebreicher—hab' ich kaum einen Mann und ein Gesicht gesehen. Diese von aller freundschaftlichen Sehnsucht, allem schmachtenden Anziehen ferne Trockenheit—ist in den Falten der Stirne—besonders aber in der pyramidalen Falte über der Nasenwurzel—in der Kleinheit und Kürze der Nase—in der starken Wölbung der Augen und Augenlieder und Augenfalten—sichtbar; am sichtbarsten aber in dem Munde, und der eckigten Falte unterm Munde—und der Entfernung des Mundes von der Nase. Jedoch leuchtet selber durch diese beynahe trutzige Trockenheit des Mundes, besonders auf der rechten Seite der Mittellinie etwas von besagter Kindesgüte hervor. Das Aug' ist mehr des Tiefblickenden, als des Tieffforschenden". (S. 243f.)

Aus dieser Passage geht hervor, daß es Lavater ernst nimmt mit seiner Versicherung, mit seinen physiognomischen Studien nicht denunzieren oder entlarven zu wollen, daß sich also keine Menschenseele vor seinem Blick zu fürchten hat, "weil ich bey allen Menschen auf das Gute sehe, und an allen Menschen Gutes finde" (S. 21). Daß Gott den Menschen sich zum Bilde schuf ist die Prämisse, die Lavaters Werk erst möglich gemacht hat. Und so gehört das Aufspüren der Kindesgüte in der Mundpartie des schwäbischen Bauern wesentlich zu dem Programm, das nicht nur Menschenkenntnis, sondern auch Menschenliebe befördern will.

Im Kontext der vorliegenden Edition hat der auf dem Buchumschlag distanziert blickende Bauer offensichtlich auch die Funktion, den Betrachter neugierig zu machen auf ein Werk, das nicht zuletzt allerlei Kurioses zu versprechen scheint. Siegrist begründet sein Unternehmen mit dem 'historischen Dokumentationswert', den die "Wahr-Nehmung des konkreten Subjekts", das Interesse an der "Einzigartigkeit des Individuellen" haben (S. 393). Und er beschließt sein Nachwort mit einem aktuellen Bezug: "Wo heute die 'Persönlichkeit' zur bloßen verwalteten Zahl, zum abstrakten Computercode zusammengeschrumpft ist, strahlt hier noch jene Frische des Konkreten, welche die historische Entwicklung der letzten zweihundert Jahre zunehmend aufgezehrt hat" (S. 394). Wenn man nun die Beschreibungen der Gelehrten, Maler, Musiker, Dichter etwa liest, wird man in der Tat Lavaters Sinn für das Individuelle finden. Im Vordergrund steht allerdings immer die 'Persönlichkeit' des schweizerischen evangelischen Theologen Lavater, dessen Subjektivität sich schon im Stil überdeutlich ausdrückt. Wie wenig Lavater letztlich in der Lage war, die Persönlichkeit anderer zu respektieren, hat die Kontroverse mit Moses Mendelssohn gezeigt. Zumindest ein Kapitel in Siegrists Auswahledition: "Frauenspersonen" schließlich reproduziert nur die Vorurteile, die ebenfalls zum 18. Jahrhundert gehören. Frauen, heißt es da beispielsweise, "sind Nachlaut der Mannheit . . . vom Manne genommen, dem Mann unterthan zu seyn, zu trösten ihn mit Engelstrost, zu leichtern seine Sorgen . . ." usw. (S. 264).

Insgesamt fällt es schwer, die Auswahlkriterien zu erkennen, die Siegrist bei seiner Editon angewendet hat. Von Interesse sind allerdings alle ausgewählten Stücke, ob sie nun von der Physiognomik überhaupt handeln, vom Schattenriß, von einzelnen historischen Gestalten, vom Genie. So führt beispielsweise der Text "Ueber Freyheit und Nichtfreyheit des Menschen" (S. 308ff.) unmittelbar in eine Diskussion, die im 18. Jahrhundert mit Leidenschaft geführt wurde. Lavater polemisiert gegen Helvétius' Schrift *De l'Homme* und befindet sich mit seiner Wertung der Beziehung Anlage—Erziehung in gewisser Nähe zum Helvétiuskritiker Denis Diderot.

Heidelberg *Ulrich Kronauer*

DASCAL, MARCELO, *Leibniz: Language, Signs and Thought: A Collection of Essays.* Amsterdam/Philadelphia: John Benjamins (1987). xii + 203 pp.

Although these essays on the semiotics of Leibniz have all been published previously, it is useful to have them collected within one cover. Because the essays are tightly focused examinations of one facet of the topic at a time, they join together as a coherent whole. An appendix (145–190) makes available in translation six brief texts by Leibniz, written approximately 1670–1685, relating to language, signs and logic. Reinforced by Dascal's detailed notes, these excerpts will be useful as points of entry into Leibniz's vast writings.

Indeed the clarity and authority of Dascal's exposition make the book an attractive introduction not only to Leibniz but to 17th-century semiotics. Without an understanding of the work done in this formative period, it is impossible to gauge the degree to which 18th-century semiotic theoreticians (Christian Wolff, Johann Heinrich Lambert, Lessing) were inheriting or innovating. This book, together with David Wellbery's *Lessing's Laocoon* (1984) and Marc Shell's *Money, Language, and Thought* (1982), furthers such an understanding.

In the first two chapters, Dascal contrasts Leibniz's theory of the sign with those of Bacon, Hobbes, Locke and Descartes. Noteworthy in Leibniz was his insistence that thinking takes place in and only through signs and sign systems. The necessary corollary is that these semiotic systems are always already meaningfully implicated, so that there can be no possibility of a sign being arbitrarily granted meaning as though it had suddenly emerged out of nowhere. This nevertheless leaves room for a local arbitrariness in deciding that X shall stand for Y: "... although characters are arbitrary, their use and connection have something which is not arbitrary, namely a definite analogy between characters and things, and the relations which different characters expressing the same thing have to each other. This analogy or relation is the basis for truth" (63).

The next four chapters explore the ways in which such assumptions shaped Leibniz's analyses of memory, logic, and theological discourse. The fundamental difficulty confronting Leibniz is readily comprehensible in today's computer age. Given that systems can be designed to generate tremendous arrays of signs, is it possible to construct a control system which will automatically and with certainty sort noise from information? The agony of Leibniz, quite evident in his discussion of matters of religious faith, was that the idea of such a control system was available (sometimes called "God"), but that it could only be approximated in reality through the flawed instance of human beings. The corrective which had to be and could be supplied was the effort of understanding how signs and semiotic systems operate, both in order to detect malfunctions and in order to improve the system. In effect, semiotics would replace hermeneutics:

> Thus, to find a circle equivalent to an ellipsis is a problem which can be solved by a geometrician, but to remove the Earth from its place, to annihilate a given body, and to transsubstantiate bodies while conserving their species (*salva specibus*), are problems that can only be submitted to God. Although we cannot actually work out their solution, we can nevertheless solve them through contemplation, i.e. we can prove clearly and distinctly a possible mode for them. (113)

The final chapter assesses the claim that Leibniz's theory of language contains the 'idea of a generative grammar'. The conclusion is that the evidence cited on behalf of the claim does not permit the identification of Leibniz as a precursor of generative-transformational linguists. But neither was Leibniz a decided structuralist; Dascal rightly invites further discussion of these problems.

The brevity of a review does not offer space for detailed consideration of many important issues raised by this stimulating book. Two points might be noted. First, Leibniz's continual application of the principle of *economy* to semiotic problems should be studied in conjunction with the plans for language reform and a language academy. Second, Leibniz's campaign against Hobbes must be re-read in the context of hermeneutics as a dimension of political thought. Only such a conjunction can elucidate the track from Leibniz to Lessing.

A final quibbling point: a careful editor should deal with the misprints and stylistic idiosyncrasies for the next edition. While not so serious, they do mar a work dedicated to the interpretation of signs.

Carleton University   *Arnd Bohm*

VOIT, FRIEDRICH, ed., *J. M. R. Lenz* Der Hofmeister oder Vorteile der Privaterziehung: *Erläuterungen und Dokumente.* Stuttgart: Reclam (1986). 183 pp.

Voit's compilation of notes and documents to Lenz's *Hofmeister* presents in a concise and economical format the materials essential for a contextualizing "understanding" (in the hermeneutical sense) of this crucial work.

The first and largest section of this collection treats problems of "grammatical" or textual understanding. Voit has assembled a very complete and detailed dictionary of words and phrases which today are either antiquated, or whose meanings and/or forms have changed. Included here as well are explanations of dialectal or idiolectal expressions and of colloquialisms, translations of non-German expressions, and background information about literary allusions and historical references. This material, which is indispensable for serious students of Lenz's play and helpful even to scholars as a handy and thorough reference guide, is referenced by page and line number to the Reclam edition of *Der Hofmeister* (Reclams Universal-Bibliothek, No. 1376). Two difficulties crop up regarding the actual use of this referencing system. First of all, scholars may lament that citations to the "critical" Lenz-edition are not included; this minor addition would have extended the utility of this volume beyond just the classroom applications for which it is primarily intended. Far more serious, however, is the fact that Voit's citations do not accord with the Reclam edition printed in 1974 in which I attempted to track down his references. This implies either that the citations to page and line number are themselves consistently inaccurate, or, what is more probable, that Voit's notes are keyed to an older or a more recent and revised printing of the Reclam edition. However, since no particular printing is specified, it is impossible to turn up the corresponding text except by chance or by trial and error. This complication has the unfortunate consequence of compromising the utility of this commentary segment in an otherwise extremely useful volume.

The succeeding two subdivisions of this collection attempt to establish those historical contexts which inform the creation of Lenz's drama. In the first case Voit presents excerpts from various sources contemporary to Lenz which treat the social ramifications of private education, thereby illuminating the relevance and timeliness of the issue for Lenz's immediate audience. The subsequent section brings together documents related to the genesis of the text itself, including testimony from Lenz's acquaintances, his own remarks about the drama in letters, and passages from the 1773 manuscript version which differ from the text published in 1774.

Sections IV and V consist of documents which relate the reception of Lenz's drama over different historical periods, beginning with the contemporary reception—stressing especially F. L. Schröder's adaptation for the Hamburg theater—and moving through the nineteenth and twentieth centuries to Brecht's adaptation for the Berliner Ensemble. This compact but thorough portrayal of the effective history of *Der Hofmeister* is illuminating not only because of what it divulges about the reception of this text per se, but also because it throws into relief the ideological evolution of the institution of literary criticism in Germany over the last two centuries. This documentation provides ample evidence which confirms Brecht's sense that the literary-historical suppression of writers such as Lenz in the nineteenth century is indicative of a general ideological bias against literature which engages with issues of life-praxis.

In the penultimate section of this collection Voit establishes a context intended to elucidate Lenz's hesitations about the relevance of traditional generic classifications for this play. Juxtaposed to excerpts from Lenz's own theoretical explorations of comedy and tragedy in the *Anmerkungen übers Theater* and the "Rezension des Neuen Mendoza" are texts by Lessing, Sulzer, and Mercier which give a historical overview of the environment in which Lenz's dramatic practice and theoretical positions evolved. Appended to this section are excerpts from Volker Klotz's definition of "open" drama, whose relevance for Lenz's play is indisputable.

Concluding with a substantial bibliography of primary and secondary materials on *Der Hofmeister*, including translations and adaptations, Voit's collection represents an important and useful source book for scholars and students alike.

Mills College   *Richard Gray*

KNUDSEN, JONATHAN B., *Justus Möser and the German Enlightenment*. Cambridge: Cambridge University Press (1986). xvi + 216 pp.

The structural model for this extensively researched and copiously documented study (originally a dissertation) is, in essence, the venerable one of the hermeneutical circle. The author's declared aim is to present at once an "intellectual biography" (p. ix) of his central figure, the administrator, essayist, and historian Justus Möser, and a portrait of some of the salient features of German society at large in the second half of the eighteenth century, with the two strands of exposition illuminating each other in reciprocal fashion. Chapter titles such as "Möser's social universe," "Möser's political universe," and "Möser's historical universe" reflect the twofold goal of "exploring) how central Enlightenment concerns intersect with the most significant moments in Justus Möser's thought and career" (p. xi) and so, in turn, of representing Möser as, in a number of important respects, exemplary of the dominant tenor and sensibility of his era.

Precisely the intensity of concentration on one subject necessary for a study of this sort contains, at the same time, the risk of at least some loss of perspective. Most readers, for instance, will surely find it to be stretching things at best to describe Möser as "one of the pivotal figures in the German Enlightenment" (p. ix) (thus, by implication, according him a status comparable, for example, to that of Lessing, Kant, or Wieland). What is, if anything, more striking, however, at least at first glance, is that, for Knudsen, the appropriate context in which to view Möser—the author, not only of the *Patriotische Phantasien* and the *Osnabrückische Geschichte* (part of the introduction to which Herder chose to include in *Von deutscher Art und Kunst*), but also of the treatise *Über die deutsche Sprache und Literatur* and an essay in defense of the *Harlekin* on stage—should be primarily, indeed virtually exclusively, the Enlightenment at all. Knudsen's vantage point, however, is not that of the literary scholar or the historian of ideas but rather that of the social historian. And the Möser with whom he is principally concerned is accordingly less the writer on matters of literary, historical, and even, occasionally, philosophical interest, and much more the man of affairs, engaged in administering one of the multitude of small principalities (the bishopric of Osnabrück) that together largely constitute the Germany of his time.

The picture of Möser that emerges here is that of an astute and deeply conservative politician, one capable of acknowledging, where desirable or necessary, the legitimacy of certain (limited) reform initiatives, but always concerned, above all, to preserve intact a basic framework of continuity and stability within his domain of responsibility. Knudsen's term for this combination of reformist impulse and traditional institutional context is "corporatist or estatist Enlightenment *(ständische Aufklärung)*" (p. 4), and it is in this respect that Möser assumes for him particular importance for an understanding of the period. In the "careful balancing act practiced by Möser and his contemporaries" between "Enlightenment ... ideals" and "the institutions of the old regime" (p. 11) Knudsen sees at least one of the keys—perhaps, indeed, *the* key—to the distinctive character of the German Enlightenment.

In its broad outlines, of course, this is a relatively familiar story. For a number of reasons, some of which Knudsen reminds us of, Germany in the eighteenth century does not experience the same degree of political ferment and transformation undergone, for example, by England or France. (One can, I suppose, characterize eighteenth-century Germany as, from this point of view, "archaic" [p. 9], if one likes. Yet it is perhaps at the same time worth wondering whether a nation that, in little more than a century, manages to go from cultural backwater to one capable of producing, among other things, the greatest literature since Shakespeare, the most important advances in philosophy since the Greeks, and some of the most magnificent music in the history of the world, while also avoiding both national blunders such as Britain's attempt to suppress the rebellion of its American colonies and catastrophes of truly international proportions such as the French Revolution, has taken altogether the wrong course.) What is new here is the focus on Möser in particular as one of those figures in whom, by virtue of both official position and personal temperament, the competing forces and interests of the time converge and are brought, with varying degrees of success, to a kind of equilibrium.

The bulk of the exposition gives as extensive and detailed an account as I think anyone could wish, not only of Möser's life and career, but also (or so it sometimes seems) of almost everything else that occurred in Osnabrück between the Seven Years War and the French Revolution. This is both the principal strength of Knudsen's study and, at the same time, at least something of a weakness in it. The wealth of factual detail presented here—much of it entirely absorbing in its own right—does not always, or not to the extent one might wish, find a place in a single, unifying framework of synthesis and interpretation. One further (comparatively minor, but still irksome) feature marring the exposition here and there is the way in which the argument occasionally has imparted to it a wholly gratuitous ideological slant. Space obviously does not permit enumeration of examples. But why, for instance, impute to the Enlightenment "an *imperialistic impulse* that tended to mask compromises with received traditions" (p. 64, emphasis added)? What Knudsen appears to want to say here—that the Enlightenment was inclined to present itself as more of a break with the past than it in fact was—is, of course, a characteristic of the period that has long been recognized by scholars (at least since Becker's The Heavenly City of the Eighteenth-Century Philosophers). Little, it seems to me, is gained, either in clarity or in originality, by recasting the point in the idiom of a currently fashionable political jargon.

Some reservations aside, however, this remains on balance an informative and useful study, one, in particular, of which anyone working on Möser will henceforth need to take cognizance. I found Chapter Four especially, which deals with the Osnabrückische Geschichte, although hampered (as is Chapter Six as well) by some fundamental misreadings of Herder, to contain much that is of interest. Extensive footnotes and an excellent bibliography of both primary and secondary sources add all the more to the value of the book for researchers in the field.

Duke University *Michael Morton*

BRETZIGHEIMER, GERLINDE, *Johann Elias Schlegels poetische Theorie im Rahmen der Tradition.* München: Wilhelm Fink Verlag (1986). 296 pp.

In introductory essays for the posthumous edition of his brother's works, Johann Heinrich Schlegel tried above all to place Johann Elias Schlegel's writings in the context of eighteenth-century literary theory; such a historical-comparative approach to Schlegel's poetics has dominated scholarship ever since. Most have tried to sort out Schlegel's relationship to Gottsched and the Swiss, and some have concluded that Schlegel offered new perspectives to the recently fledged discipline of aesthetics.

While such a claim has given Schlegel a revered place in the annals of German literary history, the attention accorded Schlegel in recent years, especially since the appearance of E. M. Wilkinson's study (*Johann Elias Schlegel: A German Pioneer in Aesthetics*, 1945), seems somewhat out of proportion to his impact in the eighteenth century; after all, his studies on imitation, the core of his theory, were surpassed in the eyes of his contemporaries by Charles Batteux's *Les beaux arts réduit à un même principe* (1746).

One of Schlegel's innovations, it has been thought, was the primacy he accorded *Vergnügen* over didacticism as the goal of art. Another postulation for which Schlegel has been credited with harbingering subsequent developments in aesthetics was that, due to some characteristics of reception of art, the artist need not, indeed should not always imitate nature. It is in response to these two assumptions of the historical innovativeness in Schlegel that Bretzigheimer conceived the present study; her argument, the deepest and broadest reading of Schlegel's aesthetics to date, is that Schlegel was progressive in his scientific mode of analysis, but conservative in his assumptions about art and the very questions he asked about literary aesthetics.

The first three chapters are devoted to the tradition, which in the case of Schlegel means French Classicism, Renaissance theoreticians, Bodmer, Breitinger, and Gottsched. Of particular interest is Bretzigheimer's discussion of the ontological and psychological justifications of poetic creation that were advanced by Bodmer and, more importantly, Breitinger. According to the latter, creation consists in combination of elements present in the *Vorbild* that are arranged in accordance with a purpose and a consistent set of laws. Probability and consistency tie the poet's hands, a limitation which, in Breitinger's opinion, also defined God's creation of the universe. Thus, an ontological basis for poetic *creatio* emerges in the postulation of congruence of the neo-Platonic configuration of *res, idea,* and *verbum*. Following the idealist paradigm, as advanced by Patrizi, Mazzoni, and Robortello, Breitinger and Bodmer also applied the ontological grounding of imitation to metaphysics on the assumption that, as they both believed, the world of possible things existed ideally. Breitinger, moreover, generated a psychological argument for poetic *creatio* as a result of his perception of a crux in the influential Aristotelian paradigm of aesthetics. Many held that pleasure was the goal of art and that pleasure arose from recognition by the recipient of similarity between the artistic *Bild* and the actual *Vorbild*. Such being the case, pleasure, it would seem, cannot proceed from observance of similarity between art and *idea* or *res* if the recipient does not possess the same *Vorbild* as the author. Adopting the ancient concept of *enargeia* (also called *evidentia* and *perspicuitas*), Breitinger offered a solution, one which definitely influenced Schlegel's thought. The artist's picture should be so vivid ("lebendig") that the recipient reacts as he would to the actual *Vorbild*; in a sense, the *Bild* itself should instill the *Vorbild* in the recipient. Thus, a specific *energeia* (i.e. affect, emotion) is the end of art.

Bretzigheimer's excursus on the background to Bodmer and Breitinger's view of literature as a "poetisches Gemählde" is particularly illuminating. Obviously, much was derived from Boileau's concept of *image*, but Bretzigheimer shows convincingly that *image* was a central category for some poetic and rhetorical theorists of the Renaissance. The correlation of painting and literature, of course, extends back to antiquity, specifically to Plutarch's very influential *Moralia*. The correspondence of art and literature is implicit, according to Bretzigheimer, throughout the Middle Ages and Renaissance in rhetorical guidelines for the important category of *descriptio*. Yet, of crucial significance to Breitinger was Muratori's defense of both creative and ecphrastic imagination; according to Muratori the most important technique of poetic painting was vividness in the two senses of *enargeia* ("Beschreibung") and *energeia* ("Wirkung").

The comparison of Gottsched's poetics to the theories of Bodmer and Breitinger is in large part a rehearsal of current opinion. While Gottsched's concept of *Nachahmung* focused on *Fabel*, the Swiss concentrated on *Bild*. This difference resulted in Gottsched's concern with plot in contrast to the Swiss preoccupation with character.

Nonetheless, as Bretzigheimer points out, the views are really not diametrically opposed since, after all, Gottsched's hierarchy of types of imitation (i.e. "Beschreibungen," "Ausdrückungen der Gemüthsbewegungen," and "Fabelkonstituierung") by no means excludes imitation of character. Still, their positions on the purpose of literature differ, as Bretzigheimer put it: "Während für Gottsched gattungsübergreifend der Lehrsatz generelles oberstes Prinzip ist, behauptet bei den Schweizern die emotionale Wirkung Vorrang, d.h. ein Ergötzen, das aus heftigster Gemütserregung (*movere*, ἔκπληξις) entspringt" (p. 60).

The study of Schlegel proper is divided into three parts: his views on *Naturnachahmung*, *Unähnlichkeit*, and *Vergnügen*. Immediately one might question the wisdom of making these division: How can *Nachahmung* and *Unähnlichkeit* be treated as discrete categories? Unfortunately, Bretzigheimer's study shows that they cannot, and consequently there are some repetitions as well as several prolix excursuses in these two subchapters.

That literature is *Nachahmung* is one of Schlegel's two principles; the other is that the end of poetry is pleasure. Though his concept of *Nachahmung* is empirical, not idealist, and didacticism is subordinate to pleasure, the very premises Schlegel establishes for his poetics reveal a conservative position. While he does use the Wolffian model of the *lex imaginationis* in his aesthetic model and he also establishes the recipient as a *causa* of imitation, Schlegel by no means breaks out of the categories of Enlightenment aesthetics. In a sense, his concept of *Nachahmung* is an advancement on Breitinger's because he, unlike Breitinger, was able to achieve systematic coherence. New, to a certain extent, is that both the *Vorbild* and the recipient are *causae* of *Nachahmung* because, according to Schlegel, the final end of pleasure proceeds from two intermediate ones. One *finis intermedius* is the creation of *Ähnlichkeit*, the other is that the *Ähnlichkeit* must be perceptible to the recipient.

The second *finis intermedius* of art, namely that the recipient be able to perceive a similarity between *Vorbild* and *Bild*, led Schlegel to propose that in many cases the artist must consciously depart from a *Vorbild* in order to achieve the desired effect on the recipient. While this concept of *Unähnlichkeit* is responsible in great measure for Schlegel's reputation as an innovator, Bretzigheimer shows that the particulars of Schlegel's argument were far from sensational. The specific elements of *Unähnlichkeit* included stereotyping comic figures, idealizing the tragic hero, and avoiding the depiction of obscenity on the stage or the arousal of horror in the audience. Bretzigheimer concludes, I believe correctly, that "Die Abhandlung von der Unähnlichkeit stellt nichts anderes dar als eine dramatologische Skizze nach dem Muster der *pratique du théâtre*" (p. 114). In several cases, some of which betray a political conservativism which ran deep in Schlegel's consciousness, Bretzigheimer documented the strong impact of the *doctrine classique*, in particular the concept of *bienseance*, on his concept of *Unähnlichkeit*.

Otherwise, it has been thought that Schlegel was innovative because he postulated that pleasure is the end of poetry. Undervaluation of the role didacticism plays in his system has marred earlier analyses of Schlegel's *Vergnügen*. Unquestionably, *delectare* is substantial in Schlegel's poetics, while *docere* is only accidental. But that, according to Bretzigheimer's argument, does not necessarily diminish the importance of didacticism. Schlegel himself said, "Lehren ist ohne Zweifel eine viel wichtigere Sache, als Ergetzen." Bretzigheimer consequently concludes that for Schlegel, "der Haupt*zweck* der Dichtung [ist] das Vergnügen, der Haupt*wert* dagegen die Unterweisung" (p. 186).

This is obviously a work of great significance to those interested in poetics of the Enlightenment; while it is a rather unsensational correction of the assumption in the scholarly literature that Schlegel was a pioneering thinker, it is also a very deep, articulate, and convincing analysis of Schlegel's aesthetics. If I have an objection, it is but to the tendency to discount the work of earlier scholars. This book rests on the shoulders of other excellent studies, for example, those by Wilkinson, S. D. Martinson, and A. Wetterer. While Bretzigheimer naturally gives credit, as appropriate, to these scholars, she inclines to stress inadequacies of her precursors, in lieu of appreciating the immense contributions she drew upon. Otherwise, I would note that, especially in the conclusion, Bretzigheimer tends to make facile, or erroneous assumptions of the distinctness of poetics and rhetoric. She objects, it seems, to locating the origins of some aspects of Enlightenment aesthetics in rhetoric, insisting instead that the tradition of poetics offers more pertinent considerations on the relationship between art and recipient. Such an objection is, to my mind, a red herring. Throughout the ages rhetoric has had an enormous impact on poetic theory, and in some aspects of rhetoric, for example in demonstrative rhetoric, it is virtually impossible to distinguish rhetorical from poetic theory. By privileging roots in poetics over those in rhetoric, Bretzigheimer partially discredits the important work by Wetterer and Martinson, a step which, in my opinion, one need not take.

Yale University   David Price

III.

BAADER, RENATE, *Dames de lettres. Autorinnen des preziösen, hocharistokratischen und 'modernen' Salons (1649–1698): Mlle de Scudéry—Mlle de Montpensier—Mme d'Aulnoy.* Stuttgart: Metzlersche Verlagsbuchhandlung (1986). 355 pp.

Baader's work argues that the latent misogyny of many of the 'anciens,' (La Bruyère, Boileau et al.), to which the authors treated reacted in their works, attracted as little attention among literary historians as the "Kontinuität eines 'modernen' Frauenkults, der in der 'Chambre bleue' beginnt und über die 'Querelle' des Jahrhundertendes an die Aufklärung vermittelt wird" (3), and that heretofore Mlle de Scudéry's novels and other prose works have been misinterpreted or misunderstood by critics adhering to an aesthetic norm that does not consider the peculiar conditions surrounding the genesis of her novels. "Nur in der Wirklichkeit des geselligen Lebens [...] ist der interpretatorische Schlüssel zu suchen. Die von der bisherigen Forschung hinterlassene Frage gilt mithin den Verfahren, mit denen die im Gespräch und Spiel vergegenwärtigte Gleichzeitigkeit von gelebter Erfahrung und fiktionaler Stilisierung verewigt wird. [...] Im Verschlüsseln entdeckte Mlle de Scudéry die Möglichkeit, den geselligen Kreis abbildend festzuhalten und ihm die Dechiffrierung als unterhaltsame Aufgabe zu stellen" (73).

Aside from the fact that even the most recent research on Madeleine de Scudéry (1608–1701) has overlooked significant personal concerns reflected in her works, such as those of aging, of the accidental character of feminine beauty (she was considered ugly by her contemporaries), of the relationship between the sexes and so on, scholarship has neglected the ideological and aesthetic development that took place in her two great novels: "Die Ablösung der barocken Wunder, der Märchenlösungen und der regressiven Utopien des *Cyrus* durch die rationalistische, lehrhafte Kasuistik der *Clelie* ist nicht zufällig. Hier wurden die Berührungspunkte der 'préciosité' und der Frühaufklärung deutlich." [...] Die Scudéry-Romane lassen [...] erkennen, in wie hohem Maße das Preziösentum die französische Aufklärung antizipiert" (7). Overlooked likewise was Mlle Scudéry's criticism of Roman law that gave legal preference to males, of the neo-Platonic cult of beauty (which Baader finds latently misogynous as well), of inadequate education of women, of the bellicose rhetoric of the male 'code galant', and of exaggerated forms of 'préciosité' itself.

Anne-Marie-Louise-Henriette d'Orléans, duchesse de Montpensier (1627–1693), called "La Grande Mademoiselle," moved, of course, in the highest circles of the

French aristocracy. Although she is well-known for her interest in architecture (under her supervision at least three distinguished castles were redesigned and built in exemplary fashion), her literary works have been largely forgotten. But the story of her life, recorded in part in her *Mémoires* (first printed in 1729), reads like that of a fictional heroine of a courtly Baroque novel. It was typical of her independent spirit that she refused to marry the King of Portugal, as Louis wished her to do, and that, having twice been exiled from court, she turned to literature as a consolation and 'divertissement.' The connection between plastic and literary art is a significant aspect of Mlle Montpensier's creative activities. In her memoires she had coincidentally included literary 'portraits' of her intimates, and she built at castle Saint-Fargeau a gallery containing paintings of French and English royalty and of her aristocratic circle. She became interested in genealogy and heraldic lore as well, and all of these interests are reflected in *Divers portraits* (1659), a collection of literary portraits drawn by members of her circle. Sixteen of them are signed by her, and she was the moving force behind the collection. "Mit ihrem Selbstportrait [...] wurde die Grande Mademoiselle zum Kristallisationspunkt eines Formimpulses, mit dem das literarische Portrait neuerlich sich aus dem Kontext anderer Gattungen löste. [...] Als Initiatorin des literarischen Vergnügens und als Bezugspunkt der Portraitisten und ihrer Objekte ist sie zugleich die originellste und vielseitigste von allen am Spiel Beteiligten. [...] Die Gesamtheit der Texte erschien in den *Divers portraits* der 'Königin dieses Kreises', dem repräsentativsten, geschlossensten, fesselndsten Dokument der Mode. Die Grande Mademoiselle erteilte den Herausgebern [...] den Auftrag, die zeitlich und räumlich verstreuten Portraits zu erfassen, zu sichten und als—von ihr gewünschtes—Sammelwerk zu veröffentlichen. [...] Die Identität der namenlosen Modelle und Portraitisten, die J. Plantié [1975] mühevoll entschlüsseln mußte, dürfte allerdings ihnen und dem Kreis der Adressaten kaum Rätsel aufgegeben haben" (141).

The chapter "Mme d'Aulnoy und das feminine Salonmärchen" traces the new genre to games—the spontaneous telling of fairy tales by women—in the aristocratic salon. The author treats the relationship of the *Salonmärchen* to the *Volksmärchen*, the symbolism and sources of the new genre, its reception by the "anciens" and the "modernes," and by middle-class and aristocratic reader. Baader concludes that, while Mme d'Aulnoy did not inaugurate the genre, she did succeed as no other writer in combining the tradition of the *Volksmärchen*, Celtic fairy tales, native pastoral and salon literature, and the Italian influence of the music theater and ballet. "In der Phantastik und scheinbaren bildnerischen Willkür ihrer Beschreibungen wurde die in der Versailler Epoche fortdauernde synästhetische Kunst des Barock literarisch verewigt" (276).

In the framework of a review it is impossible even to enumerate all the major literary, social, aesthetic, and philosophical issues dealt with in Baader's complex work. That the book provides a masterful analysis of a highly significant aspect of seventeenth-century literature is beyond question. It reveals heretofore misunderstood or unknown links between literary modes and figures of the time. It is a shame that the book is not more clearly written and organized. In spite of the seemingly "scientific" numbering of chapters, headings, sub-headings—by decimal system—the data often have to be sought out and organized by the reader. The style is clever, not lucid; points are made by indirection. Finally, the author seems constantly preoccupied with the results and shortcomings of previous scholarship. This concern to show that her work supersedes earlier criticism (as it doubtless does!) has the numbing effect of breaking the flow of her argumentation and gives the work that all too familiar pedantic, tortured quality characteristic of the dissertation published as book.

The work is recommended for scholars familiar with the literature treated, but will put off the non-specialist.

University of South Carolina   *James Hardin*

BÖDEKER, HANS ERICH, GEORG G. IGGERS, JONATHAN B. KNUDSEN, PETER H. REILL, Hrsg. *Aufklärung und Geschichte. Studien zur deutschen Geschichtswissenschaft im 18. Jahrhundert.* Veröffentlichungen des Max-Planck-Instituts für Geschichte 81. Göttingen: Vandenhoeck & Ruprecht (1986). 460 S.

Dieser stattliche Band geht auf ein Kolloquium im Jahre 1981 zurück. Er enthält, neben einer Einleitung der Herausgeber und einem Personenregister, neunzehn Beiträge zur deutschen Geschichtsschreibung im 18. Jahrhundert. Der rote Faden ist nach wie vor die Korrektur der Historismus-Konzeption von Friedrich Meinecke und seiner Schule, die der Aufklärung des 18. Jahrhunderts den historischen Sinn abgesprochen und historisches Verständnis, etwa bei Herder, mit Kritik an der Aufklärung gleichgesetzt hatte. Das Thema gewann neue Aktualität durch Peter H. Reills Buch *The German Enlightenment and the Rise auf Historicism* (1975) das in diesem Band immer wieder als Bezugspunkt genannt wird, ebenso wie durch Veröffentlichungen von Georg G. Iggers. Der Band ist in zwei Teile gegliedert, "Aufbrechen der Traditionen" und "Ausprägungen der Aufklärungshistorie". Es geht, wie der Untertitel anzeigt, ganz besonders um Geschichts*wissenschaft*. Dabei wird gezeigt, wie in der Reichshistorie, der Statistik, der Kirchengeschichte, der Philologie neue, offenere Geschichtsbilder wirksam werden und den festen, politisch und dogmatisch bestimmten Horizont erweitern. In diesen Beiträgen und anderen gleichlaufenden Veröffentlichungen ist zweierlei zu beobachten: einmal die Korrektur der Vorstellung vom Geschichtsverlauf im 18. Jahrhundert und zweitens die Korrektur des Begriffs "Aufklärung" selbst. Statt der "Deutschen Bewegung" von Schriftstellern und nicht-akademischen Historikern, die im Gegenzug zur rationalistischen, französisch bestimmten Aufklärung in der Besinnung auf die deutsche Eigenart eine neue Idee von Geschichtlichkeit entwickelt haben, wird jetzt die ganze Vielfalt der Geschichtsschreibung untersucht und vorausgesetzt, daß diese Geschichtsschreibung, einschließlich Herder und Schiller, durchaus im Rahmen der europäischen Aufklärung zu sehen ist. Ein wesentlicher Aspekt dieser Entwicklung ist die Institutionalisierung von "Geschichte" als selbständiges Wissensgebiet, etwa an den Universitäten. Geschichte, das wird durch diese Beiträge deutlich, ist von nun an nicht mehr dienende Sparte vieler Wissenschaften, sondern wird zum eigenen Fachgebiet und zur Grundkategorie des Denkens. Diente Geschichte vorher wesentlich zur Dokumentierung politischer, juristischer, politischer, religiöser Traditionen und damit zur Legitimierung gegenwärtiger Ansprüche, bot die Geschichte vorher vor allem Parallelen und den Boden für Typologien, so wird mit der progressiven Erforschung der Fakten und der geographischen Ausweitung des Geschichtsbildes Vergangenheit zu einem offenen Feld, wo die Ergebnisse der Forschung nicht vorhersagbar sind. Natürlich gibt es viele Zwischenformen und Legitimations- und Interessenzwänge—wie ja heutzutage auch—, aber es ist in der Tat faszinierend zu sehen, wie im Lauf des 18. Jahrhunderts allmählich Vergangenheit in ihrer Eigenart mehr und mehr anerkannt wird, und wie auch die Vorstellung des Fortschritts, die der Aufklärung pauschal zugeschrieben wird, sich verändert und differenziert. Interesse an Geschichte und Geschichtlichkeit dringt in viele Gebiete ein, wo es vorher nicht im Mittelpunkt stand, in die Naturwissenschaften zum Beispiel oder in die Reisebeschreibungen. Mit dem wachsenden Interesse an Geschichte wächst auch die Reflexion über Geschichtlichkeit und über die Voraussetzungen und Methoden der Geschichtswissenschaften.

In dem Bemühen, die Kontinuität dieser Entwicklung aufzuzeigen, nähert sich der Band vielleicht einem neuem Extrem: seine evolutionäre Geschichtssicht gibt den Brüchen und den tatsächlichen radikalen Änderungen des späten 18. Jahrhunderts nicht so ganz ihr Recht. Es ist schön und gut, Herder und Schiller zu integrieren, und sie neben Schlözer, F.A. Wolf, Möser, Blumenbach usw. zu stellen; doch es gibt auch wesentliche Unterschiede, und Herders Verhältnis zur Aufklärung, subjektiv und objektiv, hätte vielleicht, gerade als Meinecke-Kritik, eingehendere Auseinandersetzung verdient. Es ist richtig, Herder nicht mit dem Historismus von Ranke gleichzusetzen; dennoch ist es ein langer Weg von Johann Jacob Moser und Gottfried Achenwall bis zu Herder. Zwar geht Georg Iggers in seinem Beitrag auf den europäischen Rahmen der Aufklärungshistorie ein, aber manche der anderen Beiträge hätten diesem Rahmen stärkere Beachtung geben können.

Zur kritischen Auseinandersetzung mit den einzelnen Beiträgen ist hier kein Platz; sie sind ausnahmslos von besten Kennern der Materie verfaßt und bieten sowohl dem Fachhistoriker interessantes Material und neue Gesichtspunkte als auch eine klare und übersichtliche Einführung für den Historiker anderer Fächer, z.B. der Literatur, der Kunst, der Wirtschaft, der Philosophie. Rein subjektiv brachte mir der erste Teil viel neue Information, im zweiten Teil fand ich am meisten Anregungen in den Beiträgen von Leonard Krieger über die philosophischen Grundlagen des deutschen Historismus, Hans Erich Bödeker über Reisebeschreibungen, Hinrich Seeba über Winckelmann, Anthony Grafton über F. A. Wolf und Peter Reill über Natur- und Geschichtswissenschaft.

Der Literaturhistoriker ist in diesem Band mit einer anderen Geschichtsperspektive konfrontiert und tut gut daran, seine eigene zu überprüfen. Der Freund Lessings wird etwas bekümmert sein, seinen Helden hier weitgehend ausgespart zu sehen; in der Tat kommt Lessings philologische und antiquarische Geschichtsforschung nur sehr beiläufig vor, und Lessings Zukunftsvision der letzten Jahre sowie seine Ansätze zur kritischen Religionsgeschichte bleiben außerhalb des Rahmens dieser Beiträge. Der Germanist wird ohnehin die Nase rümpfen, daß Goethe ebenfalls nur bescheiden am Rande verharrt.

In der Vielfalt der Bezüge und Perspektiven, in der Fülle des Materials liefert dieser Band nicht nur dem fachlich engagierten Historiker eine große Zahl von Anregungen. Überdies hat er den Vorzug, ein wahrhaft internationales Unternehmen zu sein, auf Deutsch und Englisch, mit Beiträgen von Forschern aus den USA und aus verschiedenen Ländern Europas, vor allem der Bundesrepublik und der DDR. Es zeigt sich, daß auf diesem Wege der internationalen Zusammenarbeit der Weg des Fortschritts der Humanwissenschaften liegt. Damit hat das Max-Planck-Institut für Geschichte in Göttingen unter seinem Direktor Rudolf Vierhaus seine Funktion bestens erfüllt.

Texas A&M University *Wulf Koepke*

EBERTI, JOHANN CASPAR, *Eröffnetes Cabinet Deß Gelehrten Frauen-Zimmers.* Unveränderter Nachdr. der Ausgabe Frankfurt und Leipzig (1706). Archiv für philosophie- und theologiegeschichtliche Frauenforschung, Bd. 3, ed. Elisabeth Gössmann. München: Iudicium Verlag (1986). 384 pp.

This volume is the third to appear in a series of ten books intended to document discursive practices that arose in the early-modern *Querelle des Femmes* and that continue, according to the preface, to influence contemporary social-political dialogue. Series editor Elisabeth Gössmann, a distinguished historian of feminist theology, provides an insightful introduction to the historical significance of this now forgotten but interesting and useful work. Johann Caspar Eberti (1677–1760) undertook the polyhistorical task of collecting and arranging, in alphabetical order, the names and achievements of intellectual women from antiquity to his own day. His list has 490 entries, excluding duplicate citations. Gössmann shows how Eberti, despite his desire to record this bio-bibliographical information without taking a stance on feminine virtue or vice (the purpose of many similar works of the period), nonetheless failed to free himself of the popular notion that feminine intellectuality goes hand-in-hand with sexual promiscuity. Gössmann then argues that attempts at "neutrality" such as Eberti's proved to be "latent antifeministisch" (p. XII) because the author-compilers never questioned a status quo which allowed women intellectual skills even as it denied them access to the public offices and professions where such skills could have been applied. Eberti did not understand "daß Frauen wegen der Verweigerung anderer Betätigungsfelder sich ganz besonders auf den religiösen Bereich konzentrierten, da dieser ihnen als 'wesensgemäß' zugestanden wird" (p. XIIIf). Hence he ascribed to women 'ein Übergewicht an religiösem Interesse und praktischer Frömmigkeit" (p. XIII). Indeed Eberti repeatedly adds the formulae "fromm und gelehrt" or "Erudition und Pietät" to his citations. But this does not, I think, necessarily indicate intellectual activity that was primarily theological. Gössmann believes Eberti's work has special value for feminist theology precisely because it provides so much lost information on the contributions women made to Biblical studies, and she underscores this belief with specific examples from the text.

Without wishing to dispute the sound scholarly conclusions of the introduction, I see this book somewhat differently than Gössmann does because I am more familiar with literary history than with theology. Eberti's *vitae* seem to me to fall neatly into the schema of intellectual disciplines that was produced by the *querelle des anciens et des modernes*. On the one hand there are the "ancient" literary arts of imitation (in the *modernes*' restricted sense of *imitatio* rather than mimesis): poetry, eloquence, and history. The category of imitation is comprised of, but not limited to, the production of ostensibly "theological" genres such as *Gebeths-Formeln*, *theologische Lehrgedichte*, *Episteln*, etc. This category also includes knowledge of the various ancient and modern languages in which literary imitations are produced. On the other hand there are the "modern" sciences that require *iudicium*, logical powers, or the ability to organize and evaluate experience or sense data: all of the physical sciences, mathematics, and moral philosophy including law.

It is revealing to analyze what skills Eberti has recorded for the population sample represented in his universe of "gelehrte Frauen-Zimmer." After entering all of Eberti's names in a table categorizing the women by both century and ability, I calculated totals that showed distribution by skill over time. The numbers I derived for the modern period (which I arbitrarily set as 1500–1700) are the most interesting. Fifty-three percent of Eberti's citations fall into these two centuries and out of that group, a full 73% of the women are defined as "gelehrt" because of their possession of literary-verbal skills. Only 2% are said to have made a contribution to law or politics ("Rechtssachen," "Staats-Kunst," etc.) In a period which saw the European-wide rise of national bureaucracies, this extraordinarily low figure of 2% certainly bears out Gössmann's contention that Eberti and his contemporaries did not view women as holders of public office. Whether Eberti's selection is an accurate reflection of historical "reality" would be, of course, a more difficult question to answer. Even those few women who do appear in this category are sometimes colored *galant*. Elizabeth I. of England, for example, is a paragon of "Politische Tugend" (p. 138) for the Protestant Eberti only because of her opposition to "Papisten" (p. 138). And while he does not tell us that she financed some of the earliest and most important explorations of the western hemisphere, he does say that she spoke "nette Frantzösisch" (p. 137) and that she "[machte] selbsten einen netten Verß" (p. 139). Similarly, Marguerite d'Angoulême, sister of Francis I., defender of Rabelais, and (temporarily) powerful protectress of French Protestants, is cited only as "eine fromme, tugendhafte, *Polite* und vortreflich gelehrte Fürstin" who "hinterließ unterschiedene *Scripta*" (p. 236), which Eberti then lists. Thus this public woman is *verharmlost* as a privately engaged author. (Eberti also confuses her with Margot de Valois, wife of Henry of Navarre, whom he in turn misidentifies on p. 329.)

Women's participation in the natural sciences is given as 6.6%. This number, contrasted with the 73% figure for literary activity, seems to indicate that women's intellectual expression was mainly confined to disciplines viewed as *re*-productive rather than as productive of *new* scientific knowledge. The social-historical implications of this gender-specific division of intellectual labor, especially at a time when the natural sciences were expanding and diversifying, are too far-reaching and numerous to discuss here. (On women's role as intellectual re-producers, cf. e.g. Friedrich A. Kittler's *Aufschreibesysteme*, 1985.) Eberti himself explains the impact of feminine presence in a male discipline. The "Hochgelehrte" astronomer Maria Cunitia "vermehrte... die Bücher-Kammern grosser Fürsten und gelehrter Leute... wiewohl sie dabey gantz nicht das Haußwesen in acht genommen; sondern nachdem sie von dem Nächtlichen Sternsehen ermüdet, den Tag meistens im Bette zugebracht, davon allerhand lächerliche Begebenheiten bekandt sind" (pp. 117f).

This valuable series of contributions to feminist studies is, however, in danger of becoming as obscure as the works it reprints. The publisher should include a page in future volumes listing the ten *titles* and *authors* in the series in order to save the reader a tiresome trek through the bibliographies, most of which do not list the volumes by series or editor's names.

Princeton University   *Jill Anne Kowalik*

ENGFER, HANS-JÜRGEN, *Philosophie als Analysis. Studien zur Entwicklung philosophischer Analysiskonzeptionen unter dem Einfluß mathematischer Methodenmodelle im 17. und frühen 18. Jahrhundert. Mit einer "Einleitung in die Reihe Forschungen und Materialien zur deutschen Aufklärung" (FMDA) von Norbert Hinske. Stuttgart-Bad Cannstadt: frommann-holzboog (1982).* 293 S.

HINSKE, NORBERT, ed., *Lambert-Index*. Erstellt in Zusammenarbeit mit Heinrich P. Delfosse et al. Stuttgart-Bad Cannstadt: frommann-holzboog (1983) [Bd. 1 u. 2], (1987) [Bd. 3 u. 4]. Bd. 1: *Stellenindex zu Johann Heinrich Lambert "Neues Organon I"*, Mit einer "Einleitung in die dritte Abteilung der Reihe Forschungen und Materialien zur deutschen Aufklärung" (FMDA) von Norbert Hinske. XLV, 393 S. Bd. 2: *Stellenindex zu Johann Heinrich Lambert "Neues Organon II"*. VI, 385 S. Bd. 3: *Stellenindex zu Johann Heinrich Lambert "Anlage zur Architectonic I"*. XXVIII, 297 S. Bd. 4: *Stellenindex zu Johann Heinrich Lambert "Anlage zur Architectonic II"*. VI, 390 S.

HINSKE, NORBERT, ed., *Kant-Index*. Bd. 2: *Stellenindex und Konkordanz zu Immanuel Kant's Logik (Jäsche-Logik)*. Erstellt in Zusammenarbeit mit Heinrich P. Delfosse, Heinz Schay et al. Stuttgart-Bad Cannstadt: frommann-holzboog (1986). IL, 633 S.

Der frommann-holzboog-Verlag hat mit der seit 1982 erscheinenden Reihe "Forschungen und Materialien zur deutschen Aufklärung" (FMDA) ein Unternehmen gestartet, das nicht nur für Philosophen, sondern potentiell auch für Sprach- und Literaturwissenschaftler von Interesse ist. Wie der Herausgeber, Norbert Hinske, in einer Einleitung darlegt, verfolgt die Reihe das Ziel, "die leitenden Intentionen der deutschen Aufklärungsphilosophie, ihre Schlüsselprobleme, ihre Grundüberzeugungen, ihre Gedankenwelt, ihr Umfeld, ihre Sprache und ihre Terminologie an den Texten selbst zu dokumentieren, ihre Interpretation mit Hilfe selbständiger Untersuchungen anzuregen oder weiterzuführen und zugleich die notwendigen Hilfsmittel zu ihrer Erforschung bereitzustellen." (Engfer, S. 5). In drei Abteilungen untergliedert, will die erste Abteilung Texte zur Philosophie der deutschen Aufklärung bereitstellen und diese Texte, im Gegensatz zum üblichen photomechanischen Nachdruck, durch eine philosophiehistorische Einleitung und einen philologisch-historischen Anmerkungsapparat lesbar machen. Nach dem Stand vom März 1987 sind allerdings noch keine Bände dieser Abteilung erschienen. Eine zweite Abteilung, Monographien zur Philosophie der deutschen Aufklärung, deren erster Band im folgenden besprochen werden soll, besteht aus selbständigen Forschungsarbeiten. Bisher erschienene Titel in dieser Reihe sind: Werner Schneiders, *Aufklärung und Vorurteilskritik*, Alexander Altmann, *Die trostvolle Aufklärung* und Günter Gawlick und Lothar Kreimendahl, *Hume in der deutschen Aufklärung*. Die dritte Abteilung, Indices zur Philosophie der deutschen Aufklärung, bringt Stellenindices und Konkordanzen zu Werken repräsentativer Autoren des Zeitalters.

Mit der Wahl von Hans-Jürgen Engfers *Philosophie als Analysis* als erstem Band der Reihe hat der Herausgeber keine glückliche Hand bewiesen. Die Lektüre dieser überarbeiteten Trierer Dissertation gestaltet sich qualvoll, da der Autor offensichtlich keinen Gedanken an potentielle Leser verschwendet hat. Dabei ist die Thematik des Buches nicht unbedeutend für die Aufklärungsphilosophie, wie das erste Kapitel zu Preisfragen der Berliner Akademie und zu Kant belegt. Die Arbeit untersucht "Ansätze analytischen Philosophierens bei Descartes, Leibniz und Wolff und sucht nachzuweisen, daß und wie diese Ausbildung analytischer Philosophiekonzeptionen bei den genannten Autoren durch die Orientierung an mathematischen Methodenvorbildern bestimmt ist" (15). Engfer will ein Vakuum der gegenwärtigen Forschung ausfüllen, die zwar die analytischen Ansätze des englischen Empirismus untersucht hat, den europäischen Rationalismus aber außer Betracht gelassen hat. Entsprechend konzentriert er sich auf Descartes, Leibniz und Wolff als Repräsentanten des analytischen Rationalismus und geht auf 'synthetische' Rationalisten wie Pascal und Spinoza nicht ein. So berechtigt dieses Vorgehen für eine Dissertation sein mag, so hätte man doch von der Buchveröffentlichung einen etwas breiteren Diskussionsrahmen erwarten können, der durch kontrastive Behandlung der Materie (analytisch vs. synthetisch) dem Leser eine ganzheitliche Anschauung der philosophischen Methodenkonzepte des 17. und 18. Jahrhunderts vermittelt. Die Arbeit ist gerade deshalb in hohem Maße esoterisch, weil der Leser gezwungen ist, Leerstellen auszufüllen, die für das Verständnis der besprochenen Autoren essentiell sind. Die Utilisierung der mathematischen Methodenmodelle ist nicht weniger problematisch. Zwar arbeitet Engfer die speziellen mathematischen Methodenmodelle, die dem europäischen Rationalismus als Vorbilder dienen, im zweiten Kapitel der Arbeit anschaulich heraus und konkretisiert damit die These vom Vorbildcharakter der Mathematik für den Wissenschaftsbegriff des Rationalismus. Der in der eigentlichen Untersuchung zu Descartes, Leibniz und Wolff (Kap. III–V) laufend erfolgende Rückverweis auf ebendiese Methodenmodelle A–E führt jedoch zu ständigem Nachschlagen im ersten Kapitel. Um der besseren Lesbarkeit willen wären Wiederholungen angebracht gewesen.

Engfers Vorgehen ist im ganzen durchaus produktiv. Auf der Basis der ausgearbeiteten mathematischen Methodenmodelle gelingt ihm der Nachweis, daß Descartes, Leibniz und Wolff sich auf jeweils unterschiedliche Modelle beziehen und die methodischen Ansätze in unterschiedlicher Weise modifizieren und für die philosophische Analyse brauchbar machen. Er kommt zu dem Ergebnis, daß Descartes und

Leibniz sich weit von ihren mathematischen Vorbildern entfernen, während Wolff diesen enger verhaftet bleibt.

Nun schreibt der Herausgeber in seiner "Einleitung", daß die "Aufdeckung immer neuer historischer Details [nicht] Selbstzweck der philosophiehistorischen Forschung werden darf" (S. 6–7). Eine Untersuchung diesar Art geht notwendigerweise sehr ins Detail. Aber dagegen wäre auch nichts einzuwenden, wenn der Bezug auf das Umfeld der Untersuchung aufrechterhalten würde. Hier aber fehlt die Generalisierung, der Ausblick auf konkurrierende Konzeptionen und der Rückblick auf den Untersuchungsgegenstand. Gnadenlos türmt der Autor sein Detailwissen auf und überrascht den Leser mit seinen Schlußfolgerungen. Mathematische und logische Grundkenntnisse reichen nicht immer aus für die Lektüre des Buches: der Autor schreibt für den Experten. Aber sicher wird auch der mathematisch Geschulte Probleme haben mit der enormen Anzahl von Zitaten in englischer, französischer, griechischer, italienischer und lateinischer Sprache.

Der *Lambert-Index* eröffnet die Reihe von Veröffentlichungen der 3. Abteilung. Gedacht als Instrument für die sprach- und begriffsgeschichtliche Arbeit stellen die Indices und Konkordanzen ein nützliches Hilfsmittel für den Linguisten und Geistesgeschichtler dar. Norbert Hinske führt an, daß "vieles von dem, was gleichsam zum zeitlosen Bestand einer philosophischen Terminologie zu gehören scheint, ... in Wahrheit erst in der Spanne zwischen Thomasius und Wolff oder zwischen Wolff und Kant Schritt für Schritt erarbeitet worden [ist]" (V). So bieten die Indices die Möglichkeit Wortschöpfungen zu registrieren und sprachlichen Veränderungen auf die Spur zu kommen. Hinske weist auch auf die Möglichkeit der Datierung von Texten mit Hilfe der Wortstatistik und auf die Anwendung der EDV für die Aufdeckung von Quellen für den Wortgebrauch bei verschiedenen Autoren hin. In diesem Zusammenhang wäre aufschlußreich gewesen, welche Autoren und Werke in diese Reihe aufgenommen werden sollen. Außer Zweifel steht, daß mit der indexikalischen Erfassung der philosophischen Schriften Lamberts ein für die Sprach- und Begriffsgeschichte repräsentativer Autor gewählt wurde.

Der Aufbau der Stellenindexe zum *Neuen Organon* und zur *Anlage zur Architectonic* basiert im Wortbestand auf den *Philosophischen Schriften* Lamberts in der Ausgabe von Hans-Werner Arndt. Aufgeführt werden die Gesamthäufigkeit der Wortform, die Sprachform (lat., griech., etc.), die Wortform selbst, sowie die Stellenangaben, wo die entsprechende Wortform zu finden ist. Eine Spezifizierungssigle gibt zusätzliche Informationen (Namen, Kunstwörter, etc.). Vernünftigerweise hat der Herausgeber darauf verzichtet, die hochfrequentierten Artikel, Konjunktionen, Modal- und Hilfsverben, Numeralia und Pronomina aufzulisten. Das Interesse daran dürfte gering sein. Warum Präpositionen nicht demselben Kriterium zum Opfer gefallen sind, wäre wohl eine Erklärung wert gewesen. Das Gleiche gilt für 1721 Einträge für "nicht". Der Verzicht auf eine Lemmatisierung, d.h. Zuordnung verschiedener Wortformen zu einer Grundform, wird vom Herausgeber hinreichend begründet; ein Variantenverzeichnis gewährleistet die Lesbarkeit des Index. Es fragt sich höchstens, warum man nicht einfach das Variantenverzeichnis in Form von Querverweisen in den Hauptindex eingearbeitet hat. Wie dem auch sei: Der Index ist benutzerfreundlich, und wer sich mit Texten des 18. Jahrhunderts beschäftigt, wird von vornherein mit den möglichen Varianten vertraut sein. Ein Druckfehler- und Konjekturenverzeichnis, sowie diverse Sonderindices zu französischem, griechischem, lateinischem Sprachgut, logischen Kunstwörtern, Namen, geographischen Bezeichnungen und Einzelsilben vervollständigen den Index.

Die bisher erschienenen zwei Bände des *Kant-Index* konzentrieren sich auf dessen logische Schriften. Band 1 bringt mit Georg Friedrich Meiers *Auszug aus der Vernunftlehre* das von Kant für seine Vorlesungen benutzte Kompendium, Band 2 die von Gottlob Benjamin Jäsche auf der Basis von Vorlesungsnachschriften und Aufzeichnungen Kants herausgegebene Logik. Im Unterschied zum *Lambert-Index* ist der *Kant-Index* als lemmatisierter Stellenindex und selektive Konkordanz angelegt. Jedes Lemma wird in einer Grundformzeile aufgeführt, gefolgt von Wortformzeilen, die die jeweiligen Wortformen mit ihren unterschiedlichen Flexionsformen angeben. Zusätzlich zu den Informationen, die auch der *Lambert-Index* liefert, gibt der *Kant-Index* die relative Häufigkeit eines Lemmas in der Jäsche-Logik an. Im *Kant-Index* wird darüber hinaus auch bei Präpositionen lediglich die Gesamthäufigkeit des Lemmas notiert. Die maschinell erzeugte Konkordanz führt Substantive, Verben und Adjektive auf und beschränkt sich auf jeweils eine Zeile pro Eintrag. Da der Computer formalen und nicht inhaltlichen Regeln folgt, ist der Wert mancher Einträge begrenzt, da sich aus dem Kontext kein Sinn ergibt. In der überwiegenden Mehrzahl der Fälle ist der Textausschnitt aber durchaus brauchbar für Textvergleiche und die Begriffsanalyse.

Aufgrund der Lemmatisierung ergaben sich offensichtlich einige Schwierigkeiten, die aus der Schreibweise einer Wortform im Text des IX. Bandes der Akademieausgabe (Textgrundlage des Index) und den davon differierenden Orthographieregeln für die Lemmatisierung resultieren. Eine Vielzahl von Sonderindices (Fremdsprachenindices, Personenregister, Register der geographischen Bezeichnungen, der aufgelösten Homographen, der Einzelwörter in Wortformen, Verweisregister zu orthographischen Varianten und Komposita) erleichtern jedoch die Arbeit und machen die Benutzung des Index relativ unproblematisch. Verweise im Hauptindex sind eine zusätzliche Hilfe. Daneben enthält der Index ein Druckfehlerverzeichnis der Erstausgabe der Jäsche-Logik, Varianten der beiden Erstdrucke, Parallelen zwischen der Jäsche-Logik und den Reflexionen (Akad.-Ausg. Bd. 14) und ein Faksimile des Druckfehlerverzeichnisses der Erstausgabe des Originals.

Harvard University   *Karl-Heinz Finken*

GIERSBERG, HANS-JOACHIM AND CLAUDIA MECKEL, eds. *Friedrich II. und die Kunst. Ausstellung zum 200. Todestag.* 2 volumes. Potsdam-Sanssouci: Generaldirektion der Staatlichen Schlösser und Gärten (1986). 264 pp.

In my review of the catalogue *Friedrich der Grosse* (*Lessing Yearbook* XIX, 340–342), I emphasized that the exhibition centered on the life of the Prussian king. He was not unduly lionized, although the documentation provided material for those who might seek sources for the protagonist's legendary stature. The very title of the Sanssouci exhibition indicates that the emphasis is to be a different one—here it is to be his relationship to the arts. Subsequent to an introductory section on his life, the materials on display focus on the representation of his person and being in the graphic arts and painting, in sculpture, before turning to Friedrich's activities as a collector of antiquities, medals, and paintings. The king's interest in porcelain, his obsession with music, letters, books, theater, formal gardens and architecture receives its rightful due. Indeed, Friedrich is portrayed as the exemplary prince, just as concerned with the state of the arts as with statecraft. Sanssouci is proof positive of his greatness: ". . . Sanssouci verdankt seine Existenz König Friedrich II., der nicht nur Auftraggeber und Sammler, sondern auch künstlerische Höchstleistungen fordernder Sachverständiger war." (7) The viewer is hard put to find any documentation, let alone reference to his military exploits. In fairness, this is not the intention of the exhibition ("Diesen König insgesamt historisch zu werten, wäre ein anderes Vorhaben." 7), yet one cannot help but note that the selection of such a perspective aligns the image of the Prussian king with the aesthetic precepts of *Erbepflege*. Be that as it may, it offers the viewer a wealth of illustrative material for an assessment of Friedrich's status as an "Auftraggeber," "Sammler" and "Sachverständiger."

Of particular interest is the documentation offered, illustrating Friedrich's more than passing fascination with architecture. For an 18th-century monarch of his stature, of course, this comes as no surprise. It is, nonetheless, of value to see the sketches in his own hand of a stairway (193). Not only does he sketch with credible skill, but such work indicates the considerable degree of interest in details for which he found time. Other examples (195, 202) provide evidence of his concern with the design of facades and, most importantly, of his role as the planner of Sanssouci. A comparison of the king's sketch with the detailed plan of the architect Knobelsdorff (203) makes clear that the latter carefully sought to fulfill the wishes of his king: "Was von ihm einmal festgelegt worden war, mußte auch so ausgeführt werden, Änderungen bedurften seiner ausdrücklichen Bestätigung." (192) Indeed, Giersberg concludes— "Es erscheint deshalb gerechtfertigt, die Architektur in der Regierungszeit des Königs 1740–1786 als friderizianisch zu bezeichnen. Das bedeutet keineswegs eine Unterschätzung der bedeutenden Leistungen eines Knobelsdorff oder Gontard. Sie sind aber eingebunden in eine vom König vorgegebene Grundrichtung, die in der ersten Periode einen eigenen speziellen friderizianischen Charakter ausbildete, später aber, je länger daran festgehalten wurde, einer Weiterentwicklung im Wege stand." (196)

The 18th-century obsession with porcelain affected the Prussian king as much as it did his contemporaries. Jutta Nicht neatly summarizes the attention he lavished on the products of Meißen (100–110), pointing out, for example, that Friedrich provided Kaendler with sketches: "wozu Ihro Königl. May. eine eigenhändige Zeichnung gegeben", writes Kaendler with respect to one project (102). Such attention to detail is reminiscent of the king's architectural activities and Nicht summarizes: "Friedrich nahm also nicht nur auf die Auswahl der Serviceteile nach ihrer Zweckmäßigkeit Einfluß, sondern ganz bewußt auch auf die künstlerische Gestaltung, die malerische Komposition." (102) This being the case for Meißen, on the establishment of the Berliner Manufaktur in the 1760s (110–123), the king was able to realize his ideals even more completely—"nicht der Aspekt des reinen Luxus, sondern eher der der Verwendbarkeit bestimmte die Produktion" (111), summarizes Christiane Keisch. As with architecture, the monarch's special tastes affected the style of the wares and ultimately made the Berliner Manufaktur less than competitive in the markets of 18th-century Europe (Meißen, Wedgwood, Sevres): "Dahingegen blieb Berlin ein wirtschaftlich schwächeres, vor allem aber stilistisch allzu abgeschlossenes Unternehmen— allerdings von höchster künstlerischer Vollkommenheit und dies verdankte es nicht zuletzt dem eigenwilligen Diktat des preußischen Herrschers" (112).

The value of the exhibition catalogue resides in its brief, but well-informed articles on the particular topics (music—Wolfgang Goldhan, 124–129; the theater—Ruth Freydank, 147–158; "das gelehrte Berlin," to include Lessing—Karola Paepke, 159– 168): "Überblickt man das gelehrte Berlin zur Zeit Friedrichs, so fällt auf, daß die Berliner Gelehrtenrepublik trotzdem oder gerade weil der Monarch ihr wenig Interesse entgegenbrachte, den ihr belassenen Raum mit intellektuellen Leistungen ausfüllte, die größer sind, als es hier und in der Ausstellung nur andeutungsweise gezeigt werden kann." (161) The tone of modesty in evidence here is appropriate, for nowhere is the attempt made to break truly new ground. The exhibition is commemorative and the plethora of information, well reproduced illustrations, the bibliographical citations, Gert Streidt's helpful Zeittafel (241–251), and Irene Köhler's detailed Künstlerverzeichnis (252–264), makes for an invaluable supplement to a researcher's library. It fills the dialogue of Lessing's prince and the painter Conti with especial meaning:

Der Prinz. Guten Morgen, Conti. Wie leben Sie? Was macht die Kunst?
Conti. Prinz, die Kunst geht nach Brot.

Book Reviews

> *Der Prinz.* Das muß sie nicht; soll sie nicht,—in meinem kleinen Gebiete gewiß nicht.—Aber der Künstler muß auch arbeiten wollen.
> *Conti.* Arbeiten? Das ist seine Lust. . . . (I.2)

One almost hears Friedrich speaking.

University of Cincinnati   Richard Erich Schade

GUTHRIE, JOHN, *Lenz and Büchner: Studies in Dramatic Form.* Frankfurt am Main: Peter Lang (1984). 201 pp.

The impetus to write this book, originally a dissertation, came from Guthrie's dissatisfaction with the domination of recent German dramatic criticism by Volker Klotz's *Geschlossene und offene Form im Drama.* Guthrie believes that a dramatist has more styles on which to base his plays than simply the open and closed forms. Klotz's closed form is equivalent to classical dramas in six aspects: plot, time, place, characters, composition and language, which Guthrie analyzes while taking exception to overlapping, definition by polar opposite and negative connotations of the word "closed." Like Klotz, Guthrie examines Lenz's and Büchner's works but hopes to eliminate the formalistic bias so that the two may be placed in correct perspective.

According to Guthrie, Klotz voluntarily adopts Wölfflin's overemphasis on *Zeitgeist* as the catalyst of artistic creation. Moreover Guthrie contends that many of Wölfflin's contentions pertinent to Renaissance and Baroque art "cannot be applied to literature, especially to dramatic traditions" (p. 28). Yet one critic, Manfred Pfister, adopts many of Klotz's theories unquestionably, even giving his terms new names such as "Figurenkonzeptionen" for "Personen," "so that they fit into another system, vaster still" (p. 43). In the last part of his introduction Guthrie contrasts Klotz with Hinck and Marxist critics to show "that the meaning of the categories open and closed can vary enormously from critic to critic, and from dramatist to dramatist" (p. 51).

The bulk of the book deals with the dramas of Lenz and Büchner because the notion of open form has become inseparably linked with their names. In *Der Hofmeister* Guthrie finds ample points to criticize, such as the confused fitting together of the various plot strands and the labyrinthian subplots, and discloses that Klotz fails in part to recognize these weaknesses. Indeed Guthrie's presentation of the complex plot divisions counterbalances Klotz's overly simplistic one. He shows, for example, how the use of coincidences mitigates any social criticism in the play. In the rest of Chapter Two he takes exception to various critics' theories of the play's open-endedness and ends, curiously enough, with a presentation of the play's strengths after long having given the impression that there were next to none.

Though Guthrie begins his analysis of *Die Soldaten* by justifiably criticizing Klotz's reduction of the plot, he is nitpicking when he even claims that in saying that Stolzius "mittlerweile unter die Soldaten ging" Klotz willfully leaves "things open when they are not. . . ." (p. 75). Such plot summaries are always limited and Guthrie should accept this and move on to more salient criticism. The rest is an in-depth analysis of the play's structure.

In turning to Büchner's *Danton's Tod* Guthrie starts off on the wrong foot again: What reader can comprehend his first sentence? However he sees a marked difference here to Lenz's plays and correctly surmises that merely calling its form "open" seriously undervalues the work's structure. He first looks at the language and then at dramatic conflict. But with the latter he unfortunately begins his treatise with a hazy debunking of the critics rather than a thoughtful analysis of the work at hand. And he impedes his task by comparing *Danton's Tod* to *Woyzeck* rather than to Lenz's dramas. The reader is also bothered by the fatuous statement that "there are two characters in the play more important than the others—Danton and Robespierre—" following closely the assertion that "There can be no doubt that Danton is the main character..." (p. 102). Yet once he launches his investigation, he is on solid ground, successfully arguing the folly of applying the term "open" to *Danton's Tod.*

The familiar pattern of a weak beginning is again evident with the study of *Woyzeck.* Why does Guthrie spend one whole page on the end of the play when he is not ready to examine it? His explication of the confusion surrounding the numbering of the opening scenes and the errors of the practitioners of the open form is, however, both sound and interesting. Such is also the treatment of the other scenes, especially the inn scene where he refutes Klotz and the Marxists who suggest "that the drummajor is consequently merely the outward presentation of the world with which Woyzeck is at odds" (p. 140). He posits that Klotz's theory is not helpful with the important question of the placing of scenes and shows that the murder scene does have an exposition and development of its own and that the "Gerichtsdiener" scene does indeed make the best final scene though not because it is "open."

Despite its drawbacks this volume is a solid piece of scholarship with extensive footnotes and a good bibliography which helps us understand the limitations of an influential dramatic theory.

University of the South   *James C. Davidheiser*

HINSKE, NORBERT, ed., *Eklektik, Selbstdenken, Mündigkeit.* Hamburg: Felix Meiner (1986)—*Aufklärung.* Interdisziplinäre Halbjahrsschrift zur Erforschung des 18. Jahrhunderts und seiner Wirkungsgeschichte. In Verbindung mit der Deutschen Gesellschaft für die Erforschung des 18. Jahrhunderts hrsg. von Günter Birtsch, Karl Eibl, Norbert Hinske, Rudolf Vierhaus. xxxxxx Jahrgang 1, Heft 1. 131 S.

Diese neue Halbjahrsschrift zur Erforschung des 18. Jahrhunderts soll jeweils die verschiedenen Forschungsdisziplinen zu einem sachlichen Schwerpunkt sprechen lassen. Auch die beigefügte Kurzbiographie und die Diskussionen sollen diesen Themenschwerpunkt betonen. Die Herausgeber wollen auf diese Weise der Entstehung unterschiedlicher Vorstellungen, Bilder und Definitionen der Aufklärung entgegenwirken.

Eklektik, Selbstdenken, Mündigkeit waren nach Hinskes Meinung "drei verschiedene Formulierungen ein und derselben Programmidee", nämlich der Suche nach Erkenntnis losgelöst von jeder Autorität, d.h. Schule, Sekte oder Partei. Wendepunkt vom eklektischen Denken der Frühaufklärung, welches die Wahrheit überall zu finden strebte, sei Christian Wolffs Betonung des Selbstdenkens gewesen, das durch Kants Begriff der Mündigkeit untermauert und durch die Forderung des Selbsttuns ergänzt wurde.

In der einleitenden Abhandlung schildert Günter Gawlick "Die ersten deutschen Reaktionen auf A. Collins' 'Discourse of Free-Thinking' von 1713". Der Verfasser des 'Discourse' Anthony Collins, ein Freund Lockes, trat für solche Freidenker wie Tindal und Shaftesbury ein, die für Vernunft, Freiheit und Toleranz stritten, indem er die Notwendigkeit des freien Denkens gerade auch bei Christen zu beweisen suchte und eine Art Ahnengalerie der Freidenker aufstellte. Gawlick findet als erste deutsche Reaktion eine rein darstellende Rezension, dann jedoch eine Flut von Disputationen und Streitschriften, die jeweils Teile von Collins' Argumentation zu widerlegen versuchen. Dabei wird selbst bei denen, die für das freie Denken einzutreten behaupten, immer wieder die Absicht deutlich, notwendige Schranken der unbedingten Denkfreiheit durch Gott, die Wahrheit selbst, die menschliche Gesellschaft oder die Mängel des menschlichen Verstandes darzustellen. Unter den frühen Reaktionen steht nur die von Gundling dem 'Discourse' uneingeschränkt positiv gegenüber.

Die zweite Abhandlung "Selbstdenken-Antinomien-Schranken. Zum Einfluß des späten Locke auf die Philosophie Kants" von Alois Winter versucht, eine engere Beziehung Kants zu Lockes posthumer Schrift "Of the Conduct of the Understanding" herauszuarbeiten, als bisher angenommen wurde. Winter betont die sprachliche und thematische Übereinstimmung verschiedener Schriften Kants bis zur *Kritik der reinen Vernunft* mit der Übersetzung Kypkes, die in Kants Umkreis entstanden ist und auch umgekehrt von Kants frühesten Schriften beeinflußt sein könnte. Allerdings nährt er gleichzeitig durch sorgfältige Angabe weiterer Querverbindungen zu anderen Denkern den Verdacht, daß jene Ausdrucksweise bereits weiter verbreitet war und Gemeinsamkeiten nicht unbedingt auf direkte Beeinflussung deuten. Inhaltlich geht es vor allem um Lockes Darlegungen zu den Vorurteilen (Scheinwahrheiten), die der Parteilichkeit, d.h. dem Verzicht auf das eigene Denken, zugrundeliegen, und um seine Anleitung zu deren Überwindung. Diese findet sich in Kants unparteiischer Prüfung der Antinomien, (z.B. zwischen Leibniz und Descartes) wieder, die diesen schließlich zur Erkenntnis der Schranken/Grenzen der Vernunft führten.

Die dritte Abhandlung " 'Eklektik' und 'Systematik' in der erziehungswissenschaftlichen Diskussion in Deutschland im ausgehenden 18. und frühen 19. Jahrhundert" von Ulrich Herrmann schildert verschiedene Versuche (Trapp, Heusinger, Greiling, Niemeyer, Schwarz, Schleiermacher, Dilthey), die große Vielzahl theologischer, philosophischer und anthropologischer Überlegungen zur pädagogischen Praxis des ausgehenden 18. Jahrhunderts zu systematisieren. Herrmann beschreibt zugleich die Einsicht der praktischen Pädagogen, daß eine abgeschlossene Systematik auf ihrem Felde nicht möglich sei, sowie die Wendung der von Kant ausgehenden Theoretiker zur Aufstellung, möglicherweise praxisferner, Prinzipien in einer allgemeinen Pädagogik, die sich von der eher eklektischen bis individuellen Pädagogik abhebt und weder eklektisch noch systematisch vorgeht. Überholt wurde diese schließlich durch Schleiermachers und Diltheys geisteswissenschaftliche Pädagogik mit ihrer Betonung der Geschichtlichkeit und Mehrperspektivität menschlichen Selbstverständnisses.

Die Abhandlungen werden ergänzt durch Kurzzitate aus deutschen Aufklärern, die Kurzbiographie des Neologen Wilhelm Abraham Teller und Berichte über eine Konferenz und eine wiederaufgefundene Quelle zur Berliner Mittwochsgesellschaft, die sich ebenfalls um Erziehung zum Selbstdenken bemühte. Den Beschluß bilden Rezensionen und Mitteilungen der Deutschen Gesellschaft für die Erforschung des 18. Jahrhunderts. Es wäre zu hoffen, daß künftige Hefte zusätzliche Seiten mit möglichen Diskussionsbeiträgen zu den Problemfeldern früherer Nummern enthalten können. Damit hätte die neue Halbjahrsschrift dann wirklich ein neues Format für die Beschäftigung mit dem 18. Jahrhundert gefunden.

University of Cincinnati *Helga Slessarev*

HOFFMAN, CHRISTHARD AND BERND PASSIER, eds., *Die Juden. Vorurteil und Verfolgung im Spiegel literarischer Texte.* Stuttgart: Reclam (1986). 155 pp.

This anthology of readings in the series "Arbeitstexte für den Unterricht" is intended for the study of German literature by advanced pupils in German schools. The editors believe that, "... die Aufklärung über Ursachen und Folgen des Antisemitismus eine ständige pädagogische Aufgabe nicht nur des Religions- und Geschichtsunterrichts, sondern—im Rahmen des umfassenden Auftrags der Schule zu politischer Bildung—des Deutschunterrichts bleibt." (6) "Arbeitsvorschläge" and a bibliography provide useful enhancements to the didactic quality of the volume.

The texts are organized into three "chapters." The first contains examples of characterizations of Jews and anti-semitic statements in German literature from the 15th century to the present. The documentation of continuous anti-semitic prejudice in literary works is important, as Hans Mayer observes, "Nicht jeder hat deutsche oder)undeutsche(Juden jemals kennengelernt; aber man kannte sich aus mit den Moses Freudenstein und Veitel Itzig und Jochem. Diese Art von Überbau erwies eine aktivierende Kraft." (7)

The second chapter contains texts in which anti-semitism is wrestled with as a literary theme. They demonstrate the origin of prejudice and how it affects human beings in their day-to-day interaction with one another. In short, they provide a critical analysis of the attitudes exemplified in chapter one. For this section the editors have selected, among other texts, two scenes from Lessing's *Die Juden*: scene six, in which the Baron expresses his strong dislike of Jews and scene 22, in which the "Traveler" reveals that he is a Jew, and both the Baron and the Jew's Christian servant, Christoph, overcome their prejudicial attitudes and recognize that a man's good character should be evaluated *per se* and not as seen through a filter of preconceived attitudes about race and religion.

Chapter three has selections dealing with persecution and terrorizing of the Jews during the National Socialist regime. The emphasis is on every-day life, how people thought and spoke about Jews and how Jews were treated in school and in other situations where confrontation with the state was unavoidable. By way of example, Elisabeth Langgässer's "Untergetaucht" poignantly reveals the tensions between Germans and Jews, even when the former tried to help Jewish acquaintances by "hiding" them from the Nazis.

The anthology concludes with an epilogue, a selection from Lea Fleischmann's bitter book *Fremd im eigenen Land*. After thirty years as a citizen of the Federal Republic of Germany and after working as a teacher in the German schools, she has come to the conclusion that Germans have learned nothing from their recent past. "Welcher Zusammenhang besteht zwischen den von Lea Fleischmann wahrgenommenen autoritären Erziehungs- und Verhaltensmustern und der Diskriminierung gesellschaftlicher Minderheiten?" (8)

This call for further thought and questioning about prejudice not only in the past but in the present places the intent of the editors squarely in the tradition of Lessing's "Toleranzideal." The usefulness of this text in the classroom is limited to those who can read the German language. Its message, indeed, its warning, is pertinent, however, to all mankind; prejudice is not directed only against Jews, and persecution and discrimination exist in every country on this earth.

Washington State University   John T. Brewer

INGRAO, CHARLES W., *The Hessian Mercenary State. Ideas, Institutions, and Reform Under Frederick II, 1760–1785.* Cambridge, London, New York: Cambridge University Press (1987). 240 pp.

This book studies the goals, methods, and effectiveness of an eighteenth-century government headed by a prince who was sufficiently in tune with the progressive ideas of his time to be called enlightened. Could there in reality be such a thing as an enlightened despot who used his extensive—though far from absolute—powers to improve the popular welfare? Frederick II of Hesse-Cassel, the author argues, is an excellent test case. His country was too small and insignificant to have a foreign policy which would seriously distract it from domestic business. Yet the landgrave's personal fortune as owner of two-thirds of the land in the country and the government's wealth as contractor sending soldiers to fight for the British in the American colonies gave Hesse-Cassel the financial resources to embark on expensive projects more like those of a large state.

Ingrao traces a number of specific projects undertaken during the Landgrave's reign. They range from the organization of a Fire Insurance Fund in 1767 to the reform of peasant labor service that could be demanded by noble landlords, from the establishment of a successful lying-in hospital for poor and unwed mothers to the creation of a horrifying foundling home, in which half the infants died within a year. Under Frederick, peasants gained access to free legal representation, an innovation which had unexpected repercussions, and they were subjected to new laws that, by limiting the subdivision of farmland, in effect disinherited all peasant women whose families were not exceptionally prosperous.

Details about the prince's reasons for engaging in what we now generally consider his notorious *Soldatenhandel*, the experiences and motivations of the soldiers themselves, and the thought of the prince's critics are one of many interesting elements in this useful book. Another is the comprehensive and thorough account it offers of the workings of a minor German state. The background to policy making was a cooperative spirit between the landgrave and a *Landtag* which though technically weak was in reality surprisingly influential. Ingrao traces this unusual situation to a pivotal event, Frederick's conversion to Catholicism. The fear that this aroused in the Calvinist Hessian populace and the suspicion it ignited among Hesse-Cassel's neighbors and traditional allies led the landgrave to strive to prove himself a worthy and reliable prince by being an especially benevolent ruler who seriously consulted the people's representatives as he went about the work of governing.

Ingrao is favorably impressed with the results of this attitude, writing "the experience of Hesse-Cassel suggests that, when vested interests are not threatened, privileged corporations and individuals are capable of embracing new ideas, acting paternalistically toward the unprivileged classes, and virtually representing them and the general welfare" (p. 44). Yet another far less sanguine theme also runs through the account of efforts to introduce change: "Despite the most careful planning and consideration, many seemingly innocuous reforms boomeranged on the regime and the people it was trying to assist, often bringing unwelcome side effects that intensified the problem it sought to correct" (p. 202). Why? Were the government's humanitarian impulses inevitably doomed to failure when they were carried out by an aristocratic prince? Perhaps the answer awaits the attention of a political scientist or an economist. Ingrao in any case does little to connect the failure of the reforms to the contradiction between Frederick's commitment, on the one hand, to preserve the status quo, which was necessary to gain the cooperation of Hesse-Cassel's conservative but none too prosperous nobility, and the claim, on the other hand, that the same aristocratic deputies could represent other unfranchised and even more impoverished constituencies, especially peasants.

Ultimately Ingrao does not provide a satisfying answer to his own question about the compatibility of humanitarian ideals and plans with enlightened despotism. He does not explore deeply what constitutes success or failure in this context. Is the status of women, for example, an important aspect of social progress, as Theodor Gottlieb von Hippel argued a short time after Frederick's death? If so, it would be important to point out explicitly whether the improvements in education that Frederick brought about for the aristocracy also benefitted the women of that class. (Presumably the percentages of university educated members of the nobility which Ingrao cites on this issue, p. 43, include only men, although he does not say so.) It would also be useful to know more about the large number of single women who emigrated in the 1770s, enough, Ingrao states, to offset all the men lost in the American adventure. Glimpses of their stories could have made a good book even more valuable.

University of Hawaii   Ruth P. Dawson

KIEFFER, BRUCE. *The Storm and Stress of Language. Linguistic Catastrophe in the Early Works of Goethe, Lenz, Klinger, and Schiller.* University Park/London: The Pennsylvania State University Press (1986). 152 pp.

In a study which purports to be "the first to confront Sturm-und-Drang linguistic concerns in their proper proportions" (5), Kieffer examines the thematization by Goethe, Lenz, Klinger and Schiller of linguistic signification and its catastrophic inadequacies in their early dramas. In order to illustrate the unique treatment of language by the Stürmer und Dränger, Kieffer begins with a sufficiently detailed and useful sketch of the major arguments forwarded in the eighteenth-century debate on the origin of language. Here Kieffer is successful in demonstrating the significant implications of this eighteenth-century theoretical discourse for Hamann, Herder and subsequently for the Sturm-und-Drang writers. It is the "transition from theoretical-discursive to presentational-literary reflection on language" (2) and the treatment of linguistic problems by the Stürmer und Dränger which Kieffer outlines so convincingly throughout the book. That is the major strength of the book and one which makes it well worth reading.

Kieffer himself remarks that his introductory examinations of the debate on the origin of language and of the development of dialogic style in German Enlightenment drama are necessarily "far from being complete investigations."(4) For the purposes of his study it seems quite legitimate that Kieffer covers as he states "only what seems quite indispensible for illuminating the intentions and efforts of the Stürmer und Dränger." (4) Accordingly, the weight of the book falls on the chapters in which Kieffer interprets various Sturm-und-Drang works. However, Kieffer's contention that the Sturm-und-Drang view of language and its thematization in their dramas is an "autonomous, self-sufficient undertaking" (3) whereby a new conception of language evolves that goes beyond the Enlightenment perception of language as a positive, relatively unproblematic communicative tool, seems to be tied to the rather general view of Lessing's contributions to eighteenth-century drama which Kieffer forwards in the introductory chapter.

Kieffer's concentration in his description of eighteenth-century drama on the broadest evolution of dialogistic style (which he points out culminates in Lessing's plays and theoretical writings) leads him to evaluate Lessing's potential linguistic contribution to the Sturm-und-Drang view of language largely in terms of "the social dynamics of linguistic communication, ranging from pernicious difficulties caused by deceit to the hopeful potential of sincerity" (25). In his conclusion, Kieffer outlines his view of the accomplishments of the Stürmer und Dränger and Lessing's contribution explicitly: ". . . the Sturm-und-Drang treatment of language can also be seen as significant development from a strictly literary perspective. For the same reasons that dramatic literature seems a highly appropriate means for reflecting on language, language seems highly appropriate, perhaps even the most appropriate, theme for dramatic literature. As we saw in the first chapter, Lessing's theoretical and practical efforts had positioned German drama for the exploitation of precisely this potential. The Stürmer und Dränger exploit it unhestitatingly. They not only surpass Lessing in raising the self-evidential value of language in dramatic dialogues (and quasidramatic writings in *Werther*), they also devise plots in which the complications of speech and linguistic phenomena constitute a major factor influencing the characters' actions" (142). It is clear from Kieffer's statements that he considers the thematization of the language in drama to be a particularly Sturm-und-Drang product and that Lessing's treatment of language in his plays extends largely to the creation of realistic and complex dialogic patterns.

It would seem a logical expansion of the book to consider more closely Lessing's treatment of linguistic problems in his theoretical and dramatic writings as they might relate to the development of Sturm und Drang drama. Lessing scholarship (Göbel, Schröder, Wehrli, Wellbery, Rickels, Flax and Gustafson) has demonstrated that Lessing's theoretical treatment of language and the thematization of linguistic problems in his dramas indicate a very sensitive and complex view of language and an understanding of language which recognizes the potential inadequacies and dangers of linguistic communication. To this extent there is a definite kinship between Lessing and the Stürmer und Dränger. Most of the linguistic problems which Kieffer attributes to Sturm und Drang drama can also be found thematized in works such as *Miss Sara Sampson*, *Emilia Galotti* and later ones like *Ernst und Falk* and *Nathan der Weise*: deceit and trickery, the inadequacy of language to express feelings, the artificial restrictions of language, the inability of human beings to deal with the complexities of language, the distortions imposed by language, and the barriers constructed by language. In reviewing the dramas and language theories discussed by Kieffer, it strikes me that the major difference between Lessing's conception of language and that of the Stürmer und Dränger is one of intensity and focus. While the Sturm-und-Drang outlook is more pessimistic and the consequences of linguistic inadequacy are more immediately severe, Lessing ordinarily asserts that although communication or linguistic signification is never thoroughly unproblematic because of the arbitrary and ambiguous nature of the sign, communication can be enhanced through the conscious revaluation and manipulation of signs. On the other hand the more tragic side of linguistic manipulation surfaces quite clearly in *Emilia Galotti*. Kieffer's assertion then that "none of the earlier, more or less philosophical thinkers concern themselves much about the restrictive effects of language" (141) may well apply to the philosophers debating the origin of language issue, but not to Lessing. Kieffer's book is, however, interesting because it demonstrates so conclusively that the Stürmer und Dränger returned time and again to the thematization of linguistic problems in their dramas.

My only other criticism of Kieffer's book concerns his evaluation of Goethe's view of language. Kieffer is very adept at pointing out the linguistic problems thematized in Goethe's early works. However, his suggestion that Goethe's early dramas such as *Götz von Berlichingen* and *Clavigo* and his novel *Die Leiden des jungen Werther* clearly demonstrate Goethe's pessimistic view of language while other dramas such as *Stella* and *Erwin and Elmire* and the poems Goethe wrote in the early 1770's present unproblematic views of language strikes me as an artificial division of Goethe's reflections on language. Rather than suggesting a shift in Goethe's attitude toward language, the different ideas about language found in Goethe's early works establish the complexity and depth of Goethe's understanding of language. In *Werther* alone we discover a whole gamut of responses to the "problem of language." As Kieffer points out there are significant breaks in communication in the novel and Werther does agonize over the inadequacies of language when it comes to the expression of the deepest feelings. Werther does not, however, deny the communicative capacity of language or the communicative skills of a great poet but sees the inevitable complexities of language spoken and written. Werther's references in the novel to the difficulty of linguistic communication and Goethe's similar comments in his letters to Auguste Stolberg do not represent a type of linguaphobia as Kieffer maintains, but the realization that some feelings or ideas can not be expressed verbally or in writing. Like Lessing in *Ernst und Falk* and *Nathan der Weise*, Goethe does express in his early works a definite skepticism toward the communicative capacity of language, but he does not imply that we should despair of communication altogether. Goethe's view of language is realistic: for him language is a form of communication which is both problematic and a potential key to the deepest secrets. Indeed, in the poem *Sprache* (1773) Goethe's complex view of language comes to the fore. He extolls the prophetic potential of language, but not without first noting that language is both "reich und arm" and "stark und schwach."

University of Rochester   Susan E. Gustafson

MEYER, REINHART, in Zusammenarbeit mit Wolfgang Fenner, Hans Simon-Pelanda und Albert Vetter. *Bibliographia Dramatica et Dramaticorum. Kommentierte Bibliographie der im ehemaligen deutschen Reichsgebiet gedruckten und gespielten Dramen des 18. Jahrhunderts nebst deren Bearbeitungen und Übersetzungen und ihrer Rezeption bis in die Gegenwart. 1. Abteilung: Werkausgaben—Sammlungen—Reihen*, 3 vols. Tübingen: Max Niemeyer Verlag (1986). lxxxi, 1525 pp.

How many dramatists were published in 18th-century Germany? How many dramas? Only an incautious scholar would hazard a guess, but for many Germanists such questions undoubtedly continue to conjure up a relatively manageable dramatic canon, perhaps starting with Gottsched, culminating in Lessing, Goethe, and Schiller, and rounded out by a few "popular" playwrights like Iffland and Kotzebue, known more by (bad) reputation than by much study. Even academics who might be uncomfortable with some of the historical and ideological bases of such a canon may find it difficult to reevaluate it, at least partly because of lack of access to most of the non-canonical literature.

The *Bibliographia Dramatica et Dramaticorum* by Reinhart Meyer et al. takes a large step toward making a reevaluation easier. The three volumes published in 1986 in fact represent only the tip of a bibliographic iceberg: Meyer has material for a further nine volumes. The first three cover only dramas appearing in collected works, in titles including several plays, and in series. (Volumes 4–8 will cover comedies, *Schauspiele*, and tragedies published as individual titles; volumes 9–10, minor forms such as melodrama and pastoral play; and volume 11, court publications and foreign-language texts of court stages; volume 12 will be a *Generalregister* to all the others, including indexes of secondary literature and reviews.) The three volumes now in print nevertheless give detailed information on an already awe-inspiring number of plays in collections or collected works by some four hundred dramatists, as well as those appearing anonymously and—perhaps most helpfully of all—in series.

Meyer's undertaking is monumental in its method as well as its size. Rather than merely collating extant bibliographies, library catalogues, and citations from contemporary journals Meyer and his collaborators attempted to evaluate the holdings of most major libraries of Europe with collections of 18th-century German drama, personally photocopying title pages and examining contents volume by volume in the library stacks. Some 37 libraries in the Federal Republic, the GDR, Austria, Switzerland, and Hungary are listed as having been examined personally; some 80 other libraries are listed as having been examined through interlibrary loan or other methods, for example with American scholars providing copies of titles or catalogs of some of the most important U.S. collections. The attempt to locate actual copies of the books whenever possible and to analyze their contents by paging through them rather than relying on earlier bibliographies or library catalogues brings significant advantages in accuracy and in consistency. For the scholar one of the most important is that Meyer is able to provide precise locations for each volume, usually at several different libraries, with call numbers. Anyone familiar with the problems connected with working through the German *Fernleihe* in the absence of a union catalogue with locations will recognize the way the *Bibliographia Dramatica* will not only provide a vastly more comprehensive record of what existed but will also markedly facilitate access to the texts themselves.

Scholars will be grateful to Meyer, Niemeyer, and the *Stiftung Volkswagenwerk*, which helped support the first three volumes, for the care and expense that make the books extraordinarily attractive and usable; their wealth of information is presented clearly using various and pleasing type faces, generous amounts of white space, and very few abbreviations or codes. After reporting the full title page (including description of the title vignette where appropriate) Meyer describes or (as with dedications) reprints each item of prefatory matter and gives the exact contents of the volume with page numbers—a help to a scholar requesting a copy of a particular play within a larger volume. In the final section he notes if and where the book was listed by Goedecke, Heinsius, Kayser, etc., in which contemporary journals it was reviewed, and in which libraries it can currently be found, with call numbers for most libraries. Although the main indexes are planned for volume 12, volume 3 already brings four elaborate indexes by place of publication, publisher, dedicatee, and artist or engraver.

Anyone who imagines a bibliography to be useful but unexciting reading will be surprised by Meyer's introduction to the *Bibliographia Dramatica*. His descriptions of his difficulties in getting access to the books in some libraries are livelier than one might expect in a book of this kind, but will make engrossing reading for any scholar who has ever experienced roadblocks to his or her research. Besides providing detailed information on the principles by which the material was gathered, on the library collections in which he worked, and how the material is organized, Meyer's prefatory matter also includes a concise introduction to the relationship between theater and printed drama text in the 18th century. He also describes the continuing importance of "foreign"-language theater and publishing in 18th-century Germany, obscured by 19th- and 20th-century interest in tracing development of a German *Nationalliteratur*. His commitment to listing all the dramas published in German territories, in whatever language, perhaps influenced his choice of a Latin title.

Few literary scholars today would imagine that even something as "objective" as a bibliography is without a point of view—that it is not a response to an explicit or implicit question posed by what has gone before it. For the *Bibliographia Dramatica* it seems that the question was: "Why do we know so much about the 'classics' and so little about the rest of the drama in the 18th century?" Meyer's work attempts to readjust the balance at least somewhat. Meyer picks up early 19th-century or later editions with less-known writers but can apply somewhat different criteria for the dramatists of the canon, where there are already *Personalbibliographien*, stopping the entries precisely at or closer to 1800. But the fact that the canonical dramatists are virtually lost among their colleagues in this bibliography is nevertheless not primarily a matter of methodological discrimination but rather a reflection of publishing history in the 18th and early 19th centuries. Goethe's entry (through 1800) fills 12 pages; Schiller's (with coverage to 1817) five pages; Lessing's (through 1824, with two items from 1870 and 1876) 24 pages. By contrast, Gellert (coverage through 1867, with three items 1879–1979) extends 46 pages; Kotzebue (through 1844, with nine items 1863–1972) no less than 139 pages. Had the same 1800 cut-off applied to Kotzebue as to Goethe the entry would have had 38 pages.

Because Meyer applies a different final date for different authors such statistical comparisons are of little value. Nevertheless, they underscore the utility of the *Bibliographia Dramatica* in helping restore a balance between the few well-known writers, who have thus far received the lion's share of bibliographic as well as interpretive energy, and their many colleagues, who have been largely ignored and forgotten. Knowledge of the works of the hundreds of dramatists made newly accessible by the

Bibliographia Dramatica will be essential for any reexamination of 18th-century German dramatic history, especially for such concerns as reception, literary sociology, and the relation of "drama" to "theater." Even scholarship on the writers of the classical canon, who may seem lost here among their contemporaries, stands to benefit from a clearer understanding of the context in which they wrote.

Wells College

Kenneth E. Larson

NISBET, H.B., ed., *German Aesthetic and Literary Criticism: Winckelmann, Lessing, Hamann, Herder, Schiller and Goethe.* Cambridge, New York, Melbourne: Cambridge University Press (1985). 317 pp.

Zugunsten der Studierenden im weiteren Sinne wurde es hier unternommen, möglichst viele von den besten Schriften der deutschen Ästhetik und Literaturkritik aus der zweiten Hälfte des achtzehnten Jahrhunderts und der ersten des neunzehnten, d.h. der Hochblüte der deutschen Geistesgeschichte ins Englische zu übersetzen und in einer dreibändigen Anthologie zu sammeln. Zwei Bände davon, *The Romantic Ironists and Goethe* und *The Idealists,* sind schon erschienen. Der hier vorzustellende Band bearbeitet die Stufe der frühesten Entwicklung, auf der sich die deutsche Literatur von dem starken Einfluß des französischen Klassizismus befreit und ihren eigenen Weg zu gehen begonnen hat. Er enthält Winckelmanns kunsttheoretische Schrift *Gedancken über die Nachahmung der griechischen Wercke in der Mahlerey und Bildhauer-Kunst,* Lessings fragmentarische Schrift *Laokoon* und seinen *Brief an Nicolai vom 26, Mai 1769,* Hamanns rhapsodische Prosa *Aesthetica in nuce,* Herders Aufsätze *Auszug aus einem Briefwechsel über Ossian und die Lieder alter Völker* und *Shakespeare,* Schillers philosophisch-ästhetische Abhandlung *Über naive und sentimentalische Dichtung* und Goethes Essay *Winckelmann.*

Es ist allerdings sehr schwierig, nur mit den hier gesammelten Texten einen umfassenden Überblick über diese Phase der Entwicklung zu geben. Die Ermangelung einer größeren Zahl der Texte soll nun auf irgendeine Weise ausgeglichen werden. Das versucht der Herausgeber in seiner kommentierenden Einleitung. Mit Recht wird Winckelmann von ihm als Wegbereiter für die neue Tendenz gegen Barock und Rokoko hochgeschätzt. Winckelmanns wichtige Kennzeichnung der griechischen Meisterwerke "eine edle Einfalt und eine stille Größe" wird hier Wort für Wort ausführlich erläutert. Die Schönheit der griechischen Kunst, die Winckelmann mit allen Sinnen erlebt und beschrieben hat, war, so stellt der Herausgeber richtig fest, für den deutschen Bürgerstand die Antithese zu dem kulturellen und moralischen Verfall der herrschenden Schicht in Deutschland. Interessant ist der Hinweis auf die Zeitbedingtheit und die damit bestimmten Grenzen Lessings, der schließlich Aristoteles' Poetik mit den modernen Formen des Dramas, Shakespeares Dramen mit seinen eigenen neoklassischen Prinzipien nicht in Einklang bringen konnte. Nützlich sind die Informationen über den feinen Unterschied zwischen Hamann und Herder in ihrer Stellungnahme zur rationalistischen Poetik und über die Beziehung der Konzeption Schillers von der sentimentalischen Dichtung mit Friedrich Schlegels Definition der romantischen Dichtung. Problematisch ist dagegen, daß Goethe hier nur als Feind der Romantik eingeführt wird. Die Frage, wie und wo man Goethe hinstellen soll, ist ja immer mit großen Schwierigkeiten verbunden, und in dem hier enthaltenen Text, den man Goethes klassisches Manifest nennt, greift er die romantische Tendenz heftig an. Eben darum sollte, um ihm gerecht zu werden, in der Einleitung auch seine Freundschaft mit den Romantikern in Jena bis zum Ende des Jahrhunderts erwähnt werden. Daß das einheitliche Thema dieses Bandes "classicism" sei, wie der Herausgeber sagt, erscheint uns sehr fraglich. Fülle und Vielfältigkeit dieser Periode zeigen schon die Namen der Schriftsteller und ihre Schriften, die hier gesammelt sind. Die Unterschiedlichkeit der Texte läßt sich nicht mit einer einzigen Epochenbezeichnung umfassen. Tatsächlich besitzt der vorliegende Band keinen einheitlichen Titel im Gegensatz zu den zwei anderen Bänden dieser Anthologie.

Gleichwohl bleibt dieses Buch insgesammt eine sehr willkommene Hilfe. Vor jedem Text steht eine Skizze des Lebenslaufs der Autoren, und darauf folgt die Mitteilung über die Standardausgaben ihrer Werke und Briefe, ihrer Biographien und möglicherweise der englischen Übersetzungen zum weiteren Studium. Auch umfangreiche Anmerkungen lassen die Rücksicht des Herausgebers auf ein größeres Publikum spüren. Es ist zu begrüßen, daß so viele Meisterwerke aus der deutschen Geistesgeschichte dem englischsprachigen wissenschaftlichen Leser zugänglich geworden sind.

Universität Osaka *Motoyasu Nakamura*

SAARILUOMA, LIISA, *Die Erzählstruktur des frühen deutschen Bildungsromans: Wielands "Geschichte des Agathon", Goethes "Wilhelm Meisters Lehrjahre".* Annales Academiae Scientiarum Fennicae *Dissertationes Humanarum Litterarum 42.* Helsinki: Suomalainen Tiedeakatemia (1985). 461 S.

Saariluomas Studie ist eine Dissertation, die fünf Jahre in Arbeit war und sicherlich deshalb umfangreicher geworden ist, als es der Titel vermuten läßt. Nur ein Teil der Monographie enthält die angekündigte Analyse und Deutung der Erzählstruktur der genannten Romane. Im übrigen greift die Verfasserin weit aus und bietet einen informativen Kontext, der sich im wesentlichen allerdings auf bekannte Beiträge der Forschung stützt.

Die Einleitung referiert mit gelegentlich korrigierender Kritik und Ergänzung zumeist solche Schriften zur Problematik des Bildungsromans, die Lothar Köhn bereits 1968 in der *Deutschen Vieteljahrsschrift* vorbildlich erfaßt und expliziert hat. Auch die *Geschiche des Agathon* wird zunächst mit Rekurs auf ältere Untersuchungen in einen größeren Zusammenhang gestellt. Ein Rückblick, in dem Kayser, Miller, Geulen und Spahr evoziert werden, gilt dem Barockroman, und die Komparatistik wird bemüht, wenn die Verfasserin wie zuvor andere Kritiker Cervantes und Fielding als Vorläufer Wielands sieht.

Die dann folgenden Betrachtungen zur Romanpoetik der Aufklärung räumen Blanckenburgs *Versuch* (mit häufigem Bezug auf Hiebel und Wölfel) eine nahzu exklusive Schlüsselstellung ein. In diesem Teil hätten veraltete Klischees durch die Erweiterung des Horizontes vermieden werden können, so z. B. durch die Berücksichtigung der Monographie Vosskamps über die Theorie des Romans von Opitz bis Blanckenburg und die reichhaltige Materialsammlung Kimpels und Wiedemanns, die ein verläßlicheres Bild der Poetik des Romans und ihrer Entwicklung während der Aufklärung nachzeichnen. Im Hinblick auf die geplante Analyse der Erzählstruktur des *Agathon* wäre ferner die Einbeziehung anderer wichtiger Dokumente der Rezeption förderlich gewesen, vor allem weil sie die kritische Aufmerksamkeit bezeugen, mit der gerade die Funktion des Erzählers von Wielands Zeitgenossen erörtert wurde, wirksame Reflexionen, die den Autor dazu veranlaßten, die Rolle des Erzählers in der zweiten Fassung des Romans bedeutend umzugestalten.

Daß bei der Problemstellung dieser Monographie die erste Fassung des Romans "relevanter" sein sollte als spätere Ausgaben (S. 391), ließe sich in Frage stellen. Wie die Korrespondenz Wielands beweist, wurde die erste Ausgabe in Zeiten der Krankheit, unter dem Druck der amtlichen Geschäfte und aufgrund eines strengen verlegerischen Ultimatums allzu voreilig beendet. Erst in der zweiten Fassung erhält der Roman seine endgültige Erzählstruktur, nicht zuletzt nach dem Vorbild einer einflußreichen klassischen Allegorie, der *Tabula Cebetis*, eine Verbindung, die der Verfasserin anscheinend nicht bekannt ist.

Ihrer Deutung der (unvollendeten) Erzählstruktur des *Agathon* widmet Saariluoma sechzig Seiten und verbindet dabei die Ergebnisse der älteren Forschung mit einigen neuen Einsichten. Rückschrittlich sind hier die verschwommenen Identifizierungen des Erzählers, der als "persönlich", "deduzierend", nach überholten Methoden aber auch des öfteren als "Erzähler-Verfasser" gekennzeichnet wird. Ähnlich unklar bleiben die Charakterisierungen "des Lesers" als "gewöhnlich" oder "persönlich", zumeist sogar einfach nur "der Leser", eine Simplifizierung, die weder die unterschiedlichen Persönlichkeiten der z. B. fiktiven, impliziten, schöpferischen und wirklichen Leser Wielands ausreichend bedenkt, noch die jüngsten Ergebnisse der *reader-response* Theorien zu Rate zieht, die über die zitierten Schriften von Jauss und Iser hinausreichen.

Die Untersuchung der *Lehrjahre* beginnt mit einer Skizze der "theatralischen Sendung", die sich u. a. auf Arbeiten von Pilling, Hartenstein, Wundt, Schmidt, Köster und Leitzmann stützt. Danach wird die Struktur des Romans an Blanckenburgs *Versuch* gemessen und in seinem Verhältnis zu *Agathon* gesehen. Nach dem methodischen Vorbild Norbert Millers (*Romananfänge*) und wie zuvor schon bei von der Thüsen erhält der Anfang des Romans besondere Aufmerksamkeit.

Spätere Abschnitte behandeln u. a. die Funktion des "zurücktretenden" und "vermittelnden" Erzählers, betrachten "den Leser" als Beobachter und Deuter des Geschehens und erhellen die "Schöpferfunktion" des Verfassers. Wie bereits in früheren, an der Zahl nicht geringen wissenschaftlichen Beiträgen zu Goethes Werk wird auch in dieser Studie die Bildungsgeschichte des Helden verfolgt, die Funktion der "Bekenntnisse einer schönen Seele" erörtert, die Aufgabe der Turmgesellschaft erwogen und die Rolle von Natur und Kunst in Wilhelms Bildung erläutert. Zum Abschluß der Monographie behandelt die Verfasserin den "Bildungsroman als unendliche Konstruktionsaufgabe der Bildungsgeschichte", bietet in einem "Rückblick" die Zusammenfassung ihrer Thesen und beendet ihren "Ausblick" mit Reflexionen über den *Zauberberg*.

Den 87 Seiten der Anmerkungen folgt die Liste der benutzten Literatur (20 Seiten); es fehlt jedoch ein alphabetisches Sach- und Personenverzeichnis, das bei der Fülle des Materials und der großen Zahl erwähnter Schriftsteller, Wissenschaftler und Theoretiker nützlich wäre.

The Johns Hopkins University   *Lieselotte E. Kurth-Voigt*

SCHMIDT, JOCHEN, *Die Geschichte des Genie-Gedankens in der deutschen Literatur, Philosophie und Politik 1750–1945*. Band 1: Von der Aufklärung bis zum Idealismus. Darmstadt: Wissenschaftliche Buchgesellschaft (1985). 491 S.

Nirgends schreiben Germanisten, jüngere zumal, so dicke Bücher wie in Tübingen. Nirgendwo sonst bestimmt der Wille zum Wälzer derart entschieden die Anlage von Seminar und Vorlesung oder die Konzeption von kumulier- und integrierbaren Aufsätzen. Es muß an der Stadt liegen, sagen—nicht ohne Bewunderung, Neid und schlechtes Gewissen—jene Kollegen, die eher dem geistreichen Essay oder der kleinmeisterlichen Interpretation zuneigen. Keiner von ihnen brächte den Atem für ein Werk über das Gelehrtentum in drei Jahrhunderten auf, über den Prozeß der

Säkularisation (ebensolange) oder über "Die Geschichte des Genie-Gedankens 1750–1945". Bemerkenswert auch, wie die Tübinger sich zitierend von einander profitieren, wie da eine Gelehrtenschule der guten alten Art blüht, für die wir dankbar sind.

Von Jochen Schmidts zweibändigem Werk, das wohl zum ersten Mal den Geniegedanken systematisch über die Grenze des 18. Jahrhunderts hinaus verfolgt, ist hier nur der erste Band anzuzeigen. Er reicht, um es an Namen zu heften, von Gottsched bis Schopenhauer und bezieht französische, italienische und vor allem englische Einflüsse in seine Darstellung ein. Ein gutes Dutzend Kapitel beobachtet nicht so sehr die Entstehung und Veränderung des *Begriffs* "Genie" als vielmehr die Entfaltung des künstlerischen Selbstverständnisses in seinem Zeichen, etwa die "Anschauung von der Autonomie der Kunst" (XV), oder seine prägende Kraft in poetischen Werken, die durch Interpretationen dargetan wird. Die Kapitel sind offenbar recht unabhängig von einander entstanden, man merkt es daran, daß Autoritäten mit Emphase in den Text eingeführt werden (z.B. Du Bos, S.80), die kurz vorher mit derselben Emphase schon einmal genannt worden sind (Du Bos, S.74); ähnliches verraten die Anmerkungen; auch gibt es in Darstellung und Argumentation manche Wiederholung, so im Kapitel über Shakespeare als paradigmatisches Genie, wo die schon zuvor abgehandelten Lessing und Herder nun ganz ähnlich nochmals bemüht werden. Trotzdem entsteht bis etwa zur Hälfte des Volumens eine fortlaufende Literaturgeschichte des 18. Jahrhunderts—unter bestimmtem Aspekt eben. Es gehört zu einer solchen Literaturgeschichte, daß vieles sich wiederfindet, was lang erforscht ist und oft gesagt wurde. Allerlei germanistischer "Urväterhausrat" (Goethe) wird aufgetischt, da ist Platz für die "Querelles des anciens et des modernes", für den Leipzig-Zürcher Literaturstreit, für den Konflikt zwischen Witz und Gefühl, dunklem und luzidem Stil, für die Konkurrenz von französischem und englischem Paradigma, für die wünschenswerte Einheit von *prodesse* und *delectare*, von *docere* und *movere*, für die drei aristotelischen Einheiten und anderes mehr. Was zahllose Germanisten, auch noch lebende, häufig bedacht, doziert und geschrieben haben, kommt ihnen hier gesammelt und in gepflegter Trockenheit wieder entgegen. Bisweilen schlägt die zünftige Gewissenhaftigkeit in unsouveränes Nacherzählen um, etwa bei Darstellung der Herderschen Schriften (S. 120–150) oder bei den Partien über Shakespeare. Gerade in diesen strapaziösen Teilsen fällt auf, daß durchweg so gut wie nur geistes- und ideengeschichtlich vorgetragen und argumentiert wird; die gesellschaftlichen Voraussetzungen der "Genie"-Entfaltung sind auf den Seiten 1 bis 4 mit Hinweis auf die inzwischen zum Allgemeingut gewordenen Thesen von Haferkorn und Habermas, von Münch und Kiesel (bürgerliche Öffentlichkeit, bürgerliche Emanzipation, freier Schriftsteller, expandierender Literaturmarkt) genannt und auch schon verlassen worden; und geradezu ängstlich wird bei der "Prometheus"-Interpretation der Hinweis auf die sozialgeschichtlich orientierten Arbeiten der DDR-Autoren Träger und Braemer vermieden. Doch die Rezension droht etwas absprechend zu werden, und das soll sie nicht.

Über Pindar ist aus dem Buch viel zu lernen, vor allem über seine Wirkung auf die Poetengeneration um 1770. Pindar wird für sie, wie Shakespeare auf dem Feld von Theater und Drama, zum Paradigma genialen Schöpfertums im Bereich des lyrischen Sprechens. Eindringlich verfolgt der Verfasser die Würdigung des griechischen Odikers durch Herder und seine programmatische und poetische Rezeption beim jungen Goethe, dessen "pindarisch stilisiertes Selbstbewußtsein" (S. 188) von der frühen Sturm- und-Drang-Phase bis in die ersten Weimarer Jahre. Hier liegen ohne Zweifel die eigentlich produktiven und innovativen Passagen der Untersuchung. Ihr Höhepunkt ist der breit durchgeführte Nachweis, wie genau und umfassend Pindars demonstratives Dichtergefühl, wie die von ihm beanspruchte Verbindung von Poet und Held (oder Fürst) Goethes Hymnen prägt. Die umfangreiche Betrachtung von "Wanderers Sturmlied" (S. 199–254)—eine Interpretation möchte man sie nicht nennen, da der Verfasser riesige Packen gelehrten Wissens zur Odengeschichte und Odentheorie heranschleppt, einen Alp von Realkommentar—macht sehr plausibel, daß sich Goethe nicht allein mit der Aussage, sondern bis in die kunstvolle triadische Struktur dieser

Hymne hinein in Pindars Gefolgschaft stellt. Die Spontaneität des Gefühlausbruchs ist nur scheinbar, Gedankenwirrwar und Phantasiestoß sind fingiert, ein virtuoses als-ob. Das dunkle und vielberätselte Sprachstück darf nunmehr als vielleicht programmatischste Genie-Dichtung der Zeit gelten; es spricht nicht nur Goethes eigenes Affektprogramm, sein Selbstgefühl und -bewußtsein aus, sondern übt zugleich scharfe, wenngleich poetische, Kritik am anakreontischen Singen der älteren Generation und an Goethes eigener Leipziger Jugenddichtung. Hier ist gewiß eine Entdeckung gemacht.

So Erhellendes und Originelles bringt die eher pflichtmäßige Behandlung von "Mahomets-Gesang", "Ganymed" und "Prometheus" nicht mehr herbei, doch faßt sie die geläufigen Deutungen mit ihren pantheistischen und antiautokratischen Interpretationsmomenten pointiert zusammen. Vielleicht wäre sozialgeschichtlich und sozialpsychologisch nachdenkenswert gewesen, ob in den lauten "Prometheus"-Tönen—wie überhaupt im knäbigen Gelärm der genialischen Jünglinge um Goethe—nicht auch allerhand Bangigkeit mitschwingt gegenüber den literarischen Vätern in Deutschland und gegenüber Frankreichs Gebieterstellung auf politischem wie kulturellem Gebiet. Die, teilweise der Vollständigkeit halber, folgenden Expertisen zu *Werther, Clavigo* und *Faust* weisen auf die von Goethe inzwischen wahrgenommene Gefahr des genialischen Subjektivismus und seine pathologischen, zerstörerischen Folgen hin. (Wie, nebenher, kann sich ein Mann von einigem Humor neben dem hochwichtigen Tiefsinn aus Fausts Studierzimmer hier Mephistos wunderhübsch selbstironisches Wort über Gretchens lavaterische Gabe entgehen lassen: "sie fühlt, daß ich ganz sicher ein Genie, / vielleicht wohl gar der Teufel bin"?). Zu Ende dieses Kapitels ist der Leser übersättigt von des Verfassers Kenntnisreichtum und vermag die beflissen, doch unmunter gehäuften Hinweise—der Art "schon Addison hatte in seinem berühmten Spectator-Artikel Nr.160 ...", "diesen Aspekt hat besonders Herbert Schöffler ..." (S.323, 329) u.ä.—nicht mehr recht zu genießen.

Noch mehr lassen die anschließenden fachphilosophischen Aufsätze über Kants zunächst "vermögenspsychologisch strukturierten" und danach "transzendentalphilosophisch fundierten" Geniebegriff (S. 354–380), über Fichtes "transzendentalphilosophische Universalisierung" und über Schellings transzendental-idealistische Auffassung des "Genies" (S. 381–403) unsere Aufmerksamkeit sinken—vornehmlich wegen der rein ideengeschichtlichen Vortragsweise, von der schon die Rede war. Gerade hier, wo der Verfasser sich der Epoche der Französischen Revolution genähert, hätte minder abstraktes Sprechen gutgetan. Wird der Genie-Begriff jetzt nicht auch in die tagespolitische Auseinandersetzung einbezogen? Freunde der Revolution gebrauchen ihn dezidiert, um die Aktionen der französischen Revolutionäre zu charakterisieren und zu werten—man sehe etwa Johann Heinrich Mercks (des früheren Mitgestalters des Genie-Organs "Frankfurter Gelehrte Anzeigen") Pariser Zeugnisse. Auf der anderen Seite bespötteln die Konservativen im "Revolutions-Almanach" von 1794 die Mainzer Jakobiner als "Club-Genies" (ebd. S. 119) oder macht der Wiener Regierungsagitator Leopold Aloys Hoffmann die Geniebewegung geradezu für die politischen und sozialen Umsturzaktionen in Frankreich und anderswo verantwortlich. Dies nur Beispiele für die politische Membran des Geniegedankens, welche der Verfasser—am Beispiel von Schillers *Wallenstein* und *Demetrius* (S. 452 ff)-allzu nebensächlich berührt.

Einen zweiten Höhepunkt des Bandes, nach der "Sturmlied"-Expertise und wie diese bereits vor Jahren separat veröffentlicht, bieten zweifellos die Reflexionen über Hölderlin (S. 404–429); aber sie verdeutlichen auch wieder die Problematik des Buches. Schmidt stellt in der Hauptsache an Rhein- und Feiertagshymne Hölderlins dar, wie die Sturm und Drang—Tradition weiterwirkt, der Dichter dem prometheischen Autonomie- und Geniekult jedoch absagt. Das Bild des Stromes (wie im "Mahomets-Gesang") lebt fort, desgleichen die Norm Pindars, der spinozistische Gedanke, die kalkulierte (Schein-) Spontaneität und die freirhythmische Sprachform. Das wahre Genie ist nun aber demütig empfangend, es ist fromm: etwa gegen "des gemeinsamen Geistes Gedanken", welches Dichterwort der Verfasser mit "unvordenkliche[r] Ganzheit und Absolutheit des Seins" übersetzt (S.424). Sollte Hölderlin sich tatsächlich nichts Genaueres und Konkreteres vorgestellt haben? Was stellt sich Schmidt vor, wenn er diese Wortschälle formt? Es ist für den Leser, wenn überhaupt, nur schwer zu erraten. Und wie erläutert uns der Verfasser die Verse "sie sind erkannt, / Die Allebendigen, die Kräfte der Götter" (S. 421f.)? Außer recht abstrakten paraphrasierenden Formeln erfahren wir nichts, Formeln, bei denen einem bedeutend so dies und das schwant—aber genügt das für eine wissenschaftliche, eine historische und literarhistorische Analyse? Hier ist nicht mehr der geringste Abstand zwischen Interpret und Dichter zu merken—wie zuvor noch bei den Darlegungen zu Lessing, Hamann oder Herder. Das beeinträchtigt denn doch etwas den insgesamt imposanten Eindruck dieses umfänglichen, grundgelehrten und in Teilen scharfsinnigen Werkes.

Universität Bremen   *Hans-Wolf Jäger*

SPAETHLING, ROBERT, *Music and Mozart in the Life of Goethe.* Columbia: Camden House (1987). 254 pp.

In this study, Robert Spaethling analyses Goethe's relationship to music, concentrating on the poet's recognition of Mozart's music. In accordance with its title the book is divided into two parts: Part I: Goethe and Music, and Part II: Goethe and Mozart. The first part gives a good overview of the role that music played in Goethe's life, though many facts have already been well established. The second part provides the reader with valuable information on interrelations between the works of the two artists, and details of artistic endeavors, such as Goethe's productions of Mozart operas in Weimar. This section proves to be especially interesting because this topic has not been dealt with extensively before. Valuable also is the inclusion, in the appendix, of Goethe's sequel to the *Magic Flute: Der Zauberflöte zweiter Teil* in German and in the English translation, a work that is generally not well-known. Another commendable feature of the study is the translations of poems and several sources, to make them more easily available to an English-speaking readership. As to the purpose of the book, Spaethling states: "The book does not endeavor to explain Mozart or his music; rather it seeks to describe Goethe's awareness of Mozart and draw parallels between the two artists wherever possible." (p.16) The author succeeds in finding numerous parallels; whether he is completely successful, however, is disputable, especially in the interdisciplinary approach in chapter 9, "Parallels of Styles and Artistic Attitudes." Finding artistic parallels between Goethe's poems and Mozart's musical language naturally has its aesthetic problems, considering the fact that it is difficult enough to interpret the meaning of music itself. Nevertheless, the author makes many appropriate observations on Mozart's music (". . . his music is based on musical logic, not emotions." p. 78); still, the conclusions tend to be too general, especially in chapter 9: "Controlled artistic language, controlled diction and structure, control of emotions, were elements as important to Mozart as they were to Goethe." (p. 164) This is true, no doubt, but one cannot help asking if this is not true for most art forms of that era: almost any Haydn symphony or any poem by Schiller would meet those criteria. To prove his point the author repeatedly quotes Leonard Bernstein's characterization of Mozart's G Minor symphony (K. 550) as "a work of utmost passion utterly controlled," coming to the conclusion that ". . . he [Bernstein] not only described the essence of Mozart's Classical diction, but equally fitting, Goethe's article mode of *Die Wahlverwandtschaften.*" (p. 60) Given Spaethling's aesthetic credo, one can justify this assertion; on the other hand, Mozart's classical diction, as exemplified in the G Minor symphony has also been interpreted in completely different ways, as for instance by Schumann (Spaethling himself draws attention to this fact). This is also true for Goethe's works, which were considered romantic in Europe. In this context the author might have considered the different receptions of the works under discussion. However, his attempt to deal with this difficult topic remains admirable, even if the musical analyses are general in character. One should not forget that the book is foremost a contribution to a better understanding of Goethe, of whom Spaethling rightly says that he "is still less well known in the English-speaking world than he deserves to be." (p. 18) This seems to be true for a German-speaking audience as well. Talking about the phenomenon of a musical culture today that is rooted in the classical-romantic heritage—something which cannot be said for the literature of that era—Carl Dahlhaus says: "Mozart zu hören, ist heute ebenso selbstverständlich, wie Goethe nicht zu lesen." (*Neues Handbuch der Musikwissenschaft*, Vol. 6, p. 278)

College-Conservatory of Music   Wilhelm Schulte
University of Cincinnati

THADDEN, RUDOLF VON, MAGDELAINE, MICHELLE (Hg.), *Die Hugenotten: 1685–1985*. München: Beck (2., verbesserte Auflage, 1986). 254 S.

Die erste Auflage dieses Buches erschien 1985, drei Jahrhunderte nach dem Widerruf des Edikts von Nantes. Zugleich erschien in Paris (bei Armand Colin) eine französische Ausgabe mit dem Titel *Le refuge huguenot*. Die 15 Beiträge "behandeln sowohl die Herkunft und Ausgangspositionen der Glaubensflüchtlinge im Frankreich des 17. Jahrhunderts als auch die Umstände ihrer Emigration und die Probleme ihrer Aufnahme in den sich ihnen öffnenden Ländern Europas" (Einleitung, S. 9). Dem letzten Teil dieser Behauptung entspricht leider der Inhalt des Buches nur in geringem Maße: 11 der 15 Beiträge richten unsere Aufmerksamkeit auf Länder deutscher Zunge und auf deutsche Städte. Die Beiträge von R. Scheurer (über die Hugenottenflüchtlinge in der Schweiz), Hans Bots und René Bastiaanse (über die Hugenotten in den niederländischen Generalstaaten), B.Cottret (über die Hugenotten und die Protestanten Englands) sind sehr wohl dokumentiert (wie auch der Beitrag von Ph.Joutard über die in Frankreich gebliebenen Protestanten); da sie aber nur einen kleinen Teil des Buches bilden, läuft der Leser Gefahr (wie so oft) zu vergessen, daß etwa die Hälfte der Hugenotten nicht von deutschsprachigen Ländern, sondern von den Niederlanden und von England aufgenommen wurde.

Das Hauptverdienst dieses Buches liegt vielmehr in den positiven Ergebnissen der von den Autoren gewählten Methode: sie haben einen begrenzten Forschungsbereich studiert und danach gestrebt, so präzis als möglich zu sein : z.B. über die Herkunftsorte der Flüchtlinge (nicht alle kamen von Frankreich, es gab auch Waldenser, protestantische Pfälzer nach 1689, usw.), über ihren Beruf, ihre Reiseziele und die Orte ihrer Niederlassung. Mit Recht wird zwischen Integration und Assimilation sorgfältig unterschieden. Die Absichten der Fürsten werden auch mit Objektivität analysiert: daraus erhellt, daß die merkantilistischen Ansichten von großem Gewicht waren. Diese Politik war freilich nicht ohne Gefahr: manche Einwohner, die die Hugenotten zuerst herzlich aufgenommen hatten, entdeckten nachher in ihnen Konkurrenten im Wirtschaftsbereich. Die Spannungen, die im protestantischen Deutschland zwischen Reformierten und Lutheranern schon existierten, werden nicht vergessen; manchmal aber werden sie unterschätzt: nicht überall darf man von einer "Abschwächung der innerprotestantischen Polemik und Konkurrenz" gegen Ende des 17.Jahrhunderts (S.98) reden.

In den zwei Beiträgen, die die Niederlande und England betreffen, wird das so oft diskutierte Problem des Einflusses der Hugenotten auf die internationalen Beziehungen nochmals erörtert. Nach Pierre Bayles Meinung ist dieser Einfluß auf Wilhelm

III. von Oranien (als dieser entschied, nach England zu gehen) sehr gering gewesen (vgl. S. 65). Ist er nachher wichtiger geworden, so, daß die "Glorious Revolution" von 1688 als eine Folge der Aufhebung des Edikts von Nantes betrachtet werden könnte, wie es Sébastien Mercier und Ferdinand von Schickler (und Michelet!) für wahr hielten? Auf diese Frage gibt Bernard Cottret eine nuancierte Antwort; es würde sich aber lohnen, sie mit der Stellungnahme von Emmanuel Leroy-Ladurie im Sonderheft der Zeitung *Réforme* zu konfrontieren (es ist übrigens ein Auszug aus seinem Vorwort zum Buch von B.Cottret, *Terre d'exil*, auch 1985 in Paris veröffentlicht).

Unter den letzten Beiträgen sind zwei höchst interessante Studien, die ein Ganzes bilden, wie es schon die Titel anzeigen: *Vom Glaubensflüchtling zum preußischen Patrioten* (R.von Thadden) und *Vom preußischen Patrioten zum besten Deutschen* (Etienne François). Mit dem Beitrag von Friedrich Centurier (*Die Hugenotten-Nachkommen und der Deutsche Hugenotten-Verein*) führen sie uns bis in die Gegenwart und erhellen dabei den auffallenden "Perspektivenwandel im Laufe der Jahrhunderte" (M.Magdelaine, S.221).

In diesem Buch, das mehr als zwanzig Abbildungen und sechs lehrreiche Karten enthält, sind die Druckfehler sehr selten. Ein einziger Personenname wird nicht richtig wiedergegeben: der von Antoinette Bourignon (vgl.S.156 und S.245:Bourgignon). Seite 73 wird *Parallèle* im Titel des Buches von Sébastièn Mercier *Parallelè de Paris et de Londres* als Femininum behandelt: im Sinne von "Vergleich" ist dieses französische Substantiv neutral. Solche seltene Fehler verringern aber keineswegs den Wert der vielen Forschungsergebnisse und Anregungen dieses Buches.

Université de Rouen   *Georges Pons*

VAN CLEVE, JOHN W., *The Merchant in German Literature of the Enlightenment*. University of North Carolina Studies in the Germanic Languages and Literatures, No. 105. Chapel Hill/London: University of North Carolina Press (1986). 173 pp.

While John Van Cleve's study specifically addresses literary representations of the merchant, it also sheds light on a subject of broader relevance—the intersection of literature and society, in particular, the so-called *Verbürgerlichung* of German literature. With a select number of texts, he traces the changing characterization of the merchant in eighteenth-century literature and interprets the modification as an authorial response to a changing audience. His textual analyses are sound and instructive, his theories both appealing and plausible, yet certain issues remain problematic.

Van Cleve divides his book into two sections. In the first, he provides a sociology of the real-life, eighteenth-century merchant—how he lived, where he lived, his social status, level of education, and degree of literacy. Van Cleve also introduces the term *middle class* in part one, a term he uses throughout the book. The label is vague and confusing, however. He neither explains nor limits its meaning. As he employs the term, the middle class comprises several, different social strata: both the rich and the poor, the highly educated and the unschooled, the more as well as the less priviledged. Wealthy entrepreneurs, civil servants, lawyers, teachers, professors, physicians, craftsmen, shopkeepers, and street-corner peddlers alike come under the heading *middle class*. If persons of such diverse socio-enomic levels all constitute the middle class, the term has all but lost its meaning. Similarly unclear is the designation *merchant*, since it also refers to persons of widely varying descriptions, situations, and rank. The entrepreneur with international trade connections, the banker, the ordinary shopkeeper, not to mention the lowly peddler all live in the world of commerce. Precisely whom Van Cleve means when he speaks of the merchant remains uncertain.

In the second part of his book, Van Cleve illuminates the image of the merchant as it evolves in the literature of the Enlightenment. Using specific texts, he illustrates the development and shows how the character of the businessman changes and, by degrees, improves. The man of commerce at first appears as a nefarious, despicable, and depraved individual. Open hostility gives way to satire, however, and he next takes the stage as a farcical and incompetent fool. By mid-century, he steps forward into a more complimentary light (he has become innocuous, pragmatic, respectable), until finally the merchant emerges as an entirely positive character, even as a hero. Although the literary world initially disdained the businessman, it ultimately came to accept him completely.

While Van Cleve has identified and established a clearly discernible transition, certain assertions and implications he makes give one pause. His study suggests, for example, that the image of the merchant was especially important to Enlightenment writers, that they were in fact particularly interested in the figure of the merchant. Yet he documents the merchant only in the works of seven authors. His casual pronouncements about the "literary Enlightenment" (p. 69, for example) are consequently unwarranted. What is more, some of the works he examines (by Borkenstein, L. Gottsched, J. E. Schlegel, and even Lessing) are of dubious literary merit as he himself acknowledges and aside from containing a merchant are of questionable significance. If his approach is *pars pro toto*, he has not said so. The merchant does not seem to be so common in the literature of the Enlightenment as he would suggest, and the works under consideration not so much representative as isolated instances. Indeed, to judge by Van Cleve's study, few authors even chose to portray the merchant in their works.

In addition, Van Cleve implies that the texts in question reflect a conscious desire to improve the image of the businessman or at least to portray him positively. According to Van Cleve, the texts he uses in particular and Enlightenment literature in general sought to promote the bourgeois business world and to cultivate the merchant community as audience, even to enlist its financial support. Leaving the problem of actual authorial intent aside, one could only attribute such an agenda to two of the seven authors—Gellert and Lessing. One could hardly do the same for Borkenstein, Luise Gottsched, and J. E. Schlegel, who portray the merchant as an incompetent fool, and certainly not for Haller and Schnabel, who disparage the man of commerce. Admittedly, Luise Gottsched characterizes the businessman in a later play as a truly decent and upright person, but he is merely a secondary figure there. Only two others—Gellert and Lessing—depict the man of commerce in a completely positive light. If Luise Gottsched, Gellert, and Lessing are the only authors to approve of the merchant fully, one cannot speak of any concerted effort to promote the businessman and curry his favor. It is, moreover, debatable whether Luise Gottsched and Lessing are particularly interested in the merchant *per se*, since the emphasis of Gottsched's *Die Hausfranzösinn* is on francophilia rather than commerce, and in *Die Juden* and *Nathan der Weise*, Lessing seems more concerned with the image of the Jew than with that of the merchant. In fact, Lessing never expressly identifies the key figure in *Die Juden*—the Traveller—as a merchant, although he makes certain the audience knows he is a Jew.

Nor can one without qualification assert the merchant or middle class as the emergent culture-bearing segment of society as Van Cleve has. Rather it is the privileged few, the upper reaches and higher levels of the so-called middle class, who support the literary arts. Van Cleve himself indicates that the real-life merchant was frequently the opposite of the ideal man of commerce (as exemplified in an essay in *Der Patriot*), an "erudite, civic-minded cosmopolite" (p. 21), someone well-suited to maintain the literary world. The typical businessman, in contrast, was an unlikely candidate for patron of the arts, as the description of a representative merchant, Konrad Wilhelmi, suggests (pp. 21–22). Van Cleve undermines his own premises. By his own account, the audience for literature was tiny (p. 92), and an author like Gellert did not write for the typical merchant, but exclusively for the upper middle class and lower nobility (p. 98). It is not so much a major flaw in his argument, as a matter in need of clarification.

I would be remiss, if I did not also remark on Van Cleve's academic style. Extensive and unnecessary use of the passive voice and a predilection for nominal constructions result in awkward, odd, and sometimes unclear formulations. Repeated use of such hackneyed words and expressions as *factor, as to whether, the fact that, to such an extent that,* as well as the occasional split infinitive and the indiscriminate use of quotation marks further tax a reader's patience. Why, for example, he sets such expressions as *extended family, vertical, lateral, reeducation, representation, normal, purified,* and a host of others in quotation marks, I cannot comprehend. If he means to imply or convey some subtle or hidden irony, it escapes me. The manner of documentation and quotation is yet another source of irritation. After consulting the appropriate footnote at the back of the book, one discovers that "a prominent Frankfurter" refers to Goethe (p. 32), "another noteworthy biographer" to Waldemar Oehlke (p. 110). Such circumlocution is misleading and confusing, since the connections are not apparant from their context. But enough of such quibbling. One would expect more and better of a literary scholar.

In spite of its shortcomings, John Van Cleve's analysis of the merchant in German literature of the Enlightenment gives evidence of careful study and fundamentally sound interpretation. Of particular value, he draws attention to a literary figure one might otherwise all too easily overlook. Although one must argue with certain emphases and object to certain ambiguities, Van Cleve has indisputably demonstrated the changing image of the merchant, and his thoughts on the emergence of a literature of and for the so-called middle class are well worth considering.

Hope College   James M. Van Der Laan

WACKER, MANFRED, ed., *Sturm und Drang.* Darmstadt: Wissenschaftliche Buchgesellschaft (1985). 440 pp.

Over a century ago, in 1883, August Sauer stated in the Introduction to the three *Sturm und Drang* volumes of the *Deutsche National-Litteratur:* "Eine Geschichte des Sturms und Drangs steht noch aus;..." Wacker's bibliography of some 240 items, covering works dated 1892–1983, is an indication that scholars of every decade since Sauer's statement have not ignored the *Sturm und Drang* era. Wacker clearly labels his as *Auswahlbibliographie* and explains that such works as Huyssen's *Drama des Sturm und Drang,* Wuthenow's volume in the series *Deutsche Literatur. Eine Sozialgeschichte,* or Grimminger's volume in the series *Hansers Sozialgeschichte der deutschen Literatur* have more extensive bibliographies. What is the role, then, of this particular volume (Wege der Forschung, vol. 559) with the unelaborated title *Sturm und Drang*?

In order to answer this question we need to know some of the premises the editor is operating from in selecting and presenting the seventeen essays that comprise this book. As he explains in the Introduction (pp. 1–15), Wacker is operating from the presupposition that the *Sturm und Drang* movement presents itself as a bundle of contradictions: it criticizes Enlightenment ideas, yet it also perpetuates them; it has a nostalgic memory of patriarchal social forms, yet it propagates ideas of an utopian republic; it employs ancient mythology, yet it produces realistic dramas; it has hymns of great pathos in its repertoire, yet it writes love poems of great simplicity and folk-tale quality. These and other contradictions have not, Wacker states, hindered either the bourgeois or the Marxist critics from speaking of *one* epoch. He believes that the unsettled dichotomies of the movement have caused the vacillating interpretations from the beginning. Likewise peculiar was the long-standing refusal of literary scholarship to recognize the *Sturm und Drang* on its own merits as a period. Bourgeois-liberal literary history (Gervinus and Hettner), positivistic scholarship (Scherer), history-of-idea scholarship (Gundolf and Korff), and Marxist literary scholarship (Lukács) have tended to measure the works of Klinger, Lenz, and Wagner by the Weimer standard and denied them artistic merit. Wacker believes that too long *Sturm und Drang* has been viewed as being in opposition to the Enlightenment (or at least its continuation), or merely as a preliminary stage in preparation for Classicism or Romanticism, or both. In other words, *Sturm und Drang* was not regarded as a peak, neither artistically nor from the standpoint of the history of ideas. Wacker contends that the movement can stand on equal footing with the Enlightenment and Classicism. It remains undisputed, according to Wacker, that the movement's occurrence was a specifically German phenomenon and that a conclusive description of the causes in the pre-revolutionary context is still lacking. *Sturm und Drang*, Wacker maintains, is cut out of the same fabric as the Enlightenment: anti-courtly, bourgeois, protestant-urban, nationally aware, inextricably tied to Christian thought, and devoid of materialistic and sensual elements.

Furthermore, Wacker emphasizes that the basic theme of the *Sturm und Drang* is the hindered development of the popular, autonomous, total person during the final days of absolutism. This person is, of course, identical with the proverbial genius in recent scholarship, especially in Marxist interpretations. Wacker suggests that it is not the movement or the *Stürmer und Dränger* themselves who have failed. Rather it is certain figures that fail by clashing with contemporary social realities. The final word is not the demise of the heroes. Rather it is the emerging utopian social order—having room for the active individual—that is preserved in the conscience of the audience. Finally, Wacker is convinced that the movement is contradictory and that literary historians make a mistake in assuming a unity while attempting to construct it. Toward the end of his Introduction Wacker expresses the difficulty of his task in giving us this collection of essays: "Die vorliegende Sammlung von Forschungsbeiträgen muß so etwas wie die Quadratur des Kreises versuchen" (p. 14).

A collage of seventeen essays, the oldest from 1850 and the newest from 1979, constitutues the bulk of the text. Not originally written for this volume, the essays are extracted from previously published sources. Scholars of 18th-century German studies will not find them all of equal interest. Some of the essays truly have the status of classic masterpieces. All of them can be considered excellent by most standards. Only three essays did not originally appear in German. These three have been well rendered into German by Wenzel Peters.

What audiences do the essays address? Generalists will want to read (re-read?) Wilhelm Scherer's "Die deutsche Litteraturrevolution" (1870) and Werner Krauss' "Zur Periodisierung Aufklärung, Sturm und Drang, Weimarer Klassik" (1961). For those interested in a lucid, comprehensive treatment of the movement as a whole, Roy Pascal's "Die Sturm-und-Drang-Bewegung" (1952) is highly recommended. Students of the specialized topic satire will enjoy reading Werner Rieck's well-documented "Literatursatire im Sturm und Drang" (1969). No extensive examination of 18th-century German literary history, particularly of the *Sturm und Drang*, is complete without a look at Shakespeare's impact on Germany. Wolfgang Stellmacher offers numerous insights in his "Grundlagen der Shakespeare-Rezeption in der Frühphase des Sturm und Drang" (1964). Herder scholars will find a rich feast of information located in the heart of the book: Hermann Wolf's "Die Genielehre des jungen Herder" (1925); Clemens Lugowski's "Der junge Herder und das Volkslied" (1938); and Eric Blackall's "Der Einfluß Herders Sprachtheorie auf seinen frühen Prosastil" (1961). Although Hamann's theories about the relationship between sexuality and creativity may be controversial, no reader will want to miss James O'Flaherty's "Hamanns Begriff vom ganzen Menschen" (1972). J. M. R. Lenz is treated in the two essays "Die Einheit der Konzeption in J. M. R. Lenz' 'Anmerkungen übers Theater'" (1970, by Fritz Martini) and "Dichterische Erkenntnis und 'Projektemacherei'. Widersprüche im Werk von J. M. R. Lenz" (1977, by Klaus Scherpe). No surprise, of course, is a study of Klinger's drama that gave the movement its name: "Friedrich Maximilian Klingers Schauspiel 'Sturm und Drang'. Zur Typologie des Sturm-und-Drang-Dramas" (1973, by Gerhard Kaiser). Other readers may agree with me that Schiller possibly deserves more than just the one 1850 article by Hettner, "Schillers 'Anthologie'." Last and by no means least of interest are three essays offering a veritable reader's banquet on Goethe and his early period. First, Wolfdietrich Rasch's "Der junge Goethe und die Aufklärung" (1968). Finally, two of the most engaging essays in the entire collection are Arnold Hirsch's "Die Leiden des jungen Werthers. Ein bürgerliches Schicksal im absolutistischen Staat" (1958) and Katharina Mommsen's superb " 'Wanderers Sturmlied'. Die Leiden des jungen Goethe" (1977–1979).

An index of persons and works concludes this practically flawlessly produced volume that will longe serve scholars as a point of departure for discussions, and as a storehouse of information and interpretations as well.

Pepperdine University   David Dowdey

WATERHOUSE, BETTY SENK, ed. and trans., *Five Plays of the Sturm und Drang.* Lanham: University Press of America (1986). v + 231 pp.

Contrary to the claim Waterhouse makes in her "Preface" to this collection of translations, to wit, that "not one play from the [*Sturm und Drang*] movement has ever been translated into English" (p. v), English renderings of the most prominent dramatic products of this period (*Götz von Berlichingen, Die Räuber, Kabale und Liebe* and even the two Lenz plays Waterhouse translates for her own volume, *Der Hofmeister* and *Die Soldaten*) have been available for quite some time. Still, three of the five texts Waterhouse has translated here—Wagner's *Kindsmörderin* [*The Childmurderess*], Klinger's *Sturm und Drang* [*Storm und Stress*] and Leisewitz's *Julius von Tarent* [*Julius of Tarento*] have not been accessible previously to an English-speaking audience. Moreover, her translations of Lenz's *The Tutor* and *The Soldiers* are far superior to those previously available.

Waterhouse's stated motivation in translating these works is to offset what she perceives as undue "inattention" (v) to these writers in the English-speaking world and to "rekindle interest in the 'Age of Genius' " (v). In one respect her volume is ideally suited to accomplish this aim, for she presents us here with five outstanding translations of exceedingly difficult texts. Precisely because of their linguistic originality and vitality, factors which tend to point up their historical datedness, these plays are difficult to make accessible to audiences today. Waterhouse, however, has succeeded in striking a delicate balance in her own language between authenticity to the historical origins of these works and utilization of present-day vernacular. The greatest virtue of these translations is that they are both precise and exceptionally readable. Waterhouse steers carefully between the extremes of an absolute historical authenticity, which would certainly alienate most non-scholarly audiences, and a thorough "updating," which would strip these dramas of their historical significance.

On the negative side of the ledger one cannot ignore that this volume provides nothing but a few literary-historical cliches regarding the historical backgrounds of theses plays and their authors. Despite her own claim that the paucity of critical investigations of the *Sturm und Drang* movement written in English is a symptom of the undeserved "inattention" she has set out to rectify, Waterhouse herself provides nothing but a one-page preface by way of introduction. It is clearly naive to believe, as Waterhouse apparently does, that good translations alone suffice to make texts such as these "accessible" to present-day generations of students. Two things are thus sorely missing here: the first is an extensive critical introduction into the *Sturm und Drang* movement in general and, more specifically, into the authors and works presented here; the second is a set of commentaries and notes which explain the literary, Biblical, and historical allusions so prominent in these dramas. Before this volume could truly be useful either in the classroom or for general readers, it would have to be supplemented with this historical-critical material.

Mills College   *Richard Gray*

WHALEY, JOACHIM, *Religious Toleration and Social Change in Hamburg. 1529–1819*. Cambridge (UK): Cambridge University Press (1985). 13+248 S.

Die Studie von Whaley zeigt einmal mehr, wie unsere Vorstellungen von der Aufklärung weithin von den Konzepten des Zeitalters bestimmt sind, während wir uns von deren Gültigkeit in den alltäglichen Verhältnissen ein nur vages Bild machen. In einem sozialhistorischen, regionalspezifisch auf Hamburg bezogenen Rahmen untersucht der Autor, wie es in der frühen Neuzeit mit der religiösen Toleranz in der Realität gestanden habe. Um das Ergebnis vorwegzunehmen: sehr ermutigt wird der Leser nicht, dauerte es doch immerhin bis 1785, bis endlich ein der Wirklichkeit leidlich entsprechendes Toleranzedikt zustandekam (das—wen wundert es—Juden nicht einschloß). Darin sieht W. sich weniger eine Idee durchsetzen als vor allem die wirtschaftliche Vernunft. Mehr noch: er macht deutlich, daß der gute Ruf, den Hamburg genoß, das Ergebnis nachträglichen, durchaus interessengeleiteten Polierens war.

Sein Ausgangspunkt liegt in der Annahme, daß ein geregeltes Miteinander der zahlreichen Minoritäten in Hamburg (wie italienischer Katholiken, sephardischer/ashkenasischer Juden, holländischer Kalvinisten, später auch von Hugenotten), die wesentlich zum regen Leben in dieser Stadt beitrugen, Grundlage für die Wohlfahrt des Gemeinwesens gewesen sei. Er erkennt in der Durchsetzung oder Verweigerung von Toleranz weniger einen moralischen als einen politischen Vorgang: Toleranz erscheint als Gebot politischer und ökonomischer Vernunft. Diese Sichtweise ermöglicht es dem Verfasser, den Komplex als ein kompliziertes Zusammenspiel mannigfaltiger ökonomischer Interessen, in Staat und Kirche institutionalisierter Normierungen, ideologischer Bildungen wie machtpolitischer Gegebenheiten zu beschreiben. Dabei wird deutlich, wie stark in der frühen Neuzeit die konfessionellen Zugehörigkeiten über den Zugang zu sozialen Handlungsspielräumen entschieden, daß es aber auch erhebliche Freiräume—etwa im Wirtschaftlichen—gab. Hier könnten vielleicht auch gruppensoziologische Erwägungen nützlich werden, die zeigten, wie die konfessionelle Bindung gleichsam das Siegel abgab, das ein ganzes Bündel gruppenspezifischer Verhaltensweisen normierend zusammenhielt.

Materialreich stellt W. ein komplexes Feld und dessen Veränderungen dar. Er gibt den juristischen Rahmen an, in dessen institutionalisierten Festschreibungen sich während der untersuchten drei Jahrhunderte die jeweiligen Interessen artikulieren mußten und auf dessen Veränderung sie gegebenenfalls einzuwirken hatten. Immer wieder verweist der Autor darauf, wie sehr die Kirchen nicht allein Organisationsformen des Glaubens darstellten sondern zugleich "dauerhafte Pfeiler des Staates und der Gesellschaft [abgaben], deren Wert durch die Geschichte erwiesen war und deren Unaufgebbarkeit eine Garantie für die Zukunft blieb." (3) Insofern betrafen konfessionelle Regularien immer sehr direkt die Struktur der Macht im lutherischen "Zion des Nordens". Dabei stellte Hamburg kein geschlossenes System dar, vielmehr wurde das interne Kräftegefüge energisch dadurch beeinflußt, daß zum einen die dänische Krone die natürlichen Nachteile des benachbarten Altona durch größere Freizügigkeit auszugleichen suchte und daß zum anderen die Gesandtschaften nichtlutherischer Staaten für ihre Glaubensgenossen Freiheiten zu erringen trachteten. Erst 1806 wurde dieses komplexe Spiel außer Kraft gesetzt, aber 1814 restauriert, wenngleich 1819 wenigstens allen Christen die volle politische Freiheit zugestanden wurde.

Vor diesem Hintergrund zeichnet W. die Situation der einzelnen Minderheiten. Die katholische Gemeinde (die ursprünglich aus ausländischen Kaufleuten, seit dem frühen 18. Jahrhundert aus Armen bestand) erfüllte mehr die Funktion eines Hebels für andere Interessen. W. präpariert an dem Aufruhr von 1719, der zur Zerstörung der Kaiserlichen Kapelle führte, heraus, welches Aggressionspotential im frühen 18. Jahrhundert in dieser Konfrontation lag und welche komplizierten diplomatischen Missionen nötig waren, um auch nur eine oberflächliche Beruhigung herbeizuführen.

Daß die Grundlage praktizierter Toleranz wirtschaftlicher und politischer Natur war, zeigt er noch deutlicher an der Situation der Juden. Für sie lag die Grenze der Toleranz genau auf der Linie ihres ökonomischen Nutzens. Diese wurde zwischen den drei Kraftzentren Senat—Konsistorium/Bürgerschaft—jeweilige Minorität exakt ausgependelt, aber es wurde eben doch (möchte man W. zu bedenken geben) ausgependelt. Das brachte für die (im allgemeinen wohlhabenden) portugiesischen Juden zwar wechselvolle, aber doch relativ gesicherte Lebensbedingungen; von Toleranz allerdings, also von Anerkennung einer Eigenart, konnte nach W.s Meinung—mit Recht—keine Rede sein, sondern auf christlicher Seite allenfalls von Duldung und auf jüdischer Seite von einer gewissen Tendenz zur Assimilation. Noch komplizierter war die Situation der (ärmeren) deutschen Juden, die als Einwohner Altonas (also unter dänischem Schutz) in der Stadt lebten. Sie gewannen (gegen Zahlungen versteht sich) 1710 eine legalisierte ökonomische Existenz, aber eben keine religiöse. Im übrigen wurde ihnen Bescheidenheit und Ruhe angeraten. Erst die Französische Revolution und Napoleon brachten—für kurze Zeit—die Gleichberechtigung. In ähnlicher Weise argumentiert W. hinsichtlich der (in sich stark fraktionierten) Reformierten, wobei er neben der wirtschaftlichen Kraft die komplizierten außerstädtischen Zusammenhänge besonders herausarbeitet, die den Reformierten günstig waren und die die Aktivitäten des lutherischen Klerus dämpften, so daß sich seit den 40er Jahren des 18. Jahrhunderts eine—nach dem Maßstab der Zeit!—leidlich befriedigende Situation ergab. Die Wende zum Besseren seit den 60er Jahren sieht W. konsequenterweise als Teil des intellektuellen Krisenmanagements nach dem Siebenjährigen Krieg.

W.s Studie rückt ein zentrales Ideal der Aufklärung in ein historisch nüchternes Licht; sie zeigt, wie sehr auch hier Interessen den Gang der Dinge bestimmen, aber sie macht auch Grenzen einer solchen Fragestellung deutlich: warum setzten z.B. die einen die ökonomische Wohlfahrt zum letzten Ziel der Politik, während andere die Gültigkeit wie auch immer gerechtfertigter Prinzipien nicht aufgeben wollten, dritte sogar an ihrem so unpraktischen Glauben festhielten?

Universität Bochum   *Uwe-K. Ketelsen*

WILD, REINER, *Die Vernunft der Väter. Zur Psychographie von Bürgerlichkeit und Aufklärung in Deutschland.* Stuttgart: Metzler (1987). XIX+400 pp.

Reiner Wild hat sich in seiner breit angelegten Untersuchung der Aufklärungsliteratur für Kinder, die eine leicht gekürzte Fassung seiner Habilitationsschrift ist, zwei Ziele gesetzt: ein literarhistorisches, nämlich "die Struktur der aufgeklärten

Kinderliteratur darzulegen" (S.35) und ein literaturpsychologisches und -soziologisches, "die in ihr sichtbar werdenden psychischen Voraussetzungen von Bürgerlichkeit und Aufklärung zu deuten" (S.35). Diese Zielsetzung erforderte eine Analyse des "Zivilisationsschubs" (S.13), d.h. jener Veränderungen, die sich im 18. Jahrhundert in der Familie, im Verhältnis zu den Kindern, in der Erziehung und damit zugleich in den Bewußtseinsformen und Verhaltensweisen vollzogen haben und die bis in die Gegenwart hinein wirken. Er entwickelt dabei ein "Bild der Vergangenheit [...], in dem die Gegenwart sich selbst zu erkennen vermag und das damit zum Medium ihrer Selbstreflexion werden kann, nicht zuletzt im Kontext der Kritik an den heute dominanten Standards" (S.32).

Wild geht bei seiner Analyse in drei Schritten vor: zunächst findet der Leser eine äußerst detaillierte Darstellung und Diskussion der aufgeklärten Kinderliteratur selbst, deren literarhistorischer Ort bestimmt wird. Dabei geht es ihm zugleich um eine Neudefinition des Begriffs 'Bürgerlichkeit', den er—und das verdient besonders hervorgehoben zu werden—von den ideologischen Verstrickungen, in die er geraten ist, befreit. Im zweiten Schritt wird die gesellschaftliche und die psychologisch-individuelle Problematik der Didaktik diskutiert, die mit den Mitteln der aufgeklärten Kinderliteratur das Individuum zu dieser 'Bürgerlichkeit' erziehen soll. Im Mittelpunkt der Betrachtung steht dabei die 'Sozialisation', d.h. die innere Ausrichtung des Einzelnen von seiner Kindheit an auf die bürgerliche Gesellschaft, seine Anpassung an ihre Standards und die damit verbundene Entwicklung psychischer Strukturen, wie sie sich im Wandel von der großen Haushaltsfamilie zur (typisch) bürgerlichen Kleinfamilie herauskristallisiert haben. Im dritten Schritt geht es dann um die sozialen und psychologischen Widersprüche, in die das Erziehungskonzept der Aufklärung—und damit die Aufklärung überhaupt—den (bürgerlichen) Menschen stellt, nämlich zwischen Gehorsam und Vernunft, zwischen Autorität und Freiheit.

Mit seinem ersten Schritt, der detaillierten Darstellung und Diskussion der aufgeklärten Kinderliteratur und ihrer Didaktik, gibt Reiner Wild eine längst fällige Ergänzung zu Wolfgang Martens' bekannter Analyse der Moralischen Wochenschriften und deren Didaktik für den Erwachsenen (*Die Botschaft der Tugend. Die Aufklärung im Spiegel der Moralischen Wochenschriften.* Stuttgart, 1968). Dadurch wird dem Leser nunmehr ein um einen wesentlichen Bereich erweiterter Einblick in die Alltagslektüre der bürgerlichen Familie im 18. Jahrhundert geöffnet.

Die methodische Basis für den zweiten und dritten Schritt seiner Untersuchung hat Wild in der Theorie der Zivilisation von Norbert Elias gefunden, die in der 1. Auflage 1936, also bereits vor einem halben Jahrhundert, erschienen ist und von der Psychoanalyse Freuds wesentlich mitbestimmt ist (*Über den Prozeß der Zivilisation. Soziogenetische und psychogenetische Untersuchungen.* 2 Bände. 3. Aufl. Frankfurt a.M. 1976). Von ihr her gelingt es ihm, eine wissenschaftliche Forderung zu erfüllen, die heute an jede Psychographie gestellt wird: die Analyse des Individuell-Psychologischen in dessen historisch bedingten gesellschaftlichen Rahmen zu stellen, also die Entwicklung bestimmter psychischer Strukturen im Zusammenhang mit ihren geschichtlichen und sozialen Bedingungen zu verfolgen.

Es ergibt sich dabei—wie der Titel der Untersuchung 'Die Vernunft der Väter' schon andeutet—, daß die Kinderliteratur der Aufklärung geradezu eine Apotheose der Vaterfigur ist. Denn allein und ausschließlich in den Händen des Vaters lag das Recht, Kindheit zu 'inszenieren', d.h. durch geschickte Spiel- und Erziehungsarrangements den Kindern das Gefühl zu geben, die vom Vater verlangten vernünftigen Rollen aus eigenem Antrieb zu spielen und so 'Bürgerlichkeit' einzuüben. Den Kindern welchen Alters? Der Beginn dieser väterlichen Erziehung (und damit zugleich des Vorlesens und Lesens der Kinderliteratur) lag etwa zwischen dem 6. und 7. Lebensjahr. Vorher unterstanden Jungen und Mädchen der Mutter, was in einer Vielzahl der in der Kinderliteratur erzählten Fälle zunächst zur sog. 'Verhätschelung'—wir würden heute sagen zum Verwöhnungssyndrom—führte. Erst vom ca. 6. Lebensjahr an wurden die absolute Autorität des Vaters und der absolute Gehorsam der Kinder die beiden Hauptprinzipien der Erziehung. Die Mutter trat von da an völlig in den Hintergrund. Um die Durchsetzung beider Prinzipien zu garantieren, stellte die aufgeklärte Kinderliteratur der sog. 'schwarzen Pädagogik', d.h. der Erziehung durch Prügel und Karzer, die 'sanfte Gewalt' aufgeklärter Erziehung gegenüber. Es war ihre Neuentdeckung, daß mit moralischer Bestrafung und Liebesentzug, der bis zum Ausschluß des 'ungehorsamen Kindes' aus der Familie (und letztlich aus der Gesellschaft) gehen konnte und mit der dadurch entstehenden Angst des Kindes der erzieherische Zweck weit besser erreicht werden konnte.

Mit dieser Neuentdeckung der aufgeklärten Erziehung sind wir bereits mitten im psychologischen Bereich, nämlich bei jener oben erwähnten, durch sie bewirkten 'Entwicklung bestimmter psychischer Strukturen', also bei der Psychogenese der bürgerlichen Gesellschaft des 18. Jahrhunderts. Norbert Elias hat diese Psychogenese in seiner Theorie der Zivilisation aus der Perspektive der Psychoanalyse Freuds dargestellt, genauer gesagt, anhand von Freuds zweitem topischem Model, der Unterscheidung und Wechselwirkung von Es, Ich und Über-Ich. Von den verschiedenen möglichen Modellen der verschiedensten psychologischen Richtungen hat Elias zur methodischen Grundlegung des psychogenetischen Ansatzes seiner Untersuchung gerade diese Freudsche Topik gewählt, weil mit ihr dasjenige deutlich zu machen ist, worauf es bei einer Theorie der Zivilisation vor allem ankommt: nämlich der historisch und gesellschaftlich so unterschiedliche Grad der Trieb- und Affektregulierung, bzw.—beherrschung, den der Einzelne erreicht oder zu erreichen hat, damit in einer Gesellschaft zivile Standards überhaupt ermöglicht und darüberhinaus auch garantiert werden können. Aus dieser von Elias überzeugend dargestellten psychohistorischen Perspektive der Psychoanalyse betrachtet Reiner Wild die Pädagogik der aufgeklärten Kinderliteratur, deren Erfolg abhängt von der mehr oder weniger durch Gesellschaft und Erziehung geförderten (oder zumindest erlaubten) Entwicklung und Stärkung des Ich und vor allem des Über-Ich. Unter der Entwicklung der für die Bürgerlichen der Aufklärung charakteristischen psychischen Strukturen versteht Wild vor allem eins: die Internalisierung, die Verinnerlichung der vom Kind von außen erlebten (vernünftigen) Vaterautorität in eine innere Autorität (das Über-Ich) und parallel dazu die Internalisierung des Gehorsams gegenüber der äußeren Autorität in den Gehorsam gegenüber dem Über-Ich. Wichtig ist dabei, daß das Ich in diesem Prozeß als Vertreter des Realitätsprinzips in der Lage bleiben soll, seine potentielle Freiheit gegenüber der Autorität des Über-Ich immer da geltend machen zu können, wo innere oder äußere Forderungen der Realitätserfahrung und der Vernunft widersprechen, wodurch der Widerspruch zwischen Gehorsam und Freiheit, Autorität und Vernunft aufgehoben werden soll.

Aus dem Dargestellten wird bereits deutlich, daß für Wild—worauf er selbst hinweist—die Realität bürgerlicher Kindheiten in der Aufklärung kein Gegenstand der Darstellung und der Diskussion ist. Seine textimmanente Studie verbleibt streng im Rahmen der reinen Textanalyse der Kinderliteratur, und seine Diskussion ihrer Thematik und Problematik dadurch im leeren Raum der Abstraktion: ein gedankliches Glasperlenspiel mit den theoretisch möglichen Wechselwirkungen zwischen Über-Ich und Es und Ich und Über-Ich,—ganz im Gegensatz zu seinem methodischen Vorbild und Ausgangspunkt, der Untersuchung von Norbert Elias, die die Realität in den Fokus der Betrachtung rückt, auf die das Realitätsprinzip des zwischen Es und Über-Ich hineingestellten Ich ja doch ausgerichtet ist. So findet der Leser z.B. keinerlei Kritik an der bereits von den Sturm-und-Drang-Vertretern so stark angefochtenen Rigidität, mit der die Aufklärungspädagogik Lust und Leidenschaft behandelt hat. Auch die negativen Möglichkeiten jener 'sanften pädagogischen Gewalt' sowie der Verinnerlichung der Vaterautorität werden nirgends diskutiert.

Ein solch rein theoretisches und deskriptives Vorgehen führt rhetorisch dazu, daß dem Leser die vorgetragenen Konzepte—Zivilisationsschub, Sozialisation, Internalisierung, etc.—bei der 400 Seiten langen Lektüre in endlosen und ermüdenden Variationen immer aufs neue vorgeführt werden, ohne daß die Frage möglicher negativer Folgen berührt würde, die sich bei diesem pädagogischen und kulturellen Prozeß in der familiären und gesellschaftlich-politischen Realität einstellen könnten (und sich ja in der deutschen Geschichte dann auch eingestellt haben). Bemerkt werden muß außerdem noch, daß die von Elias übernommene methodische Basis für die Analyse der Psychogenese von Bürgerlichkeit auf dem wissenschaftlichen Stand der Psychoanalyse von 1936 beruht, und die Weiterentwicklung der Psychoanalyse zu einer Sozialpsychologie, vor allem in Gestalt der für Wilds Studie so relevanten Identitätspsychologie Erik H. Eriksons, keine Beachtung mehr gefunden hat. Gerade ihre Einbeziehung hätte z.B. auf eine so wesentliche Frage wie die nach der Ausformung männlicher und vor allem weiblicher Identität unter dem ausschließlichen Vorbild des Vaters geführt, eine Fragestellung, die bereits den Aufklärern selbst Anlaß zu scharfer Kritik an den pädagogischen Bemühungen der aufgeklärten Väter war, wie man sie etwa in Gottscheds *Vernünftigen Tadlerinnen* deutlich lesen kann, die noch vor seiner Ehe mit Luise Adelgunde Kulmus geschrieben worden sind.

Die Einbeziehung sowohl dieser als auch der kritischen Denkanstöße Eriksons (und natürlich ebenfalls der nicht aufgegriffenen von Elias) sowie eine Rhetorik, die jene ermüdende Redundanz vermiede, hätten dieser so sachkundigen und in ihrer Thematik so interessanten Untersuchung vielleicht nicht nur einen weiteren Leserkreis öffnen, sondern auch der Intention des Verfassers gerechter werden können, sein hier entworfenes "Bild der Vergangenheit zum Medium unserer Selbstreflexion" und zum Anlaß einer "Kritik an den heute dominanten [pädagogischen] Standards" werden zu lassen.

University of Massachusetts, Amherst *Albert M. Reh*

Erratum:

See article by A. Heidsieck in *Lessing und die Toleranz*, ed. P. Freimark, F. Kopitzsch and H. Slessarev (Detroit/München 1986 [Sonderband zum *Lessing Yearbook*]), p. 76, 9th line from the bottom. After the words // Gott fordere "Aufrichtigkeit des Herzens" // please add: // (R 148) oder "Reinigkeit des Herzens" (§ 61, 80). //